進步與正義的時代
蕭新煌教授與亞洲的新台灣

張翰璧、楊昊　主編

巨流圖書公司

國家圖書館出版品預行編目（CIP）資料

進步與正義的時代：蕭新煌教授與亞洲的新台灣
/ 張翰璧，楊昊主編 . -- 初版 . -- 高雄市：巨流，
2020. 05
　　面；　公分

ISBN 978-957-732-596-9（平裝）

1.臺灣社會　2.文集

540.933　　　　　　　　　　　　　　　109005418

主　　　　編　張翰璧、楊昊
責 任 編 輯　邱仕弘
封 面 藝 術　Yu-Hyang Lee
封 面 設 計　毛湘萍

發 　行　 人　楊曉華
總 　編　 輯　蔡國彬

出　　　　版　巨流圖書股份有限公司
　　　　　　　80252高雄市苓雅區五福一路57號2樓之2
　　　　　　　電話：07-2265267
　　　　　　　傳眞：07-2264697
　　　　　　　e-mail：chuliu@liwen.com.tw
　　　　　　　網址：http://www.liwen.com.tw

編 　輯　 部　10045臺北市中正區重慶南路一段57號10樓之12
　　　　　　　電話：02-29222396
　　　　　　　傳眞：02-29220464
劃 撥 帳 號　01002323巨流圖書股份有限公司

法 律 顧 問　林廷隆律師
　　　　　　　電話：02-29658212

出 版 登 記 證　局版台業字第1045號

ISBN ／ 978-957-732-596-9（平裝）
初版一刷 · 2020年5月

定價：700 元

獻給蕭老師與師母

作者簡介（按章次排序）

張翰璧

父親是戰後被移民來的「外省人」，母親是百年前移來的福建人後代，自己則是在台灣湖口出生的女性。前後簡單的兩代身分中，有省籍意識、祖籍地、出生地的各式可供選擇的認同要素。但是，最實在的身分是「教師」。自 1987 年畢業於台大社會系後，進入清華大學成為第一屆社會人類學研究所的學生。三年後，因為想學德文、看得懂每天閱讀的社會學家的原文手稿，負笈歐陸德國的 Bielefeld 大學社會學學院。第一位指導老師研究的是伊斯蘭教，第二位指導老師則是傳統神學訓練，後來進入大學研讀經濟社會學的和藹教授。他們的生命經驗和研究態度都對我有極大影響。2003 年進入中央大學客家學院後，運用之前在中研院累積的東南亞研究的基礎，後來的研究集中在東南亞客家、客家女性、客家族群產業等議題。主要的代表著作有《東南亞客家及其族群產業》（2013）、《東南亞婚姻移民與台灣客家社會》（2007）等專書與文章。

楊昊

中正大學政治學博士，現任政治大學東亞所教授，政大國際關係研究中心副主任暨政大東南亞研究中心執行長。他自 2018 年起，同時擔任財團法人台灣亞洲交流基金會執行長。楊昊的研究興趣包含東南亞與亞太區域研究，著重於國際關係理論的區域應用、東南亞邊境政治、抵抗政治、環境政治與比較區域主義、智庫與外交政策研究。楊昊也長期投入台灣在亞太區域的第二軌外交參與與推動工作，包含亞太安全合作理事會（CSCAP）的各種活動與研究小組，以及台灣與東協之間的二軌外交論壇。楊昊曾在 2011 年獲得美國國務院外交政策研究獎助，並於 2015 年獲日本交流協會獎助前往京都大學東南亞研究所擔任訪問學者。2018 年，楊昊獲得美國國務院學友創新獎（AEIF 2018），致力於推動台灣與印尼以及東南亞國家的防災自主社區之間的創新鏈結。他的研究成果包含超過八十篇中英文期刊論文與多本學術專書。

蕭新煌

現任中央研究院社會學研究所兼任研究員、中央大學客家學院講座教授、台灣亞洲交流基金會董事長暨總統府資政。研究領域包括：環境運動與永續發展、亞洲中產階級、公民社會組織與民主化、台灣與東南亞的客家族群認同。最新相關著作有《東南亞客家社團組織的網絡》（合編）（2020，中央大學出版中心、遠流）、《東南亞的新貌——轉型的動力與未來圖像》（合編）（2019，洪葉）、*Taiwan Studies Revisited: Routledge Research on Taiwan Studies*（合編）（2019, Routledge）、《面對台灣風險社會：分析與策略》（合編）（2019，巨流）、《客家研究與客家學》（主編）（2019，交通大學出版社）、*Middle Class, Civil Society and Democracy in Asia*（主編）（2019, Routledge）、*The Making of Ethnic Movements in Taiwan: Origins and Impacts*（2019，香港中文大學香港亞太研究所，Occasional Paper, No. 241）、*China's Footprints in Southeast Asia*（合編）（2018, NUS Press）。

徐世榮

政治大學地政學系教授兼第三部門研究中心主任、惜根台灣協會理事長、台灣第三部門學會前秘書長及前理事長、台灣農村陣線創會理事長。他為政治大學地政學系學士及碩士、美國德拉瓦大學（University of Delaware）政治學系碩士、都市事務及公共政策學院博士，主要研究領域為土地政策、都市計畫、第三部門、基本人權、及台灣土地改革等。徐教授強調溝通實踐及直接行動，他認為一個成熟的民主社會需要有蓬勃發展的公民社會。徐教授主張台灣現行的土地徵收、市地重劃、都市更新等政策宛如就是新時代的土地掠奪，恐有侵害基本人權的可能性，因此他時常與被害人出現在街頭的抗爭活動，希望能夠改變台灣的土地政策，也曾因此遭到警察逮捕。徐教授多年來積極倡導土地正義，他的書籍《土地正義：從土地改革到土地徵收，一段被掩蓋、一再上演的歷史》獲得 2017 年文化部金鼎獎。

何明修

台灣大學社會學系教授，先前曾任教於南華大學與中山大學。他在 2000 年取得台灣大學的社會學博士，研究領域包括社會運動、勞動社會學與環境議題。何明修曾獲得傅爾布萊特研究獎助（2004）、國科會吳大猷先生紀念獎（2008）、科技部傑出

研究獎（2015）、哈佛燕京學社訪問學人獎助（2018）、中研院人文社會科學專書獎（2019）。主要專書著作包括《社會運動概論》（2005）、《綠色民主：台灣環境運動的研究》（2006）、*Working Class Formation in Taiwan: Fractured Solidarity in State-Owned Enterprises, 1945-2012*（2014）、*Challenging Beijing's Mandate of Heaven: Taiwan's Sunflower Movement and Hong Kong's Umbrella Movement*（2019）。在目前，何明修擔任《中國季刊》（*China Quarterly*）、《國際台灣研究期刊》（*International Journal of Taiwan Studies*）、《台灣社會學》之編輯委員、卡內基基金會公民研究網（Carnegie Foundation for International Peace Civic Research Network）成員、英國諾丁罕大學中國政策中心（Nottingham University China Policy Institute）兼任研究員。

黃俊豪
目前爲東海大學社會學系的博士候選人，主要研究興趣爲勞動社會學、產業社會學及社會運動等。

劉華真
台灣大學社會學系副教授，研究專長爲社會運動、後進工業化，與比較研究。代表著作爲 *Leverage of the Weak: Labor and Environmental Movements in Taiwan and South Korea*。

朴允哲
韓國湖西大學中國學系教授，台灣大學社會學博士。研究興趣爲社會運動、社會階層。主要著作有：《亞洲政治變動與社會運動的變化》、《韓國社會運動的動員模式與政治社會性格》、*The Tripartite Links of Middle Class, Civil Society and Democratization in South Korea* 等。

李京兒
韓國湖西大學人文學研究所研究教授，台灣大學國家發展學博士。研究興趣爲婦女、家庭、福利政策。主要著作有：《台灣女性的政治參與》、《台灣的工作和家庭的平衡與企業和家庭的回應》、《現代中國父權主義的重構》等。

周桂田

1992 年台大社會系、1994 年台大社研所畢業，旋即赴德國慕尼黑大學社會學研究所攻讀，於 1999 年取得博士學位。師承德國社會學思想巨擘 Professor Ulrich Beck，歸國後致力於倡議、轉化與創造「風險社會」於台灣及東亞社會的新理路。對近十年政府與民間高度對立不信任之「僵局風險治理」與學術斷裂社會關懷根基，認為需盡速轉轍，否則無法因應規模遠超過於 20 世紀科技、經濟、環境、社會與倫理之鉅變。近年代表作有 2017 年由台大出版社出版《氣候變遷社會學》以及 2018 年編著由國際知名出版社 Routledge 出版 *Energy Transition in East Asia*。目前任職於台大國家發展研究所教授，並擔任台大風險社會與政策研究中心總計畫主持人。

廖麗敏

中國科技大學會計學系副教授兼會計室主任，她為政治大學會計學系學士、美國德拉瓦大學（University of Delaware）會計學系碩士、台北大學企業管理學系博士。她的主要研究領域為企業倫理、企業社會責任、非營利組織、土地財政、及永續發展等。她非常關心台灣的環境生態、農業、及糧食安全課題，積極倡導由土地倫理、非市場價值、及社群經濟的角度來予以保護，曾因此參與了多年期的科技部研究計畫。她近年來研究台灣的土地財政課題，認為地方政府在財源窘困情事下，運用土地財政手段來攫取所需的財源，但是，卻也因此造成社會弱勢家園迫遷的嚴重問題，這值得政府及公民社會的關注。她長期積極參與國際第三部門學會（ISTR），並擔任 ISTR 亞太地區學術委員職務。此外，她近年來也受邀協助第一銀行建置該行歷史與雲端數位博物館，並參加了文化部博物館事業推廣補助計畫。

許耿銘

政治大學公共行政學系博士。現任台北市立大學社會暨公共事務學系專任副教授、台北大學公共行政暨政策學系兼任副教授。曾榮獲科技部研究獎勵。研究領域包括：都市與地方治理、危機管理、永續發展、氣候治理。近年來致力於水患風險治理之相關研究，希冀檢視在風險社會下，都市因應洪患所擬訂的政策與實務之間的關係。

杜文苓

美國加州柏克萊大學環境規劃博士，現任政治大學公共行政學系教授、政大民主創新與治理中心主任、*EASTS* 國際期刊副主編，以及《公共行政學報》編輯委員。其研究專長領域為環境治理與永續發展、科技與社會、風險溝通與決策、公民參與／審議民主等，著有《環境風險與公共治理：探索台灣環境民主實踐之道》，以及數十篇國內外專書與期刊論文。社會參與實踐方面，擔任國際責任科技網絡理事，中央社、主婦聯盟環境保護基金會與環境權保障基金會董事。曾任《科技、醫療與社會》期刊主編，並獲得中央社十大潛力人物——社運環保類組、吳大猷先生紀念獎等的肯定，是一位學術研究與社會實踐並重的學者。

謝蓓宜

環境法律人協會專員，政治大學公共行政學系碩士。研究興趣領域：審議民主、公民參與、科技與社會、風險政策。

林宗弘

中央研究院社會學研究所研究員、清華大學社會學研究所合聘副教授、清大當代中國研究中心主任。林宗弘是香港科技大學社會科學部博士（2008），研究專長為社會階層化、量化研究、中國研究、災難社會學，研究興趣是兩岸三地階級分化與貧富差距、全球風險與災難社會學，近年來關注比較政治經濟學與氣候變遷議題。曾與洪敬舒、李健鴻、張烽益、王兆慶合著，獲 2012 年圖書金鼎獎《崩世代》、並榮獲 2015 年科技部吳大猷獎等榮譽，近作為與李宗榮合編《未竟的奇蹟：轉型中的台灣經濟與社會》（2017），中研院社會所出版。與蕭新煌教授合作的相關著作則收錄在蕭新煌、徐世榮、杜文苓編，《面對台灣風險社會：分析與策略》（2019），巨流出版社。

張維安

交通大學人文社會學系教授，中央大學客家學院客家語文暨社會科學系合聘教授，《全球客家研究》主編。學歷：東海大學社會學博士，美國加州大學戴維斯校區博士後研究員。經歷：清華大學社會人類學研究所所長、圖書館館長、人文社會學院院

長，中央大學客家學院院長、客家研究中心主任，交通大學客家文化學院院長、國際客家研究中心主任、人文與社會科學研究中心主任、通識教育中心主任。

黃子堅

馬來亞大學歷史學系教授，現任馬來亞大學人文暨社會科學院院長。曾任馬來亞大學全球戰略與規劃辦公室主任、中國研究所所長。研究興趣除了占城、越南和沙巴歷史外，也涵蓋馬來西亞華人社群研究。主要著作有：《神山遊擊隊：1943年亞庇起義》（2020）、*A Crowded Moment of Glory: The Kinabalu Guerrillas and the 1943 Jesselton Uprising*（2019）、《全球視野下的馬新華人研究》（2019）、*The Chinese Overseas in Malaysia in an Era of Change: Remembering Lee Poh Ping*（2018）和 *The Diaries of George C. Woolley, Volume 3: 1913-1919*（2018）。

黃世明

台灣大學社會學博士，目前為聯合大學文化觀光產業學系教授，隨順學習的因緣、研究的參與、教學的實施以及計畫的輔導審查……等諸多向度的遭遇，跨領域的接觸廣泛，研讀涉及的足跡，包括地方社會分析、台灣客家研究、地方永續發展、台灣區域探究、休閒事業管理、觀光產業分析、社區營造與地方文化館輔導……等。目前學術專業表現，主要被認定為客家研究與休閒觀光。因為教學、研究的範疇比較寬廣，著作主題相對比較多元，1997年參與蕭新煌老師主持《台灣客家族群史政治篇》的研究，後來則於2012年自己再完成另一本客家研究專題的著作出版：《進出族群邊際的再移民社會——客家人在台中與南投地區的文化與產業經濟》。今後所從事的研究取向，主要整理積累多年的客家地方社會與在地產業之研究成果，同時也投入更多的心力，撰述華夏經典的社會學詮釋。

林本炫

台灣大學社會學研究所博士。目前為聯合大學學生事務長、客家研究學院院長、文化觀光產業學系教授。台灣客家研究學會理事長、客家委員會諮詢委員、內政部宗教事務諮詢委員會委員。《客家研究》編輯委員、《全球客家研究》編輯顧問。曾擔任文化觀光產業學系主任、經濟與社會研究所所長，台灣社會學會理事，台灣宗

教學會理事、監事。國家文官學院講座、科技部「學術研習營」講座、行政院人事行政總處地方行政研習中心講座、《思與言》人文與社會科學期刊總編輯。學術專長為客家研究、宗教社會學、質性研究方法。代表著作包括《台灣的政教衝突》、〈苗栗縣客家地區鄉鎮志與縣志中的客家宗教意象〉、〈客家義民爺的神格：苗栗縣義民廟初步研究〉、《客家文化事典》中的宗教信仰類詞條、《續修苗栗縣志》的〈宗教篇〉、〈神格的新生和轉換：台灣義民爺和馬來西亞檳榔嶼大伯公〉及「質性資料分析軟體」相關論文多篇。

林開忠

澳洲 Griffith 大學人類學博士，現任暨南國際大學東南亞學系專任副教授兼主任。研究專長為東南亞華人社會與文化、東南亞客家研究、族群關係與族群研究以及飲食與文化。代表著作如：〈砂拉越新堯灣周邊客籍華人與達雅族的異族通婚家庭〉、《滋味的流轉：遷徙與地域飲食文化的形成》等。

利亮時

新加坡南洋理工大學博士。現任高雄師範大學客家文化研究所教授兼東南亞暨南亞研究中心主任、新加坡南洋理工大學中華語言文化中心特邀研究員。研究專長：新馬華文教育、東南亞華人社會、東南亞族群關係、東南亞客家會館與社會、東南亞客家聚落。主要著作有：《立於山和城之間——嘉應五屬公會的昔日、今日與明日》（2018）、《陳六使與南洋大學》（2012）、*A Retrospect on The Dust-Laden History: The Past And Present of Tekong Island In Singapore*（2012，與 Chen Poh Seng 合著）。

王宏仁

中山大學社會系教授。擔任過台灣社會學會理事長、《台灣社會學刊》主編。主要研究越南，包含越南台商、婚姻移民、移工，相關研究發表在 *Pacific Affairs*、*International Migration Review*、《台灣社會學》……等國內外刊物。最新出版書籍《全球生產壓力鏈：越南台商、工人與國家》（2019，台大出版社）。

陳志柔

中央研究院社會學所研究員，清華大學社會學研究所合聘教授、臺灣大學社會學系兼任教授。

龔宜君

暨南國際大學東南亞學系教授。長期研究跨境移民。著作包括：《「外來政權」與本土社會：改造後國民黨社會基礎的形成》，研究對象為政治移民；《出路：台商在東南亞的社會形構》，研究對象為經濟移民。近期從事有關東南亞婚姻移民之專書寫作，以及越南中部高原咖啡小農階級的研究。

陳佩修

政治大學政治學博士，現為暨南國際大學東南亞學系教授兼東南亞研究中心主任，同時亦為人文學院院長。教學與研究領域為東南亞國際關係、東南亞比較政治、泰國研究、印度支那研究等。

金潤泰

台灣大學社會學博士，現任韓國同德女子大學中國學系教授、同德女子大學附設韓中未來研究所所長，韓國中國學研究會會長，韓國外交部在外同胞政策實務委員會民間委員。金潤泰的研究興趣包含東亞社會發展研究與移民社會研究，著重於在中國的韓人社會，特別是中國朝鮮族社會研究。他的研究成果包含 "Immigration, Settlement and Economic & Social Characteristics of Korean-Chinese in US" 等多篇期刊論文與學術專書。

官有垣

畢業於美國密蘇里大學政治學系，目前是中正大學社會福利學系教授。主要研究領域是第三部門（即非營利志願部門）與社會福利政策的相關議題，範圍包括台灣非營利組織的治理、非營利組織在台灣的社會及經濟發展中所扮演的角色與功能、草根性質非營利組織對台灣公民社會發展之影響、台灣與香港社會企業的發展與特質、以及非營利組織的長期照顧服務角色。官教授出版過十數本關於台灣非營利組

織、社會企業及福利政策的研究專書，以及多篇相關的期刊論文。近期出版的學術專書為《社會企業的社會影響：臺灣與香港的案例》（2019/06，巨流出版公司）。官教授目前擔任「台灣兒童暨家庭扶助基金會」以及「喜憨兒社會福利基金會」的董事，以及「社團法人台灣第三部門學會」常務理事。

陸宛蘋

台灣早期的社會工作者，經歷企業的基金會、美國亞洲協會、中華聯合勸募協會（United Way of Taiwan）創會秘書長、行政院賑災基金會董事兼執行長、海棠文教基金會執行長等實務工作已超過 40 年。目前在台北大學公共行政暨政策學系、輔仁大學非營利管理學程（碩士）擔任兼任副教授的工作。基於非營利組織也需要管理，因此於 2002 年同時於政治大學 EMBA 非營利事業管理組碩士及澳門科技大學工商管理博士進修，2006 年同時取得政大碩士學位及澳門科技大學博士學位。實務工作中發現非營利組織（公益組織）充滿了理想與熱情，雖然財務（錢）很重要，但更重要的是「人才」，尤其是「管理人才」，因此近 20 多年來致力於非營利組織人才培育及組織輔導、提倡績效與評估、協調民間組織參與重大災害服務。

范綱華

美國德州大學奧斯汀分校社會學博士，東吳大學社會學系副教授。研究領域包括：宗教信仰與生活福祉、幸福感的測量與社會成因、自我概念成長發展歷程、社會階層化與身心健康。

目　錄

第五篇　治理與福祉：台灣第三部門與青年的四十年轉進

第一篇

總論

蕭新煌教授的學術實踐座標圖

張翰璧、楊昊

　　這本書的作者與書中的四個領域標示著蕭新煌教授學術實踐的地圖，X 的時間軸，是蕭老師從回台灣後，在中研院進行研究與在台灣大學任教過程中，不斷加入的學生、同事，個別學者在不同時間點加入蕭老師學術研究的歷程，進行不同研究議題的討論和合作。當然，除了本書的 26 位作者，還有其他更多的學生和學者曾經受教於蕭老師，或是參與過他的研究計畫，只是無法參與這次的出版專書。Y 軸則是沿著時間的推移，在研究議題上的擴展。四個領域的 22 篇文章主題，標示著蕭老師的學術關心與發展，主要在以下領域：社會運動、台灣客家研究、東亞與東南亞研究、台灣第三部門、環境治理，研究的區域包括台灣、東亞社會、東南亞區域。

　　上述的座標圖中的研究議題，不但標示著台灣社會自 1980 年代以來的發展軌跡，也展現蕭老師「學術上的社會實踐」，一直到現在。本書的標題「進步與正義的時代：蕭新煌教授與亞洲的新台灣」，希望將蕭老師的學術實踐放回社會脈絡。台灣社會自 1980 年迄今，經驗了經濟快速起飛與蓬勃發展的年代，走過民主轉型與鞏固的時代，並且正於社會轉型與再興的世代大步邁前。在這 40 年間，蕭老師扮演公共知識份子的角色，不僅在學術領域深耕理論研究，結合台灣發展經驗，提出創新見解；對政府的施政方針，也提供具體且清晰的發展建議；更關鍵的是，對於推動社會進步的社會實踐，更扮演重要推手的角色。直到退休

後，還擔任「台灣亞洲交流基金會」的董事長，從民間交流的層面繼續貢獻發揮影響力，在台灣的主體性上，以「進步」（progress）和「正義」（justice）的文化理念，建立與亞洲各國的關係，鞏固台灣在亞洲的位置。

亞洲的轉型是多面向、全方位的轉變，它的驅動力來自於兩個層面，內部動力與外部趨力。就國家與社會層面而言，包括多元族群文化、公民社會、環境意識、以及國家發展等因素是促進亞洲轉型的內部動力。而外部趨力則是在區域與國際層面的變化，諸如戰爭與和平的國際情勢演進、及各種以國家或非國家行動者所促成的區域整合與串連趨勢。內部動力與外部趨力的融合，促使亞洲和台灣進入新的格局，其中，「進步」與「正義」是最重要的兩個關鍵詞。

亞洲的進步不只是經濟成長的線性思維，而是在政經、社會、環境、文化等多樣領域的整體永續發展。所謂的「進步」，代表的是治理與制度的進展、理念與關懷的躍進、以及行動與運動的推進，這些都環繞在以人為中心的進步思維中。特別對於客家研究而言，對於在地治理與制度、族群關係的跨國比較、對於客家文化帶的醞釀與擴散等，它牽涉到族群文化與政經社會脈絡的多元議題領域，更涉及從過去積累到未來發展的前瞻視野。

本書共有 22 篇文章，分四個主題，議題涵蓋民主政治、客家社會與文化、國際關係、環境正義、公民社會等領域。除了 22 篇文章外，還有總論的兩篇文章，除了本篇外，另一篇就是蕭老師親自撰寫的〈追求社會學想像四十年：轉向、開拓與突破〉，生動地回顧和檢視他 40 年來，三個時期在學術生涯中的打拼、合作和突破。另外，在每個主題前，都有一位重量級學者特別寫下蕭老師在四個領域所做的貢獻。

第一個主題是「行動與策略：社會運動與環境治理」，共收錄八篇文章，前三篇以社會運動為主題，何明修、黃俊豪發表〈台灣社會運動研究領域的制度化（1980-2017）〉，該文也特別向蕭新煌教授致意，彰顯其所帶領、為期 30 年的台灣社會運動研究；第二篇論文為台灣大學社會學系劉華真教授發表的〈台灣反核運動的開端：1979-1986〉，台灣是唯一一個在反核運動的壓力下，從 1980 年代中期就停止核電擴張的亞洲國家，呼應蕭新煌教授所致力的亞洲社會運動的比較研究議程；第三篇，韓國湖西大學朴允哲教授及李京兒教授發表的〈韓國社會運動團體與民主改革：以「參與連帶」與「經實聯」為例〉，該研究期望能深入分

析社運團體的政經社會體制，為新的綜合性社會運動路線提供研究註腳。

　　中間三篇文章呈現國內環境研究社群所關心的風險社會議題與環境治理挑戰。第四篇，周桂田發表〈新興工業國家之風險治理挑戰：以 2005 年台灣狂牛症爭議事件為分析〉，從美國牛肉狂牛症風險政策爭議探討台灣社會與政府對於風險治理典範的變遷、衝突與困境；而第五篇徐世榮與廖麗敏發表的〈台灣土地改革再審視〉則是由三七五減租談起，論述土地政策下的悲歌；許耿銘教授則以〈影響風險意識與支付意願之個人因素：以台南水患治理為例〉，從都市角度評估，凸顯水患治理的實際挑戰與制度設計。這三篇文章分別從能源、土地、以及災難的角度，呈現台灣社會面臨的環境脆弱性與挑戰，更重要的是，具體凸顯國內環境研究社群對於各項挑戰的解方。後兩篇文章則特別對應環境與正義的主題思辯。杜文苓、謝蓓宜的〈核廢風險溝通的反思：核廢政策的公共審議〉，針對當前的核廢深入分析台灣社會的分歧立場與對話理路；另外，林宗弘、蕭新煌和許耿銘合寫的〈台灣邁向低碳社會的公眾態度與政策變遷〉，乃透過 2017 年的國家調查以及理論解釋民眾對低碳稅收和價格政策的偏好。

　　第二個主題為「凝聚與記憶：台灣與東南亞客家」，共收錄六篇文章，張維安、張翰璧和黃子堅發表〈誰需要劉善邦？砂拉越石隆門帽山客家共和國的重建〉，文中透過辯證劉善邦存在的真偽，點出更重要的是其背後歷史與故事對東南亞華人的意義與重要性；第二篇張翰璧的題目是〈「客家帶」的歷史與空間形成：以台灣和馬來西亞為例〉，該文從族群空間的觀點探討客家文化帶的醞釀與形構過程。「族群空間」作為一個族群分析與研究的概念，是採取族群人文地理作為理解客家歷史的工具。探討其他族群、自然環境和經濟活動如何與客家文化互動，和產生相互的影響。簡言之，「族群空間」包括三個面向，一是特定地理環境的社會空間；二是具體時間的歷史過程；三是上述空間和時間經由人類與自然、族群間互動所產生的文化特質與族群關係。第三篇論文則是黃世明的〈客家人的移動構圖與聚散連結之時位考察初探〉，該文以時位考察的方式，討論客家族群的移動軌跡與社會鏈結。

　　後三篇討論亞洲的客家研究議題，其中東南亞的客家研究是台灣社會瞭解亞洲社會脈絡與族群文化的重要途徑。林本炫的〈打破客家刻板特色與比較研究的挑戰〉，討論進行跨國客家研究比較研究的脈絡、特色與基本架構；林開忠撰寫

的〈馬來西亞霹靂州嘉應客家移民及其網絡關係〉，從地域性的馬來西亞個案研究著手，深入呈現客家移民與在地經濟商業網絡的互動關係；最後則是利亮時的〈檳城嘉應、大埔、永定、惠州與增龍五個客家社團內部與外在的關係〉，同樣也是透過比較研究的方式進行東南亞客家社團的社會脈絡梳理。這三篇論文呈現出蕭新煌教授所帶領的客家比較研究團隊的田野經驗、創新議題的分析角度、以及跨國比較研究的團隊成果。

　　第三個主題與東南亞研究有關，「台灣向前行：東亞與東南亞研究的生根與深耕」主題中，王宏仁、陳志柔以〈越南與中國罷工的比較：防禦型與攻擊型的威權國家〉為題，討論當前台商在東南亞面臨到的挑戰；龔宜君的〈又見「懶惰的土著」？：越南台商工廠的勞動政治〉，從在越南台商與基層勞工雙方互動的界限，解析支配權力以及勞工反抗產生的原因；楊昊發表的〈台灣東南亞研究的發展第一個三十年與下一個三十年：蕭新煌教授的貢獻〉則是綜合回顧過去 30 年來由蕭新煌教授促成的台灣東南亞研究之發展議程與特色，並且勾勒下一個 30 年的深耕路向；而陳佩修是以〈泰國拉瑪九世（1946-2016）政治遺緒的初探〉，回顧泰國研究的發展軌跡；最後，韓國同德女子大學中國學系金潤泰的〈台灣的韓國研究、韓國的台灣研究〉則是呈現台灣過去發展韓國研究的特點。

　　最後是「治理與福祉：台灣第三部門與青年的四十年轉進」，第一篇文章為官有垣發表的〈台灣第三部門治理的實證研究：1990 年代迄今〉，呈現公民社會研究的發展議程，並且特別聚焦於第三部門治理的運作軌跡。第二篇是台北大學公共行政暨政策學系兼任副教授陸宛蘋撰寫的〈台灣非營利組織之評估與公私協力：以十年衛生財團法人輔導計畫為例〉，該文特別從公私協力的角度討論非營利組織在台灣社會深耕與轉型的動力與合作關係；第三篇論文則是范綱華所發表的〈父母教育期望對青少年憂鬱症狀影響的社會階層差異〉，這篇論文探討不同階層父母對子女的教育期望，如何透過生活支持、負面互動、以及自尊的中介，影響國中青少年的憂鬱症狀發展。這三篇文章呈現出治理理念的變遷、第三部門的發展轉進、以及不同階層的父母教育對青少年的影響，凸顯公民社會的發展圖像。

　　除此之外，針對上述四大主題，徐世榮、張維安、王宏仁和官有垣更分別撰寫蕭老師在個別主題所扮演的角色，以及為這些主題所帶來的意義與影響。徐世

榮〈把民間社會及社會力找回來〉，認為蕭老師經由環境保護運動及消費者保護運動等的研究，提醒我們民間社會的重要性，也提醒我們環境問題並非是單純的科學問題，它更是複雜的社會問題，是將民間社會及社會力這個重要面向納入台灣政經研究的主要貢獻者；張維安〈把客家帶進社會學，把社會學帶進客家〉，該文回顧當代台灣客家研究的發展脈絡，從社會學的角度檢視其中變遷路徑，同時透過文獻與經驗的梳理，凸顯蕭新煌教授與客家研究先進對於此一學術領域的扎根及推進貢獻；王宏仁〈撐起東南亞研究的學術新空間〉從自身的大學求學經驗，闡述蕭老師透過研究不同的社會文化，解析台灣的特色以及可能的機會與限制，並促成社會學研究新的轉向，其中 1994 年中研院成立東南亞研究計畫後，更進一步將東南亞研究在台灣開枝散葉；官有垣〈治理與福祉：台灣第三部門與青年的四十年轉進──蕭新煌教授的貢獻與影響〉以四個面向鋪陳蕭老師在「台灣第三部門與公民社會」研究的貢獻與影響，並期盼在蕭老師的領導下，大家能再攜手為此一研究領域作出更多的貢獻。

　　蕭老師的學術實踐座標圖，不但標示著戰後台灣社會的變遷、年輕學者的社會關懷與實踐，更是在地社會人文關懷的養分，架構台灣人對台灣社會、東亞（東南亞）族群和社會的深入瞭解與情感依附。這個學術座標還繼續在擴大和深耕對台灣社會的影響！

後記

　　本書的 22 篇論文均先發表在 2018 年 12 月 15-16 日於宜蘭礁溪以同名為主題舉辦的國際研討會，經修改審查後收錄。研討會的召開蒙何明修的前期策畫、彭雪莉的聯繫和政大東南亞研究中心多位同仁的執行，以及蕭老師門生們的積極熱情與會，才得以順利完成。在集結論文成書出版過程中，彭雪莉和羅玉芝出力也甚多，在此一併致謝。

追求社會學想像四十年：
轉向、開拓與突破

蕭新煌

一、楔子

　　十年前，我在《台灣的社會學想像》（王宏仁、龔宜君主編，巨流，2010）一書中，以「我與台灣的社會學想像」為題，分別寫了我治社會學的三部曲和台灣社會學典範轉移的三部曲，以及這兩個不同三部曲的互動和交集關係。

　　該文回顧的是我過去 30 年來治社會學生涯的心路歷程，談的大多是回首來時路我與社會學的三種心境的轉變：好奇、認同和執著；以及我又如何不滿被「無根與依賴」的台灣社會學洗禮，接著如何親身投入台灣社會學的「扎根和自由」，最後又如何目睹和接力讓台灣社會學能更「成熟」和鼓勵「爭鳴」。

　　上述三個心境和三種作為的書寫，像是我與社會學關係的自我剖析和自我表白。談得比較少的卻是我數十年來的學術研究的實質內涵和發生的轉變。現在回想起來，確實也應該寫下我過去 40 年來到底做了哪些社會學學術研究？為何做？如何做？

　　正巧在我退休前夕，中央研究院社會學研究所好意邀我在為退休研究人員而規劃的「火炬系列」演講補白。這篇文章的文本就是根據那次口頭演講（2018年 12 月 21 日）的文字版，連題目也沒作更動。

　　當時，我就是以「追求社會學想像四十年：轉向、開拓與突破」為題。我似

乎情有獨鍾「社會學的想像」這個由 C. W. Mills 創造的概念，作為幾次寫自我回顧文章的標題。第一篇是早在 1983 年（當年我 35 歲），我以「追求社會學的想像」，寫了我當年（1967 年）考進台大社會學系到 1983 年回中央研究院和台大社會學系工作 4 年那段長達 16 年的社會學之旅。第二篇則是上述提到的那篇《我與社會學想像》（當年我 60 歲），第三篇則是我為中研院社會所 20 年紀念特刊所寫的《在這裡，我實踐社會學想像》（2015，當年我 67 歲），在該文我回想和欣賞在社會所遨遊、探索社會學堂奧的經驗。本文（我已 70 歲），我四度用這個概念，只是書寫時間更長（前後 40 年），也認真回顧我的社會學之旅所經歷的研究轉向、嘗試去開拓領域和努力所做的學術突破。

在準備演講和寫作之初，我就一直在想該採取什麼角度去運用什麼樣的資料和材料來回顧我追求社會學想像的 40 年學者歲月。40 年是一段頗長的學術生涯，而我又絕大部分的歲月是花在中央研究院。因此，我就著眼這 40 年當中，我的學術研究旅程有沒有什麼重大而有意義的分期和段落，而且在每個時期又都可以呈現某種可區分而特別的學術生涯特色。就如此，我觀察到我過去 40 年可以分成以下三個重要的時期，而且每個時期又不難勾勒出我是如何去追求、探索和實現我的社會學想像。

第一時期：1979-1995（我的新生代生涯，共 15 年）。這是從我在 1979 年 8 月進中研院民族所（行為研究組）服務開始，到社會所籌備處成立（1995 年），我轉到該籌備處為止。這算是我在博士學位後的延續和摸索期，而且是以個人力量去深耕社會學的經驗現象研究園地。

第二時期：1995-2009（我的中生代生涯，也有 15 年）。這是我從轉到社會所籌備處和受命籌組「中研院東南亞區域研究計畫」開始。我在這第二個 15 年裡，開啟了一個明顯的轉向。我看到了開發新研究領域的機會，並以超越一己之力的集體力量，用團隊的集體人力、機構化的物力去開拓台灣社會學新研究疆域。

第三時期：2009-2018（我的老生代生涯，到 2019 年 1 月 1 日退休，共有 10 年）。這是我從亞太區域研究專題中心回到社會學所擔任所長開始。這十年，我重新回頭看前兩個時期的個人探索和集體開拓所累積的成果，認真嚴肅地檢討在那些眾多的學術累積成績當中，有沒有什麼可以進一步向內提煉、向上昇華和向

前突破的理論創見。

　　什麼是我憑藉用來作為評估上述三個學術生涯時期的工作和成績，以及個別表現出來的特色呢？不能只憑主觀意願和理想，也不能光看學界同儕的評語，而必須要有豐富、扎實而具體的研究成果和作品作為證據和立論基礎才行。

　　於是我便很老實地將歷年的學術出版目錄拿出來作為我「資料分析」的對象，以驗證我對自己過去「三生代」記憶中所觀察到的轉向、開拓和突破是不是真的存在，是不是也經得起我自己研究作品內容分析後的考驗。

　　截至 2018 年 12 月為止，我的著作出版目錄列出了專書 119 本、期刊論文166 篇和專書論文 206 篇。這些林林總總的著作就是我追求社會學想像四十年留下的足跡。

二、第一個時期（1979-1995）：個人摸索與打拼

　　我在第一個時期還是一個新生代的年輕社會學者（30 歲-45 歲）。在這 15 年裡，我認真學著去做一個台灣本土的社會學家。一方面靠著的是我將博士論文研究衝勁的餘溫和熱度繼續深化和擴展我對台灣（與南韓）農業政策及其對小農、勞工階級轉型的注意和探討。二方面則將視野也同時轉到當時台灣社會的多變情勢和台灣社會學的發展態勢。三方面則是大膽嘗試去組成一個東亞中產階級的比較研究。這也就開展了我對 1980 年代新興公民社會運動的觀察和對台灣社會學在 1980 年代發展新動向的關心，以及將「台灣研究」放大到區域比較研究架構和脈絡之中。

（一）透視戰後農業政策與農工階級轉型

　　我的博士論文 *Government Agricultural Strategies in Taiwan and South Korea: A Macrosociological Assessment*（1979 完成，1981 出版），有系統地比較與評估台灣與南韓農業策略及其對戰後農工業發展大勢的政策影響。在當時的論文中，我清楚標明戰後土地改革和重工輕農策略與政府（國家）及階級不均衡權力關係有關。回台灣後，我很自然地延續這麼一個近乎階級權力分析的角度來觀察探討戰後一連串社會階級轉型與上述農業政策的直接關係。最關鍵的莫過於佃農階級的

消失（1950 年代），第一代自耕農的出現（1950 年代），地主階級的中落（1950年代）及部分地主轉進成為第一代工業投資者和資本家（1960-1970 年代），第一代勞工階級的大量形成（1960-1970 年代）以及之後的第二代都市中產階級的興起和他們階級傾向的轉向（1980 年代），都與前面提到的國家農工策略相關。

　　回頭想想，這樣的視角，不就是典型的社會學的想像嗎？不但我看到四個新階級的出現，我也注意到這四個階級的階級性格：如保守的小農、保守轉積極的勞工、保守積極混雜的中產階級，以及保守的資本家。我發現當時有這樣的分析角度，可說是很受用，也因此我對 1980 年代冒起的各種社會運動和抗爭背後的階級基礎，有進一步的看法。另外，很重要的是，建立在我對台灣階級轉型的觀察分析，也看到了中產階級在 1980 年代的浮現。這對我後來進行東亞中產階級比較的國際集體研究計畫，顯然是有著很直接的刺激催生作用。

　　同時，我也沒忘情我在博士班就學時的社會學專長：發展社會學。回國後那些年，我也試圖進一步去探討台灣「發展經驗」的全貌，也與已過世的 Peter Berger 合編了一本《東亞發展奇蹟的模式》的專書。基於對台灣經濟發展宏觀特色的好奇，我也特別撰寫了一篇〈戰後政治轉型下的政商關係（State-business relations）演變〉。另一篇利用企業家傳記故事寫成的〈台灣中小企業 vs. 大企業創業過程〉。這兩篇都從政治經濟學角度來寫作；這幾篇文章，現在回想起來，在當年也算是開學界研究風氣之先。有趣的是，也因為早期我寫過台灣企業的社會學文章，對後來我繼續作台商的研究或是綜合論述中小企業為台灣資本主義結構的特色，確實有幫助。

（二）目睹新興社會運動的冒起

　　身處在 1980 年代的台灣社會與政治變局，對一個年輕的社會科學家來說，根本不可能置身度外。被我稱為是「社運黃金十年」的 1980 年代，讓我大開社會學的眼界，也逼我開拓社會學的想像，去觀察、解讀，甚至支持當時此起彼落的各種社會抗爭（運動）。我盡量收集各方客觀資訊來觀察社運，也認真用社會學的視野來理性解讀它們興起的前因後果，然後在主觀上建構起我覺得社運值得也應該被知識界聲援和支持的立場。這種聲援的態度也常常表現在我當年屢屢接受不同媒體採訪的論點。在 1980 年代初的戒嚴時期，我就被歸類為自由派的知

識份子，在保守的當道政權和保守學者眼中，我可能更被視為敢言的異端。回想起來，我甘之如飴、自得其樂。原因是我相信我只不過是做了一個承擔責任的本土社會學家的角色。

在那十多年當中，我以各種直接、間接方式和多樣途徑去接觸和瞭解以下所有被媒體報導的各類社會運動（抗爭）：

第一波：1980-1986
消費者運動；
反公害自力救濟抗爭；
生態保育運動；
婦女運動；
原住民人權運動；
學生運動；
新約教會宗教自由抗爭；

第二波：1987
勞工運動；
農民運動；
教師教育自由人權運動；
殘障者福利運動；
政治犯人權運動；
外省人返鄉運動；
老兵自救運動；

第三波：1988-1990
教育改革運動；
黑名單台灣人返鄉運動；
客家還我母語運動；
反核電運動；
無住屋者（無殼蝸牛）運動；
民間司法改革運動；

人民結社自由運動；

新聞工作者專業自主運動；

野百合學生運動；

知識界反軍頭（軍人干政）運動。

在上述這些為數 24 項運動當中，我雖不都是無役不與，但卻是對每項社運都保持一定的好奇心和興趣去瞭解。很感欣慰的是，每當我去親身觀察那些社運活動時，都有機會與不同社運領導者請教對話，也取得他們一定的信任。這種信任的取得，對我來說相當珍惜，也很重要。對上述社運的觀察，有的我甚至寫了書（消費者運動、環境三支流運動），或寫論文（農民運動、勞工運動、無住屋者運動、客家母語運動），或寫時論專欄或社論，或接受採訪發表評論。此外，我還發表一篇如何進一步理解上述多種運動的類型分析架構（以內部資源動員能力高低和對社會衝擊力的大小作為兩個分類座標）。在陸陸續續不間斷的近距離觀察下，我當年就在心中打下了「社會運動為何」的問號與驚嘆號，我愈來愈清楚社運不外就是為了社會進步正義和政治民主而出現、而存在。

更具有歷史社會學意義的是，我在第一時期末期還合寫了一篇將 80 年代公民社會運動的興起放回到過去 100 年的長歷史脈絡去探究。論文題目就稱為〈台灣社會力的浮沉：1895-1995〉，發現台灣社會運動其來有自，不是在 1980 年代才突然破繭而出，在 1920-30 年代的日治時代就曾出現過。這篇論文也明白顯示不是只有西方社會才有「公民社會力」（civil society force）和「追求民主」出現的條件。

坦白說，那十多年我對社運的觀察和書寫的確是出自個人的主觀熱忱和責任感，而不完全是為了建立學術成績的單純動機。同時，我對公民社會力運動的長期觀察和分析，讓我更深深地感到 1980 年代的確是台灣歷史上，從下往上求變的集體民心、民力掀開了民主與進步年代的第一樂章，也是最關鍵的樂章。

（三）對台灣社會學的知識社會學觀察

說來有趣，我在美國讀書，給我印象最深，也最讓我受用無窮和可以拿來活學活用的概念和知識體會，除了前面提到的「社會學想像」之外，另一個就是 Thomas Kuhn 的「典範移轉」（paradigm shift）。我回來教書、研究就常常靈活引

用這兩個概念去看、去想台灣的大轉變。簡單地說，就是活用社會學想像去理解體察台灣社會學（學術領域）和台灣社會變局（社會現實領域）的典範移轉。

我的心得其實也不難說明，我直覺感受這兩個概念不外就是我學知識社會學（sociology of knowledge）的核心建構。

在 1980 年我就用典範移轉概念來回顧、透視和批評自 1960 年以來社會學在台灣的發展史，並直指出前面我已提到的台灣社會學發展第一部曲，那就是依賴與無根，並呼籲要以自由化、本土化作為第二部曲的主軸。

接著，我在 1984 年還利用一份對台灣社會學家的問卷調查來檢視社會學者如何自評社會學。從問卷調查結果看來，也印證了我早期那篇論文的論點。台灣社會學家不滿台灣的社會學過分依賴輸入移植進來的歐美社會學，而與本土社會現象疏離。他們也期許要將社會學與台灣本土社會現實做有意義的連結和產生有意義的相關，這就是自由化和本土化。本土化的必要途徑，在多數社會學家的心目中，就是進行扎實、有系統的台灣經驗研究，和擺脫威權政治的禁忌和束縛。

我也很樂見，在 1984 年中研院社會所在當時的國科會支助下，開始了長期的社會變遷基本調查計畫，迄今 35 年，累積了可貴的實證調查資料，供台灣社會學者去推動落實社會學本土化。

在之後的 20 年裡，我就比較少直接再進行有關台灣社會學發展的研究。但在 2010 年以後，我又不禁技癢，在不同場合，做了更進一步台灣社會學典範移轉的最新觀察。

我認為 50 年來的台灣社會學經歷了三個典範轉向，一是經驗轉向（亦即本土化），二是批判化（亦即自由化、民主化），三是全球化（向國際進軍），這篇短文就刊登在 ISA 的 *Global Dialogue*（Vol. 3: 2, 2013）。這恐怕也是我延續 30 年前我對台灣社會學所做知識社會學相關觀察的完結篇。

（四）開啟東亞中產階級比較研究方向

就像我在前面提到的，我在 1980 年代對農民、勞工、中產階級、企業家這四個新階級都給予學術的關注，也試圖一一加以探討。從那段時期的著作目錄，也可以看出我當時的確有進行多階級全貌分析的企圖。但後來，我發現進行農民、勞工、資本家研究都有我難以克服的客觀困難，或是自己主觀心理的障礙。

於是，靈機一動，看到自己不就是一個典型向上階級流動家庭的社會產物嗎？我出身於農業長工和都市勞工的家庭，透過高等教育取得學歷和專業能力途徑，而變成的新中產階級。何不就以中產階級作為我進入階級分析的切入點和對象？同時，在 1980 年中後期的自由化、民主化浪潮中，中產階級的政治性格更一下子突然變成學界、政界和媒體界的熱門話題，我也不時參與論戰。

更巧的是在 1988 年台北青商會邀我出面召集一個規模不小的台灣中產階級的學術研討會。就這樣，我在 1989 年出版了一本由我主編的《變遷中台灣社會的中產階級》（巨流，1989）。這應該是台灣社會科學界第一本台灣中產階級的學術著作。一時之間，我儼然變成了一名研究中產階級的「專家」。

比較重要的專業學術進步是後來幾年的發展。在 1990-1991 年之間，我有機會與當時在夏威夷大學社會學系任教的 Hagen Koo（韓裔）和 Alvin So（香港出身）兩位教授從發展社會學聊到台灣中產階級的熱門話題，我就起心動念邀他們與我合作，一齊來進行東亞中產階級的比較研究計畫。於是，我就提出一個國際性的集體研究計畫，將台灣中產階級放到東亞新興工業國的脈絡中，與香港、南韓和新加坡進行跨國比較。這個「東亞中產階級研究」計畫（East Asian Middle Class Project, EAMC）得到蔣經國基金會的支助，從 1992 年開始進行。我費盡心思邀請台、港、韓、新四地共 12 位社會學家共襄盛舉，中間在台北、首爾、香港和新加坡分別召開經歷前後的四次計畫研討會。先後在 1993 年和 1999 年分別由中研院民族所出版兩本專書。一是 1993 年的 *Discovery of the Middle Classes in East Asia*，二是 1999 年的 *East Asian Middle Classes in Comparative Perspective*。

這個跨國計畫對我來說，也具有鼓舞自己大膽跨出台灣走進亞洲區域比較研究的勇氣和信心。這個東亞中產階級的比較研究也的確做出了以下學術的貢獻和價值：

1. 提出東亞中產階級乃第一代中產階級的本質，而且是四地社會經濟發展後創造向上社會流動的社會產物；

2. 指出此一新階級的最主要階級性格是經濟的富裕、文化的不成熟以及政治上存在保守與自由之間的擺盪，具有情境性和投機性；

3. 看出第一代中產階級內部有著離異多樣的次階級尚未成形，更未結晶化；中產階級之內，不但存在著以下三個次階級：舊中產階級、新中產階級和

所謂邊際性中產階級。而且這三個附屬分類階級也各有其階級性格。

4. 雖說如此，東亞中產階級一旦與勞工階級和資本家階級之間做比較，卻仍然可檢視到其間存在著可辨識的差異，是自成一格的新階級差異。

回顧我在 1979-1995 這 15 年的社會學想像追求歷程，主要是以個人為主的心力去進行，一開始較少有規模較大的合作或集體的著作出版。這充分反映當年我不過是一位年輕的新生代社會學者，自己既無資源可與人分享；也沒有資深學者提供外在資源給我運用，所以單打獨鬥大概是我第一時期開頭那 10 年的寫照。現在回想，我毫無怨言，反而欣慰有那 10 年讓我以一己之力去摸索和探險。一則測驗我有多少想像力和好奇心，二則考驗我的能耐。1990 年代初期我出面組織召集中產階級比較研究，算是跨出我個人型研究途徑走向集體型研究的第一步。這一步，就讓我在第二時期（1995-2009）更有信心和耐力去大力推展其他更多的集體型國際比較研究。

綜觀那 15 年，我量化著作成果可以下列數字呈現：著、合著、編著的專書 38 本（平均一年 2.5 本）、期刊論文 47 篇（平均一年 3.1 篇）、專書論文 42 篇（平均一年 2.8 篇）。大概，我當時相信作為一個新生代學者，非得認真研究、用心寫作和出版，上面這樣子的成績，算是可以交代。

我在第一時期的學術工作生涯大多都在中研院民族所和台大社會系度過。民族所學術自由的研究氣氛和台大社會系放任自由的教學環境，讓我真的可以遨遊於其間。在研究方面，我可以隨心所欲地去探險一些未開發的新領域。在教學方面，我又可以大膽放心地引進發展社會學和環境社會學這兩門社會學的新疆域給年輕的學生。在那 15 年左右，我似乎也以台灣社會學界新生代的身分，在台灣學界掀起若干小漣漪。更重要的是，在那段時間，我注意到一些優秀、有潛力發展的學生；他們就成為我在第二時期之後提拔和合作的學術夥伴。

第一時期的我，是青壯年（30 歲-45 歲），大膽求新和專注求實，可以用來說明當時的心態。只看前、不顧後恐怕也是所有新生代學者的態度。現在回想，其實也不為過。

三、第二個時期（1995-2009）：團隊與集體合作

進入第二時期的契機，說來是跟我從民族所轉到我也盡一份力催生出來的社會學所籌備處有關，更與我被甫上任的李遠哲院長賦予重任，協助張光直副院長規劃籌備中央研究院東南亞區域研究計畫，有更直接的因果關係。

我在 1994 年堅持辭掉擔任 6 年的民族所副所長職務，原以為在近 45 歲時，可以開始「回頭看已走過的路」，再想想下一步可以在社會學想像的追求道路上，採取什麼樣的步調，選擇什麼樣的方向。這種找尋中年新方向的可能性，卻竟然因上述之身負重任去發展東南亞區域研究的任務和挑戰所決定了。

我之所以答應挑下跨入陌生的東南亞研究，除了很難推辭李院長和張副院長的請託外，也有一個社會學想像的誘因在腦裡盤旋；那就是既然我在那前幾年已經推動了東亞中產階級研究領域，何不也一不做二不休，從東（北）亞延伸到東南亞研究？讓自己從此有機會提升、躍進成為一個在台灣的「真正」亞洲社會學家呢？

這既是好奇心，也是企圖心，更是順勢而為的契機，我在第一時期那 15 年就常常以台灣社會學家的身分受邀請參加區域和國際的學術研討會；所以已有很多機會接觸不同亞洲國家的學者。不過我當時被認定，也自我定位的卻只是懂台灣的社會學家而已。我就想到，如果有這個新機緣可以去從事東南亞研究，甚至做到亞洲比較研究，那應該是一件很有意思，也很刺激的另一條新闢的社會學之路。

回顧那 15 年，我以一個中生代社會學者啟動中研院的東南亞研究，這算是將社會學帶入東南亞研究，也是將東南亞研究帶進社會學。同時，我還實現了中研院被賦予的任務：協助國內學術界的科學研究發展。所以我以「中研院東南亞區域研究計畫」的聲望和資源，襄助、支援和帶領台灣的東南亞研究。我積極選拔有潛力的博士後研究人才來耕耘中研院東南亞計畫；支助全台灣優秀博士生、碩士生進行他們的東南亞學位論文研究。我更號召院內對東南亞研究有興趣的社會人文學所研究人員提出相關研究計畫來申請經費，和誠邀院內社會人文各所的相關學者擔任合聘研究人員。

我同時也對外推動台灣東南亞研究的制度化、社群化，在 1999 年開始舉辦

「台灣東南亞研究年度研討會」（迄今已達 20 屆），又在 2005 年組織台灣東南亞學會（Taiwan Association of Southeast Asian Studies, TASEAS）。那 15 年裡，先是從東南亞區域研究計畫（Program for Southeast Asian Studies, PROSEA）（1994）起家，後來轉型到亞太研究計畫（Asia-Pacific Research Program, APARP）（2000），再正式建制成為亞太區域研究專題中心（Center for Asia-Pacific Area Studies, CAPAS）（2003）。其間的重要成果有三，一是培養了後來分布在台灣各地大學的東南亞研究關鍵人才，二是將東南亞研究此一新領域登上台灣的學術地圖，成為一門被認可和達到建制化的學科，三是有效率地出版不少東南亞相關學術專書。

　　從現在的觀點來看，第二時期的我與第一時期最大的轉變就是透過中央研究院的制度化行政資源，為台灣建構了較具規模的東南亞區域研究。這個學術工程是遠遠超越一己的學術研究能力，而必須善用各種存在的資源和發揮人脈的連結，讓有能力的國內年輕學術人才願意投入一個新興領域。

　　第二個類似在新興學術領域的人才集結的制度化推動工作，就是東南亞客家研究此一專門研究的建立。先是客委會委託我來主持一項「海外客家人口與社團先期調查研究」（2003-2004），我當年就設定了要先針對東南亞各國的客家會館入手，去瞭解其在各國的人口分布、會館歷史和在地的相關客家文史研究工作者和他們累積的文獻。在這個先期計畫裡，我就邀集了幾位到現在算是東南亞客家研究的中堅份子來參與，並集體撰寫一篇〈東南亞的客家會館：歷史與功能的探討〉，在中研院《亞太研究論壇》（2005）發表。這算是在台灣出現第一篇有關東南亞客家會館的社會科學的分析作品。我當時有這個意願和膽量去進行東南亞客家研究，也不是沒有學術的背景和驅動力，因為我在第二時期之初已經投入了台灣客家族群社會政治史的研究。所以我就很好奇東南亞客家會是什麼樣貌，心想如果能做比較研究，應該也是很有意義的。

　　接著在 2000 年代末期，客委會又再度委託我進行進一步的東南亞客家研究。這個研究的對象在學術上比較重要的是超越單一的會館層面，也從語言、產業、宗教信仰、家庭等另外四個所謂「制度化」社會文化層面去探討新加坡和馬來西亞客家社會的變貌。成果是一本專書《東南亞客家的變貌：新加坡與馬來西亞》（2011，中研院亞太區域研究專題中心出版）。這本書的作者群包括了國內在

中央大學、交通大學、聯合大學、高雄師範大學的客家學院和研究所裡做東南亞客家的一時之選。這本書的出版，在事後看來，就也同時宣告了東南亞客家研究團隊在台灣的有形成立和精神集結。此外，這本書也將在東南亞的幾位知名客家研究學者納入研究和團隊作者群，也算是一項台灣客家研究區域化、全球化的實質進展。

在這之後，我仍然繼續扮演著東南亞客家和台灣與東南亞客家比較研究的推動者角色。只是背後的機構從中研院亞太專題中心轉到中央大學客家學院，我從2010 年就開始受聘為中大客院講座教授迄今，也陸續再由我在近幾年主編了另外兩本東南亞客家的專書。

在第二時期這 15 年裡，我的確花不少心力在前述兩個有關東南亞研究建制和立基的推動，但我也沒忘掉要在幾個重要的跨國集體研究和台灣經驗研究繼續下功夫。一是東南亞和亞太中產階級的比較；二是亞洲新民主的比較；三是東南亞華人企業的特色；四是台灣非政府組織（NGO）及非營利組織（NPO）與公民社會發展的整體探討。

（一）東南亞和亞太中產階級的比較

在 1990 年代後期，我繼續推動了東南亞中產階級的跨國比較研究計畫（Southeast Asian Middle Class Project, SEAMC）。一如前面的 EAMC 計畫，我仍然是邀請在地社會學家來共襄盛舉，有來自菲律賓、馬來西亞、印尼和泰國 4 國的 7 位跨國學者分別負責在 1998-1999 年間進行各國首都中產階級的調查研究。此一後續的亞洲跨國中產階級計畫在 2003 年順利出版了由我主編的成果專書 *Exploration of Middle Classes in Southeast Asia*。在這本書裡，我們努力試圖將前面的東亞 4 國中產階級研究發現納入作為驗證和對照的對象，以檢視是否可能藉此建構出一個亞洲 8 國新興中產階級的興起與性格的綜觀分析，好與西方中產階級研究成果做對比，並找出批評、修補、匡正西方社會學對亞洲中產階級研究的誤解和不足之處。

在 2005 年我又召開一個小型研討會，邀請東北亞與東南亞學者一齊討論亞洲中產階級的變貌，主編了 *Changing Faces of Middle Classes in Asia-Pacific*（2006，CAPAS 出版）一書。

　　經過兩波研究計畫，以下是我們對東北亞和東南亞中產階級研究的重要發現：

1. 國家政策的形塑角色與中產階級的依附性有著辯證關係；

2. 第一代中產階級的色彩明顯，但第二代中產階級也逐漸成形，其間的確存有差異；

3. 亞太中產階級普遍看來，他們的經濟消費性格與階級文化性格，以及政治傾向之間仍存在著不一致和矛盾；

4. 亞洲中產階級內部異質性高，也未形成一個具有霸權性的新階級；

5. 亞洲中產階級研究結果呈現最具有理論性挑戰特色的是以下三點：

　（1）當前西方中產階級理論的形構是建立在成熟固定（成型）的中產階級現況，但亞洲中產階級卻只是初生的第一代、第二代；研究對象的歷史性完全不同。

　（2）因此時下流行的所謂中產階級下降、消失、沉淪之論述，實在均不適用。

　（3）要精準對比的歐美中產階級應是他們在 19 世紀中至 20 世紀初時第一代中產階級型塑、躍升過程和性格的原形，而不是經過至少 150 年以後的眼前歐美中產階級。

（二）亞洲新民主的比較

　　我在 1980 年代觀察新興社會運動和公民社會力爆發之時，我在腦中也浮現出自由化、民主化的概念和景象，也認為在台灣從事社運和公民社會研究不應片面聽西方社會學理論，只看到內部的資源動員能力，或是內在孕育的新生價值（如後物質主義），更應關切這些運動興起的外在政治脈絡，亦即威權主義的存在。西方社會運動研究及其理論建構是在它們的民主制度鞏固之後，台灣的社運卻是在民主之前的威權制度下發生。社運目的不能只被看到去從事「純社會」的改革，也要視之為一併「求政治改變」的政治自由化和民主化，亦即有集社會改革和政治民主於一役之使命。也就是說，我通常是把社會運動視為自變項，而民主（化）就是應變項，即要被解釋和影響的結果。

也因此，我在這段時期也就把包括台灣在內的「新民主」當成我宏觀社會學視野關心的對象。在 2006 年我主編了一本 *Asian New Democracies: The Philippines, South Korea and Taiwan*（CAPAS 與 Taiwan Foundation for Democracy 共同出版）。在這本書的前後，我也寫了幾篇民間社會運動組織的興起與促成催生新民主的關係的英文論文，旨在將所謂「倡議型民間公民社會組織」（advocacy civil society organizations）對民主的直接貢獻明白書寫下來，讓國內外分開研究社運和民主的學者也能因此看到這兩者的關鍵性連結。

之後，我在 2014 年又再出版了一本由我主編的 *Democracy or Alternative Political Systems in Asia: After the Strongmen*（Routledge 出版），這本書更進一步去探討亞洲政治強人被推翻、下台或凋零之後的變局，就會是民主的出現嗎？或是政治混亂不安的出現？抑或是另一種新威權政治制度的產生？

這三種可能變局後果的成因又分別是什麼？是不可測的結果？抑或是某種重要共通條件的存在與否？我當時就以一個社會學家的角度和偏好大膽地指出自由派中產階級的執著和追求民主公民社會運動的有利配合，應該就是不可或缺的關鍵因素。當年這樣初步的看法，我一直沒忘掉，等到了下面要討論的第三時期，我就用比較具體而實質的另一個比較跨國研究計畫去印證和檢驗。

（三）東南亞華人企業特色

在這段時間，我也延伸了我對台灣民間企業的初步探討到東南亞。

我跟馬來亞大學 Terence Gomez 教授一齊透過兩次國際研討會，先後合編了兩本有關東南亞華人企業的專書：一是 *Chinese Business in Southeast Asia: Contesting Cultural Explanations, Researching Entrepreneurship*（2001, Routledge），二是 *Chinese Enterprise, Transnationalism and Identity*（2004, Routledge）。這兩本書主要都在企圖進一步瞭解東南亞華人企業的真實營運面貌和所謂企業文化，以破除時下流行而氾濫地用「華人文化本質論」（Chinese cultural essentialism）來解讀華人企業，認為企業的經營運作、交易、利潤觀和傳承接班都受了華人儒家文化精神和意識型態的支配和影響。

同時，在這段時間，我也對東南亞和中國的台商進行有趣的寫作，合編了一本《台商在東南亞：網絡、認同和全球化》（2003, CAPAS），合寫了一篇

"Taishang: A Different Kind of Ethnic Chinese Business in Southeast Asia"（2008）。在 之 後 又 分 別 發 表 "Taishang in Southeast Asia: Profile and Issues"（合寫，2016）和 "Taishang in China and Southeast Asia: Culture and Politics of Taiwanese Transnational Capital"（2019）。這幾份作品都有同樣的理論關懷，也就是都主張要以經驗研究去實際瞭解台商與台灣現實政治處境及其特殊文化、網絡和政治，而非盲目地採取上述提及浪漫的「華人文化本質論」。

（四）NGO、NPO 與民間公民社會（組織）的研究

一如前述，我在 1980 年代觀察台灣社運動態時，也慢慢注意到每個運動背後都有一個或以上的「組織」和「領導人物」存在。社運不是抽象的社會文化建構，而是具象的社會文化組織和過程。所以在這個時期裡，我也花一些心思去從事有關所謂非政府組織（NGO）、非營利組織（NPO）或公民社會組織（CSO）的組織現象。

早在 1992 年，我受當時文建會委託進行一個專題研究並出版《我國文教基金會發展的研究》（文化建設管理基金會），在 1997 年也幫創世社會福利基金會完成《台灣民間福利社團與基金會的資源網絡與結盟動員》，更在 2000 年主編了一本類似參考書的《非營利部門：組織與運作》（巨流）。進而在 2006 年合編《基金會在台灣：結構與類型》（巨流）。也在下一時期的 2009 年修訂擴大前述 2000 年的那本《非營利部門》而出版了《非營利部門：組織與運作（第二版）》（巨流）。又過了好幾年，更在 2017 年這本《非營利部門：組織與運作》應出版社要求，再行修訂出版了第三版。

這本書算是第三部門、NPO、NGO 學門的教科書，內容相當完整，該有的篇章（共五篇，19 章）都包括在內。這大概也是我的學術生涯中出版的唯一一本教科書，也算為第三部門領域的教學和推廣做了打基礎的貢獻。

我的第三部門研究其實靈感和啟發來自我對第一時期社會運動的研究，當時就將社運組織（即倡議型民間公民社會組織）進一步作為研究對象，並視之為所有第三部門的一個類別。另外一個類型便是服務型民間公民社會組織（service civil society organization）。在上面提到這些著作中，我對這兩類 NGO、NPO、CSO 都關照到。

　　這也就是為什麼在下一時期的 2014 和 2015 年，我又分別主編了上下兩冊《書寫台灣第三部門史》（巨流），其動機就是要為台灣三類民間公民社會組織編彙他們的組織發展史。這三類除上面提到的倡議型、服務型之外，還有社區型也出現在這兩本歷史書寫中。我一共邀請了 25 個在台灣成立 20 年以上的倡議型公民社會組織、服務型 NPO 和社區型 NGO 的執事人員寫下他們的組織發展史。我個人認為這兩本第三部門史，對瞭解台灣的民間公民社會組織的形成、組織性格、貢獻應該有一定的幫助。我最近又想到是不是該進行第三冊的第三部門史，讓更多至少有 20 年歷史的第三部門組織有機會為自己留下珍貴的歷史。

　　綜觀我在 1995-2009 這 15 年的第二時期學術生涯歲月裡，我除了積極扮演推動學術領域（東南亞區域研究、東南亞客家和第三部門公民社會組織）之外，我也相當主動誠邀、提拔和鼓勵國內外年輕的學者參與我的研究或書寫計畫。推動學術發展和進行跨國比較研究都需要運用到我的人脈和我可以爭取到的資源來完成。這 15 年我倒是相當順利地做到了以集體、團隊合作為性質的國內、國際學術網絡，陸續完成了可觀的學術出版成績。

　　統計一下這 15 年內我出版的著、合著、編、合編的專書共 53 本（平均一年 3.5 本）、期刊論文 79 篇（平均一年 5.3 篇）、專書論文 90 篇（平均一年 6 篇）。這個量化績效顯示我中生代學者時代的成績比新生代第一時期還更多產和豐富。現在回想起來，我的中生代學術生涯依舊忙碌、步伐也沒緩下來。最大特色可能就是在我推動支持下的團隊合作學術成果，相當可觀。在我周遭的不同學術研究團隊年輕學者也愈來愈多，而更重要的是我們共同培養的學術工作默契和士氣也都很不錯。這種團隊精神都延續到今天。這點，我至今仍然引以為傲。

四、第三個時期（2009-2018）：驗收和突破

　　最近的第三個時期要從 2009 年我辭掉 CAPAS 執行長職務回到中研院社會所擔任所長算起。那也是我結束 1994-2009 共 15 年為東南亞相關研究制度化直接效勞的歲月。我在那 15 年，有近 10 年其實是在「非正式」編制下義務擔任執行長工作，5 年才具有正式編制下的執行長職位（有主管加給）。現在回想起來，頭 10 年以非正式職位完成很多正式的績效和成果，可以用奇妙旅程來描

述。我認為，李遠哲院長在背後無私卻又無為的支持，算是能讓 CAPAS 在院內學術官僚體系生存而發展的一大助力。他應該幫 CAPAS 15 年的發展，擋掉不少來自院內決策系統的阻力。我至今仍心存感激，謝謝他主政時的開放心胸，能同意我有不少機會向他勸說和遊說，一個新興學術園地的發展需要勇氣和魄力去做長期投資，不該馬上期待或計較有沒有什麼立即而短期的卓越成績。

　　從現在東南亞研究在台灣發展現況來評估中研院 CAPAS 無私而大器的投資，應該是頗有可欣慰的績效。第一、台灣的東南亞研究此一學門從 25 年的「無」到今，已儼然成為一個合格而制度化的學術領域；第二、當下台灣東南亞研究的中堅實力份子，絕大多數都經過中研院的培育、協助和提拔，中研院功不可沒；第三、東南亞相關研究（如亞洲中產階級、公民社會、民主化、客家族群和台商的比較）也從無到有，一一到位，而且在亞洲相關學界也佔有一席之地；第四、台灣的東南亞研究作為一個制度化的領域，已受到國際東南亞學界的矚目和重視。中研院內的 CAPAS、院外的政大東南亞研究中心和台灣東南亞學會目前也都經我的引介和推薦，積極參加在 2015 年正式成立的亞洲東南亞研究聯合會（Consortium of Southeast Asian Studies in Asia, SEASIA），成為聯合會正式成員。更在 2019 年 12 月 5-7 日在中研院主辦了 SEASIA 重要的雙年國際研討會（SEASIA Biennial Conference, 2019 Taipei）。台灣的東南亞學界的學術能量、國際知名度和主辦國際學術盛會的能力顯然已經受到相當程度的肯定。

　　這以上四項業績，也是中研院在背後扮演的推動角色，是毫無疑問的。對我個人來說，也算是完成了我當年在 1994 年答應李遠哲前院長出任組成 PROSEA 推動東南亞研究的心願和志向。至於有沒有真的完成李院長在當年賦予要台灣成為東南亞研究重鎮的任務？這恐怕只能謙虛地說，我們在 20 多年來，是已經成為被國際認可的東南亞研究重要學術基地之一了。

　　相較於第二時期，我推動台灣東南亞研究的國內建制化和國際化的用心和作法是從基礎做起。在第三時期，我又有機緣去推動台灣研究（Taiwan Studies）時，就只專注在台灣研究領域的界定、提升和人才向心力的凝聚，以及更重要的是將台灣研究推展到國際學術界，也算是一種國際化或全球化。

　　在 2010 年中，我擔任社會所所長之際，被當時中研院副院長王汎森詢問，是否願意出面為中研院主辦一個台灣研究的國際研討會。我告訴他，推動台灣

研究的國際化也一直是我在 2000 年以來的另一志業，而且已經規劃了要主動召開 International Forum on the Past, Present and Future of Taiwan Studies beyond Taiwan: Europe, North America and Japan Compared 。所以我們一拍即合，我就利用 2010 年 11 月的 International Forum 作為試金石看看能不能激發起日本、北美、歐洲的台灣研究學術組織的相關負責人的熱忱和力量，來參與規劃中的國際大會。在會中，我成功地徵得與會來自日本、英國、美國、加拿大、德國、法國和台灣的台灣研究學者以及三個區域性台灣研究學會（即 Japan Association of Taiwan Studies, JATS、North American Association for Taiwan Studies, NATSA 和 European Association of Taiwan Studies, EATS）的支持，並將國際大會訂名為台灣研究世界大會（World Congress of Taiwan Studies, WCTS）。

第一屆就真的在 2012 年 6 月在中研院順利、熱鬧地召開。我擔任秘書處秘書長。接著第二屆 Second World Congress of Taiwan Studies 在 2015 年 6 月由英國倫敦大學 SOAS 的台灣研究中心（Center of Taiwan Studies）也成功地主辦。第三屆在 2018 年 9 月再回到中研院召集。這三屆辦下來，經驗累積不少，也凝聚了全球各國的台灣研究學者的熱忱和向心力，更將台灣研究從台灣成功地推向國際。經過我的從中遊說，最近終於說服 University of Washington（Seattle）的台灣研究計畫（Taiwan Studies Program）出面來承辦第四屆，時間已訂在 2021 年的 6 月。

這四屆台灣研究世界大會的召開及規劃，我有雙重的角色，一是催生決策者，二是下海籌辦者，與國內外工作團隊攜手合作。由於我已經有了不少推動國際合作的經驗，也學到不少心得。所以三屆辦下來，算是圓滿順利。在中研院內也因此建立了足夠有高度熱情和能力的團隊能夠有條不紊地主辦幾百人參與的世界級學術盛會。這也算是很值得驕傲的另一行政團隊人才的培育和養成。

第三時期的我已是老生代了（60 歲-70 歲），到了這個階段，深感應該憑著自己已建立起來的人脈、網絡、資源去出力為台灣學術界推動自認重要的學術領域。前面提到的東南亞研究國際合作和台灣研究全球化就是典型的例子。此外，我也深感應該開始自我沉澱下來，驗收過去 40 年的學術旅程，到底留下什麼值得心安的足跡和又做出什麼可欣慰的學術貢獻和突破？

經過坦誠、嚴肅的自我驗證，我想可能下面兩個領域算得上是我在第三時期

經過驗收、檢證和臨門一腳功夫後，比較對社會學理論有貢獻。

（一）　深化台灣與亞洲中產階級、公民社會和民主化關係的宏觀理論性
　　　　思考。

（二）　系統性理解台灣與東南亞客家族群認同異同的比較。

另外兩個領域則是我 30 年以來，一直鍥而不捨所累積的研究成果，足夠提
供同行或後學作為重要研究參考。

（三）　台灣環境社會學研究的累積。

（四）　台港比較研究的累積。

（一）深化台灣與亞洲中產階級、公民社會和民主化關係的宏觀理論性思考

有了從第一時期開始我觀察公民社會運動和中產階級以及在第二時期我關
切民主轉型的長期性研究思考經驗之後，我在最近的這 10 年，就一心想如何可
以把中產階級、公民社會和民主串聯在一個有意義的理論分析架構中去做有創
新性的突破，一則可以更充分理解台灣與亞洲第三波新民主的社會基礎（social
foundation），二則可以同時向在西方曾經和時下流行的兩個理論提出挑戰和修
正。一是 1960 年代「中產階級－民主兩邊連結（link）」西方現代化理論，二是
1980 年代的「公民社會－民主兩邊連結」的西方公民社會理論。

我對上述企圖的完成，先從完成三篇與台灣民主相關的論文開始著手，
一是合寫的 "Civil Society and Democracy-making in Taiwan: Reexamine the Link"
(2010)；二是自著的 "Social Foundation of Political Vitality: Middle Class-Civil
Society-Democracies Link" (2012)；三是合著的 "The Development of Civil Society
Organizations in Post-Authoritarian Taiwan" (2016)。從這三篇論文我就已經清楚
指出了要瞭解台灣民主轉型，必須將中產階級和公民社會與民主做有機的三邊
（三合一）連結來瞭解，而不能只看前述西方理論視野的兩個雙邊連結而已，而
且更要針對中產階級和公民社會組織去做「特定化」（specification）的功夫，亦
即研究清楚是什麼樣的中產階級和什麼類型的公民社會組織才能對民主的促成和
轉型有貢獻？也要具體點出是哪種「自由派進步型的中產階級」去參與、支持、
贊助和透過哪些「傾向民主的倡議型公民社會組織」的集體力量，在威權時代

下，就開始催生和推動自由化和民主化，並進而引領民主轉型，甚至民主鞏固等歷史進程。也唯有如此，所謂經過「特定化、具體化」指證的「三合一連結」在不同民主發展歷史過程，才能發揮民主化的力量，並成為民主社會的基礎。

有了台灣經驗的洗禮和確信，我利用 2015 年下半年在京都大學東南亞研究所（Center for Southeast Asian Studies, CSEAS）擔任訪問教授的時光，完成了一份「亞洲中產階級、公民社會和民主的三合一連結」（The Tripartite Links of Middle Class, Civil Society and Democracy in Asia）的國際跨國比較計畫，並陸續動員邀請到不錯的台灣、日本、南韓、菲律賓、印尼和泰國 6 國共 9 位國際學者參與此一研究出書計畫。我們在台北和東京分別有效率地召開了兩次工作坊，並終於在 2019 年由 Routledge 出版了一本由我主編，以 *Middle Class, Civil Society and Democracy in Asia* 為名的專書（2019, Routledge）。這本書各章論述均以我的上述理論分析架構來撰寫，並由我在綜論的探討，分成三類型的三合一連結關係，一是正面連結的類型，如台灣和南韓；二是脆弱的連結類型，如印尼和菲律賓；三是負面連結的類型，如泰國。

我認為這本書的出版（不到一年已從精裝版改版為平裝版），應該正面挑戰了西方的中產階級公民社會和民主不夠周延且又籠統的理論思考，提出亞洲經驗來修正前述 1960 年代和 1980 年代的兩個流行中產階級理論和公民社會理論。

對此，我自己倒是真的感到有一些成就感，很希望在此寫出來與不同世代台灣社會學界朋友分享。

（二）系統性理解台灣與東南亞客家族群認同異同的比較

我對台灣客家的研究始於第一時期，對東南亞客家的研究則在第二時期，第三時期則轉進到比較兩地客家族群認同之異同。一如第二時期時所採取的合作方式，這時期的客家認同比較研究也是一個團隊合作的集體成果。在 2017 年出版的《台灣與東南亞客家認同的比較：延續、斷裂、重組與創新》（由我主編、合著，中央大學出版中心出版）即是其成果。在書中各章分別就語言、宗教信仰、社團組織、家庭、通婚幾個制度性面向來理解台灣與東南亞的客家認同的不同轉變面貌。同時，也在不同層面發現有著延續、斷裂、重組和創新的樣態。這本書具有開啟新研究領域之先的功能，也提問了一個對台灣和東南亞客家認同現象研

究很有挑戰性的大哉問。

在書中，我以主編身分也做了比較宏觀的脈絡對照。台灣客家族群認同的發展歷程，已從「客家在台灣」本質轉變為「台灣的客家」，早已融入台灣國家族群結構，形成不可或缺和休戚與共的關係，並且完全不會被其他族群所統攝和覆蓋。但東南亞的客家族群仍自華人族群的「傘狀認定」之下被隱形化，而仍遭遇著弱勢少數族群的命運。在華人與當地主流（主宰）族群仍然處在主從的地位下，客家人被隱形化，乃促成了客家人對自己族群認定的自我模糊化。並且從一定程度來說，客家族群在新、馬、印尼這些東南亞國家之內，還停留在離散（diaspora）的移民和借居他國的族群處境。

相較來看，台灣客家從移民到國民的兩三百年歷史，尤其是戰後 1980 年代經歷自發性客家文化社會運動的洗禮和台灣整個國家的政治民主化、本土化的衝擊之後，客家族群的集體認定，早已脫離對中國大陸原鄉的鄉愁意識，而建立了如假包換的台灣家鄉意識。同時，台灣這種族群自我意識又與東南亞那裡的他鄉經驗很不一樣，可說是不同於原鄉，又相異於他鄉，而是自成典範的族群本土化經驗。

上述這種較具宏觀和類型比較的研究視野，確實與其他的台灣客家研究學者有所不同。我們目前也延續這種理論途徑，進一步再對台灣和馬來西亞的客家文化帶（Hakka Cultural Zone, HCZ）客家的族群關係做探索性的跨國比較研究。這個正在進行的集體研究計畫與前面的族群認同研究有延續之效，而且在族群理論上也有它的獨到之處。

一如上述，現存的族群認同是在歷史演變中的族群關係的結果，這也是一般流行的族群關係理論思路。一旦族群認同形塑完成之後，接下來的族群關係將又是如何呢？現有的理論似乎未加以注意，也未有清楚的著墨。我們的團隊企圖要匡正此一缺憾，針對台灣的台三線客家帶和馬來西亞的吉隆坡、芙蓉及柔佛州河婆兩個客家帶等三個客家文化帶的族群關係進行族內和族外的族群關係動態探索。

我對這兩個台灣與東南亞客家比較研究的理論貢獻潛力蠻有興趣與信心。相信它的成績應該指日可待。

（三）台灣環境社會學研究的累積

我對台灣環境相關議題進行研究，早在第一時期的 1980 年代，之後在第二時期、第三時期我也都沒有絲毫的放棄。說實在的，環境社會學研究應該算是我持續得最長、最久，也從未間斷的一個領域。現在若要做回顧和驗收，我發現我自己的環境研究足跡，有以下進展和轉向：

1. 從環境認知和態度調查入手；

2. 探討回應環境問題的三支環境運動；

3. 檢討環境影響評估（EIA）與社會影響評估（SIA）；

4. 關切國家和地方永續發展途徑與策略；

5. 書寫台灣地方環境史；

6. 展望台灣的都市氣候治理；

7. 分析台灣風險社會的挑戰；

8. 探究台灣邁向低碳社會的社會行為轉型。

從 1987 年開始，我陸續出版有關上述相關的環境社會學專書迄今（2019）共經過 32 年，也已累積到 15 本，以下是這個書單：

1. 蕭新煌，1987，《我們只有一個台灣：反污染、保育與環境運動》。台北：圓神出版社。

2. 蕭新煌，1988，《七〇年代反汙染自力救濟的結構與過程分析》。台北：行政院環保署。

3. 蕭新煌、王俊秀，1989，《自然保育涉及社會影響評估模式建構之研究》。台北：行政院環保署。

4. 蕭新煌、蔣平基、劉小如、朱雲鵬，1993，《台灣 2000 年》。台北：天下文化出版公司。

5. 蕭新煌，1994，《金門地區的自然保育與文化維護之社會力分析》。台北：內政部營建署。

6. 柯三吉、蕭新煌等，1995，《全民參與搶救河川：河川保護、地方自治與民眾參與》（上、下兩冊）。時報文教基金會叢書 12、13。台北：時報

文化出版公司。

7. 蕭新煌，1997，《台灣地方環保抗爭運動：1991-1996》。台北：行政院環保署。

8. 蕭新煌，1997，《一個緊張的共生關係：環保行政機關與民間團體的合作關係》。台北：行政院環保署。

9. 朱雲鵬、林俊全、紀駿傑、劉小如、蔣本基、蕭新煌等，2003，《永續台灣 2011》。台北：天下文化。

10. 蕭新煌、蔣本基、紀駿傑、朱雲鵬、林俊全等，2005，《綠色藍圖：邁向台灣的地方永續發展》。台北：天下文化。

11. 紀駿傑、蕭新煌，2006，《台灣全志──社會志 ‧ 環境與社會篇》。南投：國史館台灣文獻館。

12. 蕭新煌、紀駿傑、黃世明主編，2008，《深耕地方永續發展：台灣九縣市總體檢》。台北：巨流圖書公司。

13. 蕭新煌主編，2015，《台灣地方環境的教訓：五都四縣的大代誌》。高雄：巨流圖書公司。

14. 蕭新煌、周素卿、黃書禮主編，2017，《台灣的都市氣候議題與治理》。台北：台大出版中心。

15. 蕭新煌、徐世榮、杜文苓主編，2019，《面對台灣風險社會：分析與策略》。高雄：巨流圖書公司。

我相信我可能是台灣社會學界中唯一對環境社會學研究始終持之以恆的社會學家。以上清單只包括書籍（有自著，而大部分是合著、主編和合編），期刊和專書論文並未列出。這凸顯我在環境社會學領域的耕耘，也在第二時期採取了集體合作共同創作的學術途徑。回想起來，也唯有如此，才能有比較豐富而源源不斷的學術成果。

（四）台港比較研究的累積

台港比較研究長期以來，一直沒有被雙方學界所重視，頂多是在研討會各寫各的、各說各的，並沒有真的在做有理論或現實意義的比較分析。最近幾年，因

為學生運動和「反送中」抗爭才觸動了雙方學界相互關心的動機。

但我大概是從 1990 年代中期就開始與香港中文大學香港亞太研究所的同仁合作進行台港相關議題的比較分析，最早是在第一屆社會指標研討會的機緣下開始。之後，有關社會意向、社會階級、中國效應等雙邊研討會的舉辦，就成為我們長期合作的契機。

從 1996 年開始出版第一篇合著文章〈比較台港人民對公共領域的信心差距〉開始，到 2019 年我們完成〈重訪和再現台港社會意索的比較：1996-2019〉一文在研討會發表為止；我一共發表了 18 篇有關台港比較社會學的合著論文。絕大多數是與香港學者合作，只有少數是與台灣學者合著。

在這 18 篇文章當中，台港比較社會學議題包括有：

1. 公共信心（1996）；

2. 政治轉型與集體認同（1998）；

3. 中產階級集體社會政治意識（2000）；

4. 人類基本需要的觀念（2001）；

5. 環境意識（2001）；

6. 後物質主義（2004）；

7. 文化生活形態背後的階級現象（2004）；

8. 環境抗爭（2006）；

9. 公共信任的變與不變 1991-2005（2008）；

10.「中國印象」的變與不變 1997-2004（2008）；

11. 政治信任（2011）；

12. 宗教信仰與主觀心理福祉（2013）；

13. 因應經濟危機與評估政府的效能（2013）；

14.「中國關係」的評估（2014）；

15. 2014 學生運動與民意（2016）；

16.「中國效應」之評估（2018）；

17. 與中國關係的再評估（2018）；

18. 重訪台港社會意索 1996-2019（2019）。

現在回想起來，20 多年來我累積合寫的 18 篇文章和我合編過的三本專書

1.《解讀台港社會意向》（2011，香港中文大學香港亞太研究所）；

2.《一衣帶水：台港社會議題縱橫》（2014，香港中文大學香港亞太研究所）；

3.《台灣與香港的青年與社會變遷》（2016，香港中文大學香港亞太研究所）。

應該也算是我在追求社會學想像之旅中，對走進比較社會學這個方向另一探尋目標。我近來也曾想過，是不是有價值將上面這些文章合輯起來，出版一本以《台港兩社會走過的痕跡：1996-2019》為名的專書，以供台港學者同好作為進一步延伸的深入瞭解台港這兩個社會人民在過去 20 多年的社會大變局中所呈現的民意和民心動向。

也來結算一下我在第三時期（2009-2018）這近 10 年的出版成績，好與前兩時期做個有趣的對比。在我老生代的第三時期十年裡，我的出版紀錄如下：著書 28 本（平均一年近 3 本）、期刊論文 39 篇（平均一年近 4 篇）、專書論文 74 篇（平均一年超過 7 篇）。看來老生代的我，在過去近 10 年的出版量與中生代時期差不多豐富，而且還比新生代時期高。

從 1979 年回國到 2018 年我退休，經過三時期的磨練和洗禮，我的出版紀錄分別如下：

	第一時期 1979-1995	第二時期 1995-2009	第三時期 2009-2018
專書	2.5 本／年	3.5 本／年	3.0 本／年
期刊論文	3.1 篇／年	5.3 篇／年	4 篇／年
專書論文	2.8 篇／年	6.0 篇／年	7 篇／年

寫下這些數字，不外只是想留下紀錄，就當成是我 40 年來在學海航行的航海日誌。

我是 2019 年 1 月 1 日正式退休，在去（2019）年一年裡，繼續航行、繼續研究寫作和出版，去年一年裡，我又多出版了 5 本主、合編的書、期刊論文多了 3 篇，更增加了 10 篇專書論文。看來人家說退休的人是退而不休，的確沒錯。

　　執筆至此，我再把我著作目錄（截至 2019 年 12 月為止）翻開來看我在 1979-2019 年之間，一共出版了 124 本書（自著、主編、合編，平均大概一年 3 本書）、168 篇期刊論文（平均大概一年 4 篇文章）、216 篇專書論文（平均大概一年 5.4 篇論文）。

　　總的來說，我在第三時期追求和落實社會學想像，確實是進入到一個不同的境界，不再只是摸索和跨域，而是盤點、驗收和檢視長期的成績和可能做出的貢獻。

五、結語

　　寫到這裡，不禁感到一些複雜的心情，一則是感歎歲月不饒人，一晃就是 40 年，從新生代一下子就變成老生代了；二則心感舒暢平坦，認為人生還是很公平，怎麼樣的耕耘，就有怎麼樣的收成；三是自感總要對「回首來時路」負起責任，在我自己這條追求社會學想像的道路上，我在公私兩領域的確都獲得很多「收成」，算是一個平凡學者走了一條不平凡的路。從個人摸索和打拼起步，到有機會以團隊的集體合作獲得更廣的學術視野，再到可以有些成果可以歡愉和平靜地去盤點和驗收。

　　沒有個人歲月的增長，就沒有比較成熟的人脈和較豐富的制度資源去建立相關學術團隊共同耕耘新領域。若沒有成熟的歷練和人脈的擴大，當然到了老年也就會有較多的失落感和怨嘆。

　　在此時此刻，我又在心中湧現一股感恩之情。我首先要深深對我的家人致謝。對我過世的雙親來說，他們可能真的不知道我的學者生涯是什麼，但在他們有生之年，對我從小到大都無條件的支持我；感恩爸媽。我的內人宇香陪我走了過去的 40 多年，可說是真正陪我牽手走過我前述所說的三個時期，或許她比我來得更清楚，我為何和如何走過來的。但我心裡非常明白永遠是那樣無私和無怨的站在我身邊，讓我無後顧之憂，可以盡心盡力盡情地追求我的社會學想像；謝謝妳，宇香。至於我兩個已成年的兒子良欣、良其，他們從小就很高興地陪我在週末到我民族所研究室，我「加班」，他們自得其樂看書、打電動，或是對所謂學者父親的學術工作和生活，心裡做一番自我瞭解。說來他們兩人真的很挺我

這個老爸，多謝了，良欣（Alexander）、良其（Russell）。還有兩位媳婦，瑩瑩（Nicole）和優子（Yuko），以及才過 8 個月大的孫子，寶仁（Brandon）。

　　當然我也很感激我在過去 40 年裡，在我新生代時期提拔和支持我的師長們；在我中生代時期，陪我一起投入不同研究的年輕學生和國內外同輩學者團隊；以及在我老生代時期，依然樂意與我一起繼續深耕和收成學術成果，現在都已是中壯年學者的學生輩同仁們。這本書的所有作者們，也大多陪過我走過前述的三個不同時期，我對他們心存感激。看到他們現在個個都是有成的中壯年學術菁英，我更感到驕傲。

　　在結語的最後，我想再次引我在 1980 年代的新生代時期把它當作我治學座右銘的朱熹七言絕句〈觀書有感一〉作為自勉和與所有本書作者們互勉的幾句話：

　　半畝方塘一鑒開，

　　天光雲影共徘徊。

　　問渠那得清如許，

　　為有源頭活水來。

　　說實在的，我回首過去 40 年的治社會學之旅，跟這首以水塘為主題的意境，有不少相似之處。我在第一時期的個人摸索和打拼時代，就是在到處找尋水源，那怕是小小的水源，為的就是要一解對知識的飢渴。第二時期的團隊合作，像是找到水源頭之後，就呼朋引伴、眾志成城，讓找到的小溪流入渠道，好讓「水到渠成」，可以一齊灌溉社會學的園地，好讓更多年輕人可以來分享共飲共食。到了第三時期，我又再經尋覓小溪水源，引水成渠之後，念茲在茲一心想確保源頭要繼續有活水來。也唯有自己能像有活水源源不斷的清如許水塘，才有可能維持文思泉湧而不致水塘枯竭。

　　我自勉和要求自己能在退休後的老年期第二章，繼續發揮一個資深學人可以協助年輕或中生代學者增強學術研究能量和提升他們國際知名度，或是從旁提供治學經驗傳承的棉薄之力。

第二篇
行動與策略：
社會運動與環境治理

把民間社會及社會力找回來

徐世榮

　　以往對於台灣的比較政治研究，大抵是以國權理論（state theory）為主要論述基礎，透過歷史及個案的比較研究，國權理論的支持者，發現以往被多元主義及馬克思主義所忽略的政府，其實才是主要的行動者，這是因為政府擁有相對自主性（relative autonomy）、也具備能力（capacity），它可以忽視外在環境的羈絆，創造出有利於社會整體的公共政策，並為全民謀求福祉。這樣的論述在1980 年代以後獲得許多的認同，紛紛以國權理論來詮釋國家的發展，其中最為重要的書籍乃是《把國家找回來》（*Bringing the State Back In*），台灣及東亞國家過去的經濟成長奇蹟（如亞洲四條小龍）自然也就成為國權理論的最佳實例。惟隨著台灣的政治發展，政府不再是唯一的選項，企業資本及政治菁英的影響力也逐漸上升，國權理論的解釋似顯逐漸不足，國權理論遂蛻變為國家統合主義（state corporatism）。

　　然而，不論是國權理論或是國家統合主義卻依舊都是著重於政府的角色，忽略了民間社會對於台灣政治經濟發展的重要性，尤其是在台灣解除戒嚴前後，台灣民間社會透過社會運動影響了許多重要的公共政策，並引導了國家的發展。而將民間社會及社會力這個重要面向納入的主要的貢獻者乃是蕭新煌教授，他經由環境保護運動及消費者保護運動等的研究，提醒我們民間社會的重要性。尤其是在那以經濟成長為主流意識型態的年代，蕭教授關於環保抗爭運動的研究提供了我們非常重要的視野，即經濟發展往往造成了環境污染外部性，並由鄰近社區及社會弱勢來承擔，這不符合社會公平正義，這種強凌弱的偏頗發展模式也是無法永續的。他的論述讓我們把目光從 GDP 移轉至環境污染及環保抗爭，讓我們知

道社會弱勢所受的不公平對待及痛苦，而這部分是以往我們所嚴重忽略的。

　　經由蕭教授的研究，讓我們知道在資本主義社會裡，其主要的行動者除了資本及政府之外，也應該要把重要的民間社會面向納入。在資本主義體系的社會裡，商品的生產及交換是其主要的核心。而政府為了擁有稅收來進行公共建設，及創造社會的充分就業，必須倚賴於商品生產的資本積累。因此，政府往往必須介入，協助資本積累的進行，及維持一個良好及持續的積累過程。由此，資本企業體和政府在結構層次是有其利益共通之處，彼等有可能是緊密的結合在一起，把商品生產及交換的邏輯強加諸於民間社會及地方社區之上。

　　但是，另外一方面，政府卻也必須正視來自於民間社會的需求，並由民間社會來獲得其統治的正當性及合法性。而民間社會所重視的可能不純然是資本的積累或經濟效率的提升，它所要求的可能是比較傾向於民主制度的落實、環境的永續、社會公義的實現、及基本人權的保障等，而這樣的訴求往往是與資本對於國家的要求有所衝突，但這股力量卻也是我們必須予以正視與肯認的。因此，蕭教授經由環境抗爭運動及消費者保護運動等的研究，除了幫我們找回來長期被忽略的民間社會外，也幫我們確認了永續發展的許多重要價值，而這也是社會力處處展現的根源。

　　此外，也是藉由民間社會的研究，蕭教授也提醒我們環境問題並非是單純的科學問題，它更是複雜的社會問題。這是因為過去基於現代化的理念，上述環境污染問題往往被定義為科學問題，需由專家來予以解決。專業化及科學化被視為是追求完美的最佳途徑，專家們被視之為科學家一般，透過他們對於科學工具的運用，社會問題的解決似乎是輕而易舉。許多專家也因此皆相當的自負，以為他們的專業知識可用來解決任何政策的問題；更為嚴重的偏差，乃是所謂的「公共利益」也必須是由這些少數專家及由其組成的委員會來給予詮釋及界定。

　　然而，蕭教授卻認為這是對於社會問題的嚴重扭曲，由此也造成了嚴重的社會排除（social exclusion），蕭教授提醒我們必須重視這樣的課題，因為環境問題並非是單純的科學問題，它們更是難纏的社會及公共政策問題，因為我們無法排除價值、權力、及利益的影響。所以，許多社會問題的定義並非是客觀中立的存在，其中包含了各方力量運作的可能性。蕭教授主張，這些難纏的社會問題是無法純然用科學的方法來予以馴服，民間社會對於社會問題的詮釋與定義也是我們

必須予以重視的。也是經由社會問題的重新詮釋與定義，蕭教授幫助我們創造了一個嶄新的視野。

這是因為這樣的視野也觸及了重要的知識論的辯證，過往純然立基於科學理性知識論觀點也因此受到相當大的挑戰。由於受到自然科學的衝擊，部分社會科學缺乏自信，反而是以科學及技術為主要之判準，以此來決定學術研究是否具有價值，也主張唯有透過科學及技術驗證的知識才算是真正的知識，其他的知識則是皆可棄諸於一旁。但是，上述的知識論是帶有濃厚的扭曲及偏差，因為它用科學理性來對抗及排除社會理性，而後者皆錯誤的被視之為不理性，並不屬於知識的範疇。蕭教授提醒我們，知識其實是一種社會的建構，它並不純然是由科學及技術的層次而來，其實，人們日常生活之經驗，也是充滿了知識，而這些經驗知識及地方知識是公共政策在制定時必須給予尊重的。蕭教授的研究擴張了社會科學的知識體系及論述空間，也重新建構了社會理性，避免台灣的發展侷限於過往以科學知識決定一切的保守年代。

非常感謝蕭教授幫助我們把民間社會及社會力找回來，因為他同時也幫助我們重新定義及詮釋社會問題、社會理性、及建構知識論，而這樣一來，他也幫我們把永續台灣所需要的民主自由、環境永續、社會公義、及基本人權等重要價值都一併找回來了。

台灣社會運動研究領域的制度化（1980-2017）：文獻回顧與引用分析的觀點

何明修、黃俊豪

---

* 本文修改自 Ho, Huang and Juan（2017）。

一、前言

台灣學界對於社會運動的關注始於 80 年代末期，當時的台灣經歷了重大的政治與社會變革。1987 年解除戒嚴令，新生的社會運動猛烈爆發，街頭抗爭成了常見的場景。從威權統治到民主的轉型帶來了 2000 年的政黨輪替，也促使社會運動制度化為一個當代社會中的恆常特徵，越來越多的社會團體或利益團體借用這個管道來爭取他們的權利。在 2008 年，國民黨重新取得政權，其保守的政策取向危及了先前的改革成果，使社會運動風潮再起。[1] 無疑地，2014 年的太陽花運動爆發是晚近社會運動復甦的高潮，為了反對與中國簽訂服貿協定，反對者佔領立法院長達 24 天，形成了政治對峙的局勢（Ho 2015）。

不論在台灣或其他地方，社會運動的發展都是起起落落，以週期循環的方式前進。在短期而激情的公共參與之後，伴隨而來是更長期的私人關注與冷漠感。相對於此，學術研究往往被認為是一個封閉而寧靜的世界，脫離現實的政治抗爭，Bourdieu（2000: 15）指出，「學術理性」（scholastic reason）之所以能確立，其先決條件之一正是「徹底忽略了使得學術研究有可能的經濟與社會條件」。相同地，Weber（1948: 141）指出，現代科學是缺乏生息的，「一種人工抽象概念所構成的不真實領域」，其超然避世的性格與運動政治的激昂熱情相差十萬八千里。基於這種關於學術研究的認知，我們也許會產生下列的預測：台灣的社會運動研究與其研究對象的關聯性很薄弱，而且一旦這個研究領域形成了一個正當的次領域，其間的疏離就愈加明顯。

這樣的預測並不完全符合本土社會運動研究的真實發展軌跡。首先，台灣社會運動研究之所以浮現，就是學術社群為了回應解嚴前後的社會抗爭風潮，提出知識性的解答；而且，無論是第一代的奠基研究者抑或是後續的追隨者世代，多多少少都參與了這波重新形塑台灣社會圖像的動員風潮。這種參與者兼研究者的風氣已經形成了某種傳統，在晚近的太陽花運動中，我們更可以看到社會運動研究社群的廣泛參與，包括在運動期間的街頭民主教室與支持學生罷課的宣言，及運動結束後的各種工作坊、研討會與展覽等活動。另一方面，建制化的學術研究也意味著，知識探索的工作必須與現實的抗爭週期保持適當的距離，而且越來越

---

[1] 有關於台灣社會運動的發展可見 Hsiao and Ho（2010）及 Ho（2010）。

朝向以解答其內部的知識迷團為志業。因此，可以這樣說，台灣的社會運動研究在維持其外部關聯性（研究者對於社會運動的參與）的同時，也越來越朝向內部的自我指涉（解答知識迷團），如此就構成了這個研究領域的制度化歷程。

在這篇文章中，我們將重點放在社會運動研究的內部過程，從相關的期刊論文的發展趨勢，勾勒這個研究領域的基本風貌。我們首先討論研究者的背景，接下來才是其研究成果。我們設定的觀察期間是在 1980 年到 2017 年間，尋找收錄在主要的中文與英文學術期刊的台灣社會運動之研究論文。

本文對社會運動的界定是依據 Tarrow（2011: 7-12）的定義，即社會運動是一種由集體挑戰、共同目標、社會團結與持續抗爭等四個元素構成的抗爭政治。我們採取一個比較嚴格的標準來篩選，有些文章只是間接提到台灣社會運動現象而沒有投注足夠的關切，也不是文章主要的探討焦點，如此就會被排除在我們的樣本之外。此外，我們剔除了純粹的理論或概念性文章（例如文獻評述），抑或是處理非台灣的社會運動之文章（例如探討中國五四運動的文章）。沒有經過正式的學術審查過程而刊登的文章（例如各種時事評論），也不列入考慮。

理所當然，只聚焦在期刊論文，會忽略其他類型的學術出版物，包括了學位論文、專書、論文集等。但我們也同意 Sullivan and Seiler-Holmer（2011: 6-7）的看法，即以期刊論文出版的台灣研究不僅在數量上較多，也比較容易加以比較。再且，期刊論文的出版通常必須經過嚴格的審查程序，其研究品質也是較為可靠。

在中文期刊的部分，我們選取包含了社會學、傳播學、政治科學、人類學與文化研究等學門中的 12 種不同的期刊，都是被科技部人文社會科學研究中心列入 2013 年度的 TSSCI（Taiwan Social Sciences Citation Index）或 THCI-Core（Taiwan Humanities Citation Index）（詳見附錄 1）。在英文期刊的部分，我們使用 JSTOR（http://www.jstor.org/）與 Thompson Reuther 公司的 Web of Science（研究方法詳見附錄 2）等兩個線上資料庫。透過這樣的操作程序，我們篩選出 116 篇中文作品與 63 篇英文作品，這也就是說，在 37 年間，我們找到 179 篇處理台灣社會運動的研究論文，這些文章的清單與基本出版資訊已經放上雲端。[2]

至今為止，梳理台灣社會運動研究的作品並不多。張茂桂（1994）探討了

---

[2] https://ppt.cc/fi6DMx 。

早期研究作品中對立的理論觀點，包括民間社會論、資源動員論與新社會運動的相互對話。許維德（2011）考察了 462 篇國內以社會運動為主題的博碩士論文，他指出本土研究是從 1987 年進入了「勃興時期」，在 2000 年之後則是處於「制度化時期」。許維德指出，社會運動研究的發展一方面是受到內部的學術建制之影響，例如研究所增加，另一方也是反映了外在的社會與政治發展。何明修（2011）比較早期與晚近的研究作品，他指出研究焦點逐漸從運動起源移轉至運動後果，而且，越來越多的研究者開始注意到本土個案與西方理論之間的落差。

在上述研究作品建立的基礎上，本文試著以更有系統性的方式來理解這個研究領域的發展，除了傳統的文獻回顧（literature review）之外，我們更進一步嘗試以引用分析（citation analysis）來釐清不同作者之間的相互關係。許維德（2011）是以博碩士論文為分析對象，相對於此，本文則是針對被挑選出來的中英文期刊論文。我們認為，以期刊論文為核心的分析會導致下列不同的結論：（1）期刊論文的作者通常是博士生或已取得教職的人員，因此反映了學術研究群體核心成員的動向。（2）期刊論文的數量遠少於學位論文，篇幅也較為簡短，因此容許較為深入的比較分析。

二、社會運動研究在台灣的開展

在 1987 年解嚴之前，社會運動很少成為學界的研究主題，在少數相關的研究論文中，幾乎都是討論日本統治時期的反殖民運動。[3] 最早的一本介紹社會運動的入門書要到 1974 年才出版，且其所討論的個案都侷限在中國歷史上曾經發生的運動，諸如太平天國、義和團及國民革命等（許維德 2011：471）。由於 80 年代中期以前鮮少出現社會運動事件，學術關注的缺乏並不讓人驚訝。更重要的是，壓抑的政治氛圍也不鼓勵學者去探索這個主題。說穿了，在那個二二八事件仍然是一個言論禁忌的年代，研究社會運動顯然是困難重重的。

有兩個重要事件驅動了 1987 年以後的發展。首先，1988 年初，一場以「台灣新社會運動」為主題的研討會在清華大學舉辦，其會議的論文在隔年出版，為此一領域的發展揭開了序幕（徐正光、宋文里 1989）。這本論文集收錄了 11 篇文

---

[3] 唯一值得注意的例外是謝世忠在 1987 年出版一篇原住民運動的作品。

章，不僅有討論社運分析架構的文章，也觸及當時眾所關注的各種社會運動（例如五二〇農運、勞工運動、反核運動等）。這本書反映了 80 年代晚期的時代氛圍，新生的社會運動被視為具有破壞性的「自力救濟」，也有些章節處理了新興宗教、大家樂風潮與非法飆車的現象。將社會運動與社會問題相提並論的做法，是比較接近西方 60 年代盛行的集體行為理論（collective behavior theory），其關注的重點在於群眾行為的心理學根源與對於社會秩序的衝擊。儘管如此，這本論文集仍是台灣社會運動研究的重大里程碑，帶來不可抹煞的貢獻，開創了跨學科研究的傳統，社會學者、人類學者及心理學者都開始關注了台灣風起雲湧的社會運動。

在這本台灣社會運動研究的奠基作品中，可以特別指出四位主要的作者：蕭新煌、徐正光、周碧娥及張茂桂。這三位社會學者及一位人類學者都是在 1979 到 1984 年間取得博士學位。特別值得注意的是，這些社會運動研究的奠基者在其學術生涯早期都不是關注社會運動，他們後來的知識轉向很明顯是受到了社會抗爭浮現的刺激。這四位學者除了開拓這個新興的研究領域，透過論文指導、課堂講授來培養下一代研究者外，也活躍於許多新成立的非營利組織，或者透過公共論述的介入，以提升公眾對於社會運動的認知，並且要求政府官員寬容對待。換言之，在激烈轉型的 80 年代晚期，台灣第一代的社會運動研究者，同時也扮演公共知識分子角色，推動社會進步與民主改革的前進。

橫跨學界與非學界的左翼知識分子在 1988 年創辦《台灣社會研究季刊》（以下簡稱《台社》），構成另一股推波助瀾的力量。回到在《台社》創辦的時間點，在當時的台灣，即使正宗的、以特定學科為基礎的學術期刊已經早就存在，但是要維持固定頻率的出版，仍是十分艱困。《台社》的批判取向很快地吸引了許多社會運動的文章投稿，即便是其意識型態取向在稍後有所調整。在我們所蒐錄到的中文作品（116 篇）中，有超過四分之一的作品是出版在這份刊物（30 篇）。曾在早期《台社》登刊社會運動研究論文的王振寰、趙剛與徐世榮等人，其博士論文都是探討台灣的社會運動，他們承擔起奠基世代之後的接棒任務。奠基世代的學者從其他領域轉向社會運動研究；相對於此，這些在早期《台社》出版作品的學者，在其學術生涯初期就選擇了社會運動作為其專門研究領域。

台灣的社會運動研究，如同其研究對象一樣，都是導因於威權崩壞所引發的

激烈社會變遷之產物。這個領域的另一個推動力是 1990 年的野百合運動，這個由學生所領導的大規模政治運動，訴求台灣的憲政改革，最終推動了民主化的進展。野百合運動吸引許多學生運動成員報考社會學的碩士學位，並在稍後將社會運動當作其專業研究領域。甚至，也有不少學生運動成員在投身學術生涯之前，選擇在社會運動組織擔任全職工作者。因此，相較於奠基世代，他們對於運動的個人參與不僅更深入，也有更多機會面對草根群眾，因為他們扮演了運動組織者的角色。

根據嚴格的定義，「野百合世代」是指那些有親身參與這場影響深遠的學運，並且因此產生個人認同與生涯選擇之後果的運動成員（何榮幸 2001）。然而，野百合學運並不能只視為單一抗爭事件，而是在事先就有相當的學生運動累積之基礎，在事後也持續在校園內產生迴響。因此，如果我們採取較為寬鬆的看法，將在 1990 年前後期進入大學或是攻讀研究所的成員，也視為所謂的「泛野百合世代」，可以找出 13 個期刊論文作者是屬於這個群組。在《台灣的社會福利運動》（蕭新煌、林國明 2000）及《社會運動的年代》（何明修、林秀幸 2011）這兩本論文集中，相當程度收錄了這群追隨者世代的研究作品。[4]

這一群「泛野百合世代」研究者大多數都是奠基者的學生，在目前，他們的年齡都介於 40 歲出頭到 50 歲出頭之間。有些人在進入學術崗位之後，仍保持先前的運動參與，他們的介入大多是針對特定議題。在太陽花運動期間，當野百合世代研究者的學生帶頭佔領立法院時，他們也提供了許多後勤支援。

以上簡短的回顧並不是要建立台灣社會運動的系譜學，而是為了勾勒其歷史背景，以凸顯運動研究與運動參與間的多重互動關係。奠基世代學者開始轉向研究社會運動，並且開創了本土學術研究的新領域，原因在於 80 年代末期的政治鉅變，使得社會運動成為了一個公眾關注的焦點。學生運動參與的浪潮則帶來了一整個新世代的研究者，他們深化了這個領域的後續發展。不論是奠基世代，抑或是前運動幹部，他們在從事學術研究之後，都仍然活躍於其非學術的角色。這

---

[4] 此外，這群世代的研究者們也在兩本期刊的專號中共同合作。在 *Journal of Current Chinese Affairs* 第 39 卷第 3 期（2010），"Social Movements in Contemporary Taiwan" 的專號有 6 篇文章，而在 *Capitalism Nature Socialism* 的第 22 卷第 1 期與第 2 期（2011），"Neoliberalism, Social Movements, and the Environment in Taiwan" 的專號有 6 篇文章。然而，這兩本期刊都沒有被 Web of Science 收錄，因此這 13 篇文章並不在我們的樣本之中。

樣的知識傳統反映了特定的起源脈絡，即本土的社會運動研究從一開始就是一項跨學科的知識計畫，不僅是為了理解來自底層的抗爭行動如何創造歷史，研究者本身也親身參與並且促發台灣社會朝向更進步方向邁進。

三、期刊論文的文獻分析

如上所述，我們篩選了 179 篇以台灣社會運動為主題的期刊論文（116 篇中文，63 篇英文）。在這一節，我們將聚焦於這份期刊論文樣本的出版趨勢、作者背景、運動類型、研究設計及研究問題等項目，以勾勒台灣社會運動研究的基本趨勢。

（一）歷年出版數量的趨勢

圖 1 呈現了 1980-2017 年間的歷年分布。

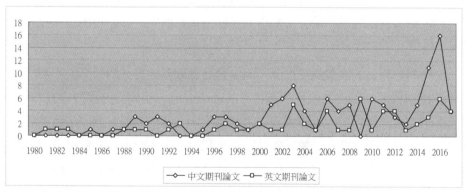

圖1　台灣社會運動期刊論文出版數量的歷年分布

很明顯的，在 80 年代晚期的政治自由化與伴隨而來的社會運動風潮之前，台灣社會運動研究幾乎沒有期刊論文的產出，1980-1986 年間，中文及英文的期刊論文產出之平均是每年 0.6 篇。到了 90 年代，儘管在某些年份有所波動，但論文生產的較密集。有研究者指出，所謂的「制度化」意味一種「自我發動」（self-activating）的規律模式，其行動的持續存在不再仰賴外在的資源（Jepperson 1991: 145）。如果根據這項定義，社會運動研究的制度化，就意味著這個研究領

域已經或多或少可以自我維持，不論實際的社會運動發展現況是如何，學術作品都能穩定的產出。如此一來，我們可以認定 2000 年以後的高原期，就代表了這個研究領域的成熟。從歷年論文數量來看，1987-1999 年間是平均每年 2.5 篇，而在 2000-2017 年間是平均每年 7.9 篇。

2000 年以後的顯著成長可以歸因於以下的因素。首先，許多泛野百合世代的研究者在世紀之交取得了博士學位，並開展了其學術生涯，為這個領域注入了新血。其次，由於期刊論文相對地容易標準化與計算，而有利於評估個別研究者的表現，台灣主導高等教育的官員開始提升期刊論文的地位，甚至視之為最重要的學術出版形式。2000 年可以當作一個分水嶺，國家科學委員會在這一年公布了 TSSCI/THCI-Core 期刊的清單，就是明顯的指標。因此，這些新進的社會運動研究者受到制度的壓力，必須側重期刊論文的出版管道。最後，必須要說明的是，台灣學術期刊的建制過程經歷了一個漫長的過程。在早期，出版都是不規律的。以《台灣社會學刊》（其前身為《中國社會學刊》）為例，該期刊創刊於 1971年，在 1982 年開始每年至少出版一期，一直要到 2000 年才每年至少出版兩期。[5]也因此，隨著整體的期刊論文數量增加，社會運動研究的作品也越有可能在此刊登。

獨尊期刊論文的政策飽受批評，因為容易導致其他形式的學術出版被矮化，尤其是特別著重深度與完整性的專書（monograph）。也因此，國科會在 2005 年開始推動人文社會科學的專書撰寫計畫，以平衡上述的偏誤。然而，這些矯正的努力並沒有全然的成功。相較於奠基學者世代，泛野百合世代整體而言似乎對專書的出版較不感興趣。期刊論文較嚴謹的格式要求是否造成了此一領域之知識視野的窄化，仍是一個沒有答案的問題。

此外，學術生產是一個勞力密集的知識活動，需要多年的訓練與資料蒐集，這必然會導致社會運動的學術寫作與實際發展無法同步。就如同智慧女神Minerva 的貓頭鷹只在日暮時刻才展翅飛翔，學術研究也往往必須依賴事後之明，只能等待抗爭政治階段性的落幕之後，才能有所發現。期刊論文在 2000 年以後數量的增加，其產量在 2004 年達到頂峰，其所反映的情況並不是台灣社會運動的興盛，事實上，由於 2000 年第一次政黨輪替所帶來的政治效應，社會運

5　見 http://tsa.sinica.edu.tw/publish_01-5.php，取用日期：2015 年 5 月 5 日。

動反而呈現較為消極的狀況。同樣的理由也說明了為何在 2008 年之後，當台灣的社會運動出現了引人注目的復甦，學術研究的期刊論文產量卻沒有出現上升趨勢。總結來說，一個制度化的研究領域必然會變得更加自我維繫與自我參照，而這也意味著研究活動與研究對象無可避免地會逐漸脫鉤。

（二）作者背景分析

為了簡化研究分析，對於有多位作者的期刊論文，我們只分析第一作者。有鑑於作者後來的任職單位、自我認同跟學科背景時常會有所不同，在此，我們根據作者的博士學位來界定其學科，而有多個學位的作者，則採用其最新的博士學位。表 1 呈現了作者之學科背景的分布。

表 1　作者的學科背景分布

作者的學科背景	論文數量（%）	
	中文	英文
社會學	44（37.3%）	29（46%）
政治學	18（15.3%）	18（28.6%）
傳播學	17（14.4%）	1（1.6%）
人類學	6（5.1%）	3（4.8%）
歷史學	5（4.2%）	0（0.0%）
地理學與區域研究	5（4.2%）	3（4.8%）
文學	5（4.2%）	0（0.0%）
教育學	5（4.2%）	2（3.2%）
心理學	2（1.7%）	0（0.0%）
社會政策與社會工作	2（1.7%）	1（1.6%）
哲學	2（1.7%）	0（0%）
法律學	1（0.8%）	2（3.2%）
其他	4（3.4%）	4（6.3%）
	116（100%）	63（100%）

表 1 指出台灣社會運動研究仍保有其跨學科的特徵。在期刊論文的生產，社會學者雖然是主要的角色，但並沒有居於壟斷的地位。政治學不論在中文或英文的作品都位居第二位。值得注意的是，大多數學科的學者都保持著雙語出版的慣習，而不只是偏廢其中一種出版管道。

　　只有極少數的國際學者投稿台灣的學術期刊，因此不讓人意外的，116 篇中文期刊論文，只有 3 個作者不具備中華民國國籍，其中有 2 個是中國人，1 個是法國人。而 113 個台灣人作者中，除了 4 位作者是在美國就讀的研究生，及 1 位在美國大學任職外，其他作者都是任職或附屬於台灣的研究機構或教育機構。英文論文的來源則是更加的紛歧。63 篇英文期刊論文中，36 篇的作者來自台灣（57%），18 篇的作者來自美國（29%），其他包括澳洲（6%）、香港（5%）與英國（3%）。在 27 篇由國際學者撰寫的英文期刊論文中，政治學者占了 14 篇，社會學者僅占 7 篇，這似乎顯示比較政治的研究傳統使外國的政治學者更加願意關注台灣的社會運動。

（三）運動類型

　　由於社會運動的類型形形色色，有必要弄清楚學術關注的分布。

　　表 2 顯示了環境運動、勞工運動與性別運動是台灣社會運動研究者最關注的三個主題，在此的發現與許維德（2011）對於國內碩博士論文的調查結果一致。這意味著社會運動研究圈有個心照不宣的共識，即應該關注那些較被視為主流的社會運動。這些社會運動之所以受歡迎，很大一部分原因在於這些運動自 80 年代晚期以來持續地活躍，不斷有新的抗爭事件產生，為其觀察者提供了源源不斷的研究素材。相較之下，教育改革運動與農民運動等已經幾乎消失了。學生運動則是時斷時續的狀況，2014 年的太陽花運動，促成了 2015 到 2017 年間以其為個案之學生運動研究成果的大爆發，在 16 個學生運動研究中，有 11 個是此一時期的研究成果。[6]

---

[6] 其影響所及，不限於期刊論文，2016 年出版的《照破：太陽花運動的振幅、縱深與視域》（林秀幸、吳叡人編），正是台灣的運動研究者針對此一重大抗爭運動，所作的研究、調查與反省，集結而成的專書。

表2　學術期刊關注的運動類型

運動類型	期刊數量（%）		
	中文	英文	小計
環境運動	20（17.2%）	14（22.2%）	34（19.0%）
勞工運動	10（8.7%）	14（22.2%）	24（13.4%）
性別運動（包含了婦女與同志）	12（10.3%）	9（14.3%）	21（11.7%）
民主與政治運動	11（9.5%）	5（7.9%）	16（8.9%）
學生運動	11（9.5%）	4（6.3%）	15（8.4%）
原住民運動	6（5.2%）	1（1.6%）	7（3.9%）
社區運動	5（4.3%）	2（3.2%）	7（3.9%）
殖民時期的社會運動	4（3.4%）	2（3.2%）	6（3.4%）
媒體改革運動	5（4.3%）	0（0.0%）	5（2.8%）
社會福利運動（包含身心障礙者人權）	4（3.4%）	1（1.6%）	5（2.8%）
其他運動與無法分類者	28（24.1%）	11（17.5%）	39（21.8%）
	116（100%）	63（100%）	179（100%）

　　在 1980-1999 年間，「民主與政治運動」跟性別運動研究在數量上併駕齊驅，都是數量最多的類型；但在 2000 年之後，「民主與政治運動」就落居第5。相關研究的減少，不只是因為台灣民主的成熟，更是由於此一運動進入生命週期的末期，而導致了研究主題無可避免的耗竭。

（四）研究設計

　　大致上而言，一篇論文如何規劃其研究設計，或多或少決定了可能獲得的結論。在此，我們可以將這些期刊論文區分為單一個案研究、多重個案研究、量化研究（即使用推論統計技術之研究）。個案的單位可以是社會運動、社會運動組織，抑或社會運動事件。表3 顯示了不同研究設計的分布。

表3　期刊論文的研究設計分布與數量

研究設計	論文數量（%）		
	中文	英文	小計
單一個案研究	75（64.7%）	41（65.1%）	116（64.8%）
多重個案研究	20（17.2%）	20（31.7%）	40（22.3%）
量化研究	12（10.3%）	0（0%）	12（6.7%）
其他	9（7.8%）	2（3.2%）	11（6.1%）
	116（100%）	63（100%）	179（100%）

單一個案研究是最受歡迎的選項，在我們所收集到的期刊論文中，不論是英文還是中文，都占超過60%。可以這樣說，一份典型的社會運動研究之操作是藉由作者的密集介入，且研究資料通常是來自於參與觀察與深度訪談。

在40篇多重個案的研究中，有些嘗試使用比較設計。值得注意的是，有27篇使用了「成對比較」（paired comparison）的方法，來說明兩個相似個案的不同後果（McAdam, Tarrow and Tilly 2001: 81-84）。英文期刊論文的作者（31.7%）很明顯地比中文期刊論文的作者（17.2%），較可能採用多重個案的研究設計。南韓最常被用來作為比較研究的對照個案，有10篇英文期刊論文及1篇中文期刊論文這麼做。這是由於台韓兩國都經歷了日本殖民、民主轉型與社會抗爭浮現的相似軌跡，兩者的比較在方法論上有其策略性價值。

只有12篇中文的期刊論文使用統計方法來分析政府的調查資料，抑或由問卷調查蒐集來的資料。有兩個原因可以解釋社會運動研究中量化方法甚少被使用。首先，有些學科背景的研究者，尤其是人類學與歷史學家，通常會避免使用統計方法。其次，或許也是更為重要地，台灣社會運動的量化資料是相當匱乏，非常難以取得的。我們根本就沒有收錄了社會運動組織、非營利組織或工會相關資料的官方資料庫，這使得組織相關的研究幾乎是不可能。此外，在某些定期的學術調查（如台灣社會變遷調查），有時會詢問受訪者的政治態度或抗爭參與。然而，卻常因其樣本數太小，以致無法達到統計顯著性。

（五）研究問題

對於社會運動的學術關注，時常涉及了於許多不同的問題，在此，我們只聚焦在一組有關於起因／後果（emergence/consequence）的問題。社會運動研究者會想要去瞭解什麼因素誘發了社會運動，及人們為什麼會決定去參與一個社會抗爭。或者，研究者也會想要知道集體行動的後果，尤其是社會運動是否能夠達成它們所宣稱的目標。經過我們的解讀，這169篇可以歸類如表4。

我們可以發現起因／後果的問題是台灣社會運動研究的核心。將近71%的期刊論文關注起因、後果，甚或兩者都關注。當進一步以1980-1999年及2000-2017年這兩個時間區段來將這些期刊論文歸類，會呈現一個有趣的形態：在較早的時間區段中，只有21.6%的期刊論文分析後果，而在後來的時間區段中，關

表4　期刊論文的研究問題分布與數量

起因／後果	論文數量（%）		
	中文	英文	小計
只關注起因	36（31.0%）	18（28.6%）	54（30.2%）
只關注後果	30（25.9%）	17（27.0%）	47（26.3%）
兩者都關注	11（9.5%）	15（23.8%）	26（14.5%）
兩者都不關注	39（33.6%）	13（20.6%）	52（29.1%）
	116（100%）	63（100%）	179（100%）

注後果的比例上升到46.4%。而且，只關注運動起源的期刊論文，在2000年之前仍有45.9%，但到了2000年之後，卻下降到僅剩26%。很清楚地，早期的學界更傾向去瞭解社會抗爭的起因，這是因為對當時的學者來說，社會運動為什麼會在80年代晚期出現，是一個迫切的知識提問。這些年來，當台灣的民主逐漸鞏固，且某些社會運動也取得了正面的政策回應，研究議題就逐漸拓寬到運動後果的問題。

四、期刊論文的引用分析

這節要討論179篇期刊論文樣本所形塑的學術網絡，首先，我們會討論這些期刊論文彼此之間的引用網絡；其次，我們會說明台灣社會運動研究與國際主流的社會運動研究典範間的聯繫；最後，我們會指出台灣的社會運動研究在整個學術網絡中的意義和作用。

（一）期刊論文的相互引用

根據Fligstein and McAdam（2012: 167-168）的說法，一個已經浮現的領域（field）之特徵，是在其中的參與者開始意識到彼此的關係，並且經常參照對方以此來調整自己的行動。因此，衡量一個研究領域是否制度化，可以觀察該領域內的研究者是否有持續的對話。如果其中的研究者越常相互引用，那麼這個場域就越是制度化；如果引用不頻繁，那麼很可能是仍未制度化的場域。在此，我們將此份期刊論文樣本視為一個封閉的系統，僅登錄我們所抽取到的作者與作品之間相互的引用狀況。這種登錄方式的優點是可以清楚地呈現研究者在期刊論文平

台上的互動，然而其缺點在於其所呈現出來的網絡並不夠全面，忽略這些期刊論文所引用的專書、論文集及學位論文，在附錄3，我們補充說明這樣的範圍設定所可能帶來的遺漏。

圖2顯示了台灣社會運動研究者的相互引用網絡（互引網絡的資料整理與繪製軟體詳見附錄4）。在圖2中，我們一方面以2000年為界，分別將同一世代的研究者安置在一起，另一方面，在互引網絡中有較多聯繫（被引用及引用他人）的節點，也盡可能的安置在中央的位置。從資料整理與圖像繪製，我們可以發現以下的結果：

首先，從期刊論文作者彼此間是否相互引用來看，首篇期刊論文出版於2000年之前者與之後者分別為32人與129人，有與其他人相互引用而形成網絡者分別為19人與70人。從比例上來看，2000年以前，台灣社會運動研究的領域中，有形成互引網絡者占59%，但在2000年後，這比例降到54%。進一步，當我們以2000年為界，將2000年以前與以後的互引網絡區隔開來，2000年以前仍有17人互相引用而形成網絡（占53%），但2000年以後，仍有70人互相引用形成網絡（占54%）。在此可以粗估，2000年以後的出版，同世代的研究者彼此已形成一個相互引用網絡的雛形。不過進一步，當我們更聚焦於這些在互引網絡內的89位研究者，曾經被他人所引用者只有43位（占48%），曾經引用他人者有72位（占81%），但曾經被引用且引用他人者只有20人（占22%）。可以這麼說，在期刊論文的部分，台灣社會運動研究網絡的互引網絡，通常都是零碎的單向引用，儘管在研究成果上有些累積，但離形成真正有意義的對話仍有段距離。

此外，從期刊論文被引用的次數來看，116篇中文期刊論文共被引用了109次（平均每篇被引用近1次），而63篇英文期刊論文，只被引用了56次，其中有16次是被國外學者所引用。台灣學者對英文期刊論文的引用平均每篇只有0.63次，明顯低於對中文期刊論文的引用頻率，足見與台灣社會運動研究之英文成果的對話仍有待加強。

總體來看，社會運動研究雖然制度化成為一個自我維持的領域，但是其內部彼此引用與對話仍然是薄弱的。我們的觀點呼應了蘇國賢（2004：176-177）的發現，也就是說，如同在整個社會學界，台灣社會運動研究領域也有著「獨自寫作」（writing alone）的現象。有新意的初探仍是學者的最愛，但在初探之後，大

多時候都沒有人跟進繼續深化，這使得有意義的對話與知識積累難以達成。

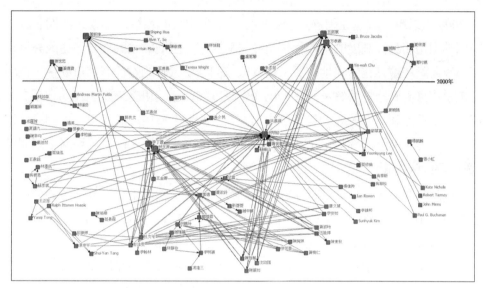

圖2　台灣社會運動研究者的相互引用網絡

註1：A→B 意即 A 引用 B。
註2：節點的大小代表被引用次數的多寡，本文的設定是以被引用次數 5 次為界，區分
　　　出被引用次數 5 次以下（結點較小）及超過 5 次（節點較大）等兩種節點。
註3：不同的研究者在空間位置上的鄰近性反映了他們之間存在著共同發表或合作的關
　　　係。
註4：為了更清楚的視覺效果，有 66 位作者（占作者數的 41%、占篇數的 40%）不引
　　　用其他作者，也沒有被其他作者引用，不呈現在這個圖。

　　由於台灣社會運動本身就是一個高度歧異性的研究領域，因此，我們可以進
一步區分不同運動類型的研究，來觀察「獨自寫作」所造成的影響是否因運動類
型而有差異。由於網絡形成的前提條件是需要有足夠的行動者數量，所以在此我
們僅討論環境、勞工、性別等三類。圖 3 顯示了上述這三種不同社會運動研究次
領域的互引網絡之狀況。

　　在期刊論文的層次上，環境運動研究與勞工運動研究都形成了較完整的互引
網絡，但兩者有著強烈的對比。在 2000 年以前，環境運動研究很明顯的缺乏指
標性的期刊論文作品，但在勞工運動研究中，已形成一個相互引用的網絡，這個
互引網絡圍繞著一個以民主轉型與工運發展為主題的研究傳統。儘管後續的討論

已隨著勞工運動的實際發展，而轉向對運動之轉型、衰頹與後果的探究，但這項側重國家政治結構與運動發展之關係的傳統仍被 2000 年以後的研究者所繼承。在 2000 年以後，環境運動的互引網絡呈現了多中心的結構，儘管某些期刊論文被頻繁引用而具備高度的指標性，但並未形成單一主題的強固傳統，這或許反映了環境運動持續存在的在地特質，儘管國家與環境議題的關係有其重要性，但地方抗爭本身的脈絡性特質及其比較仍受到高度的關注。粗略來說，在期刊論文的層次，環境運動研究形成的是一個由相同世代的學者所構成的水平互引網絡。相對於此，勞工運動研究幾乎是不存在相同世代的互相引用，而是呈現跨越不同世代的垂直互引網絡。

比起勞工運動及環境運動研究，性別運動的互引網絡出乎意外地薄弱稀疏。儘管其期刊論文仍有持續產出，但 22 位作者中僅有 8 位作者的作品有相互引用。嚴格來說，性別運動在 2000 年以前也沒有指標性的作品，而 2000 年以後，在這個範圍極小的引用網絡中，其實只有 3 位作者的 2 篇作品反覆的被引用，似乎有圍繞婦運、國家與政治參與的主題，而形成較強固網絡的機會，但這仍有待後續的觀察。

最後，仍然需要解釋的是，為何性別運動沒有形成如環境運動與勞工運動般較強固的網絡。有幾個可能的解釋，一方面，性別運動的標籤下所涵括的研究主題或抗爭主體有著過於廣泛的歧異性，研究主題從身體展演、抗爭文化到政策遊說都包括在內，抗爭主體從中產階級婦女、同志到性工作者皆可見其身影。這種高度的歧異性反映了性別運動可供研究者選擇的素材與主題非常的豐富。另一方面，性別運動研究者的學科背景也可能是最分散的，這反映了性別研究在不同學科的紮根與成長，但是也使得其關於社會運動的研究欠缺對話。

由上述可以發現受「獨自寫作」所造成的影響由大到小分別是性別運動研究、環境運動研究及勞工運動研究。

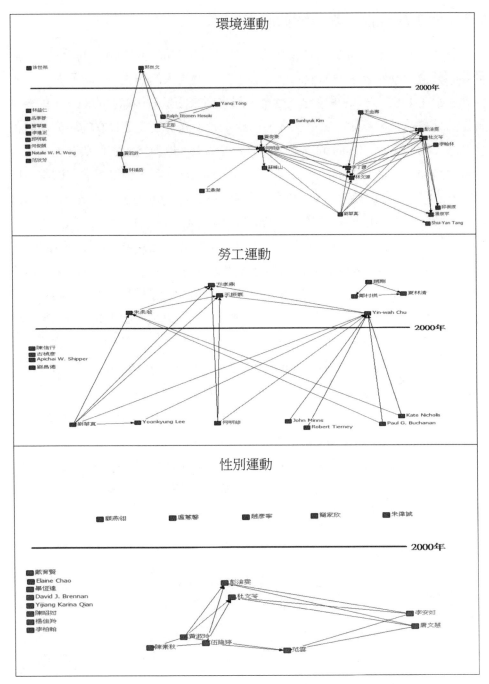

圖3　環境、勞工、性別等次研究領域之期刊論文的相互引用網絡

註：A → B 意即 A 引用 B。

（二）與主流社會運動研究典範的關係

　　隨著台灣的社會運動從新生萌芽的狀態發展到一個比較制度化的模式，英語世界的社會運動研究之理論取向已經發生了一個巨大的變化。資源動員論與新社會運動在 1980 年代的爭論已經落幕，隨之而來的是一個綜合的取徑，即嘗試將先前社會運動、革命、工業衝突、民族主義、族群衝突等分立的研究領域都整合進「抗爭政治」（contentious politics）這個單一的典範。這個典範建立的努力是由 Charles Tilly、Sidney Tarrow 與 Doug McAdam 等三位傑出的美國學者所領導。他們的合作開始於 1990 年代中期的一篇緒論（McAdam, Tarrow and Tilly 1996），進而開展出一系列共同合作的著作（McAdam, Tarrow and Tilly 1997, 2001; Tilly and Tarrow 2007）。這三人來自於不同的研究背景，Tilly 與 McAdam 都是社會學者，但前者的歷史研究與歷史學者有更多的對話，而 Tarrow 則是一個政治學者。因此，他們的合作所產生的影響已經超越了學科的邊界。而且，在他們合作進行這個抗爭政治的計畫之前，他們三人在社會運動研究領域已經取得了領導地位。Tilly 在歐洲革命的研究（Tilly 1976）及社會運動的理論化（Tilly 1978）有極高的聲望，而 McAdam（1982）與 Tarrow（1989）則是在 1980 年代分別以研究美國民權運動及歐洲左翼運動的研究而廣為人知。

　　因此，Tilly-Tarrow-McAdam 的三人組合可以作為評估台灣社會運動的研究文獻與國際主流典範之關係的參照點。無論作者是否真的受到這個三人組合的啟發，對這個三人組合之成果有較多的引用都意味著與國際學界有一個比較緊密的聯繫。相反地，沒有引用則意味著作者在構思其研究問題時，幾乎沒有受到這個國際學界的重要部分之影響。

表 5　對主流國際作品之引用情形

時期／引用	論文數量（%）		
	中文	英文	小計
1980-1999 年			
引用三人組合中的兩位以上	0（0%）	0（0%）	0（0%）
完全不曾引用三人組合	19（82.6%）	12（85.7%）	31（83.8%）
2000-2017 年			
引用三人組合中的兩位以上	19（20.4%）	14（28.6%）	33（23.2%）
完全不曾引用三人組合	56（60.2%）	24（49.0%）	80（56.3%）

表 5 指出了中文與英文期刊出版的一個相似趨勢。在 2000 年之前，有 83.8% 的期刊論文不曾引用 Tilly、Tarrow 或 McAdam 的任何一項成果，但這比例在後來就降到了 56.3%。隨著台灣社會運動領域愈發成熟，國際典範的影響就越多。在英文出版品中，這趨勢要稍微明顯一點，相較於中文期刊論文不曾引用這個三人組合的比例高達 60.2%，英文期刊論文則只有 49%。儘管國際聯結的趨勢有所增長，但從不曾引用這三位的比例仍高達 56.3%，可知台灣的社會運動研究仍舊保留了殊異性。

（三）社會運動研究的可見性與相關性

最後，我們也對台灣社會運動研究在當下的可見性（salience）與相關性（relevance）進行評估。儘管這個領域的浮現與制度化已經完成，但它與其他領域的關係仍是一個持續的互動，且其從業人員仍必須時刻警惕他們的知識介入與產品是否完成了原初的承諾目標。

有幾個方式可以考察這個議題。首先，表 6 顯示了在我們所選取的 12 份中文期刊中，社會運動論文占全部已出版論文的比例之變化。

表 6　中文書寫的社會運動研究論文占全部研究之比例

年份	社會運動研究論文	全部已出版的論文	比例
1980-1986	1	535	0.2%
1987-1999	22	1,417	1.6%
2000-2017	93	2,931	3.2%

上表指出社會運動研究在台灣的學術界有顯著的擴張。在最晚近的時期，這些主流期刊中所刊登之需經同儕審查的論文，每 35 篇就有一篇是社會運動研究。換言之，社會運動研究社群不僅在絕對的出版數量上有所增長，也在與其他領域的關係上取得了立足之地。

儘管上述的觀察肯定了國內社會運動研究的良好發展，但在國際競爭中，就很難如此肯定了。首先，我們可以用期刊所立足的領域來考察。寬泛來說，我們可以將學術期刊區分為區域研究與以學科為基礎等兩種，這兩者所出版的社會運動研究，通常會有不同的構思與寫作策略。我們認為如 *China Journal* 與 *Asian*

Survey 等區域研究的期刊所出版的論文，其發問會較聚焦於在地的局勢，且通常會提供較多的脈絡細節。另一方面，以學科為基礎的期刊論文之發問通常會將個案當作知識的切入點，以處理某個研究領域或學科中仍爭論不休的理論爭議。發表在 *Mobilization* 或 *Environment and Planning* 通常會使用台灣社會運動的資料去處理一個特定的議題，但卻不會完整的呈現這個個案。換言之，這兩種期刊代表著兩種研究策略，粗略來說，就是「脈絡取向」與「理論取向」的對比。

我們所選取的 63 篇英文期刊論文，在 1980-2017 年間，呈現較偏向理論取向的分布，27 篇刊登於區域研究的期刊，36 篇刊登於以學科為基礎的期刊。而且，如果我們進一步的區分出不同的時期，可以清楚地看到理論取向的論文隨著時間增加，脈絡取向的論文隨著時間而逐漸減少。在 1980-1999 年間，刊登在以學科為基礎的期刊之論文僅占了 35.7%，而在 2000-2017 年間，比例則已成長到 63.2%。對此一變化，可能有許多不同的解釋。一個可能是台灣研究的外國專家開始不再對社會運動感興趣，因為他們通常都在區域研究的期刊上發表成果。此外，也可能是台灣社會運動的研究者變得更有野心，因而轉向對社會運動作更多的理論化，而不再僅止於脈絡的描述。

由於我們使用 Web of Science 這個資料庫來進行抽樣，其期刊引用報告（Journal Citation Reports, JCR）的資料也可用來說明那些接受台灣社會運動研究的期刊之相對排名，這有助於對其國際知名度作粗略的測量。藉此，我們可以評估這些期刊論文的相對可見性。表 7 顯示了這些刊登台灣社會運動研究成果的期刊之排名。我們使用 2012 年 SSCI 版的五年平均影響因子（five-year average impact factor）來作為期刊地位的指標。

表 7　不同類別與時期之期刊排名

	區域研究期刊的論文	以學科為基礎之期刊的論文	小計
1980-1999 年平均期刊排名	33%	71.6%	54%
2000-2017 年平均期刊排名	45.2%	44.5.6%	45.7%

註：一份SSCI清冊上的期刊會出現在JCR的不同類別中。對此，我們的處理是選擇排名最前面的那個類別。另外，有九篇期刊論文所刊登的五種期刊沒有被收錄在2012年的SSCI中，因此不包含在本表的計算中。

很清楚可以看到，台灣社會運動研究的期刊論文通常會刊登在平均排名前40~50%的期刊中，在有限的學術產出下，這看起來算是不壞的成績。然而，上表也指出刊登台灣社會運動研究成果的區域研究期刊之排名下降了，而以學科為基礎的期刊之排名卻上升了。這個結果似乎指出當有越來越多的投稿努力集中在以學科為基礎的期刊，將會排擠對區域研究期刊的投稿。這個新的趨勢是否對脈絡取向的研究有負面的衝擊，仍有待觀察。

最後的問題是，這些以英文寫作的社會運動論文有多大的影響呢？幾乎不曾被閱讀與引用的期刊論文不可能會有重要的影響。在此，我們發現了一些令人憂慮的趨勢。

表 8　不同時期之作者的引用數

論文／作者	SSCI 引用數	Google scholar 引用數
1980 年到 1999 年期刊論文的平均引用數	5.25	33.9
2000 年到 2017 年期刊論文的平均引用數	3.52	19.2
台灣學者之期刊論文的平均被引用數	3	19.7
國際學者之期刊論文的平均被引用數	5.04	26.2

註：取用日期為2019年2月28日。

在此，我們同時使用 SSCI 與 Google scholar 來計算這些期刊論文的引用。SSCI 是一個封閉的資料庫，只會計算那些有列在 SSCI 清單中的期刊論文被引用的狀況。因此，Google scholar 所計算的引用數可用來與之互相參照。然而，兩個系統呈現了一致的模式，較早出版的論文要比較晚出版的論文有更多的引用數，這可能可以歸於其論文之曝光時間。而比起那些國際學者，台灣本土研究者的成果更少被引用，這個問題也仍有待解釋。

五、結論與建議

這篇文章嘗試去理解台灣社會運動研究的發展。我們指出了 80 年代社會抗爭的出現如何催生了這個研究領域。台灣的社會運動研究領域起於那些隨著威權體制崩壞與民主轉型而來的激烈社會變遷。這些年來，隨著此一領域的制度化，

研究者也更加的專業化，且與主流的國際理論典範有更多的對話，從而也出現了一個規格統一且穩定的期刊論文生產模式。

　　台灣的社會運動研究與族群、性別研究有著相似的開展形式。本省人、客家人與原住民的族群動員催生了族群研究在 1987-1993 年間的茂盛發展。借用西方學術論述，「族群」這個概念已成為公共論述必要的辭彙（王甫昌 2008：510-512）。同樣的，女性主義在 80 年代晚期的興起，也帶來了由「研究女人」（research on women）到「為女人而研究」（research for women）的轉型。稍後，研究中心與學術期刊在 1990 年代的制度化鞏固了台灣性別研究的領域（藍佩嘉 2008：77-80）。雖然這三個領域的發展有些不同，但它們都發韌於理解 80 年代晚期的大轉型，研究的目的不只回應了知識需求，也帶有實踐的意圖。

　　在我們對於出版於 1980-2017 年間的期刊論文之研究中，可以得到以下的結論：

1. 社會學者與政治學者是這個領域的主要參與者，但人類學者、傳播學者、歷史學者與地理學者也有重要的貢獻。

2. 由於環境運動、勞工運動與性別運動始終能夠維持活力，因此也吸引了研究者最多的關注。

3. 單一個案研究是最主要的研究設計。跨國比較大多是以南韓為對照組。使用高等統計方法的量化研究仍是非常罕見。

4. 運動的出現與後果是主要的議題，但早期較關注運動的起因，晚近則更強調運動所帶來的改變。

5. 僅就期刊論文的部分來說，台灣社會運動研究的互引網絡，雖已略具規模，但 writing alone 的現象仍阻礙了進一步的知識積累。進一步細察不同運動類型的研究，可以發現其影響由大到小分別是性別運動研究、環境運動研究及勞工運動研究。

6. 與主流國際理論典範之間的連結，有隨時間而增加的趨勢。

　　一個在意料之外的發現是，在我們的抽樣所含括的中文與英文期刊作品共享著相似的發展模式。上述結論中的第 1 到 4 點及第 6 點的發現，不論在英文或中文期刊作品中都適用。由於我們只能找出 6 位同時活躍於這兩種不同語言形式期

刊出版品的研究者，這種相似性就顯得更值得注意。換言之，我們可以說台灣社會運動研究是橫跨了兩個出版界的共同領域。儘管在那些只用中文書寫的本土研究者與只用英文書寫的國際研究者間，似乎存在著分歧，但他們仍共享相似的知識關懷，且其提問時常是相關的。

最後，這些年來，台灣社會運動研究的英文出版逐漸地由區域研究的期刊轉移到以學科為基礎的期刊。這是否是一個健康的發展仍有待觀察。

附錄 1　12 份中文期刊

這份受到認證的 TSSCI 期刊清單見其官方網頁（http://www.hss.ntu.edu.tw/model.aspx?no=67，取用日期：2019 年 2 月 20 日）找到。由於 TSSCI 的期刊清單每年都會變動，我們選用的是 2013 年的版本。在其中，我們選取了 1 份人類學期刊、5 份社會學期刊（包括了 3 份社會學期刊與 2 份傳播學期刊）、3 份政治學期刊及 2 份跨學科的期刊。此外，由於有許多的社會運動研究刊登在《思與言》這份名列 THCI-Core 上的期刊，我們也將之納入。

1. 《中華傳播學刊》，創刊於 2002 年。

2. 《政治學報》，創刊於 1971 年。

3. 《人文及社會科學集刊》，創刊於 1988 年。

4. 《新聞學研究》，創刊於 1967 年。

5. 《文化研究》，創刊於 2005 年。

6. 《台灣社會研究季刊》，創刊於 1988 年。

7. 《台灣民主季刊》，創刊於 2004 年。

8. 《台灣人類學刊》，創刊於 2003 年，其前身為創刊於 1956 年的《中央研究院民族學研究所集刊》。

9. 《台灣社會學刊》，創刊於 1996 年，其前身為創刊於 1971 年的《中國社會學刊》。

10. 《台灣政治學刊》，創刊於 1996 年。

11. 《台灣社會學》，創刊於 2001 年，其前身為創刊於 1997 的《台灣社會學研究》。

12. 《思與言：人文與社會科學期刊》，創刊於 1963 年。

附表 1 明列了這 12 份中文期刊中，社會運動研究的數量與比例。

附表 1　12 份期刊中的社會運動研究論文

期刊名稱	社會運動研究論文	所有的論文	比例
《台灣社會研究季刊》	30	578	5.19%
《思與言：人文與社會科學期刊》	22	1002	2.20%
《台灣民主季刊》	12	302	3.97%
《台灣社會學》	10	168	5.95%
《台灣人類學刊》	5	393	1.27%
《中華傳播學刊》	4	215	1.86%
《台灣社會學刊》	7	328	2.13%
《政治學報》	5	345	1.45%
《台灣政治學刊》	4	175	2.29%
《新聞學研究》	6	725	0.83%
《人文及社會科學集刊》	5	504	0.99%
《文化研究》	6	128	4.69%
總計	116	4,863	2.39%

附錄 2　英文期刊論文的搜尋方法

我們經由台灣大學圖書館服務取得 JSTOR 與 Web of Science 的資料庫。在 JSTOR 的部分，我們使用進階搜尋，以 Taiwan 為關鍵字搜尋標題、說明文字及摘要，時間區間設定為 1980 年到 2017 年，搜尋類型設定為文章，語言則設定為英文，最後將目標學科設定為 "Anthropology"、"Asian Studies"、"Communication Studies"、"Labor and Employment Relations"、"Political Science"、"Public Policy & Administration"、"Social Sciences"、"Sociology" 及 "Urban Studies"。接著從搜尋結果中挑出以台灣社會運動為主題的期刊論文。

在 Web of Science 的部分，我們主要是選用社會科學引用索引（Social Sciences Citation Index）。我們以 "Taiwanese" 或 "Taiwan" 作為關鍵字來搜尋標題。將檔案類型設定為文章，使用語言設定為英文，並將類別侷限於 "Anthropology"、"Area Studies"、"Asian Studies"、"Communication"、"Cultural Studies"、"Environmental Studies"、"Ethnics Studies"、"Political Science"、"Public Administration"、"Social Issues"、"Social Science Interdisciplinary"、"Sociology"、"Urban Studies", 及 "Women's Studies"。最後，我們在以上 14 個類別中找出 2,332 篇文章，從中挑出以台灣社會運動為主題的期刊論文。

以上資料庫的搜尋，1980-2014 年的部分進行於 2015 年 4 月 22 日到 5 月 1 日，2015-2017 年的部分則完成於 2019 年 2 月 20 到 25 日。

附錄 3　引用網絡的補遺

本研究聚焦於期刊論文的互引網絡，這不可否認是片面的。為了修正這個偏誤，在下方的部分，我們提出了補充性的說明。在登錄的過程中，我們發現有以下幾種狀況使得某些研究者或研究成果被估低，甚或被隱而不顯，這種低估在 2000 年以前，期刊論文尚未成為主流的出版形式之前特別明顯。

（一）論文集：《台灣新興社會運動》（徐正光、宋文里編 1989）（被引用 16 次）、《台灣的國家與社會》（徐正光、蕭新煌編 1995）（被引用 7 次）、《台灣的社會福利運動》（蕭新煌、林國明編 2000）（被引用 6 次）、《兩岸社會運動分析》（張茂桂、鄭永年編 2003）（被引用 7 次）[7]、《社會運動的年代》（何明修、林秀幸編 2011）（被引用 6 次）等幾本論文集對於社會運動研究領域有高度的重要性。在這些論文集中，勞工運動的研究成果是最常被引用的，徐正光（1989）（被引用 7 次，占該論文集被引用次數的 47%）、趙剛（1995）（被引用 6 次，占該論文集被引用次數的 86%）、范雲（2000）（被引用 3 次，占該論文集被引用次數的 60%）。

（二）專書：由單一作者或多位作者撰寫的專書在 2000 年以前有高度的重要

---

[7] 《兩岸社會運動分析》一書同時收錄了台灣與中國的社會運動研究，但由於本研究聚焦於台灣社會運動研究，因此僅計算台灣部分的引用次數。

性。蕭新煌[8]的《我們只有一個台灣：反污染、生態保育與環境運動》（1987）（被引用 4 次）、《七〇年代反污染自力救濟的結構與過程分析》（1988）（被引用 7 次）、《台灣地方環保抗爭運動：1991-1996》（1997）（被引用 4 次）、《台灣的地方環保抗爭運動：1980-1996》（1999）（被引用 4 次）。張茂桂（1989）的《社會運動與政治轉化》（1989）（被引用 15 次）[9]、張茂桂等人（1992）的《民國七十年代台灣地區「自力救濟」事件之研究》（被引用 7 次）、王振寰的《資本、勞工與國家機器》（1993）（被引用 5 次）、林宗弘等人的《打拼為尊嚴──大同工會奮鬥史》（2000）（被引用 2 次）、王雅各的《台灣婦女解放運動史》（1999）（被引用 3 次）、何明修的《綠色民主》（2006）（被引用 4 次）、楊弘任的《社區如何動起來？》（2007）（被引用 2 次）、何明修、蕭新煌的《台灣全志卷九：社會志社會運動篇》（2006）（被引用 2 次）。在這些專書中，張茂桂與蕭新煌是最常被引用的，其中蕭新煌這些常被引用的專書聚焦於環境運動研究，並大量的被引用。如前所述，2000 年以前，環境運動研究在期刊論文的部分，缺乏一個可資引用的傳統，或許可歸因於此一時期環境運動研究受到較多注目的作品大多是以專書形式出版。

（三）學位論文，最後一種在 2000 年以前也常被忽略的引用是碩博士論文，尤其是那些在稍後會被改寫成期刊論文、專書論文甚或專書出版的碩博士論文。在這個部分，我們發現趙剛（博論）、林佳龍（碩論）、吳介民（碩論）、簡家欣（碩論）、范雲（博論）、呂欣怡（博論）、何明修（博論）等人都曾被引用。

（四）其他，因為抽樣架構的問題而在期刊論文的部分沒有被提及的研究者，這在 2000 年以後特別的明顯，典型的例子如邱毓斌、邱花妹等人。

附錄 4　引用分析的方法論

本研究在相互引用網絡部分的資料處理上，先使用 EXCEL 軟體進行登錄。登錄的步驟可分為兩階段，首先，我們會在每位作者下以年份標示出不同的期刊論文，進行最初的登錄。接著，以作者為單位進行整合（詳見附圖 1）。在資料分析的部分，我們使用 Ucinet 社會網絡分析軟體中的 Netdraw 功能將這個期刊論

[8] 蕭新煌有相當多的專書作品，在此僅列出被引用次數較多的作品加以討論。
[9] 該書曾於 1990、1991、1994、1999 等年份再版或重印，在此對這些不同版本的引用一併納入計算。

文樣本中的相互引用網絡予以圖像化。

被引用者

引用者

	作者	A	B		C
作者	年份	1990	1992	1997	2000
A	1990	0	1	1	0
B	1992	0	0	0	1
	1997	1	0	0	0
C	2000	1	0	1	0

被引用者

引用者

	A	B	C
A	0	2	0
B	1	0	1
C	1	1	0

附圖 1　引用網絡資料整理示意圖

在目前已有的研究成果中，同樣也使用 Ucinet 社會網絡分析軟體來處理資料，一個可供本研究參照的引用網絡研究是蘇國賢（2004）對台灣社會學者之隱形學群的研究。其做法是先確認台灣社會學界的母體大小（共 131 位社會學者），後在以這些現職社會學家在 TSSCI 期刊所登的 400 篇論文，找出 69 位現職學者（有 89 位學者曾經在 TSSCI 期刊發表過論文，但排除其中與他人互引較少而孤立的 20 位學者），占整體 51.9% 。但在登錄這 69 位學者相互間的引用狀況時，其登錄對象並不侷限在 TSSCI 期刊，而是以這 69 位學者之所有出版形式的作品為登錄的對象。

然而，本研究與蘇文的設計有些不同：蘇文所研究的個案是社會學界的現職研究者，其中個體之身分較不易變動，母體大小較容易確認，但本文所聚焦的社會運動研究圈，個體身分的變動是較容易且劇烈，一個學者很可能只在他生命的特定時期才是一個社會運動研究者，在更多的時候其學術身分認同可能是族群社會學、政治社會學、派系研究、性別研究、組織與產業研究，甚或其他次領域，其作品不見得都是台灣社會運動研究。因此，我們一方面很難確認一個所謂的社會運動研究圈的母體大小，另一方面也無法如蘇文般將焦點放在「現職」的研究者，如此做將會排除了很多以往曾從事台灣社會運動研究，但現在已改變研究興趣的學者。因此，如內文所述，我們採取的做法是將已選取的期刊論文樣本當作一個封閉的相互引用網絡。

參考文獻

王甫昌，2008，〈由若隱若現到大鳴大放：台灣社會學中族群研究的崛起〉。頁 447-521，收錄於謝國雄編，《群學爭鳴：台灣社會學發展史，1945-2005》。台北：群學。

何明修，2011，〈導論：探索台灣的運動社會〉。頁 2-32，收錄於何明修、林秀幸編，《社會運動的年代：晚近二十年來的台灣行動主義》。台北：群學出版社。

何明修、林秀幸編，2011，《社會運動的年代：晚近二十年來的台灣行動主義》。台北：群學。

何榮幸，2001，《學運世代：眾聲喧嘩的十年》。台北：時報出版社。

林秀幸、吳叡人編，2016，《照破：太陽花運動的振幅、縱深與視域》。台北：左岸。

徐正光、宋文里編，1989，《台灣新興社會運動》。台北：巨流。

張茂桂，1994，〈民間社會、資源動員與新社會運動：台灣社會運動研究的理論志向〉。《香港社會科學學報》4：33-66。

許維德，2011，〈台灣「社會運動研究」的歷史考察〉。頁 449-519，收錄於何明修、林秀幸編，《社會運動的年代：晚近二十年來的台灣行動主義》。台北：群學。

蕭新煌、林國明編，2000，《台灣的社會福利運動》。台北：巨流。

藍佩嘉，2008，〈性別社會學在台灣〉。頁 75-136，收錄於謝國雄編，《群學爭鳴：台灣社會學發展史，1945-2005》。台北：群學。

蘇國賢，2004，〈社會學知識的社會生產：台灣社會學者的隱形社群〉。《台灣社會學》8：133-192。

Bourdieu, Pierre, 2000, *Pascalian Meditations*, trans. by Richard Nice. Oxford: Polity Press.

Fligstein, Neil and Doug McAdam, 2012, *A Theory of Fields*. Oxford: Oxford University Press.

Ho, Ming-Sho, 2010, "Understanding the Trajectory of Social Movements in Taiwan (1980-2010)." *Journal of Current Chinese Affairs* 39(3): 3-22.

——, 2015, "Occupy Congress in Taiwan: Political Opportunity, Threat and the Sunflower Movement." *Journal of East Asian Studies* 15(1): 69-97.

Ho, Ming-Sho, Chun-Hao Huang and Chun-Ta Juan, 2018, "The Institutionalization of Social Movement Study in Taiwan." *International Journal of Taiwan Studies* 1(1): 115-140.

Hsiao, Hsin-Huang Michael and Ming-Sho Ho, 2010, "Civil Society and Democracy-Making in Taiwan: Reexamining the Link." Pp. 43-64 in *East Asia's New Democracies: Deepening, Reversal, and Non-liberal Alternatives*, edited by Yin-wah Chu and Siu-lun Wong. London: Routledge.

Jepperson, Ronald L., 1991, "Institutions, Institutional Effects, and Institutionalism." Pp.143-163 in *The New Institutionalism in Organizational Analysis*, edited by Walter W. Powell and Paul J. DiMaggio. Chicago: University of Chicago Press.

McAdam, Doug, 1982, *Political Process and the Development of Black Insurgency 1930-1970*. Chicago: Chicago University Press.

McAdam, Doug, Sidney Tarrow and Charles Tilly, 1996, "To Map Contentious Politics." *Mobilization* 1: 17-34.

——, 1997, "Toward an Integrated Perspective on Social Movements and Revolution." Pp. 143-173 in *Comparative Politics: Rationality, Culture, and Structure*, edited by Mark Irving Lichbach and Alan S. Zuckerman. Cambridge: Cambridge University Press,

——, 2001, *Dynamics of Contention*. Cambridge: Cambridge University Press.

Sullivan, Jonathan and Gudrun Seiler-Holmer, 2011, "Mapping the Taiwan Studies Field." *Issues and Studies* 47(3): 1-28.

Tarrow, Sidney, 1988, *Democracy and Disorder: Protest and Politics in Italy 1965-75*. Oxford: Clarendon Press.

——, 2011, *Power in Movement: Social Movements and Contentious Politics*, 3rd edition. Cambridge: Cambridge University Press.

Tilly, Charles, 1976, *The Vendee*. Cambridge, MA: Harvard University Press.

——, 1978, *From Mobilization to Revolution*. Reading, MA: Addison-Wesley.

Tilly, Charles and Sidney Tarrow, 2007, *Contentious Politics*. New York: Paradigm.

Weber, Max, trans. and ed. by H. H. Gerth and C. Wright Mills, 1948, *From Max Weber: Essays in Sociology*. London: Routledge.

台灣反核運動的開端：1979-1986

劉華真

一、前言

　　在過去半個世紀亞洲經歷了漫長的核電擴張時期。由日本與印度在 1960 年代打頭陣，南韓與台灣在 1970 年代接棒，中國在 1990 年代快速擴張核電，到了 21 世紀，有 11 個南亞或東南亞國家考慮或計畫興建商用核電廠（World Nuclear Association 2018）。從亞洲核能民用的先驅台、日、韓的歷年商轉中反應爐數量來看（見圖 1），從日本於 1965 年、台韓於 1978 年開始啟用第一座反應爐一直到 1985 年為止，三國的發展趨勢是一致的，都積極擴張核能電廠並增加反應爐的數量。然而台灣接下來的核能發展路徑就與日韓兩國分道揚鑣。從 1980 年代中期一直到 2011 年的福島核災為止，日本與南韓的反應爐數量持續增加，意味三哩島與車諾比核災都沒有影響日韓兩國的核電計畫，由官僚主導的核能擴張政策也持續進行。與之相對，台灣的核電擴張只持續了短短的七年（1978-1985），反應爐數量從 1985 年開始就沒有增加。在亞洲「核能擴張」的趨勢中，台灣是個異例。

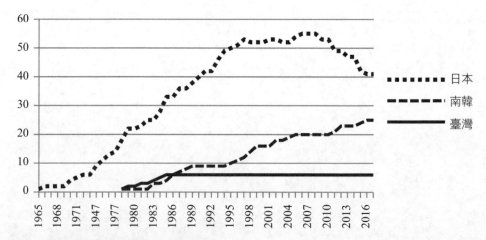

圖 1　歷年核電廠商轉中反應爐數量

資料來源：日本、南韓資料：國際原子能總署（https://cnpp.iaea.org/pages/index.htm）；台灣資料：行政院原子能委員會（https://www.aec.gov.tw/）。日本的歷年資料已經扣除於當年度除役的反應爐。

　　三個同樣從二戰廢墟中爬起的國家，在冷戰架構之下由保守威權政權長期統

治（Choi 1993；雨宮昭一 2016），以官僚主導的產業經濟政策，在所謂「發展型國家」的架構下以快速經濟成長來維持統治合法性（Amsden 1985; Cho and Kim 1998; Shin 1998），也將二戰戰後舉國的熱情與焦慮導向無止盡的財貨生產與利潤追求。當 1970 年代兩次石油危機影響其經濟表現，如何在國內資源貧瘠的情況下，為工業生產提供穩定的能源與電力成為經建政策的核心議題，也是台日韓轉向核電擴張的背景。但是這種發展型國家由上而下引導的典範卻造成舉目可見的工業污染與生態危機（Allinson 1993; Eder 1996; Hsiao 1999；吉見俊哉 2017；林俊義 1979），更使得貧窮社區、原住民、農漁村在欠缺參與決策的管道下，被迫犧牲小我（暴露於更高的環境風險）以完成大我（經濟發展與 GDP）（Figueroa and Mills 2001: 434），此一現象也被日本學者高橋哲哉稱之為「犧牲的體系」（高橋哲哉 2014）。

抑制台灣追隨亞洲趨勢的，正是台灣的反核運動。此一長達 33 年的社會運動從 1980 年代中期開始阻擋核四廠興建，監督核一、二、三廠運作，以及抵抗現存和即將興建的核廢料儲存場。與東亞近鄰相較，台灣的反核運動挑戰了根深蒂固的發展意識型態，展現了驚人的政治效能，迫使所有台灣居民面對日益升高的環境風險，並反省在少數族裔與弱勢群體的生活圈內放置核廢料的合理性。台灣反核運動也是到目前為止，東亞地區唯一成功阻擋國家核電擴張計畫的運動。因此，本文藉由「為什麼台灣反核運動可以在一片擁核氛圍的東亞持續阻擋核電擴張」破題，根據各種政府公報、國史館影像資料、與台灣歷年來的反核報導，放在與日韓比較的基礎上，試圖重新分析台灣反核運動的起點：1979 年到 1986 年間政治菁英分裂所造成的核四停建。

二、凍結核四預算作為歷史事件

台灣反核運動的起跑點，與亞洲地區其他反核運動不同：早在全國性環保團體開始下鄉傳散核能資訊，在蘭嶼、貢寮、金山、恆春居民蜂擁加入反核戰局之前，1980 年宣布的核四建廠計畫就已經在行政與立法部門裡掀起諸多風波。雙方來往交鋒的結果是，行政院在 1985 年宣布暫時擱置核四興建（聯合報 1985b），而立法院也在 1986 年的總預算審查報告中直書：「台灣電力公司應暫緩

興建核四，原列預算停止支付。」（立法院公報處 1986b：42）也就是說，**台灣甚至尚未出現第一次的反核抗爭或遊行，核四廠就已循體制內路徑被暫時擱置。**

　　立法院於 1986 年凍結核四預算這件事，是一則多重意義下的歷史性事件（Sewell 2005）。首先它象徵著 1980 年代威權體制弱化的初期，挾「民意基礎」的立法院在國政決策中位置的攀升；一向作為樣板的立法部門首次以行使預算權的方式，中斷了強勢行政部門所推行的超級經建計畫，這讓反核從一開始就成為全國性議題，呈現與 1970 到 1990 年代台灣重大反污染抗爭完全不同的模式。一般來說，台灣反污染抗爭都是從地方層級的陳情、訴願與抗爭開始，因事態無法解決而一路延燒到中央政府層級（蕭新煌 1988），在眾多地方性的反污染抗爭中僅有一小部分的案例最終演變為全國性議題。

　　再者，立法部門凍結核四預算是讓台灣走向和亞洲核能擴張相異路徑的起點。對於台灣人來說，「反核作為全國性議題」似乎是理所當然的事，然而參考東亞近鄰的經驗並非如此。從 1980 年代末期開始，南韓反核運動的主力是一波又一波的地方性反對設置核廢料儲存廠抗爭（1990 年的安眠島、1994 年的蔚珍與緊接其後位於仁川附近的掘業島、2003 年的蒲安），這些抗爭非常強悍，也多半能夠阻擋預定的開發計畫。然而弔詭的是，即使歷經三哩島與車諾比，「反核」這個主題始終沒有成為南韓全國性的環境議題（Ku 2018; Park 2018），反對派議員與反核聯盟（The National Headquarters for the Nuclear Power Eradication）無法在國會中阻擋核電預算，無法改變南韓行政部門快速擴張的核電廠設置與核電技術開發計畫（Hong 2011: 411-412; Hsiao et al. 1999: 262）。日本的反核運動（Hasegawa 2011: 69-70；池上善彥、林家瑄 2011），最一開始是源於二次大戰廣島、長崎原爆經驗對核子武器的憎惡，當自民黨政府響應艾森豪「原子能和平用途」（atoms for peace）的呼籲，企圖在日本建造核能電廠時，引發左派政黨與工會的強烈反抗。在 1973 年石油危機之前日本的「反核」，鑲嵌在 1950 年代以降的福龍丸號船員因美國核子試爆遭受輻射污染、反戰、和平運動的脈絡之中，也處在五五體制的自民黨與社會黨／共產黨的「保守與革新」的對抗架構下（雨宮昭一 2016）。然而因為 1970 年代的石油危機開啟了以核能作為替代能源的時代，左派政黨淡出反核議題，之後的反核運動都沒有成為持久的全國性動員。日本從 1970 年代以降的核電廠擴張計畫，在「核能村」——政府、核能產業、學

界──鐵三角（Onishi and Belson 2011）通力合作之下，讓核電廠都蓋在人口外流、老化與經濟弱勢的偏鄉地區（Nakamura and Kikuchi 2011: 896），這樣的核電擴張趨勢直到福島核災前都未受重大挑戰。

最後，透過立委的「集體反對」和反核專家在公共輿論中掀起的反核聲浪（胡湘玲 1995）暫時阻擋了核四案，這給了尚在起步階段的反核運動一點喘息的空間。從 1986 年核四預算凍結，一直到 1992 年國民黨以「不予提名」脅迫黨籍立委強力通過核四預算解凍案（聯合報 1992）為止，這六年裡反核運動是在沒有立即核能擴張的威脅下，進行組織、動員與教育的工作。更重要的是，1985與 1986 年立法院透過刪除預算來阻擋核四興建這個事件，**確立了未來十年反核運動將以立法院作為政治行動的中心**，藉由國會遊說、罷免擁核立委、地方性公投對選區立委施壓，防止核四預算在委員會和院會審查過關。也因此，反核抗爭的韻律與節奏也幾乎和立法院歷年的核四預算審查同步。

然而不論是凍結核四預算這則關鍵的歷史事件，或者是導致此事件發生的結構背景，既有文獻著墨甚少，大部分的作品僅簡略帶過。黃順興在 1980 年施政總質詢中抨擊現有核電政策，以及 1985 年 55 位立委聯名質詢（林碧堯 1994；施采綺 2012；程詩郁 2001；潘惠伶 2007）。少數有處理的研究，張茂桂認為在 1984 年以前，僅有少數學者、少數立委關心此事，他所列出的立委是邱連輝[1]、黃順興、雷渝齊、蘇秋鎮（張茂桂 1990：192）；而立法院對核四案的重棒出擊，是在俞國華內閣行政權力衰退的背景下出現（張茂桂 1990：196）。何明修則把焦點放在早期的專家學者、黨外反對人士身上（何明修 2000, 2006），集中討論他們的論著與出版品，針對立法院的討論，僅有「1985 年清大教授黃提源〔新竹化工公害事件中的重要行動者〕說服他的立委朋友王清連在立法院提出質詢，要求當局檢討核能政策。王清連收集了許多核電資料，並且在立法院努力遊

---

[1] 邱連輝是立法院第五、六次增額立委，他要到 1987 年才進入立法院，因此並未參與立法院早期核電廠興建的辯論。此處所指應該是邱連輝在省議會時期針對核能電廠的質詢。邱連輝於省議會期間，曾在 1976 年核三廠興建之前，質詢溫水排放口對於海洋生態與漁業的影響，也曾在三哩島核災發生後，於同年 5 月質詢台灣的核能安全議題。然而當時的省議會對於國家重大建設如核電廠設置僅有建議權，不像立法院擁有預算審查和參與決策的權力，因此本文不擬對省議會的核電相關質詢進行分析。但值得注意的是，日後在立法院強力質詢核能議題的余陳月瑛，也是省議員出身；多次糾正台電的監察委員尤清，則是邱連輝動員省議員而選出。

說。一共有 55 位國民黨籍[2]立委連署提案，要求政府暫緩興建核能四廠。」（何明修 2006：44-45）胡湘玲與陳建志同樣把關注焦點放在 1984 年之後的立法院，從余陳月瑛、張俊雄、黃河清、許榮淑、葉詠泉的個別質詢一路發展，到立法院對核四計畫的抵制在 1985 年「五十五位國民黨籍立委及六位黨外立委連署時，達到高峰。」（胡湘玲 1995：53；陳建志 2006：44）持平而論，從三哩島核災（1979）、經建會核准核四計畫（1980）、到立法院凍結核四預算（1986），這八年間立法院內對於興建核電廠的爭辯是如何開展的，行政與立法部門之間的攻防又是透過什麼方式進行的，既有文獻有所欠缺，何明修以學者和立委的個人關係來描述 55 名立委聯名質詢的成形，同樣缺乏制度脈絡的鋪陳。

到目前為止針對早期立法院介入核四議題的討論，最為完整的研究是彭倩文寫於 1987 年的碩士論文，主題是核四爭議在 1984 年出現到 1985 年行政院宣布停建的過程。她非常正確地指出「……立法委員在核四爭議中扮演著重要的角色，他們的制衡力超過大眾媒介與知識份子，在反對建廠的聲浪中，是唯一真正掌握實權的一群人，他們擁有質詢權，透過投票的方式，可以通過或否決一件公共政策。」（彭倩文 1987：82）透過分析 1984 年 5 月到 1985 年 5 月間立法院公報所載的 21 篇立委質詢稿，以及各大報對於 55 名立委聯名緊急質詢的事件報導（彭倩文 1987：7, 89），彭也同樣將余陳月瑛在 1984 年的質詢視為核四爭議開始延燒的起點，而她的結論與反核運動相關的大概可分為以下兩點：第一，1985 年立委聯名質詢核四議題，是行政部門的威信在各種天災人禍、金融風暴連串爆發之後遭受重創，立法部門又因為民選增額立委人數增加有了結構性的改變，執政的國民黨對於黨籍立委的約束力又下降，因此，知識份子、輿論媒體等外力的衝擊，再加上政府自發性改革，造成了核四緩建的結果（彭倩文 1987：82, 114-117）。第二，於當時，

> 反核運動……尚不能稱為一個獨立的社會運動，只能視為環境保護運動的延伸……由於反核運動尚在發端期，運動的策略、資源、領袖、成員，多半是以採借方式，學習消費、環保運動的過去經驗，再加上台灣的國防武器均屬國營並聲稱不製造核彈，因而降低了反核運動的政治敏

---

[2] 這 55 位立委中，有兩位是中國青年黨（冷彭與葉詠泉），另外兩位是無黨籍（蘇火燈與蔡勝邦）（立法院公報處 1985c：112-118），所以應該是有 51 位國民黨籍立委。

感性，很自然的，一般人亦容易將反核運動視為環保運動中的反污染問題，這使反核運動減少了獨立發展的機會。（彭倩文 1987：148）

三、體制內菁英的集體反叛

建立在彭倩文的研究基礎上，本文主張追溯立法院的反核聲浪不應只侷限於 1984 年，更應該回推至發生三哩島事件的 1979 年，更全面地處理直到核四預算凍結這八年內所發生的辯論與衝突。

橫跨第二、三、四屆增額立委的 1979-1986 的八年間，一共有 75 位國民黨、2 位中國青年黨、15 位無黨籍立委（總計 92 位）進行了 174 次與核電相關的質詢。這 92 位立委並不是因為 1985 年三次立委聯名質詢[3] 之下灌水的數字，其中有 62 位立委都在聯名質詢之外，進行個人書面質詢、預算審查會議與施政報告時的口頭質詢。隨著每一屆增額立委的選出，質詢核能議題次數快數增加，開始質詢核能議題的立委比例也不斷增加。而立委質詢核能議題變得頻繁，必須同時放在國內外各種核電廠事故、台電經營管理疏失、核電廠鉅額預算、與行政部門決策混亂的脈絡來看。

三哩島事件發生之後，資深立委汪漁洋在六十三會期的立法院經濟委員會口頭質詢經濟部長時，指出核能發電的各種顧慮，要求台電積極開發再生能源（立法院公報處 1979c：77-78）；事實上，這位北海道大學畢業的資深立委早在三哩島核災發生的前一個禮拜，就對行政院發出書面質詢稿要求建立長期的能源政策，其中強調「核能固屬好能源，不免有靠進口原料，安全問題與廢物處理之缺點」，並提醒行政部門應著眼於再生能源並加強節電措施（立法院公報處 1979a：46）。另一位資深立委張其彭也在同一場會議率先提出緩建核四，並呼籲行政部門慎重評估核電廠擴建之必要性（立法院公報處 1979c：76-77）。接下來

---

[3] 除了前述所提到的王清連等 55 位跨黨派立委提出暫緩增建核四的緊急質詢，另外兩次聯名質詢，都是由「黨外」所發動，一次是 1985 年 3 月 15 日張俊雄等七人抨擊經濟部長徐立德未經審慎評估就擅自對外發表支持核四的言論（立法院公報處 1985d：86-89），另一次是和王清連等同天發出、鄭余鎮等六人主張重新評估核四可行性的緊急質詢（立法院公報處 1985c：124-126）。

就是黃哲真（資深）、呂學儀（增額）、張金鑑（資深）、洪慶麟（增額）質詢行政部門處理核能安全、核子事故的應變措施與能力，最後才是黃順興在該會期結束之前以書面質詢要求公開討論核能安全議題（立法院公報處 1979b）。這些質詢集中在 5 月到 7 月，該會期結束之後，因三哩島事件而引發的立委質詢騷動也告一段落。[4]

　　就在 1980 年 2 月經建會審議通過核四案後，黃順興馬上在第六十四會期一開始的施政總質詢重提核能議題，在這篇包含六大主題[5]的質詢稿中，黃順興除了針對核廢料、核電廠運轉安全性、核電成本提出尖銳的批評，他也指責行政院以「愚民式的詭辯」來回覆他本人去年有關核能議題的書面質詢，以及台電高層主管在大眾媒體發布不負責任的核安言論（立法院公報處 1980a：66-78）。也因為行政部門批准核四計畫，經濟部、國營會、與台電編列下一年（1981）度預算時，首次將核四列入「計畫近期動工工程」；台電將預算案於 1980 年 5、6 月送進立法院審查時，也標明核四一號機預定完工時間為 1988 年 8 月，二號機為 1989 年 8 月（立法院公報處 1980b：60）。這場有 57 名立委出席的 1980 年台電預算聯席審查會議，行禮如儀的成分居高，經濟部次長韋永寧和台電董事長陳蘭皋報告完畢之後，僅有一位立委梁許春菊質詢，問到目前核三排水口設計可能影響當地漁業發展，但台電不肯變更設計，是否真有此事，以及如果針對漁業造成影響，台電要如何補救（立法院公報處 1980b：62）。

　　但在第三次增額立委於 1981 年 2 月到任後，事態有了轉變。在立法院的部分，從第六十七會期開始以及接下來的預算審查會期，立委密集質詢行政部門的核能擴張政策，更嚴格地審查台電預算，國民黨或黨外立委在預算審查的聯席會議中均火力全開，砲轟台電預算編列不當、採購弊案、經營績效低落、以及核電廠事故頻仍（立法院公報處 1982）。同一時期行政部門則呈現步調混亂的情況，先是在 1982 年首次提出核四興建的預算案，但在預算案通過後的四個月，

---

[4] 不過值得一提的是，台灣省議會在同年 8 月 7 日，通過瑞芳選出省議員李儒侯的提案：「為保護本省東北角岸原始景觀及海洋生物自然生態，維護沿岸漁業生產，請建議行政院制止經濟部在北部濱海公路鼻頭、龍洞、和美之間建造核能電廠及污染性工作，避免人為污染，確保國人健康案」（6‧3 建字三〇二二號），目前尚不能確定這項轉送中央政府參考的提案，是否影響經建會半年後決定讓核四落腳鹽寮（民生報 1980）。

[5] 此六主題包括高雄暴力事件善後問題、疾風雜誌人員威脅立法院、鐵路營運收歸國營、開放菸酒民營、台電林口發電廠公害問題、以及防止環境污染與公害問題。

經濟部又以成長趨緩國內電力供過於求為由，宣布核四暫時不會動工（聯合報1982a），也停止了該年度反應爐的招標計畫（經濟日報 1982）。也因此，第三屆增額立委質詢的重點，都放在台電經營管理、台電鉅額債務、核三預算與採購、核廢料處置與核能安全、核三廠事故等問題。1983 年台電預算審查之時，立委黃煌雄也質詢既然核四已經暫緩興建，為什麼還編列核四廠的預算一億五千多萬，經濟部次長王昭明回覆，這是用以整地修路的費用，台電董事長陳蘭皋也確認核四廠暫緩興建的事實，並表示何時再進行核四廠計畫，將依未來電力需求而定（立法院公報處 1983：29, 32, 35, 38）。第三屆增額立委中主打核能議題的是蘇秋鎮與蔡讚雄，蘇秋鎮是第一位以大量書面質詢來轟炸行政部門的立委，在他就任的三年內單單針對核能議題就質詢過 9 次；蔡讚雄是基隆地區選出的立委，因為核一廠的低階核廢料要走陸路經由基隆市區到基隆港轉運去蘭嶼，他為此事與當時的經濟部長趙耀東對槓，多次質詢還威脅要刪除核能研究發展基金，並在基隆街頭下跪陳情（聯合報 1982b）。光是蘇蔡兩人總加就質詢了 14 次，占同屆全部核電議題質詢次數的 36%。

　　值得注意的是，第三次增額立委就開始出現專門質詢核電與台電議題的立法委員，包括了蘇秋鎮和蔡讚雄。這個現象到了第四次增額立委更為明顯，余陳月瑛單獨一人針對核能與核四的質詢就高達 22 次，占了同屆立委全部質詢次數的17%。如果扣除只需要出人頭的聯名質詢，以個人名義質詢核電議題超過 5 次的就有黨外立委張俊雄（9 次）、許榮淑（8 次），與國民黨立委黃主文（8 次）、黃河清（7 次）、林鈺祥（6 次），以上五位再加上余陳月瑛的質詢次數占所有質詢次數的 42%。

　　第四屆增額立委在 1984 年 2 月就任，也在同一個會期，行政部門更換閣揆。曾在台電工作長達 19 年的孫運璿腦溢血送醫，同年 5 月由俞國華接任行政院長。在積極推銷核電的台電保護傘去職之後，立法院內外對於台電的批評蜂擁而出。4 月先由國民黨立委張堅華（增額）打頭陣，援引三哩島事件針對台灣核電廠安全維護與核廢料處理廠提出書面質詢，接下來 6 月份的台電預算審查，又因為台電對外放話，稱有立委向台電高層關說一事（聯合報 1984a），引發立委眾怒，要求陳蘭皋澄清，預算審查會上十數位立委輪番上陣對台電開砲（立法院公報處 1984a）。緊接著，新閣揆在 9 月仿照過去的十大建設、十二大建設提出

了十四大建設──包含總金額約一千八百億的核四興建計畫，總建設經費預估約八千億。這項金額為下一年度（1985 年）全年總預算的 2.2 倍，是台灣有史有來最龐大的公共建設計畫（立法院公報處 1985b：29）。這項超級經建計畫隨即引爆一系列質疑台電與核能發電的論戰。十四項建設公布不到兩個禮拜，國民黨立委王清連在 1984 年 10 月 5 日首先發難，成為繼黃順興之後第二位以施政總質詢當面挑戰行政當局核能政策的立委。他質疑台電的核電成本計算的正確性，核電廠蓋在斷層上的安全性，以及核廢料處置的困難性，主張「我們應慎重考慮其他的方式來妥善使用電力，確切的節約能源，否則再如何建造大型核電廠，也無法應付無謂電力的消耗。」（立法院公報處 1984b：87）

除了立法院內砲聲隆隆，監察院更在 1984 年 11 月提出為期兩年的台電業績調查報告，指出台電「經營不善、購煤和交運業務失當」，財政部與北市國稅局還對台電與益利輪船公司逃漏稅部分「曲意維護」，使國家蒙受巨大損失，據此對台電、財政部、北市國稅局提出糾正案（聯合報 1984b）；除此之外，監察院經濟委員會還在 12 月通過臨時動議，邀請經濟部長、台電董事長、原能會主委赴監察院報告核四的建廠效益（經濟日報 1984），並在 1985 年 1 月底經濟部長李達海報告完畢之後，在場監委直接表達應暫停興建核四廠，更有監委表示不惜動用彈劾權（聯合報 1985h）。監察院反對興建核四的報導一出，立法院馬上加碼演出。核四的鉅額預算，暴露了先前核三廠興建過程中預算一再追加的問題。國民黨立委簡又新在 1985 年 3 月 1 日透過施政總質詢，質詢政府大型公共建設的預算控制能力（見圖 2），其中台電前三座核電廠成為檢討重點。

簡又新指出「過去台電公司在電力需求的估計上，往往過度的樂觀，以致造成電力設備未能充分利用，造成重大的浪費。本次核能四廠是否又將重蹈覆轍」，除此之外他也指出台電公司在計算核電成本時，

顯然有低估成本高估效益之虞。以核三廠之經驗來看，建廠成本原本估計三百多億，目前已增至九百億以上，幾近增加了三倍，這尚未包括封廠費用在內，若核四廠之興建費用像核三廠一樣不斷上升，經濟效益究竟如何，實有待商榷。（立法院公報處 1985b：32）

十項建設經費預算表　單位：億元

工程名稱	最初預算	決算	增加數	增加率
中山高速公路	三二九・三五	四八八・九	一五九・五五	四八％
鐵路電氣化	一八九・四二	二三〇・七八	四一・三六	二二％
北迴鐵路	二六・二五	七四・一二	四七・八七	一八二％
中正機場	六八・一四	一一二・二四	四四・一〇	六五％
臺中港	四三・六〇	五七・一〇	一三・五〇	三一％
中船公司	四四	四九・四九	五・四九	（一）八・九
中鋼公司	三六九	三六四	（一）五・三九	（一）一・三％

十二項建設經費預算表　單位：億元

工程名稱	最初預算	完工預算	增加數	增加率
東線鐵路拓寬工程	二八・七四	五一・七八	二三・〇四	八〇％
改善高屏地區交通	一八・八〇	二七・三〇	八・五〇	四五％
第二階段擴建中鋼公司第一期工程	五五〇・〇〇	五四一・〇〇	（一）三・〇〇	（一）二％
拓建屏東至鵝鑾鼻道路為四線高級公路	一九・三二	三五・五〇	一六・一八	八四％
國家劇院音樂劇部份	五〇・一五	七四・六九	二四・五四	四九％

核能電廠預算表　單位：億元

工程名稱	最初預算	完工預算	增加數	增加率
金山核能一廠	一二七	二九六	一六九	一三三％
國營核能二廠	二一九	六三〇	四一一	一八八％
馬鞍山核能三廠	三三七	九一三	五七六	一五六％

圖 2　簡又新質詢重大公共建設預算控制能力（立法院公報處 1985b：33）

除了簡又新，張俊雄也在 3 月 26 日透過書面質詢指出：

> 核三廠自〔民國〕六十四年四月動工，至開始商業運轉止，即有不斷的傳聞指出興建中的各項缺失，現建廠工程即將結束的階段，何以仍要追加預算？而且數額還高達六十億餘元，竟占原總數額九百十三億元的百分之七左右，如此龐大的追加比例，確實相當啟人疑竇。（立法院公報處 1985a：41）

更有多位立委批評核三廠（三百多億）與核四廠（一千八百億）的初始興建經費相差六倍，但台電預算編列與說明都極含混，有浮濫編列浪費公帑之嫌。施政總

質詢一結束，立法委員馬上在 1985 年 3 月 27 日分別提出兩份聯名質詢，一份就是王清連領銜的 55 位立委緊急質詢，另一份則是鄭余鎮領銜的六名黨外立委緊急質詢（立法院公報處 1985c；聯合報 1985a），曾在立法院抨擊核四的黃河清與郭林勇也出聲指責監察院越權，以調查權為名侵犯了立委的質詢權和預算權（聯合報 1985i）。按照時序發展來看，監察院與立法院從 1984 年底開始競爭核四話語權，極可能強化了彼此反對興建核四的立場，而在立法院內，演變成史無前例、抵制核四預算的集體行動（經濟日報 1985）。聯名緊急質詢之後，體制內菁英反叛的態勢已成，接下來正方與反方的核四電視辯論（4 月 14-15 日）、消基會舉辦的大型討論會（4 月 21 日）（彭倩文 1987：86-87），也反映了智識階層對於核四的普遍疑慮；內外夾擊的情況下，才有了俞國華 1985 年 5 月 2 日指示台電與經濟部「核四不急於動工」的宣示（聯合報 1985b）。

　　但是故事尚未結束，俞國華只是宣示暫緩動工一年，行政院並不打算撤回核四預算，核四興建的準備計畫也持續進行，經濟部長更公開對媒體表示沒有核四擱置的跡象（中國時報 1985c）。經歷 1985 年 3 月底的黨籍立委聯名質詢之後，行政院與國民黨黨務部門積極透過各種方式，企圖安撫並說服黨籍立委支持核四計畫，例如由 4 月份執政黨黨中央公開宣示支持核四興建（聯合報 1985g），5 月份台電開始巡迴舉辦核能講座，希望與社會大眾溝通解除疑慮（中央日報 1985），6 月份行政院如此回覆張俊雄三月份核三廠追加預算的書面質詢：

> 本院認為該公司〔台電〕之〔核三廠〕工程計畫及財務計畫均不夠健全，將來為興建核能四廠時，當切實審核，**並將嚴格規定不准追加預算**（立法院公報處 1985f：62）。

7 月份甚至連蔣經國也以黨主席身分，指示會期結束後辦理茶會，聽取立委對法案的得失建議（中國時報 1985a）。

　　這一系列的宣示、溝通與保證卻因為接下來兩起核安事故化為泡影。首先是 1985 年 7 月 7 日核三廠的三 A 級大火（聯合報 1985c），火勢延燒了三小時才撲滅。核三廠一號機 1984 年才開始商轉，運轉僅一年多就發生葉片斷裂與大火事件，根據紐約時報的報導，台電內部不願透露姓名的人士表示，一號機全毀，要花一年的時間才能重新運轉（New York Times 1985）。一號機大火之後，十天內

核三廠二號機又跳機，根據聯合報報導，台電職員拒絕說明跳機理由，且經查核三廠一號機開始運轉至今，已跳機56次，其中17次發生在商轉之後，而二號機的跳機次數不詳。台電董事長陳蘭皋出面回應時，僅說這是小毛病不會影響供電（聯合報 1985d）。立委因大火事件赴核三廠考察時，發現核三廠投資了一千億元，卻只有一部消防車，失火時，還要靠鄰近的消防隊支援消防車，廠內也沒有閉路電視監視，失火時，可能只能從廠外看到煙霧方能得知，這樣的安全設施極為不足……（立法院公報處 1985e：17-18）

更糟的是，核三廠一號機運轉已超過一年，超過了奇異的保固期，接下來要面對與奇異冗長的責任歸屬談判。而且台電並未為核三廠投保財產損失險，因此火災無法獲得理賠（中國時報 1985b），最後因此一大火，一號機花了一年多才修復完成，台電也讓納稅人買單了三十幾億（聯合報 1986c）。針對此事，在美國三哩島事件理賠了四千萬台幣的台灣保險業者就說：「台電之所以沒有明確的保險觀念，主要有兩點因素，第一，一流的設備『絕對』不會出問題；第二，何必白花保險費。」（中國時報 1985d）

台電核三廠的預算估算不實、危險事故處理不當、還有怠忽投保這些事總加起來，除了事後遭監察院糾正之外（中國時報 1986b），該大火事件也再次重創立法院對台電經營管理已然薄弱的信心。在1985年7月15日立法院院會聽取預算委員會報告中央政府總預算附屬單位預算及綜計表營業部分時，引發立委是否該全數刪除核四預算的激辯，最後以「暫照列」的方式通過，即台電必須將核四建廠計畫先送立院審議之後方得動支（聯合報 1985f）。除此之外，核三大火事件於7月爆發，責任歸屬尚未釐清，台電董事長陳蘭皋與原總經理朱書麟竟然在同年11月火速退休，使得核三廠大火這樣的重大事件，最後勢將無人負責（聯合報 1985e）。台電一系列的疏失，讓向來溫和的國民黨形象牌立委林鈺祥在下個會期的施政總質詢說出重話：

> ……台電為維持火工處及核工處人員，不斷以眾多理由作藉口，來達成設新廠的目的，這種不重尖、離峰電價管理，只求擴張之心態，實不足取，政府實不應採信台電之說詞，而若將多餘的經費用來推動其他需要發展之建設，豈不兩全其美……

……核一、核二廠興建於先，核三廠興建於後，但核一廠運轉順利，
跳機件數之少幾達世界紀錄前幾名，而核三廠卻不斷發生跳機事件，
科技是不斷的進步，台電興建電廠卻愈來愈退步，政府不應祇看到核
三廠失火事件，並認為若責任為原廠之錯失，台電似乎即無責任，事實
上核三廠不斷跳機即有嚴重之違失，應從嚴追究責任。（立法院公報處
1986a：45-47）

　　除了核三大火之外，1986 年 3 月份台電宣布解雇六千名契約工，其中包含
核三廠將近三百名的特約工（聯合報 1986a），台電違反勞動契約的作法又引發
立委的猛烈抨擊。台電或者為了提振士氣，在四月份舉辦一場慶祝「核一廠二號
機連續運轉 418 天、打破世界紀錄」的酒會（聯合報 1986d），結果酒會開完不
到一個禮拜就發生了震驚世界的車諾比核子事故，而這是壓死駱駝的最後一根稻
草。在這風口浪尖上，經濟部國營會在 5 月 4 日主動表示從下年度開始將停止編
核四預算（聯合報 1986b），原委會主委閻振興也表示基於科技道德立場，核四
不急於動工（聯合報 1986e），立法院也殆無疑義地在六月份的總預算審查中，
明文寫下核四暫停興建，停止支付核四預算。核四預算凍結之後，1986 年 7 月
又馬上發生核二廠事故，兩名技工重傷送醫，引發輿論對於台電與原委會的抨擊
（中國時報 1986a）。

　　接下來的六到七年，台灣的政治環境發生劇烈的變化，是否興建核四，恐怕
也不是當時最迫切的問題。從 1986 年民進黨組黨，1987 年解嚴，1988 年蔣經
國過世，國民黨對內旋即陷入一系列的政治鬥爭，從是否要接受本省籍的李登
輝作為黨領導中心、閣揆更迭、副總統人選、是否出現二組正副總統候選人、
到 1993 年國民黨分裂非主流出走成立新黨；對外則面對要求解散國民大會、國
會全面改選、總統直選的政治挑戰，以及幾乎天天上演的各種社運與街頭陳情抗
爭。而就是在立法院凍結核四預算的這段空窗期，台灣的反核運動開始正式集結
了。

四、小結

我們可以進行以下反事實（counterfactual）的考察：假設行政院沒有在 1985 年暫緩核四計畫、立法院也沒有在 1986 年凍結預算，台灣反核運動將會如何開展？

基本上有三種可能。一是反核人士一方面必須進行基層的組織、教育、動員工作，並同時迎戰核四廠在貢寮的興建計畫；一個尚未成形的反核運動面對挾黨政力量大軍壓境的核四計畫，極可能面對早夭的失敗命運（premature defeat）。另一個可能性是反核人士快速集結，與各地反污染運動協力，並決定性地擊潰了即將來臨的核四計畫（decisive victory）。最後一種可能性是，民間的反核勢力與以台電為首的核電幫進入長期勢均力敵的對峙（protracted confrontation）。在這三種可能性裡，第二種發生的機率極小，第三種是在立法院凍結核四預算之後實際發生的情況，第一種「早夭的失敗」則會是欠缺凍結預算的條件下最可能發生的場景，也就是日本與韓國面對的情勢。從這個角度來說，台灣反核運動的發展之所以異於日本與韓國，立法院扮演了早期的關鍵行動者；個別立委從 1979 年開始介入核能議題，一直到 1985 與 1986 年的集結行動、擋下核四興建案，深切影響了台灣反核運動的日後走向。這是重新探索台灣反核運動歷史時，不可被輕忽帶過的重要事件。

參考文獻

中央日報，1985，〈加強與大眾交換意見 台電巡迴舉辦核能發電講座〉。5 月 13 日。

中國時報，1985a，〈立法院議事運作 蔣主席非常關心 提示會期結束後中央辦茶會 聽取立委對法案的得失意見〉。7 月 18 日。

——，1985b，〈核三廠為投保損失險 火災將無法獲得賠償〉。7 月 9 日。

——，1985c，〈核四廠是否因此擱置 經濟部說看不出跡象〉。5 月 3 日。

——，1985d，〈核能電廠沒有投保 災變不獲國際理賠〉。7 月 12 日。

——，1986a，〈核二廠發生變故 兩技工重傷送醫 傳變壓器爆炸起火 二號機停轉幸未波及燃料池 廠方否認有人死亡 事發之後封鎖消息真相待查〉。7 月 6 日。

——，1986b，〈預算估算失實 危險事故處置不當 疏忽投保 核能三廠七大缺失彰彰在目 監委提案糾正要求督飭改善〉。7 月 12 日。

民生報，1980，〈核能四廠祇等建照就可動工 台電堅稱不會影響北部濱海生態環境〉。3 月 23 日。

立法院公報處，1979a，〈立法院第一屆第六十三會期第九次會議紀錄〉。《立法院公報》68(23): 2-53。

——，1979b，〈立法院第一屆第六十三會期第四十一次會議紀錄〉。《立法院公報》68(59): 2-40。

——，1979c，〈立法院第一屆第六十三會期審查民國六十九年度中央政府總預算第二組第二次審查會議紀錄〉。《立法院公報》68(60): 63-78。

——，1980a，〈立法院第一屆第六十五會期第二次會議紀錄〉。《立法院公報》69(17): 2-115。

——，1980b，〈立法院第一屆第六十五會期預算、經濟、財政、交通四委員會審查中華民國七十年度中央政府總預算案附屬單位預算及綜計表（營業部分）第九次聯席會議紀錄〉。《立法院公報》69(84): 57-64。

——，1982，〈立法院第一屆第六十九會期預算、經濟、財政、交通四委員會審查中華民國七十二年度中央政府總預算案附屬單位預算及綜計表（營業部分）第九次聯席會議紀錄〉。《立法院公報》71(80): 107-129。

——，1983，〈立法院第一屆第七十一會期預算、經濟、財政、交通四委員會審查中華民國七十三年度中央政府總預算案附屬單位預算及綜計表（營業部分）第八次聯席會議紀錄〉。《立法院公報》72(86): 24-39。

——，1984a，〈立法院第一屆第七十三會期預算、經濟、財政、交通四委員會審查中華民國七十四年度中央政府總預算案附屬單位預算及綜計表（營業部分）第五次聯席會議紀錄〉。《立法院公報》37(84): 153-180。

——，1984b，〈立法院第一屆第七十四會期第四次會議紀錄〉。《立法院公報》73(80): 2-94。

——，1985a，〈本院張委員俊雄，為台電公司核能三廠獲准追加預算六十億餘元，及該廠在最近半個月內連續兩次發生馬達主機故障，特向行政院緊急質詢〉。《立法院公報》73(25): 41-42。

──，1985b，〈立法院第一屆第七十五會期第二次會議紀錄〉。《立法院公報》74(18): 3-64。

──，1985c，〈立法院第一屆第七十五會期第十一次會議紀錄〉。《立法院公報》74(29): 2-148。

──，1985d，〈立法院第一屆第七十五會期第六次會議紀錄〉。《立法院公報》74(22): 2-126。

──，1985e，〈立法院第一屆第七十五會期第四十二次會議紀錄〉。《立法院公報》74(57): 2-30。

──，1985f，〈行政院函送張委員俊雄就核能三廠追加預算等問題所提質詢之書面答覆〉。《立法院公報》74(48): 61-62。

──，1986a，〈立法院第一屆第七十七會期第六次會議紀錄〉。《立法院公報》75(22): 2-68。

──，1986b，〈立法院第一屆第七十七會期第四十二次會議紀錄〉。《立法院公報》75(56): 1-70。

吉見俊哉，2017，《日本近現代史卷九：後戰後社會》。香港：中和出版。

池上善彥、林家瑄，2011，〈在核能意外爭議中，導入戰後史的視野〉。《文化研究月報》116: 89-92。

何明修，2000，《民主轉型過程中的國家與民間社會：以台灣的環境運動為例（1986-1998）》。台灣大學社會學研究所博士論文。

──，2006，《綠色民主：台灣環境運動的研究》。台北：群學。

林俊義，1979，〈台灣公害問題〉。頁 293-307，收錄於楊國樞、葉啟政編，《當前台灣社會問題》。台北市：巨流。

林碧堯，1994，〈台灣的反核運動〉。頁 183-204，收錄於鄭先祐編，《核四決策與輻射傷害》。台北市：前衛出版社。

雨宮昭一，2016，《日本近現代史卷七：佔領與改革》。香港：中和出版。

施采綺，2012，《我國反對興建核能電廠抗爭運動及政府回應之研究》。中興大學國家政策與公共事務研究所碩士論文。

胡湘玲，1995，《核工專家 vs. 反核專家》。台北市：前衛出版社。

高橋哲哉，2014，《犧牲的體系：福島、沖繩》。台北：聯經。

張茂桂，1990，〈台灣「反核運動」之評析〉。頁 189-208，收錄於徐正光、宋文里編，《台灣新興社會運動》。台北市：巨流。

陳建志，2006，《政治轉型中的社會運動策略與自主性：以貢寮反核四運動為例》。東吳大學政治學研究所碩士論文。

彭倩文，1987，《核能四廠建廠爭議：一個社會學的分析》。東吳大學社會學研究所碩士論文。

程詩郁，2001，《論環境運動的自主性──以台灣反核四運動為例》。台灣大學建築與城鄉研究所碩士論文。

經濟日報，1982，〈核能四廠的反應器 台電延緩招標〉。11 月 29 日。

──，1984，〈監院決邀有關首長 說明建核四廠效益〉。12 月 21 日。

──，1985，〈立委審查預算向來「退縮」但對核四廠卻表現「出色」〉。4 月 11 日。

潘惠伶，2007，《台灣反核四運動歷程之政治分析》。台灣大學政治學研究所碩士論文。

蕭新煌，1988，《七〇年代反汙染自力救濟的結構與過程分析》。台北：行政院環保署。

聯合報，1982a，〈當前電力供過於求 第四核能電廠 近期不會動工〉。10 月 22 日。

──，1982b，〈趙耀東護送核能廢料 以行動證明安全無虞 立委蔡讚雄當場下跪 望勿經基隆海運蘭嶼〉。4 月 13 日。

──，1984a，〈台電不敢開罪民意代表 處罰違約包商大費周章〉。6 月 11 日。

──，1984b，〈台電經營不善業務失當 監察院昨通過糾正案〉。11 月 20 日。

──，1985a，〈六十多位立委聯名質詢 興建核四廠須審慎評估〉。3 月 28 日。

──，1985b，〈俞揆指示暫緩興建核四〉。5 月 3 日。

──，1985c，〈核三一號機起火 原因不明 灌救兩小時撲滅 損失待查〉。7 月 8 日。

──，1985d，〈核三二號機反應器昨晨跳脫 陳蘭皋說是小毛病跳過好幾回〉。7 月 16 日。

──，1985e，〈核三廠事故責任未明 主要負責人相繼退休 立委質詢擔心善後問題〉。11 月 1 日。

──，1985f，〈核四預算暫照列通過 十二立委反表決反對 建廠專案計畫送審後方可動支 持有異議連續發言意義不尋常〉。7 月 16 日。

──，1985g，〈執政黨決支持建核四廠〉。4 月 17 日。

──，1985h，〈監院堅決反對核能四廠 指摘台電作法先斬後奏 盲目擴充不符國家利益和人民福祉 要求慎重考慮重申不惜使用彈劾權〉。1 月 30 日。

──，1985i，〈監院邀政府首長列席 立委認已侵犯質詢權〉。4 月 4 日。

──，1986a，〈台電將裁六千名契約工 核三工程特約工亦被列入〉。3 月 20 日。

──，1986b，〈核四廠建廠預算 下年度開始停編〉。5 月 5 日。

──，1986c，〈損失浪費 動輒百億！糾正台電 輕描淡寫？〉。7 月 12 日。

──，1986d，〈戰戰兢兢四一八天 驚人績效 冒險創下世界紀錄 大事慶祝〉。4 月 21 日。

──，1986e，〈閣振興肯定表示 核四廠不急動工 基於科技道德立場 至少延後兩年進行〉。5 月 13 日。

──，1992，〈反對核四案者 年底不予提名 執政黨祭出撒手鐧 政策已定不再協商〉。5 月 8 日。

Allinson, Gary D., 1993, "The Structure and Transformation of Conservative Rule." Pp. 123-144 in *Postwar Japan as History*, edited by Andrew Gordon. Berkeley: University of California Press.

Amsden, Alice H., 1985, "The State and Taiwan's Economic Development." Pp. 78-106 in *Bring the State Back In*, edited by Peter Evans, Dietrich Rueschemeyer, and Theda Skocpol. Cambridge: Cambridge University Press.

Cho, Hee-Yeon and Eun Mee Kim, 1998, "State Autonomy and Its Social Conditions for Economic Development in South Korea and Taiwan." Pp. 125-158 in *The Four Asian Tigers: Economic Development and the Global Political Economy*, edited by Eun Mee Kim. San Diego: Academic Press.

Choi, Jang-Jip, 1993, "Political Cleavages in South Korea." Pp. 1-50 in *State and Society in Contemporary Korea*, edited by Hagen Koo. Ithaca: Cornell University Press.

Eder, Norman, 1996, *Poisoned Prosperity: Development, Modernization and the Environment in South Korea*. Armonk: M. E. Sharpe.

Figueroa, Robert and Claudia Mills, 2001, "Environmental Justice." Pp. 426-438 in *A Companion to Environmental Philosophy*, edited by Dale Jamieson. Malden: Blackwell Publishing Ltd.

Hasegawa, Koichi, 2011, "A Comparative Study of Social Movements for a Post-nuclear Energy Era in Japan and the USA." Pp. 63-79 in *East Asian Social Movements: Power, Protest, and Change in a Dynamic Region*, edited by Jeffrey Broadbent and Vickie Brockman. New York: Springer.

Hong, Sungook, 2011, "Where Is the Nuclear Nation Going? Hopes and Fears over Nuclear Energy in South Korea after the Fukushima Disaster." *East Asian Science, Technology and Society* 5: 409-415.

Hsiao, Hsin-Huang Michael, 1999, "Environmental Movements in Taiwan." Pp. 31-54 in *Asia's Environmental Movements: Comparative Perspectives*, edited by Yok-shiu F. Lee and Alvin Y. So. Armonk: M. E. Sharpe.

Hsiao, Hsin-Huang Michael, et al., 1999, "The Making of Anti-Nuclear Movements in East Asia: State-Movements Relationships and Policy Outcomes." Pp. 253-268 in *Asia's Environmental Movements: Comparative Perspectives*, edited by Yok-Shiu F. Lee and Alvin Y. So. Armonk: M. E. Sharpe.

Ku, Dowan, 2018, "The Anti-nuclear Movement and Ecological Democracy in South Korea." Pp. 28-43 in *Energy Transition in East Asia: A Social Science Perspective*, edited by Kuei-Tien Chou. London: Routledge.

Nakamura, Akira and Masao Kikuchi, 2011, "What We Know, and What We Have Not Yet Learned: Triple Disasters and the Fukushima Nuclear Fiasco in Japan." *Public Administration Review* 71(6): 893-899.

New York Times, 1985, "Taiwan Blaze Wrecks a Nuclear Generator." July 8.

Onishi, Morimitsu and Ken Belson, 2011, "Culture of Complicity Tied to Stricken Nuclear Plant." *New York Times*, April 26.

Park, Jin-Hee, 2018, "The Grassroots Movement for Energy Transition in Korean Society." Pp. 125-141 in *Energy Transition in East Asia: A Social Science Perspective*, edited by Kuei-Tien Chou. London: Routeldge.

Sewell, William H., Jr., 2005, "Historical Events as Transformations of Structures: Inventing Revolution at the Bastille." Pp. 225-270 in *Logics of History: Social Theory and Social Transformation*. Chicago: University of Chicago Press.

Shin, Kwang-Yeong, 1998, "The Political Economy of Economic Growth in East Asia: South Korea and Taiwan." Pp. 3-31 in *The Four Asian Tigers: Economic Development and the Global Political Economy*, edited by Eun Mee Kim. San Diego: Academic Press.

World Nuclear Association, 2018, "Emerging Nuclear Energy Countries." http://www.world-nuclear.org/information-library/country-profiles/others/emerging-nuclear-energy-countries.aspx (Date visited: September 29, 2018).

韓國社會運動團體與民主改革：
以「參與連帶」與「經實聯」為例

朴允哲、李京兒

一、前言

　　韓國與台灣的社會運動在兩國的民主發展過程中扮演主要角色是毋庸置疑的，但在具體的運動組織、運作方式以及策略上，因兩國社會結構的差異而呈現出稍微不同的特徵。在比較社會的視角上，韓國社會運動的經驗應會有助於理解台灣的社會運動。

　　韓國經歷過壓縮性資本主義發展過程，即「壓縮發展」（Compressed Development）。這種壓縮發展導致了新舊社會問題的共存。換言之，在韓國巨大的政治經濟改革、環境、女性、和平以及生活世界問題，都同時成為社會的主要議題。這直接影響到社會運動的目標與策略。1987 年以後，隨著「程序民主」（Procedural Democracy）的進展，韓國人對既有的「民眾運動」[1]逐漸呈現出否定的態度。這是因為民眾運動不但稍有暴力傾向，而且表現出為反對而反對的特徵。因此，韓國人要求社會運動應採取溫和及合法的運動手段，同時提出政策替代方案。由此，提出與民眾運動不同的社會運動必要性之想法，在韓國社會逐漸抬頭。

　　另外，有一些塑造韓國社會運動性格的社會條件。首先，韓國的「政黨」處於非常脆弱的狀態，所以韓國社會運動有必要彌補「政黨」的角色。其次，對採取溫和與合法手段的社會運動而言，可選擇的最有效的運動方式就是輿論化與議題化的策略。這種策略極為需要專業知識分子，進而需採取與媒體的合作。其三，資訊化的擴散為社會運動提供了可超越既有的運動手段與方式的新平台。最後，在韓國的高教育熱與學生運動經驗中形成的新中產階級成為主導新型社會運動的人力庫。

　　韓國社會在上述的條件下創造出區別於既有民眾運動的「市民運動」（Civic Movement）。[2]市民運動同時具有追求體制改革的舊社會運動的性格與重視去物質與去階級價值的西方新社會運動的特徵。本文要以「參與連帶」（People's Solidarity for Participatory Democracy，簡稱 PSPD）與「經濟正義實踐聯合（簡稱『經實聯』）」（Citizens' Coalition for Economic Justice ，簡稱 CCEJ）為例，分

---

[1] 民眾運動是在民主化以前勞工、農民、學生以及反體制人士所主導的激進民主化運動。

[2] 在「市民運動」這個名稱裡，含有韓國的歷史與社會意義。可參考第二節的討論。

析韓國社會運動的獨特性格與其對民主改革的貢獻。

二、韓國的社會結構條件與社會運動

在韓國，1987年民主化以後的社會運動不稱為「社會運動」或「新社會運動」，而命名為「市民運動」。特意選擇這個名稱的理由如下：其一，在韓國通常將1987年民主化以前的社會運動命名為「民主化運動」，其主導勢力是「民眾」。民眾主要包括勞工、農民、學生以及反體制人士。這種民眾主導的民主化運動在民主化以後，也仍不拋棄暴力性抗爭手段，所以逐漸失去了人民的支持。隨著程序民主的進展，韓國人強烈要求社會運動採取溫和與合法的運動手段來達成其運動目標。在這些過程中，「勞工運動」、「學生運動」以及「前三個的聯盟運動」等強而有力的「民眾運動」漸漸衰退了。高學歷的「新中產階級」（New Middle Class）包容這種社會需求而創造出新型社會運動，為區分其與民眾運動的差異而命名為「市民運動」。其二，韓國的壓縮發展導致了新舊社會體制的共存。在1987年民主化以後，舊社會問題與新社會問題仍同時存在，所以照應兩種社會問題的社會運動難免呈現出包容新舊社會運動的兩面性格。因此，有必要給予概括其兩面性格的名稱。「市民運動」如其名稱所顯示的，一方面追求去物質與去階級的價值，另一方面具有舊社會運動的組織結構與工業社會的運動目標。

在韓國民主化以後，社會運動已從「反體制運動」轉變到「體制改革運動」，同時從「巨大運動」（Big Movement）逐漸轉移到「分化的運動」（Movements in Differences）或「專業化的運動」（曹喜昖 2010）。然而，由於韓國的保守支配體制仍很堅固，於是還需要體制改革運動。對民主化過程中由下而上的社會壓力而言，韓國的社會壓力比台灣的還強，但因為韓國的國家機器與支配勢力仍保持著相當程度的控制力量，所以韓國民主化還脫不了由上而下的「被動革命」（Passive Revolution）性格。雖然由下而上的社會壓力使保守支配勢力不得不推動民主改革，但民主改革的主導權仍在既有的保守支配勢力手中，它們在政治、經濟以及社會的每一個領域中，都頑強抵制民主改革。由此可知，韓國社會運動的主要目標仍然無法脫離政治、經濟以及社會改革。

　　到了 1990 年代，韓國「大企業集團」（財閥：Jaebul）[3] 茁長為舉足輕重的經濟及社會勢力。它們在經濟領域上建立了財閥的壟斷體制，進而將支配範圍擴大到政治及社會領域。細言之，1990 年代的政治社會的自由化同時帶來了資本及市場的自由化。進而在 1997 年金融風暴以後，新自由主義思想既在經濟領域，也在社會領域上成為唯一的運作邏輯。在這些條件下，財閥對經濟及社會的控制力量日漸擴增。財閥的經濟力量遠超過國家的財政力量。[4] 財閥靠其經濟力量滲透到政治及社會的各領域，以扭曲國家的經濟及社會政策。無怪乎 2005 年當時的韓國總統盧武鉉宣稱「權力已從國家轉移到市場去了」。另外，財閥的經濟壟斷、不公平交易以及其他非法行為等的問題逐漸造成經濟集中現象，並同時持續擴大了貧富差距。進入 2000 年代以後，雖然財閥獲得了空前的成就，但國民所得分配卻持續惡化，失業率也劇增，年輕人找不到工作。因此，追求公平競爭與合理分配的「經濟民主化」（經濟正義）成為最主要的社會議題之一。韓國人希望社會運動通過經濟民主化運動牽制及監督財閥，在上述的社會條件下，社會運動難免將其主要運動目標擺在政治及經濟體制的改革上。

　　另外，社會運動抵抗財閥所主導的「後開發資本主義」（Post-Development Capitalism）。[5] 因此，韓國社會運動既是政治經濟改革運動，也是抵制生活世界殖民化的「新社會運動」。

　　韓國的「政黨」問題是另一個塑造韓國社會運動性格的結構條件。韓國的「政黨」因很缺乏社會基礎而無法代表民意（崔章集 2010；Lee 2009）。「政黨」應代表社會的諸多衝突或分歧，進而提出消除其衝突與分歧的方案，以調整或解決其問題。然而，韓國的「政黨」具有如下的先天性缺陷：其一，韓國到了1995 年才開始施行地方自治，以前的地方長官都是官派的，地方議會也根本不存在。[6] 所以「政黨」的地方動員基礎非常脆弱。其二，它是如為人設官般依靠

---

[3] 韓國人通常將大企業集團稱為從日語來的「財閥」。

[4] 依 2010 年的統計而言，韓國 10 大財閥的營收總額占國家 GDP 的 74.52%。

[5] 韓國人常用的「開發資本主義」意味着以工業化為至上目標的資本主義，「後開發資本主義」指開發大型國家建設事業或房地產的資本主義。這種後開發資本主義嚴重侵犯到人民的生活世界。

[6] 韓國在 1945 年從日本光復後，在 1952 年開始施行基層單位的地方自治，到了 1960 年才實施全面的地方自治制度。然而，在 1961 年軍事政變後，完全廢除地方自治制度，所以其歷史非常短暫。其意義不大。

政治領袖的個人需要而被組織的,所以其生命週期非常短,同時其物質基礎也薄弱。其三,在和北韓的軍事對峙下,反共意識型態仍發揮著明顯的作用,所以進步「政黨」也不能完全脫離保守性格與政策。其四,韓國人在政治態度與投票行為上呈現出非常濃厚的「地域主義」(Regionalism)色彩,所以「政黨」都是基於地域主義動員上,就是說其動員基礎都在於特定地域上。由此可知,不但韓國「政黨」的社會力量很脆弱,而且無法代表全民的利益。在這種「政黨」的困境下,社會運動不得不代替「政黨」的功能。

　　韓國是過度中央集中與集權的國家。這種社會條件直接影響到了社會運動的組織結構與運動方式。既在人口方面,也在經濟社會資源方面,都集中在首都圈。以人口而言,五千萬人口的一半都集中在狹窄的首都圈。另外,韓國地方自治的歷史不長,國家權力也仍集中在中央政府手中。[7]因此,社會運動的主要抗爭對象仍然是中央政府,主要抗爭地點也是首都。韓國主要社會運動團體大部分都先在首都成立中央機構,然後在地方設立分支機構,連環境運動團體也走這個路線。在 1995 年以前,社會運動在地方上動員社會資源的經驗很缺乏,幾乎所有的社會運動都是以首都為中心推動的。中央集中的社會結構與地方自治制度的不存在,使社會運動很難推行地方或基層資源的動員。這些因素多少使社會運動相對忽視組織性動員策略,而採取輿論化或議題化的動員策略。

　　從 2008 年到 2017 年的保守政府再執政期間,出現了嚴重的民主倒退現象。例如,「反對國家安全法的廢除」、「製造冷戰時期的敵對意識」、「使國家人權委員會陷入癱瘓狀態」、「干預言論自由」、「動員情報機構監控政治人物與社會運動團體的領導」,以及「和財閥勾結而維護其利益」等。這使韓國人的政治經濟改革的聲浪升高,也使社會運動團體注重政治經濟改革。

　　韓國「新中產階級」的形成過程與西方國家的經驗大不相同,西方新中產階級是在資本與勞工階級的形成以後才逐漸茁長起來的,所以韓國新中產階級可成為社會主導勢力(Cheng 1989;鄭哲熙 2003)。對韓國新中產階級的分析,有必要將它分成「專業階級」(Professional Class)與「管理階級」(Managerial Class)來討論的。高學歷的新中產階級既強烈呈現出「去物質價值」,也積極批判社會

---

[7] 韓國將地方政府(Local Government)命名為「地方自治團體」,中央政府認為地方政府並不是一個政府,而只不過是一個團體,如此矮化地方政府。這代表中央政府不願意把主要的國家權力讓給地方政府。

問題（Inglehart 1990）。韓國的專業階級也如西方新中產階級般，表現出去物質價值與批判意識。另外，韓國的專業階級大部分都在讀大學期間直接或間接深入參與過「學生運動」，所以擁有強烈的民主及進步意識。因此，韓國的專業階級在進入社會而成為既得利益勢力後，也仍保持著強烈的民主與進步意識，同時積極參與社會運動，進而成為社會運動的主導勢力。韓國的管理階級如西方的管理階級般既是資本主義經濟發展的受惠者，也積極維護自己的經濟利益。然而，因為它也如專業階級般在讀大學期間直接或間接參與過「學生運動」，所以仍關注民主主義的發展。因此，它如果不是因經濟危機而受到深大的打擊，就會積極支持政治經濟改革，進而樂意扮演改革後援者的角色（Park 2018）。

前述的一些結構性條件，使韓國社會建立可代替「政黨」而推動政治經濟改革的大型社會運動團體，也就是「綜合性社會運動團體」（Comprehensive Social Movement Organization）。[8] 例如，「參與連帶」與「經實聯」等。

另外，在此值得討論的是 2000 年代以後出現的「資訊化」（Informationization）現象，對社會運動的影響呈現在兩個方面。一方面它直接影響到社會運動的動員方式，就是說其動員方式擴張到網路上，從而網路上的動員便成為普遍的現象。這些現象的確是為社會運動團體提供另一種運動空間與手段。然而，另一方面它還帶來了社會運動的質性變化。其質性變化意味著個人化的社會運動或社會動員。例如，韓國一些重要的「燭光示威」，是先由個人通過網路發起，後來社會運動團體才回應的。這種現象會使既有的社會運動受到衝擊。因此，資訊化現象日後是否會為綜合性運動團體起正面或負面的作用，還有待觀察。到目前為止，暫可推論兩種作用都會出現。

---

[8] 曹喜昐（1999）將韓國社會運動團體分為綜合性社會運動團體與特殊專業性社會運動團體。

三、「參與連帶」與「經實聯」的組織結構、運動方式與運動目標

（一）組織結構

　　「參與連帶」與「經實聯」屬於綜合性社會運動團體。韓國社會的結構條件直接影響到「參與連帶」與「經實聯」的組織結構、運動方式以及運動目標。兩個團體在組織結構與運動方式上很相似，但在運動目標與活動上仍有一些差異。依圖 1 與圖 2 而言，「參與連帶」與「經實聯」的組織結構很類似於「政黨」或國家機關的結構，尤其「參與連帶」的組織更明顯呈現出這種結構，這使它可有效地應付國家與社會的各種問題。「經實聯」相對注重經濟改革，所以其組織形式比「參與連帶」還精簡。然而，無論組織形式如何，「經實聯」也積極參與幾乎所有的政治、社會以及經濟的改革運動（參考表 1）。從另一個角度來看，兩個團體如韓國的財閥或百貨公司般無所不包，在國家與社會的各個領域中展開其活動。綜言之，「參與連帶」與「經實聯」呈現出三個主要特徵：其一是具有「政黨」或「國家機關」的組織結構。其二是如「財閥」或「百貨公司」般的經營形態。其三是由上而下的「中央集權」的組織文化。這些都意味著兩個團體故意套用「政黨」或國家機關的組織安排而介入政治、經濟以及社會的各種問題（朴允哲 2003）。

　　從會員結構而言，「參與連帶」的會員數字是 14,591 人（2017 年），「經實聯」的會員數則未對外公開。「參與連帶」與「經實聯」的會員大部分集中在首都圈（各占 74.0% 與 48.5%），這多少證明其運動的中央集中的性格。「參與連帶」會員中，大學以上教育水準的比例占 76.5%。[9] 這些都多少反映兩個團體的中產階級性格。以兩者會員的年齡分布而言，都集中在 40-50 歲（各占 68.1% 與 73.4%）。年輕人不積極參與大型的社會運動團體，相對傾向於個人化的動員。個人化的擴散與資訊化的衝擊，使年輕人單獨透過 SNS 等的手段動員群眾（2016 年為推翻朴槿惠政權而推動的燭光示威，就是典型的例子）。

　　就財政方面而言，「參與連帶」與「經實聯」為維護社會運動的獨立或中立

---

[9] 「參與連帶」的資料來自於其網站（2017 年的資料），「經實聯」的資料是其內部資料（2016 年資料）。

而根本不收政府的補助，只靠會費、一般捐款、事業所得以及其他收入等推動其運動。「參與連帶」的一年預算約台幣 7,116 萬元，「經實聯」的則約台幣 4,005 萬元。它們把整個預算透明地公開在其網站上。

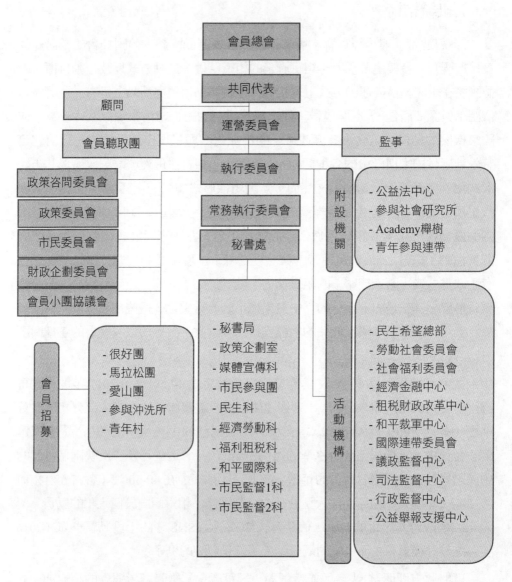

圖 1　「參與連帶」組織圖

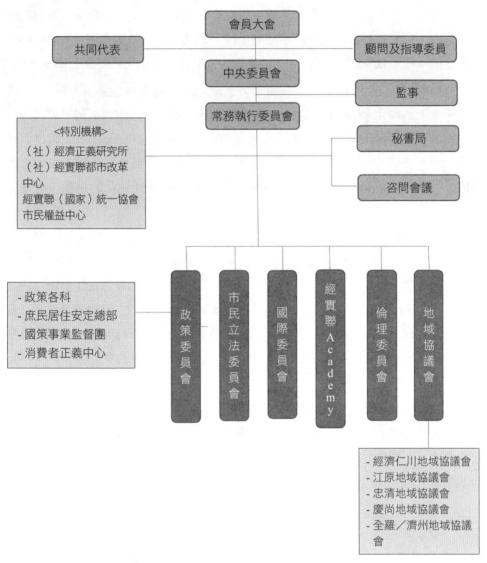

圖 2　「經實聯」組織圖

（二）運動方式

　　「參與連帶」與「經實聯」為和具有暴力傾向且為反對而反對的「民眾運動」保持距離而特別強調三點，就是「合法的運動」、「非暴力的運動」以及「以政策替代方案為中心的運動」（河勝彰 2006：18）。因此，在運動手段上明顯地表現出合法及溫和的性格。例如，聲明、記者會、發表會、公聽會、討論會、宣傳活

動、調查、監督、請願、告發、訴訟、以及憲法訴願等。兩者相對少採取非制度化的手段。它們有時採取集會或示威的手段，但基本上嚴格遵守法規。有時則採取「一人示威」，這種示威不需要事前申報，同時是可以隨時隨地進行的。

「參與連帶」與「經實聯」在運動方式或策略上選擇幾個路線。其一，「輿論化」或「議題化」。民主化以後的社會運動無法維持傳統的激進抗爭方式，只能選擇溫和與合法的運動方式。因此，它們通過「論述」（Discourse）競爭而動員非特定的多數人民。也因此，在其策略上需要搶先提出吸引多數人民關心的議題。為此，它們積極拉攏新聞媒體，以達成議題化或輿論化的目標（朴允哲 2003）。

其二，「參與連帶」與「經實聯」的領導幹部，在私底下直接和立法與行政部門進行溝通。他們與政府官員之間存在著非正式溝通管道，他們利用這種管道積極介入政策決定過程。另外，以政府委員會的民間委員的身分直接參與立法或行政部門的決策過程。甚至其領導幹部直接轉移到政府部門主導決策過程，以貫徹其運動目標。依柳錫春等（2006）的研究而言，在其領導幹部 531 人中，150 人直接轉移到政府部門，其比例達到 28.2%。由此可知，「參與連帶」與「經實聯」在國家政策上的影響力。

其三，「參與連帶」與「經實聯」無所不包地介入社會的各種問題。這種運動形態使其在很多議題上和其他社運團體重疊。這為它們提供與其他社運團體合作的機會。在這些條件下，它們主導與其他社運團體合作的「聯盟運動」，進而扮演龍頭角色。

（三）運動目標

「參與連帶」與「經實聯」的運動目標可以根據其活動議題歸納出來。依表 1 而言，其運動議題的確是無所不包。它們提出政治、社會以及經濟上的諸多問題，還多少關照新社會運動議題。尤其，特別保護弱勢群體的利益。在表 1 中，分三期來觀察其活動議題，但在其活動議題的目標上幾乎無大變化，持續呈現出政治及經濟改革取向與無所不包的運動形態，所以繼續維持著「政黨」形態的組織結構。另外，我們從其活動議題上可看出他們對「政黨」的替代功能。

表1　「參與連帶」與「經實聯」的主要活動議題

年代	議題	參與連帶（1994-）	經實聯（1989-）
1990	政治 社會	腐敗防治法、地方自治制度改革 國民基礎生活保障法、國會監督 司法改革、大法院長市民推薦 政治改革立法、腐敗法官撤職 國民生活最低限保障 打破地域主義	公正選舉監督 資訊公開法 檢查改革制度與腐敗防治法制定 政治資金制度改革
	經濟	小股東權益 海外韓國企業監督 醫療保險制度改革	土地公概念 財閥的所有與經營的分離 金融實名制、公平交易制度改善
	其他	公寓住民權利、居住福利 教育改革、環保運動、 都市綠帶（Green Belt）保護 社會權	南北韓和諧協力 能源與環境問題 社會福利服務改善
2000	政治 社會	國會議員反對提名與落選 高位公務員聽眾會制度 高位公務員白紙信託制度、國會監督 反對禁止夜間集會 人民參與裁判制度 個人資訊保護、根除非法政治資金	國土均衡發展、地方分權 地方自治制度改善 醫藥分工實施運動
	經濟	財閥改革、金融與產業分離 反對財閥不正當交易 減輕三大家計負擔	金融與產業分離 集團訴訟制度、反對企業特別法 公寓降價、公開房地產成本
	其他	反對狂牛病牛肉進口 強化醫療公共性反對與營利醫院 四大江事業監督	反對狂牛病牛肉進口 強化醫療公共性反對營利醫院 外籍勞工人權保護、NGO 社會責任 地球村貧困掃除網 四大江事業監督
2010	政治 社會	國會選舉市民網、選舉法修正 國會監督、司法改革、預算監督 朴槿惠政權打倒運動 非法請托禁止法（金英蘭法）	國民主導憲法修正 廢除基礎地方自治政黨提名制度 預算監督、個人資訊保護 非法請托禁止法（金英蘭法）
	經濟	財閥監督、懲罰性賠償法 大企業不公正交易監督與甲乙關係改善 生活工資引進、半價高校學費	GMO 表示制度、懲罰性賠償法 中小商人及自營業者保護 反對鐵路民營化 解體全國經濟人聯合
	其他	和平運動、和平裁軍博覽會 反對濟州島海軍基地建設 反對核電廠建設	反對核電廠建設、日軍慰安婦支援 反對國定國史教科書 最低限工資的生活工資化 營造業承包制度改善、都市再生運動

　　整體而言，「經實聯」相對注重經濟改革，「參與連帶」相對注重政治社會改革。但兩個團體在 1998 年到 2007 年的進步政府執政時期相當關注環境運動、弱勢群體保護運動以及生活世界改善運動等新社會運動的議題。然而，在 2008 年保守政府再執政以後，逐漸出現民主倒退的現象，同時財閥的經濟壟斷更加嚴重。因此，兩個團體不得不把其運動力量集中在政治與財閥改革上，相對忽略新社會運動議題。另外，它們比進步政府時期還多採取激烈的運動手段，例如，聯盟運動形式的集體示威或位於首爾市中心的光化門廣場上的一人示威與靜坐等。由此可知，兩個團體的運動目標與手段多少取決於哪一種政府執政，也就是說是進步政府執政還是保守政府執政。

四、兩大社會運動團體所遇到的困境

　　隨著民主化的進展，新聞媒體分離為進步媒體與保守媒體。由此，進步媒體與兩個社會運動團體保持著合作關係，但保守媒體逐漸顯露出其保守性格，所以無法繼續和它們合作。尤其，保守媒體和財閥勾結破壞經濟正義，所以逐漸成為它們的打倒對象。另外，在保守政府執政以後，公營媒體都被保守勢力侵占，所以它們大大失去了重要的運動平台。 然而，新型的媒體與 SNS 彌補了這個空洞。輿論化或議題化的策略導致了另一個嚴重的問題，這種策略使「參與連帶」與「經實聯」逐漸專業化，以致失去社會運動原有的草根性與戰鬥性，成為「沒有市民的市民運動」。

　　「參與連帶」與「經實聯」的目標過度集中於政治、社會與經濟體制的改革上，它們相對忽視了具有後現代價值的新社會運動議題，所以仍不容易脫離濃厚的舊社會運動性格。它們仍保持著全民取向，不會輕易轉到弱勢群體取向，還維持著中央集中與集權的取向，不容易轉移到草根或在地化的取向。

　　隨著社會的發展或進步，社會運動的目標應從體制改革過渡到追求去物質價值的後現代主題，但韓國的社會條件使「參與連帶」與「經實聯」的目標基本上仍停留在體制改革上，所以在後現代的議題上比其他的社會運動團體或個人還落後。在韓國社會裡，後現代的議題已成為社會的主要議題。但它們既沒有能力，也無興趣創造或主導這些議題。這應會成為它們的未來困境之一。

年輕人相對排斥中央集權的大組織主導的社會運動，同時會靈活地操作 SNS 等的新型媒體和平台。因此，他們經常在網路上通過個人之間的合作有效地進行巨大的社會動員。韓國的主要燭光示威大部分都是由年輕人發起的。例如，在 2016 年推翻朴槿惠政權的燭光示威中，他們利用個人化的動員方式大量動員了群眾。在這種時代變化中，「參與連帶」與「經實聯」極為需要通過和個人化運動的合作推動社會運動，同時必須建立有效的策略，以積極吸引年輕人。

五、結語

韓國的「市民運動」在民主化與民主鞏固等兩個階段中，的確扮演過舉足輕重的角色。尤其，民主化以後出現的「綜合性社會運動團體」，也就是「參與連帶」與「經實聯」在民主鞏固階段中的貢獻是毋庸置疑的。

韓國的社會條件持續塑造其社會運動的性格。其一，因為民主化以前的「民眾運動」是既具有暴力傾向也是為反對而反對的社會運動，所以民主化以後，人民逐漸排斥民眾運動。因此，韓國社會創造出溫和與合法的市民運動。其二，「壓縮發展」使社會運動呈現出包容新舊社會運動的兩面性格。其三，強而有力的保守支配勢力在民主化以後，仍壟斷政治、社會以及經濟資源，這使社會運動特別注重體制改革，也就是說停留在舊社會運動的目標上。其四，「財閥」對經濟與社會的壟斷日益增大，必須約束財閥的蠻橫。因此，社會運動極力抵抗財閥的壟斷體制，進而以制定法律的方式約束它們的不當行為。其五，動員力量很脆弱且地域化的「政黨」既無法代表全體的民意，也沒有力量推動全面改革，所以社會運動不得不代替「政黨」的功能。其六，中央集中與集權的組織結構直接影響到社會運動的運動方式與策略。其七，保守政府的再執政重新強化了社會運動的體制改革取向。其八，在大學期間直接或間接經驗過學生運動的「專業階級」與「管理階級」，在進入社會以後仍保持著強烈的民主意識，進而積極參與社會運動。尤其，專業階級主導整個社會運動。

「參與連帶」與「經實聯」是中央集權的大型專業組織，同時特別注重政治、社會以及經濟改革。因此，它們採取「議題化」或「輿論化」、「國家決策過程的參與」以及「聯盟運動」的方式來推動其運動。它們對民主鞏固的貢獻是人

民都承認的，但在後現代的議題上扮演的角色還不明顯。另一方面，它們遇到一些困境。其一，專業化的運動方式使它們失去草根性或戰鬥性，從而造成「沒有市民的市民運動」。其二，它們不容易脫離舊社會運動的性格，也就是說仍停留在全民取向與中央集權取向等的性格上。其三，它們沒有力量或無興趣創造後現代議題。其四，它們受到個人化的動員方式的衝擊，其日後的變化是有待觀察的。

參考文獻

朴允哲，2003，〈韓國社會運動的動員模式與政治社會性格：以新興社會運動為分析對象〉，《亞太研究論壇》21: 1-16。

朴台容，2008，《市民社會與經濟民主化：以參與連帶與經實聯的經濟集中抑制活動為中心》。延世大學政治學系碩士論文。（韓文）

朴尚勳、趙顯衍，2007，《三星共和國與站在歧路上的民主主義》。首爾：進步政治研究所政策報告。（韓文）

河勝彰，2006，《關於 90 年代中央集中型市民運動的限制與變化之研究：以經實聯與參與連帶的活動為中心》。延世大學社會學系碩士論文。（韓文）

金正勳，2010，〈關於民主化過程中社會運動的分化與變化之研究：以草根社會運動與網路社會運動為核心〉。頁 217-244，收錄於曹喜昖、金東春等編，《從巨大的運動轉移到差異的運動：韓國民主化與分化中的社會運動》。首爾：Hanul 出版社。（韓文）

柳錫春等，2006，《參與連帶報告書》。首爾：自由企業院。（韓文）

崔章集，2000，〈韓國的民主化、民間社會以及市民運動〉，環境運動聯合編，《共生的路》，第 82 號，頁 98-112。（韓文）

曹喜昖，1999，〈綜合性市民運動的結構性格與其未來的展望〉，《當代批評》，1999 年冬季號，頁 320-346。（韓文）

──，2010，〈從向巨大運動的收斂到向差異運動的分化〉。頁 25-137，收錄於曹喜昖、金東春等編，《從巨大的運動轉移到差異的運動：韓國民主化與分化中的社會運動》。首爾：Hanul 出版社。（韓文）

趙顯衍，2010，〈社會運動的衝突性分化與新右派〉。頁 434-467，收錄於曹喜昖、金東春等編，《從巨大的運動轉移到差異的運動：韓國民主化與分化中的社會運動》。首爾：Hanul 出版社。（韓文）

趙大燁、金哲圭，2007，《韓國市民運動的結構與動學》。首爾：集文堂出版社。（韓文）

Cho, Hee-Yeon, 2003, "Changes in the Civil Society and the Social Movements in the Political Change in South Korea." 《亞太研究論壇》21: 28-42.

Cheng, Tung Jan, 1989, "Democratizing the Quasi-Leninist Regime in Taiwan." *World Politics* 41: 471-499.

Inglehart, Ronald, 1990, "Values, Ideology and Cognitive Mobilization in New Social Movements." Pp. 43-66, in *Challenging the Political Order*, edited by Russell Dolton and Manfred Kuchler. Oxford: Oxford University Press.

Lee, Yoon-Kyung, 2009, "Democracy without Parties? Political Parties and Social Movements for Democratic Representation in Korea." *Korea Observer* 40(1): 27-52.

Offe, C., 1985, "New Social Movements － Challenging the Boundaries of Institutional Politics." *Social Research* 52(4): 817-868.

Park, Yoon-Chul, 2018, "The Tripartite Links of Middle Class, Civil Society and Democratization in South Korea." Pp. 61-78 in *Middle Class, Civil Society and Democracy in Asia*, edited by Hsin-Huang Michael Hsiao. London: Routledge.

新興工業國家之風險治理挑戰：
以 2005 年台灣狂牛症爭議事件為分析

周桂田

一、問題意識

　　狂牛症（Bovine Spongiform Encephalopath，簡稱 BSE）已隨著全球的食物鏈系統散布到各個政府，構成了全球化的食品風險。歐洲政府自 1990 年代以來對於狂牛症及其他食品與科技風險的治理經驗提供了非常好的借鏡，特別在對公眾的風險溝通及參與上之教訓，導致了歐盟近來在價值與制度上強化科技、健康及食品之風險治理的變革，明確的肯定科學風險評估之多元性與參與性，並且重視參與性、透明性與管道性（accessibility）的責任政治（European Commission 2000, 2002）。

　　另一方面，隨著狂牛症病毒的擴散與跨越歐洲之外的牛肉輸出，使得狂牛症食品風險也散布到亞洲政府，特別是從美國大量進口牛肉的日本、南韓與台灣。問題是，這些亞洲新興工業政府如何面對與治理全球化的狂牛症食品風險？自 1990 年代末，世界各地面對越來越繁複的科技、健康、生態與食品風險衝擊，同時透過全球化綿密互動使得問題愈加複雜與棘手。因此，在面對全球化過程中各項風險的挑戰，「將政府帶回來」（Bringing the State back in）的呼聲再度響起，企盼政府能扮演風險的阻絕者與管制者，而發展結構性的風險治理能耐。事實上，「將政府帶回來」在 1980 年代也響徹雲霄，主要是從發展型政府理論探索新興工業社會政府介入、扶持與發展科技工業之成功經驗，而此發展型國家典範（paradigm of developmental state）主張的是高度自主、講求效率的菁英式專家政治（technocracy），其事實上進行威權的統治（Skocpol 1985）。然而，相對的，面對新興的全球化風險，人們要求的是透明的、重視社會溝通及參與的決策，企求國家（state）除了繼續扮演強大的、全能的（provident）風險治理者，而同時能實踐更多的科技民主來增進社會的信任與決策的正當性。

　　因此，本文主要將從這樣的歷史弔詭，檢視當越來越繁複的全球化風險事件呼應「將政府帶回來」的重要性之際，新興工業地區基於先前特殊的歷史結構背景將產生何種風險治理的模式與管制文化；尤其是政府相對於社會，其既有的權威自主性將遭遇何種挑戰。本文將從美國爆發狂牛症以來牛肉進口台灣之政策爭議為案例分析，探討台灣社會與政府對於風險治理典範的變遷及衝突，分析新興工業化政府在風險治理上之結構性困境。

二、分析架構

（一）風險評估、專家知識與公民的風險知識（**citizen knowledge of risk**）

　　Jasanoff（1990）指出，美國於 1970 年代以來由於科學事務的複雜性遞增，社會管制快速擴張，並產生了許多新的行政官署（agencies）。這些技術官僚必須在保護社會大眾健康及環境風險的考量和經濟與社會成本間作衡量，而兩者間如何衡量並未有精確的標準可遵循，因此，為避免公眾的挑戰並增加決策基礎的正當性，採用科學諮詢委員會的決策模式、透過科學專家（The fifth branch）的專業評估而宣稱決策的客觀性，成為當代重要的管制模式與文化。然而，科學專業所能掌握的往往是有限的理性，尤其一旦面臨科學事務的不確定性，在一定的決策壓力之下，技術官僚（The fourth branch）經常做出結合科學與政治的決策，但仍辯稱決策基礎乃基於科學理性而具有絕對的效力。

　　尤其在風險評估面向上，專家知識往往在有限的框架上為了迎合政策上目的而被利用（Conrad 1980）。這其中除了科學事實與價值相互影響的過程在決策中被掩蓋之外（Conrad 1980; O'Brien 2000; Jasanoff 1990），也包括了技術官僚濫用、操弄或選擇性的利用科學專家知識來達成其決策目的（Schwarz and Thompson 1990; Rutgers and Mentzel 1999）。因此，制度上技術官僚所賴以為重之科學諮詢委員也會成為科技民主挑戰的對象。

　　尤其這種專家政治經常嚴重地缺乏透明性與參與性，不但被認為是隱性的層級（hidden hierarchies）的統治（Fischer 1989），並且在許多風險政策經驗中表現失當（例如英國政府面對狂牛症風險的處置、義大利 Seveso 事件等），而造成公眾對政府治理能力信任的滑落（Löfstedt 2002）。

　　鑑於風險的不確定性評估涉入了價值取捨，科學風險評估的框架則成為技術官僚與公眾爭奪的領域（Hoppe 1999）。而依據不同的價值設定，科學風險評估的框架爭議包括了風險的定義、範圍的界定、評估的方法與知識、到評估委員的組成、決議的透明性，都是兵家必爭之地。各種研究案例顯示，除了常民知識（lay knowledge）挑戰了學院科學評估之客觀性神話（Wynne 1996），多層次（multi-layer）與多元的反專家（against-expert）加入風險的評估也是獲取民主決

策正當性的重要指標（European Commission 2000, 2002）。

　　在當代風險社會，對科技風險的無知往往使得既有的官僚決策體制享有專業決策的壟斷；當社會部門發展出足以能和技術官僚抗衡的，擺脫專家政治操弄的無知，則將產生社會內在的驅力來反抗現行科技體制，挑戰與逼迫科技決策往民主化的方向走（Beck 1986, 1993）。公民的風險知識（citizen knowledge of risk）指的是社會部門有能耐去審視複雜的科技爭議，對每項風險評估的程序與方法提出不同的知識及價值判斷，而與技術官僚競爭風險評估的框架（framework）。對風險評估框架的爭鬥，主要是去爭取評估及決策的正當性論述，破除由現代科學體制牢牢控制的科學紀律與專家政治（Foucault 1976, 2003），而發展另類的風險論述或價值。

　　事實上，科學評估與諮詢制度也被運用在東亞新興工業政府，同樣的，技術官僚為了因應繁複的科技與環境事務，也大量引進科學專家進入體制協助提供專業與決策判斷。然而，我們要問的是，上述發生在西方社會的科技與風險決策爭議，同樣在具有威權決策模式、高度菁英統治的新興工業化社會中，將產生何種變異？

（二）新興工業社會之風險治理與文化

　　自 1980 年代中期以來，發展型政府理論集中於探討新興工業化社會成功的特質，尤其將焦點集中於包括台灣之東亞幾個政府。其中注目的重點在於國家除了具備有強大的自主性，透過各種威權形式的社會鑲嵌，成功的干預與引導科技及工業經濟的發展（Amsden and Chu 2003; Evans 1995; Leftwich 2000; Skocpol 1985; Weiss 1998）。同時，政府如何運用其自主性，選擇性的進行與經濟部門緊密的鑲嵌，而創造出產業經濟的發展與轉型。

　　而在發展型政府理論核心中，政府的自主性係透過威權的掌控科技、工業及經濟政策、壓抑公民社會並汲取社會資源，以經濟成就獲取統治的正當性。也就是，菁英的治理、威權的決策模式、高度的專家政治與強烈的經濟發展驅力，成為這些後進追趕科技之新興工業社會的傳統（Amsden and Chu 2003; Evans 1995; Leftwich 2000; Skocpol 1985; Weiss 1998；安士敦、瞿宛文 2003）。和南韓相近的，台灣社會自 1980 年代末歷經激烈的民主化過程，威權的政府體制逐步轉化

為民主代議的形式，而政府也在政治領域上面臨需要接受社會監督的挑戰；但是我們要問的是，菁英式的技術官僚或專家政治在科技與風險政策決策上是否已經產生同樣的民主化轉型，另一方面，社會部門面對風險又產生何種變遷。

這個問題意識主要在於探詢新興工業政府特殊的歷史背景下專家政治（technocracy）的統治，其包含兩個結構性問題，其一為技術官僚治理的模式與文化，包括技術官僚如何統合專家知識來進行科技風險決策，其二為社會部門在這樣的歷史結構下所發展出的監督、反省與批判的能耐。

針對相關科技風險政策，Chou（2000, 2002, 2004）從對基因改造產品風險的研究中發現，雖然台灣歷經 1990 年代中期的民主化，技術官僚仍牢牢掌控科技與工業政策決策，尤其透過對生物科技與生醫科技策略性的投資、研發建置與制度鼓勵的分析，可以看到發展型強政府的角色仍然毫不褪色。然而，在技術官僚強烈的經濟發展驅力下，輔以相當濃厚、以科學實證證據為基礎的專家政治，對於這些涉及高度科學、倫理與社會爭議之科技風險，採取忽視、隱匿之態度，甚至延遲風險的治理。而這些爭議性的科技風險決策上往往發生在由上而下、菁英權威主導的決策模式中。

在社會部門上，由於長期以來政府威權的科學實證風險治理模式，而造成公眾對風險無知與缺乏批判的結構性現象。尤其，新興工業國家公民社會的批判與反省能耐有其特殊性與歷史的限制性。面對全球激烈的科技競爭，這些新興工業體雖然和世界各國一樣，承受科技風險的威脅與壓力，然而後進、追趕西方工業政府的先驗性目標，卻使得經濟與科技競爭的邏輯優先於風險的挑戰。同時，社會在工業急速發展與壓縮過程中，無法相對的從社會內部發展出強而有力之批判與監督科技發展的聲音（Chou 2000, 2002, 2004）。因此，當這些因素反映在公民社會，尤其是對於高度複雜的科技風險不確定性的批判與監督上，皆顯得弱化。換句話說，由於這些歷史性的結構因素，使得社會部門被動的形成一種遲滯與隱匿科技風險的文化，對於政府鬆散的風險管制乏於監督與批判的強大力道。

然而，有趣的是，這雙重的風險社會結構——國家權威菁英式的實證管制與忽略風險的決策模式，社會缺乏監督、批判的能耐——所構成結構性的隱匿、遲滯風險的治理現象，卻似乎在美國牛肉狂牛症風險爭議中產生了轉型性的變化。我們看到，技術官僚仍然堅持以舊有的專家政治典範——科學理性為風險評估與

治理唯一先驗基礎，但是這個模式卻在當下受到社會強烈的挑戰與質疑，而產生了風險治理典範的衝突與轉變契機。

（三）分析

1. 分析命題

在我們的分析中，面臨了這樣有趣的社會轉型變化。2000 年初期台灣社會因整體結構性的隱匿、遲滯風險，威權的政府決策仍沒有受到社會強烈的挑戰。然而，由於自 2002 年以來接連發生數起戴奧辛（dioxin）污染食品事件，造成公眾爆發對政府風險管制怠惰的覺醒，公民社會也展開對科學專業壟斷統治的強大批判（Chou 2006）。因此，實質上，我們看到台灣社會從對 GMO 的遲滯、隱匿風險現象，轉變為對 BSE 風險的強烈覺醒與批判，並且顯現雙重的反抗政府風險治理的驅力。

可以說，新興工業化國家面對科技風險的威脅之際，社會逐步產生了強大的社會批判驅力。而我們的研究就在於探索此種激烈的內在轉型變化之成因。在 BSE 風險的研究案例上，台灣同時面臨了兩個層次的社會內在反抗驅力，其一，如同先進工業國，公民團體對實證風險管制之缺乏民主程序的不滿，尤其批判科學專業壟斷決策而乏於社會溝通與參與；然而，不僅僅是對科學效力的質疑，尤其另一個不信任的根源在於，其二，在特殊政治歷史結構下，菁英技術官僚之威權決策模式在民主轉型之際已經受到詬病，再加上其緊密的與前述實證管制意識型態扣連在一起，使得整個決策過程與社會產生高度的緊張關係，決策正當性也因此受到強烈挑戰。

2. 分析架構

因此，在本文的分析上，筆者將透過論述分析將進口美國牛肉之狂牛症風險之故事線畫出，並討論公民社會與威權技術官僚進行風險評估與決策正當性之鬥爭。第三節首先展現在四波風險決策之衝突中，探討反對陣營之國會議員、反專家與消費者團體如何發展公民風險知識來對抗與批判國家的專家政治。這個故事情節包括公民社會具有能耐提出豐富的國內外風險資訊，發展不同的風險評估模式與知識，並批判官方操弄專家諮詢委員會的不正當性，尤其，透過這些策略公民社會首度針對全球化食品風險進行強烈的政治抗議與動員；相對於此，技術官

僚卻仍然謹守實證風險管制模式的陣線，並悍然威權的展示其專家政治的決策。其次延續上述，第四節，我們將細部的集中分析公民社會中反專家與技術官僚對風險評估框架的鬥爭，透過對篩檢比例、風險計算、牛齡安全對風險機率、評估程序透明的論述鬥爭，二者爭奪風險決策之正當性問題。這幾項對風險框架與評估知識的競賽，我們以表 1 來對照呈現，以指出公民社會日趨成熟，具有能耐進行相當專業的反專家知識鬥爭。第五節，我們將透過同年度兩起全國性電話抽樣訪談，探討公眾的風險感知，來補充性分析 BSE 風險決策爭議所造成公眾對政府治理能耐的信任問題。最後，本文將透過這些經驗分析進行總體的討論，分析新興工業化國家之威權專家政治與轉型中的科技民主之衝突與出路。

3. 分析方法

論述分析主要在於呈現不同社會事件脈絡中的行動意義，討論在社會運動動員中微觀的行動解釋與認同（Klanderman 1988）。尤其，對於論述權力的爭奪代表哪一種論述處於霸權的地位來支配他人。Foucault（1976, 2003）透過系譜學的方法指出當代國家如何以精細的科學儀式的設計，來規範、控制人們的生命權力（biopower），而科學變成一套特定的意識型態來支持國家統治人們顛撲不破的真理政權（truth regime）。因此，倒過來說，從 Foucault 微觀權力的角度來看，爭取論述的主體和論述位置變得相當重要，特別是如何爭取與建構一組代表感知（perception）、認知（recognition）及解釋現象意義範疇的框架（frame）（Gamson 1988; Snow 1986; Renn 1991）。從風險知識的鬥爭來說，建構（framing）風險的定義與現實（reality），進而支配人們對風險認知的詮釋基模（schemata of interpretation），將直接影響風險決策的正當性。也就是說，不管技術官僚或公民社會對風險評估與決策都必須提出一套令人信服的知識性論述，來正當化（justify）其判斷的基礎。

因此，本文主要將針對不同時間點上 BSE 風險爭議進行脈絡性的論述分析。我們主要就爭議的高潮點收集第一手的官方文件，包括官方發布的新聞稿、公告、專案報告、說帖等，來作為分析技術官僚在整個決策過程中堅持實證科學評估與專家政治的論述。這部分包括衛生署正式「公告」（2005 年 5 月 24 日）、新聞稿「衛生署針對美國牛肉重新開放進口之管理原則」（2005 年 4 月 28 日）、新聞稿「衛生署說明美國進口牛肉處理措施」（2005 年 6 月 27 日）、新聞稿「即

日起有條件開放美國牛肉，相關單位加強查驗、積極管理」（2006 年 1 月 25 日）、新聞稿「開放美國牛肉進口案政策說明」（2006 年 1 月 25 日）、專案報告「美國牛肉進口相關處理措施」（2006 年 3 月 1 日）、「重新開放美國牛肉進口問與答（Q&A）」（2006）等，其代表衛生署作為主管機關處置狂牛症風險之官方立場與科學管理態度。同時，針對這四波爭議官方在電視媒體發表的談話及平面媒體報導官方觀點轉述，作為我們的第二手論述分析來源，輔佐性的呈現技術官僚在面對公民社會挑戰時相當威權的科學統治。

同樣的，在公民社會部分，我們同樣收集消費者團體與反專家的新聞稿或計算不同風險評估機率的文件作為第一手資料來源，來有效代表反對陣營具有能耐提出不同的風險知識。這部分包括「美國牛肉令人抓狂！是執意進口，誰敢保証？」（2005 年 4 月 27 日）、消費者文教基金會「美國牛肉證實第 3 起狂牛病例─退貨」（2006 年 3 月 14 日）等數次的記者會、反專家的風險評估說帖等。並且，在不同爭議中公民社會在電視媒體對官方的批判或透過平面媒體轉述的觀點，也作為我們的第二手論述分析來源，呈現其在清晰的風險知識支持下強力批判技術官僚的過程。

兩起全國性的公眾風險感知調查，主要是委託中央研究院調查研究中心進行全國性電話抽樣訪談，調查執行期間分別為 2005 年 4 月 16 日到 6 月 9 日及 11 月 2 日到 11 月 16 日，以年滿十八歲以上、且家中有電話之民眾為調查母體；而調查訪問地區則為全國。以電腦輔助電話訪問系統（Computer-Assisted Telephone Interviewing，簡稱 CATI）進行調查訪問資料蒐集之工作，利用中央研究院調查研究專題中心之電腦輔助電話訪問系統之全國電話資料庫作為抽樣母體，進行分層系統抽樣（stratified systematic sampling）。兩次執行期間總計各分別擴大抽樣樣本數為 9,000 案。最後執行結果，共計獲得完訪樣本數為 854 案（4 月調查）及 924 案（11 月調查），在 95% 的信心水準下，抽樣誤差各約為 ±3.42（4 月調查）及 ±3.29%（11 月調查）。

電話訪問所得結果主要是分析公眾在歷經狂牛症爭議後對於政府風險治理的感知及信任，尤其，在題目設計上主要針對科學權威、政治干預、風險溝通、專業信任進行測量，以掌握公眾在這波新興的全球化食品風險爭議中的態度變化。同時，由這部分的分析來回應上述公民社會與技術官僚對風險評估與決策的爭

議，來凸顯新興工業化國家治理之民主轉型問題。尤其，我們在第六節討論部分將簡短的以歐盟的公眾食品風險感知調查為比較，以佐證威權科學統治轉型的問題癥結。

三、風險決策的鬥爭：實證科學評估作為鐵的牢籠

美國牛肉狂牛症風險爭議事件在台灣可以分為兩種類型：（1）禁止進口與解禁，（2）禁止進口後現行美國牛肉是否從市場下架，而爭議的期間歷經一年半的時間。同時，這兩種類型爭議事件的衝突點皆集中在對不同階段政策決策的風險評估爭議，爭議的行動者又分為兩大陣營，其一為以科學諮詢委員會專家知識為背書的技術官僚，其二為高度質疑風險決策的政治干預之國會議員、反專家及消費者運動團體。

根本說來，在整個爭議過程中技術官僚所主導的專家政治模式，不但在風險評估專業知識上受到質疑，相對陣營也對科學諮詢委員會的組成、審查方式、決議共識等黑箱作業嚴厲的批評，並要求過程的開放性與透明性。我們看到，公民的風險知識隨著爭議事件中反對陣營之國會議員、反專家及消費者團體的批判而發展，一反過去社會對相關科技與食品風險事件的隱匿與無知，產生強烈覺醒與動員。

自 2003 年底美國首度傳出狂牛症本土案例，台灣政府旋即與日、韓等國同步禁止進口，[1] 於 2004 年 3 月 18 日主管官署衛生署邀不同領域學者組成「牛海綿狀腦病專家諮詢委員會」，並於該年 10 月 23 日做出初步同意的有條件開放進口建議；[2] 但同時期，主管動植物疫病之農委會表示出不同意見。[3] 2004 年 11 月美國傳出第 2 例疑似狂牛症病例，使得解禁進口的決策時間再度往後延。2005 年 3 月 10 日，陳水扁總統在美國商會謝年飯強烈暗示解禁進口政策時間點接近了，受到反對陣營包括國會議員及消費者團體強烈批評政治干預科學決策。[4] 這個爭

---

[1] 農委會防檢局指出，根據 OIE 規定，一旦美國狂牛症疫情確認，該國至少長達 7 年不能出口牛肉，但此規定也有例外的情形（Chi 2003）。

[2] 同時，於 2004 年 11 月 14 日派出 2 名官員及 3 名專家諮詢委員赴美實際考察（DOH 2005）。

[3] 農委會防檢局表示仍不會取消對美國狂牛症疫區的認定，活體牛仍禁止輸入（Guan 2004）。

[4] 立法委員賴幸媛強烈抨擊美國以政治壓力的手段干涉台灣的內政食品安全政策（He 2005）。

議延燒到 4 月 16 日衛生署恢復進口美國牛肉，[5]而引發了風險爭議的第一波高潮。反對陣營之國會議員強烈批評衛生署不顧農委會專業意見，而僅強調吃美國牛肉感染狂牛症機率為一百萬分之一以下，罔顧民眾健康（Chen, H.-C. 2005），[6]數位國會議員並出席「美國牛肉令人抓狂！執意進口，誰敢保証？」（記者會）批判衛生署的解禁政策（Huang, J.-C. 2005）；消費者文教基金會也展開監督，強烈批評全亞洲在美國狂牛症之後只有台灣搶開美國的牛肉進口，並指出國內並沒有狂牛症的檢驗單位、標準和方法，只根據美國提出了衛生證明文件，單方面相信美國人的檢測，置國人生命於不顧（Huang, J.-C. 2005）。面對這些批評，衛生署一概以科學專業回應，指出開放美國牛肉政策乃邀集專家學者諮詢委員會審議美國提出的風險評估報告，並排除各項危險因素之後才執行開放進口政策（Lee 2005; Liu 2005）。[7]

5 月 13 日當美國將 2004 年底疑似狂牛症陽性反應病例送往英國實驗室檢驗，數位國會議員強烈抨擊要求衛生署即刻再度禁止進口，衛生署食品衛生處處長堅持美國牛肉至今安全無虞，沒有暫停進口之必要，還反批立委作秀（Liu 2005）。而這第 2 波高潮的延續歷經了不同爭議，6 月 2 日 OIE 修改規定准許 30 個月以下不帶骨牛肉得以出國到其他政府，被批評為美國施壓遊說的結果；6 月 14 日，面對數位國會議員連番的質疑，行政院祕書長及衛生署長分別指出政府開放進口政策立場是依據科學證據來處理，但仍然受到嚴厲的批評（Chen, H.-H. 2005）；消費者文教基金會強調，日本相對於美國採取相當嚴謹的食品履歷制度，其每一隻宰殺的牛隻皆會檢驗確定沒有狂牛症陽性反應才可以上市販售，批評衛生署單面相信美國所提供的風險評估（Chou, Ding and Jong 2005）；6 月 24 日美國農業部送往英國實驗室的病例證實為美國第 2 例狂牛症引發爭議的高潮，行政院率先宣布再度禁止進口政策，而衛生署被批評反應遲緩（Chen and Lo

---

[5] 2005 年 3 月 24 日衛生署正式公告，從 4 月 16 日起開放美國牛肉進口。開放條件為去骨牛肉、牛齡不得大於 30 個月。

[6] 立法委員賴幸媛批評美國牛肉進入台灣之後，加拿大、英國牛肉是不是也會開放？（Chen, H.-C. 2005）；立法委員吳育昇表示，衛生署應保障人命，標準卻比主管農業事務的農委會還寬，強調衛生署如果不能殲滅狂牛症，沒有能力把關，就不要讓美國牛肉進口（Huang, J.-C. 2005）。

[7] 參見 2005 年 4 月 28 日衛生署新聞稿「衛生署針對美國牛肉重新開放進口之管理原則」，其中強調科學性的檢驗方法及檢驗結果（DOH 2005）。

2005）；消基會及國會議員痛批，政府在美國這起（第二例）狂牛症事件再次確認報告還沒出爐之前就開放進口，導致這兩個月之間消費者有可能吃到影響健康的美國牛肉，要求追究責任（Lin 2005）；同時，反對陣營強烈要求衛生署宣布市面上的美國牛肉立刻下架被拒，引發了雙方強烈的對峙。食品衛生處處長表示（Chen and Ju 2005）：

「衛生署經過再次慎重考慮，亦參照國際規範，遵循科學實證的原則，認為是市售美國牛肉安全無虞，無須下架或銷毀」，並嚴詞回批消基會「說美國牛肉不安全的是消基會，現在的消基會已把上媒體當成第一要務了。」

他認為要求美國牛肉下架完全是情緒性字眼，應從科學和專業層面來討論。然而，此一「沒有交集的兩條平行線說」，[8] 受到消基會及不同在野黨國會議員強力地抨擊，要求司法單位應即刻調查行政部門是否有瀆職疏失（He 2005），並要求行政院應公開決定開放的決策過程、追究相關責任。[9] 面對各在野黨連番地批評，6 月 27 日衛生署再度召開記者會，食品衛生處處長陳陸宏仍然不斷強調參照國際規範及遵循科學實證原則，市面上販售的美國牛肉「安全無虞，無須下架、銷毀」，並強調，衛生署的決策是基於食品安全專業考量，沒有政治壓力（Shi 2005）。[10]

第 3 波高潮發生於 2005 年 12 月至 2006 年 1 月第 2 度解禁禁止進口政策，2005 年 12 月中起衛生署透過不同地區四場風險溝通座談會（衛生署文件），公開說明委託專家計算使用美國牛肉罹患狂牛症的機率為百億分之一，旋即受到反對陣營專家的批評，認為其計算方式是以戴奧辛流行病學模式為基礎而有相當的偏誤（Zhong 2005）；同時，消基會於 12 月 14 日召開記者會，質疑衛生署

---

[8] 衛生署食品衛生處處長陳陸宏認為，整個事件就像兩條平行線，沒有交集，衛生署說的他們不願意接受，因此他建議消基會推薦認為美國牛肉食用上尚有安全疑慮的專家，與衛生署坐下來從科學證據來討論（Chen and Ju 2005）。

[9] 親民黨主席宋楚瑜及數位立委質疑當初開放美國牛肉是政治考量，要求決策官員必須負起政治責任，否則將發動立院凍結衛生署明年的預算（He 2005）。

[10] 參照 2005 年 6 月 27 日衛生署新聞稿「衛生署說明美國進口牛肉處理措施」。

找專家當說客，向民眾宣導美國牛肉安全無虞，預設立場如何能公正驗證資料，呼籲政府不要在壓力下開放，如果貿然開放將不排除發起消費者拒吃或拒買運動（Zhong 2005）；12 月 19 日因消基會及國會議員強力要求公布專家諮詢委員會名單以示負責，衛生署決定重組專家諮詢委員會（Hu 2005），然而，卻受到更換先前持反對意見專家的質疑，指出衛生署大都更換贊成意見的委員進入專家諮詢委員會：[11]

> 當時是因為第一批委員有反彈。他們其實是不想要我去參加表達意見的，但是我還是去參加表達我的意見……XX 老師是反對的，但是他有壓力，他告訴我上面叫他閉嘴。李老師不在那四位當中；而獸醫界的一律都贊成。他們甚至說，牛肉假使有感染性也不要緊，也有說 CJD 是不是感染性引起還有爭議。

2006 年 1 月 12 日立法院決議衛生署重新開放美國牛肉進口政策須經立法院同意（Hu and Lee 2006）；1 月 17 日衛生署宣稱專家諮詢委員會已達共識，同意重新開放美國牛肉，受到反對陣營強烈的批評，立法委員賴幸媛指出 17 位委員有 7 位請假、其中多位委員因反對而未出席，而衛生署卻說 17 位學者專家一致決議，因此抨擊衛生署操弄風險評估、踐踏專業；[12] 1 月 20 日日本發現 3 箱進口牛肉混有脊椎骨，日本政府再度宣布禁止進口美國牛肉，但相對的，在 5 天後 1 月 25 日傍晚台灣衛生署在網路上悄悄公布第 2 度解禁政策，同時再度強調科學證據及風險評估之一貫立場作為重新開放的準則，[13] 並宣稱未來美國即使再出現狂牛症病例，也不會立刻禁止進口，受到反對陣營猛烈地抨擊。

第 4 波高潮發生於 2006 年 3 月 15 日，美國發現第三例狂牛症事件，國會議員要求再度禁止進口，同時，消費者團體疾呼市場下架，並透過媒體說明吃美

---

[11] 透過訪談，衛生署專家諮詢委員會成員（訪談編號 A1）強烈表示，衛生署利用更換第 2 次專家諮詢委員會成員招來立場相近的學者進入委員會，作為開放美國牛肉政策背書。
[12] 其中，4 位神經醫學專家因反對而未出席。衛生署食品衛生處表示，1 月 11 日所召開的專家委員會議中乃採多數決方式做出美國牛肉解禁的決議，既然採多數決就不能因少數委員意見不一致而不予通過（Huang, T.-Y. 2005）。
[13] 參見 2006 年 1 月 25 日衛生署新聞稿「即日起有條件開放美國牛肉，相關單位加強查驗、積極管理」；1 月 25 日衛生署新聞稿「開放美國牛肉進口案政策說明」。

國牛肉的狂牛症之風險評估機率為百萬分之一，政府應負起責任（Huang, H.-P. 2005）；4 月 29 日台灣海關檢查出美國帶骨牛肉闖關違反規定事件，國會議員同樣的要求禁止進口，而衛生署的回應為單一事件，僅就對該廠商處置。然而，從 2006 年 1 月至 4 月底分別在日本、香港及台灣查驗出美國帶骨牛肉闖關事件，但這 3 個地區並沒有就不同廠商進行聯合的管制禁止。

　　整個政策爭議的過程，衛生署皆相當強悍的以科學專業為基礎風險評估，作為兩度重新解禁美國牛肉進口政策。而此種以專業權威作為決策價值與程序的必要性企圖來回應公民社會的批評，卻產生相當強烈的對峙關係。事實上，此種專家政治的治理模式，在對於食用美國牛肉導致健康上科學的不確定性爭議，並沒有辦法說服反對陣營；反而，由於反對陣營中的國會議員或消費者運動團體相對的掌握一定的風險知識，相當程度的挑戰主管機關粗糙的風險評估程序及評估專業的解釋。換句話說，衛生署雖然企圖延續過去的治理模式，透過專家政治來正當化其決策的權威性並進行風險溝通，但並不成功。簡言之，過去在發展型政府習以為常的菁英決策模式，尤其是技術官僚透過科學專業權威的背書曾經成功的治理社會，在面對越來越多科學不確定性所衍生的各項爭議卻無法再展現其威力。然而，我們看到，這雖然是全球化風險治理爭議與典範轉移的現象，尤其是公民社會透過風險知識的掌握與再生產，強烈的要求政府進行治理的改革，但在發展型政府中技術官僚仍然以科學專業之鐵的牢籠在進行決策、溝通與價值生產，其中的緊張性可見一斑。

四、風險知識與評估的論述鬥爭

　　公民社會主要的行動者包括國會議員、醫師（反專家）、消費者文教基金會，在這次美國牛肉進口政策爭議中不再像過去一般採取消極、被動的角色。基於在世界各國曾經引發的案例與經驗，這些行動者透過風險知識的掌握，在風險論述上採取科學不確定性的立場，來和官方競爭。因此，無論在篩檢比例上、風險評估計算模式上、牛齡安全的判斷上、風險評估的程序上、對風險的機率的看法、對科學諮詢委員會的透明機制、對政治的干預、對違反規定帶骨牛肉闖關的要求等，都分別提出和官方不同的評估論述與知識。尤其，透過與鄰近日本管制

與風險評估機制的比較，強烈的質疑台灣官方風險評估與決策的正當性（有關以下段落，請參考表1）。

在對美國屠宰牛隻篩檢比例上，衛生署指出美國農業部採取比 OIE 更嚴格的標準，已針對高危險群的牛隻進行篩檢，排除任何風險源進入食物鏈；衛生署在其「進口政策專案報告」中不斷強調美國符合科學依據採取防範措施，指出根據 OIE 的規定：[14]

> 每年僅監測有神經症狀的牛隻400頭即可，而美國大約有一億頭的牛隻，但監測的牛隻已高達58萬頭……所以美國對牛肉安全性的把關不僅嚴謹，而且訂定規範比 OIE 的規定還要嚴格。

雖然如此，但消基會透過到日本的考察指出，美國一年宰殺了約360萬頭牛，僅篩檢約36萬頭牛不到，篩檢比例不到1%，相對於日本對每頭牛都進行追蹤，篩檢比例達100%。因此，呼籲衛生署切莫輕易相信美國提供的資料，而為美國背書（Chou, Ding and Jong 2005）。其二，對於食用美國牛肉的狂牛症的風險評估計算方式，雖然衛生署委託政府衛生研究院進行風險評估，而得出百億分之一極低的機率，並以此作為開放美國牛肉的進口政策的重要科學基礎；然而，此一結論不但受到消基會質疑審查的公正性，醫師蘇偉碩及立法委員賴幸媛強力地批評其計算方法根本是以戴奧辛致癌模式進行，並且風險評估的委員根本沒有新庫賈氏症專家參與，要求衛生署停止審查，知道有可靠的風險評估模式再重啟審查（Zhong 2005）。

---

[14] 參見「美國牛肉進口相關處理措施」專案報告，行政院衛生署，2006年3月1日；「重新開放美國牛肉進口問與答（Q&A）」。

表 1　科技官僚和反對陣營的意見對照

	科技官僚	反對陣營
篩檢比例	衛生署指出美國農業部採取比 OIE 更嚴格的標準，已針對高危險群的牛隻進行篩檢，排除任何風險源進入食物鏈。	消基會透過到日本考察指出，美國一年宰殺約 3,600 萬頭牛，僅篩檢約 36 萬頭牛不到，篩檢比例不到 1%，相對於日本對每頭牛都進行追蹤，篩檢比例達 100%，故消基會呼籲衛生署切莫輕信美國提供的資料，為美國背書。
風險評估計算爭議	衛生署委託政府衛生研究院進行風險評估，得出百億分之一極低的染病機率，並以此作為開放美國牛肉進口策略的重要科學基礎。	消基會質疑審查的公正性，醫師蘇偉碩及立法委員賴幸媛強力批評該計算方法根本是以戴奧辛致癌模式進行，且風險評估委員會的委員根本沒有庫賈氏症專家參與，要求衛生署停止審查，直到具有可靠的風險評估模式再重啟審查。
風險評估爭議（30 個月以下）	衛生署極力主張依據 OIE 的規定，牛齡只要 30 個月以下且去骨，不但內臟及牛肉皆可以自由進出口，且宣稱我國開放的條件相當嚴格，比日本更嚴格。 衛生署主張牛隻的危險部位僅限於腦和脊髓，因此去除危險部位，去骨的牛肉則安全無虞。	反對陣營及牛海綿狀腦病專家諮詢委員會委員陳順勝皆公開指出，日本發現 20 月齡以下的牛隻受到朊病毒（prion）的感染，因此衛生署援引 OIE 的標準基本上為科學安全上的不確定性而仍有爭議。消基會及醫師蘇偉碩痛批，1997 年諾貝爾醫學獎得主 Stanley B. Prusiner 於 2002 年已在老鼠的肌肉發現朊病毒的病源，法國國立獸醫研究中心也在 2004 年於羊的肌肉中發現相同病源，因此衛生署執意解禁開放進口的做法是讓人民負擔不必要的風險。
風險評估方法（審查資料）	衛生署僅派出一次專家赴美考察，即發現很多問題，而僅憑美國農業部提供的補充資料即予審核通過，無法作為風險評估的基礎。	反對陣營認為，相對於日本的風險評估程序，不但赴美考察七次以上，同時進行各種監測、再評估，較為嚴謹。
對機率的看法	衛生署委託政府衛生研究院進行風險評估，得出百億分之一極低的染病機率，提出此一受到批評的風險評估報告。	反對陣營提出不同的風險評估機率，立法委員賴幸媛及消基會分別依據美國哈佛風險分析中心的最新報告，指出食用美國牛肉感染狂牛症機率為百萬分之一，因此以人口數而言台灣消費者感染的機率相當高。

	科技官僚	反對陣營
科學諮詢委員會的意見	衛生署聲稱，重新開放美國牛肉的決定是基於專家諮詢委員會議嚴格審查下所達成的共識。	反對陣營激烈批評衛福部說謊，事實是有一些委員反對取消禁令，其中有四人是神經病學專家。
對違反規定帶骨牛肉闖關的看法	衛生署認定只是個案，並進行個別廠商的禁止進口。	反對陣營強烈批評分別發生於日本、香港及台灣有連串的關聯性，顯示美國農業部管理的重大疏失，並要求重新考慮禁止進口。

其三，對於衛生署極力主張根據 OIE 的規定，牛齡只要 30 個月以下、去骨，不但內臟的牛肉皆可以自由進出口，並且宣稱我國開放的條件相當嚴格，且比日本還要嚴格，[15] 引發了相當的爭議；不僅僅是反對陣營、衛生署牛海綿腦症諮詢委員會委員陳順勝皆公開指出，日本曾發現 20 月齡以下的牛隻受到朊病毒（prion）的感染，因此衛生署援引 OIE 的標準基本上為科學安全上的不確定性而仍有爭議，相對的，日本重新開放進口的條件為 20 個月牛齡以下的牛肉，採取更嚴格的標準（Chen, H.-C. 2005）。[16] 對此，衛生署在其重新開放美國牛肉進口的說帖中強調：

> 日本所曾經發現 21 個月牛齡的牛隻感染朊病毒（prion）為個別案例，「目前僅日本認定，其他政府仍持保留態度」。

同時，其四，對於衛生署主張牛隻的危險部位僅限於腦和脊髓，因此開放去除危險部位，去骨的牛肉則安全無虞，消基會及蘇偉碩醫師皆痛批，1997 年諾貝爾醫學獎得主 Stanley B. Prusiner 於 2002 年已在老鼠的肌肉發現朊病毒的病源，法國國立獸醫研究中心也在 2004 年於羊的肌肉中發現相同病源，因此衛生署執意解禁開放進口的作法是讓人民負擔不必要的風險。（The Epoch Times 2005）。

---

[15] ibid.

[16] 參見「重新開放美國牛肉進口問與答（Q&A）」。然而，這樣的說法並無法說服反對陣營為何日本採取更嚴格的標準。

　　其五，特別是對於風險評估審查資料的質疑，反對陣營認為衛生署僅派出一次專家委員會赴美考察，即發現相當多問題，而僅憑美國農業部提供的補充資料即予審核通過，事實上無法作為風險評估的基礎；特別是相對於日本相當嚴謹的風險評估程序，不但赴美考察七次以上，同時進行各種監測、再評估（Chen, H.-C. 2005）。第六，對於感染狂牛症機率的看法，相對衛生署提出受到批評的風險評估報告，反對陣營提出不同的風險評估機率，立法委員賴幸媛及消基會分別根據美國哈佛風險分析中心的最新報告，指出食用美國牛肉感染狂牛症的機率為百萬分之一，因此以人口數而言台灣消費者感染的機率相當高。消基會指出：[17]

> 雖然衛生署根據美國農業部門的資料開放高安全性的牛肉塊（30 個月以下之幼牛不帶骨肉），該民眾可能吃到受感染病牛的機率理論上大約只有十億分之一。可是根據美國哈佛大學風險分析中心的評估報告指出，受感染機率卻是百萬分之一；相對來說，以 2,300 萬人口來看，就有 23 人有罹患變異性庫賈氏症！

　　同時，在整個政策爭議的過程，反對陣營不斷的批評政治干預，尤其對於專家諮詢委員會黑箱式地作業、衛生署並不公布審查的資料及討論過程，認為違反透明性並迴避監督。最後，對於 2006 年 4 月重新開放美國牛肉進口之後發現違反規定的帶骨牛肉闖關，衛生署認定只是個案事件並進行個別廠商的禁止進口，反對陣營則強烈的抨擊分別發生在日本、香港及台灣的事件有連串的關聯性，顯示美國農業部管理的重大疏失，因此要求重新考慮禁止進口。

　　事實上，從這些風險知識與專業評估的爭議上，可以看到公民社會積極的掌握與生產不同論述的風險評估，針對每件項目提出和官方相抗衡的觀點。而透過這個程序，可以說，風險評估不再壟斷於技術官僚專家政治的手中，經由批判與動員，社會部門能發展出一定的公民風險知識（Jasanoff 1990）。並且，進一步的社會部門要求新的風險治理模式，要求參與風險評估與決策過程的聲音不斷，從而挑戰了技術官僚舊有的治理典範。而這個爭議特殊的歷史意義在於：在發展型

---

[17] 參見「美國牛肉證實第 3 起狂牛病例—退貨」新聞發布會，2006 年 3 月 14 日，消費者文教基金會。

政府之中，即使社會部門已經逐步產生風險意識的覺醒，並要求風險治理典範的轉移，然而，技術官僚仍然不斷的再生產舊有的實證風險管制模式，企圖仍然透過威權式的科學專家政治來正當化風險的決策。換句話說，技術官僚仍然享有一定的決策自主性，雖然科學權威受到強烈的挑戰，也暫時無法動搖其原本的決策機制與程序。亦即，在這個過渡階段，新興工業化國家公民社會仍然將面臨相當長期的風險鬥爭，而成為科技民主轉型中的重要關鍵。

五、公眾風險感知與信任

這個巨大的社會工程要面對的是更多元的、不同事件的經驗累積與考驗，因此美國牛肉進口政策爭議是一個重要的參考點，尤其是公眾如何回應與看待技術官僚所進行的風險評估與治理而發展出怎樣的風險信任態度，將關係到新興工業化社會的治理典範轉移之內涵。在這個脈絡下，筆者於 2005 年 4 月及 11 月進行全國性電話訪問，特別針對公眾對於科學權威式的風險評估之信任、風險溝通方式與政府治理能耐進行調查，並就各項問題進行性別、年齡及教育的交叉分析，以進一步深入探討公眾之風險感知。

在整個美國牛肉進口政策爭議事件背景下，在問卷上，首先我們針對技術官僚宣稱嚴格風險評估說法，進行公眾風險感知與信任的分析。有關美國牛肉進口的問題，基於技術官僚對實施嚴格風險評估的指控，進行了對於公共風險認知和公眾信任的分析，在 4 月份的調查中，提出了以下問題「您是否信任衛生署會根據風險安全評估決定美國牛肉的安全？」（S1），有 64.6% 受訪者表示不信任，而有 30.6% 表示信任衛生署的政策。

同樣也調查到，「您是否同意衛生署解除美國牛肉禁令的政策？」（S2），有 53.5% 受訪者表示不同意，而有 38.4% 表示同意，顯示了一個普遍現象，民眾對政府在美國牛肉進口的政策決定和能力並不完全感到信任或滿意。

就 11 月的問卷，我們提問「是否認同衛生署（在 2005 年）4 月解禁美國牛肉進口政策」（S3），有 37.9% 受訪者表示認同，而有 42.6% 持反對意見。

其次，提問「衛生署根據專家審查和科學評估後，認定美國牛肉沒有問題，您信不信任衛生署這樣的作法？」（S4），持信任的受訪者達 46.3%，不信任者比

率也接近達 44.6%。這個調查意見顯示部分受訪者對官方風險評估仍有一定程度的信任，但仍有接近四成五的人逐漸持質疑態度。

　　然而，公眾在審視技術官僚的風險治理政策，並不完全相信其宣稱的決策完全根據科學風險評估標準，在我們問及「衛生署表示，開放美國牛肉進口是堅持專業和科學評估，沒有政治因素介入」（S5），接近一半的受訪者（49.9%）表示不認同這個說法，相對的有 40% 表示認同。也就是說，有將近一半的受訪者認為政治干預專業的決策與科學評估。

　　特別是當技術官僚同樣祭出科學專業評估大旗，在 6 月底正式宣布停止美國牛肉進口後仍主張之前進口的牛肉沒有問題「可以繼續銷售，不用下架」（S6），這個措施在我們的意見調查中有 55.2% 的受訪者表示不認同，僅有 35.3% 表示支持。

　　在整個事件發展的脈絡下，我們可以看見，無論立委、相關專家、或消費者團體延續性的提出異議與批評，衛生署在回應時皆以專業考量與科學評估為基礎，指出相關政策是經由嚴謹的專家審議進行評估所做出。然而，問卷調查所反映的是，部分的受訪者雖然相信技術官僚科學專業的說法，但有五成的受訪者質疑其間的矛盾，除了認為政治干預風險決策之外，同時也不完全相信科學專業評估的說法，而產生負面的感知。另一方面，技術官僚除了堅守科學權威外，也較忽略風險溝通，而總體反映公眾在缺乏互動、溝通所產生的問題。在我們進一步的問卷中也印証了這個觀察，當我們問到了「這兩次美國牛肉事件在政策上，從頭到尾衛生署有考量民眾的看法和疑問」（S7）時，有 40.8% 受訪者表示認同，但有 49.0% 表示不認同。顯示有接近一半的民眾不滿意主管官署的風險溝通。

　　相關的，當我們問到「有人說，衛生署有對民眾清楚的說明吃了狂牛症的牛肉會染病的機率」（S8），也有相當一致的反應，有 40.3% 的受訪者表示認同，但有 45.2% 受訪者不認同這個說法。

　　因此，在這樣的風險溝通脈絡下，尤其技術官僚堅持僅以科學風險評估為主要的（片面）溝通和政策判斷基礎，將使得公眾信任相當脆弱。尤其，公眾風險知識來源相當多樣化，特別在反對陣營所提供的風險知識框架下所形成對於科學權威風險決策的挑戰，將很容易削弱政府所提供有限的、解釋爭議的決策正當性。並且，將進一步發展為 Slovic（2000）所指出的制度毀壞信任，亦即，公眾

對於片面的、科學權威式的風險評估與溝通越發不信任，因為其無法解釋高度爭議的科學不確定性所將造成對於人們健康安全上的侵害。我們可以從問卷中看到這樣的調查結果。當我們問到「衛生署表示，是狂牛症的牛肉會染病的機率為百億分之一是可接受的風險」（S9），有 34.3% 的受訪者表示信任，相對的，有高達 57.7% 的受訪者並不信任這項說法。

性別、年齡及教育交叉分析

就上述測量公眾對政府風險評估、決策信任及風險溝通（S1-S9）等問題，本研究進一步進行相關的性別、年齡及教育交叉分析，結果清晰的呈現在表2。由交叉分析中可以發現幾個趨勢，無論是公眾對政府的風險決策（S1-S3, S5）、風險評估（S4, S6）或風險溝通（S7-S9），在各題組中大都呈現女性不認同或不信任的程度明顯高於男性，而在年齡層上青壯人口（介於 30-39 及 40-49 歲）關心此食品風險議題最高。並且，在教育程度上，受大專教育者不信任或不認同政府風險決策、科學評估及風險溝通較為明顯。

舉例而言，就公眾對政府的風險決策，從 S1 題經過進一步交叉分析，其中男性信任者為 16.8%，女性僅為 13.9%，而不信任程度女性為 35.2% 也明顯高於男性的 29.4%，顯示女性在食品風險議題上關心的程度高於男性。而從年齡分布上來看，介於 30-39 歲者不信任的程度最高，達 19.1%，相對的僅有 6.6% 者信任 DOH 的風險評估。同時，從教育來看，大專程度的受訪者不信任的程度最高，達 31.0%，而高中職程度不信任者也達 22.1%，顯示在台灣青壯年人口受高中以上教育者對政府風險評估決策並沒有信心。而 S2, S3, S5 也有類似的結果，尤其從性別分析的角度，這些分析（S1-S3, S5）顯示女性不信任風險決策或不認同政治因素干預的程度明顯高於男性。

而在風險評估的信任中，S4 經過進一步交叉分析，發現男性與女性的信任程度有差異，其中男性信任者為 23.9%，女性為 22.4%，而不信任程度女性為 24.6% 明顯高於男性的 20.0%。從年齡分布上來看，介於 40-49 歲者不信任的程度較高，達 14.8%，相對的有 11.7% 者信任 DOH 的風險評估。同時，從教育來看，大專程度的受訪者不信任的程度最高，達 19.7%，但也有 17.7% 者認同，顯示在台灣青壯年人口受高等教育者對政府風險評估決策較沒有信心。S6 也有類

似的結果，在性別交叉分析中也凸顯 S4 及 S6 顯示女性不認同 DOH 科學風險評估明顯高於男性。

　　在風險溝通的變項交叉分析中也有類似的結果，S7 經過進一步交叉分析，發現男性與女性對政府風險溝通認同程度有差異，其中男性認同者為 21.0%，女性較低為 19.8%，而不認同程度女性為 26.6% 明顯高於男性的 22.4%。而從年齡分布上來看，介於 40-49 歲者不認同的程度稍高，達 14.5%，相對的有 11.0% 者認同政府的風險溝通。同時，從教育來看，大專程度的受訪者不認同的程度最高，達 24.1%，僅有 12.8% 者認同，顯示在台灣青壯年人口受高等教育者最不滿意政府的風險溝通。而在 S8 及 S9 無論在性別、年齡及教育程度上都有相近的分析，特別也是在性別議題上這些風險溝通變項分析（S7-S9）皆顯示女性不認同政府風險溝通的程度明顯高於男性。

　　總體而言，從 4 月及 11 月的問卷分析來看，技術官僚謹守狹隘的科學風險評估程式，並排除風險溝通作為整體政策評估與風險管理的機會，已無法說服接近半數的社會公眾，同時也相當程度的削弱公眾對於政府風險評估與治理的信任。其中，透過交叉分析進一步顯示了，女性在食品風險議題的關心程度遠高於男性，尤其對於政府的科學風險評估、政治干預及風險溝通不滿意的程度皆普遍高於男性，代表在地社會的性別因素對於全球化食品風險考量的重要性。另一方面，在交叉分析中也顯示青壯年齡及受大專教育者也較不信任政府的風險決策，表示在地社會之青壯年齡及高等教育因素將影響信任關係。

表2　狂牛症風險感知交叉分析（單位：%）

Apr-05

S1. 您是否信任衛生署會根據風險安全評估決定美國牛肉的安全？

性別	男性	女性	小計	教育程度	國中（含）以下	高中（職）	大學（專）	研究所（含）以上	小計
信任	16.8	13.9	30.6	信任	4.0	9.7	14.9	1.8	30.4
不信任	29.4	35.2	64.6	不信任	6.8	22.1	31.0	4.6	64.5
年齡	19-29	30-39	40-49	年齡	60-69	70-79	80↑	小計	
信任	8.4	6.6	6.4	信任	1.6	0.6	0.2	29.9	
不信任	11.2	19.1	N/A	不信任	1.8	0.7	0.2	43.6	

S2. 您是否同意衛生署解除美國牛肉禁令的政策？

性別	男性	女性	小計	教育程度	國中（含）以下	高中（職）	大學（專）	研究所（含）以上	小計
同意	21.0	17.4	38.4	同意	4.6	11.9	19.3	2.6	38.4
不同意	24.1	29.4	53.5	不同意	6.0	18.5	25.2	3.8	53.5
年齡	19-29	30-39	40-49	年齡	60-69	70-79	80↑	小計	
同意	11.1	8.4	8.7	同意	1.5	0.9	0.2	37.7	
不同意	8.5	16.8	16.2	不同意	1.9	0.6	0.2	52.7	

Nov-05

S3. 您是否同意衛生署於2005年4月重新開放市場？

性別	男性	女性	小計	教育程度	國中（含）以下	高中（職）	大學（專）	研究所（含）以上	小計
同意	19.6	18.3	37.9	同意	6.1	14.8	15.4	1.5	37.8
不同意	19.5	23.1	42.6	不同意	8.2	12.0	18.9	3.1	42.2
年齡	19-29	30-39	40-49	年齡	60-69	70-79	80↑	小計	
同意	10.6	5.8	9.7	同意	2.2	1.1	0.3	35.8	
不同意	6.0	9.3	14.5	不同意	1.8	1.2	0.3	40.8	

S4. 衛生署根據專家審查和科學評估後，認定美國牛肉沒有問題，請問您信不信任衛生署這樣的作法？

性別	男性	女性	小計	教育程度	國中（含）以下	高中（職）	大學（專）	研究所（含）以上	小計
信任	23.9	22.4	46.3	信任	10.5	15.7	17.7	2.2	46.1
不信任	20.0	24.6	44.6	不信任	8.3	13.6	19.7	2.7	44.3

年齡	19-29	30-39	40-49	50-59	60-69	70-79	80↑	小計
信任	11.1	7.9	11.7	7.8	3.0	1.6	0.8	43.9
不信任	6.9	8.9	14.8	8.2	2.3	1.0	0.0	42.1

S5. 衛生署表示開放美國牛肉進口的決定是基於專業和科學評估，不涉及任何政治因素，請問您同意嗎？

性別	男性	女性	小計	教育程度	國中（含）以下	高中（職）	大學（專）	研究所（含）以上	小計
同意	22.0	18.1	40.1	同意	10.6	13.4	13.9	1.9	39.8
不同意	22.6	27.3	49.9	不同意	7.4	16.3	23.3	2.7	49.7

年齡	19-29	30-39	40-49	50-59	60-69	70-79	80↑	小計
同意	9.2	6.1	10.3	6.9	3.6	1.4	0.5	38
不同意	9.1	10.2	16.2	8.9	1.9	0.9	0.2	47.4

S6. 美國牛肉是安全的，所有在市面上的牛肉可以繼續販售，沒有必要下架，您是否同意？

性別	男性	女性	小計	教育程度	國中（含）以下	高中（職）	大學（專）	研究所（含）以上	小計
同意	19.7	15.6	35.3	同意	9.6	11.9	12.0	1.5	35.0
不同意	24.7	30.5	55.2	不同意	9.0	17.4	25.3	3.2	54.9

年齡	19-29	30-39	40-49	50-59	60-69	70-79	80↑	小計
同意	6.4	5.0	9.1	6.4	3.1	1.7	0.6	32.3
不同意	10.7	11.5	17.4	9.7	1.9	1.1	0.1	52.4

S7. 關於這兩次美國牛肉事件在政策上的決定，衛生署他們皆有考量民眾的看法和疑問，請問您是否同意？

性別	男性	女性	小計	教育程度	國中（含）以下	高中（職）	大學（專）	研究所（含）以上	小計
同意	21.0	19.8	40.8	同意	11.6	14.2	12.8	2.1	40.7
不同意	22.4	26.6	49.0	不同意	6.8	15.3	24.1	2.6	48.8

年齡	19-29	30-39	40-49	50-59	60-69	70-79	80↑	小計
同意	9.5	5.2	11.0	7.3	3.2	1.7	0.6	38.5
不同意	8.7	11.6	14.5	8.5	2.2	1.0	0.2	46.7

S8. 有人說，衛生署已明確告知民眾一旦吃了感染 nvCJD（新類型庫賈氏病）牛肉會染病的機率，請問您是否同意？

性別	男性	女性	小計	教育程度	國中（含）以下	高中（職）	大學（專）	研究所（含）以上	小計
同意	21.8	18.5	40.3	同意	10.3	14.4	13.7	1.6	40.0
不同意	21.1	24.1	45.2	不同意	5.8	14.8	21.4	2.9	44.9

年齡	19-29	30-39	40-49	50-59	60-69	70-79	80↑	小計
同意	8.7	5.6	11.9	6.5	3.5	1.6	0.5	38.3
不同意	9.1	10.4	13.0	7.9	1.5	0.8	0.2	42.9

S9. 衛生署表示，吃到感染狂牛症的牛肉會染病的機率為百萬分之一是可接受的風險，請問您是否同意？

性別	男性	女性	小計	教育程度	國中（含）以下	高中（職）	大學（專）	研究所（含）以上	小計
同意	17.6	16.7	34.3	同意	9.3	10.8	11.9	2.1	34.1
不同意	27.1	30.6	57.7	不同意	10.2	19.0	25.4	2.8	57.4

年齡	19-29	30-39	40-49	50-59	60-69	70-79	80↑	小計
同意	8.8	4.0	9.2	6.2	2.9	1.4	0.5	33
不同意	9.6	12.8	17.1	10.5	2.6	1.3	0.3	54.2

六、討論

從上述的分析可以看到，公民社會與政府技術官僚對於爭議性的美國牛肉進口政策之風險知識、風險評估與風險治理進行相當激烈的正當性論述鬥爭。尤其，經歷快速工業化而長期累積與發展遲滯、隱匿的風險文化，新興工業化的台灣社會在過去相當缺乏對於科技風險的批判與反省。甚至到 2000 年初，社會對於 GMO 風險批判的火苗才剛燃起，但旋即熄滅；直到 2005 年，面對一連串的全球食品風險事件，特別也在美國牛肉狂牛症風險爭議上，社會轉變高度的覺醒，並且，透過一連串事件的爭辯不斷再生產公民的風險知識。而這個覺醒與批判的能量是相當強烈的，完全迴異過去只聽命於政府的科技決策者解釋而無法提出不同的風險知識與問題框架，無論在風險評估、科學知識的來源、政策決策與治理的方向，都能夠相當專業性的提出和政府相抗衡的論點。

而另一方面，這個從無知、隱匿強烈轉型到覺醒與批判的新興工業化社會，同時帶來另外一個社會信任關係的轉折。亦即，過去在遲滯、隱匿的風險社會結構中，由於公眾是被選擇性地操弄無知，因此對於爭議性風險科技的信任是相當脆弱的（Chou 2002, 2004）；而在這個轉型階段中，我們從風險感知調查中看到，由於長期累積的治理扭曲結構，公眾對於政府的風險治理信任度並不高。尤其，作為社會主流的青壯人士及大專教育者對於政府風險評估、溝通與治理並不滿意；同時，性別因素也反映了在地社會之公眾風險感知差異性，在問卷分析中，女性特別對於全球化食品風險感到憂心，強烈的反映對於政府的不信任，而這現象凸顯了女性對於健康與安全的要求高於男性。當我們同樣對比歐盟在 2005 年針對各成員國公眾之食品風險治理與信任調查（European Commission 2006），可以看到，近年來歐盟在治理價值與典範上進行制度性的改革成果平均的表現在各成員國公民對政府風險治理的穩定信任上。即使歐盟公民平均有 53% 受訪者表示對 BSE 的擔憂（European Commission 2006: 15），但相對的在對政府就各種食品污染風險之治理信任度卻仍高，平均有 54% 受訪者認為歐盟各國政府非常重視健康風險（European Commission 2006: 35），並且有 55% 受訪者認為當危及公眾健康風險確認時，歐盟各國政府會很快回應處理（European Commission 2006: 37）。同時，也平均有 49% 的受訪者對於政府做好告知公民食品風險的工作表示肯定（European Commission 2006: 40）。總體來看，即使各成

員國公民在信任調查上高低不一，但普遍上相對於台灣，皆較穩定且信任程度較高。換句話說，對政府風險治理的信任問題在新興工業化社會的台灣是相對脆弱的。而這問題的關鍵就在於當台灣社會脈絡性的從隱匿、遲滯的階段轉型為批判、監督、並要求透明參與的新興治理典範，政府技術官僚卻仍停留在舊的治理模式與價值來因應。我們看到，技術官僚透過對風險評估知識與專家諮詢委員會的操弄來正當化其風險決策，以企圖維持發展型政府威權的統治模式；而這卻高度的與社會所期待的治理典範相互衝突、競爭，雙方的信任關係相當脆弱。

也就是說，在新興工業國家中公民社會面對兩個層次的挑戰，其一，技術官僚在面對社會的挑戰，顯然退回傳統科技決策模式，不斷強調科學實證為最終決策判斷的基礎，並且主張科學事務應該回歸科學專業理性、脫離政治干預。然而，其二，長期以來威權式的科技決策傳統，卻能賦予技術官僚相當大膽的、權威式的操作風險評估。很顯然的，這兩個面向雖然受到公民社會及反專家的抨擊，但技術官僚仍然不斷進行權威式的不透明的、硬的科學（hard science）的決策（Edmond and Mercer 1998），而生產社會的無知。通常，在民主政府中，當專業知識及決策的評估程序有嚴重瑕疵時，政策須退回重作，或者，至少需大幅修正。而上述的分析顯示出，即使社會強烈的批判，長期享有發展型政府威權決策傳統的技術官僚仍然悍然拒絕改變，不但選擇性地操弄實證科學知識，更變本加厲地操弄風險評估程序，而企圖繼續享受其指導性決策的威權自主性。這個現象指出，當我們將發展型政府理論的焦點從科技與工業經濟發展的成功面經驗轉到風險治理的面向上，原本期待面對全球化的科技與食品風險，政府仍然能夠高度發揮其治理的能耐，然而，相反的，我們卻看到威權決策的殘餘在這個風險治理典範遞移的過渡階段扮演保守者的角色，反而成為在科技民主的進程中需要批判的絆腳石。

七、結論

本文從歷史結構的角度討論新興工業化社會面對全球化科技及食品風險所面臨的典範衝突問題，特別指出在具有威權科技決策傳統的東亞發展型政府背景下，技術官僚與公民社會對於風險治理產生相當強烈的對峙、衝突與不信任關

係，而這個發展路線與西方社會相當不同。在本文的分析中，我們聚焦在台灣社會從遲滯、隱匿 GMO 風險的結構狀態轉化為對美國牛肉狂牛症風險高度的覺醒與批判，並指出此種典範轉移的特殊意義與特徵在於曾經因為急速工業化而造成自我壓縮批判、並形成反省能耐萎縮的社會，目前卻遲滯性的覺醒而激烈的轉變為爆發高度信任問題之風險社會。然而，另一方面，政府技術官僚並沒有隨著社會部門進行新的風險治理典範轉移，在這過程中我們看到了一個歷史的缺口與衝突，亦即，長期享有威權科技決策與治理自主性的東亞政府技術官僚，仍然容易透過科學專業知識的壟斷與專家諮詢決策程序的操弄，來選擇性的政治化其科技或風險決策目的與手段。就是因為過去的權威治理自主性傳統，加上複雜而不確定性的科技專業與決策，使得這個地區的技術官僚即使面對公民社會轉型性的強烈挑戰，似乎仍然是撼動不了其舊有的決策與治理模式及價值。因此，這種轉型階段中的衝突與過程就讓我們看到了雙方在風險評估、治理機制上的高度衝突與不信任。

　　尤其，從風險感知調查分析中，呈現公眾對政府風險決策、風險評估與風險溝通的不認同或不信任，進一步佐證了政府風險治理與社會間的緊張。特別值得注意的發現是，從交叉分析中凸顯了在地社會之性別議題與風險治理間的關係，女性對於全球化食品風險的關心明顯高於男性，因此對不正當的決策與溝通之不信任程度也較高。

　　這些現象總體而言迥異於西方工業政府的科技決策民主化過程，而成為東亞新興民主政府值得重視的特徵，在這個地區中所需要進行的科技於風險民主決策之社會工程仍然相當艱困，一方面須待社會自我覺醒與發展強烈的批判與監督能耐，另一方面又需要社會對抗長久以來糾結於威權決策的、科學實證的技術官僚。換句話說，當人們面對愈來愈繁複的全球化科技與食品風險威脅，重新呼喚 80 年代「將政府帶回來」的呼聲也相對的愈來愈高，我們卻需要思考在東亞社會中風險治理的結構性困境，尤其具有威權發展型政府傳統的技術官僚部門，反而是亟需批判的對象。

參考文獻

安士敦、瞿宛文著，朱道凱譯，2003，《超越後進發展——台灣的產業升級策略》。台北市：聯經出版。

Amsden, A. H. and W.-W. Chu, 2003, *Beyond Late Development: Taiwan's Upgrading Policies*. Cambridge: The MIT Press.

Beck, U., 1986, *Risikogesellschaft. Auf dem weg in einen andere moderne*. Suhrkamp.

——, 1993, *Die erfindung des politischen. Zu einer theorie reflexiver modernisierung*. Frankfurt a.M: Suhrkamp.

Chen, H.-C., 2005, "TSU legislator Lie, Hsin-yuan criticized US beef import policy was wrong." *The Epoch Times*. April 15th.

Chen, H.-H., 2005, "US beef import. Policy decision-making process will be opened." *United Daily*. June 15th.

Chen, H.-H. and H.-H. Lo, 2005, "One more BSE case. Taiwan ban US beef again." *United Daily*. June 26th.

Chen, H.-H. and H.-J. Ju, 2005, "DOH-BFS director: US beef is safe." *United Daily*. June 27th.

Chi, J.-L., 2003, "7 years no US beef to eat. BAPHIQ: still premature to say." *The Epoch Times*. December 26th.

Chou, F.-M., Y.-T. Ding and L.-H. Jong, 2005, "Consumers' Foundation Appealed: To follow Japan's system." *Liberty Times*. June 16th.

Chou, K.-T., 2000, "Bio-industry and Social Risk - Delayed High-tech Risk Society." *Taiwan: A Radical Quarterly in Social Studies* 39:239-83.

——, 2002, "The Theoretical and Practical Gap of Globalization Risk Delayed High-tech Risk Society." *Taiwan: A Radical Quarterly in Social Studies* 45: 69-122.

——, 2004, "Dialogue between Monopolistic Scientific Rationality and Tacit (Submerged) Social Rationality: A Discussion of Risk Culture between Local Public, Scientists, and the State." *Taiwan: A Radical Quarterly in Social Science* 56: 1-63.

——, 2006, "Biomedtech Island Project and Risk Governance – Paradigm Conflicts within a Hidden and Delayed High-tech Risk Society." Paper presented at the 2006 EASST Conference - Reviewing Humanness: Bodies, Technologies and Spaces. Lausanne, Switzerland, August 25.

Conrad, J., 1980, *Society, technology and risk assessment*. New York: Academic Press.

Department of Health, 2005, *DOH regulatory policy on reopening US beef import*. April 28th.

——, 2006, *Conditionally open US beef import. Related agents to enhance examination and management*. January 25th.

——, 2006, *Statement on opening US beef import*. January 25th.

——, 2006, *Re-opining US beef import: Q&A*. January 25th.

——, 2006, *Report on management measure of imported US beef*. March 1st.

Edmond, G. and D. Mercer, 1998, "Trashing "Junk Science." *Stan. Tech. L*. Rev. 3.

European Commission, 2000, *Science, society and the citizen in Europe* [Brussels, 14.11.2000, SEC (2000)], Commission of the European Communities. http://ec.europa.eu/research/area/science-society-en.pdf (Date visited: March 6, 2007).

——, 2002, *Science and Society Action Plan. European Commission*. http://europa.eu.int/comm/research/science-society/pdf/ss_ap_en.pdf (Date visited: March 6, 2007).

——, 2006, *Eurobarometer 2006 – Risk Issues*. http://ec.europa.eu/public_opinion/archives/ebs/ebs_238_en.pdf. (Date visited: October 4, 2011).

Evans, P., 1995, *Embedded autonomy: States and industrial transformation*. New Jersey: Princeton University Press.

Fischer, F., 1989, "Technocracy and expertise: The basic political question." Pp.13-39 in *Technocracy and the politics of expertise*, edited by F. Fischer. Sage Publications.

Foucault, M., 1976, *Mikrophysik der Macht*. Merve Verlag Berlin.

— — , 2003, *Die Ordnung des Diskures, 9 Auflage*. Fischer Taschenbuch Verlag.

Gamson, W. A., 1988, "Political discourse and collective action." Pp. 219-44 in *International Social Movement Research,* edited by B. Klamdermans, et al. Greenwich, CN: JAI Press.

Guan, C.-W., 2004, "Re-import US beef? COA: no fresh beef import to Taiwan." *The Epoch Times*. October 27th.

He, M.-K., 2005, "TSU Legislator: to Accuse the Government Suspected of Committing Murder." *United Daily*. Taipei. June 27th.

Hoppe, R., 1999, "Policy analysis, science and politics: from 'speaking truth to power' to 'making sense together'." *Science and Public Policy* 26(3): 201-210.

Hu, C.-H., 2005, "US beef: late for being imported before Chinese New year." *Liberty Times*. December 20th.

Hu, C.-H. and H.-F. Lee, 2006, "US beef import should be approved by the Legislative Yuan." *Liberty Times*. January 13th.

Huang, H.-P., 2005, "Comment on BSE beef." *China Times*. March 15th, A1.

Huang, J.-C., 2005, "Consumers' Foundation criticized: Taiwan re-import US beef." *Economy Daily*. April 27th.

Huang, T.-Y., 2005, "US beef – to be sold secretly." *China Times*. January 26th.

Jasanoff, S., 1990, *The fifth branch – science adviser as policymakers*. MA: Harvard University Press.

Klandermas, B., 1988, "The formation and mobilization of consensus." *International social movement research* 1: 173-196.

Lee, M.-J., 2005, "Ban on US beef import lifted. Taiwan legislators appealed the government to ban on US beef again." *The Epoch Times*. April 16th.

Leftwich, A., 2000, *States and Development: On the Primacy of Politics in Development*. Cambridge: Polity Press.

Lin, J.-J., 2005, "US beef – People keep on buying." *China Times*. June 26th.

Liu, C.-Z., 2005, "To ban US beef? Legislators verbal battle." *Central Daily News*. May 14th.

Löfstedt, R., 2003, "The precautionary principle: risk, regulation and politics." *Process Safety and Environmental Protection* 81(1): 36-43.

O'Brien, M., 2000, *Making better environmental decisions: An alternative to risk assessment*. MA: The MIT Press.

Renn, O., 1991, "Risk Communication and the Social Amplification of Risk." Pp. 287-328 in *Communicating Risks to the Public*, edited by R. E. Kasperson and Pieter Jan M. Stallen. Dordrecht: Kluwer Academic Publishers.

Rutgers, M. R. and M. A. Mentzel, 1999, "The precautionary principle: Risk, regulation and politics." *Science and Public Policy* 26(3): 146-150.

Schwarz, M. and M. Thompson, 1990, "Dissolving risks into technologies and technologies into ways of life." Pp. 25-38, 103-122 in *Divided we stand: redefining politics, technology and social choice*, edited by M. Schwarz and M. Thompson. London: Harvester Wheatsheaf.

Skocpol, T., 1985, "Bringing the state back in: Strategies of analysis in current research." Pp. 3-37 in *Bringing the state back in*, edited by P. B. Evans, D. Rueschemeyer and T. Skocpol. Cambridge: Cambridge University Press.

Slovic, P., 2000, "Perceived risk, trust and democracy." Pp. 316-326 in *The perception of risk*, edited by P. Slovic. London and Sterling: Earthscan Publications Ltd.

Snow, D. A., E. B. Rochford, S. K. Worden and R. D. Benford, 1986, "Frame Alignment Processes, Micro-mobilization, and Movement Participation." *ASR* 51: 464-81.

The Epoch Times, 2005, "BSE pathogen in animal musculatures." April 26th.

Weiss, L., 1998, *The Myth of the Powerless State: Governing the Economy in the Global Era*. Cambridge: Polity Press.

Wynne, B., 1996, "May the Sheep Safely Graze? A Reflexive View of the Expert-lay Knowledge Divide." Pp. 45-83 in *Risk, Environment & Modernity*, edited by S. Lash, and B. Szerszynski. London: Sage Publications Ltd.

Zhong, L.-H., 2005, "To import US Beef. Consumers' Foundation Appealed: Be Cautious!" *Liberty Times*. Taipei. December 15th.

台灣土地改革再審視

徐世榮、廖麗敏

　　會進入台灣土地改革的研究乃是得助於蕭新煌教授的引薦，大約在 1996 年左右，美國夏威夷「東西文化研究中心」要重啟東亞土地改革的研究，主要是著重於日本、南韓、及台灣三個國家的比較研究，那時蕭新煌教授是台灣研究團隊的領導者，由於他的邀請作者才有機會進入這個團隊，並從一個比較不一樣的觀點來研究台灣的土地改革。為什麼要重啟研究？這是因為過往對於東亞土地改革發生的詮釋大抵是著重於外來力量所促成，此為所謂的外因說，但這個研究計畫則是想要探究是否有國內的力量也促成了土地改革，這也就是所謂的內因說。作者剛開始研究時其實對於這樣的研究視角並不樂觀，但是在深入田野調查及文獻探索之後，卻也意外發現了台灣土地改革的不一樣面向。

　　此外，長久以來，台灣土地改革被賦予了高度的歷史評價，認為它是台灣在二次大戰之後，於國民政府統治之下，政治、經濟及社會各方面的發展基石，它因此也是「台灣奇蹟」的主要根源。圖書館裡有許多對於它的研究與報告，然這些文獻大抵是著重於土地改革實施的行政程序及歷史的記載，其中更多是對於國民政府及偉大領導者的頌揚及讚美之詞，卻較乏對於它的深刻反省。例如，在國民政府威權的統治之下，三七五減租、公地放領、及耕者有其田政策是如何來實現的？台灣的地主真的是非常樂意接受三七五減租嗎？公地放領政策是出自於政府的善意嗎？另外，在耕者有其田政策施行之時，國民政府是徵收了那些地主的土地？而這些土地被徵收的地主們，他們是否夠資格被稱之為「地主」？土地改革是否造成了他們悲慘的命運？如此都是本文亟欲探索的課題。

一、三七五減租

　　一般談論台灣之土地改革皆以實施於 1949 年及 1953 年之間的三七五減租、公地放領、及耕者有其田為其代表。三七五減租的定義為「耕地最高租額不得超過主要作物正產品全年收穫總量千分之三百七十五，減租前原約定地租超過千分之三百七十五者減為千分之三百七十五，不及千分之三百七十五者依其約定，不得增加，非主要作物正產品及一切農作物的副產品均不計租」，它的內涵其實是與 1920 年代實施於大陸的二五減租類似。1947 年，雖然當時仍位於中國大陸的國民政府曾以「從貳字第一〇〇五〇訓令」要求台灣省行政長官公署實施三七五減租，而行政長官公署也以「辰文三六年署民地內字第一二一號代電」發文各縣

市開始實施三七五減租，然而由於缺乏實際的實施辦法來執行，因此除了屏東市之外（屏東市政府 1949），各縣市似乎皆有執行上的困擾，並未積極推動。[1] 在民間，佃農與地主之間的糾紛雖然迭有發生（侯坤宏 1988：339-368），但整體而言，對於減租之要求似乎仍不是很普遍，根據徐世榮及蕭新煌（2001）田野調查的結果發現，因為權力的不對等，表面上佃農與地主的關係似乎仍算和諧。因此，三七五減租的實施是要等到陳誠於 1949 年 1 月接任台灣省省主席之後才確實的執行。

　　台灣省政府在 1949 年上半年制定了許多與三七五減租相關的行政命令，例如，「台灣省私有耕地租用辦法」、「台灣省私有耕地租用辦法施行細則」、「台灣省辦理私有耕地租約登記注意事項」、「台灣省推行『三七五』地租督導委員會組織規程」、及「台灣省各縣市推行『三七五』地租委員會組織規程」等。除了減租的規定之外，省政府要求地主與佃農必須簽訂書面契約，而且這個契約也必須在各鄉鎮公所登記。為便利三七五減租之實施，於省成立推行「三七五」地租督導委員會，各縣市分別成立推行「三七五」地租委員會，這些委員會不僅要決定每年主要作物的正產量數額，也要嘗試解決地主與佃農之間的糾紛。值得注意的是，上述的行政命令並沒有在台灣省當時的最高民意機關——台灣省參議會討論，台灣省參議會在 1948 年 12 月與 1949 年 6 月之間是處於休會的狀況，

---

[1] 民國 36 年 6 月 23 日台灣省主席魏道明於台灣省參議會表示未來土地行政之重點為二，一為清查公地，另一為辦理公地放租（「台灣省參議會第一屆第三次大會特輯」1947 年 6 月，頁 86）。民國 36 年 12 月 3 日，台灣省政府民政廳朱佛定廳長於省參議員詢問下年度土地政策時表示，「三十七年地政方面主要的工作是繼續（一）整理工作如地目及等則等之調查（二）繼續清理公地（三）清理地權（四）開發荒地。」（「台灣省參議會第一屆第四次大會特輯」〔此書書名似被誤植為「台灣省行政長官公署施政報告」〕1947 年 12 月，頁 86）不論是魏道明主席或是朱佛定廳長，皆為台灣當時土地行政之主要規劃及執行者，可是他們皆未提及三七五減租。又，台北縣雖然於民國 36 年 7 月成立台北縣佃租委員會，對於三七五減租之開始實行時間卻決議：「遵照省令本年度起，執行時間上恐有不及，先由地政科長，向省方詢明其他縣市情形及省方辦法後再定。」（侯坤宏 1988：346-347）由此記載似也可推知當時台灣省政府對於三七五減租並未積極推動。此外，由新竹縣政府於民國 37 年 2 月 4 日之代電中，也可推知台灣省政府對於三七五減租的消極態度，該電文為：

　　查本縣土地業佃糾紛，大部關於租額問題，行政長官公署辰文三六署民地丙字第一二一
　　號代電，雖奉轉規定本省地租標準，惟並無指示應如何推行，際茲本省業佃糾紛之嚴重
　　時期，該項三七五地租標準，誠屬重要原則，惟應如何推行，理合電請核示。（侯坤宏
　　1988：361）

而三七五減租的各項相關行政命令大抵都是在這個時期被制定及付諸實行。[2]
另外，也值得注意的是，「三七五減租條例」是於 1951 年制定，也就是說，在
三七五減租執行了三年之後才有正式的法律規定，這背後隱含的意義為三七五減
租的開始執行可能是缺乏法律的依據。根據當時實際參與三七五減租工作的張勤
可表示：

> 「台灣省私有耕地租用辦法」是行政院的單行法規，未經正式的立法。
> 有一次和陳副總統聚餐的時候，我們說：「陳副總統你很了不起，奠定台
> 灣安定的經濟基礎。」陳副總統說：「你不要講這個話，當時這是一個革
> 命性的工作，老實說並不是一個合法的工作，我們是根據行政院賦予台
> 灣省人民的權利與義務而執行的。」（張勤可與張維一等 1999：177）

另外，殷章甫也表示：「實施三七五減租只有行政命令，並不是法律，
三七五減租的法律是民國四十年才通過，民國三十八年實施三七五減租是犯法
的。」（張勤可與張維一等 1999：188）

那麼，當時有關於地租的法律規定到底為何呢？根據當時土地法第 110 條對
於地租的規定為：「地租不得超過地價百分之八。約定地租或習慣地租超過地價
百分之八者，應比照地價百分之八減定之，不及地價百分之八者，依其約定或
習慣。前項地租指法定地價，未經依法規定地價之地方，指最近三年之平均地
價。」然而，當時的行政院卻於此法條之後附上一條附註，規定：

> 行政院三十六年三月二十日從貳字第一〇〇五〇號訓令：「奉 國民政
> 府本年三月十五日處字第二二四號訓令內開：『案經國防最高委員會第
> 二百二十三次常務會議決議：各地耕地佃農應繳之地租，暫仍依正產
> 物千分之三七五計算。合行令仰分飭遵照』等因，除分行外，合行令
> 仰分飭遵照，并轉飭所屬一體遵照。」（「三七五減租文告暨法令輯要」
> 1950：13）

---

[2]「台灣省私有耕地租用辦法」先後提經民國 38 年 2 月 11 日及 3 月 25 日之省府會議通過，並
於同年 4 月 10 日公布施行。

台灣省政府就是因為上述附註的規定，取得其制定三七五減租相關政策的「法源」依據，而上述附註也成為「台灣省私有耕地租用辦法」裡的第 2 條。其實，台灣省行政長官公署對此訓令原本是有不同之意見，這可由台灣省行政長官公署民政處地政局致地政署之代電中看出其端倪：

> 地政署署長鄭鈞鑑：……政府在征收正產物期內，本法並無明文規定，故在法律上缺乏根據。……擬請建議行政院轉咨立法院迅賜修正該條第二項原文為：「前項地價指法定地價，在地價未經依法規定之地方，其地租不得超過全年正產物收穫總額三分之一，或以正產物折價繳納。」（「台灣省地政法令輯要【上冊】」51）

然而，此項建議並未獲地政部之同意，地政部仍然要求以前述之訓令辦理。另外值得注意的是，可能是由於缺乏法律基礎，致使一些重要的事項並未強制規定，例如在「台灣省私有耕地租用辦法」中，對於租期的長短就付諸闕如。只有在台灣省政府所制定的「台灣省推行『三七五』地租工作實施計畫」裡規定，「耕地租賃最短年期為三年，由各縣市斟酌規定，以防止地主任意撤佃。」（侯坤宏 1988：377）因此，每一個縣市在租期方面的規定就呈現相當不一致的現象，王長璽及張維光（1955：72）就指出，「北部各縣（市）為三年，高雄屏東等縣為五年，台南嘉義雲林等縣為六年。」在 1951 年，許多租約即將到期，隱約的許多租佃紛爭即將再起，佃農也非常擔心無法再繼續承租原耕地。在此狀況之下，可能是為了解決這個困境，「三七五減租條例」終於在 1951 年的 6 月制定出來，[3]其中明白規定租期至少為六年，而原訂租約不及六年之部分，「行政院已於四○年九月一四日以台四○內字第四八九五號代電規定一律延長為六年，在延長期間內，原租約仍繼續有效。」（王長璽及張維光 1955：72）

　　因此，實施於 1949 年的三七五減租辦法是否具有合法的基礎，頗有值得探

---

[3] 不過李承嘉卻有不同之見解，他指出「就當時實際的發展來看，實施三七五減租，是不是一開始就有頒布具有法律效力的『三七五減租條例』的打算，頗有疑問。」（1998：73）對於這個問題，前台灣省地政局局長沈時可民國 48 年 11 月 11 日對台灣省訓練團地政班學員演講時表示：「我記得在台南，也就是在減租以後，有許多自動退耕者，當時湯先生堅決主張，應採取緊急措施，建議中央即時完成『三七五』減租條例的立法程序，這件事由於陳院長（辭修）當時的支持，獲得成功，但農復會湯先生的支持，也是原因之一。」（沈時可 2000：9）

討的餘地。根據國民政府制定於 1944 年 12 月 5 日的「省參議會組織條例」第 3 條之規定，台灣省第一屆參議會之職權有下列七項（引自鄭梓 1985：90）：

一、建議省政興革事項。

二、議決有關人民權利義務之省單行規章事項。

三、審議省經費支出之分配事項。

四、議決省府交議事項。

五、聽受省政府施政報告及向省政府提出詢問事項。

六、接受人民請願事項。

七、其他法律賦予之職權。

省政府所制定的省單行規章若與省民之權利與義務有關，按該條例之規定是應送交省議會議決，[4] 但是當時之省政府並沒有這麼做，省參議員的權利很明顯的是被忽視了。理論上言之，省參議員對於這種違法現象應該是有所不滿才是，尤其是彼等大抵是社會的菁英，也皆為大地主，三七五減租的實施對於他們的利益是會有嚴重的影響。

當時省參議會之議長為黃朝琴，他事後回憶說：「陳辭公決心要推行三七五減租和耕者有其田的土地政策時，人們都預料到他可能要遭遇到阻力，因為當時台灣的地方人士，特別是省級的民意機關幾乎所有的參議員都是台灣各地有名的地主，對地主不利的土地改革，他們是可能會反對的。」（1965：36）由於省參議員們大抵皆為大地主，實施三七五減租的結果將會使得他們的利益受到大量的刪減，因此，理論上，省參議員們應該會有反彈的聲音。然而事實卻是不然，他們竟然公開的支持三七五減租的施行。1949 年 5 月 5 日，省參議會發給各縣市參議會一份電報，要求他們也一起來支持三七五減租政策。曾奉派民政廳裏辦三七五減租的董中生就表示省參議會的通力合作是三七五減租能夠順利推行的原因。他表示：「參議會方面：這次推行『三七五』地租，各縣市參議會，多經通電擁護，這給予民眾的印象，是非常深刻的。至於台中縣參議會籌提獎金，獎勵

---

[4] 例如，公地放領政策實施之依據為制定於民國 36 年 6 月之「台灣省開墾荒地救濟失業辦法」及「台灣省開墾荒地救濟失業實施計畫要點」，此二法案皆由省府委員會議決通過，台灣省參議會（第一屆第三次大會）議決修正通過。

各區鄉鎮工作競賽，都給予執行工作人員不少鼓勵。」（引自李筱峰 1993：244）在台北縣，一位著名的參議員不僅將佃農欠予他的租額全部免除，並且要求政府趕快來施行三七五減租。另外，屏東市的參議會議長也得到「三七五議長」的頭銜，因為他是第一位要求政府來實施三七五減租，而且在他努力勸說之下，此政策普遍獲得到屏東市參議會同仁的支持（李筱峰 1993：243-251）。

另外一個頗值得注意的現象為，實施三七五減租的速度非常的快，尤其是地主與佃農之間的換約工作竟然費時不及一個月（從 1949 年 5 月到 6 月），幾乎所有在台灣出租的私有耕地在短短一個月之內就完成了耕地租賃書面契約，並且於鄉鎮公所登記有案，這種效率實在是令人嘖嘖稱奇！據報導，一些地主非常積極的拜訪他們的佃農，要求佃農們趕緊與他們簽訂契約。令人好奇的是，為何地主、及各省市縣參議會的參議員們皆會有如此之舉動？他們為何願意犧牲他們的利益？

李筱峰對於上述問題的解答為，這是因為「權威氣氛」使然，壓迫他們不得不接受三七五減租的政策。他指出當陳誠與省參議會議員溝通時，特別指出：「我一切事都聽從民意，唯有這『三七五』減租案及聯帶的法案，務必請大家幫忙通過。」蔣夢麟評論陳誠這句話，說「當然，握軍政大權的主席，說那些話，到底含有幾分『先禮後兵』的意義。」（引自李筱峰 1993：252）值得注意的是，陳誠當時不僅擔任台灣省的省主席，也是台灣省警備司令部的總司令，因此軍政大權皆掌握在他的手裡。根據文獻記載，省政府分別於 1949 及 1950 年發出兩份命令予地方縣市政府，[5]其主要之意旨為倘有地主嚴重違背三七五減租政策，可以將其逮捕並且送至警備司令部。與這些命令相同的，當時也有一些新聞特稿報導這種權威之氣氛：

---

[5] 民國 38 年有一台灣省政府代電（參捌巳支府綱地丙字第八○二號），其內容為：

各縣市政府：查本省推行「三七五」地租應予嚴格實施，如有不肖地主違反本省私有耕地租用辦法暨有關法令之規定，強迫或恐嚇撤佃或藉勢強取超過法定之地租者，應由各該管所在地縣（市）政府查實後，擇其情節重大者，逕送警備司令部懲辦。（「台灣省推行三七五減租手冊」1950：124-125。標點符號為作者所加。）

民國 39 年 1 月 17 日，台灣省政府又有一公告，重申「三七五」地租政策必須貫澈到底，對於非法情事，情節重大者，「仍應依照本府參捌巳支府綱地丙字第八○二號代電解送保安司令部從嚴懲辦以儆刁頑。」（「台灣省推行三七五減租手冊」1950：125-127）

據說，正當地方工作人員，因地主不來蓋章的問題而感到困難的時候，陳主席出巡了台中，召集地方首長和士紳談話，主席很剴切的說：「三七五減租工作一定要確實施行，我相信困難是有的，刁皮搗蛋不要臉皮的人也許有，但是，我相信，不要命的人總不會有！」就這句話，解決了地主蓋章的問題。據傳有一位很有聲望的大地主，聽了主席這句話後，立刻刻了二十個私章，請了二十位人，趕赴各處主動的找到他的佃農們，在契約上蓋章。後來主席又下了一個命令，違抗或阻擾減租工作的送警備部，這一來地主們不敢再觀望，換訂契約的工作，便因此很順利的展開，並且各縣都如期完成了。（引自李筱峰 1993：252-253）

另外一段新聞報導如下：

有一些地主，對三七五減租工作並不擁護，他們因自己的收入減少了三分之一，感到很痛心，最初他們對減租工作還抱著觀望態度，以為政府這次高呼實行減租，也許是雷聲大雨點小，不見得真能確實推行，但後來看見認真推行起來，而且對於不換約的要抓送警備司令部，這一來他們怕了，尤其正在那個時候，當局在台北槍斃了一個肇禍的司機，地主們心裡更恐惶，於是紛紛遵照規定換約。屏東市的議長曾經向記者說：「人都是好利的，地主當然也不例外，最初，的確有一些人抱觀望態度，想取點兒巧，但後來怕了，違法司機能殺，違法地主也危險。因為地主有這個念頭，工作的推動便加倍順利。」（引自李筱峰 1993：253）

由上所述，陳誠打算用軍法來審判不服從命令的地主們，應該是三七五減租能夠順利推行的一個主要原因。另外，二二八事件確實是發揮了寒蟬效應。因為二二八事件的發生，省參議會議員有死亡、被捕、及被通緝者，[6]使得參議員之議事熱誠及態度有了很大的轉變，省參議會於民國 35 年 5 月第一次集會時，由於委員發言踴躍，不僅使得會議時間必須延長五天，並且必須限制委員發言之時間，但是到了民國 36 年 12 月召開的第四次大會裡，委員們的提案卻是明顯的銳

---

6 根據李筱峰之整理（1993：216-219），省參議員中因二二八事件而死亡者有林連宗及王添燈二位，被逮捕或被通緝者有五位，分別為：郭國基、林日高、洪約白、馬有岳、及顏欽賢。

減，黃朝琴議長於閉幕典禮時就表示「本次大會議決案合計只有九十餘件，就是說：比過去三次，少得很多。」(「台灣省參議會第一屆第四次大會特輯」[7] 1947年12月，頁31) 而委員為何發言次數減少？當時國民黨台灣省黨部主任委員丘念台於參議會開幕典禮上，就表示：

> 各位參議員先生，是本省六百五十萬人民的代表，應當充分發揮民主精神，為人民講話，可是近來參議員先生多不敢講話，固然，在二、二八事變中，參議員偶有傷害，但不可因此而不敢講話，民意機關，的代表是人民選出的因此我們有言責政府有壞處就要講，不要害怕，這就是總理所說的大無畏精神。(「台灣省參議會第一屆第四次大會特輯」[8] 1947年12月，頁29。標點符號未修改。)

由此可知，二二八事件的陰影深深籠罩了台灣省參議會。然而，於討論三七五減租的同時，我們也要注意當時的政治緊張情況。1949年對於中國大陸及台灣而言都是一個政治相當緊張及混亂的年代，國民政府於中國大陸節節敗退，共產黨則是不斷的進逼。雖然國民政府是於1949年12月才正式遷台，但是在這段期間國民政府於大陸戰敗的消息不斷的傳入台灣，人員也陸續撤退，台灣當時也處於一個相當緊張的狀況。當年5月1日，為了避免共產黨黨徒混入台灣，全省舉行戶口總檢查，被拘留者達一千五百餘人；5月5日政府命令全省黑市外匯買賣者在一個月內停止營業；更重要的是，全省於5月20日進入緊張的戒嚴時期，擾亂治安者將受軍法審判，最高有可能被處予死刑；4天以後，政府公布新的出境登記辦法；同月27日，警備總部根據戒嚴令制定了「防止非法的集會、結社、遊行、請願、罷課、罷工、罷市、罷業等規定實施辦法」和「新聞、雜誌、圖書的管理辦法」。而這段緊張的時刻正是實施三七五減租的時候，因此李筱峰指出，「這些治安上的措施，或許依基於大陸局勢逆轉的考慮，然這些治安措施的開始實施，正逢三七五減租進行換約階段，不論事出巧合，或刻意安排，總之，這些『權威氣氛』是絕對有助於減租政策的推行的。」(1993：254)

---

[7] 此書書名似被誤植為「台灣省行政長官公署施政報告」。
[8] 此書書名似被誤植為「台灣省行政長官公署施政報告」。

二、公地放領

　　然而，上述對於三七五減租政策之審視所得到的結論，是否也可適用於公地放領呢？「權威氣氛」是否也可以作為政府實施公地放領政策的原因？論者往往以為在 1947 年的二二八事件之後，由於大量台籍菁英及人士的死傷之後，台灣的民眾應該是噤若寒蟬，不敢發表任何反抗當局的聲音，而這也是三七五減租之所以能夠順利實施的原因。然而，這樣的論述是否適宜來解釋公地放領政策的實施呢？其實在 1947、1948 年間，台灣發生了許多農民抗爭的事件，而其對象大多對準了台糖公司，例如，溪湖糖廠、埔里糖廠、虎尾糖廠、後壁林糖廠、及高雄縣各糖廠等，農民抗爭的原因大抵是由於台糖欲將其管轄之土地收回自營，對原耕作佃農的任意撤佃起耕所致。例如，1948 年在台灣省政府對行政院的代電中就表示：

> 年來各地糖廠每不顧實際情形，藉口自營，積極收回，甚有雇用流氓強制起耕情事，致撤佃糾紛疊起，其最顯著之事實，則為屏東、台南、花蓮、南投、北斗、溪湖、溪洲、竹山、三嵌店、後壁林、高雄等地糖廠之撤佃糾紛，群情激憤，輿論譁然，農村社會、貧農生計均陷不安之境。本府有鑒及此，曾疊次明令糾正，但台糖公司迄未能遵照處理原則辦理，致終鮮成效，殊為遺憾。（侯坤宏 1988：503-504）

又如溪湖糖廠就屢發生衝突事件，1947 年 1 月 28 日溪湖糖廠更發生嚴重的撤佃糾紛，《青年自由報》於當年 2 月 22 日並有大幅度的報導，在北斗區公有地承耕農民大會中，一位農民表示：

> 在憲政公佈的今日，一切不合憲法的事情當然要撤廢，廠方屢次以非法的手段侵害農民的權益，委實令人痛恨，如前次番仔埔農場事件，在檢察官判定侵占不起訴，農民沒有犯罪事實，廠方竟昧於法治精神，使警察拘捕農民；餘恨未消，又以執銃的員工來脅迫農民，甚至不法逮捕，毀損地上耕作物，此不僅為農民的損失，亦是國家生產上的損失，如此糖廠的作風是否合法，委實令人懷疑！（侯坤宏 1988：420）

另有一位農民也表示：

> 我是前番仔埔農民代表，年底被檢察官拘禁，在當局未決定方針的期間
> 內，所種的蕃薯；早期的至本年一月底，晚期的至本年三月底交還糖
> 廠，怎知道我們代表還沒有出獄，糖廠便把我們耕種的地上物毀損，而
> 且在附近路上立牌告示，說如有違背糖廠者，打死不賠人命，又放言該
> 糖廠第二工場設有監獄，對於反對糖廠的人，不用區署或警察所辦理，
> 可能拿去拘禁，亦有被捕之人曾挨過拷打！（侯坤宏 1988：422）

在座談會之中，並有其他農民指出被糖廠拘禁及拷打的情事，並強烈質疑，「聽
說糖廠是國家經營，當真國家會這樣待遇我們嗎？代表國家的糖廠可以這樣對待
我們嗎？」另有農民也表示自己家庭的零落不堪，「原因就是受過去日人時代糖
廠的剝削，光復後能夠重見天日，怎知道我們的糖廠仍沿用日人作風，依然從事
榨取百姓的勞力。」（侯坤宏 1988：423-424）至於糖廠代表則是表示自己是受命
行事，參與會議的溪州林代理廠長就說：

> 沒有上峰的命令，我們不敢擅自主張，今日接到糖業公司的來令，要我
> 們把留用地清冊從速呈報，你們的要求不是無理，你們的生活艱難，我
> 們怎麼不知道，祇是我們糖廠要受糖業公司的管束，就是我們也沒有方
> 法給你們滿意的答覆。（侯坤宏 1988：424）

由此可知，糖廠的主事者似乎也能夠瞭解農民所受到的苦楚，只是無奈受到台糖
公司上級的壓力，不得不執行命令。

對於偌大接收於日本製糖會社的糖廠土地，台灣省政府原本是要將其放租
給現耕農民，根據 1946 年 12 月 31 日公布之「台灣省公有耕地放租辦法」，第 2
條指出公有耕地之定義為：「係指日人在本省所有之公有田火田，及廢置之公用
地，與日人在本省私有耕地者。」只是在放租予農民之後，仍應依糖廠之指示來
耕作，辦法中第 12 條就指出，「原屬日人會社之公有耕地放租後，仍應依照各該
公司團體之生產計畫進行，並接受其生產技術。」不過對於這個主張台糖公司
的上司──行政院資源委員會卻有不同之意見，該會於 1946 年 10 月 23 日呈行

政院之公文就表示，「茲據悉台灣行政長官公署，擬將台省公有土地全部分配農民，聞正派員來京請示中，此項辦法如包括台糖公司土地在內，殊足影響公司之生存，擬請鈞院特許保留公司用地，轉飭台灣行政長官公署免予分配農民，庶公司基礎不致動搖，台糖前途得資發展。」（侯坤宏 1988：499）雙方之立場明顯南轅北轍。

而這則是涉及戰後接收的資源爭奪，國民政府原本是授權台灣行政長官公署統一負責接收事宜，但是行政院資源委員會卻是不肯放棄。該會於 1945 年 12 月 1 日，就派出了「台灣工礦事業考察團」，在其考察報告中就明白指出台灣的工業經濟是以糖業為中心，其他的工礦業皆是基礎不佳，無發展前途。因此，資源委員會早在 1945 年 12 月 22 日就簽報行政院表示接收台糖的意願。而行政院則是批示，「暫委資源委員會代政府全部接收經營，台灣長官公署、省銀行、及蔗農合作社均暫不加入資本」，因此在未徵得台灣行政長官公署的同意之前，行政院資源委員會就已經搶先獲得了當時台灣最重要事業的歸屬（陳翠蓮 1997：13）。資源委員會並於事後不斷的以撤佃方式，要取得其對土地的控制權，而這種行徑自然引來相當多佃農的抗爭。

例如，相同的抗爭情形也發生在高雄縣，糖廠擬將原放租的土地，一律收回自營。高雄縣政府在詳查有關農戶的意見之後，於 1947 年 7 月 11 日有一份致省政府的公文（參陸高府地權字第七九六三號）：

（一）以現有土地都在日據時代，被日人強迫收買，創設台灣製糖會社，而後使用橫行手段，僅放一部分田地，租金低廉，給予耕作，每季收穫聊繼三餐。至光復後，糖業公司屢次催棄放耕土地，謂係國營政策。但目下物價高漲，失業眾多，佃農□□謀生，事屬敢怨而不敢言，較諸日政尤為苛刻。

（二）現在放租之土地，悉數被盟軍爆炸甚鉅。當時糖廠負責人稱以：「准渠等盡力開墾，當然永久放租」等語。渠等獲得惠報，耐勞開墾施肥，迄今既成沃土，此次收回全無酌情，渠等農戶致前之功虧一簣，渠等擬希糖廠施慈仁愛，普救貧農。……

查本縣類似案件，計有旗山區蟯礦坑、鳳山區小港鄉、大寮鄉之過

溪村、潮寮村等處。所有現耕台糖土地，均被糖廠藉口奉准自營，強行撤佃，民情激憤，叫苦連天，影響社會安寧至鉅。

又查台糖土地奉准留用中，原係自營者，政府准其自營，若由農民暝耕者，仍應由承租農戶繼續租用，准其生產種類及技術，須接受糖廠指導而已。今糖廠竟被政府意旨，強詞奪理，擾亂農村，中斷農民生計，整千失業農民，將如何安置，已成當前嚴重問題。倘不急謀合理解決，長此以往，險象堪虞。（侯坤宏 1988：431-432）

由此電文可知情況已是非常嚴重，佃農之生計已因台糖公司之撤佃而產生問題。埔里糖廠的放租地也面臨了相同的強迫起耕事件，在包括林火木在內的 97 名農民聯呈的嘆願書中，農民表示：

小民等皆是耕農為生來之本業，難於可營他圖生路，又無何等租產，專靠現耕地之生產，維持一家之生活。雖生活不裕，有該地可耕者，食糧安定，生計可能堅實，則一家自免分散遭受風霜饑餓，簡單樸素可以安居樂業。若這般一切倘被撤佃者，慾（欲）耕無地，欲營無計，一家大小必遭生活重大之威脅，呈現如活地獄之苦境。（侯坤宏 1988：451）

面對了這麼眾多的撤佃起耕事件，造成了農村相當多的不安，台灣省國民大會代表聯誼會於 1947 年 4 月，電請行政院將台灣糖業公司自營農場耕地，依法放租原有中小農戶，以紓民困。電文中表示：

查日本佔據台省歷五十一年，在此佔領期中積極推行其帝國主義政策，台省糖業自為其榨取對象之一，因此日本製糖公司藉財閥之資，軍警之力，強買民地，先後達十二萬頃之多。當時稍有違抗，及幽之囹圄，人民忍辱含垢，莫可奈何，致使農民欲耕無田，怨聲載道，是台民迄今猶切齒痛恨者也。自抗戰勝利台省光復後，政府有鑑於此，為挽救農民過去所受之苦痛，乃頒佈台灣省公有土地放租辦法，一時全省農民均額手稱慶，深信五十餘年之桎梏必可解除無疑矣！熟意該辦法公佈至今迄未澈底實施。曩者敵人強占之農田，仍由台灣糖業公司繼續經營，雖間有

劃出放租者，然亦僅少數零星不毛之地，人民大失所望，失業日多。查
土地改革政策為政府重要決策之一，況本省經日本五十餘年之榨取，人
民已疲於奔命。搶救農村為時迫切，實不堪再肆稽延，為此電請鑒核。
令將台灣糖業公司自營農場之耕地，依法直接放租於本省原有中小農
民，以蘇民困。並副台胞期望祖國之熱忱。（侯坤宏 1988：472-473）

同年六月召開的台灣省參議會，雖然因二二八事件的影響，使得出席之參議員僅
有十六、七人，提案也相形減少許多，但是參議員仍提出「請將各糖廠原轄地區
重新劃定以達地盡其利案」，其理由為：

各糖廠原轄土地面積甚多，但因種種關係不能盡量使用，棄置成荒殊為
可惜，亟應切實勘查，重新劃定，將各廠實際需要以外之土地租與人民
耕作，以達地盡其利。（「台灣省參議會第一屆第三次大會特輯」1947：
31。標點符號為作者所加。）

然而，台糖公司的上司—行政院資源委員會，在面對上述農民的抗爭皆定位為
「強行霸耕」，要求通令制止。1947 年 7 月 26 日在台灣糖業有限公司代電中表示：

今為達到留用自營之目的，必須全部收回，不意刁滑者將該項土地，視
為政府委託公司放租零星之地，強行霸耕，多方設法阻礙，以致影響本
廠業務之進行等，祈設法制止等由。……查農民霸耕本公司留用土地情
勢，各分公司均有發生，如不及早嚴予制止，一任相率效尤，糖業前途
實堪憂慮。且輕視法令成習，亦非國家社會之幸。（侯坤宏 1988：434）

台灣省政府對於此事之觀點其實是與行政院資源委員會不同，1946 年決議「各
機關申請留用之農地，除確為業務上使用部分外，其原為放租收益之土地，一律
不准留用，應劃交該管縣市政府依法放租。」（「公地放租」1949：7-8）台灣省政
府在其 1947 年 9 月 1 日的代電中也表示：

凡糖廠自營農場中之土地，原有放租情事者，在不妨礙業務範圍內，仍應依法放租，其因業務上確實需要，必須收回自營者，訂有期限之租約，應依法於屆滿前通知，屆滿時收回，未定期限或未訂租約者，作為不定期限之租賃，應按土地法第一一六條之規定，在一年前通知承租人。（侯坤宏 1988：435）

但是台灣省政府的命令卻不為台糖公司所接受，台糖公司仍然占據大量土地，並且強行撤佃。1947 年 12 月 9 日，台灣省政府民政廳地政局於其「公地放租檢查報告」中也明白指出公地未放租的原因，主要為「接管機關之阻難」：

本省公地在光復之初，均由各機關按照原來性質接管。公地放租辦法公布以後，規定各機關留用公地，以用於示範、試驗、育苗為限，其餘公地應一律移交所在地縣市政府依法放租。惟事實上，各接管機關中，有少數藉詞不照規定交出，而自行放租，且未依照放租辦法辦理者⋯⋯。

糖廠應撥出之一萬三千四百八十七甲公地，其中七千餘甲均非耕地，無法放租，至於耕地則不肯撥出，如台中縣能高區埔里鎮之糖廠，接管公地二千餘甲，內自營農場九百餘甲，現耕農戶百餘，維持現耕農戶生活，僅須該廠撥出公地數十甲即可，但該廠廠長陳忠耀，竟不願意，而強欲無條件撤佃。又台南縣布袋鄉洲子有港墩農場土地，乃糖業公司留用者，今多荒蕪，地未盡利，殊為可惜。

茶葉公司應撥出之土地五千一百八十九甲，鳳梨公司應撥出之土地一千三百五十一甲，農產公司應撥出之土地一百六十三甲，均未撥交各當地縣市政府放租。（侯坤宏 1988：457-458）

台糖公司態度相當強硬，台灣省政府似也無力貫徹其命令，但是，該如何來解決上述農民的抗爭，及其所帶來的社會不安？尤其又是二二八事件發生的時候？台灣省政府於 1947 年 6 月 27 日召開的台灣省府委員會第七次會議分別提出「台灣省開墾荒地救濟失業實施計畫要點」及「台灣省開墾荒地救濟失業辦法」，同月 30 日台灣省參議會的第一屆第三次大會也議決通過上述辦法。台灣省政府

後來於 1948 年訂定了「台灣省開墾荒地救濟失業扶植自耕農實施方案」，其中分別包括「開墾荒地救濟失業」及「放領公地扶植自耕農」兩項計畫。至於放領公地的原因，據當時的地政局長沈時可表示，乃是為了「採取更積極方式，利用公地創設自耕農，並利用放領公地收入之地價開墾荒地，安置失業。」（侯坤宏 1988：514）另一見解則來自於省參議會，據瞭解「全體參議員於上項計畫及辦法提出討論時，均一致贊同，予以通過，而黃議長於該次（第三次）省參議會閉幕詞中，更說明放領公有耕地開墾荒地以救濟失業，實為安定目前秩序具有重大關係的措施，是亦足以表現民意反應之一斑。」（「台灣省公地放領手冊」1948：5）該次會議之中也有多位參議員提案，要求政府早日籌畫救濟辦法以提高赤貧人民之生活水準（「台灣省參議會第一屆第三次大會特輯」1947：34）。由此可知，此一措施的主要目的之一是基於政治上的考量，是為了安定民心及穩定社會秩序。

為了籌措開墾荒地之經費，台灣省政府計畫「出售」公有耕地一萬甲，而這即是第一次的公地放領。[9] 本省第一次放領之公地為「台北等七縣境內之台拓社有地，和台灣糖業公司及台灣茶葉公司劃出之耕地，並以零星者為限，面積總計為一萬甲（折合一四五、四八八市畝），預計可能扶植自耕農七千戶。」（侯坤宏 1988：515）惟上述土地計畫由台糖公司所釋出者僅限於台東縣及花蓮縣，面積分別為 78.7490 甲及 224 甲（「台灣省扶植自耕農實施方案」，頁 26）。而台糖公司所劃出之土地並且侷限於零星的土地，而前述涉及與糖廠抗爭之大部分縣市皆未被包含進來，由此或可顯示行政院資源委員會及台灣糖業公司的抗拒力量。[10]

---

[9] 放領二字的解釋為：「政府將公有土地，准許合於規定資格的人民，于依照規定手續申請承領及繳清地價以後給與所有權，使達到自有自耕的地步。」（「放領公地扶植自耕農手冊」，頁 21）

[10] 其實台糖公司並未釋放出土地，因為「當時因限於人力及經濟，且事屬創舉，為慎重起見，乃決定先從公地較為集中之台中台南兩縣首先實施，其餘各縣則決定於第二年（三十八年）繼續辦理。迨三十八年省政府決定推行『三七五』減租政策後，各縣市均集中一切力量辦理減租工作，奉陳前主席指示，將公地放領工作暫緩辦理。」（「放領公地扶植自耕農手冊」，頁 77-78）此次公地放領台中縣及台南縣之放領面積分別為 1,503.0538 甲及 1,880.0778 甲，合計為 3,383.131 甲。由此可知，此次公地放領與原先計畫放領面積（一萬甲）有非常大的差距。此外，公地放領所收取之地價是否有達到原先之目標呢（救濟失業及提高赤貧人民之生活水準）？據報告，所收取地價之運用方式為：「歷期所收之地價，除部份撥付台東墾殖農場股金及農舍建築費，暨退伍軍官屯墾區勘測經費，并協同水利局補助台中草港等農場搶修工程

可是台灣農民並未因台糖公司計畫釋放出約 303 甲的土地就消除了他們的不滿，台灣省政府與行政院資源委員會之間對於台糖土地主導權的爭奪也未因此就罷休，例如，台灣省政府民政廳地政局於 1949 年的公地放租報告中，再度指出類似的問題：

> 更有一部份公營事業機關（公司）堅持控制原料需要，必須保留大量公有耕地，在此要求下，發生下列兩種情形：
>
> （1）自營農場──各機關控制大量公地（如台糖公司控制自營農場公地近六萬甲，）設置自營農場，其經營方式，則為僱用大批雇農從事耕作，而所給予之待遇甚薄。……就農民立場言，則各機關控制大量公地，使農民淪為雇農，生活困苦，無異於以往制度，極不合理。就土地政策立場言，非僅違反耕者有其田之原則，且將直接破壞公地放租之成果。
>
> （2）委託放租──各機關接管公地，……委託各該機關依照公地放租辦法之規定辦理放租，委託放租面積達四萬九千餘甲，其中台糖公司有四萬二千餘甲……唯就實際情形言，以各受委託放租機關多不能完全遵照公地放租辦法之規定，諸如擅自提高地租，逕行撤佃，並有非法承租轉租等流弊發生，影響各地放租之成果。（「公地放租」1949：43-44）

其最後之結論為，「總之，各機關之自營農場及委託放租公有耕地所占面積甚大，處理未盡得宜，流弊滋多，深為一般人民所詬病。」（「公地放租」1949：44）另外，台灣省參議會對此問題也是多有詢問，如於第八次大會期間，吳瑞泰提案、李友三與馬有岳連署「請政府飭糖業公司自營農場地依據公地放租法放租案」，彼等並請政府嚴飭糖業公司於 39 年起實行放租（引自鄭梓 1985：158）。面對了農民的抗爭、台灣省政府及省參議會、及後來美國的壓力，[11] 終於促使了

外，其餘均存儲基金專戶，惟為切實展開扶植自耕農政策，已與財政廳商定將該項放領地價款項作為繼續辦理扶植自耕農貸款之用，并經土地銀行擬訂貸款大綱一種擬簽送省府核辦，一經核准即可貸放於自耕農戶，以收扶植之效。」（「放領公地扶植自耕農手冊」，頁 79）這與原先之目標似有差距。

[11] 雷正琪博士為公地放領一事，於民國 41 年 9 月函總統，內容指出：「台糖公司所擬出售之土地，大部地質甚劣，最近在台灣之考察，農民一致對台糖公司表示不滿，並對公地放領計

政府於民國 40 年 6 月 4 日核定「台灣省放領公有耕地扶植自耕農實施辦法」，揭開了後續多階段的公地放領，而放領之公有耕地有很大一部分是以台糖公司的土地為主。[12] 例如，民國 40 年下半年開始舉辦之第一期公地放領大抵是以各縣市直接放租之國省有耕地為主，共放領 28,447.2888 甲土地；至於民國 41 年上半年所舉辦之第二期公地放領則是以接收台糖公司劃出無需保留之耕地為主，其面積總計為 17,861.402 甲土地（王長璽及張維光 1953：194）。[13] 另外，民國 42 年公地放領中，原為台糖公司放租土地之面積為 8,744.2691 甲（王長璽及張維光 1953：198）。由上述公地放領政策的實施，可以發現長期以來，各地台糖公司佃農的群起抗爭是其主要原因之一。

三、耕者有其田

　　傳統以來對於「地主」二字的詮釋大抵是指那些擁有大面積的耕地，不自任耕作，大部分是居住於城市之內，純粹靠收取大筆租額為生的土地所有權人。由

劃，表示失望。……公營企業應較現在之實施狀況出售更多之土地，俾有較多之畝數，以適應現在台灣佃農之需要，並足保證全部土地改革之成功。」（侯坤宏 1988：543-545）中國農村復興聯合委員會也曾於民國 41 年 10 月 22 日電台灣省民政廳地政局，該會雖然表示「台糖公司之土地應否劃出放領……似須俟行政院通盤考慮後決定，本會未便擅作主張」，但是，仍轉達「擬請政府將台糖公司之公地，除留一部份品種改良必需用地外，全部解放由農民承領，以符土地政策而孚民望，等情。」（ibid., 550-552）其實農復會基本上是贊成雷正琪之意見，這呈現於「中國農村復興聯合委員會工作報告」第一期裡（黃俊傑 1995：119-120）。

[12] 台糖公司之土地為「公有土地」或是「私有土地」，是一個非常值得探討的課題，對此問題之論述可參考黃俊傑（1995），呂錦淑（1998），黃舒衛（2000）等。

[13] 台糖公司所移交之土地，品質大抵是比較低劣，且移交清冊上所列之土地地目、等則、面積也多與實際情況有所出入，因此出現許多縣政府將土地退還，不擬接收的情形，如台中縣就出現：

> 就土地言，一期放領地係由政府撥出，且儘以好地放領，農戶均樂於承領，且無交涉之煩，二期放領地係由糖廠所撥出，不僅土地散置，面積零星，其中山火田多而水田少，部份且係非耕地與尚待變更分割之土地，不但農戶缺乏承領之興趣，而在土地使用上，亦屬極不合理之現象。（「台中縣放領公地」，頁 13）

南投縣政府也指出，「第二期放領土地係以台糖劃出土地為放領標的，惟台糖劃出放領地，移交清冊所列面積……內所載地目等則面積核與實地諸多不符，並其地質較差者占多。……台糖公司此次所劃出耕地因較好的耕地留為自用而將地質較差的耕地劃出放領，以致農民嘖有煩言。」（「南投縣辦理『放領公地扶植自耕農』工作概況」1952：39-40）

於彼等對佃農收取高額的租金，造成了剝削的不公平現象，因此成為了社會改革
或是革命的對象。台灣的地主真是當時社會中的富有階級嗎？用地主二字來形容
台灣當時的土地所有權人或是業主，是否適當呢？遺憾的是，國民政府來台之後
在威權的意識型態主導下，為了實施土地改革的政策，所採取的方法就是把「地
主」二字的定義給予大幅度的擴張，只要擁有土地所有權並將其出租者即為地
主，[14] 而不考慮該土地所有權人所擁有的土地面積及其富力，在此情況之下，致
使當時的土地所有權人或是業主遭受了相當大的衝擊，其中最為悲慘的就是那些
為數相當龐大的共有耕地的小面積土地所有權人。

表 1　台灣之耕地依所有人別其自耕與佃耕之面積

項目		個人有	共有	團體有	總計
總戶數	戶數	294,355	301,344	15,494	611,193
	％	48.16	49.30	2.54	100.00
耕地總面積	面積（甲）	303,723	344,307	33,124	681,154
	％	44.59	50.55	4.86	100.00
自耕地總面積	面積（甲）	189,874	222,318	15,005	427,197
	％	44.45	52.04	3.51	100.00
出租地總面積	面積（甲）	113,849	121,989	18,119	253,957
	％	44.83	48.04	7.13	100.00
出租耕地之戶數	戶數	78,864	92,087	7,940	178,901
	％	44.09	51.47	4.44	100.00

資料來源：王益滔（1991：198）。

　　由於耕者有其田政策基本上對於共有出租耕地是一律徵收，[15] 而台灣多數私

---

[14] 「實施耕者有其田條例」第 6 條第 1 項規定，「本條例所稱地主，指以土地出租與他人耕作
之土地所有權人。其不自任耕作，或雖自任耕作而以雇工耕作為主體者，其耕地除自耕部份
外，以出租論。」

[15] 「實施耕者有其田條例」第 8 條第 1 項第 2 款之規定，共有之出租耕地一律由政府徵收，轉
放給現耕農民承領。同條第 2 項有下述例外的規定，「第 1 項第 2 款、第 3 款，耕地出租人如
係老弱、孤寡、殘廢，藉土地維持生活，或個人出租耕地，因繼承而為共有，其共有人為配
偶血親兄弟姊妹者，經政府核定，得比照第 10 條之保留標準保留之。」惟「實施耕者有其田
條例台灣省施行細則」第 15 條、第 16 條及第 17 條對此則又有許多嚴格的限制，詳如後述。

有農地又是多屬於共有之狀況，[16] 從表 1 可見，共有地之面積比個人有之面積還多，而共有地中有 48.04% 是屬於出租的狀況。這使得多數私有農地被徵收者中，共有占了極大的部分。由表 2 可見被徵收之地主戶數中的 82.18%，其土地權屬是屬於共有，而此部分之土地則是占了被徵收耕地面積的 69.51%，比率相對而言是非常的高。

表 2　台灣省實施耕者有其田徵收各類耕地面積及其地主戶數（1953 年）

類別	徵收耕地		被徵收耕地地主	
	面積	百分比	戶數	百分比
個人有耕地	32,063	22.33	15,146	14.28
共有耕地	99,796	69.51	87,149	82.18
團體有耕地	11,709	8.16	3,754	3.54
總計	143,568	100.00	106,049	100.00

資料來源：湯蕙蓀（1954：91）。

再者，從日治時期到土地改革實施之前的調查，皆顯示出台灣之土地分配已呈現高度的不平均的現象（王益滔 1966：79-80）。如 1920 年之調查統計顯示，一甲以下之所有戶數，占總戶數的 64%，而其所有之土地面積，僅占耕地總面積的 14.35%；但是十甲以上之所有戶數僅占總戶數的 2.03%，而其所有面積竟然高達 35.8%，由此可見土地分配相當不平均。日治時期的後兩次調查分別於 1932年及 1939 年，依然呈現出不平均的分配現象。二次大戰後，於耕者有其田政策實施前一年，從地籍總歸戶的統計資料顯示，一甲以下之所有戶數，占總戶數的

---

[16] 王益滔稱：「共有地在台灣非常之多，可稱為台灣一種特別田制，其發生之主要原因，一為合夥開墾、二為共同購買、三為遺產之不能分割者之由其繼承人共有是，似皆與台灣之開發歷史有關。」請參見王益滔，1991，《王益滔教授論文集，第一冊（全三冊）》（台北：國立台灣大學農業經濟學系），頁 197。湯惠蓀也指出，「土地共有，在台灣極為普遍……其戶數且超過個人單有地，實為本省特殊之現象。共有地形成之原因，大抵為早期之共同開墾，後來之共同購買及多子繼承而來。日據時期，田賦由共有之代表人繳納，徵收上頗為便利，因任其自然，不加限制。而一般土地所有人為避免土地分割測量及移轉手續之繁，亦多趨共有之途。於是原係個人單有地者，常在移轉時變為共有。而原係共有地者，其共有人則愈來愈多，權利愈分愈雜，以致每筆土地之共有人，少者三人五人，多者數十人至數百人。」請參見湯惠蓀，《台灣之土地改革》，頁 64-65。

70.62%，其所有之土地面積，占耕地總面積的 24.97%；三甲以下之所有戶數，占總戶數的 93.23%，而其所有之土地面積，占耕地總面積的 58.43%；但是十甲以上之所有戶數僅占總戶數的 0.82%，而其所有面積則為 15.87%，分配不平均現象依舊。由此或可推論，在所有被徵收的共有出租耕地（99,796 甲）當中，應該有絕大部分是屬於小土地所有權人。因此，政府一面倒的宣傳地主是處於經濟上的優勢，可能就有其商榷之處。而我們一般認為所有地主至少都可以保留三甲的出租中等水田也是一項誤解，因為共有出租耕地皆必須被徵收，也因此使得許多擁有共有地的小業主生活陷入困境。

　　所以，共有出租耕地一律予以徵收的政策對於共有出租耕地業主而言實在是帶來相當嚴酷的打擊，雖然法律後來有給予部分的補救，但是所設定之門檻卻又是非常的高，這使得受惠者相當的稀少。當時之台灣省實施耕者有其田聯合督導團就有下列之敘述：[17]

　　實施耕者有其田條例第八條規定，准許老弱孤寡殘廢藉共有土地維持生活者，照第十條之標準，保留土地，施行細則第十七條第一項，又以四十一年度全年戶稅負擔總額在一百元以下者為限，以為補充規定，因此項嚴格之規定限制，故各縣市審查准予保留者，為數極少，計大縣申請保留者不過三五百件，小縣不過一二百件，而實際核准者，僅十分之一二；此中不免有少數確係老弱無靠，孤寡無親，而未得核准者，據各縣市地政事務所報告，到所哭求保留者，屢見不鮮，本團在各地亦見有兩三代孤寡者之土地被徵收後，即無以為生之實例，亦有戶稅超過規定至微，如一百零幾角，亦被徵收，甚有佃戶同情不忍，而願意放棄承領，地政人員亦以礙於法令，未予准許者。

這段敘述相當清楚的指出共有出租耕地業主的悲慘困境，他們所擁有的土地面積不多，並且賴此維生，當時卻只因為是處於共有及出租的狀況，即被冠上了「地主」的稱謂，變成了萬惡不赦的剝削者，這無疑是相當不正確的指控，也難怪佃農會反過來同情共有出租耕地的業主，願意自動退耕，將土地歸還給這些地

---

[17] 鄧文儀，1955，《台灣實施耕者有其田紀實》。台北：中央文物供應社，頁 302。

主，[18] 不過由於政府的強制規定，這些歸還的舉動大抵都是無法如願。

為何政府一定要徵收共有出租耕地呢？其一，可能是誤將共有土地皆視之為祭祀公業的土地。沈時可於立法院之回答指出，公同共有土地的情形台灣最多，「因台灣的人民他們祖先大都來自福建及廣東，祖先開發辛勤勞苦，因怕子弟將先人土地擅自出售，故大都將田地留一共有土地，作為祭祀公業，以這一祭祀公業的收益，作年祭以及後代子弟求學之用，主要目的在防止大家分賣。」[19] 其二，則是為了土地產權的單一化，沈時可表示「公同共有土地世代相傳的情形，大陸早有引起甚多訴訟案件，故我國民法特定一條政府對此情形，五年內一律予以合併、消滅，早有規定……此非對耕者有其田而發，乃大陸法之精神所在。」[20]

前述二種理由似乎皆有再探討的必要。前者將公同共有土地皆視之為祭祀公業土地實在是一種誤解，因為在台灣均子繼承的制度下，只要是多子繼承，在未分割之前皆是屬於公同共有土地，未必就是成立一個祭祀公業。所以，因祭祀公業而成立之公同共有土地與因其他原因而成立之公同共有土地應該有所區分才是。王益滔對此就提出其見解，「共有地中之祭祀公業，實際乃屬於已故之祖先所有，收買此等耕地，在實施上或許比較順利，但與收買真正地主之耕地，其意義畢竟不同，因共有地未必皆係地主所共有，若不加分別而一律收買之以湊數，則難免有欠公允之處。」[21] 而且，「實施耕者有其田條例」第 8 條第 1 項第 2 款及第 5 款，就特別將「共有之耕地」與「祭祀公業宗教團體之耕地」予以區分，沈時可之說若非是他對於台灣共有土地的不夠瞭解，就是有誤導之嫌。

至於後者則是欲藉由土地徵收之手段達到產權的單一化，避免民間因爭產所帶來之紛爭。然而，台灣當時剛從日本殖民者之統治轉移至國民政府，法律體系的轉移是否能在短時間之內就為台灣人民所接受，實在是不無疑問；再者，中國法體系是否就一定適用於台灣也實在有探討的必要。另外，為了達到產權單一化

---

[18] 除了這個原因之外，由於業主與佃農之間權力的不對等，兩者之間已經發展出一套的意識型態，佃農之自動退耕也受此意識型態的影響，請參見徐世榮、蕭新煌，2003，〈戰後初期台灣業佃關係之探討——兼論耕者有其田政策〉，《台灣史研究》，10(2)：35-66。

[19] 沈時可，〈土地改革工作紀實〉，頁 43。

[20] 同註 19，頁 45-47。

[21] 王益滔，《王益滔教授論文集，第一冊（全三冊）》，頁 116。

的政策目的，是否一定要透過土地徵收才得以實現呢？政府其實是可以給予人民一段時間來處理其共有的產權，由此來實現產權單一化的目標，而不用大費周章的使用徵收的手段。再者，若從行政公平的面向來思維，為何共有出租耕地的業主不能夠與個人有耕地業主一樣，也可以至少保留中等水田三甲的土地呢？[22] 政府的施政明顯歧視共有出租耕地的業主。

然而最為重要的是，產權單一化的政策目標是否與耕者有其田的目的相符合，確實是有相當大的疑問，因為擁有共有耕地的土地所有權人，雖然因土地出租予佃農耕作而符合了「實施耕者有其田條例」中地主[23] 的定義，然而他們絕大多數都僅是擁有小面積的土地所有權人（或稱為業主），未必就是大面積的土地所有權人（也就是所謂的地主）。如此共有出租耕地一律徵收放領的結果，是剝奪了許多擁有小面積農地的土地所有權人的權利，並將其轉移至佃農的身上，如此一來，只是另外創造出一群小面積農地的土地所有權人，[24] 原來土地所有權人的權益完全被忽視了。

誠如上述，為了產權的單一化而來徵收共有出租耕地的所有權根本是缺乏正當性，也因此產權單一化應該僅是其表面的理由，應該還有其他的理由促使政府一定要徵收共有出租耕地，那麼，其根本的原因到底為何？筆者以為，其根本的原因就是在於台灣的地主數量相當的稀少，透過耕者有其田政策所能夠徵收而得的耕地其實是相當的有限，這使得台灣省民政廳地政局相當堅持於共有出租耕地的一律徵收。

而這也涉及了行政院體系、尤其是省政府地政局，與立法院之間的爭執，按照地政局原先所提之「台灣省扶植自耕農條例」草案，私有出租耕地「除個人有在鄉地主，得按十一等則水田標準保留二甲，或十二等則旱田四甲，以及具有特殊用途或收穫顯不可靠之耕地，得呈准免徵外，其餘個人有不在鄉地主之耕地，

---

[22] 當「實施耕者有其田條例」於立法院審議之時，曾有立法委員要求應該一視同仁，讓共有出租耕地的業主也能夠保留中等水田三甲的土地，但是不被行政院所接受。請參見沈時可，〈台灣光復後推行土地改革之經過〉，頁 12。

[23] 1953 年 1 月 20 日立法院通過的「實施耕者有其田條例」，其第 6 條第 1 項前半部規定：「本條例所稱地主，指以土地出租與他人耕作之土地所有權人，其不自任耕作，或雖自任耕作而以雇工耕作為主體者。其耕地除自耕部份外，以出租論。」

[24] 每戶農民承領耕地的面積，隨其原來承租面積之多寡而有所不同，不過平均為 0.74 甲，其承領面積在一甲以下的戶數最多，占承領總戶數的 76.55%，計 149,146 戶。

及共有、團體有、政府代管等耕地，一律由政府予以徵收。」[25] 當初估計徵收耕地之面積如下：

表 3　台灣省民政廳地政局最初估計徵收耕地之面積（單位：甲）

類別	面積	百分比
個人有出租耕地	77,665	36.2%
共有出租耕地	119,071	55.4%
團體有出租耕地	17,199	8.0%
其他出租耕地	898	0.4%
總計	214,833	100.0%

資料來源：湯惠蓀（1954：71）。

　　當此草案送至台灣省臨時省議會之後，省議會將耕地徵收保留部分予以修正為，「在鄉地主之耕地保留標準，按等則增訂為四級，即水田一至六則者保留一甲，七至十二則二甲，十三至十八則三甲，十九至二六則四甲。旱田依上列分級，比照水田加倍保留。對省府原草案所定共有出租耕地一律徵收一款，予以刪去。」[26] 這項修正最為重要的地方乃是共有出租耕地不被列入徵收的範疇，倘若此提議真正實現，那麼前述表格中的 119,071 甲共有出租耕地將被剔除，這對於台灣省地政局及行政體系將是一項重大的挫敗。

　　值得注意的是，台灣省政府聲稱為了爭取時效，當渠將「台灣省扶植自耕農條例」送交台灣省臨時省議會審議之時，同時也將此草案併報行政院核示，俟省議會提供意見到達之後，再送中央參考。這樣的行政程序其實也已隱含著一個重要的訊息，那就是省議會並無實質的決策權力，決策權力是掌握在行政機關的手裡。內政部後來根據行政院會之決議，決定：「一、共有之出租耕地仍一律徵收。二、無論在鄉地主或不在鄉地主均可依下列標準，保留其出租耕地。①水田──一則至六則一甲五分，七則至十二則三甲，十三則至十八則四甲五分，十九則至二十六則六甲。②旱田──一則至六則三甲，七則至十二則六甲，十三則至十八則九甲，十九則至二十六則十二甲。」[27] 由此可見，省議會將共有

---

[25] 湯惠蓀，《台灣之土地改革》，頁 71。

[26] 同註 25，頁 72。

[27] 鄧文儀，《台灣實施耕者有其田紀實》，頁 41。

出租耕地一律徵收予以刪除的提議，完全不受行政院的認同。根據行政院後來的估計，其各類徵收耕地之面積如下表。倘與上一個表格來比較，可以發現只有個人有出租耕地部分是變更的，其餘各分類則是都沒有改變，共有出租耕地的徵收仍然是占了最大的比率。

表4　行政院估計徵收耕地之面積（單位：甲）

類別	面積	百分比
個人有出租耕地	42,489	23.6%
共有出租耕地	119,071	66.3%
團體有出租耕地	17,199	9.6%
其他出租耕地	898	0.5%
總計	179,657	100.0%

資料來源：湯惠蓀（1954：74）。

後來行政院將此共有出租耕地一律徵收的草案送交立法院來審議，並且引起了相當大的爭議，其中最為立法委員們所無法認同之處即是共有出租耕地的一律徵收，台灣省地政局長沈時可自己也有這樣的一段文字記載：[28]

> 在例會前一日，蕭錚委員電邀沈時可前去說明天的會由你沈時可局長報告。……蕭委員說已經召集人楊寶琳委員決定，她會通知你沈局長，大概是關於共有土地的問題。……到了開會果然有一高大雄偉之北方委員，起而質詢，他說事涉共有土地，何以要在第十條列為一律徵收。……關於耕者有其田法案的激烈爭議，為蔣中正總統所知，乃以國民黨總裁身分，邀集立法院委員會重要召集委員及有影響力的委員十餘人，中央黨部張其昀秘書長、行政院黃少谷秘書長、省政府主席吳國楨、財政廳長任顯群等會集一堂。……有李慶麐委員發言說明立法委員們的意見，認為共有土地不應一律徵收，其中尚有若干問題須加分類保留等理由。接下來楊召集人寶琳委員及其餘委員均熱烈發言，內容大致相同。

---

[28] 同註19，頁41-48。

立法委員們的發言乃是反對共有出租耕地的一律徵收，並與行政單位針鋒相對，後來這個爭議是經由蔣介石出面協調，才得以解決，在前述的重要會議當中，[29]

> 蔣總裁點頭示意，贊許沈時可的報告，指示休息十五分鐘，由全體在座立法委員及農復會主委蔣夢麟、總統府秘書長王世杰等組織小組會，草擬第十條修正案文，指定沈時可擔任記錄，在開會時提出報告。於是公推楊寶琳、李慶麐兩委員為召集人，在休息室開會，先交換意見，沈時可就各人所發表意見分送各位發言人認可後，再由召集人分別研究修改、謄清，經參加人一一簽名後交還召集人。這時有人來催說十五分鐘時間已超過，蔣總裁將要離開辦公室，請大家速往會議室，將記錄呈送蔣總裁核閱，經總裁核閱後，問有無錯誤，召集人答說無錯誤，蔣總裁詢問大家有無意見，即宣布本案修正如紀錄，大家鼓掌表示滿意而退。

原草案第 10 條有關於共有出租耕地一律徵收的條款，因此有了部分的修正，而由於條文的重新整理，使得原草案第 10 條變更為後來的第 8 條，共有出租耕地地主的權益根本未獲保障。

四、結論

本文由三七五減租談起，由於權威氣氛使得政府得以順利的進行租佃改革，公地放領的實施則是因為農民對於台糖公司的抗爭，為了解決嚴重失業問題及維持政治的穩定，政府施行了公地放領政策。耕者有其田政策則是對於地主定義的擴大解釋，使得許多共有出租耕地小土地所有權人的權益遭致嚴重的剝奪，造成了發現地主的生活因為土地改革的實施而陷入窘迫，這使得部分佃農反過來同情地主的處境，而願意將土地歸還給地主，不過，這樣的舉動嚴重衝擊了土地改革實施的正當性，也會因此對土地改革的實施帶來致命的打擊，為了避免事態的惡化，當時擁有絕對權力的政府不斷地塑造業主剝削佃農的意識型態，統一了對於此事的詮釋口徑，另一方面則是祭出了嚴刑峻罰，嚴禁佃農將土地歸還給業主，如此一來，業主是很難抵擋的。

---

[29] 同註 19，頁 48-49。

而業主的生活為何會陷入窘迫的局面？按照政府的宣傳，他們不都是富有一方的剝削階級嗎？生活怎會因此就陷入絕境？這其實都是根源於一個非常嚴重的錯誤認知，那就是我們長期以來皆誤把「業主」（或是土地所有權人）當成為「地主」，讓這些業主承載了太多意識型態的負擔。而「地主」在當時等於是一個剝削階級的代名詞，是必須予以制裁及消滅的。但是，若以前述國民政府在中國大陸統治時代對於地主的定義，不論是依照何種的標準，絕大多數的台灣業主根本都是不合格的，也就是大多數的台灣耕地所有權人皆不夠資格被稱之為地主。然而，國民政府來台之後，為了要實施土地改革政策，竟然將地主的定義做了毫無限制的擴張，凡是擁有耕地，並且將其出租者，即被冠之以地主的稱謂，而其命運也因此大有不同，筆者以為國民政府及農復會這樣不一致的標準作為，其實是必須予以檢討與省思的。

在上述的業主當中，命運最為悲慘的，當屬共有出租耕地業主，他們大部分都僅是擁有小面積的耕地，並藉此維生，但是在國民政府的堅持之下，他們的耕地大概都被徵收並且放領給了佃農。雖然當時立法院曾經有強烈的反對，但是在蔣中正總統出面協調之下，共有出租耕地的徵收政策並未有改變，僅是加上了第8條第2項但書的例外規定，他們無法與個人有出租耕地的業主一樣，至少保留中等水田三甲的土地。但是，行政體系還是不願意屈服於此例外的規定，反而透過實施耕者有其田條例施行細則的詮釋權，狹隘定義了第8條第2項的內涵，致使能夠符合其條件的業主甚為稀少。共有出租耕地業主們的權益根本就是被忽視了，他們反成為台灣社會被剝削及被革命的一群，變為這個社會的次等公民，國民政府對待他們是何其的殘忍，而其命運是何其的可悲！同樣讓人難過的是，長久以來我們對於國民政府自主能力的推崇，[30]竟然是建立在如此殘酷的事實之上。

50多年的光陰已過，當年的業主們或許大部分皆已逝世，但是這樣的問題不應繼續被忽視，它應該要被深切的瞭解及反省，並且慎重的對待及補救。

---

[30] 請參見 Amsden (1985) & Skocpol (1985)。

參考文獻

內政部，（年代不詳），《台灣省三七五減租考查報告》。

王長璽、張維光，1955，《台灣土地改革》。台北：中國地政研究所。

王益滔，1966，〈光復前台灣之土地制度與土地政策〉。頁 52-86，收錄於「台灣銀行經濟研究室」編，《台灣經濟史十集》。台北：台灣銀行。

——，1991，《王益滔教授論文集，第一冊（全三冊）》。台北：台灣大學農業經濟學系。

台灣省政府，（年代不詳），《台灣省扶植自耕農實施方案》。

——，（年代不詳），《放領公地扶植自耕農手冊》。

——，（年代不詳），《台灣省地政法令輯要【上冊】》。

——，1950，《三七五減租文告暨法令輯要》。

台灣省政府民政廳地政局，1948，《台灣省公地放領手冊》。

——，1949，《公地放租》。

——（編印），（年代不詳），《台灣省四十年度三七五減租工作概況》。

——（編印），（年代不詳），《台灣省推行三七五地租手冊》。

台灣省參議會秘書處編印，1947 年 6 月，《台灣省參議會第一屆第一次大會特輯》。

——，1947 年 12 月，《台灣省參議會第一屆第二次大會特輯》。

——，1948 年 6 月，《台灣省參議會第一屆第三次大會特輯》。

——，1948 年 12 月，《台灣省參議會第一屆第四次大會特輯》。

行政院農村復興委員會，1999，《浙江省農村調查（民國二十二年）》，近代中國史料叢刊三編第八十八輯，據民國 22 年版影印。台北縣永和市：文海出版社。

呂錦淑，1998，《台灣糖業百年發展與變遷的政治經濟分析》。中正大學政治研究所碩士論文。

李承嘉，1998，《台灣戰後（1949-1997）土地政策分析——「平均地權」下的土地改革與土地稅制變遷》。台北：中國地政研究所。

李筱峰，1993，《台灣戰後初期的民意代表》。台北：自立。

沈時可，2000，〈台灣光復後推行土地改革之經過〉。頁 1-14，收錄於沈時可等著，張力耕編校，內政部編，《台灣土地改革文集》。台北：內政部。

——，2000，〈土地改革工作紀實〉。頁 15-70，收錄於沈時可等著，張力耕編校，內政部編，《台灣土地改革文集》。台北：內政部。

侯坤宏編，1988，《土地改革史料》。台北縣新店市：國史館。

徐世榮、蕭新煌，2001，〈台灣土地改革再審視——一個「內因說」的嘗試〉，《台灣史研究》8(1): 89-123。

殷章甫，1984，《中國之土地改革》。台北：中央文物供應社。

馬壽華，1964，《台灣完成耕者有其田法治實錄》。台北：思上書屋。

張勤可、張維一等，1999，〈台灣實施土地改革五十週年口述歷史座談會紀錄〉，《近代中國》131: 175-209。

陳淑銖，1996，《浙江省土地問題與二五減租》。台北縣新店市：國史館。

湯惠蓀，1954，《台灣之土地改革》，中國農村復興聯合委員會特刊第九號。台北：中國農村復興聯合委員會。

黃俊傑，1995，《戰後台灣的轉型及其展望》。台北：正中書局。

黃舒衛，2000，《台糖土地釋出之政治經濟分析》。政治大學地政學系碩士論文。

鄧文儀，1955，《台灣實施耕者有其田紀實》。台北：中央文物供應社。

鄭梓，1985，《台灣省參議會史研究──變遷時代裏的一個過渡型代議機構（1946-1951）》。台北：華世出版社。

Amsden, Alice H., 1985, "The State and Taiwan's Economic Development." Pp. 78-106 in *Bringing the State Back In*, edited by Peter B. Evans, Dietrich Rueschemeyer and Theda Skocpol. New York: Cambridge University Press.

Gold, Thomas B., 1986, *State and Society in the Taiwan Miracle*. New York: M. E. Sharpe, Inc.

Skocpol, Theda, 1985, "Bringing the State Back In: Strategies of Analysis in Current Research." Pp. 3-37 in *Bringing the State Back In*, edited by Peter B. Evans, Dietrich Rueschemeyer and Theda Skocpol. New York: Cambridge University Press.

影響風險意識與支付意願之個人因素：
以台南水患治理為例 [*]

許耿銘

* 本文為筆者執行科技部《水患災害、風險意識與風險溝通：台南市水患治理之個案分析》
（105-2410-H-845-029-MY2）研究計畫部分成果之呈現，特此致謝。

一、前言

　　台南市，於台江內海陸化之後，因地勢低窪且排水不易，加上排水堤岸老舊、土溝結構薄弱、排水路通水斷面不足、都市地區雨水下水道建置不足等，致使易淹水潛勢區域約 450 平方公里，占全國三分之一（天下雜誌 2014）。而受到水患衝擊的居民，其面對災害的因應能力，除了端視其周圍的自然環境之外，也會因政治、經濟與社會等條件所影響。

　　災害風險治理是藉由設計、執行、評估相關策略、政策及措施的過程，以增加對於災害風險的瞭解，降低及轉移災害風險，並推動對災害準備、應變及復原實際作為的持續改進，終極目標是增進人類安全、福祉、生活品質、回復力及永續發展（IPCC 2012: 3）。惟民眾面對水患的問題，過去常認為是自然界的實存現象；但自從風險意識逐漸覺醒之後，民眾開始感受到水患所致的災害。在此發展脈絡中，隨著風險意識的提升，再加上因為民眾生活環境受到不利之影響，而對於政府治理無感或認為成效不彰，常造成政府與民眾之間的衝突。

　　當都市面對自然災害的衝擊時，其影響範圍與程度型態迥異；若僅依賴政府的作為，恐難全面且有效的因應與解決，必須整體性檢視都市中自然與人文條件之互動關係（Helmer and Hilhorst 2006）。有鑑於水患問題漸受重視，經濟部水利署開始執行「易淹水地區水患治理計畫」（經濟部水利署 2015），除了政府向來相當倚賴的大型硬體工程之外，家戶、小型或非工程措施，亦被視為減災避洪措施亟需推動之事務。相關之減災行動，以短期而言，例如：堆疊沙包、備妥避難包；長期行動包括設置永久性的設備（如：防水閘門）、變更住宅使用配置（如：減少地下室使用等）；更長期性的住宅結構改變（如：墊高房屋）；而非工程、但可以降低家戶災害風險的措施（如：投保颱風洪水險等）（郭彥廉 2013：5）。

　　在水患風險的災害研究中，常見以全球或國家為尺度，相對較少從個體角度予以評估；而水患風險中個體的差異條件，將會是影響災害衝擊能否得以減緩的關鍵之一。主要是因為相對於水患災害是較屬於客觀存在的自然現象，風險意識則相對偏向於較為主觀的個人認知；個人對於減災作為之成本考量，恐將影響其是否會實際採取行動。有鑑於此，本文將以台南市為研究範疇，希冀瞭解民眾本身的因素，在風險意識與支付意願之間所扮演的角色。

二、文獻檢閱

（一）風險意識

　　現代的風險社會研究甚為複雜，國內外學界包括經濟學、統計學、風險管理、行為科學等學者，對於風險的定義截至目前仍未有一致之共識。例如：有學者定義風險係指外在的事物與情境隱含危害人們的因子，隨之造成潛在受損（loss）的機會（Stern and Finberg 1996: 215）。鄭燦堂（2014：18-20）認為可將風險分為主觀與客觀兩類，前者強調個人心理層面的「主觀」感受，可稱為事件發生之不確定性，不確定性包含面對結果、時間、狀態、嚴重程度等；後者側重於「客觀」的整體及數量之狀況，以科學方式計算損失機率，並認為風險具有普遍性、客觀性、可變性等特質。Cutter（1993）則指出人類因瞭解災害所造成之損失風險，進而產生主觀的風險意識與評估。

1. 內涵

　　風險意識係由心理學研究民眾對於風險的主觀感受而來，用以分析人們面對未知事務，內心即可能存在不安全感及無法確定之現象，因此開始受到學界之探討，以期瞭解個人面對不同風險種類之心理狀態（Slovic, Fischhoff and Lichtenstein 1982: 84）。

　　Baird 及 Thomas（1985）認為風險意識是個人面對外在的複雜環境而有強烈不確定感，繼之衍生的心理態度。人面對風險的態度及本能直覺的主觀認知，皆為風險意識之樣態，並藉此評估各類有危險的事物（Slovic 1987, 1992）。Miceli、Sotgiu 及 Settanni（2008: 166）則發現人類對於風險可能性與造成損失的主觀判斷，常被視為是衡量風險意識的方法。

　　Rogers（1987: 104-105）主張風險的可接受性（risk acceptability），取決於人們對於風險的理解、風險發生的即時效應、個人評估接受風險後的潛在及實際利益，更重要的是對於風險的知識，即風險識別（risk recognition）之概念。洪鴻智（2005：34）指出民眾評估的風險意識，有別於專家透過科學、客觀、機率與結果衡量風險，是來自於感知（perceived）的一系列過程，並以個人知覺的方式表達面對風險的感受。然而何謂面對風險之「感受」，Rundmo（2002）認為風險

意識與情緒有極大關聯性，人們可能會有恐懼、焦慮與恐慌等情感反應之展現。

綜上所述，風險意識不僅涉及面對風險的思考（thought），也包含其觀感（feeling），進而可能改變後續風險評估的結果（Slovic, Finucane, Peters and MacGregor 2004）。因此，風險意識可概分為三個面向，包括：風險認識（risk identification）、風險估算（risk estimation）與風險評估（risk evaluation），其概念為個人首先須瞭解風險，其次憑藉風險可能帶來的損失程度以衡量風險，最後則評估自身是否能接受風險，或可接受到何種程度（袁國寧 2007）。

2. 影響風險意識的因素

學者認為人們的災害風險意識，不應僅根據風險事件發生之結果機率、死亡率與嚴重程度等數據，也須注意人類對於風險之暴露度、不確定性、可控制程度、潛在性威脅、掌握能力等，皆可能影響其風險意識（Slovic 2000; Slovic, Macgregor and Kraus 1987）。

進言之，風險意識係建構在社會系統，呈現於個體與環境互動的過程中，使得風險意識可能因人而異，如：民眾的社經背景、生活文化、社會角色期待、周遭重要的事務、受災經驗與知識等個人因素皆須納入考量（Slovic 1999; Vandermoere 2008; Dobbie & Brown 2014；洪鴻智 2002；杜文苓、施麗雯、黃廷宜 2007：75；朱瑞玲、楊淑雯 2013：95）。故而，風險意識不只是個人對於風險事實的認定，也受到當前生活之社會結構等因素所影響。

甚且，Kleinhesselink 及 Rosa（1991）、Vaughan 及 Nordenstam（1991）認為不同社會群體對災害的接觸程度和經驗不一，會存有不同的環境風險觀，對於環境災害也有不同的認知。因此在風險意識的研究中，不應該被過度概括推論至不同的社會群體，應注意彼此間的異質性，以下分項予以舉例說明。

（1）工作狀況

民眾的個人特質（如：性別、種族、年齡、學歷、婚姻、宗教、子女數、職業類型、幼兒人數、老年人數、教育程度、收入）、居住環境（如：居住時間、住屋所有狀況、住屋結構、地形特徵）、災害經驗（如：受災次數、受災程度）、災害頻率與強度（如：災害季節、頻率、規模）等因素，都有可能影響民眾的風險意識（王琳、白璐 1993；陳翰霖 2012；Baker & Patton 1974）。若進一步依照

Hanmer 及 Saunders（1993）、蘇文欣及孫悅（2008）的調查，發現有無工作將會影響民眾對於風險意識的程度。

（2）參與水患防災教育課程與相關宣導活動

Solana 及 Kilburn（2003）根據研究西班牙災害的結果，強調風險意識的提升與加強，極需要完善的大眾教育計畫；王宏義等（2013）、王培蓉等（2017）建議未來政府機關可強化對風險意識的知識宣導、教育訓練與訊息傳播，以改變民眾的風險意識。郭俊欽等（2011）發現防災教育可以提升民眾的風險意識；陳翰霖（2012）主張為落實防災教育及宣導工作，平時教育宣導的管道應保持暢通。

（3）水患損失經驗

與風險意識相關的個人因素，亦包含災害經驗，如：有無受災經驗、受災次數、受災頻率與受災形式等。相關學者認為過去的災害經驗與風險意識有顯著關係，受災經驗愈豐富的民眾，感知到風險的程度會愈強烈（Saarinen 1979; Turner et al. 1986; Dooley et al. 1992; Mitchell 2000；王琳、白璐 1993）。民眾會因水患影響的不同狀況，產生不同程度的風險意識；但過去的災害經驗，也可能由於其認為嚴重災害並不會常常發生、距離上次災害發生的時間久遠，反而可能使其較不關心災情（Mitchell 2000; Solana & Kilburn 2003; Gregg et al. 2004）。

（二）支付意願

1. 內涵

20 世紀環境學界開始面臨一項困難的議題，即為該如何衡量民眾對於環境改善後所獲得的利益。若以價錢方式呈現，通常會詢問個人願意為環境支付多少費用，抑或者在環境破壞下，民眾願意支付多少金額以挽救自然環境（Garrod, Willis, Bjarnadottir and Cockbain 1996: 423）。某些情況下，價格並非以商品角度來衡量，尤其在自然生態系統，更沒有正式的交易市場，較為不易估計社會成本與效益，因此有「非市場評估法」（non-market valuation techniques）（Chen and Jim 2008; Peterson et al. 2010）。

自然資源對人類的價值可分為使用價值（use value）與非使用價值（non-use value），前者係指人們可透過使用資源所產生之價值，直接獲得滿足感；後者則著重於即便某一存在的價值與自身當前或未來無關，個人仍願意支付（Marre et al. 2015；葉欣誠、陳孟毓、于蕙清 2017：345）。自然環境資源與非使用價值之內涵相似，無論是民眾需繳交相關環境稅賦或採取調適行為所支付之成本，皆有利於當今社會的自然環境。

2. 影響支付意願的因素

根據學者（葉欣誠等 2017）的調查結果，發現雖然民眾對於災害風險有感受到一定程度的威脅，也知道針對災害衝擊採取減緩或調適行為需要付出成本，但基於理性自利的考量，且無法獲得即時的效益，導致其支付之接受度與意願偏低。特別是在個人努力可能徒勞無功的考量下，如果集體沒有採取共同行動，更將減少個體的支付意願（Harrison and Sundstrom 2007: 1；施奕任、楊文山 2012）。

災害保險是風險轉移（risk transfer）的方式之一，係考慮若發生天災事故，對個體所產生潛在的不利影響，在綜合評估採取減災策略等相對成本與效益，將其財產與責任的風險，轉嫁由保險業者承擔。不過因為民眾認為災害的保護責任在於政府，致使其投保的意願相當低（單信瑜、王文祿 2017：6；Bichard and Kazmierczak 2012; Wang et al. 2012）。

此種將責任歸屬於政府之論點，其中隱含著公民與政府間的信任及溝通問題（Marris, Langford and O'Riordan 1998）。O'Connor、Bord 及 Fisher（1998）發現人們即使知道政府支出經費以減少災害衝擊，卻認為政府治理的作為成效有限。檢視近年來台灣災害防治的新聞，可發現民眾普遍對於政府的信任度不足，導致推動相關政策時，常引發民間的強烈反彈（徐美苓、施琮仁 2015：269）。

此外，根據單信瑜及王文祿（2017）的研究，將影響投保意願之可能性，區分為政府政策及民眾特性兩大因素；前者包含政府編列相關防災預算及補助金額等，後者則為民眾的收入與面對水患之風險意識等個人因素。以政府的政策而言，部分民眾認為政府會發放救助金，因此不願意投保（張靜貞、羅紀琼、林振輝 2003；單信瑜、王文祿 2017）；以民眾的觀點論之，張靜貞等（2003）歸納出民眾投保意願較低的原因，是其認為政府應把預算投入防洪工程，並懷疑政府對於當前水利設施不具信心，方才鼓勵辦理保險政策；且民眾自己與其他人民一樣都有繳納稅金，卻飽受淹水之苦，因此不願意額外付出成本投保洪水險。

綜上所述，為減緩水患風險的行動須負擔一定成本，而支付的意願會與個人

自身的因素有關。針對影響支付意願的個人變項，學者提出相關因素，例如：性別、收入、年齡、家庭人數、居住地、職業、生活壓力、政府處置作為、水患災害經驗（葉寶文、傅祖壇 2007；Joseph, Proverbs and Lamond 2015; Zagonari 2013），以下將分項予以舉例說明。

（1）工作狀況

個人有無工作將會影響其收入，因此對於沒有工作的人，可能因為「沒有意願」與「缺乏能力」（宋大峯、高淑貴 2007：61；Zagonari 2013: 1103），而影響其支付的意願；對於有工作的人來說，支付意願會相對較高（葉寶文、傅祖壇 2007：523；陳宗玄等 2007；Adler 1999）。

（2）參與水患防災教育課程與相關宣導活動

根據葉欣誠等人（2017：364）的研究調查結果，建議應透過不同的教育方式，運用多元化的策略與管道，針對各年齡層的民眾在氣候風險等議題上進行更具系統性的教育，讓更多民眾知悉解決環境風險是需要花費成本的概念。因此，吾人應極力宣導相關知識，培養民眾能適當運用其知識，以辨識能否對環境付出應有的成本與貢獻（蔡耀程 2013）。而民眾對於政府防災策略的態度及資訊信任，是決定支付意願的重要因素（洪鴻智、黃欣怡 2003）。

（3）水患損失經驗

Lazo 等（2010）提及民眾對於災害風險的願付價格，受到減災服務的準確率與有效性、相關撤離配套措施、管道、個人過去災害經驗等所影響；Arshad 等（2015）、Zagonari（2013）、Zhai 等（2006）指出估計支付意願的變項之一，即為直接或間接、有形或無形的水患受災經驗。Zhai 及 Ikeda（2006）認為有受災經驗者的支付意願較高，但距上次災害經驗較久者的支付意願則較低。國內學者研究發現，家戶是否願意投保颱洪險及裝設防水閘門，均受到受災程度所影響（郭彥廉 2013）。

三、研究方法

本研究使用之問卷，是以李克特式量表（likert scale）七點尺度方式設計。問卷調查於 2017 年 3 月 1 日至 4 月 7 日期間進行，調查對象為在台南地區年

滿 20 歲以上，且現（曾）居住在台南市（包括縣市合併之前的台南縣）的民眾（已有居住六個月以上為主），總計發放 1,418 份問卷、回收 1,413 份，有效問卷為 1,382 份。為使所回收的問卷研究結果符合現況，筆者參酌台南市政府民政局公布 2017 年 4 月之 37 個行政區的人口數，進行加權分析。

四、研究分析

（一）因素與信度分析

在因素分析中，通常都以 KMO（Kaiser-Meyer-Olkin）作為指標，用來檢定是否適宜進行因素分析。[1]

1. 風險意識

「風險意識」變數的衡量題項有 6 題，KMO 值為 0.873，表示其適合進行因素分析；Cronbach's α 係數為 0.898，代表此構面信度為最佳；而此變數之解釋變異量為 66.225%。風險意識之因素與信度分析數據，請參見表 1。

表 1　風險意識之因素分析與信度結果摘要表（KMO：0.873***）

題項	共同性	因素負荷量	解釋變異量	Cronbach's α
1. 您會擔心水患可能對於財產損失的影響	.828	.910	66.225%	.898
2. 您會擔心水患可能對於生活品質的影響	.797	.893		
3. 您會擔心水患可能對於生命安全的影響	.729	.854		
4. 因台南過去曾發生過的水患，使您提高對於水患的危機意識	.622	.789		
5. 您會擔心水患災害的不確定性	.600	.775		
6. 您會擔心氣候變遷所可能帶來的災害	.398	.631		

註：*p<0.05，**p<0.01，***p<0.001

[1] 判定準則如下：當 KMO 值介於 0.6 至 0.7 間，表示因素分析適合性普通；KMO 值介於 0.7 至 0.8 間，表示適中；KMO 值介於 0.8 至 0.9 之間時，則代表良好；KMO 值大於 0.9 以上，則表示極佳（Kaiser 1974）。DeVellis（1991）對 Cronbach's α 係數提出以下標準：當 Cronbach's α 係數介於 0.65 及 0.70 之間，表示信度尚可；Cronbach's α 係數介於 0.7 及 0.8 之間，則代表具有高信度；Cronbach's α 係數大於 0.8 時，此時信度為最佳。

2. 支付意願

「支付意願」變數的衡量題項有 5 題，KMO 值為 0.697，表示其適合進行因素分析；Cronbach's α 係數為 0.778，代表此構面信度具有高信度；而此變數之解釋變異量為 53.687%。支付意願之因素與信度分析數據，請參見表 2。

表 2　支付意願之因素分析與信度結果摘要表（KMO：0.697***）

題項	共同性	因素負荷量	解釋變異量	Cronbach's α
1.為了避免水患造成的重大損失，您會願意支付搬家的成本	.285	.534	53.687%	.778
2.若由政府開辦颱風洪水險，您會願意購買保險	.535	.731		
3.您會購買颱風洪水險以避免水患災害所帶來的損失	.657	.811		
4.您會準備沙包等阻隔設施以避免水患災害	.594	.771		
5.您會準備避難包以避免水患災害	.613	.783		

註：*p<0.05，**p<0.01，***p<0.001

（二）差異性分析

1. 工作狀況

由表 3 的結果可知，有無工作狀況對「風險意識」與「支付意願」變數的 t 值分別為 1.468 及 2.159。「支付意願」變數的 p 值＝ 0.031 ＜ 0.05，代表工作狀況在支付意願的變數上會有所差異，且有工作者的平均數大於無工作者，可知有工作者的支付意願較高；而「風險意識」變數的 p 值＝ 0.142 ＞ 0.05，代表工作狀況在「風險意識」的變數上並無差異。

表 3　工作狀況與各變數之獨立樣本 t 檢定表

變數	分類變數	個數	平均數	標準差	Levene's T（顯著性）	T檢定（顯著性）
風險意識	有工作	1100	5.3777	1.22505	.464	1.468
	無工作	224	5.2470	1.16399	（.496）	（.142）
支付意願	有工作	1096	4.1325	1.16986	2.391	2.159*
	無工作	226	3.9515	1.03587	（.122）	（.031）

註：*p<0.05，**p<0.01，***p<0.001

2. 參與水患防災教育課程與相關宣導活動

由表 4 的結果可知，是否曾參與水患防災教育課程與相關宣導活動對「風險意識」與「支付意願」變數的 t 值分別為 1.724 及 5.348。「支付意願」變數的 p 值＝ 0.000 ＜ 0.05，代表參與經驗之有無在支付意願的變數上會有所差異，且曾參與者的平均數大於未參與者，可知曾參與者的支付意願較高；而「風險意識」變數的 p 值＝ 0.085 ＞ 0.05，代表參與經驗之有無在「風險意識」的變數上並無差異。

表 4　是否曾參與水患相關宣導活動與各變數之獨立樣本 t 檢定表

變數	分類變數	個數	平均數	標準差	Levene's T（顯著性）	T檢定（顯著性）
風險意識	曾參與	517	5.4237	1.21108	.088	1.724
	未參與	798	5.3052	1.22035	（.766）	（.085）
支付意願	曾參與	519	4.3115	1.14560	.063	5.348***
	未參與	796	3.9682	1.13242	（.803）	（.000）

註：*p<0.05，**p<0.01，***p<0.001

3. 水患損失經驗

由表 5 的結果可知，是否曾有水患損失經驗對「風險意識」與「支付意願」變數的 t 值分別為 7.009 及 0.224。「風險意識」變數的 p 值＝ 0.000 ＜ 0.05，代表是否曾有水患損失經驗在風險意識變數上會有所差異，且曾有水患損失經驗者的平均數大於未有水患損失經驗者，可知曾有水患損失經驗者其風險意識較高；

而「支付意願」變數的 p 值＝ 0.822 ＞ 0.05，代表有無水患損失經驗在「支付意願」的變數上並無差異。

表 5　是否曾有水患損失經驗與各變數之獨立樣本 t 檢定表

變數	分類變數	個數	平均數	標準差	Levene's T（顯著性）	T檢定（顯著性）
風險意識	有水患經驗	404	5.6816	1.07508	14.549***（.000）	7.009***（.000）
	無水患經驗	913	5.2078	1.24864		
支付意願	有水患經驗	403	4.1116	1.13518	.401（.527）	0.224（.822）
	無水患經驗	912	4.0962	1.15148		

註：*p<0.05，**p<0.01，***p<0.001

五、結論

（一）研究發現

　　根據差異性分析，有工作現況者在支付意願的變數上有差異，有工作者的平均數大於無工作者，可知有工作者的支付意願較高；有無參與水患防災教育課程與相關宣導活動者在支付意願的變數上會有所差異，且曾參與者的平均數大於未參與者，可知曾參與者的支付意願較高；而是否曾有水患損失經驗者在風險意識的變數上有差異，曾有水患損失經驗者的平均數大於未有水患損失經驗者，可知曾有水患損失經驗者其風險意識較高。

（二）政策建議

　　針對個人背景因素之工作狀況、參與水患防災教育課程與相關宣導活動以及水患損失經驗等，在風險意識和支付意願之間所出現的差異性，本研究提出相對應之政策建議。

1. 工作狀況

　　根據差異性分析，有工作者在支付意願的變數上之平均數大於無工作者。過去許多研究皆表明，人們的社會經濟背景可能影響其支付意願；但有時並非民眾

不願意負擔金錢從事調適行為，而是與自身的經濟狀況密切相關。因此，政府除了在水患發生後提供相關救助金，平時即可編列經費予以補助。

2. 參與水患防災教育課程與相關宣導活動

　　在差異性的分析中，有參與水患防災教育課程與相關宣導活動者，在支付意願的變數上之平均數大於未參與者；且由台南市實際案例之觀察，發現若能有系統規劃、執行水患防災教育課程與相關宣導活動，將能影響民眾後續對於防災所需付出成本之態度。因此，針對災防教育與宣導之必要性，相當值得相關政府和自主防災社區等關注。

3. 水患損失經驗

　　由於風險意識會受到環境脆弱度與資訊所影響，因此水患損失經驗確實可能會影響風險意識。對於防災而言，當然不希望民眾遭遇水患；但倘若不幸遭遇災害，如果能因此提高風險意識，以避免或減低下次的災害，即能成為前車之鑑的學習經驗。相對地，針對沒有災害經驗者，若能增加風險溝通的機會或頻率，除前述的防災教育之外，可從電視新聞等媒介傳播災害資訊，告知災害造成的影響，並建議民眾可以採取哪些防洪避險措施。

（三）後續研究建議

　　由於本文僅探討個人背景因素之工作狀況、參與水患防災教育課程與相關宣導活動以及水患損失經驗等對於風險意識和支付意願之影響，並未探詢其間造成差異的原因，是值得未來進一步繼續進行相關變數的研究分析。

參考文獻

天下雜誌，2014，〈打造臺南：親水、活水宜居環境〉。http://www.cw.com.tw/article/article. action?id=5062576，取用日期：2015 年 12 月 15 日。

王宏義等，2013，〈大學生對於參與休閒潛水活動的知覺風險之研究〉。《臺灣體育學術研究》 55: 63-78。

王培蓉等，2017，〈氣候變遷下私有林主對林地危害風險及森林經營調適策略知覺之研究〉。 《中華林學季刊》50(3): 235-250。

王琳、白璐，1993，〈居民的災難意識〉。《行政院國家科學委員會防災科技研究報告 79-75 號》，計畫編號：NSC79-0414-P003-02B，桃園：中原大學。

朱瑞玲、楊淑雯，2013，〈臺灣民眾的利環境態度與行為：價值觀與罪感的影響〉。《環境教育 研究》9(2): 91-129。

宋大峯、高淑貴，2007，〈環境保護行為的機制與路徑〉。《農業推廣學報》22: 37-80。

杜文苓、施麗雯、黃廷宜，2007，〈風險溝通與民眾參與：以竹科宜蘭基地之設置為例〉。《科 技、醫療與社會》5: 71-110。

施奕任、楊文山，2012，〈氣候變遷的認知與友善環境行為：紀登斯困境的經驗測試〉。《調查 研究——方法與應用》28: 47-77。

洪鴻智，2002，〈科技風險知覺與風險消費態度的決定：灰色訊息關聯分析之應用〉。《都市與 計畫》29(4): 575-593。

──，2005，〈科技鄰避設施風險知覺之形成與投影：核二廠〉。《人文及社會科學集刊》17(1): 33-70。

洪鴻智、黃欣怡，2003，〈洪災保險的購買意願：以基隆河中下游沿岸居民為例〉。《都市與計 劃》30(3): 241-258。

徐美苓、施琮仁，2015，〈氣候變遷相關政策民意支持的多元面貌〉。《中華傳播學刊》28: 239- 278。

袁國寧，2007，〈現代社會風險倫理之探析——台灣颱風、洪水災害風險管理觀點〉。《亞太經 濟管理評論》10(2): 47-78。

張靜貞、羅紀琼、林振輝，2003，〈基隆河汐止、五堵地區居民參與洪災保險意願之研究〉。 《臺灣經濟預測與政策》34(1): 39-61。

郭俊欽、莊翰華、康良宇，2011，〈社區防災學習影響因素之研究〉。《臺中教育大學學報》 25(1): 99-123。

郭彥廉，2013，〈災害經驗與風險資訊對家戶減災整備及風險暴露行為之影響研究 (II)〉。《行政 院國家科學委員會補助專題研究計畫成果報告》，計畫編號：NSC101-2410-H006-117，台 北：行政院國家科學委員會。

陳宗玄、陳淑君、高珮如，2007，〈居民對文化資產保存認知與願付價格之研究——以鹿港鎮 與台南安平地區為例〉。《朝陽學報》12: 271-291。

陳翰霖，2012，〈偏遠聚落居民的洪水及坡地災害識覺與調適行為之研究（II）〉。《行政院國家科學委員會補助專題研究計畫成果報告》，計畫編號：NSC100- 2410-H-277-004，台北：行政院國家科學委員會。

單信瑜、王文祿，2017，〈土石流災害保險制度可行性之研究〉。《106年度水土保持局創新研究計畫期末報告》，計畫編號：SWCB-106-064，台北：行政院農業委員會水土保持局。

經濟部水利署，2015，「易淹水地區水患治理計畫」。http://webarchive.wra.gov.tw/fcp201505/fcp201505/fcp.wra.gov.tw/index.html，取用日期：2018年12月12日。

葉欣誠、陳孟毓、于蕙清，2017，〈我國民眾減緩全球暖化之願付價值與影響因素分析〉。《都市與計劃》44(4): 339-374。

葉寶文、傅祖壇，2007，〈酒後駕車行為之取締的願付風險價值研究〉。《運輸計劃季刊》36(4): 509-533。

蔡耀程，2013，〈綠色行銷工具與消費者願付價格之研究——以羽球器材／設備消費為例〉。《嶺東體育暨休閒學刊》11: 87-103。

鄭燦堂，2014，《風險管理：理論與實務》（第6版）。台北：五南圖書出版股份有限公司。

蘇文欣、孫悅，2008，〈澳門大學生的博彩行為與風險知覺研究〉。《澳門理工學報》11(1): 19-33。

Adler, T., W. Ristau and S. Falzarano, 1999, "Traveler Reactions to Congestion Pricing Concepts for New York's Tappan Zee Bridge." *Transportation Research Record: Journal of the Transportation Research Board* 1659(1): 87-96.

Arshad, M. et al, 2015, "What Drives the Willingness to Pay for Crop Insurance against Extreme Weather Events (Flood and Drought) in Pakistan? A Hypothetical Market Approach." *Climate and Development* 8(3): 234-244.

Baird, I. S. and H. Thomas, 1985, "Toward a Contingency Model of Strategic Risk Taking." *The Academy of Management Review* 10(2): 230-243.

Baker, Earl J. and Donald J. Patton, 1974, "Attitudes toward Hurricane Hazard on the Gulf Coast." Pp. 30-36 in *Natural Hazards: Local, National, Global*, edited by Gilbert F. White. New York: Oxford University Press.

Bichard, E. and A. Kazmierczak, 2012, "Are Homeowners Willing to Adapt to and Mitigate the Effects of Climate Change?" *Climatic Change* 112(3-4): 633-654.

Chen, W. Y. and C. Y. Jim, 2008, "Cost-Benefit Analysis of the Leisure Value of Urban Greening in the New Chinese City of Zhuhai." *Cities* 25(5): 298-309.

Cutter, S. L, 1993, *Living with Risk: The Geography of Technological Hazards*. London: Edward Arnold.

DeVellis, R. F, 1991, *Scale Development: Theory and Applications* (Applied Social Research Methods Series 26). Newbury Park: Sage publications.

Dobbie, M. F. and R. R. Brown, 2014, "A Framework for Understanding Risk Perception, Explored from the Perspective of the Water Practitioner." *Risk Analysis* 34(2): 294-308.

Dooley, D. et al., 1992, "Earthquake Preparedness: Predictors in a Community Survey." *Journal of Applied Social Psychology* 22: 451-470.

Garrod, G. D. et al., 1996, "The Non-Priced Benefits of Renovating Historic Buildings: A Case Study of Newcastle's Grainger Town." *Cities* 13(6): 423-430.

Gregg, C. E. et al., 2004, "The Perception of Volcanic Risk in Kona Communities from Mauna Loa and Hualālai Volcanoes, Hawai`i." *Journal of Volcanology and Geothermal Research* 130(3-4): 179-196.

Hanmer, J. and S. Saunders, 1993, *Women, Violence and Crime Prevention: A West Yorkshire Study.* Aldershot: Avebury.

Harrison, K. and L. M. Sundstrom, 2007, "The Comparative Politics of Climate Change." *Global Environmental Politics* 7(4): 1-18.

Helmer, M. and D. Hilhorst, 2006, "Natural Disasters and Climate Change." *Disaster* 30(1): 1-4.

IPCC, 2012, "Summary for Policymakers: Managing the Risks of Extreme Events and Disasters to Advance Climate Change Adaptation." Pp. 1-19 in *A Special Report of Working Groups I and II of the Intergovernmental Panel on Climate Change*, edited by C. B. Field, V. Barros et al. Cambridge: Cambridge University Press.

Joseph, R., D. Proverbs and J. Lamond, 2015, "Assessing the Value of Intangible Benefits of Property Level Flood Risk Adaptation (PLFRA) Measures." *Natural Hazards* 79(2): 1275-1297.

Kaiser, H. F., 1974, "An Index of Factorial Simplicity." *Psychometrika* 39: 31-36.

Kleinhesselink, R. R. and E. A. Rosa, 1991, "Cognitive Representation of Risk Perceptions." *Journal of Cross-Cultural Psychology* 22(1): 11-28.

Lazo, J. K. et al., 2010, "Household Evacuation Decision Making and the Benefits of Improved Hurricane Forecasting: Developing a Framework for Assessment." *Weather and Forecasting* 25(1): 207-219.

Marre, J. B. et al., 2015, "Non-Market Use and Non-Use Values for Preserving Ecosystem Services over Time: A Choice Experiment Application to Coral Reef Ecosystems in New Caledonia." *Ocean & Coastal Management* 105: 1-14.

Marris, C., I. H. Langford and T. O'Riordan, 1998, "A Quantitative Test of the Cultural Theory of Risk Perceptions: Comparison with the Psychometric Paradigm." *Risk Analysis* 18(5): 635-647.

Miceli, R., I. Sotgiu and M. Settanni, 2008, "Disaster Preparedness and Perception of Flood risk: A Study in an Alpine Valley in Italy." *Journal of Environmental Psychology* 28(2): 164-173.

Mitchell, J. T., 2000, "The Hazards of One's Faith: Hazard Perceptions of South Carolina Christian Clergy." *Environmental Hazards* 2: 25-41.

O'Connor, R. E., R. J. Bord and A. Fisher, 1998, "Rating Threat Mitigators: Faith in Experts, Governments, and Individuals Themselves to Create a Safer World." *Risk Analysis* 18(5): 547-556.

Peterson, M. J. et al., 2010, "Obscuring Ecosystem Function with Application of the Ecosystem Services Concept." *Conservation Biology* 24(1): 113-119.

Rogers, G. O., 1987, "Public Recognition of Hazard." Pp. 103-116 in *Uncertainty in Risk Assessment, Risk Management and Decision Making*, edited by V. T. Covello and B. L. Lave. NY: Plenum Press.

Rundmo, T., 2002, "Associations between Affect and Risk Perception." *Journal of Risk Research* 5(2): 119-135.

Saarinen, T. F., 1979, *Environmental Planning: Perception and Behavior*. Boston: Houghton Mifflin.

Slovic, P., 1987, "Perception of Risk." *Science* 236 (4799): 280-285.

——, 1992, "Perception of Risk: Reflections on the Psychometric Paradigm." Pp. 117-152 in *Social Theories of Risk*, edited by S. Krimsky and D. Golding. Westport: Praeger.

——, 1999, "Trust, Emotion, Sex, Politics, and Science: Surveying the Risk- Assessment Battlefield." *Risk Analysis* 19(4): 689-701.

——, 2000, *The Perception of Risk* (1st Ed.). London: Earthscan.

Slovic, P., B. Fischhoff and S. Lichtenstein, 1982, "Why Study Risk Perception?" *Risk Analysis* 2(2): 83-93.

Slovic, P., D. MacGregor and N. N. Kraus, 1987, "Perception of Risk from Automobile Safety Defects." *Accident Analysis and Prevention* 19(5): 359-373.

Slovic, P. et al., 2004, "Risk as Analysis and Risk as Feelings: Some Thoughts about Affect, Reason, Risk, and Rationality." *Risk analysis* 24(2): 311-322.

Solana, M. and C. R. J. Kilburn, 2003, "Public Awareness of Landslide Hazards: The Barranco de Tirajana, Gran Canaria, Spain." *Geomorphology* 54(1-2): 39-48.

Stern, P. C. and H. V. Fineberg, 1996, *Understanding Risk: Informing Decisions in a Democratic Society*. Washington, D.C: National Academies Press.

Turner, R. H., J. M. Nigg and D. Paz, 1986, *Waiting for Disaster: Earthquake Watch in California*. Berkeley: University of California Press.

Vandermoere, F., 2008, "Hazard Perception, Risk Perception, and the Need for Decontamination by Residents Exposed to Soil Pollution: The Role of Sustainability and the Limits of Expert Knowledge." *Risk Analysis* 28(2): 387-398.

Vaughan, E. and B. Nordenstam, 1991, "The Perception of Environmental Risks among Ethnically Diverse Groups." *Journal of Cross-Cultural Psychology* 22(1): 29-60.

Wang, M. et al., 2012, "Are People Willing to Buy Natural Disaster Insurance in China? Risk Awareness, Insurance Acceptance, and Willingness to Pay." *Risk Analysis: An International Journal* 32(10): 1717-1740.

Zagonari, F., 2013, "Implementing a Trans-Boundary Flood Risk Management Plan: A Method for Determining Willingness to Cooperate and Case Study for the Scheldt Estuary." *Natural Hazards* 66(2): 1101-1133.

Zhai, G. and S. Ikeda, 2006, "Flood Risk Acceptability and Economic Value of Evacuation." *Risk Analysis* 26(3): 683-694.

Zhai, G. et al., 2006, "Willingness to Pay For Flood Risk Reduction and Its Determinants in JAPAN." *Journal of the American Water Resources Association* 42(4): 927-940.

核廢風險溝通的反思：
核廢政策的公共審議

杜文苓、謝蓓宜

一、前言

在日本福島核災發生後，台灣政府在反核聲浪中停建核四，2016 年取得執政的民進黨政府再度宣示非核家園政策，為紛擾多年的核能爭議劃上句點，但核廢處置問題卻一直停滯不前。核一、二、三廠已接近除役年限，燃料池爆滿的高階核廢料，以及承諾移出的蘭嶼暫存低階核廢料，皆為延宕已久的核廢處置問題上緊發條。現行核廢料放置地點多為臨時性規劃，包括核能電廠、蘭嶼低階核廢料暫時貯存場等地，政策缺乏通盤考量，僅能治標而無法治本。至今，民眾並不信任政府的核廢處置能力，選址過程所到之處抗爭不斷，核廢料處置政策日趨複雜而棘手。

2006 年《低放射性廢棄物最終處置設施場址設置條例》通過，選址條例中，考量的面向以科學與地質環境等因素為主，地區的經濟狀況、風俗、文化與社會生活等層次沒有納入考量。雖然選址程序相較其他立法有較多的公民參與機制，但選址條件重技術而輕社會，仍引發忽視社會、環境正義等價值的質疑。

為了釐清核廢料選址條例的公投爭議，行政院原子能委員會於 2010 年委託學術機構辦理「核廢何從電視公民討論會」、2014 年辦理「＂核＂你到永遠公民討論會」，透過審議民主方式，討論核廢處置政策。這兩場會議結論皆指出，政府核廢處置政策應注重多元社會價值面向，而非僅考量特定科技專家的意見。而 2016 年由民間團體以公民審議方式主辦的「民間核廢論壇」，則更明確指出核廢政策應納入多元價值及地方權利保障等原則。這幾場論壇皆指出，過往核廢選址以及處置政策設計不良。以回饋金為例，在社區造成的撕裂與不安可能大於其宣揚的地方榮景，而這些問題皆是政府未來在政策規劃上應注意之處。

本文採用質性研究方法，包括參與觀察、深入訪談以及次級資料分析。本文嘗試將三場論壇所累積可觀的文本資料進行彙整分析，綜合整理這三場在不同時空背景、不同操作形式、不同討論議程的公民審議論壇的籌備過程與產出結論。這三場論壇之所以有彙整討論的意義，除了均聚焦於核廢料的公共審議，我們更想突顯一個值得注意的現象：即使上述公共論壇是在不同時期舉辦，討論的設定議程也不盡相同，但共識結論卻都提出類似的原則性價值論述與建議，反應了政府過去決策的一些盲點。公共審議的結果顯示，民眾對於政府處置核廢問題，普

遍有著環境不正義的疑慮，以及偏遠地區被都市忽視的焦慮。因此，如何能夠切實回應受影響社區民眾對核廢政策中無可避免的「犧牲」無奈，敦促整體台灣社會共同扛起核廢處置的責任，將是未來政府風險溝通著力的重要課題。

二、文獻回顧

（一）核能的「物」性與科技治理

核廢處置爭議涉及相當多的科學不確定性與倫理價值辯證，舉凡核廢政策環評、高放射性廢料中期或永久處置安全、低放射性廢料選址等議題，皆超越了單純只靠工程科學技術所能夠處理的範疇，而需面對各種社會影響的質問。無可避免地，要進行核廢問題的風險溝通，直指核廢問題處理的核心，我們無法忽略其源頭核能運作這個「物」的社會政治特性，以及其衍生廢棄物的處理政治。

1. 核能、核廢料的「物」特性

核電作為當代技術物的運作特性，Winner（1986）在〈技術物有政治性嗎？〉一文中，說明了科技物與社會的複雜互動關係。他指出，技術與科學，在社會決定是否「選擇」使用或發展特定技術物的時候，整個社會也同時被此特定科技，塑造出特定的生活方式。社會所面對的選擇，可以分成兩種層面，第一層面是再簡單不過的「贊成或反對」，如基因改造食品、興建水壩、和核能發電等，不管是在地方、國家、或國際層次上，焦點都在於「贊成或反對」的抉擇。但選擇贊成或反對某項技術，就如同是否接受一項影響重大的新法律一樣重要，會對整體社會的生活型態產生長遠的影響。第二層面，在於接受特定技術系統後，緊隨而來的設計或配備型式的選擇。一些看來無害的設計，如大眾運輸、水利計畫、工業自動化等，常常隱藏著意義深刻的社會選擇與政治效果。舉例而言，當人們「決定」開始發展電腦科技、相關軟體程式、和網際網路時，也等同於「選擇」了散布世界各地的工作型態、遠端操控的可能性、以及無所遁形的隱私揭露等生活方式。

Winner（1986）所揭露的「技術政治」概念在於，一個人類製造並運轉的技術系統，沒有什麼是因為現實或效率上的考量而絕對必須的，但一旦遂行了某種

行動進程，一旦技術物——如核能電廠興建且開始運轉，便正當化了要求整個社會和生活型態去配合技術所需之理由。例如，太陽能發電能夠由個人或社區自行管理控制，是較能與民主、平等的社會系統相容的技術。但核電發展需要一個龐大的管理體系，和一系列複雜且權威層級分明的細緻分工，傾向集權與軍事化的科技菁英集團操作無可避免。

對於核能所帶來新的社會政治秩序，Perrow（1984）進一步從技術的系統網絡問題檢視其風險。他針對核能發電廠、化學工廠、太空任務等高科技系統，提出一個重要的觀察，認為這些非線性技術系統，在快速、複雜且緊密相連的網絡運作中，即使這些複雜系統中安裝許多緩衝、警示等措施，一旦過程中有一個小型失靈事故，後果往往無法預測、難以控制，並讓人措手不及。以三哩島核災為例，核電廠一旦出錯，問題就容易到處溢流，衝垮原本安穩的屏障。不過，這類事故的意外並不那麼頻繁，使得身處於互為所用且緊密相依組織中的成員，會在運作慣性以及其名望、地位、權力、私利等考量下，否定、隱匿、甚至欺騙意外防範的必要性。在日本福島核災過後，他更撰文指出，平凡無奇的組織缺失問題（organizational failure）永遠伴隨我們，而知識也永遠不完整或處於爭議中，一種稀有但無法避免的常態意外也因此總有存在的機會，因為這不是我們「不想使」這些系統安全，而是我們「無法」使這些系統安全（Perrow 2011: 52）。

上述分析告訴我們，核能電廠運作環節緊密相扣，系統間的互動快速而複雜，為了阻卻危險的輻射外溢，嵌入各種規範、警示與技術以降低巨大災害的發生，是一個容錯性很低的系統，也因此需要一個集中權力來處理這複雜而環環相扣的組織，但管理組織卻有可能因為日常慣性或組織聲譽與目標因素，而發生管理上的偏差，而組織管理的失靈更顯示在一些國家核能產業與管制單位間獨立性缺乏，當這種一有閃失可能就會釀成巨大災害的科技系統，與平凡無奇的管理組織文化交互作用，意外的發生並不難預期。而核能科技這種具有巨大而不可回復之潛在風險特質，被 Klinke 及 Renn（2002）比喻為希臘神話中的「達摩克力斯之劍」（Sword of Damocles），儘管核電廠的各種處置看似周全，潛在的核安風險卻始終存在，有如一把劍高懸空中，不掉則已，一旦墜落將直取性命。

技術政治論將科技視為帶有政治目的及策略的產物，帶領我們檢視政治人物、科學家及工程師的互動，以及他們之間的緊密合作關係，是如何地創造／侷

限了許多政治可能性。另一方面，技術政治論也揭示了技術能夠成為科學家及工程師自身用來擴張其政治影響力、獲取資源的利器，使他們獲得管道而參與重要政治決策及政治發展（Hecht and Edwards 2010）。從科技歷史發展角度來看，核能技術物背後充滿了國際政治策略與利益角力（張國暉 2013）。技術物政治性或許並非刻意營造出來，但其造成的非意圖性效果，卻無法不讓我們在引進科技時考慮其政治性。Winner（1986）因而建議，類似這種要求特定社會架構與之配合的科技物，在引進之初，就應該對其社會組織特性與影響公開討論。

而日本 311 福島核電廠事故，更讓日本學者高橋哲哉指出核能產業結構其實是奠基在一個「犧牲的體系」之上。也就是，為了使核能體系順利運作，某些人將自己的利益建立在犧牲另一些人的生活、生命、健康、財產、尊嚴與希望上。以社會進步或國家利益為名的一方無限上綱其發展的正當性，而被犧牲的弱勢社群卻少被社會關注。在犧牲的體系中，犧牲者包含在惡性循環下主動接受相關核設施的弱勢民眾，得利者可能包含享用便捷電力的人們與財團，除此之外，更要有倚賴技術官僚與科技人員加持的「核能安全」神話，並要弱勢民眾以完成大我精神接受核設施的意識型態。「犧牲」總在冠冕堂皇的利益上被視而不見（陳瑞樺 2015）。

瞭解核能科技的風險社會性，或許有助於我們審視核能運作衍生的核廢料這個「物」的特性。核廢料的風險社會特質，通常被置放在環境正義（選址）的面向上被討論（請見本文下一節），或被視為核能科技運作整體的一部分，例如，Wynne（2007）在區分常民與科技專家對於核能風險的界定，就指出一般民眾在意支持核電廠運作所帶來的系統性風險，這個系統包括了鈾料的開採、提煉，核燃料的生產，運輸過程與核廢處置可能發生的問題。雖然核廢料較少被單獨放在技術政治的面向討論，但輻射值、半衰期與蘊含核種差異，其風險社會性的複雜度，並不亞於核能電廠的運作，更因為缺少發電的經濟誘因，而成為鄰避效應下一般社會避之唯恐不及的輻射幽靈。

就物的政治社會特性來看，核廢料雖然不若核電廠運作可能產生反應器事故而導致大量輻射外洩，但不論高階或低階的放射性廢料，都需要有能隔絕於外界干擾少則三百年（低階核廢），多則十萬年（高階核廢）的空間屏障，以防止對自然環境中的輻射傷害。從對此物管理的時間尺度來看，其所需要的組織模式與

社會秩序安排，除了需要對核外洩嚴密的監控與管理，更需要有超乎人類歷史尺度長時間的穩定性。換言之，選擇了核能運作，就無法避免地必須接受與核廢長期共存的社會體系，必須創造出一個長期穩定而嚴密的核廢監控組織與設施，作為風險控制的條件，而這勢必高度影響鄰近社區的環境使用、文化傳統，甚至對於未來發展形式的選擇權，更與倡議權力分散的民主多元體系有所扞格。

2. 核廢處置風險與科技理性決策侷限

核廢料具複雜性、不確定性與歧異性的風險特質，要如何處置，除了技術安全的問題，更涉及社會利益分配、世代正義與環境風險等多層次面向。但傳統決策模式仍期待專家運用科學資料，採取客觀中立的做法，運用成本效益分析等經濟理性的工具，針對風險問題提出政策評估解決問題。以核能發電爭議為例，核電總被宣傳為便宜的能源，是符合經濟成本效益的發電，攸關核能運作的輻射風險，則被視為科學技術層次問題，認為可以透過科技工程控制來確保安全。而核廢料的選址，除了強調地質等自然條件的技術規範外，更有著降低社會成本的經濟效率（土地成本）考量。

誠如貝克於《風險社會》一書中指出，科技專家所宣稱的真理常是建立在科學的「假設」與「資料」基礎上，但假設僅是一種推測過程，並不代表完全正確，而資料則是製造生產而來的，所謂的「事實」，也是科學建構出來，不同的研究方法、專家、研究實驗室，可能會生產出不同的事實（汪浩譯，Ulrich Beck 原著　2004：286-288）。決策過程中，基於不同價值／認同立場的科學社群會針對各自研究發現進行相互批評與競爭，政府永遠無法在完美的知識下進行決策。面對科學知識的不確定性，環保團體與政府部門更賦予管制決策知識不同的門檻，致使風險爭議不斷（Kao 2012）。尤其，核能發電所牽涉到的議題相當廣泛，涉及環境、工程、建築、政治、社會等問題，究竟誰才能被視為核能專家的這個問題，本身可能就充滿了爭議。胡湘玲（1995：13）即觀察到，「核工專家」名正言順被決策者拿來做核能安全保證科學依據，並非完全來自科學權威，還有與政策制定方向相符與媒體加強塑造的結果。

換言之，僅強調特定專家治理的核能決策，難以釐清核能爭議，更遑論解決複雜的核廢料處置問題。周桂田（2005）即指出，由「專家」與「科技官僚」全權把持的核電政策是標準的「技術官僚治理」（technocracy）議題，他們相信技

術理性至上，但當決策被專家壟斷，也杜絕了與民眾進一步溝通的可能。因為，對官僚來說，「風險溝通」是一種透過科技教育或訊息傳遞的方式，來增加民眾對核能的認識與接受度，以彌補知識上的落差。這種形式的風險溝通成為科技專家「告知社會」，取得論述正當性的做法（Irwin 1995；胡湘玲 1995）。但一些研究已指出，政府與科技專家界定的風險，有時無法完全涵蓋風險的社會經驗，民眾對科技風險的判斷，也展現了部分的社會、政治價值（范玫芳 2008；Fiorino 1990; Slovic 1999）。當政府無法理解民眾或不同利害關係人風險知覺形成的特性，忽略民眾風險感受度時，將導致處理風險課題的失敗，進而升高社會衝突，並重創大眾對政府治理能力的信心與信任。

　　台灣的風險決策機制仍屬強調科學實證主義精神的治理模式，認為科學知識無涉價值選擇與判斷，可以為決策建立起較為客觀中立的基礎。但這樣的機制忽略了風險課題中科學之外的社會、價值、倫理與政治運作等層面的爭議，除了無法妥善處理科學不確定性的問題，更可能造成風險問題的隱匿與風險治理的遲滯性（周桂田 2000, 2005, 2008；杜文苓 2010, 2015）。Funtowicz 及 Ravetz（1992: 254）提出了「後常態科學」（Post-Normal Science）的主張，強調一些具有高度複雜性、高度異議及高度不確定性後果的科學，必須重視其「事實的不確定性、價值具有爭議、利害關係高及決定相當緊迫」的特色。也因此，面對核廢料處置與選址等複雜風險議題，我們必須重新思考與探討不同風險爭議評估範圍與領域，開放對不確定性的討論與評估，由社會、倫理與生態理性來和科學共同對話、溝通。

（二）核廢政策的環境正義與公共審議

　　在核能科技專家主導下的核廢政策論述，由於缺乏社會脈絡的思考而飽受詬病。核能科技官僚的政策說明中，核廢料的處置安全往往僅和工程技術相關，專家雖極力說服民眾相信核相關設施的絕對安全，但這種保證並無法帶來社會全然的信賴。除了核廢料「物」的特性掌握與體制的磨合課題，民間社會更在意被體制所忽略的社會資源與風險分配的公平性與正義性課題。如何打破體制內技術掛帥的單向思考，顯然需要更多元的社會論述，協助釐清政策中的盲點。

1. 核廢政策中的正義課題

環境正義是「社會大眾享有社會的資源分配與永續利用，每個人、每個社會群體對乾淨空氣、水、土地，和其他自然環境有平等享用的權利。同時，任何少數民族及弱勢團體都應該有免於遭受環境迫害的自由。」（紀駿傑 1997）環境權的保障應是每個人都擁有的基本權利，美國早期的環境正義論述發展中，多半將環境權與政府將嫌惡設施放在經濟弱勢地區共同討論，不當的政策使弱勢民眾承受風險分配不正義的惡果，加深地區的困境，例如美國的嫌惡設施經常置放於非裔美國人的社區，有充滿種族與階級歧視的問題（紀駿傑、蕭新煌 2003）。而環境正義的理論發展至近年，傾向探討社會結構不正義與政治、經濟的運作過程，深入解析風險的分配、程序與認知差異等各面向課題（范玫芳 2012, 2017）。

過往的決策經驗顯示，嫌惡設施總是落在資源匱乏地區的原因，是決策者考量時間、資源、金錢與抗爭力度等成本之後，遵循最小抵抗原則進行決策的結果（Bullard 1990；紀駿傑、蕭新煌 2003）。由於弱勢地區往往也是受到社會關注較少的偏鄉地區，在人力、資源的匱乏下，即便政府決策可能侵害民眾權益，所受到的抗爭力度也不如都市地區大。看似能將危害成本降到最低的科學理性決策，實則加重偏鄉地區與弱勢民眾的困境。

以專業至上的論述方式壓制常民經驗的案例，以核能產業為最。為了強化民眾對核相關設施的信任，科技專家用專業的話術技巧，不斷強調核能「絕對」安全，並指出像核能這種專業性太高的產業，其運作形式與安全設計有科技專家的專業保證，一般常民很難瞭解與參與。嘗試以此說法安撫民眾，並且阻絕外界批判。但是「絕對安全」的保證與核能電廠的設置規範卻有矛盾之處。例如，核電廠的審查方針及設置標準預設了事故發生的可能影響情境，法規設計上將人口密度與設置地點扣連一起，一旦發生核災事故，低人口密度的地區能夠最大程度的減少核災損害與受影響的人群數量（陳瑞樺 2015）。因此，弱勢的偏鄉地區或原住民的居住領域成為必然的候選條件，國家以設施的絕對安全進行宣導，使得偏鄉民眾囿於「國家利益」與鉅額資源的誘惑而接受核相關設施的設置，這是在核能政策、核廢政策的選址條件中加重偏鄉地區犧牲的社會結構，忽視了環境正義的原則（黃之棟、黃瑞琪 2009；范玫芳 2017）。

高橋哲哉（2014：78-94）指出核政策在運作過程中圖利「核能村」的觀

點，所謂的核能村受益者包含政治人物、科學家、工程師、大型財團、電力公司、大眾媒體以及一般社會大眾。在高橋哲哉的觀點中，一般社會大眾也該負起造成弱勢地區犧牲的責任——即便社會大眾與決策過程沒有關聯——他認為，核設施的場址選定，往往是都市居民享受利益，將風險推給地方鄉鎮。也就是說，從核能發電到核廢料的產出，這樣的能源形式必然通過集中式發電的配置，將相關風險留給偏鄉地區，而便利的電力供給入都市，這之中隱含了龐大的結構性歧視，若無經過嚴密且有邏輯的方式闡明意涵，一般民眾難以察覺到生活在都市的自己是造成他人犧牲的幫手，他們很可能要求偏鄉地區民眾成就「國家利益」，並將其獲得的微薄的回饋金視為等價的交換，將弱勢地區的犧牲視為理所當然。

　　核廢料作為一種風險爭議十分複雜的物，除了設置地點常有對弱勢地區加重困境的質疑，其處置方式更引起風險不確定以及世代正義的討論。現行核能科技專家探討高階核廢料的最終處置多以深層地質處置居多，Barthe（2010）從深層地質處置的可逆與否，討論現行處置政策是否應留有未來世代可改變決策的彈性空間，也就是如何將世代正義的觀點納入核廢料的處置政策中。他指出三種處置方式的討論：（1）不可逆的深層地質處置：通過不可逆的深層地質處置，期望核廢料能夠永久的埋藏在地底之下，讓我們無須再為了這些輻射垃圾而煩惱。這種處置方式普遍受到科學家所支持，它主要考驗科學家計算地質穩定度的能力與未來社會的代際溝通問題，地質深層處置方式意味著，社會期待有個機構能夠長久而穩定的管理核廢料的「壽命」，但事實上這卻是一件難以期望可行的事情。（2）可逆的地質處置：容許核廢料在放入深層地質處置設施之後，還有取出的可能。這項做法允許後代能夠在找出更好處理核廢料的方式之後，重新設計並處置核廢料。這意味著科學家及工程師需要為了提高社會信任與接受度，全盤改變原本的設計思維。不過 Barthe（2010）指出這項措施的問題在於，隨著時間過去，原本可逆的地質處置很可能因為地質環境的改變，使得後代要找到深埋於地層下的核廢料場址越發困難，逐漸轉變為不可逆的地質深層處置。但是通過漸進地找出解決之道，並提供對話的民主形式，使得這種方式成為廣受社會接納的形式。（3）採用「迭代決策」（iterative decision）模式：每次的貯存僅預測一百年的時間，等到下個一百年再由後代來決定接下來應該如何貯存，這種方式能夠避免預測過長的未來而導致風險不確定性升高，但這也意味著後代必須要持續研究新的貯存方式，以找到更好的方式，這將可能付出鉅額的財政支出。

不論是城鄉區域間或世代之間風險分配不公平的現實課題，均突顯了專家決策過程中欠缺對環境正義、世代正義的認知，以及對地區文化多樣性的瞭解與在地知識、在地經驗的肯認。而環境正義原則提醒我們需要面對包含分配面、差異肯認及程序面等問題（范玫芳 2017）。

2. 納入社會健全知識的公共審議論述

風險社會研究告訴我們，獨尊科技專家的解決模式存有相當的侷限。當科學家慣於將難題化約成簡單的技術問題，或者要求在實驗室建構模型來回應現實問題，忽視了地區的文化多元性，也未將常民經驗視為政策可供參考因素，這樣的決策模式難以應對複雜的風險議題，令政府治理捉襟見肘、飽受批判。

一些研究因而強調應以彈性、公平的原則將常民知識納為環境知識生產的一環（Klinke and Renn 2002; Bucchi and Neresini 2008）。Jasanoff（2004）提出「共同生產」（co-production）的框架，她認為在風險爭議政策中，科學不該是「給定的」（given）不可變更，而是經由專家與常民之間的批判性對話，讓民眾通過質問科學知識的生產、運用、抱持的價值等過程，重建對政府及科學專家的信任。Bucchi 及 Neresini（2008）從科技民主化的觀點，主張創造一個「混合論壇」（hybrid forums）揉合專家與常民的觀點，通過社會行動、多元溝通，補充科學知識的不足。周桂田（2005）則強調「從瞭解中學習」（learning by doing），強化科技風險認知價值與複雜的政治決策判斷，擴大科技信任的社會基礎。

Chilvers（2008）認為當常民與專家擁有同等高度的資訊基礎，通過批判性的互動，能夠呈現出科學評估不合理的地方。Nowotny（2003）則指出當科學路徑生產的可靠性知識有其侷限，應該用民主方式，納入更多社群，以拓展知識論述與建構。他強調多元群體進入政策協商的重要，以產出社會健全（social robust）的知識，再輔以科學知識，完善政策品質。透過協商討論過程，讓討論者之間產生連結，將專業知識與實際經驗整合，在互相瞭解中產出行動方案，這樣的知識來自於不斷地重複測試、開展與修正。社會健全知識在認識論、制度與政治的層次與專家知識不同，公眾不僅是科學知識的接收者，更是積極創造社會知識的參與者。這樣的過程彙集了問題生產與解決的因子，投身於此的參與者具有協商的可能，可充分運用公眾知識與經驗來進行審議。

不過，審議民主並非只是把人聚在一起審議如此的簡單，要產生社會健全知

識，需要細膩、專業的制度設計，根據不同議題的屬性與發展階段，設計不同規模的會議形式與討論議程，促進與會者間平等、理性的討論，在充分資訊下檢視問題內容，擬出對爭議議題與公共政策更好的方向（Renn 2014）。

在問題認定、政策規劃階段就納入專家與民眾之間的對話機制，可以促進爭議政策的風險溝通，藉由多元、跨領域的論述來補充單一價值論述的不足。必須特別注意的是，有效的風險溝通是建立在雙方資訊對等、互相尊重的前提，單純建制專家與民間的對話平台而忽略彼此的對等關係，將造成失敗的溝通對話。2013 年由行政院主導的「民間與官方核廢料處置協商平台」在經過一年共四場正式會議之後就破局，團體聲明指出，政府在運作協商平台的過程中並未展現與民眾對等溝通的誠意，表面上藉由協商平台來進行與民間的風險溝通，實則是在拖延時間，迴避地區弱弱相殘的現實局面。[1]

台灣的核廢政策長期以來仰賴核能科技官僚的決策建議，選址條件的考量主要以科學地質條件、環境影響評估為主。核能政策慣於採用威權模式，將地方聲音排除在決策過程之外，忽略社會文化脈絡，這種由上而下的政策治理方式，已經造成地區情感的撕裂，也引發民間社會對政府信任的崩解（張國暉 2013）。無論從環境正義原則對於肯認政治或程序公平的追求，或社會健全知識所能提供的決策正當性基礎，皆可看到社會多元審議是核廢治理無法忽略的一環。而促進科技與社會融合的對話機制，更是處置核廢問題、重塑社會信任的不二法門。

三、核廢料政策歷史脈絡

核能發展在人類歷史文明中引發許多爭議，民間社會對核能的支持與否也隨著重大核災事故起起伏伏。1986 年車諾比核災在管理失能的情況下，影響擴及周邊數個國家，民間社會反核聲浪隨之提高，我國第一起核廢料的民間抗爭運動就在車諾比核災後的隔年出現。

不過，在全球暖化、氣候變遷、能源選項有限情況下，擁核聲音在車諾比事件 20 年後逐漸攀升，核能成為各國減碳策略的重要替代方案，美國、英國、俄

---

[1] 苦勞網，2014，〈退出「民間與官方核廢料處置協商平台」聲明〉。http://www.coolloud.org.tw/node/78499，取用日期：2017 年 2 月 8 日。

羅斯、中國、日本、韓國等都規劃興建核能電廠計畫，[2] 我國亦不例外。2008 年行政院在「永續能源政策綱領」中，明確將核能列為未來能源選項之一，原能會則制定多項政策溝通計畫，宣導核電廠的安全性，希望建立民眾對核電政策的認同。然而 2011 年 3 月 11 日福島核災事故發生，大規模的災難與輻射影響的未知，再度警示人類永遠不能對核能掉以輕心，無論核能政策如何發展，核廢料問題卻是不能也無法忽視的沉痾。

（一）蘭嶼暫存的悲歌

提起核廢料的爭議，「蘭嶼的惡靈」有指標性的象徵意義。1978 年蘭嶼暫時貯存場動工，當地民眾以為只是興建罐頭工廠，這與原能會強調當時有公文傳遞，也有施工告示牌顯示國家放射性待處理物料貯存場的認知並不相同。[3] 2017 年真相調查委員會公布調查報告結果，指出當初是由蔣經國、孫運璿兩位行政院長所核准在蘭嶼興建核廢料貯存場，並以國防設施及軍事理由對當地民眾進行保密。[4] 在選定蘭嶼成為貯存場的過程中，政府刻意忽視了在地民眾的意見，決策過程中並未將地區民眾的知情權納入考量。

1982 年蘭嶼核廢貯存場正式啟用，接收第一批來自北海岸核一廠的低階放射性廢棄物，[5] 共計 10,008 桶。1996 年「電光一號」遭到蘭嶼民眾堵港抗議被迫駛離。台電在「電光一號」事件後承諾蘭嶼不再接收核廢料，既有的核廢料會於 2002 年遷出。難堪的是，2002 年政府承諾跳票，引發蘭嶼民眾大規模罷工罷課抗議，當時的經濟部長林義夫親赴蘭嶼溝通，與蘭嶼反核廢自救會達成六項協議。[6] 此後，蘭嶼核廢料的問題潛入暗流，檯面上少有人談論，直到 2015 年在立

---

[2] 98 至 101 年度原能會中期施政計畫，p.1。

[3] 蘋果日報，2016，〈蘭嶼核廢騙蓋罐頭工廠？原能會：形容核廢桶誤解〉。https://goo.gl/qeTnHN，取用日期：2017 年 3 月 4 日。

[4] 新頭殼，2017，〈真相曝光！蘭嶼核廢貯存場經過 2 人核准興建〉。https://newtalk.tw/news/view/2017-06-30/90876，取用日期：2017 年 10 月 23 日。

[5] 低階核廢料的內容物除了電廠運轉期間受污染的衣物工具及廢棄的零組件、設備、廢液殘渣、廢樹脂等，其他來源包括有醫院、工廠、學校、研究機構等，所接收的廢棄物包括廢射源、廢液、塑膠廢棄物、鉛罐、過濾器、壓克力、保麗龍及廢紙等。（資料來源：行政院原子能委員會，「低放射性廢棄物來源與特性」，縮網址：https://goo.gl/3mrDDM。）

[6] 六項協議，內容包括：一、經濟部長林義夫代表政府對於未能儘速完成最終處置方案，對蘭

法院第 8 會期教育及文化委員會第 11 次全體委員會議促成政府對蘭嶼核廢料遷出的第二次承諾，[7] 不過 2016 年政府對蘭嶼遷出核廢料的承諾再度跳票，造成地方民眾對政府更大的不信任。

　　台電在蘭嶼興建貯存場原是為了作為海拋核廢料的中繼站，但 1972 年的「倫敦公約」[8] 明禁世界各國將有毒廢棄物清倒入海中，我國政府決定暫緩海拋計畫。1991 年國際社會正式禁止世界各國海拋核廢料。對蘭嶼人來說，這個政策實施之初並未經過居民同意，落址之後所謂「暫時」的中繼站貯存廠，也看不到有離開的一天，直至今日（2017 年）蘭嶼的核廢料仍原址暫存，成為台灣最具爭議的偏鄉悲歌。

（二）《選址條例》的爭議

　　2004 年經濟部成立「低放射性廢棄物最終處置設施場址評選小組」，2006 年《低放射性廢棄物最終處置設施場址設置條例》（下稱《選址條例》）通過施行，在使用核能的 20 餘年後，我國低階核廢料的處置終於有了正式法源。為了回應民間對政策參與的要求，《選址條例》分別在選址前端加入地方自願場址的「公告及聽證會」制度、在選址後期納入被列入候選場址地區的地方性公民投票制度，賦予地方民眾以投票的方式實施否決權（詳見圖 1 低放射性廢棄物最終處置設施場址設置條例流程圖）。

嶼達悟族及居民之自然主權、環境權、生存權、人權及永續發展不夠尊重公開道歉。二、立法保障達悟族在蘭嶼之自然主權及生存權。三、行政院成立遷廠推動委員會，委員會應於一個月內籌組完成，邀請反核自救會代表、公正環保人士、學者專家、經濟部代表、原能會、原民會達悟代表、台電公司及立法院原住民問政會組成，及早制定遷場時間、場址及檢整、檢測工作推動。四、一個月內成立蘭嶼社區總體營造委員會。關心當地健康、衣食住行等生活條件及教育文化環境的改善。並在貯存場遷場後確實清除一切輻射污染物，恢復場區原有自然景觀。五、政府如未履行協議內容，後果將由政府負責。六、協議內容列入立法院國會紀錄。

[7]　2015 年在立法院第 8 會期教育及文化委員會第 11 次全體委員會議決議：「行政院原子能委員會應積極督促經濟部及台灣電力公司辦理蘭嶼核廢場遷移工作，務必要在明年完成辦理地方公投，且台灣電力公司須於明（105）年 8 月前宣布完成新的核廢場址。」

[8]　「倫敦公約與議定書」，查詢日期：2016 年 10 月 6 日，縮網址：https://goo.gl/D2uXf3。

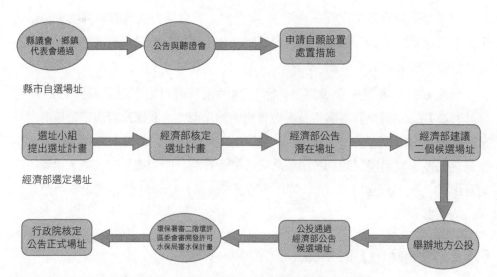

圖 1 《低放射性廢棄物最終處置設施場址設置條例》流程圖

資料來源：「民間核廢論壇」議題手冊（p.4）。

　　儘管《選址條例》的公投設計在施行之初被視為是公民參與機制的一大進步，但《選址條例》的推動，包括期程、公投主辦、回饋金分配、公投題目訂定等，均引發學者的質疑。

　　湯京平、蔡瑄庭、范玫芳（2009）指出，選址公告期程規定並不實際，各縣市選舉委員會的選務工作程序表定投票選務工作至少需要 75 日籌備，《公投法》第 18 條也規定，中央選舉委員會要在公民投票日 28 天前進行公投資訊的公告，但《選址條例》中公投期程卻規定 30 日內辦理公投，實難滿足。此外，《選址條例》第 11 條規定地方性的選址公投，候選場址需在同一日辦理公投，但在《公投法》中扮演關鍵角色的地方縣市政府，在《選址條例》中卻未被要求配合選址期程條件辦理，埋下日後選址作業停滯的隱憂。再者，以同心圓的劃分方式界定回饋金分配計算，和地方公投以行政區域劃分概念互相衝突，出現「涵蓋間隙」，造成部分地區有回饋金卻無投票權，部分地區有投票權卻無回饋金的不公平現象。黃之棟（2014）認為，《選址條例》與回饋金掛鉤，造成政策買票的質疑，回饋金與公投的範圍不一致，也使「被選址地區」命運由「全縣」決定，造成更大的社會不正義。

邱崇原、湯京平（2014）指出，在公投簡單多數的機制下，民眾易受政治菁英操弄或煽動情緒，不具投票權的世代及環境生態可能會在公投機制中被犧牲。黃之棟（2014）則提出「雙二分之一」超高門檻公投的弔詭，反對議題的民眾若出門投票，反而提高了議題通過的門檻。另一方面，倘若公投設置為「反對性公投」，將反對方與串聯民意的責任連結在一起，使他們承受較大的壓力，公投結果將更容易導向贊成選址。

（三）寸步難行的選址過程

在民間社會不信任政府、核能管理單位的情況下，談核廢料的選址並不容易，2009 年經濟部選址小組票選公告低階核廢料最終處置場潛在場址，包括台東縣達仁鄉以及澎湖縣望安鄉。[9] 但澎湖縣政府隨即通過將望安鄉列為玄武岩自然保留區，從而自候選場址之列中剔除，使得建議候選場址只剩下一個，選址作業流程只有重來。

2011 年福島核災，使我國核廢處置政策雪上加霜。2012 年選址小組再次選出「台東縣達仁鄉」、「金門縣烏坵鄉」兩個候選場址，經濟部旋即函請兩地縣政府舉辦地方性公民投票，但在地居民的激烈抗爭促使兩地縣府均不願意實施地方性公投，議會將此案擱置。由於《選址條例》在制定時並未規劃退場機制，造成低放射性廢棄物最終處置設施場址的選定無限延宕。

高階放射性廢棄物處置同樣飽受爭議，儘管台電一開始便將中期貯存設施的所在地設計於核一、二廠內，但是設置地點、貯存方式的設計無法使民間團體、在地民眾安心。2013 年完工的乾式貯存設施，甚至無法取得新北市政府的水土保持合格證照。同一年，台灣電力公司為尋找核廢料最終處置場址，派員在花蓮縣秀林鄉和平村鑽井探勘地質，[10] 事前並未告知地方民眾，引起社會譁然。乏燃料池頻頻傳出爆滿警報，中期貯存設施無法啟用，2014 年底台電提出希望通過

---

[9] 經濟部選址小組在 2008 年 8 月 19 日召開委員會，以絕對多數決的形式票選出台東縣達仁鄉、屏東縣牡丹鄉及澎湖縣望安鄉等三個場址作為潛在場址，之後在 2009 年 2 月 20 日的委員會中又票選出台東縣達仁鄉、澎湖縣望安鄉兩地作為「建議候選場址」（湯京平、蔡瑄庭、范玫芳 2009）。

[10] ETtoday 東森新聞雲，2013，〈核廢料埋花蓮？蕭美琴：花蓮任何岩層帶不應為選項〉。http://www.ettoday.net/news/20130401/187232.htm，取用日期：2017 年 3 月 5 日。

境外再處理方式緩解國內高階核廢料的爆滿危機，但這項計畫最終也在浪費公帑、拖延時間、造成核武擴散、國際形象不佳等種種指責下被擋下來。[11]

2013 年，為了回應持續高漲的反核民意，行政院長江宜樺主動承諾並啟動「民間與官方核廢處置協商平台」，邀請民間反核團體與政府共商核廢料處置政策。不過這個平台在一年之後宣告破局，民間團體認為政府並無誠意解決核廢料問題，只是以會議的形式一再拖延擺爛。[12]

從政府推動核廢處置政策脈絡來看，無論是低階最終處置場選址、高階中期貯存設施的啟用、官民協商平台的破局，顯示傳統仰賴技術理性的決策模式，已經無法解決複雜的核廢處置問題。如同上一節所揭核廢料物質特性，不僅有科學技術層面問題，也牽涉到民眾對於政府管理的信任，與風險分配正義等價值問題。若政府無法將更前端的信任、公平正義問題一併納入政策考量，未來相關政策可能仍是寸步難行。

四、核廢料政策中的公民審議

充滿爭議且阻礙重重的核廢料政策應如何繼續推動？顯然不是政府決策就可以單方面成事，而需要納入比較廣泛的社會討論，共同思考問題的解方。自 2009 年開始，原子能委員會、科技部分別委託學術單位，民間團體則自主籌劃有關核廢問題的審議討論，這三場論壇分別是 2010 年「核廢何從」、2014 年「〝核〞你到永遠」，與 2016 年「民間核廢論壇」。以下，我們將交代三場論壇的時空背景、操作形式、議題設定及與會者背景，並說明選擇此三場論壇進行分析討論的意義。

（一）論壇舉辦的時空背景

2009 年為因應《選址條例》的施行，瞭解民眾對核廢料處置政策的看法及態度，行政院研究發展考核委員會（現改制為國發會）補助計畫，由行政院原子

---

[11] 綠色公民行動聯盟，2014，〈核廢料境外再處理可以解決台灣核廢料的難題嗎？〉。http://www.coolloud.org.tw/node/81079，取用日期：2014 年 12 月 13 日。
[12] 苦勞網，2014，〈退出「民間與官方核廢料處置協商平台」聲明〉。http://www.coolloud.org.tw/node/78499，取用日期：2017 年 2 月 8 日。

能委員會放射性物料管理局委託國立政治大學黃東益教授，協同主持人杜文苓、范玫芳、林子倫等教授組成審議民主團隊，針對低放射性廢棄物最終處置場址的選址議題，進行公民審議討論，並於 2010 年與公共電視合作，電視直播核廢政策一部分的審議討論過程，最後與會公民提出九大共識的會議結論報告。

2012 年經濟部選址小組捲土重來，公告「台東縣達仁鄉」及「金門縣烏坵鄉」為低放射性廢棄物最終處置設施候選場址，[13] 由於兩地縣政府均不願舉辦地方性的公民投票，低放選址的政策遂被無限期擱置。行政院原子能委員會與國家科學委員會科技學術再度合作，委託國立政治大學黃東益教授，在 2014 年舉辦「"核"你到永遠討論會」，邀請核電廠周邊鄉里長、地方自救會代表等關鍵群體到台北參與討論會議，詢問地方居民對於低放射性廢棄物最終處置場址的看法。

這兩場審議論壇討論的議題焦點、與會者雖不相同，但是都提出對於核廢料處置政策的類似意見，包括對核廢「物」的特性的疑慮、特定專業把持政策的不信任、相關政策時間空間的持續性與社會交織的複雜性、風險分配合理性等的質疑。相似的觀點也出現在 2016 年的「民間核廢論壇」上，這場論壇與前兩場的不同之處在於是由民間團體組成的聯盟「全國廢核行動平台」所主辦，而非政府機關委託學術單位舉辦。全國廢核行動平台有感於爭議政策無法循政府傳統決策模式解決，僅依靠特定專業技術官僚強力推動，而無視地方民眾的擔憂。因此主動提出以審議式民主的方式舉辦論壇，希望在新政府上任之際，可以匯集與凝聚民間反核社群的意見共識，為未來核廢政策提出原則性的指引，督促台電、原能會積極啟動核廢政策的作為。

（二）會議議程、操作形式及與會者背景

由於論壇舉辦目的不同，三場論壇議題設定所著重的面向各有差異。

1.「核廢何從」電視公民討論會

議程設定是針對《低放射性廢棄物最終處置場址選址條例》通過後，展開選址程序所衍生的社會爭議進行討論，以「環境與健康風險」及「社會文化與經濟

---

[13] 行政院公報資訊網，2012，〈公告「台東縣達仁鄉」及「金門縣烏坵鄉」2 處為低放射性廢棄物最終處置設施建議候選場址〉。http://gazette.nat.gov.tw/EG_FileManager/eguploadpub/eg018128/ch04/type3/gov31/num14/Eg.htm，取用日期：2016 年 9 月 8 日。

發展」兩大面向為主軸，聚焦於低放射性廢棄物的選址爭議，針對以下兩個問題
進行審議：

　（1）「低放射性核廢料該如何處置？」

　（2）「對於低放射性核廢料的處置，民眾最關心的是什麼？」。

　　有鑑於核廢料選址政策不應有設定特定地區為目標的立場，因此此次論壇不
以受核影響地區作為主要標的，在抽樣上擴大到全國公民，採用分層隨機抽樣
（stratified random sampling）的形式，並分別在原住民、東部與離島、國中學歷
以下、60歲以上、性別，根據全國報名狀況進行加權，選出25位公民參與活動。

　　在會議操作形式上，「核廢何從」嘗試在公民提問共識問題與專家回應的階
段，以電視直播形式於全國播映。在進行直播會議前，與會公民先以一個週末的
時間聽取台電與環保團體提供的資料與觀點，在資訊充分的情況下進行共識問題
的凝聚，接著進行公民與專家的答詢的電視轉播，之後再用一天的時間撰寫出會
議的共識報告。整個會議的進行流程共計有四個整天，是三場論壇中與會公民討
論最為充分的一個場次。

2.「"核"你到永遠」公民討論會

　　此場討論會以受核影響地區的關鍵群體為主要對象，採用招募邀請制，範圍
包括金門縣烏坵鄉、台東縣達仁鄉、新北市石門區、金山區、萬里區與屏東縣
恆春鎮及蘭嶼等地的村里長、居民、自救會代表參與論壇，共計 25 名與會者參
加，其中村里長 8 位，一般民眾 14 位，自救會代表 3 位。

　　該場討論會主要探討受核影響地區民眾對核廢料的認知與看法，在會議舉辦
期間提供前測、後測問卷，瞭解關鍵群體在討論會之後，是否對核廢政策有想法
的轉變。實際的討論過程則以「世界咖啡館」的審議方式進行，將與會者分組進
行兩個階段的討論，並在第二階段討論中輪換部分成員，讓與會者有機會接觸到
不同的說法。具體的討論議程為：

　（1）對於低放射性廢棄物處置的議題，在地鄉親需要考慮哪些問題？

　（2）在地鄉親對於處置的方式與地點有哪些想法與建議？

3. 民間核廢論壇

　　「民間核廢論壇」舉辦的目的是為了凝聚民間反核社群對核廢料政策的共識，並向政府提出政策訴求。值得注意的是，由於「民間核廢論壇」的主辦單位為民間團體，論壇本身有其政治目標，在籌備過程中即預先盤點各個反核團體提出的主張與爭點，進行比較分析與歸納整理。同時預設參與者是對核廢議題有一定瞭解的群體，在有限的經費以及舉辦目的的衡量下，採取團體推薦邀請制的做法，經過數個月的資料準備與議程討論，最後擇定以「核廢處置應具備的條件」及「核廢處置的機制與程序」兩大方向作為論壇討論主軸，與前兩場不同之處是納入了高放射性廢棄物的討論，細分成以下子題：

　　（1）子議題 1：核廢料處置場選址條件

　　（2）子議題 2：高／低階境內或境外處理

　　（3）子議題 3：台灣核廢料應由誰負責處理？

　　（4）子議題 4：地方參與的權利有哪些？

　　各分區論壇由各地區主要的反核團體進行籌備，例如北海岸反核行動聯盟、台東廢核反核廢聯盟、蘭嶼部落文化基金會等團體，主辦單位全國廢核行動平台（以綠色公民行動聯盟、地球公民基金會為主）則提供人力、技術支援。論壇舉辦地點包括北海岸、屏東南北部、高雄、台南、台東、蘭嶼、台北等，根據地方社會特性的不同，對議程、議題設定也進行一些彈性調整，全台八個場次的分區論壇，以類似焦點座談的方式糾集與會者分組討論，並整理出會議結論，之後匯集各分區論壇結論，於台北舉辦全國場次的共識會議。所有分區論壇的參與人數共計 149 名，範圍遍及台灣北、南、東及離島等地區。

　　根據三場論壇在議題設定、操作形式、與會者背景、主辦單位等的不同，本研究整理出以下簡表：

表 1　三場審議論壇比較簡表

	核廢何從	“核”你到永遠	民間核廢論壇
操作形式	公民會議	世界咖啡館	類似焦點對談
主辦單位	政府機關委託學術單位研究	政府機關委託學術單位研究	民間單位主辦
與會者	全國報名，採取分層隨機抽樣，共 25 名	招募邀請制，受核影響的關鍵群體，共 25 名	團體邀請制，各地區反核團體、受核影響社區，計有 149 人
議題設定	（1）低放射性核廢料該如何處置？ （2）對於低放射性核廢料的處置，民眾最關心的是什麼？	（1）對於低放射性廢棄物處置的議題，在地鄉親需要考慮哪些問題？ （2）在地鄉親對於處置的方式與地點有哪些想法與建議？	（1）核廢料處置場選址條件？ （2）核廢料境內或境外處理？ （3）台灣核廢料應由誰負責處理？ （4）地方參與的權利有哪些？

（三）三場論壇比較

　　本研究整理三場核廢料政策的審議論壇，可知論壇設定目標不同，會影響後續的議題討論設計。以「核廢何從」、「“核”你到永遠」為例，由政府機關委託學術單位研究，兩場論壇的討論設計有特定規範，較具有準實驗的特質，形式固定而不易變更。「民間核廢論壇」形式上較為彈性，在資源有限以及地方組織動員配合考量下，議程設計大原則不變，但細節與討論焦點會隨地方脈絡與關注焦點而調整。[14]

　　與會者的背景也顯示論壇舉辦目的界定了「誰來參與」的想像。「民間核廢論壇」主要目的是促進各地反核團體在核廢議題上的意見交換與相互理解，以形塑未來可以共同推進之政策目標。「“核”你到永遠」的與會者代表集中在「地方鄉親」，與「民間核廢論壇」主要差異在於不特別邀請反核團體參與討論；「核廢何從」以全國為範圍進行抽樣，是三場論壇中較具有全國代表性的場次。

　　議題設定的比較上，「核廢何從」、「“核”你到永遠」均聚焦在低放射性廢

---

[14] 可參考民間核廢論壇蘭嶼場的議程設定，根據地方民眾的特殊要求，而將討論議題修改為「核廢料處置場選址條件」、「地方參與的權利有哪些」、「蘭嶼核廢料遷出的配套條件需要什麼」、「蘭嶼核廢料遷出法制化」。

棄物選址及關心的條件、原則價值等議題，主要差異是「〝核〞你到永遠」強調「在地鄉親」對低放射性廢棄物處置政策的感知，「核廢何從」則不特別強調身分。「民間核廢論壇」加入對高放射性廢棄物的討論，較全面地探討整體核廢料處置政策，包括選址條件、處置地點、專責機構、地方權利等議題。

值得注意的是，儘管三場審議式論壇的時空背景、主辦單位、操作形式、與會者、議題設定等面向各不相同，但各場的公共審議結果，卻不約而同地強調政府的核廢政策，在過去制定與執行上缺乏考慮的問題，以及推動相關政策應關照與遵守的一些原則性價值。這顯示無論是一般民眾、在地鄉親或是反核社群，在知情審議的過程中越辯越明，直指現行核廢料處置政策忽略或簡化了社會脈絡性思考，也暗示了政府政策始終無法回應民眾期待的根本原因：在特定專業思維把持下，以狹隘的科技理性思維推動核廢選址，難以回應複雜社會關係面臨核廢問題的重組，以及衍生環境不正義、風險分配不正義的課題，進而造成社會信任的破碎。

不同的核廢政策進展期程、關懷焦點、論壇設計、以及與會者，卻在政府政策推動應注意價值面向與原則上提出類似的建議，使我們看到分析此三場論壇的意義。以下，我們進一步以共識結論為基礎，探討核廢料處置政策中公民審議主要提出的關懷課題，以釐清目前政府政策欠缺之處，以及可能改善的方向與機制。

五、重返社會的核廢政策辯證

本研究彙整「核廢何從」、「〝核〞你到永遠」以及「民間核廢論壇」三場論壇的共識結論，在討論脈絡及論壇共識結論中共同出現的價值與原則包含四個層次：（一）核廢料物的特性及時間尺度。（二）民眾對核工利益結構的不信任。（三）回饋金制度的反省與補償機制。（四）犧牲的體系與風險分配正義。

（一）核廢料物的特性及時間尺度

如本文第二節內容所揭示，核廢料的產生與核能發展密不可分，在決策者選擇採用核能科技的同時，也決定了未來社會發展方向，並深深影響民眾的生活樣

態，包括核設施周邊民眾生活慣習，以及國家能源、工業發展取徑，甚至核工業與其他能源發展資源競合問題。不過，以經濟發展為意識型態也有可能產生風險的盲目性，人類社會能否穩健地承擔遠遠超越人類生命尺度，必須世代共同承擔的核廢料管理重責，更是核能發展歷程中一個重要卻被當代選擇性忽視的一個問題。

對於公民來說，核廢料政策最令人無所適從之處在於核設施存續時間遠遠超出一般人的想像，核廢料短則三百年，長達十萬年的處置隔離，這種時間尺度，很難讓人明確地認知其影響。以蘭嶼暫存核廢料為例，雖然以「暫存」為名，但居民卻可能一輩子「與核共存」。

三場論壇的討論，皆有人提出核廢處置管理超出人類生命尺度的疑慮。

「現在在談的『中程』或『暫存』會不會就變成『永久』？」（〝核〞你到永遠，大場討論）

「問題比較複雜，剛剛提過，三百年要怎麼做？超過研究者的生命。因此，我們把超過生命的，就叫做風險。這個設施營運三百年或五百年之間，有沒有大到超過社會可以承擔的。」（核廢何從，HZD2）

自然條件的限制外，人類工程技術是否能長期保固，建造出足以承擔核廢料這類需要百年至萬年時間尺度的圍阻體，公民也提出質疑：「在正常狀況下，而（且）是在輻射下的混凝土可以有多久，那它強度可以維持幾年？」（核廢何從，HZD2）對公民來說，核廢料貯存設施需要占據的時間尺度已遠超出人類文明的發展歷程，政府雖極力保證設施的穩固與安全，卻也難以證明現行政體百年甚至千年的永續性。若是討論低放，放置三百年後，可能僅剩下合乎背景輻射的垃圾：「核廢場就是要在台灣找一個地方，那些放射性物質真的三百年之後，或許它的放射性沒有了，但它還是會留很多垃圾在那邊」（核廢何從，HZD2），但若是高放射性廢棄物，影響就不能等閒視之。

「低放考慮三百年，但高放要考慮到萬年，它的影響會很大……影響可能更深遠。」（核廢何從，HZD5）

事實上，面對核廢料處理的時間尺度，公民多從核能發電背後隱含的技術政治性思考。作為核電廠運作衍生的產物，核廢料的存在遠遠超過核能發電帶來經濟效益的時間。從處理時間成本的考量，民眾是否應該接受核電廠、接受核廢料，今日的接受是否會造成下一代的不正義？是公民最為擔憂之處：

「有關公平的問題，核能電廠最大的問題就是，我們現在用大概是三十年到六十年，就是一個世代到兩個世代，我們以一個世代三十年來計算的話，兩個世代所享用的電力，建築在未來可能你要投入三百年，就是十個世代；以萬年的話，就是投入三百個世代，也就是我們將來的子孫去償還我們現在的享用，也就是我們現在享用的三十年或六十年的電力，但是要用將來可能十代、三百個世代來補償。」（核廢何從，HZD5）

一個地方若接受了核能處置設施，顯而易見地，將對當地的風土人文影響甚鉅。相關決策如何兼顧社會公平、世代正義的考量，在審議過程中不斷被提出辯證。

（二）民眾對核工利益結構的不信任

核能的專業知識門檻高，一般民眾如要深入討論，恐怕需要付出極高的時間成本。而「專業門檻太高」在過去也是專業官僚最常用來推拒與民眾溝通的說法，成為外界看待核能技術者、核能科技官僚的一道黑幕。

在三場審議討論中，與會者都提出對我國核工利益結構的疑慮與不信任。台灣的核能人才由於訓練管道較少、可去的業界寥寥無幾，可以一展長才之處無非是台電、原能會、核研所等地，人員專業背景同質性高，使得這幾個機關一貫被公民視為是利益錯綜復雜的集合體，而無法發揮原本制度設計原能會扮演監督制衡之效能，連帶地也對於核廢料能否妥善處置無法信任：

「核工學界內部網絡緊密、成員常常於不同單位間交互流動，使得這些不同制度角色權責不清，無法發揮制度設計的監督制衡功能。」（民間核廢論壇，全國總場）

「核廢料處理的方向，要由三個單位再組成獨立的單位去做，但是我堅持反對的是說討論電價的時候，他們是三位一體，原能會很多是台電出去的，最重要的執行者一定要獨立的機關出來去執行核廢料的處理，不要交給台電。」（民間核廢論壇，屏南場）

雖然台電、原能會、經濟部分別為執行機關、管制機關及主管機關，但討論中指出，經濟部除了台電以外並沒有核能相關人才；而原能會的技術官僚與台電的技術人員，可能師出同門，關係密切而互通有無。在利益結構體緊密結合的認知下，民眾質疑台電會美化或隱匿數據，[15] 也無法信任原能會的管制，而提出「決策黑箱」（〝核〞你到永遠，小組討論）的指控。

為了破除「核電幫」利益結構的隱憂，審議討論的過程不斷出現需要獨立公正的第三方，要求納入競爭型論述進入決策過程，協助民眾在核廢選址問題做出更好的判斷：

「經由政府跟當地居民都同意的公正第三方來進行檢測，那樣政府跟當地居民都能夠信任的對方，那樣比較不會有問題。」（〝核〞你到永遠，大場討論）

「選址評估過程中要納入公正第三方的研究資料，提供不同於官方的資訊，過去政府公開政策資訊時，經常選擇性的公開對政策有利的資訊，隻字不提可能的疑慮，對民眾做出選址的判斷上幫助極少，因此主張政府要主動在資料中納入公正第三方的研究資料，提供民眾不同觀點。」（民間核廢論壇，全國總場）

「這些整合的資料，我們建議除官方所提供的資訊外，也應包括民間團體的報告及意見，或是相關碩博士論文的連結，及國外文獻中英翻譯對照等。」（核廢何從，結論報告）

---

[15]「台電的人給的數據都是美化過的，他有點斷章取義，所以我比較在乎第三者監督的問題，還有對當地民眾的保障。」（核廢何從，HZD2）

　　獨立第三方與競爭性論述的呼籲，回應了風險社會中民眾對於科學事實不確定的焦慮。如同 Beck 指出，科技專家所建構的「事實」，其實是建立在科學的「假設」與「資料」的基礎上，不同的專家可能建構出不同的事實，當科技專家無法回應對風險的疑慮，民眾會期待在競爭性論述資料中得到解答。尤其對於核電利益結構共同體的認知下，為了避免官方有篩選、美化資訊等作為，公民期待競爭性論述的提供，可以發揮真理越辯越明的效果。

　　在打破核工專業影響政策的認知框架下，公民審議的結果均建議核廢處理程序的討論，應納入更多元背景的參與者，包括地方團體、居民代表、不同領域的專家學者、第一線執行者等，以重建社會信任。

「處理程序方面應強調第三公正團體（組成比例包括專家、民間團體、在地居民）的評估，並透過有相關經驗國際團體的檢核（原因是對政府不信任）。」（〝核〞你到永遠，大場討論）

「為選址小組成員的背景及專長應多元化並公開，不應只有來自特定專業的人士，不是僅有工程、核工等專業人士，並應包括公民代表，以呈現多元觀點。」（核廢何從，結論報告）

「專責機構的內部組成要多元，除了各領域的專家學者外，也要納入第一線的執行者與在地居民。在組織運作上，除了必須確保機構的獨立自主外，還要再加入第三方監督機制，以重新建立失去已久的社會信任。」（民間核廢論壇，全國總場）

　　擔憂核工業中，學界、企業、政府一脈相承地訓練途徑所形成結構緊密的利益團體，會有掩蓋管理疏失、管制放水的弊端，公民指出，要反駁核工體系「一丘之貉」的指控，[16] 必須要有獨立第三方的監督機制、多元的參與、以及廣納競爭型論述進入政策辯證，確保資訊公開透明，才有機會做出較為正確的選擇。

---

[16] 李桂林，2016，〈核二螺栓斷裂遠近因探討〉。http://www.huf.org.tw/essay/content/1064，取用日期：2017 年 3 月 5 日。

（三）回饋金制度的反省與補償機制

核廢料處置設施高風險的特性，注定會在選址過程中遭遇地方民眾的反彈抗爭。為使民眾同意這樣的設施，政府往往強調「核能安全」來說服民眾，也提出「回饋金」機制作為地方接受的交換。問題在於「回饋金」的本質是什麼？有公民主張它不該是一種交換：

> 「我給你放核廢料，你才幫我做建設，我覺得這個是不對的。那如果說今天是一個沒有回饋金這樣機制的話，那也許更能反映說，民眾對於核廢，甚至是核能發展他真正的想法是什麼。」（核廢何從，HZD3）

回饋金制度往往是吸引地方自願接納核能相關設施的誘因，它之所以有用，在於地方本身資源不足，亟需發展，因此難以抗拒龐大數額的回饋金。黃之棟（2014）即指出政治人物以回饋金承諾民眾，誘使地方同意設施的建置，可能有政策性買票的疑慮。論壇中也看到許多與會者強調，回饋金的發放不只混淆民眾對於核廢處置真正看法，更多時候未蒙其利而先見其害，反而造成社區的分化。

> 「現有之回饋金額度，超出其他國家低廢處置場的標準（以日本為例，其回饋金為新台幣 20 億元），在此情況下，我們認為可能會強迫、引誘這些地方因回饋金而接受核廢。且回饋金只會讓地方政治人物、有利益關係的意見領袖被收買。目前台灣現有的經驗顯示，未謀其利先見其害。所以我們希望政府應對現行的法規與預算分配制度作檢討。」（核廢何從，結論報告）

從環境正義角度來說，地方發展是一種權利，不應與回饋金制度掛勾。倘若有「回饋機制」，也不該肆意發放，而應釐清發放方式與範圍，經過公民參與規劃，妥善應用於地方建設中，以促成地方真正的發展。

> 「如果真的決定要讓人民接受，也應該告訴地方的人說，並不是透過回饋金的類賄賂的方式，讓他們覺得說我有拿到東西，而是要去關注本

來有這個場址，你要怎麼關注環境跟地區的發展，它不是用錢去解決的。」（民間核廢論壇，北海岸）

「回饋金的發放範圍以及其應用皆應釐清，且不得讓回饋金的使用取代政府對於地方的建設，否則失去回饋金的意義。」（〝核〞你到永遠，結論報告）

「決定場址後，地方回饋金的利用不可被用以取代地方建設的預算，使用標的與方式則要由居民自行協商決定，並開放信託與投資。」（〝核〞你到永遠，結論報告）

回饋金究竟應該提供與否，單就名稱恐怕就已爭論不休。政府慣於採用「回饋」的說法，撇除嫌惡設施對地方造成傷害的責任，而將選址包裝成是該設施回饋給地方發展的一種交換。但若是以百年、萬年的時間尺度觀之，地方民眾接受設施之後，必須永久受制於核廢料處置設施，再也無法回到原本的生活樣態，如此，再多的回饋金都不足以彌補設施對地方的傷害。在審議討論中，就有民眾特別強調「回饋金」正名為「補償金」的重要：

「希望把核廢料放在教育課綱中，讓台灣人知道，希望回饋金改成補償金。」（民間核廢論壇，蘭嶼場）

「這個錢讓它世世代代、就說那個子孫還是一樣可以透過那個錢去進來某種補償或者是回饋……回饋金的名字其實應該要改成補償金，而不是回饋金。」（〝核〞你到永遠，大場討論）

以「回饋」之名掩蓋設施對地方傷害的不妥，若設施本身對地方原本的生活產生無可挽回的影響，應正名為補償或賠償金，這恐怕是落實「環境正義」的合理要求。

（四）犧牲的體系與風險分配正義

核廢料短則百年、長至幾萬年半衰期的特性，使得相關處置設施一旦於某地

落址，就幾乎沒有改變的可能，在地民眾需要世代與該設施永遠共存。而核廢料高風險性的特質，使其管理上必須軍事化嚴密管理與保安，在確保沒有輻射外洩的同時，也將設施內的管理運作隔絕於層層把關之外，當地民眾對自家鄰居狀況難以掌握。

如高橋哲哉（2014）所指，核廢料處置設施是一種犧牲的體系，政府以「為了國家利益」、「設施絕對安全」等說詞，要求特定地方接受核廢料的最終處置設施。然而選址條件中優先以「人口密度高低」排除了都市地區入選的可能，使得選址小組無論怎麼評估，永遠只有偏鄉地區的選項浮出檯面，幾個特定地區更是候選場址的常客，使地方鄉親產生極大的不安與不平衡：

> 「像剛剛講達仁鄉一直被選定，就是幾乎都是一直逼迫他，希望他接受這樣子的結果，可是如果是安全的話其實放在哪一個地方都很安全的話，不應該是鎖定一個偏鄉或是其他偏遠的地來處理這個核廢料的問題，然後選址的進度一直延後。」（"核"你到永遠，大場討論）

值得注意的是，三場論壇的共識結論均未排除對科學評估、環境影響評估的重視，科學客觀條件仍位於與會公民重視價值原則的前列，但對人口密度低地區的選址歧視與風險分配不正義的憂慮，也同樣在共識結論中提及。以《低放射性廢棄物最終處置場址選址條例》來說，法條明文規定選址地點需位於人口密度低的地區，這個條件是立基於「一旦發生核災事故，能夠最大程度的降低傷亡」為前提，但這項前提本身即和政府單位屢屢強調「核能絕對安全」的說法矛盾，更揭示了讓偏鄉地區承擔風險，成為都市地區充裕電力使用結果的犧牲體系。

三場論壇討論均提到，倘若核能設施真的能夠「絕對安全」，沒有必要將人口密度高的地區優先排除；倘若人口密度高的地區地質條件合適，卻因為人口密度的原因被排除，屢獲入選的偏鄉民眾難免陷入不平衡的情緒。理解選址程序規定後的價值預設，不難理解何以人口密度的考量會遭受質疑，甚至成為會議共識：

「都會區及工業區使用電力較多，基於環境正義的原則，應由這些區域承擔核廢的處置與風險。已知的潛在場址皆是原始山林生態、物種豐富之地，又極少使用電力，不應該承擔核廢的污染風險。」（核廢何從，九大共識）

「不應就是選擇偏鄉或人少的地方，有沒有一個思考是導入使用者付費的觀念，哪裡人多、使用電多，就放在那裡？既然核廢是宣稱安全的。」（〝核〞你到永遠，大場討論）

「不應以地區人口密度高低作為評定的唯一要素，使用能源多的地區，應作為核廢選址或承擔（包含財務的承擔）的考量，期望改善社會不正義的現況，並擴大民間社會對核廢料的討論與注意。」（民間核廢論壇，全國總場）

從環境正義、社會公平的角度觀之，都市地區得以享受充裕的電力，是建築在偏鄉承擔核能設施的風險上，而法條明文選址條件要放在「人口密度低」的地區，更是讓「達摩克力斯之劍」無論指到哪，都是同樣弱勢偏鄉地區，造成地方弱弱相殘的局面。反之，享受到利益的群體卻無需負擔同樣的風險，並且對承擔方的痛苦毫無所悉。尤有甚者，當享受利益的一方認為弱勢地區得到「回饋金」即足夠彌補了他們的犧牲，更是對弱勢地區進一步的歧視與打擊。

因此審議討論結果，均認為必須將「使用者付費」的概念納入核廢料處置政策中，必須要「各縣市自己來討論、自己到底用了多少核電」（〝核〞你到永遠，大場討論），釐清用電大戶與偏鄉用電的比例後，才能計算地方民眾在核電政策中的承擔比例，並讓都市民眾瞭解自己應負的責任，而「不是像現在，其實用核能的跟核廢料處置這整個是脫鉤、然後是脫節的，那一般的民眾其實也完全沒有在面對核廢料的問題，好像核廢料的議題就是我們在座這幾個受害區域相關的問題，跟其他人都沒有關係。」（〝核〞你到永遠，大場討論）當犧牲的體系要轉向支持的體系，首先要思考的是如何破除偏鄉總是淪為受害者的連結。這有賴於既得利益者主動承擔責任，建立一個共同承擔的機制，理解受影響地區民眾的處境，以環境正義原則與支持體系出發，共同面對核廢料這個歷史共業。

六、結論

　　本文回顧 2010 年「核廢何從電視公民討論會」、2014 年「″核″ 你到永遠公民討論會」、2016 年「民間核廢論壇」三場以核廢料政策為主題的審議式論壇結論，針對論壇的討論過程與共識結論進行深入的討論分析。本文目的不在各場內容形式的比較，而在整理民間社會對於核廢處置的價值原則與邏輯思考。我們發現，儘管三場審議論壇的議題設定、與會者背景、操作形式、主辦單位、時空背景等條件各不相同，但討論過程與最終共識意見，一些共同關注的價值與原則卻被突顯出來。

　　第一，公民對核廢料的物特性與超越人類歷史的時間尺度感到不安，從技術政治論的角度觀之，核能有高風險且低容錯率的科技特質，核能相關設施的建設無可避免對地方造成永久性的影響，核廢處置場軍事化、威權化的管理機制，更使相關設施注定成為一個地方陌生的鄰居。而核廢料短則三百年、長則十萬年的半衰期，也揭示了接受核廢設施的民眾，可能終其一生，甚至往後數十個世代都必須與核共存，對當地的環境、文化傳統、未來發展等形成限制，並有未知風險。

　　第二，公民審議過程中提出對核工利益結構的不信任，憂心核能安全在特定專業形成的利益結構中被忽視。同時也擔憂國家選擇了核能政策，勢必投入大量資源，將壓縮其他能源發展機會。此外，核工體系出身的官僚、學者可能利用其技術的專業，擴大在政治上的影響力，使得核工利益結構更加緊密。加上核能執行與管制機關人員專業養成相似，許多更師出同門，也使公民呈現對管理機構的不信任，屢屢指稱經濟部、台電、原能會為一丘之貉。因此在三場結論中可以看到強調管制機制應多元組成的建議，輔以資料公開透明，以建立良好的核安監督機制。

　　第三，公民對回饋金機制的質疑與不滿。在討論過程中多次提及誘因機制模糊了居民對嫌惡設施的判斷，當回饋金的數額大到一定程度，偏鄉民眾就有可能在不清楚核廢設施對自己、對地方的影響下被利誘接受。審議討論可以看到環境正義的價值凸顯，指出偏鄉地方長期資源缺乏，不應以回饋方式交換地方發展權益。此外，公民也指出核廢料處置設施在地方落址後，將對地方生活風俗造成的

不可回復的影響，所謂「回饋金」應更名為「補償金」或「賠償金」。

最後，必須注意的是，幾場審議論壇對於犧牲體系與風險分配不正義都有深切的討論。當選址條例中以「風險預防」、「受害人數降到最低」將人口密度低列為選址條件的前提，部分偏鄉無法擺脫成為候選場址的命運。如果國家的利益是建立在犧牲部分人民的生命、生活、健康、財產、尊嚴與希望之上，讓偏鄉地區承擔高風險的嫌惡設施，而享受充沛用電的都市民眾卻無所知覺，如此不公平的犧牲結構正是弱弱相殘惡性循環的源頭。如何設計一個能夠共同承擔的機制，迫使得利的都會區一起思考責任承擔，減少偏鄉民眾被迫承擔的犧牲，應該是未來政策修正與推動首重的目標。

附錄：核廢政策歷史脈絡時間軸

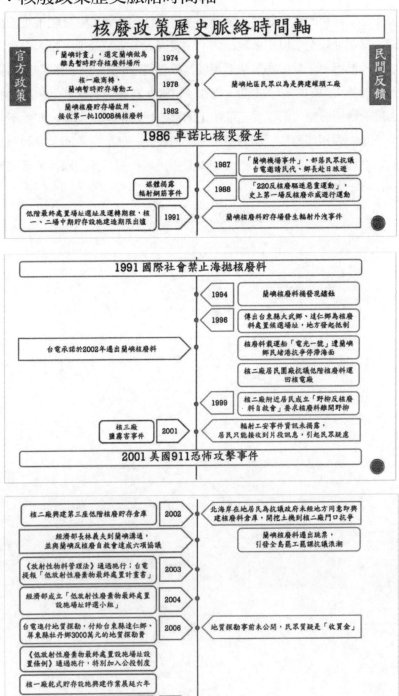

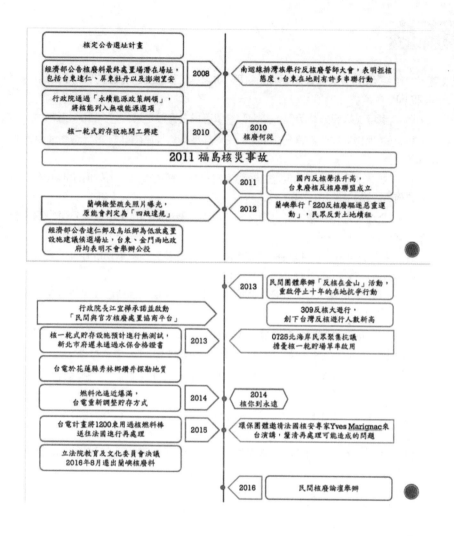

核定公告選址計畫

經濟部公告核廢料最終處置場潛在場址，包括台東達仁、屏東牡丹以及澎湖望安　2008　南迴線排灣族舉行反核廢誓師大會，表明拒核態度。台東在地則有許多串聯行動

行政院通過「永續能源政策綱領」，將核能列入無碳能源選項

核一乾式貯存設施開工興建　2010　2010 核廢何從

2011 福島核災事故

2011　國內反核聲浪升高，台東廢核反核廢聯盟成立

蘭嶼檢整疏失照片曝光，原能會判定為「四級違規」　2012　蘭嶼舉行「220反核廢驅逐惡靈運動」，民眾反對土地續租

經濟部公告達仁鄉及烏坵鄉為低放處置設施建議候選場址，台東、金門兩地政府均表明不會舉辦公投

2013　民間團體舉辦「反核在金山」活動，重啟停止十年的在地抗爭行動

行政院長江宜樺承諾並啟動「民間與官方核廢處置協商平台」

核一乾式貯存設施預計進行熱測試，新北市府遲未通過水保合格證書　2013　0725北海岸民眾聚集抗議搶疊核一乾貯場草率啟用

309反核大遊行，創下台灣反核遊行人數新高

台電於花蓮縣秀林鄉鑽井探勘地質

燃料池逼近爆滿，台電重新調整貯存方式　2014　2014 核你到永遠

台電計畫將1200束用過核燃料棒送往法國進行再處理　2015　環保團體邀請法國核安專家Yves Marignac來台演講，釐清再處理可能造成的問題

立法院教育及文化委員會決議2016年8月遷出蘭嶼核廢料

2016　民間核廢論壇舉辦

參考文獻

杜文苓，2010，〈環評決策中公民參與的省思：以中科三期開發爭議為例〉。《公共行政學報》35: 29-60。

——，2015，《環境風險與公共治理：探索台灣環境民主實踐之道》。台北市：五南。

周桂田，2000，〈生物科技產業與社會風險──遲滯型高科技風險社會〉。《台灣社會研究》39: 239-283。

——，2005，〈知識，科學與不確定性──專家與科技系統的「無知」如何建構風險〉。《政治與社會哲學評論》13: 131-180。

——，2008，〈全球在地化風險典範之衝突──生物特徵辨識作為全球鐵的牢籠〉。《政治與社會哲學評論》24: 101-189。

邱崇原、湯京平，2014，〈公民投票與鄰避困境：台灣低放射性廢棄物貯存場的選址經驗及南韓之啟示〉。《台灣民主季刊》11(4): 1-36。

紀駿傑，1997，〈環境正義：環境社會學的規範性關懷〉，《環境價值觀與環境教育學術研討會論文集》。台南：成大。

紀駿傑、蕭新煌，2003，〈當前台灣環境正義的社會基礎〉。《國家政策季刊》2(3): 169-179。

胡湘玲，1995，《核工專家 VS. 反核專家》。台北市：前衛出版社。

范玫芳，2008，〈科技、民主與公民身份──安坑灰渣掩埋場設置爭議之個案研究〉。《台灣政治學刊》12(1): 185-227。

——，2012，〈從環境正義觀點探討曾文水庫越域引水工程計畫〉。《台灣政治學刊》16(2): 117-173。

——，2017，〈誰的風險？誰的管制與檢測標準？蘭嶼核廢料爭議之研究〉。《傳播研究與實踐》7(1): 107-139。

高橋哲哉，2014，《犧牲的體系：福島‧沖繩》。台灣：聯經。

張國暉，2013，〈國族渴望的巨靈──台灣科技官僚治理的中國脈絡〉。《國家發展研究》12(2): 73-132。

陳瑞樺，2015，〈犧牲體系、社群發展與公司義理──犧牲政治的倫理思考〉。《文化研究》20: 207-215。

湯京平、蔡瑄庭、范玫芳，2009，《低放射性廢棄物最終處置設施候選場址地方公投之研究》。台北市：行政院研究發展考核委員會。

黃之棟，2014，〈談「核」容易？：從烏坵選址看我國當前低放射性廢棄物最終處置問題〉。《國立台灣科技大學人文社會學報》10(1): 45-66。

黃之棟、黃瑞祺，2009，〈正義的繼受：我們與美國人講的到底是不是同樣的「環境正義」？〉。《國家發展研究》9(1): 85-144。

黃東益、杜文苓、范玫芳、林子倫，2010，《低放射性廢棄物最終處置議題與公民參與之研究》。台北市：原能會。

黃東益、陳穎峰、高淑芬，2014，《低放射性廢棄物處置關鍵群體之核廢料認知與風險溝通》。台北市：科技部。

黃淑鈴，2015，〈從族群正義到環境論述：達悟反核廢運動者的框架移轉〉。《思與言》53(2): 7-48。

經濟部國營會，2016，〈經濟部低放射性廢棄物最終處置設施選址作業資訊〉。https://www. moea.gov.tw/Mns/cnc/content/SubMenu.aspx?menu_id=12094，取用日期：2017年3月4日。

Barthe, Yannick, 2010, "Nuclear Waste: The Meaning of Decision-making." Pp. 9-27 in *Making Nuclear Waste Governable-Deep Underground Disposal and The Challenge of Reversibility*, edited by Luis Aparicio. http://www. andra. fr/download/andra-international-en/document/editions/381-va.pdf. (Date visited: April 15, 2013).

Beck, Ulrich 著，汪浩譯，2004，《風險社會──通往另一個現代的路上》。台北：巨流。(Beck, Ulrich, 1986, *Risikogesellschaft: Auf dem Weg in eine andere Moderne*. Frankfurt am Main, Germany: Suhrkamp Verlag.)

Bucchi, Massimiano and Federico Neresini, 2007, "Science and Public Participation." Pp. 449-472 in *Handbook of Science and Technology Studies*, edited by Edward J. Hackett, Olga Amsterdamska, Michael Lynch and Judy Wajcman. Cambridge, Mass: MIT Press.

Chilvers, Jason, 2008, "Deliberating Competence: Theoretical and Practitioner Perspectives on Effective Participatory Appraisal Practice." *Science, Technology, & Human Values* 33(2): 155-185.

Corburn, Jason, 2005, "Risk Assessment, Community Knowledge, and Subsistence Anglers." Pp. 79-110 in *Street Science: Community Knowledge and Environmental Health Justice*, edited by Jason Corburn. Cambridge: The MIT Press.

Edwards, Paul N. and Gabrielle Hecht, 2010, "History and the Technopolitics of Identity: The Case of Apartheid South Africa." *Journal of Southern African Studies* 36(3): 619-639.

Fiorino, Daniel J., 1990, "Citizen Participation and Environmental Risk: A Survey of Institutional Mechanisms." *Science, Technology, & Human Values* 15(2): 226-243.

Funtowicz, Silvio O. and Jerome R. Ravetz, 1993, "Science for the Post-normal age." *Futures* 25(7): 739-755.

Irwin, Alan, 1995, *Citizen Science: A Study of People, Expertise and Sustainable Development*. London: Routledge.

Jasanoff, Sheila, 2004, *States of Knowledge: The Co-Production of Science and the Social Order*. London: Routledge.

Klinke, Andreas and Ortwin Renn, 2002, "A New Approach to Risk Evaluation and Management: Risk-Based, Precaution-Based, Discourse-Based Strategies." *Risk Analysis* 22(6): 1071-1094.

Kao, Shu-Fen, 2012, "EMF Controversy in Chigu, Taiwan: Contested Declarations of Risk and Scientific Knowledge have Implications for Risk Governance." *Ethics in Science and Environmental Politics* 12: 81-97.

Nowotny, Helga, 2003, "Democratising Expertise and Socially Robust Knowledge." *Science & Public Policy(SPP)* 30(3): 151-156.

Perrow, Charles, 1984, *Normal accidents: Living with High Risk Systems*. New York: Basic Books.

——, 2011, "Fukushima and the Inevitability of Accidents." *Bulletin of the Atomic Scientists* 67(6): 44-52.

Renn, Ortwin, et al., 1992, "The Social Amplification of Risk: Theoretical Foundations and Empirical Application." *Journal of Social Issues* 48(4): 137-160.

Renn, Ortwin, 2014, *Stakeholder Involvement in Risk Governance*. US, UK and NZ: Ark Group.

Slovic, Paul, 1993, "Perceived Risk, Trust and Democracy." *Risk Analysis* 13(6): 675-682.

Winner, Langdon, 1986, *The Whale and the Reactor: A Search for Limits in an Age of High Technology*. Illinois, Chicago: University of Chicago Press.

Wynne, Brian, 2007, "Public Participation in Science and Technology: Performing and Obscuring a Political–Conceptual Category Mistake." *East Asian Science Technology and Society: An International Journal* 1(1): 99-110.

台灣邁向低碳社會的公眾態度與政策變遷

林宗弘、蕭新煌、許耿銘

一、導言

　　低碳社會一詞，指的是在 21 世紀中期以前，要求已發展國家採取深度減碳的生活方式，以有效減少二氧化碳排放所造成的全球氣溫上升，在發展中國家也要盡力推動這些減碳的生活方式。所謂減碳的生活方式，又被學者區分為社會轉型、工業轉型、服務業轉型、交通轉型與能源轉型等不同部門的深度減碳策略（Skea and Nishioka 2008）。社會轉型指的是人口與消費成長率的降低；工業與服務業轉型、交通轉型或能源轉型等，則是指前述經濟活動有更低的單位排放量或總排放量，從而達成整個社會深度減碳的目標。例如，有學者估計從 1990 年算起，若要將本世紀中的氣溫控制在升高兩度以內，先進國家必須在 2020 年以前，減少總排碳量達到 1990 年的 20%，才算是達成深度減碳的社會目標（Carvalho, Bonifacio and Dechamps 2011）。然而，由於過去的各種對抗氣候變遷的國際共識無法產生強制性的效力，僅少數高所得又有替代能源的國家例如冰島，能夠達成低碳社會的相關條件。顯然，低碳社會是一個理想化程度甚高、但是也需要全民共識與政府強制推動的環境政策。隨著氣候變遷日益明顯，台灣社會對於付出代價來進行低碳社會轉型的接受程度提升了嗎？如果有一部分民眾開始接受低碳公共政策，主要原因為何？

　　本研究檢視了環境社會學裡三個重大的理論取向，首先是後物質主義或生態現代化理論（ecological modernization），後物質主義指的是隨著經濟發展民眾的物質生活得到滿足之後，將會提高其對環境生活品質的需求（蕭新煌 1980），而使他們更關心氣候變遷與節能減碳的議題，因此由經濟現代化轉向生態現代化，亦即在經濟發展後期逐步減少整個社會污染排放（e.g., Mol and Sonnenfeld 2000; Young 2000）。其次是風險社會（risk society）理論（Beck 1986），指的是隨著氣候變遷導致災難增加，無論民眾是經由增加受災經驗或風險溝通而使其受災風險感知提升，都會導致他們更關心氣候變遷與節能減碳的議題，從而同意付出更高的代價邁向低碳社會。第三個理論是社會資本與韌性理論（e.g., Pretty and Ward 2001），指的是參與公民社會或社會網絡較廣泛的人群，特別是參加環保運動的民眾，更傾向付出較高的代價來邁向低碳社會；這三個具有相當影響力的社會學理論，是否能夠用來解釋台灣民眾對相關低碳轉型政策的支持態度呢？

透過中央研究院《深度減碳，邁向永續社會：台灣轉型為分享型經濟以利深度減碳之利基與可行性分析》子計畫支持，我們在 2017 年進行「邁向深度低碳社會：社會行為與制度轉型的行動研究」調查，以電話抽樣調查訪問約一千兩百名台灣民眾，探究其社會經濟條件與社會參與，如何影響他們對減碳政策的偏好。研究發現，受到近年來氣候災難事件的影響，台灣民眾對氣候變遷的風險知覺正在提升，提高其節能減碳行為的意願（林宗弘、許耿銘、蕭新煌 2018），與過去的文獻及實證發現相當一致。然而，教育程度提升與公民社會參與這兩個因素是風險感知之外的獨立因素，對民眾傾向付出較高的代價來邁向低碳社會有相當顯著的影響。顯然，以教育或社會經濟地位來測量的生態現代化理論、以風險感知來測量的風險社會理論、與以參與環保運動來測量的社會資本理論並非互斥的觀點，三者對於提升台灣民眾接受低碳社會政策的程度，都有相當正面的影響。

二、文獻檢閱

環境社會學對於促進環境友善態度，已經建立不少互相競爭的理論，而台灣社會學界對這些理論也並不陌生。早在蕭新煌（1986）的研究裡，統計分析發現台灣民眾希望在經濟發展與環境保護兩個目標當中取得妥協，顯示台灣工業化後期民意主流仍屬物質主義的價值觀，或是正朝向生態現代化的轉戾點，其中受害的草根社區行動者與教育程度較高的中產階級或專家學者，扮演重要的推動角色（何明修 2001）。過去文獻中雖然未必使用社會資本或韌性一詞，有關公民社會或社會運動的研究取向，一直是台灣環境社會學的重要關懷（蕭新煌 1987, 2002）。最近在有關風險感知的研究裡，發現台灣民眾的災難經驗——例如經歷過颱風或洪水損失，以及較高的教育程度與環境知識等因素，會提高人們對氣候變遷的風險感知（林宗弘、許耿銘、蕭新煌 2018）。然而，由於氣候變遷所導致的低碳社會議題，是過去十年才進入公共政策爭辯的範圍，前述研究尚未應用到最近的調查。以下本文將回顧環境社會學相關文獻之三大理論：生態現代化或後物質主義、風險社會與風險感知、社會資本或韌性的理論，建立相應的經驗假設，用以測試能否解釋台灣民眾對低碳社會的接受程度。

（一）生態現代化與後物質主義理論

　　早在氣候變遷引起公眾注意以前，環境社會學已經有許多經典的環境主義理論命題，其中最重要的一組爭論，就是環境現代化理論與生產加速器（Treadmill）理論之爭。生產加速器理論繼承了馬克思主義世界體系理論的批判觀點，認為隨著資本主義發展的全球化，市場競爭難以避免地使溫室氣體排放加速，從而導致氣候變遷的惡化（Roberts, Grimes and Manale 2003）。這種批判立場的環境社會學雖然很吸引知識分子，但是有其論述的缺點：首先，生產加速器理論被評論為無法修正的經濟決定論，唯有推翻資本主義才能改善環境，然而研究發現蘇聯社會主義下的環境破壞可能更為嚴重，轉向市場經濟反有改善（York 2008）。其次，先進資本主義國家的環境效率——也就是每單位國民生產毛額的碳排放量正在下降，邊際排量的增長率持續降低、有些國家甚至出現總排放量下降的情況（Jorgenson 2006），因此不完全吻合生產加速器理論的預期。

　　就像政治現代化理論對資本主義與民主之間採取樂觀立場一樣，生態現代化理論對人類能否控制氣候變遷，採取較為樂觀的態度。生態現代化理論認為一個社會由發展中國家變成已開發國家的過程，會影響其政府與民眾的公共政策偏好順序，隨著發展程度提高與污染程度逐漸惡化，導致公害疾病或極端氣候等高經濟損失，政府與民眾開始同意付出代價來治理環境惡化的問題。尤有甚者，生態化理論（ecological modernization theory）係指環境問題乃為現代社會發展之結果，須探討此些環境問題如何引發環境改革，強調克服環境危機的可能性（Spaargaren and Mol 1992）。因此，大部分國家在工業化過程裡的污染排放變遷為先發展後治理，會經歷一個先上升後下降的倒 U 型過程，這種非線性的變化也被稱為生態的顧志耐曲線（Mol and Sonnenfeld 2000; Young 2000）。在微觀的層次上，生態現代化理論的觀點與後物質主義理論相吻合（Inglehart 1977），「後物質」現象使我們深刻體認，過去主張以經濟模型－理性選擇（rational choice），或政治－經濟解釋人類行為的研究取向，太過於注重短期的政治經濟效益面向，忽略長期文化變遷與政治及經濟行為的關聯性（李建華 2001）。後物質主義認為隨著經濟發展日益成熟、民眾教育程度與所得提升，工業社會的政策偏好會由賺錢等物質利益的追求，逐漸轉向其他生活品質的價值，例如健康、環境、性別平權、品味消費等後物質價值。在這樣的轉型過程裡，教育程度較高、

所得也較高、較穩定的中產階級往往扮演環境運動領頭的角色，對政府形成有組織的政治壓力，且過往的研究已廣泛發現後物質主義價值的出現會影響環保價值的興起，進而可能會影響到政黨的得票（鄧志松、黃嘉芳、吳親恩 2015）。實際上，Carter（2007）認為環境問題其實會影響每個人的健康和財產，本質上是個物質主義的問題，不是只有擁有後物質主義的民眾才會關注，受到環境影響的人遍及各階層，都可能關注環境議題。

戰後台灣的發展歷程可視為生態現代化之開展，而綠色矽島所揭櫫之政策內涵實可謂為台灣版的永續發展（黃信勳、徐世榮 2015）。就環境問題而言，所謂的生態現代化也許可看作是已經看到工業化對自然所造成的破壞，卻未放棄工業化所允諾的「現代」標籤（蔡采秀 2004）。在當代環境政治理論中，生態現代化和生態國家理論主張「國家」是處理環境危機的重要機制（曾華璧 2008），自1980 年代以來，認為資本主義與環境保護並非無法並行的生態現代化理論，不但吸引部分學者致力發展成解釋社會變遷的理論，亦成為政府部門和國內企業歡迎的主流環境論述（Hajer 1995, 2009; Barry and Smith 2005; Carter 2007）。甚且在台灣過去的環保運動研究裡，也可以發現教育或中產階級的重要性（蕭新煌等2002），因此我們將之推廣到低碳政策：

假設一：社會經濟地位特別是教育程度較高的民眾，較能接受低碳社會相關政策或負擔較高的轉型成本。

（二）風險社會與風險感知理論

我們用來解釋台灣民眾轉向低碳社會的第二個理論觀點是風險社會理論。過去近三十年，美國與歐洲各自發展出風險社會的研究取向。在歐洲，「風險社會」學派通常將焦點集中於巨觀社會變遷，討論多種「現代性」的分類與轉型（Beck 1992; Renn 2008），在風險社會理論中，天災被歸類於「第一現代」，也就是工業化時期已經被逐漸克服的「舊」風險；所謂「第二現代」概念下的「新」風險研究，經常把重心放在具有高度不確定性的新科技——例如核能與基因改造所造成的「人為」風險上，也就是隨著先進國家由第一現代（工業化）邁向第二現代（後工業）時期，科技風險逐漸提升到全球規模，例如核災與氣候變遷，這種人

造風險與不確定性的全球化，可以稱之為「全球風險社會」（Beck 1998）。雖然曾被批評為缺乏經驗證據（Tierney 2002: 216），但後續文獻確實從社會調查與實驗當中證實了風險社會影響風險感知的一些機制。

在美國，風險研究更為個體與經驗取向，以社會心理學實驗或問卷來分析個人的風險感知，學者發現各種社會經濟因素——例如收入、性別與膚色與志願性投入風險活動（也就是有較高的風險偏好），影響人們的風險感知程度（例如 Slovic 2010；許耿銘 2014）。風險感知指的是民眾主觀的風險感受（周桂田 2003）。研究指出社會階層化中的社經地位與教育程度（在美國包括種族因素）影響災難風險的資訊取得，教育程度較高或是對某種災害風險有較多資訊或經驗者，比較在意氣候變遷風險（黃榮村、陳寬政 1993；Barnett and Breakwell 2001）。實驗結果亦發現相對於客觀受災機率，自願承擔風險者（風險偏好者）可能會低估受災風險、無辜的潛在被害人則傾向於高估受災風險（Slovic 2000; 2010）。在台灣，研究發現弱勢族群認為自身可能受災機會比其他人高（陳敏生、陳斐娟 2008），例如，住在環境高脆弱區的居民具有較高風險感知（洪鴻智、陳令韡 2012；陳亮全 2005；陳淑惠等 2010），其中天災受災經驗、女性、年齡等是影響民眾風險感知的關鍵因素（李欣輯等 2010：167）、可能受土石流衝擊的原住民或農民對颱風的風險感知比其他民眾更強（Roder et al. 2016）。

近年來，總體層次的風險社會理論與個體層次的風險感知、或傳播學界的風險溝通研究有匯流的趨勢（林宗弘等 2018；林宗弘 2019）。從科學、科技、與社會（即英文簡稱的 STS）的認知角度切入，某些學者將風險概念區分為實在的客觀風險、主觀風險——包括風險感知研究與科技的社會型塑（social shaping of technology）研究、以及風險溝通與風險治理等眾多文獻主題（例如 Zinn 2008）。氣候變遷或低碳社會議題，始終都是風險社會與風險感知研究裡重要的共同主題，但台灣仍少有以低碳政策為主的調查資料。因此，本研究延伸了台灣的災難調查分析成果，認為台灣民眾對颱風等的極端氣候天災風險感知越高，越容易提升其對於低碳政策的接受程度。

假設二：氣候災難風險感知較高或受災經驗越多的民眾，較能接受低碳社會相關政策或負擔較高的轉型成本。

（三）社會資本與韌性理論

環境運動一直都是環境社會學重要的研究對象，研究已發現在工業先進國家的環境運動特別是公民團體——環保 NGO 的數量，對於環保政策的推行有顯著的影響（Longhofer and Schofer 2010; Longhofer et al. 2016），最近，個體層次的社會調查分析顯示，英國與歐洲各國民眾對社會的信任程度越高，更傾向同意讓國家加稅來治理環境議題（Fairbrother 2016, 2019），然而，將公民社團參與或社會資本納入低碳政策分析的文獻並不多。

在政治學文獻裡，社會資本廣泛地指涉社會網絡、規範、信任，使個人能採取集體行動並追求相同目標（Putnam 1995），有助於生產公共財（Ostrom 1990）。政治學界通常以參與公民社會的活動或對陌生人的信任來測量社會資本。在社會學界，林南（Lin 1999）延續 Bourdieu（1984）的觀點，認為社會資本是指個體之社會網絡所能動員的資源，與政治學觀點並不互斥。此外，Marsh（2003）主張研究台灣的公民社會不要忽略地方政治文化的關係、人情、面子等個人投資的關係網絡社會資本效應，也有學者認為網際網路可能帶來更豐富的社會資本（林宗弘 2012）。整體而言，這些政治學者在進行東亞民主化比較研究時，傾向於直接使用政治文化及治理系統論的觀點來分析社會信任與政府效能，這樣的觀點過度文化化約論忽略了民眾藉著個人網絡資本或社團參與的組織社會資本產生的中間層次結構（meso-level）對公民參與和信任的影響（熊瑞梅 2014）。

Cutter（2011）提醒吾人降低災害風險並非理所當然，是需要精心設計與永續經營，Comfort et al.（2010）則指出韌性是長期過程的結果。透過制度途徑接受意外事件是無可避免的，經由知識、及時的方法、具共識性的社會協力以及彈性創意的預備等促成。最近，災難研究提出「韌性」的概念，這個概念通常指災難受害社群或個人，有助於其因應風險與災後復原的社會因素，包括家庭財富、政治參與、心理健康、以及社會網絡或社會資本等，其中社會資本被當成災後韌性的核心要素（Aldrich 2012）。Adger（2000）研究人對於災害的反應，認

為韌性即社會的適應力，為社區及其社會基礎設施抵禦外部衝擊的能力，尤其在依賴自然資源運作的社區更必須結合生態環境與韌性等層面，進而考慮環境變化之變因，例如：自然資源的依賴性與經濟因素、人口及體制等關鍵層面之相互關係。韌性是指個人、地區或國家抵抗災難的能力，觀察韌性是否能夠緩衝、吸收或承受災難所帶來的負面效果（李宗義、林宗弘 2013）。有關社會資本提高韌性的觀點也影響了氣候變遷的相關研究。例如，Jones 等（2012）以氣候變遷為例，認為民眾的社會資本可以促進彼此訊息的交換，而交換訊息亦可確認民眾的風險感知。研究結果發現社會資本較少的人，相對容易意識到氣候變遷所帶來的高風險；而具有高社會資本的人，往往比較不容易感受到氣候變遷的風險。然而，亦有研究指出緊密的社會網絡會讓成員之間相互影響，提升其主觀風險感知（Johanna Wolf et al. 2010），進而提高面對風險的調適能力（Adger 2003: 401）。本文以參與環境運動來測量社會資本，並假設社會資本應該會影響民眾的公共政策偏好。

假設三：參與環保運動或減碳行動的民眾，較能接受低碳社會相關政策或負擔較高的轉型成本。

三、研究設計

　　本研究以「邁向深度低碳社會：社會行為與制度轉型的行動研究」之調查為主要資料來源，包含關於個人的低碳態度和行為、政府的制度和政策兩大部分，探討主題為台灣民眾在低碳社會方面行為意向影響程度的比較分析。以年滿十八歲以上、且家中有電話之民眾為調查母體；調查訪問地區則為台灣地區（含澎湖），以及福建省連江縣與金門縣，委託中央研究院調查研究中心，採分層多階段隨機暨戶中抽樣法（random digit dialing using stratified multi-stage probability proportional to size, within household sampling），於 2017 年 7-8 月間進行電話訪問，實際完成 1,211 案，這是台灣少數針對低碳政策進行的社會調查。

（一）自變量

在我們的自變量當中，主要用來測量社會經濟地位的包括以受教育年數來測量的教育程度與個人每月所得的對數，根據後物質主義或生態現代化理論，這些社會經濟地位指標越高，民眾越可能願意付出代價支持低碳社會轉型的相關政策。

第二類自變量用來測量風險感知，包括問卷當中的兩道題目：您是否同意全球暖化會對台灣造成災難性影響、以及您是否同意節約能源有助於減少氣候風險，前者顯示台灣民眾同意氣候變遷與災難之間的因果連結、後者顯示他們同意節約能源對減少災難風險有相當大的幫助，根據風險社會理論，這兩題顯示的風險感知越高，民眾越可能願意付出代價支持低碳社會轉型的相關政策。第三類自變量用來測量社會資本。我們詢問受訪者是否曾經加入環保團體，以及是否曾經參加反核活動。

（二）控制變量

本研究包括的控制變量有女性（性別）、年齡與婚姻狀態（已婚以及回答有小孩者）。根據生態女性主義理論，環境社會學家認為女性相對於男性有較強的同理心與風險感知，因此傾向付出較高的代價來邁向低碳社會（e.g., Warren 2000）。此外，年齡較高與有家庭者可能有較長的時間預期，因此傾向同意低碳轉型來防止氣候變遷，然而這些理論並非本文所關注的重點，因此在統計結果處將簡要分析。

（三）依變量

在依變量方面，我們大致將低碳相關的公共政策分為幾組，首先是四個五分法的 Likert Scale 問題：非常不同意、不同意、無意見、同意與非常同意，其題幹為「同意設置智慧電表（AMI）」、「同意增加累進電價」、「同意支付較高電價以使用再生能源」以及「同意政府徵收能源稅」。前三個問題主要針對電力價格，因此受訪者的回答也比較相關，第四個問題則是加稅的同意程度。

四、研究分析

（一）數據分析

本研究各主要變量的敘述統計，請參閱表1。

表 1　敘述統計

變數	N	平均值	標準差	最小值	最大值
同意設置智慧電表（AMI）	1,165	2.885	0.841	1	4
同意支付較高電價以使用再生能源	1,166	2.576	1.014	1	4
同意增加累進電價比例	1,199	3.049	0.946	1	4
同意政府徵收能源稅	1,175	2.533	1.064	1	4
同意配合漲價以節能減碳	1,177	1.714	1.098	1	8
同意配合加稅以節能減碳	1,166	1.841	1.218	1	8
同意暖化對台灣造成災難性影響	1,199	3.621	0.605	1	4
同意節約能源有助於減少氣候風險	1,178	3.390	0.813	1	4
曾參加環境運動	1,208	0.214	0.411	0	1
常參加節約能源活動	1,204	0.429	0.495	0	1
女性	1,211	0.531	0.499	0	1
年齡	1,211	49.150	14.646	21	91
教育年限	1,210	13.412	3.527	0	18
已婚有小孩者	1,200	0.371	0.483	0	1
個人月所得對數	1,211	9.131	3.424	0	12.899

資料來源：邁向深度低碳社會：社會行為與制度轉型的行動研究調查（2017）。
N=1,211

如圖1所示，台灣民眾的風險感知相當高，回答非常同意或是同意上述兩個命題的受訪者將近八成，而且這兩個自變量的相關性也非常高。

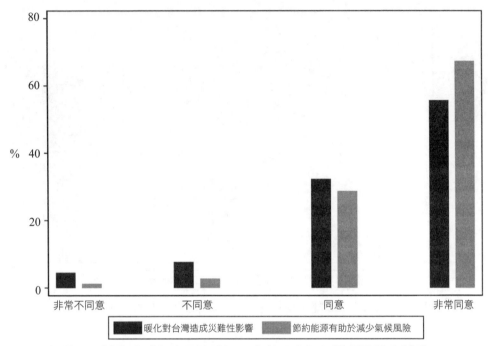

圖例：
■ 暖化對台灣造成災難性影響　　■ 節約能源有助於減少氣候風險

圖 1　台灣民眾對全球暖化的風險感知，多數同意氣候變遷風險與減碳

如圖 2 所示，在問卷裡我們問受訪者是否曾經加入環保團體、以及是否曾經參加反核活動，前者約占受訪者當中的 5%、後者百分之 16%，將兩個問題都正面回答的受訪者合併，獲知有 21% 的民眾曾經參與台灣的環保運動；此外，我們也問了「您是否曾經參與節約能源的活動」，發現有 43% 的民眾傾向回答經常參與，然而這個回答可能是指個人生活中的節約能源活動，或是被政府動員參加的節能活動，未必能夠代表社會資本。

如圖 3 所示，受訪的台灣民眾當中對累進電價的接受度最高（同意與非常同意占 80%）、其次是對智慧電表的同意程度（同意與非常同意占 68%）、對提高電價使用再生能源與徵收能源稅的同意程度雖然也過半，但比例相對較低（同意與非常同意各占 60% 與 57%）。

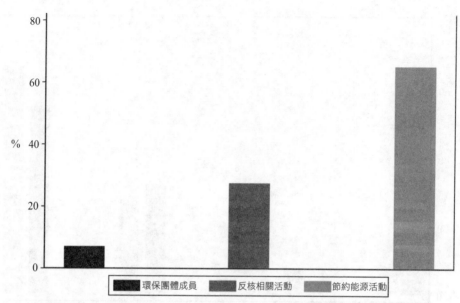

圖2   台灣民眾參與環保團體、反核運動與節約能源活動的比例

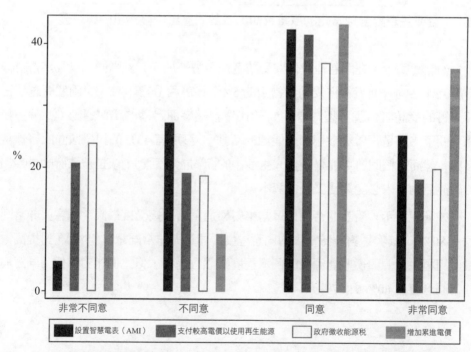

圖3   是否同意設置智慧電表、加電價用再生能源、徵收能源稅與累進電價

　　本研究使用的第五個問題是受訪者自己是否同意配合漲價以節能減碳，第六個問題是同意配合加稅以節能減碳，在回答同意時追問了受訪者可以接受的漲價或加稅幅度。相對於前三題都是處理電力市場，此處的漲價主要是指一般性的物價上漲。在有回應的受訪者當中，均有五成反對任何的加價或加稅，而在同意加稅或加價的受訪者當中，大約三成同意提高 5% 以內的價格或稅金；其次有略高於一成的受訪者願意提高 6-10%，其餘的百分比均在 3% 以下，只有零星的回答。由此可見，雖然台灣民眾普遍有強烈的氣候風險感知，也有多數人同意使用累進電價或開徵能源稅，但是問到自己願意承擔加稅或加價的實際比例時，同意者通常降到一半以下，其中又以可接受 5% 以內的漲幅為主（請參見圖 4）。

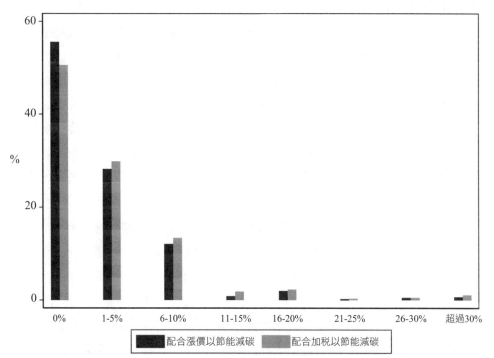

圖 4　受訪者同意為了節能減碳而漲價或加稅的幅度

（二）相關分析

　　我們根據後物質主義的兩個自變量——教育年限與所得對數、風險感知的兩個問題、以及參與環保團體與節能減碳的行為，針對前述的六個依變量進行 OLS 線性迴歸估計，迴歸係數越高者，可以解釋為越支持低碳社會轉型相關的

公共政策，反之則是較不同意這六個低碳轉型政策。

本研究的前三組依變量，主要處理的是低碳轉型下的電力政策。第一個模型針對受訪者接受智慧型電表的同意程度進行估計，發現教育程度越高、同意節能減碳可以減少氣候風險、以及曾經參加環境運動者，會顯著提升其對智慧電表的接受程度。第二個模型則是對受訪者同意支付高電價使用再生能源的程度進行估計，發現教育程度、認為暖化會造成災難以及減碳可以減少氣候風險者，會顯著提升其對再生能源的接受程度，但參加環境運動的關聯性較弱；第三個模型顯示受訪者增加累進電價的接受程度，在正面顯著的自變量方面與模型二有同樣的發現，即教育程度與風險感知可以提高累進電價的同意程度。此外，環境運動或個人節能的參與在電力議題上較不敏感。

後三組模型主要處理全面性的能源稅、以及為了節能減碳而加稅或加價的意願，與電力市場較無關聯。模型四顯示受訪民眾是否同意能源稅的影響因素，其中以教育程度較高與年齡較高者意願較強，認為暖化會造成災難以及減碳可以減少氣候風險者、曾參加環保運動者也會顯著提升其接受能源稅的同意程度；在模型五的統計結果裡，為了節能減碳而同意漲價的程度主要受到教育程度與參加環保運動影響，而與風險感知無關；模型六為了節能減碳而同意加稅的程度之統計估計，結果顯示認為暖化會造成災難以及減碳可以減少氣候風險者、曾參加環保運動者與節能行動者，較傾向同意加稅。

綜上所述，教育程度、風險感知與社會資本變量在多數模型當中產生正面顯著的效果。教育程度在前五個模型都發揮作用、風險感知則只在模型五的漲價問題上不顯著，圖5與圖6展示了這兩個變量在六個低碳政策上的重大效果，圖5顯示教育程度越高，明顯越傾向同意設置智慧電表（AMI）、同意支付較高電價以使用再生能源、同意增加累進電價比例、同意政府徵收能源稅、同意配合漲價以節能減碳，反之則是教育程度越低越無法認同這些政策。圖6亦顯示風險感知越高者，明顯越傾向同意設置智慧電表（AMI）、同意支付較高電價以使用再生能源、同意增加累進電價比例、同意政府徵收能源稅、同意配合加稅以節能減碳。

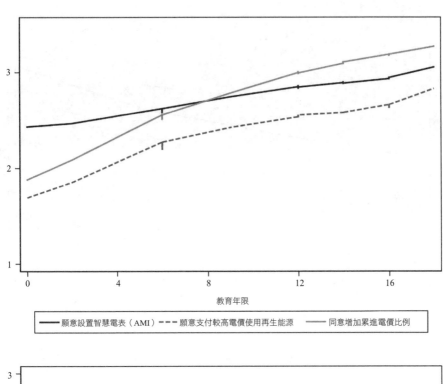

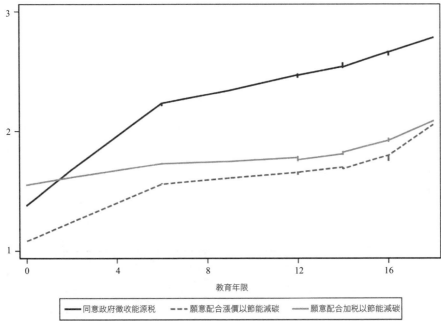

圖 5 台灣民眾教育程度與配合低碳政策之關係

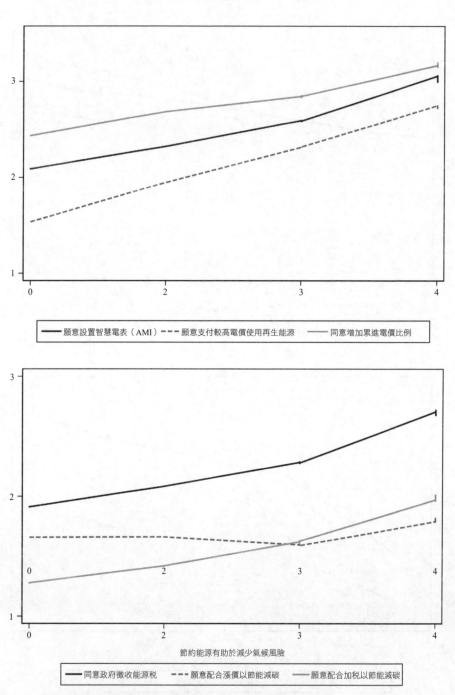

圖 6　台灣民眾節約能源態度與相關低碳政策之間的關係

表2　對六個低碳轉型公共政策的同意程度，社會經濟地位、風險感知與社運參與

	同意設置智慧電表（AMI）	同意支付較高電價使用再生能源	同意增加累進電價比例	同意政府徵收能源稅	同意配合漲價以節能減碳	同意配合加稅以節能減碳
	(1)	(2)	(3)	(4)	(5)	(6)
女性	-0.058	0.041	-0.121*	-0.009	-0.202**	-0.085
	(0.050)	(0.061)	(0.056)	(0.064)	(0.069)	(0.076)
年齡	0.002	0.004	0.001	0.008**	-0.000	0.002
	(0.002)	(0.002)	(0.002)	(0.002)	(0.003)	(0.003)
教育年限	0.024**	0.034***	0.050***	0.057***	0.025*	0.020
	(0.009)	(0.010)	(0.009)	(0.011)	(0.012)	(0.013)
已婚有小孩者	-0.029	-0.146*	-0.047	-0.041	-0.070	-0.040
	(0.049)	(0.060)	(0.055)	(0.064)	(0.068)	(0.075)
個人月所得對數	0.012	0.011	0.004	0.013	0.005	0.006
	(0.007)	(0.009)	(0.008)	(0.010)	(0.010)	(0.011)
同意節約能源有助於減少氣候風險	0.368***	0.301***	0.234***	0.254***	0.095	0.171**
	(0.042)	(0.051)	(0.047)	(0.054)	(0.059)	(0.064)
同意暖化對台灣造成災難性影響	0.057	0.215***	0.113**	0.140***	0.052	0.170***
	(0.032)	(0.039)	(0.036)	(0.041)	(0.044)	(0.049)
曾參加環境運動	0.147*	0.091	0.098	0.169*	0.170*	0.288**
	(0.058)	(0.070)	(0.064)	(0.074)	(0.080)	(0.087)
常參加節約能源活動	0.052	0.087	0.054	0.023	0.097	0.226**
	(0.049)	(0.059)	(0.055)	(0.063)	(0.067)	(0.074)
常數項	0.816***	-0.012	1.118***	-0.152	0.878**	0.143
	(0.235)	(0.285)	(0.263)	(0.303)	(0.325)	(0.357)
N	1,127	1,120	1,154	1,138	1,131	1,126
R^2	0.111	0.111	0.085	0.082	0.029	0.055
Adjusted R^2	0.104	0.104	0.078	0.075	0.021	0.047

註：*p<.05 **p<.01 ***p<.001，(.)內為Standard errors，使用Linear regression估計。

　　此外，同意配合漲價以節能減碳而參加環保運動的社會資本因素則有四個模型顯著，分別是同意設置智慧電表（AMI）、同意政府徵收能源稅、同意配合漲價以節能減碳、同意配合加稅以節能減碳。最後，儘管在少數議題上女性有較強

的災難風險感知，一旦控制風險感知因素後，無法找到性別與低碳政策偏好的關聯。相反地，女性更反對累進電價與一般漲價。本研究之簡單相關係數矩陣，請參考表2。

五、結論與建議

以低碳社會的生活方式來減緩氣候變遷，是要付出代價的，台灣遭受極端氣候衝擊之下，民眾是否願意付出代價？其中又以哪些人最支持低碳相關的加稅或加價政策？根據後物質主義或生態現代化理論、風險社會與風險感知理論、以及社會資本與韌性理論，本研究分析了社會經濟地位、對氣候變遷的風險感知、以及參加環保運動的社會資本，是否有助於台灣民眾提升對低碳社會轉型之公共政策的同意程度。我們選擇了六個主要的低碳公共政策來進行問卷調查，包括裝置智慧電表、加電價用再生能源、提高累進電價等三個電力政策，以及開徵能源稅、為了節能減碳可以接受一般性的加價程度或加稅程度，每一個政策都要受訪者付出或多或少的代價。

我們以教育程度及個人月所得對數來測量社會經濟地位、用認為暖化會造成災難以及減碳可以減少氣候風險這兩題來測量風險感知，以及用民眾曾參加環保運動來測量其社會資本，統計分析後發現，台灣民眾確實可能受到教育程度較高、風險感知較高以及曾經參加環保運動影響，提高其對於前述六個低碳公共政策的接受程度。一般性的個人節能影響較小，而生態女性主義宣稱女性較關心環境則無法證實，女性反而更反對電價與物價上漲。因此，提升民眾的環境教育與風險感知、擴大公民社會特別是對環境運動的參與，確實有助於台灣社會接受朝向低碳社會轉型所需付出的代價。

反過來說，本研究也有助於解釋那些低碳轉型的反對力量。教育程度較高的中產階級支持低碳轉型，相對來說就是較貧困與低技術的勞工階級可能反對這些讓他們付出代價的政策，缺乏風險感知或公民社團參與者也會有類似的作用，比如說台灣反核團體雖然活躍，在一般不活躍參加公民團體之民眾為主的公民投票裡卻淪為少數，這些都是低碳轉型的警訊。有鑑於法國推動能源稅引發黃背心運動抗議的經驗，儘管在問卷裡多數受訪者表態支持加稅，底層民眾對於加稅或加

價的承受意願是可疑的，這也導致受訪者同意加稅幅度偏低的結果。面對民意調查的不一致之處，學者應小心解釋其政策意涵。

參考文獻

何明修，2001，〈台灣環境運動的開端：專家學者、黨外與草根（1980-1986）〉。《台灣社會學》2: 97-162。

李宗義、林宗弘，2013，〈社會韌性與災後重建：汶川地震中的國家與地方社會〉，《東亞研究》44(2): 1-38。

李建華，2001，《環境政策民主化之研究——以嘉義縣鹿草焚化廠設置為例》。中正大學政治學研究所碩士論文。

林宗弘、蕭新煌、許耿銘，2018，〈邁向世界風險社會？台灣民眾的社會資本、風險感知與風險因應行為〉，《調查研究——方法與應用》40: 127-166。

紀駿傑，1998，〈我們沒有共同的未來：西方主流環保關懷的政治經濟學〉，《台灣社會研究季刊》31: 141-168。

許耿銘、紀駿傑、蕭新煌，2016，〈氣候變遷、世代正義與永續性：概念、指標與政策〉，《台灣經濟預測與政策》46(2): 259-285。

曾華璧，2008，〈台灣的環境治理（1950-2000）：基於生態現代化與生態國家理論的分析〉，《台灣史研究》15(4): 121-48。

黃信勳、徐世榮，2015，〈戰後台灣的環境治理進路：一個生態現代化視角的考察〉，《思與言》52(4): 5-63。

熊瑞梅，2014，〈社會資本與信任：東亞社會資本調查的反思〉，《台灣社會研究季刊》54: 1-30。

蔡采秀，2004，〈自然、都市規劃與環境意識論——論台灣的生態現代化問題〉，《思與言》42(2): 117-181。

鄧志松、黃嘉芳、吳親恩，2015，〈環保抗爭與綠黨得票有關嗎？ 2012 年立委選舉政黨票的考察〉，《選舉研究》22(2): 41-69。

蕭新煌，1980，〈社會學與「環境」：環境社會學的基本看法〉，《思與言》18(2): 1-7。

——，1986，〈新環境範型與社會變遷：台灣民眾環境價值的初探〉，《台灣大學社會學刊》18: 81-134。

——，1987，《我們只有一個台灣：反污染、保育與環境運動》。台北：圓神出版社。

——，2002，〈台灣的地方環保運動（1980-2000）：歷史與空間的比較分析〉，《永續台灣簡訊》4(2): 34-68。

蕭新煌、許耿銘，2015，〈探析都市氣候風險的社會指標：回顧與芻議〉，《都市與計劃》42(1): 59-86。

Adger, W. Neil, 2000, "Social and ecological resilience: Are they related?" *Progress in Human Geography* 24(3): 347-364.

Aldrich, Daniel P., 2012, *Building Resilience: Social Capital in Post-Disaster Recovery*. Chicago and London: University of Chicago Press.

Barry, John and Graham Smith, 2005, "Green Political Economy and the Promise of the Social Economy." Pp.249-269 in *Handbook of Global Environmental Politics*, edited by Peter Dauvergne. Cheltenham: Edward Elgar Publishing.

Carter, Neil, 2007, *The Politics of the Environment: Ideas, Activism, Policy*. Cambridge: Cambridge University Press.

Comfort, Louise K., William L. Waugh and Beverly A. Cigler, 2012, "Emergency Management Research and Practice in Public Administration: Emergence, Evolution, Expansion, and Future Directions." *Public Administration Review* 72(4): 539-548.

Cutter, Susan L, 2011, "Disaster resilience: What we know, what we need to know?" Paper presented at the Second Conference on Community Resiliency, Virginia Tech Research Center, Arlington, September 19.

Fairbrother, Malcom, 2016, "Trust and Public Support for Environmental Protection in Diverse National Contexts." *Sociological Science* 3: 359-382.

——, 2019, "When Will People Pay to Pollute? Environmental Taxes, Political Trust and Experimental Evidence from Britain." *British Journal of Political Science* 49(2): 661-682.

Fisher, Dana R. and William R. Freudenburg, 2004, "Postindustrialization and Environmental Quality: An Empirical Analysis of the Environmental State." *Social Forces* 83(1): 157-188.

Hajer, Maarten A., 1995, *The Politics of Environmental Discourse: Ecological Modernisation and The Policy Process*. Oxford: Clarendon Press.

——, 2009, "Ecological Modernisation as Cultural Politics." Pp. 80-100 in *The Ecological Modernization Reader: Environmental Reform in Theory and Practice*, edited by Arthur P. J. Mol, David A. Sonnenfeld and Gert Spaargaren. New York: Routledge.

Hsiao, Hsin-Huang Michael and Russell Stone, 2003, "Environmental Groups and Sustainable Development for Island Taiwan." Pp. 451-474 in *Sustainable Development for Island Societies: Taiwan and the World*, edited by Hsin-Huang Michael Hsiao. Taipei: Center for Asia-Pacific Area Studies, Academia Sinca.

Hsiao, Hsin-Huang Michael, Russell Stone and Chun-Chieh Chi, 2002, "Taiwan Environmental Consciousness: Indicators of Collective Mind toward Sustainable Development." *Research for Sustainable Taiwan* 4(2): 1-33。

Inglehart, R, 1977, *The Silent Revolution: Changing Values and Political Styles Among Western Publics*. Princeton: Princeton University Press.

Skea, Jim and Shuzo Nishioka, 2008, "Policies and Practices for a Low-carbon Society." *Climate Policy* 8(sup1): S5-S16.

Jorgenson, Andrew K., 2006, "Global Warming and the Neglected Greenhouse Gas: A Cross-National Study of the Social Causes of Methane Emissions Intensity." *Social Forces* 84(3): 1779-1798.

Jorgenson, Andrew and Brett Clark, 2012, "Are the Economy and the Environment Decoupling? A Comparative International Study, 1960-2005." *American Journal of Sociology* 118: 1-44.

Longhofer, Wesley and Evan Schofer, 2010, "National and Global Origins of Environmental Association." *American Sociological Review* 75: 505-533.

Longhofer, Wesley, Evan Schofer, Natasha Miric and David John Frank, 2016, "NGOs, INGOs, and Environmental Policy Reform, 1970-2010." *Social Forces* 94(4): 1743-1768.

Maria da Graça Carvalho, Matteo Bonifacio and Pierre Dechamps, 2011, "Building a Low Carbon Society." *Energy* 36(4): 1842-1847.

Marsh, Robert M., 2003, "Social Capital, Guanxi, and the Road to Democracy in Taiwan." *Comparative Sociology* 2(4): 575-604.

Pellow, David and Hollie Brehm, 2013, "An Environmental Sociology for the Twenty-First Century." *Annual Review of Sociology* 39: 229-250.

Roberts, J. Timmons, Peter E. Grimes and Jodie Manale, 2003, "Social Roots of Global Environmental Change: A World-Systems Analysis of Carbon Dioxide Emissions." *Journal of World-Systems Research* 9(2): 277-315.

Stone, Russell and Hsin-Huang Michael Hsiao, 2003, "Eco-Feminism in Taiwan: Evidence from Surveys." edited by Hsin-Huang Michael Hsiao. Taipei: Center for Asia-Pacific Area Studies, Academia Sinca.

Spaargaren, Gert and Arthur P. J. Mol, 1992, "Sociology, Environment and Modernity: Ecological Modernization as a Theory of Social Theory." *Society and Natural Resources* 5(4): 323-344.

York, Richard, 2008, "De-Carbonization in Former Soviet Republics, 1992-2000: The Ecological Consequences of De-Modernization." *Social problems* 55(3): 370-390.

York, Richard and Eugene A. Rosa, 2012, "Choking on Modernity: A Human Ecology of Air Pollution." *Social Problems* 59(2): 282-300.

第三篇

凝聚與記憶：
台灣與東南亞客家

把客家帶進社會學，把社會學帶進客家

張維安

　　本文主要的目的在於介紹一位熱情又好奇的蕭老師，特別是針對這些年來他對客家研究方面的貢獻，由於他在這方面的影響力廣泛，篇幅不夠做這樣的介紹，而以一個主軸來跟大家分享。

　　介紹一位熟悉的長者，表面上看起來是很容易的，實際上卻相當的難以下筆。我使用「熱情又好奇」來形容蕭老師，是受到 2014 年交通大學傳播科技系學生徐嘉佑報導蕭老師的標題所影響。徐嘉佑說：「在中央研究院人文館南棟十樓的第一間研究室中，第一眼會注意到的，是牆面上滿滿的書籍與世界各地文化相關的文物，雖然多，但卻整理得井井有條。這間研究室屬於一位客家子弟，也是現任中研院社會所所長的蕭新煌。在這裡工作了三十餘年後，沉著的面容之下，仍然展現出對社會學的高度興趣、熱情與好奇心」，這個觀察十分貼切，我們就從這裡開始。

　　記得當年我在東海大學當研究生的時候，蕭老師剛從國外回來，除了常到大肚山來演講以外，在《中國論壇》也常可看到蕭老師針砭時事。當時的社會學研究生把自己分成兩種：作經驗研究的和作理論的兩種，不過總覺得蕭老師不太容易分在哪一邊。如果我是前面那一位學生記者，我下的標題是「不在這邊，也不在那一邊」。從實踐的角度來看，診斷社會乃是社會學者的天職。社會學，是一門關心社會正在發生的議題，診斷社會的問題並提出可能出路的學問。社會診斷，作為社會學內在的一個特質。嚴格來說，還不夠入世。雖然有時候我也同意「說就是做」，不過大部分時候我們看到的還是，「說歸說做歸做」。蕭老師長時期以來，是一個學者，也是一個老師，立足於學術研究，關心社會，通過政策，通

過學術社群，尤其是所培育的年輕學子，把研究室和社會聯繫在一起。

　　本文從這樣的精神選擇性地來介紹蕭老師和客家研究的部分：從社會學的角度，可以說是把客家帶進來；從客家研究的角度，則是把社會學帶進來。族群議題雖然一直是社會學關懷的對象，不過在過去一些年來，在台灣討論族群議題多少也是有一點敏感，不過蕭老師很早就把客家放到社會學裡面來討論。

　　關於把社會學帶進客家研究，可以從蕭老師長時期關心社會議題的脈絡中來理解，我相信這本書的其他章節裡頭，可以發現蕭老師作為一個深度介入社會的學者，長時期以來在環境保護運動、農民運動、勞工運動、消費者運動等等社會力的建構與分析，這些都是建構「民間公民社會運動與新民主」台灣經驗的一環，中產階級的關心、族群議題的關懷，都應該是擺在這個脈絡裡面來理解。客家研究議題在這個脈絡中，很明顯的不是在問客家人從哪裡來的問題，而是探索客家人和當代社會的關係是什麼？這樣的問題意識和過去從歷史源流討論客家議題的角度，有了明顯的不同，從本文的角度來說，這就是把社會學帶進客家研究，把客家族群的議題放在當代社會的脈絡中來理解。

　　把客家帶進社會學研究裡面，某個角度可以說就是把族群（研究）帶回來，所謂帶回來的意思是指，族群議題本來是社會學裡的重要議題，但台灣社會學研究長時期以來忽略了這點。在客家委員會、客家學院設立以前，蕭老師就與徐正光老師在台北都市地區進行客家族群語言的調查，[1]這個調查除了關心客家語言的流失問題之外，更延伸到台灣社會結構轉型對語言影響的剖析，特別是把客家族群的議題放在台灣民主轉型的過程中來思考，[2]同時也研究台灣客家族群歷史中的客家族群派系、與地方社會發展的關係。[3]這些研究具有一個特色，就是把客家

---

[1]　蕭新煌、徐正光，1995，〈客家族群的「語言問題」──台北地區的調查分析〉，《民族學研究所資料彙編》10：1-40。

[2]　蕭新煌，2002，〈台灣民主轉型中的族群意識變化〉，《香港社會學報》3：19-50。

[3]　蕭新煌、黃世明，1998，〈「台灣客家族群史」政治篇研究撰述綱要〉，《客家文化研究通訊》1：68-77。

蕭新煌、黃世明，2001，〈台灣地方社會與客家政治力：客家族群派系的類型、發展及限制〉。頁143-178，收錄於中央研究院民族學研究所編，《歷史與社會經濟：第四屆國際客家學研討會論文集》。台北市：中央研究院民族學研究所。

蕭新煌、黃世明合著，2001，《地方社會與族群政治的分析：台灣客家族群史（政治篇）上、下冊》。南投：台灣省文獻委員會。

族群的議題帶回當代社會脈絡中，進行社會學觀點的分析。客家族群及其相關的社會運動雖然是社會的產物，但同時也是影響當代社會的社會力，台灣政治轉型下的客家運動對地方社會的影響之研究，使客家研究和當代社會有了具體的對話。這方面，可以說是把客家研究帶到社會學的研究範疇裡。[4]

　　社會學的研究不只是把客家議題放在台灣當代的脈絡中來理解，更進一步地將客家放在東南亞及更大的全球脈絡中來分析。比較社會學的觀點，明顯的進到客家研究的方法論設計中。以台灣在地的研究發現為基礎，從比較分析的方法論出發，去探討東南亞（新加坡、馬來西亞、印尼、泰國和越南）各國的客家變貌，以進一步勾畫客家族群的面貌。蕭老師從 2003 年開始組織研究團隊，連續多年推動海外客家基本資料調查計畫，除了累積許多研究成果之外，更培養了堅強的研究團隊，對於後來海外客家研究的發展具有著重要的意義。其研究對於東南亞客家會館，[5]以及東南亞客家認同的整體觀察做出多層次的貢獻，[6]從整體結構的分析，到日常生活的理解，從產業、人群社團組織，到信仰以及家庭生活各方面都有許多發現。

　　這些研究，後來陸續出版了許多專書與期刊論文，對台灣乃至於海外的客家研究帶來不少影響。[7]從台灣到東南亞，從社會學到人類學、歷史，把客家研究

---

[4] 蕭新煌、黃世明，2008，〈台灣政治轉型下的客家運動及其對地方社會的影響〉。頁 157-182，收錄於張維安、徐正光、羅烈師編，《多元族群與客家：台灣客家運動 20 年》。新竹市：台灣客家研究學會。

[5] 蕭新煌、張維安、范振乾、林開忠、李美賢、張翰璧，2005，〈東南亞的客家會館：歷史與功能的探討〉，《亞太研究論壇》28：185-219。

[6] Hsin-Huang Michael Hsiao and Khay-Thiong Lim, 2007, "The Formation and Limitation of Hakka Identity in Southeast Asia." 《台灣東南亞學刊》4(1): 3-28.
蕭新煌、林開忠、張維安，2007，〈東南亞客家篇〉。頁 563-581，收錄於徐正光編，《台灣客家研究概論》。台北：行政院客家委員會、台灣客家研究學會。

[7] 相關論文太多，僅列舉幾項為代表：
Khay-Thiong Lim and Hsin-Huang Michael Hsiao, 2009, "Is There a Transnational Hakka Identity?: Examining Hakka Youth Ethnic Consciousness in Malaysia." 《台灣東南亞學刊》6(1): 49-80.
蕭新煌，2011，《東南亞客家的變貌：新加坡與馬來西亞》。台北：中央研究院亞太區域研究專題中心。
Hsin-Huang Michael Hsiao, 2013, "Ethnic Movements, NGOs, and Their Impacts on Ethnic Policies in Today's Taiwan." *Asia Pacific World* 4(1): 5-14.
蕭新煌，2013，〈從台灣客家經驗論東南亞客家研究的比較視野〉。頁 18-23，收錄於林開忠

帶到一個「跨域」的學術領域，所謂跨域，在地理空間上是指跨區域，在學術分科上是跨學術領域，因此我們也可以說是把客家研究帶到一個跨國研究和跨領域研究的方向。

在客家研究邁向體制化過程中。蕭老師以一個社會學者的立場，參與並引導台灣及海外地區客家研究的發展，熱情的參與客家知識體系的建構。從中央到地方，從行政部門到學校，都可以看他的身影。例如擔任客家委員會學術發展委員會委員、主席，協助客家學院的設立、推動客家研究學會的組織，擔任客家研究選輯的編輯，指導客家研究期刊的經營與出版，最近幾年長期擔任中央大學客家學院的講座教授，並大力推動以台灣為基地的全球客家學術研究聯盟，擴大台灣客家研究在全球的影響力。

客家研究的觀點，在台灣從客家的移民歷史特色到本地化分析，從隱形族群的身分演變為台灣社會不可分割的族群之一；在海外，比較分析的觀點、跨學科與跨區域多層次研究，增益客家學術研究能見度，一隻看得見的手推動著客家研究典範的移轉。

編，《客居他鄉——東南亞客家族群的生活與文化》。苗栗：客家委員會客家文化發展中心。

蕭新煌、邱炫元，2014，《印尼的政治、族群、宗教與藝術》。台北：中央研究院亞太區域研究專題中心。

Hsin-Huang Micheal Hsiao, May Yu-Hsin Chang and Mei-Hui Chen, 2016, "The Making of Taiwanese Cuisine since 1980s: The Rise of Minnan and Hakka Ethnic Food." *Asia Review* 5(1): 123-138.

蕭新煌，2016，〈台灣與東南亞客家意識的浮現〉。頁 35-46，收錄於桃園市政府客家事務局編，《2015 桃園市乙未客家紀念活動暨國際學術研討會論文集》。桃園：桃園市政府客家局。

蕭新煌，2017，《台灣與東南亞客家認同的比較：延續、斷裂、重組與創新》。桃園／台北：國立中央大學出版中心／遠流出版事業。

誰需要劉善邦？
砂拉越石隆門帽山客家共和國的重建 *

張維安、張翰璧、黃子堅

---

* 本文為馬來亞大學獎助計畫之部分成果：Hakka Among Others: The Evolution of Hakka Community and their Distributions in Malaysia (Project Number: UMRG - RP006-2012A)。

一、前言

到砂拉越石隆門市區，一眼就可
以看到該市的市標（圖1），說明了
華工採礦在這個地方的重要性。

根據汶萊和蘇祿（Sulu）年鑑
的記載，15世紀的京那巴當干河
（Kinabatangan River）設有華人殖
民地，主要是進行貿易交換所留下
來 的 華 人（Lee 2003: 2）。 此 後，
華人與汶萊間的貿易持續進行。到
了18世紀，華人除了在汶萊建造帆

圖1　石隆門的市標是華工採礦的雕塑
拍攝：張維安。

船外，也有許多華人定居下來從事胡椒種植或當店員（Forrest 1779: 381-383）。
與此同時，另一個「華人區域」也在婆羅洲西南部快速發展，主要是在加里曼
丹（Kalimanatan）的金礦區。1820年代，西婆羅洲的華族人口約介於3萬到
5萬之間，居民大部分為華人的城鎮在採礦區興起，多為福建、潮州和客家人
（Lockard 2003: 56）。歷史上首次大量華人移入婆羅州是在1850年代，當時有大
規模的金礦工人與農民從荷屬婆羅洲，穿越河流移到石隆門地區，進行金礦和銻
礦的開採（Lee 2003: 4）。這些礦工和農民的湧入，使得石隆門發展成一個大村
庄，和鄰近的 Bidi, Paku, Tundong 等地，都屬於三條溝公司，和三發（Sambas）
地區的荷屬華人組織往來密切（Lee 2003: 8），砂拉越華族人口成長情況，請參
考表1（砂拉越華族人口的成長）。

1980年代砂拉越華族人口主要是客家人和福州人。「占了華族人口的大約三
分之二是有其歷史淵源的。從華族移民的歷史看來，最早大量移入第一省古晉、
石隆門及西連一帶地區的華人就是客家人，古晉、石隆門是客家人分散到其他地
區去的基地，也是客家人的社會與經濟的中心區。」（劉文榮 1988：79）砂拉越
的主要經濟活動是一級產業的職業，從事相關的經濟活動也是以客家人和福州人
為主，他們基本上具有鄉村居民的性格。隨著都市人口增加，「客家人和福州人
也有在工商業方面尋求發展的，在各市鎮中，洋雜貨店、當鋪、縫衣店和藥材店
多為客家人經營。」（劉文榮 1988：83）

表 1　砂拉越華族人口的成長

年份	人數	增加人數	增加的百分比
1841	1,000	－	－
1871	3,467	－	－
1876	2,742	－	－
1909	45,000	－	－
1939	123,626	78,626	－
1947	145,158	21,532	17.4
1960	229,154	85,996	57.9

資料來源：Lee（2003: 11）。

　　大量華族移民砂拉越是因為礦業和農業商品化的發展，時間是 1850 年代以後。雖然 19 世紀的砂拉越，馬來人與達雅人遠遠超過華族人數，但是他們都不被認為會提供殖民政府勞動力和財富（Lockard 2003: 26）。作為砂拉越主要稅收來源的華人，有許多是「越界」從荷屬婆羅州逃來此避難的礦工與農作者，與蒙特都拉（Montrado）、三發（Sambas）到石隆門（Bau）的金礦開採活動有關。當時越界的移動相當容易，當華族被荷蘭人擠壓時，許多礦工和難民就會進入砂拉越。

　　在這移墾的過程中，石隆門的金礦開採，吸引許多華族人口聚集，十二公司不只是一個採礦的、經濟的組織，也是一個相當程度自主的人群組織，和比他更晚來到砂拉越的英國白人拉者政權有一段悲慘的歷史傳說。此段傳說，如今仍有許多議題留待學界進一步釐清，但傳說的影響力有時並不在於是否「真實」，傳說對當地的華族居民具有一定程度的意義，當地居民甚至參與傳說的真實化過程，針對這些情況，先來看看十二公司作為「帽山客家共和國」的背景。

二、劉善邦與帽山客家共和國想像

　　台灣的客家電視台，如此報導石隆門「十二公司」謎一樣的客家傳說，「在西元 1830 年，廣東客家人劉善邦建立一個具有政治體制的『客家共和國』，後為保鄉衛國起義而亡國，後世子孫建廟祭祀他。」（李一凡採訪 2008）報導指出，石隆門鎮劉善邦所建立的帽山共和國，可比美坤甸羅芳伯的蘭芳共和國。記者引

用劉伯奎在《19 世紀砂勞越華工公司興亡史》中的說法：「1830 年砂勞越華人因不滿汶萊王國砂勞越總督馬可達長期壓榨，而與其他異族群起推翻了馬可達，而後在陸豐客家人劉善邦帶領下，在石隆門建立了帽山『客家共和國』或稱帽山『十二公司』。由劉善邦擔任總理一職。當時，劉善邦自定律法、發行貨幣。先民們走過了一段自給自足的自治年代。石隆門耆老楊永盛說，小時外祖父母曾經提起『客家共和國』總理劉善邦的行政總部就設在石隆門。且，這個小國還有其懲罰制度：『忠臣廟就像劉善邦的辦事處一樣，手下如果做錯了什麼犯法的事情，就在這裡裁判這些事情，如果被判有罪，就會帶到三木橋那邊行刑』」。」（李一凡採訪 2008）

　　劉善邦等人所組織的帽山十二公司，傳說曾被稱為帽山客家共和國，其意義猶如將羅芳伯的蘭芳公司視為蘭芳共和國是相似的，雖然實際上並不具有當代意義的共和國的概念，不過經過後來一些文字工作者的想像和擴充，而有沿用「蘭芳共和國」的意象。因為大部分的礦工來自於西婆羅州，他們到了石隆門之後仍然維持之前的人群組織型態是可以理解的。林開忠、莊英章（2002：268）提到：「客家人礦工根據不同祖籍，在〔東〕萬律（嘉應與大埔客）與蒙特拉度（海陸豐客）分別建立了蘭芳公司與和順總廳，他們各自控制了自己的礦產地盤。到了 1810 年，豐富的表土層黃金產量已經開挖殆盡，加上荷蘭當局不時的干擾，使得公司陷入礦產爭奪戰中。和順總廳的三條溝公司更在公司聯盟內部紛爭中，避走北邊的三發（Sambas），在 1820-1857 年間，陸續從三發遷入砂拉越河上游的帽山地區（Bau, Sarawak）開採金礦。」從西婆羅洲遷入石隆門的新開礦公司，沿用之前的組織型態，組織人群秩序是可以想像的，也可以理解葉華芬把訪石隆門的文章名為「『三條溝國』故都遺墟訪古記」的背景。[1]

　　關於十二公司的具體組織，林開忠、莊英章（2002：277）指出，「根據在西婆羅洲的三條溝公司的組織型態，相信在十二公司內也設有大哥、軍師（負責公司的軍隊）、財庫（公司的財政）、酒廊（分成公司的與私人的，公司酒廊也負責像公司轄區內的農耕者收取賦稅）、福首（廟的主掌人，負責社區內的節慶事宜）、客頭（帽山市集有勢力的頭家，也是礦場的股份投資人之一）、老大（公司所創建村子裡的頭人）以及書記等職位。」這樣的組織，作為一定程度的自治組

---

[1] 該文刊登於《星洲週刊》（1957 年 7 月 11 日）（參考李海豐 2011：37）。

織已經有相當的基礎，雖然並不是當代意義的共和國條件，不過後來有些學者刻意的稱其為共和國，可解讀為作者的想像和期待。

進一步來看，根據 Lockard（2003: 54）的觀察，「石隆門是一種由客家人單一組成的聚落，擁有共同的政府及文化，與毗鄰達雅村落保持密切關係，並且以從事採礦及商業作為主要活動。這些城鎮主要是作為周邊採礦公司及農業聚落的政治及經濟中心，通常乃由城鎮地方上公司所治理。」「由於華工比英國白人拉者更早在砂拉越落腳，之前從未收到任何其他人的有效管治。所以他們把布洛克政權，視為企圖控制他們的熱情者，自是理所當然的。華工的獨立，甚至也為一些歐洲觀察者所看出：舉例來說，一名在 1857 年潛在附近居住了好幾年的丹麥商人 Ludvig Helms，曾記述華人遠在布洛克到來前，即已在石隆門生活，而且甚至在 1841 年之後，『華人一直都在管理本身，推選自己的行政官員，頒布死刑，一言以蔽之，他們是獨立於拉者政府之外的』。」（Lockard 2003: 59-60）相對英國白人拉者的政權，十二公司原本就是一個獨立的自治體。這是傳說 1850 年代砂拉越石隆門廣東客家人劉善邦曾建立「帽山客家共和國」的背景。

共和國的想法，特別明顯的出現在台灣客家電視台的採訪報導中：「接受採訪的當地居民鍾德勇說，劉善邦在攻打古晉皇宮後回石隆門的路上，遭布洛克王部隊埋伏殲滅，連帶數以千計的十二公司『客家共和國』老弱婦孺，也受番兵追殺，最後僅有少數人成功逃往印尼南加里曼丹。此一客家王朝短短不到 30 年慘遭滅亡。石隆門久久不散的千人冢屍臭，當地土人稱之為「BAU」（土話是腐臭之意），後來成為砂拉越非華人對石隆門的地名稱謂。」（李一凡採訪 2008）「在劉善邦的領導下，當年石隆門華人先民，不受異族欺凌。在英籍人士詹姆士布洛克覬覦砂勞越這塊沃土時，帽山『客家共和國』悲慘的命運也宣告開始。」（李一凡採訪 2008）十二公司作為一個客家共和國的觀點，帶來了華工事件的第三個史觀的解釋，他和遠方華人對他的想像，以及當時社會脈絡中婆羅洲觀點，有密切的關聯。

三、尋找劉善邦？

從帽山客家共和國的傳說、華工起義或抗殖民歷史脈絡，以及劉善邦在砂拉

越被列為民族英雄的現象來看，帽山共和國雖然遭到殲滅，卻仍留給華人一段驕傲的歷史。不過正當這個故事建構越來越完整的同時，當地學者卻對於「歷史上究竟有沒有劉善邦這個人」提出疑問。根據《尋找劉善邦》一書的作者李海豐的分析，「砂華史界目前對劉善邦其人其事存在三種狀態。這三種狀態乃是三類組文化人士依據個別所掌握到的學術資料來對劉善邦作身分上的確認。以宗教信仰、民族英雄為進路者，必然得到全盤相信的結果；以口述記憶為進路者，雖夾雜鄉土情感，但在學術理念影響下，似以『多聞闕疑』來論史，故有所肯定，也有所保留；以官方檔案、文獻記錄為進路者，在經歷文海檢索後，查無此人，勢必依據史料批判此人活在當時的歷史舞台之合理性，故而秉史直言劉善邦其人其事的歷史建構有其缺失問題存在其中。」（李海豐 2011：34-35）下文是一些關於「查無劉善邦」的一些看法。

　　「1857 年 2 月 20 日華工佔領古晉後，在市議會（砂拉越舊法庭大鐘樓）召開政治會議，當時被華工召見者有主教麥多鵝（Francis Thomas Mcdougall）、魯必休姆斯（Helms Ludvig）、英商魯伯爾（Rupell）、馬來首領拿督班達（Datuk Bandar）、麥多鵝只記錄華工首領坐在布洛克那張大靠背椅上，向他們解說起義原委及發布新的行政命令，然麥多鵝主教並未說明此華工首領為何方神聖。在接下來的時間，主教有多次機會與華工首領會談，但在事後主教書寫文章時，竟然完全沒有提到劉善邦的名字。」（李海豐 2011：94）這段文字說明華工攻進古晉後，確實曾經召集一些人，並發布新行政命令，但沒提到「華工首領劉善邦」這樣的用詞。

　　也許召集西方主教的華工領袖不是劉善邦，因為該次攻擊任務的統帥可能是「王甲」（也就是王三伯）。劉子政敘述華工起事的經過及布洛克的反應時，提到外國文獻檔案記載相關紀錄並沒有提到劉善邦：「1857 年 2 月 18 日，石隆門華工在私會黨義興公司主持下，奉客家人王甲為領袖，率眾 600 人，帶了武器，步行至東唐（Tundong），然後乘船沿砂拉越河而下，夜半到古晉。」（李海豐 2011：76）這裡所記載的客家領袖不是劉善邦而是王甲。劉伯奎在這件事情上，也有相似的說法，「1857 年 2 月底，老祖先師金身開光，帽山客家人為祂舉行盛大的開光儀式。在舉行儀式的同時帽山的 600 名礦工密商攻打古晉，他們在天師龍宮前廣場旗杆夾下誓師，推王甲為統率。」（劉伯奎 1990：46，轉引自林開忠、莊英章 2002：279）也許攻入古晉的華工領袖不是劉善邦，但沒有提到華

工首領的名字，例如「王甲」或其他人。只是沒提，或不認識，或實際上不存在劉善邦？事件發生前布洛克曾與華工領袖有多次的碰面與會談，若說他們不知有劉善邦此人，似乎不容易成立，沒有記錄劉善邦名字的原因為何？或如朱敏華等認為實際上劉善邦並不存在？

在其他的書信中，甚至是私人的家書，也一樣沒有出現劉善邦的名字，「據了解，直接史料尤其是布洛克日記、書信，布洛克所記錄的事件有著極高的可信度，因為布洛克將許多在砂拉越發生的事件，詳實地報告給母親、妹妹、好友等知曉，以正常情理分析，他實在沒有必要對這些親近的人說謊。」（李海豐2011：82）這些文件中，沒有說華工領袖劉善邦，似乎也沒有指名「華工領袖」的名字。

如果說布洛克曾經在石隆門及其他地方與華工領袖有多次的碰面與會談，若說他們不知有劉善邦此人，似乎不易成立。1850年11月9日，布洛克曾經拜訪帽山／石隆門，想把客家人移民遷往靠海的地區以利管理，並要求公司在10天內選出一名甲必丹及繳付所拖欠的稅款（林開忠、莊英章2002：275）。沒有記錄劉善邦名字的原因為何？或如朱敏華等認為實際上劉善邦並不存在？

李海豐（2011：92）說，懷疑劉善邦是否存在的學者，「他們曾詳讀華工史直接史料，對外國文獻、檔案毫不陌生，正因為如此，對於發生事故時，留下的一手資料沒有劉善邦之任何一個紀錄而感到疑惑。」西方學者 Walker 也指出，「根據我所知道的，在外國文獻中，是找不到劉善邦這個歷史人物的！」（李海豐2011：86）雖然我們可以瞭解，西方白人或傳教士的紀錄，未必沒有立場，不過完全沒有出現過劉善邦的名字，確實是也不尋常。

關於使用西方人的資料，蔡增聰曾經這樣說，「治砂拉越歷史的人，經常要面臨這樣一種矛盾，這一方面我們對西方人傳統史觀予強烈駁斥，另外一方面，又不得不依賴他們所保留下來的紀錄，在石隆門華工事件的研究方面亦不例外。儘管近期本地學者如劉伯奎、鄭八和等人藉著田野調查工作，收集了不少口述及碑銘資料，但對事發那段時間就整個事態的發展，無可避免的必須借助西方人留下來的記載，如何對這些史料作考辨工作，以及摒棄偏頗的部分，取其真的一面，實乃使用這些史料癥結之所在。」（李海豐2011：82）[2]

---

[2] 蔡增聰的意見發表在 1998 年 4 月 18 日詩巫日報，題為〈關於石隆門華工事件的幾種資料

　　西方的史料在理解石隆門客家十二公司方面，固然有其一定的意義，不過，「如果我們根據這些直接史料來推測，劉善邦在整個起義、作戰、決策過程，是完全沒有出現過的，也沒有留下半點痕跡，針對這種不合情理的情況，我們應該如何去做出合理之解釋？抑或者，從文獻上來判斷，劉善邦根本就是一個不曾存在及發生作用的虛擬人物？按直接史料來看，種種跡象顯示出巨大的落差，我們雖不宜全面否定劉善邦其人其事，但至少我們應提出這個疑問，使許多長久無解的歷史真相，得到一個還原的機會。」（李海豐 2011：94-5）

　　除了缺乏劉善邦的名字之外，外國文獻檔案的記載，還有其他方面的差異，例如華工起義的導火線、事件發生的時間也有差異（李海豐 2011：90），對華工起義之目的也產生爭議（李海豐 2011：79）。甚至關於劉善邦的身世也有不同的版本，劉伯奎認為劉善邦是「廣東省陸豐高塘鄉羅庚山人」（劉伯奎 1990：43），[3] 當地的耆老卻說他是嘉應州人士，有些文獻指出劉善邦出生於三發，而有些資料卻說他出生於惠州。在婆羅洲的生涯發展也有所不同，例如「石隆門的統治群體是『十二公司』，最主要的領導人是出生於三發的。」另有一說是劉善邦出生於惠州，20 歲才離開中國大陸前去西婆羅洲，參加蘭芳公司。劉伯奎認為劉善邦先到坤甸加入蘭芳公司，林開忠、莊英章（2001：269）則認為在當時以語言為基礎組織公司的背景下，劉善邦作為陸豐人，不太可能是蘭芳公司的成員。這些都說明劉善邦其人其事的證據，有相當的爭議性。當地嚴謹的學術工作者，一方面考察過去學者論說證據、廟宇歷史、歷史遺跡，另一方面進入當時布洛克政權與傳教士、新聞的資料中進行比對。由於在西方的這些資料中，都沒有劉善邦相關的記載，這是一個相當震撼的落差，因而出版專書《尋找劉善邦》。

　　儘管西方文獻無法肯定劉善邦的存在，不過華族社會中劉善邦的故事，正在如火如荼的進行，李海豐說：「我們可以清楚的得知，劉伯奎建構的『劉善邦其人其事』，正不斷向外釋放其影響力，依筆者之觀察，我認為這個影響力還會不斷地延續下去，尤其當前有許多文教團體紛紛組團前往華工起義古跡乙處進行各

——兼談此領域資料的蒐集及應用〉（轉引自李海豐 2011：83〔註 62〕）。

[3] 他在 1990 年出版的《十九世紀砂勝越華工公司興亡史》，對於劉善邦的身世做過一些調查，還委託當地人在其故鄉進行瞭解，在資料不甚齊全的情形下，他指出：「劉善邦生於清嘉慶七年（1802 年）於陸豐縣羅庚村；道光元年（1821 年）到坤甸；道光十年（1830 年）來砂拉越；咸豐七年（1857 年）反殖身亡，享年 55 歲。」（劉伯奎 1990：43）

種考察活動，劉善邦之事蹟在近幾年來，不僅沒有消退，反而益顯熱絡，這個觀察，可以從近幾年參加華工起義古蹟考察活動的次數、人數得知。」（李海豐 2011：74）

　　關於劉善邦其人其事的歷史建構，相當程度是根據地方耆老的傳說、當地若干歷史遺跡（例如旗杆夾、廟宇），和一些民間的傳說（例如劉善邦託夢，[4] 開礦時，由於業務活動不順利，受啟發、指示，劉珍珍托夢）為基礎，加上「劉伯奎對於鄭八和歷史敘述中關於『劉善邦其人』，採取全盤相信及引用的態度。對於『劉善邦其事』，包括死亡葬身的地點、升格為神祇的說法，則是採取『直接記敘』的手法，保留了民間口傳史料。」（李海豐 2011：42）地方傳說、文史論述，直接支配著當地華族世界的想法，雖然也有若干華族學者仍堅持，有證據才能有說法的態度。

四、誰需要劉善邦

　　不論西方殖民者的日記中是否記載劉善邦，不管華裔學者對劉善邦的記載是否「道聽途說」。當地一些民間的行動者，不只是信以為真，更是進一步的將劉善邦的歷史加以活化與創生。相對於砂華學者或西方學者，在日常的生活世界，他們通過劉善邦的故事，來做一些他們想要做的事，特別那些呼籲團結華人、重視華族的權益的政黨，更需要劉善邦的故事，他們是生活世界的實作者。

　　當地人通過建碑、建廟、修建墳墓、紀念碑、旗杆夾八角亭、辦活動等，做出、甚至創造出來劉善邦和他的妹妹劉珍珍的信仰。關於廟的誕生，據瞭解，「善德廟始建於何敦盛，其子在回憶錄中指出，該廟是 1937 年其父在新堯灣友蘭路一帶（牛欄肚）設金盛金礦公司時，為祈求公司業務順利展開而建的。就在動工前，有人作了一個夢，夢見劉善邦指示他，周圍是他（劉善邦）的地盤，不可輕舉妄動。何敦盛認為可能與劉善邦的墳墓有關，所以在墓旁建立一個簡單的廟，又因為在當時的拉者政府眼中，劉善邦是個叛亂者，不敢寫其名字，而稱劉大伯廟。幾經修葺，廟的左前方多築了一座三義亭（圖 2），廟內設有劉善邦、

---

[4] 黃儒嬪之〈採金故事〉回憶錄，登載於 1999 年 5 月 11 日之《星洲日報》（李海豐 2011：26）。

圖 2　三義亭

拍攝：張維安。

圖 3　善德廟史略簡誌

拍攝：張維安。

王甲及劉大伯的神主位。」（李海豐 2011：26）

　　關於本廟的歷史，廟方的說明和前面的口述資料有些出入。善德廟裡有一該廟的簡史，因字跡斑白難以辨識全文，但仍有一些記述內容上可理解：「公元 1830 年善邦公及列位……從西婆羅洲遷移前來石隆門帽山定居，從……採金礦，因皆是熟練礦工，故此業務蒸蒸日上，……並創立十二公司，舉善邦公為……。公元 1875 年 2 月間，十二公司與英人詹姆士布洛克氏（後為砂拉越王），因鴉片等事件，發生爭執，無法排解，導致交惡，同年 2 月底，在一日夜間，十二公司駐紮新堯灣，友蘭路山崗之人員，深夜為布洛克軍所襲，全體遇難，善邦公即於是晚遭害，壯烈犧牲，其屍體就地葬於山崗上，後來村民為表追念善邦公功績，在墓地之左建廟，每年由當地村民輪流主持祭祀。公元 1925 年村春……公元 1976 年。」（圖 3）從這些說明和旁邊牆上 1977 年 2 月公布的捐款徵信錄，可以瞭解本廟最近的歷史。

　　廟方的說明中，本廟興建的歷史要比 1977 年還要早 10 年以上。興建的原因也有所不同。從神位的增加趨勢來看，最早可能只有奉祀劉善邦，後來社區的其他人加入，將傳說中的故事更加的具體化，神位也從一個增加到三個，不過劉善邦與劉大伯卻成了兩個神位。劉善邦與劉大伯看似不是同一個人。坐落於該面左邊的三義亭的門，兩旁對聯是「三拜桃園同建業、義志山河插血盟」。這裡的敘

述，似乎較為全面，除了紀念劉善邦一個人外，更清楚的將當時的「領導核心」的關係記錄了下來：進入廟宇，可以看見壓克力寫著「三義堂」，所奉祀的神共有六位，從右到左，依序是玄天上帝、老祖先師、王三伯伯公、劉善邦公公、劉大伯公公、劉珍珍仙姑。另外，在神桌之前另有一石碑刻有「劉公善邦神位」，一眼看去就可以知道本廟的主神是劉善邦。

　　傳說中劉善邦葬身所在的土丘，在善德堂廟的左後方，拿督公的正後方有一土堆，旁邊以小石頭排出一個墓塚的型態，能使訪客想像這裡葬著劉善邦。關於友蘭路善德廟旁邊的那堆土墳，是不是埋葬劉善邦屍體的墓穴？根據劉伯奎的田野觀察，1951 年當時他看到有一個土墳，上面有三塊平面石板，約三尺長方左右。1977 年舊廟拆除改建，土墳不見了，三塊石板可能被泥土掩蓋於土裡。土墳位置之上，長出一棵棕櫚樹。「筆者一向懷疑，到底土墳下的深處，是否有劉善邦的骸骨和其他遺物？除非不顧村民反對和冒犯神靈，掘開泥層看個究竟，這一個歷史上的謎，才能揭發出來。」（李海豐 2011：43）所以李海豐（2011）認為劉伯奎並無意圖虛構劉善邦其人其事，不過看起來，民間似乎未加以懷疑的傾向於想像這裡真的葬著劉善邦。

　　劉珍珍另有一座仙姑亭（圖4），該亭的位置就在劉添財宅院的一角。亭內有詩：

圖4　仙姑亭
拍攝：張維安。

　　　仙姑音容百年逝，幼夢三囑尤如新，
　　　可恨弟子力單薄，有愧所寄不稱心，
　　　殘歲安廟煙火繼，世代相傳絕不移。

　　主要是說明，劉添財本人剛來此地的時候，年僅 12 歲，對於所謂的華工事件一無所知。不過劉仙姑卻向他託夢多次，並且答應以五甕銀子為報，請他「重

拾金屍骨，移福地重葬」，並希望他「安祖家神位，長期奉拜」，但是劉當時年紀小，拖了許久才認地開工，但至終束手無策，功敗身退，那是因為有一些生活上的困境，後來得到仙姑的幫助等，得償心願，建立了這個亭子。

　　新堯灣善德廟義工黃文明受訪時指出：「劉善邦為了反抗拉者抽重稅，把番王打退到古晉，後來番兵又來到新堯灣，劉善邦被番兵圍住，而死在這裡（目前善德廟拿督公廟後方），包括400多位手下。而劉善邦就葬在這裡。而他妹妹傳說是跳到那個深井自殺。後人把她的牌位放到這裡當神位拜。」這裡是新堯灣重要信仰中心之一，該廟除劉善邦外，還供奉玄天上帝、老祖先師等，劉珍珍的神位也在這裡（李一凡採訪2008）。劉善邦、劉珍珍託夢的靈力，加上劉善邦的墳墓與劉珍珍的「金屍骨」傳說，特別是兩座廟宇的興建，種種證據都說明了劉善邦與劉珍珍的「真人真事」。

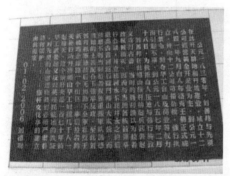

圖5　2006年的旗杆夾紀念碑

拍攝：張維安。

　　關於劉善邦相關事蹟的建構，石隆門的劉添財是一位相當關鍵的人物。他的角色可以從當地社區日常生活的實作者來理解。他根據劉伯奎、鄭八和等的田野資料與論述，將劉善邦真人其事具體化。獨資在旗杆夾原址興建八角亭，並在旁邊建立了一個英雄紀念碑，

　　2006年2月1日劉添財在旗杆原址建立旗杆文化亭，並立碑文如下（圖5）：

公元1830年，劉善邦與先賢在此開天闢地和開坡建業，成立十二公司經營黃金開採業為主。到公元1841年9月白人布洛克王朝正式成立，並向十二公司苛捐雜稅，強行執行禁令，剝奪華工自由及商業等權力而引起不滿。到公元1857年2月18日，為抗拒白人壓迫與強行施政，劉善邦在此帽山旗杆前起兵武裝起義攻打古晉。當時的勝利，誤以為拉者政權被消滅，因而與當地各族首領舉行會談，並立法河水不犯井水之約後，撤離古晉回返石隆門帽山大本營，而意想不到當時拉者叔侄重振軍隊誘惑當地的土著配合下強舉反攻。至此劉善邦孤軍獨戰後無協助下全

軍壯烈於新堯灣余銀路一個山區。事後拉者的滅絕行動並將帽山華工婦孺幾千人一起消滅，這個旗桿夾是一百七十年前華工起義反對英殖民統治的鐵證。對先賢的血淚遺物我們必須嚴肅看待和保護——旗桿文化亭的建立由此而來。

旗桿〔夾〕文化亭的碑文（圖6），說明了劉善邦來石隆門經營採礦及起義過程，增強了劉善邦在石隆門的刻板印象。關於建設旗桿文化亭的理由，劉添財認為保護歷史遺物是華社與族群的責任，而「建設旗桿文化亭是基於：（1）保護歷史文化；（2）見證歷史血淚事件之一；（3）百多年來旗桿夾受風雨侵蝕有傾倒消失的現象，必須急迫搶救；（4）美化後藉此宣揚華族先賢的血淚史；（5）最終教育下一代認識華族一步走來的血淚過程及尊重先賢為我們創造今天。」（DSC03607）劉添財建立旗桿夾文化亭的申請，在 2006 年 5 月 7 日得到同意：「石隆門華人信託機構屬下帽山三山國王管理小組於公元 2006 年 5 月 7 日晚上，召開會議一致通過議案接納劉添財先生之建議，由他獨資承建旗桿亭，基於事關歷史意義重大，故會議立案保存。」（DSC03609, 20060507）

在旗桿夾文化八角亭完工之後，2006 年 7 月 28 日劉添財再度寫信給帽山神廟理事主席蔡明權先生（副本給石隆門華人信託機構主席固魯郭茂發先生），表明建英雄紀念碑的意願，信中提到：「另一項具有血淚相連與歸根還原的嚴肅史實建設：英雄紀念碑，小弟懇切希望在旗桿夾文化亭落實後相繼屹立起來，他不但肯定和顯現族群開天闢地的鐵證，而且具有崇高的華族歷史文化價值觀。鑑於上述之故，小弟斗膽致函貴理事在維護族群『根本』利益上，共同捐（肩）負責任並促成壯舉，此項建議希望得到貴理事會早日回應。」（DSC03588, 20060728）[5]

圖6　英雄紀念碑

拍攝：張維安。

在劉善邦英雄紀念碑立碑儀式典禮

---

[5] DSC03593（20060829）的文件也出現這一段文字，以及「旗桿夾文化亭」碑文。

的邀請函中，可以看出「華人信託機構屬下帽山旗杆文化八角亭，已經完工，目前趕建中的劉善邦英雄紀念碑工程也進入尾聲，立碑儀式擇於 2006 年 9 月 27 日（星期三）上午十時正，隆重舉行立碑典禮。」（DCS03584, 20060925）從這些文件中可知，旗杆夾八角文化亭、英雄紀念碑，都是由劉添財出錢、出力積極推動完成。[6] 落款時間分別為 2006 年 1 月 2 日（旗杆夾八角文化亭）與 2006 年 9 月 30 日（英雄紀念碑）。

藉著傳說中的歷史遺跡，把「歷史的真相」刻在新建的兩塊紀念碑上，把對這件事情的史觀確定下來，作為媒體採訪的對象、政要獻花的石碑，甚至作為學術研究的題材。劉善邦在帽山的歷史地位被定了下來，並展開其影響力。旗杆夾文化亭落成，英雄紀念碑仍在進行中，這項論述已經開始，2007 年 3 月 31 日，劉添財提供的文件這樣寫著：「人民公正黨砂州聯委會主席古晉浮羅岸區州立法議員黃僅河律師來帽山向一百七十年華族唯一的反殖英雄，及華族開山始祖劉善邦獻花圈。……是代表浮羅岸二萬三千華族同胞向先賢作最崇高的敬意和懷念。」（DSC03574, 20070331）劉添財在文末更期待公部門能夠為華人的史實定下方位，期待華族的權貴替自己的史實做些事。三天以後，「西馬歷史學家劉嘉斌博士、砂拉越博物館副院長李茂安先生、石隆門縣前縣長 Peter Lim 及記者也來致意。」如劉添財所說：「這是一項空前壯舉，也為我們的歷史在帽山寫下光輝的一頁」，「希望你們的到來能將華族華工事件的英雄史蹟傳達至全國華族同胞，我要他們為我們的英雄史蹟永遠傳承下去。」（DSC03573, 20070401）過去華族的這項歷史，似乎從未受到這麼樣的重視。

有了如此具體的華族英雄歷史紀念亭、紀念碑之後，地方人士更容易藉他來展開論述，甚至加碼再建設其他的紀念館，例如「黃錦河在前往劉善邦紀念碑獻花之後表示，為了宣揚劉善邦精神，希望政府撥款建紀念館，他建議將石隆門金礦博物館[7] 命名為『劉善邦博物院』，以表揚砂州民族英雄的歷史事蹟，同時也趁清明時節宣揚劉善邦精神。」（DSC03655，詩華日報，2007 年 4 月 27 日）黃錦河曾在州議會發言「表揚劉善邦的英雄史實，呼籲州議會支持建立劉善邦紀念

---

[6]「去年 2006 年，小弟為了保護華工事件僅存的歷史文物而耗資五萬元左右建立了文化亭和英雄紀念碑。」（DSC03573, 20070401）

[7] 星洲網（Sin Chew Daily）2019 年 9 月 27 日報導，本館仍在爭取撥款的行政程序中。（2020/3/13 閱讀）

館。」事實上，砂州城市發展與旅遊部長在 2006 年時已表示「劉善邦遺跡已經被政府列為砂州歷史古蹟與文物名單內」，所以胡錦河「希望盡快建設劉善邦紀念館遺跡古蹟公園，使石隆門增添一個新旅遊景點，以吸引遊客。」他相信不久之後，將會看到一所氣勢雄偉、莊嚴偉大的劉善邦紀念館（DSC03655，詩華日報，2007 年 4 月 27 日）。

相同的，民主行動黨峇都林當區州議員溫利山前往英雄紀念碑獻花，到善德廟敬香膜拜，並呼籲政府重視帽山的華工事件，「民主行動黨峇都林當區州議員溫利山籲請政府把『帽山華工』事蹟，列入各個源流的課本中，讓我們民族都了解這項的砂州史記。」（DSC03655，詩華日報，2007 年 4 月 27 日）同一頁版面，也報導溫利山促請旅遊部，將「帽山華工」發展為景點，並批評砂州有關當局沒有為「華工事件」150 週年進行任何紀念活動。

五、叛變、民族英雄或獨立政治實體間的戰爭

檢視一系列的砂拉越華工研究成果之後，李海豐（2011：11）指出：「在 19 世紀英國白人拉者主政的那個年代，我們幾乎都做不到在地的華人對華工起義事件的敘述、紀錄，只有等到 20 世紀中期，隨著英國白人拉者政權解體，砂華史界才有文化人士憑著民間口述記憶，逐一的重新建構這段歷史，企圖從英國白人拉者政權為主軸的歷史立場與歷史詮釋中走出，還原華工起義的面貌與真相。」在白人執政的殖民時期，此一事件被視為叛亂。「畢竟，許多當時文獻資料，都無法避免的出自於帝國主義者的歐洲代言之手。」（Lockard 2003: 52）叛變，是白人的史觀。

相同的歷史事件，對不同的人群有不同意義，十二公司事件，站在華人公司的立場稱為「起義」，有其一定的正當性。不過歷史的意義，常因歷史所處的社會脈絡而有不同。從布洛克政權的角度，十二公司的「起義」無疑的就是叛亂。「戰後關於華工起義事件的歷史重建，其歷史詮釋角度也因為整體政治立場的轉變，全然轉向另一個不利於英國白人拉者政權的歷史敘述上。華工起義事件已從過去的叛亂角色、定義中解放出來，取而代之的是『反殖民』先驅、英雄。」（李海豐 2011：11-12）

　　石隆門華工事件，一向被外國人所扭曲，將他們的行動誤導，說他們受私會黨徒的煽動，是反抗政府的「叛徒」。其實他們是反抗白人政權英勇的義民，反殖的先鋒。時至今日，砂拉越人民已徹底覺悟，1989 年 11 月 10 日，一位達雅黨州議員菲力蒙奴英先生，在立法院會議進行式，疾言「促請政府平反參加石隆門華工事件，反抗拉者政府的死難者的領袖，表揚他是華族英雄。」他說：「他們應該像反抗英國白人拉者的馬來英雄羅斯里多比和達雅英雄仁達一樣獲得平反」，他也表示「讚揚政府能為仁達設立英雄碑，但仍有許多的各族英雄也曾在與白人軍隊作戰時不幸身亡，在改寫砂拉越歷史時，他們也應受到褒揚。」針對這部分當地華文報紙《國際周刊》（1989 年 11 月 11 日）曾經用菲力蒙奴英在立會申雪的標題報導石隆門華工事件死難者獲平反的事件（劉作奎 1990：1）。由於戰後政權的轉移，華工事件得到新的對待。

　　其後砂拉越政府在 1993 年時將華工領袖劉善邦的鑄像，鑲嵌在博物館後方（圖 7），成為砂拉越的民族英雄碑，砂拉越地區每一個族群的英雄在這裡都有代表。「帽山『客家共和國』的劉善邦鑄像代表華人在這裡被紀念著。」（李一凡採訪 2008）[8] 站在馬國國族建構的角度來說，英殖民時代到馬來西亞建國，實際上也是一個反殖民的過程，劉善邦所帶領的公司對古晉布洛克政府的攻擊，後來被

圖 7　砂拉越民族英雄紀念碑的劉善邦
拍攝：張維安。

馬國政府視為是一種反殖民的抗爭是可以理解的，也是作為馬來西亞公民的華人所期待的，在這樣的脈絡下，華人在砂拉越的歷史中，被視為是共同創建的多元族群之一。這個歷史解釋，已經從劉善邦的雕像出現在砂拉越民族英雄紀念碑得到肯定。

　　「戰後華工起義事件的研究中，苦心竭慮撰寫的華工起義核心人物——劉善邦，已經成為砂華史界爭論不已的對象。贊同者，視其論述為還原華工起義真相之圭臬，奉其揭櫫的

8　參考圖 7：砂拉越民族英雄紀念碑的劉善邦。

核心人物——劉善邦為反殖英雄。反對者批判其歷史敘述純屬鄉野奇談之匯聚，僅是民間歷史悲劇心態下流衍出來的虛構性人物，根本不足為信。」（李海豐2011：12）在作為反抗殖民的民族英雄方面，可以說已經有相當的成果。關於後者，如前文所說，有些學者直接貼出了「劉善邦的尋人啟事」——尋找劉善邦。

關於十二公司與布洛克之間的關係，除了「叛亂」和「抗殖」兩個觀點外，還有一個看法。Lockard（2003: 53）指出，「19世紀的寫作者及現代的歷史家，經常把這場衝突冠上『叛亂』、『造反』、『暴動』等名目，這暗示著這場暴動乃是衝著一個合法的政權而來。」過去有許多這種觀點，也就是說毫不批判的採用19世紀英國人的觀點，使用了「華工叛亂」的字眼。這種解釋掩蓋了導致衝突的一些重要社會經濟因素，同時認為公司對自治權的爭取是缺乏政治基礎的。他認為「這場『叛亂』應該是兩個具有同等實力、相互競爭的城鎮聚落之間的戰爭；其中一個為不同種族組成的貿易港口，另一個則為華人的採礦城鎮。彼此主要是為了爭奪砂拉越河流域，尤其是上游地區的主控權。這種對立顯示了一種已經被確認的西婆羅州模式，事實上已經被移植到砂拉越來。以此種角度去觀察，以『華工叛變』作為例證的反抗運動，似乎不像一場對合法政權的『造反』，而只是傳統婆羅州模式的區域內部衝突或不同聚落及政治單位之間的戰爭。」（Lockard 2003: 54）Lockard雖然沒有說十二公司是一個國家，不過似乎承認十二公司具有一如西婆羅州坤甸羅芳伯的蘭芳公司一樣之自治形式。

歷史資料顯示，1840年以前即存在一個幾乎以客家人所組成的金礦公司（Spenser 1863: 349-363），幾乎都是從三發地區的公司遷移來的成員，形成採礦形式的聚落（Lockard 2003: 59）。自1841年開始，這些客家人都一直在管理自己，推選自己的行政官員、頒布死刑，獨立於統治政權以外（Helms 1882: 164-165）。1850年代從西婆羅州湧進的難民人數增加已達4,000至5,000人間，人口上的數量增加，以及與三發間的緊密商業往來，使得砂拉越河上下游的統治關係（石隆門－古晉）變得更緊張。

關於帽山「十二公司」與英國白人拉者布洛克之間的戰爭，Lockard從社會經濟史的角度重新評價1857年的衝突，認為是兩個具有同等實力、相互競爭之城鎮聚落間的戰爭，一個是下游不同族群組成的港口貿易城鎮，另一個則是在上游的華人（客家人）採礦聚落，為了爭奪砂拉越河流域的主控權（Lockard 2003:

54）。其中，居住在採礦區的大部分是客家人，在公司組織中更是主要的群體（Lockard 2003: 57）。此種河流上下游的產業分工（採礦－貿易）、族群分工（採礦與農業－貿易商和小販）、聚落組織（公司－族群自治），所產生的緊張關係也同樣出現在坤甸和三發之間，是當時西北婆羅洲的區域城鎮模式。

　　「把衝突看成是『古晉－石隆門戰爭』，而非一場『華工叛亂』，是要把這段歷史放置在婆羅州，而不是西方或殖民地主義者的背景來討論。」（Lockard 2003：69）延續前文所討論的「客家共和國」的自治政體角度，這是兩個政府之間的戰爭。不同的史觀，反映出不同的解釋，布洛克政權的角度認為這場戰爭是華工叛亂，殖民地主義的脈絡，可說是一場反殖民主義者的戰爭。如果採取傳統婆羅州模式的區域內部衝突或不同聚落及政治單位之間的戰爭概念，「古晉－石隆門戰爭」則是兩個政治單位之間的戰爭。

參考文獻

李一凡採訪，2008，「客家新聞雜誌 88 集——砂勞越客蹤（二）」。http://broadcasting.hakka.gov.tw/files/600-1000-5028-1.php.，取用日期：2014 年 10 月 10 日。

李海豐，2011，《尋找劉善邦》。砂拉越：砂拉越華人學術研究會。

林開忠、莊英章，2002，〈砂撈越石隆門客家人的十二公司與祖先崇拜〉。頁 263-294，收錄於郝時遠主編，《海外華人研究論集》。北京：中國社會科學出版社。

劉文榮，1988，《馬來西亞華人經濟地位之演變》。台北：三民書局。

劉伯奎，1990，《十九世紀砂勝越華工公司興亡史》。古晉：作者自印。

剪報資料：各篇剪報檔編號，為田野收集資料檔案的編號。

Earl, Grorge Windsor, 1873, *The Eastern Seas*. London: Wm. H. Allen and Co.

Forrest, Thomas, 1779, *A Voyage to New Guinea and the Moluccas from Balambangan*. London: G. Scott.

Helms, Ludvig, 1882, *Pioneering in the Far East*. London: Wm. H. Allen and Co.

Lee, Yong Leng 著，嚴建安譯，2003，〈砂拉越的華人〉。頁 1-23，收錄於蔡增聰主編，《砂拉越華人研究譯文集》。砂拉越：砂拉越華族文化協會。

Lockard, Craig 著，蔡增聰譯，2003，〈1857 年砂拉越華工叛變：一個新的評價〉。頁 52-72，收錄於蔡增聰主編，《砂拉越華人研究譯文集》。砂拉越：砂拉越華族文化協會。

Lockard, Craig 著，薛嘉元譯，2003，〈查理士・布洛克與砂拉越現代華人社群的基礎 1863-1917〉。頁 24-51，收錄於蔡增聰主編，《砂拉越華人研究譯文集》。砂拉越：砂拉越華族文化協會。

Spenser, Sir St. John, 1863, *Life in the Forest of the Far East II*, second edition. London: Smith, Elder and Co.

「客家帶」的歷史與空間形成：以台灣和馬來西亞為例

張翰璧

一、前言

空間與時間一直是個別化與社會分化的基本手段。當代世界裡公共的時空定義，大都是在資本主義發展的過程裡定型的。群體對應特定的空間與時間的組織模式，統整其階層、性別角色和分工（David Harvey 著，王志弘譯 2002）。關於台灣客家人聚集的地方，客委會產經處從文化經濟的角度，使用「廊道」的概念，依地理區位及產業特性，將台灣客家聚落區分成五個廊道：

1. 台三線：客家漫活廊道

2. 桃竹苗海線地區：客家知識經濟廊道

3. 中部：客家花果廊道

4. 六堆：客家文化廊道

5. 東部：客家米香廊道

所謂的「廊道」（corridor），最早是地景生態學（Landscape Ecology）結合地理學與生態學，用來分析土地嵌塊中極為明顯的帶狀空間結構。廊道的功能、結構與地景的連續性有密切的關聯性，多數運用在交通運輸、生態保護和森林美學等方面的分析（陳朝圳、張瑋尹 2006：84）。Kuhn（2008: 43）在分析東南亞華人前儀的歷史時，也使用了「廊道」與「經濟利基」（economic niche）的概念，說明華南地區華人往東南亞遷移時，如何維生。「廊道」指的是移民的舊的環境的延展，是移出地和移入地間有意義的關係，例如僑匯、情感連結等。相當程度而言，Kuhn 定義的「廊道」的概念，跳脫了具體的地理空間分析，更強調兩地的關係性的連結，也因為這個連結，使得早期的移民懷著「落葉歸根」的想望。

本文將以「客家帶」（Hakka Belt）說明客家在特定地理人文空間的分布與聚集狀態。「客家帶」指的是客家人聚集的人文地理空間，是以族群人文地理為概念，由歷史（時間）、地理環境和政策形塑的族群空間。包括以下幾個要素：

1. 歷史：類似的客家遷移歷史

2. 族群人口：一定數量或密度的客家人口

3. 經濟生活：大部分人採取特定的維生方式

4. 政治與社會關係：族群互動的場域

5. 客家文化現象的在地性

以下，本文將以台灣的台三線和馬來西亞的客家帶作為例子，分析客家族群空間的形成。

二、台灣族群政治、土牛界線與台三線的族群空間

空間是歷史的產物，也是社會的產物，是被各種歷史和自然元素塑造的，而被塑造的過程是政治的過程，因此它永遠具政治性和策略性（Henri Lefebvre著，陳志梧譯 2002：34）。

依據台灣客委會的客家發展重點區的定義，客家人口超過二分之一者，稱之為客家人口集中區，客家人口超過三分之一者，稱為客家文化重點發展區。客家地區或客家歷史文化區之地理空間呈帶狀分布者，可稱之為客家帶。例如：台灣的「台三線」沿線住有相當數量與密度的客家人口，且具有客家歷史文化特色，除了台三線客家帶，馬來西亞的西海岸也是另一個重要的客家帶。所謂的「區域」隱含著下列四層關係／邏輯的演變：

1. 人與自然環境的關係

2. 人與人（族群間）互動：和諧，緊張，衝突與區隔

3. 人與維生方式間的改變

4. 不同的社會運作邏輯

現在的「客家發展重點區」是經由政策產生的社會構造物（social construct）（Durkheim 1915，轉引自 David Harvey 著，王志弘譯 2002：49）。空間作為社會變遷過程裡的重要部分，在社會再生產的過程裡扮演了關鍵角色。當社會轉變時，客觀的空間與時間概念也必須改變，以容納社會再生產的物質性的實踐。重點是這樣的概念移轉，往往藉由征服、帝國主義擴張或新殖民支配而達成（David Harvey 著，王志弘譯 2002）。台灣的歷史過程中，清領時期、日本殖民時期和光復後的時空轉變，不同政權也透過劃分邊界、建設交通等手段，改變人群關係。

以土牛界為例，漢番界線並不是一開始就畫在山地與平原的交界，而是隨著漢人的侵墾，逐漸逼近山地。清廷在這個邊界推展的過程中扮演著抑制、防堵的角色（柯志明 2001：1）。邵式柏和施添福一致認為，18 世紀台灣的熟番地政

策，除了雍正時期短暫的、可以被視為變調插曲的番地開禁外，法令基本上是以保護熟番地權為基調（柯志明 2001：23）。熟番地權制度在乾隆中期發生重大變革。清朝政府從事了一系列有關番政的重要制度變革：土牛界與隘番制的設立、熟番地的重新配置以及熟番地權法規與行政的改革。三層制族群分布架構與這些配套成形的制度變革有重要的關聯（柯志明 2001：25）。「生番在內、漢民在外、熟番間隔於其中。」（柯志明 2001：附錄一，高山奏詞，清奏疏選彙：41）是清朝在台灣族群政策的重要面向，在地理上形成三層制的族群分布（柯志明 2001：26）。

土牛溝的用處在於分疆劃界，為避免漢原衝突的分界線。然而在拓墾過程中，土牛溝逐漸無法遏止以竹塹社人為前導、閩業戶資金為奧援，以及粵籍移民為班底的拓墾，這批墾戶與賽夏族人的衝突加劇。於是繼土牛溝後，清政府設置隘屯防線與屯田制，避免漢原衝突，為新的拓墾界線。最後，竹塹社人因屯田制度而獲得的大片未墾地，因資金與勞力不足，將這些土地交由閩粵移民拓墾，形成山區的隘墾區（羅烈師 2010）。

以竹塹地區為例，至 19 世紀下半葉，土牛溝以西的沿海平原屬閩客共處的漢墾區，閩南人佔較大優勢。土牛溝與隘防線之間的平埔保留區是客家與道卡斯族人融合的地區，又以客家較優勢。隘防線以東則是泰雅族、賽夏族人與客家緊張對立的區域。至此，形成了以竹塹城為核心的漢人社會（羅烈師 2010）。從時間、位置與地形等角度觀察，竹塹地區的拓墾可分三階段，並形成三個人文地理區，客家、熟番和生番在不同時間的生存空間具有向西位移的趨勢，隱含不同族群關係（衝突、對立或是和諧等）的互動過程。

表 1 竹塹地區三個人文地理區

時間	位置	地形	人文地理區
1684~1761	海岸至土牛溝	沿海平原	漢墾區
1762~1790	土牛溝至隘屯界	河谷平原	平埔保留區
1790~	隘屯界以東	山區	隘墾區

資料來源：吳學明（1986：23）；施添福（1990）。

當國家權力在空間運作時，土牛溝的設立涉及社會歧視和空間區隔，當優

勢族群的經濟生產邏輯（世界商品、山林資源、人口壓力等）在空間運作時，土牛溝成為要被突破的拓墾界線。在政治與經濟的力量運作下，不同地區展現不同的族群關係，並逐漸形塑出現今的台三線上的客家族群空間。

國家的理性並不具備超越歷史的特質，他是受到歷史過程裡形成之制度結構所綁縛的理性。國家行動所根據的是「有限理性」，不僅受限於自身的計算能力，而且受限於情境（柯志明 2001：29）。相同的，客家族群空間內的行動者也受到

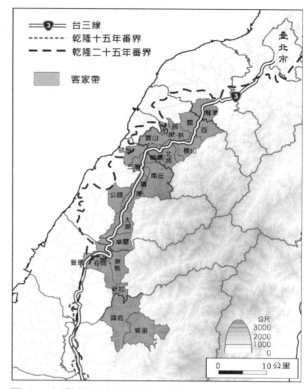

圖1　台灣北部台三線客家帶

繪圖：白偉權。

結構過程的影響，並反過來形塑結構力量，歷史過程裡所形成的制度畢竟是行動者互動所產生的結果。從族群互動的觀點而言，與時空密切關聯的不同族群的互動關係，例如漢人之間（閩客）、客家內部、客家與平埔（熟番）、客家與原住民（生番）四種類型，共同建構出客家帶的社會形構。

當然，台灣客家內部，從其移出地來看，即具有相當高的差異性。原居地之間的差異性影響到他們在台灣的不同。台灣客家的地域分殊化（差異）現象，是從客家運動之後，全台客家人相互接觸、認識後，所進一步確定的（陳板 2010）。以產業為例，北台灣客家人從事樟腦與茶的生產；中台灣的東勢客家人，以伐木、種植水果參與了國家經濟的產業；南台灣美濃則在日據時期末期加入了菸葉的生產行列，各地／區（台三線、六堆、花東、中部）客家族群的移民過程與文化展現也具有多元的面貌，呈現出不同的族群關係。

三、殖民族群政治、方言群與馬來西亞的族群空間

馬來半島蘊藏大量的錫礦資源，在客家人進來之前，這裡早在 16 世紀時便已經有馬來土著採礦的紀錄（Wong 1965: 17），然而受限於當時的技術，錫礦的開採規模有限，對地理空間的影響並不顯著。到了 18 世紀末至 19 世紀初開始，西方殖民勢力開始進一步控制馬來半島沿岸的貿易據點。馬來西亞位於東南亞的核心地帶，除了具有海路的核心要塞地位，更曾經是世界上最大的錫礦和橡膠的生產地。錫礦開採的歷史開始於 15 世紀，但是繁盛期則始於 19 世紀中葉，和華人／客家人大量下南洋的歷史緊密連結在一起。其中，「客家」與「錫礦」的關係尤其密切。

錫礦產業中有兩位最重要的甲必丹，[1] 葉亞來（Yap Ah Loy）（1837-1885）和鄭景貴（Chang Keng Kwee）（1821-1898），葉亞來是惠州客，自 1868 年至 1885 年擔任吉隆坡的甲必丹。1864 年葉亞來在吉隆坡建立「惠州公司」（Fui Chiu Kongsi），到了 1885 年由葉阿石（Yap Ah Shak）領導時，改為「雪蘭莪惠州會館」（Selangor Fui Chiu Association）（張翰璧 2014）。鄭景貴則是增城人，倡建增龍會館，是馬來亞錫礦業鉅子，父子對霹靂州的建設均有相當的貢獻。除了礦業鉅子，許多錫礦的開採也都是靠著大量的客家勞工。Sutherland（2003）具體指出，客家移民大致分為兩種職業類別，一是規模較大的礦工幫，和相對較少的工匠幫。

在 19 世紀初期，檳城、新加坡以及馬六甲陸續成為英國直接統治的殖民地，三地於 1826 年被合組為「海峽殖民地」（Straits Settlements）。這三個海峽殖民地逐漸發展為馬來半島北、中、南三個貿易據點，周邊地區諸如馬來半島、荷屬東印度群島，以及暹羅地區的物產都在這些英國據點集散，再輸往世界市場。隨著這些英屬貿易港市的發展，吸引了大批的華人移入，在此安身立命，為馬來半島內陸礦區的開發、華人的移入，以及客家帶的形成創造了新的契機。由於殖民經濟和殖民勢力的擴散是漸進的，因此馬來半島錫礦客家帶的形成基本上可以分為前殖民時期（pre-colonial period）和殖民時期（colonial period）兩個階段。

---

[1] 甲必丹（馬來語：Kapitan Cina）是葡萄牙和荷蘭在印尼和馬來西亞殖民地的華僑領袖制度，這些領袖扮演協助殖民政府處理華僑事務的角色。「甲必丹」源自於荷蘭語 "kapitein" 的音譯，亦即英語的 "captain"（首領）。

（一）前殖民時期

　　由於錫礦是當時殖民經濟中的重要商品，含有豐富錫礦資源的馬來半島自然成為資本和人員移入的目標。而最早進入拓墾的華人便是採礦維生的客家族群。其中，較早被開發的是馬六甲附近的盧骨（Lukut），早在 1815 年便已經有客家人（惠州和嘉應人）進入採礦的紀錄。客家人在 1828 年再進一步往內陸擴張，進入森美蘭寧宜河流域的雙溪烏絨（Sungai Ujong）地區採礦，到了 1840 年代，客家人再進一步往北部雪蘭莪王國的巴生河谷延伸（Wong 1965: 18, 22）。在北部地區，1848 年霹靂的馬來貴族隆查法（Long Jafaar）在其封地拿律（Larut）發現錫礦之後，也吸引了許多增城和惠州的客家人進入採礦，在馬來半島內陸形成一個一個以客家人為主的礦區。

　　值得注意的是，雖然當時的殖民港市屬於英國所轄，但是馬來半島各地仍然是由蘇丹和貴族所統轄的傳統馬來王國，因此當時客家帶的形成是殖民勢力透過殖民經濟以及華人進入採礦而形成的。進入馬來邦國的華人必須向馬來封地主取得礦權。一般而言，馬來封地主會將大片的土地承包給華人領袖，取得大片礦地的華人領袖則需要定期向馬來封地主納貢、繳稅。對下，華人領袖則會招來同鄉進入礦區，然後將土地分割承租給入墾的礦主。這樣的土地開發及人群移入模式與台灣拓墾時期的墾首制度十分相似。

　　與其他殖民經濟的商品例如胡椒、甘蜜等相比，錫礦具有較高的價值，所具備的土地贍養力（carrying capacity）也較強，因此吸引大量人口不斷進駐，礦區人口不斷增加。於此同時，錫礦屬於不可更新資源，因此在人口增加的當下，儲量也不斷下降。最終在 1860 年代開始出現一系列客家人與客家人之間的衝突，而衝突的雙方也各自擁立不同的馬來貴族，使錫礦衝突演變成為馬來邦國的內戰，形成緊張的族群關係。這些內戰都先後發生於霹靂、森美蘭以及雪蘭莪，事件也重創了仰賴馬來半島內陸資源的海峽殖民地經濟，最終導致英國的介入。

　　在 1874 年，英國殖民政府、在霹靂開礦的華人以及霹靂馬來統治者在霹靂邦咯島岸外簽署了《邦咯條約》（Pangkor Treaty），使得霹靂王國成為英國的保護邦。繼霹靂之後，雪蘭莪、森美蘭以及彭亨也陸續以同樣的方式成為英國的保護邦，這些保護邦也在 1895 年被合組為馬來聯邦（Federated Malay States），成為同一個行政體系。被納入英殖民勢力範圍之後，蘇丹的權限僅限於管理宗教事

務以及馬來傳統習俗，其餘的政治經濟則由英國主導。

總體而言，在前殖民地時期的客家帶，它的出現很大程度取決於錫礦資源的發現，而馬來封地的領域空間也決定了客家帶的分布範圍，因此可以見到當時的客家帶其實是呈點狀分布，例如北部霹靂的拿律、中部雪蘭莪的巴生谷、南部森美蘭的雙溪烏絨。

（二）殖民經濟和英殖民勢力擴張下的客家帶

空間，是人與自然互動的場域，也是族群互動的生活實踐基地。馬來西亞錫礦客家帶，是在歷史中由北向南逐漸擴展的多元族群空間。

1848 年霹靂州（Perak）的克連包（Klian Pauh）地區（今稱為太平，Taiping）發現蘊藏量豐富的錫礦區，英國殖民政府為了彌補礦工不足的現象，從中國華南移入大量客家採錫工。太平（也是大馬）最早的鐵路，就是沿著礦區接到海港，從太平到十八丁（Kuala Sepetang）、吉隆坡（Kulua Lumpur）至巴生（Klang）、怡保（Ipoh）至安順（Teluk Intan）的鐵路都是為了方便運輸錫苗而建（林友順 2016）。此外，馬六甲地區的榴槤冬加（Durian Tunggal）到蘆骨（Lukut）、再到雪蘭莪（Selangor）的安邦（Ampang）、森美蘭（Sembilan）的芙蓉（Seremban）等地也都是錫礦區（劉崇漢 2009）。

政治的變遷也促使了客家帶的進一步重組。在新的國家制度下，採礦權由原來的馬來貴族及華人首領手中被收歸國有，由殖民政府直接掌控，因此採礦權必須以申請的方式從國家手中取得。另一方面，由於這些地區因為殖民的關係而同屬一個行政體系，原有的馬來封地界線被打散，無形中加強了人在空間上的流動性，促使原本點狀分布的礦區開始往周邊擴散，例如在霹靂，錫礦帶由北部的拿律往南擴散至近打地區（怡保、金寶等地），之後再往霹靂南部擴散（白偉權 2016）。在雪蘭莪方面，則以吉隆坡為中心，逐漸往南北兩側，例如士毛月、萬撓等地擴散。這些透過礦業開發的人口流動使得客家帶從前殖民時期的點狀分布，逐漸發展為面狀分布，加速了整個馬來聯邦沿山地區的區域化。今天所見到的馬來西亞西馬的錫礦客家帶，便是在 19 世紀末至 20 世紀中葉這段殖民期間所奠定的（參見圖 2）。

錫礦產業是馬來西亞以至東南亞客家人十分重要的文化標籤，本區客家人的

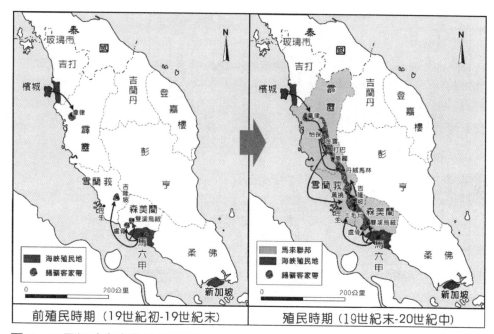

圖2　西馬錫礦客家帶的發展圖

繪圖：白偉權。

移入大部分都與錫礦產業有關，並且生活在錫礦經濟為基礎的地區當中，在地理空間上形成一個結合產業與社會的錫礦客家帶，即包含今天西馬（馬來半島）的霹靂、雪蘭莪和森美蘭沿山地區。現今西馬地區的錫礦客家帶並非在殖民前就存在，而是在長時間當中，人（客家內部、客家與其他族群）—地（丘陵地形、錫礦產地）交互作用下的區域化（regionalization）（客家新村、信仰分布、產業發展與階級、特有族群互動模式、優勢的惠州文化等）過程，這個過程與殖民經濟和英殖民勢力的空間擴散有關。

　　根據1931年的華人族群統計，整個馬來亞66.7%的客家人都集中於產錫的馬來聯邦（包括霹靂、雪蘭莪、森美蘭、彭亨），尤其是雪蘭莪（客家人33.2%）和森美蘭（客家人32.6%），與福建（26.6%）、潮州（15.9%）、廣府（54.2%）、海南（30.8%）。相比之下，客家人是在地社會的最大群體（Vlieland 1932: 181）（參見表2、圖3）。

　　因為錫礦工多為客家人，因此錫礦區的地理空間就形成許多客家聚落，帶狀

表2　1931 年英屬馬來亞的華人族群分布

地區		福建 總數	福建 %	福建 區%	潮州 總數	潮州 %	潮州 區%	廣府 總數	廣府 %	廣府 區%	海南 總數	海南 %	海南 區%	客家 總數	客家 %	客家 區%
新加坡	海峽殖民地	181,287	43.0		82,516	19.6		95,114	22.5		20,040	4.8		19,716	4.7	
檳城	海峽殖民地	79,546	45.1	53.1	28,290	16.0	55	40,041	22.7	34	5,359	3.0	36.5	17,704	10.0	16.5
麻六甲	海峽殖民地	26,292	40.3		3,687	5.7		6,820	10.5		10,280	15.8		14,949	22.9	
霹靂	馬來聯邦	53,471	16.4		19,060	5.9		121,401	37.3		7,145	2.2		87,885	27.0	
雪蘭莪	馬來聯邦	64,311	26.6	26.6	10,464	4.3	15.9	63,191	26.2	54.2	10,097	4.2	30.8	80,167	33.2	66.7
森美蘭	馬來聯邦	15,554	16.8		1,762	1.9		26,750	29.0		8,468	9.2		30,115	32.6	
彭亨	馬來聯邦	10,093	19.3		1,754	3.4		14,839	28.4		4,397	8.4		13,739	26.3	
柔佛	馬來屬邦	73,270	34.1		35,935	16.7		29,585	13.8		23,539	10.9		33,588	15.6	
吉打	馬來屬邦	21,984	28.0		23,045	29.4		13,079	16.7		2,761	3.5		13,718	17.5	
吉蘭丹	馬來屬邦	8,949	50.8	20.3	452	2.6	29.1	1,975	11.2	11.8	917	5.2	32.6	3,052	17.3	16.8
登嘉樓	馬來屬邦	3,242	24.5		472	3.6		2,998	22.6		4,449	33.6		1,264	9.5	
玻璃市	馬來屬邦	1,900	29.2		703	10.8		1,688	26.0		204	3.1		1,837	28.3	
總數		539,899	100		208,140	100		417,481	100		97,656	100		317,734	100	

資料來源：Vlieland (1932: 180)。

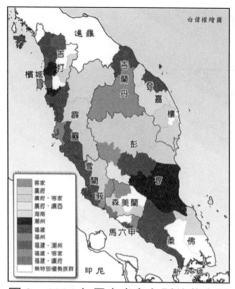 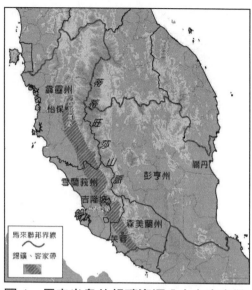

圖3　1931年馬來半島各縣的華人優勢族群

圖4　馬來半島的錫礦資源分布與客家帶

繪圖：白偉權。

資料來源：白偉權（2017）。

分布在馬來半島的西海岸，形成一個「客家帶」。馬來半島各幫群，包括客家、廣府、福建等，在地理空間上的分布並非均質，而有著明顯的空間聚集現象，形成華人族群與地理空間鑲嵌的人文地理區，也就是新區域地理學（new regional geography）之「區域」（region）意義（Gregory 2009: 635）（參見圖4）。

四、客家帶的比較研究

馬來西亞客家人的維生方式與原鄉具有高度類似性。客家族群在華南的居住環境，多半分布在土壤貧瘠的山區，維生方式就是農、林、礦等生產方式，屬於高地經濟（highland）的生產模式，這樣的生產方式，產生出刻苦耐勞的客家勞動力，成為海峽殖民地急需的勞動力。馬來西亞客家帶的礦工許多來自惠州，其中惠陽、紫金、龍川、河源與陸豐等地都是錫產地（劉崇漢 2009），因此客家人帶著挖礦的經驗與技術，鑲嵌進入馬來西亞的錫礦業發展。基本上，西馬客家帶的形成是沿著錫礦業的開採而發展，客家礦工的聚集由北而南的開展，不但形成

客家的聚落、客家族群特有的在地信仰，客家族群成為後來「新村」的重要人口組成，也是重要的族群互動場域。

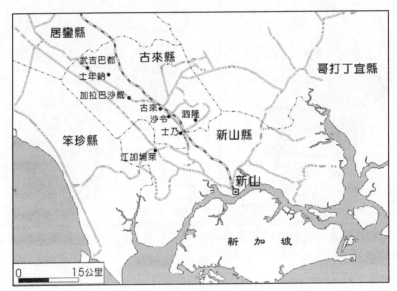

圖5　西馬河婆客家聚集的客家帶

繪圖：白偉權。

　　除了台灣和西馬的客家帶，台灣和馬來西亞的不同地區也形成許多「客家帶」，例如南馬靠近新山的河婆客家聚集的客家帶，這裡的客家人多來自於河婆，台灣的客家人比較少來自河婆。

　　同樣來自河婆的客家人，也聚集在東馬古晉石隆門地區，形成另一個客家人聚集的族群空間（圖6）。雖然與南馬的客家帶同為河婆人聚集的地方，但是所建構出的「地方」與客家文化卻是同中有異。因為，文化作為一套信仰或價值，賦予生活方式意義，生產出物質和象徵形式（並藉此再生產）（Mike Crang 著，王志弘、余佳玲、方淑惠譯 2003：2），是不同人群與不同習俗或信仰在不同的空間中所建構的巨幅拼貼（Mike Crang 著，王志弘、余佳玲、方淑惠譯 2003：17）。另一方面，「客家文化」在不同地方，對不同的人而言，指涉了不同的事物。

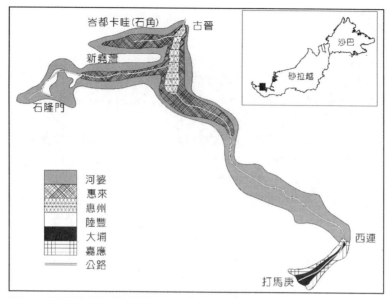

圖6　東馬古晉石隆門地區河婆客家聚集的客家帶

繪圖：白偉權。

　　空間組織的基本原則，除了人體的姿勢和結構，還包括人與人的關係，亦即，空間組織是滿足人的生物性需求和支持社會的關係。空間的屬性是透過移動（活動）而直接經驗得到的，人在空間中的自由移動，使得空間從一個座標方位點，延展成網格，進而生成地方體系（段義孚著，潘桂成譯 1998）。不同客家帶的地理空間中，除了維生的資源具有差異性，世界體系的商品經濟、國家／殖民政策以及空間內部的族群互動（衝突、緊張、和諧等關係），將會形塑不同的客家文化內涵。因此，不同客家帶的比較與研究，將有助深刻瞭解「客家文化」、「海外客家／華人」的內涵及其對當代族群理論的貢獻。

　　過去東南亞研究學者，較著重處理不同原鄉的華人內部的族群關係，「客家帶」的提出，除了處理客家和其他非客家籍的華人之間的關係（例如客家與廣東或者和福建之間的族群關係），也希望客家帶的提出，可以從產業、宗教、文化等觀點，在以下四個層次上，分析客家人在客家帶的族群關係：（1）不同原鄉的客家人之間的關係（惠州與嘉應）；（2）客家與非客籍華人之間的關係（潮州、海南、廣府、福建）；（3）客家與當地馬來族群的關係；（4）客家與少數原住民。將客家／華人研究推向東南亞在地／跨族群的研究。

參考文獻

白偉權，2016，《國家、產業與地方社會的形構：馬來亞拿律地域華人社會的形成與變遷（1848-1911）》。台北：台灣師範大學地理學系博士論文。

——，2017，〈華人籍貫文化還重要嗎？〉，《當今大馬》。http://www.malaysiakini.com/columns/374107，取用日期：2017年3月1日。

吳學明，1986，《金廣福墾隘與新竹東南山區的開發》。台北：台灣師範大學歷史研究所。

林友順，2016，〈大馬昔日礦鎮期盼再造光輝〉。《亞洲週刊》，第30卷44期。https://www.yzzk.com/cfm/special_list3.cfm?id=1477539757658，取用日期：2017年4月13日。

施添福，1990，〈清代台灣「番黎不諳耕作」的緣由：以竹塹地區為例〉。《中央研究院民族學研究所集刊》69：67-89。

段義孚著，潘桂成譯，1998，《經驗透視中的空間和地方》。台北市：編譯館。

陳板，2010，〈族群與地域：台灣客家在地化的文化觀察〉。頁305-338，收錄於徐正光主編，《第四屆國際客家學研討會論文集：聚落、宗族與族群關係》。台北市：中研院民族所。

陳朝圳、張瑋尹，2006，〈淺談廊道結構及其生態功能〉，《台灣林業》32(1): 84-91。

羅烈師，2010，〈客家族群與客家社會：台灣竹塹地區客家社會之形成〉。頁115-152，收錄於徐正光主編，《第四屆國際客家學研討會論文集：聚落、宗族與族群關係》。台北市：中研院民族所。

劉崇漢，2009，〈馬來西亞惠州人歷史概述〉。http://fuichiu.blogspot.tw/2009/11/blog-post_6271.html，取用日期：2017年4月14日。

Crang, Mike 著，王志弘、余佳玲、方淑惠譯，2003，《文化地理學》。台北市：巨流。

Harvey, David 著，王志弘譯，2002，〈時空之間──關於地理學想像的省思〉。頁47-79，收錄於夏鑄九、王志弘編譯，《空間的文化形式與社會理論讀本》。台北：明文書局股份有限公司。

Kuhn, Philip, 2008, *Chinese among Others*. NUS Press.

Lefebvre, Henri 著，陳志梧譯，2002，〈空間政治學的反思〉。頁31-46，收錄於夏鑄九、王志弘編譯，《空間的文化形式與社會理論讀本》。台北：明文書局股份有限公司。

Signam, S. Durai Raja, 1962, *Malayan Place Names*. Singapore: Liang Khoo Print. Co.

Sutherland, Heather, 2003, *From the Particular to the General: Local Communities and Collective History*. Singapore: Newsletter of Chinese Heritage Center.

Vlieland, C. A., 1932, *British Malaya: A Report on the 1931 Census and on Certain Problems of Vital Statistics*. London: Crown Agents for the Colonies.

Wong, Lin-Ken, 1965, *The Malayan Tin Industry to 1914: with Special Reference to the States of Perak, Selangor, Negri Sembilan, and Pahang*. Tucson: University of Arizona Press.

客家人的移動構圖與聚散連結之時位考察初探

黃世明

一、前言：地方社會—客家族群—永續發展—台灣史志

　　記得跟隨蕭新煌老師從事研究調查，始於 1993 年的「金門地區自然保育與文化維護的社會力分析」計畫案，當時我擔任計畫助理，負責田野調查、資料蒐集、分析詮釋，最後由蕭老師定稿，從此展開地方社會與社會力分析的研究取向，根據金門四面環海的海島調查經驗，對照結合台灣唯一四面環山的南投縣，在蕭老師指導下，完成博士論文《一九八〇年代後金門與南投社會力的浮現：台灣發展經驗中兩個地方社會的分析》，畢業之前，與蕭老師共同完成〈百年來台灣社會力的浮沈轉型〉論文，收集在《百年來的台灣》一書當中，並於 1995 年出版；地方社會的調查分析與台灣史志的撰述闡釋，延伸到以後的 20 多年來，是從事台灣本土經驗研究的重要取向。

　　服完兵役退伍，在蕭老師的協助推薦下，1997-1999 年到中央研究院社會學研究所籌備處從事博士後研究，除了延續地方社會的分析探討之外，更重要的是，一起進行「台灣客家族群史」的研究撰述，合著《台灣客家族群史政治篇》，涵蓋荷蘭—明鄭—清領—日治—戰後的 1990 年代，系統化分析不同墾拓發展區域，客家族群政治歷時性與共時性的生成變化，將台灣客家地方社會政治力發展，進行五種類型的比較分析，系統化整理客家族群在不同區域的派系發展與政治生態變遷，後來則將內容精簡化，撰述〈台灣地方社會與客家政治力：客家族群派系的類型、發展與限制〉一文，並於「第四屆國際客家學研討會」發表，當時客家委員會尚未成立。

　　自從 1999 年 8 月我到大葉大學休閒事業管理學系任教之後，蕭老師仍然於2000 年召集我參與「地方社會的永續發展之路──永續台灣 2011 研究」計畫調查，負責南投縣地方社會永續發展分析，持續進行四年之後，與蕭新煌、紀駿傑共同主編《深耕地方永續發展：台灣九縣市總體檢》一書，撰述金門與南投兩縣的地方社會永續發展；期間也研究調查金門自 1993 年之後到 2003 年十年的永續社會力之變遷發展，撰寫了「金門永續發展客觀因素分析建議」計畫報告，2004年主持「金門縣永續發展策略規劃」並完成規劃書，以上有關地方社會的永續發展調查分析，後來與蕭老師領導的研究團隊，共同討論修訂，完成撰述分析的專書論文，期間持續參與蕭新煌等編撰的《綠色藍圖》一書，撰寫其中部分內容，

該書於 2005 年出版。2006 年 8 月至聯合大學客家研究學院任教之後，即專注於以客家為主軸的研究，2006 年 9 月主持「台灣客家產業研究——台灣中部地區（台中縣與南投縣）客家產業文化經濟調查研究」之計畫，此計畫為國史館與客委會委託的專題計畫之一，後來出版的專書主題命名為《進出族群邊際的再移民社會——台中縣與南投縣的客家文化與產業發展》，2012 年出版，邀請蕭老師寫出版的推薦序文。2008 年與蕭老師合寫〈台灣政治轉型下的客家運動〉論文，收錄於張維安、徐正光、羅烈師主編《多元族群與客家：台灣客家運動 20 年》一書之中。

此外，在 2004-2005 年間，參與蕭老師領導的研究團隊，從事《台灣全志社會志》的計畫案，擔任協同主持人，負責《社會多元化與社會團體篇》以及與劉維公合著《文化與社會篇》，於 2006 年出版，後來則與蕭老師共同完成〈纂修《台灣全志‧社會志》：實務的經驗與檢討〉論文，收錄在 2008 年出版的《方志學理論與戰後方志纂修實務國際學術研討會論文集》一書當中。2008 年參與蕭老師主持的《台灣全志住民志》，擔任協同主持人，與蕭老師共同負責《姓氏篇》的撰寫，分析整理探討姓氏與兩性、家族、家產、宗親會、派系、民俗—民德—法律的關係，並就姓氏與族群進行相關主題的探討。

從 1993 年至今，在蕭老師的指導下，從事了地方社會—客家族群—永續發展—台灣史志的一系列田野調查、資料解讀與專書論文撰述，至今累積了 20 多年的研究成果，這篇論文大致是延伸上述的主軸以及思考進路，從族群的類聚群分到客家移動構圖的思維，客家移動所形塑的連結網絡，族群互動關係在生活場域的凝現，探討客家族群聚散移動的行事考量，全文大致可以分為兩個面向的闡述：（1）客家地方社會的分布類型與客家移動的建構圖像；（2）客家移動的聚散連結與生活場域的形塑。

二、客家地方社會的分布類型與客家移動的建構圖像

台灣社會多元文化的建構以及多元族群的開展，客家是重要的行動主體，在不同時位的移動構圖，客家人與福佬人、外省人、原住民乃至於新住民的互動關係，形塑了客家人在台灣的多類型發展型態以及風格特色。若要理解族群關係，

不可不探究客家人在族群關係網絡所扮演的行事角色，促成地方社會在不同區位的發展變遷，是地方資源組合的行動者與生活共同體的組成者。聚落生成變化與社區共同體的發展變遷，可以視為族群紮根、移動、擴散、創化的場域，地方社會所形成的聚落，以地理空間作為摩盪交長的舞台，乃是探究客家文化獨特根源、多元轉化、移動構成的觀測視窗。

　　客家地方社會的類型及其探討，不但要問客家人分布在哪裡？可以看到什麼特質的客家？客家人藉用何種方式可以看見自己是客家人？可以透過何種方式或媒介看見地方社會的客家特色？更要問誰是客家，透過哪些象徵媒介或文本載體可以發現與客家的關係？客家人與其他族群，或者「客家族群系統」本身及其「次系統」之間的互動往來，其衝突矛盾或交融和諧關係的生成發展特質與形塑條件，對於在地資源的價值轉化，有哪些影響面向或者操作機制？綜合影響客家移動往來所開展的族群關係與地方社會的變遷發展，可以從族群政治、經濟誘因、聚落文化、地理區位、生活環境等等分析闡述的面向，客家聚集所在以及往來遷移的過程，與相關的人文社會環境以及自然生態環境，如何建立客家永續的行動綱領？當是客家地方社會與移動構圖的重要議題。

　　《台灣客家族群史政治篇》一書，將台灣客家地方社會分為五種類型：（1）「客家庄縱橫又勢眾」的類型：閩、客各從其類聚合，呈現明顯分際，而客家地方政治力佔優勢的地區，如桃園、新竹、苗栗地區。（2）「客家庄集中卻孤立」的類型：閩、客各從其類聚合，呈現明顯分際，而客家地方政治力居劣勢，如屏東、高雄境內的六堆地區。（3）「客家聚落分立明顯」的類型：清末到日本時期之後移民較晚的族群交雜地區，如東台灣後山地區的台東、花蓮。（4）「客家族群被隱性化」的類型：閩、客雜處散居在高度流動的大都會區，如台北市、高雄市都會區。（5）「客家族群被福佬化」的類型：閩、客混居融合於縣市鄉鎮傳統聚落。

　　其中客家人集中勢眾的桃竹苗地區，乃是建構生存紮根與擴散遷徙的客家文化區位空間，以客家為主體，客家與其他族群互動的脈動變化，從移動往來脈絡、推拉消長形勢、互動交換媒介、關係生成變化、紮根拓建深化、擴散發展創化等軸向，分析客家族群在桃竹苗的地方社會，在地凝聚與其他族群建立共同生活的家園，並移動擴散到其他四個類型的地方社會，形成同中有異、類聚群分的

多元一體形態。

　　相對於地方社會的客家組成類型，語言腔調則是類型化「客家」的源流生成與變化特質，依客語使用差異，可分為四縣、海陸、大埔、饒平、詔安五大類，客家人與福佬人為主幹所形成的台灣漢人社會，不宜只侷限於粵、閩的祖籍地分類來推論「粵」即客家人而「閩」即福佬人，因為祖籍地屬閩區域乃至於其他縣市，仍有許多客家人在其中，因此粵中多為客，閩中亦有客，然而為了傳統的稱謂與理解的習慣，仍可依循「閩客」關係來分析。閩客關係，有合作交融與對立衝突的過程；閩客的長期互動，也有族群身分互涵變化的情形，例如在彰化、台中、南投有客家人被福佬化的「福佬客」，在桃竹苗區則出現福佬人被客家化的「客福佬」現象。

　　就地方社會的族群關係及其客家聚落的探究分類向度而言，客家在台灣地方社會的族群關係，粗略可分為客家與福佬的閩客關係、客家與原住民（包括與平埔族以及高山族）的原客關係，其中桃園縣、新竹縣市、苗栗縣是客家人在台灣紮根生成的「原鄉」以及擴散創化至台灣各地的主要基地，乃是形塑台灣地方社會的客家文化源頭，由於移動進出而有多種語系的同異複雜關係。

　　福佬客家化，散見在桃竹苗客家集中勢眾的生活場域，例如黃鼎松（2007）在〈從老地名看苗栗市的發展〉的闡述，聯合大學東側山坡一帶，早年原有閩籍（河洛人）墾戶聚居，因而稱「學老排」。後來，由於客家移民人多勢眾，這些河洛人，有些他遷，有些被「同化」，山城乃成客家人天下。韋煙灶、林雅婷（2008）所撰寫的〈桃園及新竹沿海地區閩、客移民分布的地理意涵──以新屋及新豐的調查為例〉，提及「**半福佬**」的現象。桃園新屋鄉深圳、蚵間（日治時期蚵殼港大字）以及新竹新豐鄉的紅毛港往南直至新竹市，此一廣大範圍為閩南語區；新屋和新豐的東半部及湖口為客語區，這兩大區域之間夾帶著一個同時能操閩、客語的雙語區，這些世居宗族的祖籍大多來自廣東省饒平、陸豐（含陸河）、海豐一帶，是以在新豐紅毛港及新屋蚵殼港是泉州同安籍移民裔高度優占區域，其周邊圍繞著一群能操閩、客雙語的族群，當地閩南人稱其為「半福佬客」。「半福佬客區」的存在並不完全受當地閩、客方言接觸的影響，而主要是受祖籍地方言的影響，即大多數的世居宗族移自閩南或粵東的閩客過渡區，有助於釐清清代竹塹地區拓墾的族群互動關係（轉引自黃世明 2015）。

就中彰投的族群關係研究，有助於建構族群邊際的形成以及理解族群認同的情境，由於正處於南北客家交融彙聚之處，對於客家認同的研究，在族群關係的生成變化，及其所在地方社會的差異，可以進行更多元的調查研究論述，包括移民足跡的移動構圖，以及客家族群與族群接觸交遇之後的因革損益變化，有助於客家多元的理解，尤其是客家移動聚集與自然人文環境的關聯與發展脈絡，可以作為族群關係與地方社會研究的創化主軸之一。彰化平原的福佬客、豐原平原的客家推拉往來、台中南投的山林客家，不同地方社會所遭遇相處的不同族群，呈現交融之後展現的客家文化特質。中彰投地區的客家人，有關福佬化的問題，到底是在大陸福建、廣東已被福佬化？還是到台灣之後的環境變遷才逐漸被福佬化？而鑲嵌在地方社會變遷發展與族群互動往來的複雜關係、「客家文化 DNA系譜」的建構、客家情境認同的選擇與情感認同的形成，可以分層次處理分析，有助於客家知識體系的建構擬議。

就王甫昌的綜合論述界定，福佬客乃是彰化平原、宜蘭平原、以及其他地區，也有不少「祖先是客家人，但是目前已經不會說客語、日常生活中大多使用閩南話、甚至不知道自己祖先有客家淵源」的「福佬客」。1949 年戴炎輝、陳棋炎即間接察覺大村、埔心有許多已經「閩南化」的客家庄，1963 年林衡道更為員林、埔心這些自稱「客底」的清代入居客家後裔特立「福佬客」專名，邱彥貴提出「前客家」相對於福佬化之前的客家身分，福佬客前身之所以為「前客家」，包括「複雜的多樣內涵」的客家，由客家變成福佬客的時間與動因也可能因所處地域文化脈絡而有所不同。彰化地區存在兩種客家：其一為林衡道所定名的福佬客，另一批則是 20 世紀自桃竹苗南下的客家再移民（黃世明 2013）。

此外，客家人在南投的發展，有許多地方是二次、三次乃至於多次移動往來的族群發展空間，呈現不同於桃竹苗與六堆地區的客家生存發展特質。南投的族群社會組成，若以客家為關聯的開展，可約略分為（1）「閩客關係」：可以粗略分為從閩而來之客的溯源、閩南福佬（河洛）與粵客的關係，（2）「原客關係」：又可分原住民與客家、平埔族與客家的關係，（3）「新客關係」：則是越南、馬來西亞、泰國、印尼、新加坡、中國大陸等地到台灣的新住民（主要是外籍配偶與外籍勞工）與客家的關係，（4）「外客關係」：則是戰後從大陸遷台的外省軍民與客家的關係，（5）「客客關係」：包括從不同客語腔調四縣客、海陸客、饒平客、

大埔客、詔安客以及被忽略的閩籍客家或漳州客家的內部多元性，以及早期遷來的「老客」與日治、戰後遷來的「新客」，多腔交會、新老共存的客家地方社會，呈現或合作或衝突、或推移或聚集的變化歷程。

三、客家移動的聚散連結與生活場域的形塑

　　台灣的歷史發展過程，境內—境外的往來遷徙頻繁，境內各地的移動聚散也不斷變化生成，客家人到台灣之後的墾拓，受到政治經濟與社會文化的多重因素影響，即使在台灣，也相對比其他族群有更明顯、更多次的島內異地遷徙經驗，不同時期與不同地域再移民的推拉因素、遷徙的過程與路線、遷徙對客家族群時空場域的發展與導致的族群關係變化，不只是客家文化及其產業經濟調查的研究重點，也是台灣客家研究不可或缺的議題。

　　族群往來於地方社會的移動，其中的親緣、地緣、業緣與資源，交互鑲嵌在政治、經濟與社會等諸多勢能的綜錯版圖之中。客家族群的人口聚集與遷徙、文化與產業的交遇變動、行動主體與資源競擇所形成的關係網絡，在時空場域的實踐，與同族群的先後時間到達不同、異族群的族群意識差異，產生了類聚群分的現象。客家族群作為組成台灣社會的行動主體，可以由客家族群在時位關係的錯綜複雜脈絡，觀照政治經濟的統治系統與社會文化治理的生活世界，彼此交相滲透的情勢，也可以從中理解客家族群發展所凝現的文化傳承與創新，及其產業經濟的資源經營風格。

　　水利貨殖與農林墾拓是建構客家族群的地方社會發展脈絡，客家人一方面形成墾拓組織來糾集必要資源，進行生產版圖的擴張，同時也藉用與官方的合作關係，往來於原漢往來的族群邊際，進行組織界限的推擴。在墾拓風險的行動場域，善用結構邊緣的角色，透過政策施行的結構鑲嵌以及親緣宗族的關係鑲嵌，拓展勞動謀生的生活機會，爭取更多的族群發展資源，增加政治資本—經濟資本—社會資本之間轉換的利益綜效。而客家文化與在地資源的機遇化成以及於在地產業的呈現風格，以及客庄聚落社區的地方社會發展與客家關係文化之連結方式，都成為客家覺醒意識及其情境因素、轉化客家經濟與增進客家文化的加值利益與意義價值的重要取向。

客家族群在聚落邊際往來網絡的時位移動，鑲嵌在多元錯綜的勢力版圖中，展現聚落的族群文化與發展特色。客家人的遷徙發展，走出原有的生存空間，進入新的發展空間，空間場域的交錯成為移動構圖的行動舞台，其中交織著物質生活的建構與族群文化的形塑，促使客家族群在台灣的地方社會中，相對於其他族群的家園經營，呈現更多的再遷徙之發展經驗，凝現的進出往來之互動網絡，形塑了移動廊道與多元組合、多漸層化的結構樣態。

客家人與其他族群接觸相遇到建立生活場域，在許多地方社會是二次、三次乃至於多次移動建構的族群發展空間，統治機構的政策推力與當地產業資源的拉力，依循親緣與地緣的類族交往網絡，客家人隨順再移民的動力，尋找另一個得以安身立命的生存空間，促成多元化的族群文化版圖；移動往來的客家人，或者傳承父業，或者再創新業，工作的選擇依附以及生活機會在代間的因革變化，形成後來客家再聚集發展的多族群空間場域。

地理區域的自然空間，往往會因為族群的互動而賦予不同的空間意義；在不同情境脈絡下的自然空間，族群各自展開詮釋行動，進行資源取得「正當化」的論述競賽，影響族群競爭─合作的互動關係；而自然空間和族群關係的交互作用，提供了切入探討地理區域內部地理景觀和社會組織分化的重要線索。客家人口在某一小型區域聚落而言，或者佔有相對優勢的生活共同體，展現了客家族群文化風格及其產業拓展分布，或者在某些生活場域，消隱在歷史紋理的記憶而晦藏不彰，或者缺乏創意轉化而無法成為加值連結的載體，或者有待活力參與建構以展現客家在地特色風格。若能深入理解不同區域類型的客家族群，在追求生活機會的墾拓過程，則對於客家知識系統的建立以及多元一體的交融呈現，有極為重要的奠基─啟動─開展的作用。

進出族群邊際的移動聚散過程，客家人與其他族群接觸往來，共構建立生活共同體，形成多元族群文化的混雜場域，致使客家文化在公共領域與私人領域，有或隱或顯、或強或弱的呈現。由於多次進出往來的移動構圖，原住地客家文化或者攜帶到遷徙地的傳衍，然而不同族群的混雜交融，影響世代傳承的族群文化基因組合方式，加上傳統有建構、創造、轉化的時位變異，因此不同地方社會的客家生活體，其生活經驗的總體風格與組成要素，如何辨取何者「是」客家文化或者「不是」客家文化？其往往呈現系列光譜的組合，無法用窮盡互斥的分類邏

輯予以區辨判斷，或者單純以「台灣原鄉」的客家文化，作為母體典範，以此衡量遷徙地的客家文化是否顯著趨同相承或差異斷裂。在「是」之中有程度的差異，也有轉化交雜或隱形乃至於消逝的可能性，在「不是」之中又有被激勵強化而有「成為是」的可能性，致使在不同地區的族群相處情境，呈現不同的客家文化特色（黃世明 2012）。

客家文化元素或指標特色，或為「本質」性的語言、祖籍或特殊文化資產，或為「關係」性的族群交往與資源轉化的特色，或是「創意」性的建構發明，客家文化的辨認與客家人的辨識，有其關鍵指標與組合指標的區別作用，但是無法以「是」與「不是」的對立兩端來明顯判取。進出移動的往來遷徙，客家人與其他族群形成多元共構的生活世界，開發在地資源，共同建立家園。客家文化的傳承與其他族群在歷時性的交往互動過程，由於相對勢力的消長，在局部集中地區或零星散布地區，有或隱或顯的客家生活情調，然而在許多地方，尤其在市鎮街坊地區，或者隱藏流失的現象，導致原本「是」客家的族群傳統文化，產生替代或加減的轉化。加上來自各地的「客源」眾多，四縣、海陸、大埔、饒平、詔安的客語腔調，因為移動消長而有滙萃交融的不同組合變化，形成多腔混雜的現象；隨順歷史時間遷流的節奏，又有長期定居、不會講客語的「老客」，以及近期遷居、會講客家話的「新客」。清領時期即到南投的「老客」，為了適應環境而學習公共領域的溝通語言，尤其是福佬話以及普通話，與在地優勢族群產生文化交融的作用，於是傳衍多代之後，在生活世界逐漸不會用客家話語溝通，原來的客家文化慣習也被隱性化或滲透改變。日本時期乃至戰後到南投的客家人，會講客家話的「新客」遷徙而與「舊客」共居，形成同是客底卻有新舊不同的風貌，豐富了南投客家的文化內涵。

因此，在不同時期、不同地方的客家人，經由山徑水系，移動到另一地方社會的開物成務，形成族群文化廊道的連結足跡、生活場域的經營構圖，與其他族群在一方水土，共同建立家園，形成客家顯隱消長、新老錯綜的獨特風格凝現。於是有發現客家的探尋意趣，如何由隱之顯而呈現交融的風格，或者新舊互融而有地方客家的特色？乃是成為客家的實踐邏輯。在成為客家、認同客家之前，當有認識客家與發現客家的前提，也就是在「認同客家」之前，應有「認識客家」的作為。「是不是」客家的命題，在南投或者有些客家族群，並非客家聚眾集中

的地方社會主要的關鍵所在。在生活世界的遭遇，我與客家「有什麼關係」？「如何有關係」的「有沒有」的關係認定，在怎樣的情境遭遇或者行動場域如何可以發現？或許是更具優先性的元命題（黃世明 2016）。

四、結語

　　客家人的移動構圖，參與並形塑了區域的族群關係、產業資源的開發以及往來的商品交易，依附山徑水系的脈動，打造族群生存發展的場域，「時位結構下的移動構圖」，或許可以開啟對客家人在不同類型的地方社會生存發展的理解與想像。由「時位結構下的移動構圖」之思維詮釋開展，可以想像詮釋客家人往來行動所建構的生存版圖、資源競取下的類聚群分差異圖、市場交換與往來進出的網絡圖。

　　族群移動的邊際消長、生活經驗的交流共構、在地資源的歸類使用，產生了「族際文化共享」的過程。隨著生活共同體的異質化和族群內部異質性的增加，以及文化差異、結構性差異的縮小，族群之間的邊際愈加顯得模糊，族群邊際的模糊，促使族群之間的交往，較少受到族群壁壘分明的阻隔，也使認同取向產生情境變異與多元組合的選擇。從移動構圖到凝聚發展，可以展現多元共榮—互為主體—在地風華—傳承創化的行動主軸：

1. 多元共榮：不同的地方社會，已經形成客家、福佬、原住民、外省、新住民生存發展的多元共構空間，包容台灣新竹海陸、苗栗四縣、東勢大埔、中台饒平、雲林詔安的不同客語腔調，呈現消長不一、強弱不同的光譜圖像，凝現「新客」（仍會講客家話）與「老客」（不會講客家話）的共同生活場域，具有遷徙接觸、「篳路藍縷，以啟山林」的共同記憶。

2. 互為主體：不因為片面強調客家文化的獨有性，造成排他性的呈現意象，適度融入與其他族群共同在這塊土地建立家園、經營事業的內涵，互相尊重彼此存在的主體性，藉由族群接觸的相互學習，凝現文化拼圖的特色風格內涵。

3. 在地風華：利用在地資源（地方典型特色或自家風格品牌），轉化成為產業價值鏈的經營，開展在地特色產業，表現客家人勇於嘗試研發承擔，適

應環境空間，善於就地取材，回應事件挑戰，用傳統記憶與施作技藝，透過關聯—取捨—整合的過程，展現在地產業風華。

4. 傳承創化：有產業傳承的跨世代經營，有新興產業的時尚風格建立，表現紮根固本的實力，隨順時代潮流，掌握時序節奏，善用夥伴關係，各自經營品牌，共構網絡平台，交互轉化創新。

「移動客家」是「認識客家」的前提，「認識客家」可以透過現有文獻的蒐集與探討，回顧客家研究的現況，以及各界關切的學術探究主題和區域發展議題，著重於認識客家多面向載體與文本能指系統，透過象徵媒介或文本載體可以認識居民、環境、歷史與客家的關係。「認識客家」可以建構「發現客家」的探尋參照脈絡，後續開啟「認同客家」的意識、「成為客家」的行動，形成連貫的實踐邏輯；「認同客家」可以參考認同理論，除了參考工具策略論與基源情感論之外，居民得以從認識有何關係到認同客家的層次，包括族群身分的辨識以及與客家的關係連結分析。在族群互動往來過程與環境資源的限制下，在地的有形文化資產與無形文化資產，可以分析探究與客家源流及其移動所鑲嵌的關係脈絡，對於文化資產形式風格與內容組成的變化，也是與客家身分關係光譜的判識載體（黃世明 2016）。

由「成為客家」的行動抉擇，進而奠定「客家永續」的族群發展基礎，「客家永續是以多元共構且互為主體關係網絡的參與活力鍵結，作為保存活化的永續動力來源。就永續發展的社會生活—經濟生產—環境生態的「三生」行動系統觀之，客家永續有必要從宗族歷史、語言溝通、文學詮釋、族群交往的社會生活，在愛惜生態環境的價值實踐邏輯下，與所在的環境和諧共生。適度發展產業經濟與休閒觀光，不以客家文化作為商品化的工具功能，兼顧保存根源與活化使用，使客家政策、發展軸向與擬議策略，得以強化客家永續性的聚散連結與移動構圖。

參考文獻

黃世明，2003，「金門永續發展客觀因素分析建議」。計畫執行期限：2003/02-2003/12，計畫主持人。委託單位：營建署金門國家公園管理處。

──，2004，「金門縣政府推動地方永續發展策略規劃案」。計畫執行期限：2003/12-2004/05，計畫主持人。委託單位：經建會、金門縣政府。

──，2006，《台灣全志卷九社會志・社會多元化與社會團體篇》。南投：國史館台灣文獻館。

──，2012，《進出族群邊際的再移民社會──客家人在台中與南投地區的文化與產業經濟》。南投：國史館台灣文獻館。

──，2013，「中部客家研究回顧與展望」。計畫執行期限：2012/06/01-2013/03/31，子計畫四主持人。委託單位：客家委員會。

──，2015，「桃竹苗客家研究回顧與展望」。計畫執行期限：2014/01/01-2015/06/30，子計畫四主持人。委託單位：客家委員會。

──，2016，〈移動客家──發現客家──成為客家〉。頁 33-51，收錄於《2016 南投學研討會論文集：南投好客・客薪傳》。南投：南投縣政府文化局。

黃世明、劉維公合著，2006，《台灣全志卷九社會志・文化與社會篇》。南投：國史館台灣文獻館。

黃世明、蕭新煌，2011，《台灣全志住民志・姓氏篇》。南投：國史館台灣文獻館。

蕭新煌、黃世明，2000，〈台灣地方社會與客家政治力：客家族群派系的類型、發展與限制〉。頁 143-178，收錄於《第四屆國際客家學研討會：歷史與社會經濟》。台北：中央研究院民族學研究所。

──，2001，《台灣客家族群史【政治篇】》（上）（下）冊。南投：台灣省文獻委員會。

──，2008a，〈纂修《台灣全志・社會志》：實務的經驗與檢討〉。收錄於國史館台灣文獻館編輯組，《方志學理論與戰後方志纂修實務國際學術研討會論文集》。南投：國史館台灣文獻館。

──，2008b，〈台灣政治轉型下的客家運動〉。頁 157-182，收錄於張維安、徐正光、羅烈師主編，《多元族群與客家：台灣客家運動 20 年》。台北：南天書局。

蕭新煌等編撰，黃世明（共同執筆者），2005，《綠色藍圖》。台北：天下文化。

蕭新煌、黃世明、翁世杰，1995，〈百年來台灣社會力的浮沈轉型〉。頁 110-153，收錄於台研會，《百年來的台灣》。台北：前衛出版社。

蕭新煌、紀駿傑、黃世明主編，2008，《深耕地方永續發展：台灣九縣市總體檢》。台北：巨流圖書公司。

打破客家刻板特色與比較研究的挑戰

林本炫

一、前言：客家研究的起源和「客家學」

　　一般認為客家研究源自羅香林的《客家研究導論》（羅香林 1933）。羅香林的著作雖然很重要，對於後世客家研究也有很重要的影響，現在這種影響力仍然持續。但是目前已經把客家研究，更往上追溯到清末民初賴際熙的客家論述（黃志繁 2013；何來美 2015），如果再更往前推，還有更早的 19 世紀清代徐旭曾（1815）的〈豐湖雜記〉這篇文章。〈豐湖雜記〉雖然只有一千多字，只是一個短文，徐旭曾有感於當時的土客械鬥造成大量傷亡，因此寫了這一篇文章，規勸大家要和睦相處，不要再有械鬥，文中首次提到「今日之客人，其先乃宋之中原衣冠舊族，忠義之後也。」

　　然而，客家研究在當代已經有更新的發展。從 1990 年代，中國大陸廣東省梅州市嘉應學院的房學嘉教授，在《客家源流探奧》（1996）這本書，對 1933 年羅香林在《客家研究導論》所提出的，客家人是北方中原漢人為了躲避五胡亂華，經歷了五次南遷來到目前客家地區，對這種說法提出了質疑。並根據田野調查資料，提出他的新主張，認為歷史上並不存在客家人中原南遷史。南遷客家地區的中原漢人其數量任何時候都屬少數。客家共同體的本體是在地人。客家人在血統上並非北方中原漢人，客家人並不是中原移民，他們既不完全是蠻，也不完全是漢，而是由古越族殘存者後裔與秦統一中國以來，來自中國北部及中部的中原流人，互相混化而成的人們共同體。後來大陸學者陳支平（1998）、王東（2007）和陳春聲（2006）等人，也都有類似的主張。而台灣的羅肇錦教授（2006），也從語言學的觀點，論證客家人和中國少數民族畬族、彝族等之關係。這些新的研究成果，對客家研究這 30 年來有相當的影響。

　　以上這些新的研究成果，主要都是集中在有關客家人起源的討論。但實際上在從事客家研究的時候，在方法論（方法學，methodology）卻仍然有很多待討論的課題。房學嘉當初在從事客家研究的時候，接受法國遠東學院勞格文教授的建議，採取「歷史人類學」的方法，也就是既使用人類學方法進行田野調查，也使用歷史材料，兩者相互比對，相輔相成，因而獲得上述新的研究成果。

　　一般說來，要成為一門新的學科，通常要面臨幾個方面的問題。首先，必須要有它自己獨特的「方法論」或說「方法學」，以及自己的理論。譬如孔德

（August Comte）剛提出「社會學」這個名詞的時候，眾所皆知，他雖然對社會學的內涵提出界定，包括要研究「社會變遷」和「社會結構」。但實際上，當時的人認為，社會現象用心理因素就可以解釋，並沒有所謂的社會學這門學科存在的必要。直到涂爾幹（Emile Durkheim），在《社會學方法論》、《自殺論》、《社會分工論》和《宗教生活的基本形式》這幾本書裡面，才確立了社會學的研究方法，是用社會因素解釋社會現象。換句話說，一個學科的成立，除了要有研究範疇之外，必須要有它獨特的方法學和理論。

　　但是有一些學科，是在另外的狀況下。譬如女性學（女性研究，Woman Studies），基本上用的是社會科學常用的方法，和社會科學其他領域類似。但是最重要的是從事研究者要從女性的觀點、性別的觀點，也就是要有性別的或女性的意識，這時候才可以從不同的角度去看待平常看不到的底層現象。所以從事女性研究，它著重的主要是在性別意識。客家研究要作為一門獨特的學科，也必須要有獨特的角度，這個角度就是客家意識。在客家意識這個族群角度底下，可以看到平常看不到的底層現象。

　　另外一個例子是宗教學（Religious Studies），是一個跨學科的研究領域。它的核心是比較宗教學，然後又包含了宗教哲學、宗教社會學、宗教心理學、宗教人類學、宗教歷史學等等。這個學門所用的研究方法，就是構成這個學門的這些跨學科的研究方法。那麼核心的比較宗教學，就是對於世界各個宗教的教義進行瞭解和比較，至於要如何瞭解比較，比較宗教學有沒有它獨特的方法，就是一個可以進一步探索的議題。比較宗教學所用的比較，主要是因為世界各宗教的教義有很大的差別，透過比較，找出共通的研究領域，這時候的比較，多多少少有「歸納」的意味（王濤 2009）。

　　目前在從事客家研究時，通常採用社會科學常用的研究方法，譬如田野調查法、個案研究、文本分析、歷史研究，也有使用問卷調查法等，但似乎比較少採取比較研究。本文特別談的是比較研究的問題。為什麼要談比較研究呢？因為目前有關客家的研究，除了歷史研究之外，在進行田野調查時，通常就一個區域或者一個村落來進行研究，也就是以一個村落或區域為調查的「個案」，但是這些區域或者村落的研究，如何能夠作為客家社區或者客家社會文化的代表？甚至於客家不同地區的文化特質可能都有所差異，何況是客家和非客家的差異比較。那

麼就牽涉到客家內部的比較，跟客家和非客家的比較，到底如何比較、如何看待的問題。其中一個著名例子是莊英章（1995）對台灣北部兩個閩客村落，透過個案式的田野調查，所做的比較研究。而黃毅志、張維安（2000）則用中央研究院執行的「台灣社會變遷基本調查」問卷調查資料，比較客家人和閩南人的社會階層，林本炫（2010）也用這個大型調查資料，比較客家人和閩南人在宗教態度和宗教行為方面的差異，這兩項是少有的用量化調查資料進行比較的研究。

二、客家族群和客家文化的「刻板印象化」

　　探討這個問題之前，首先探討目前有關客家族群的描述。首先，客家被描述成是山區的民族或族群，通常說法是客家的原鄉多山地，那麼來台之後，因為原鄉生活習慣，所以就往山區跑，主要是現在桃竹苗地區，這個是已退休的台灣師大地理系施添福教授（1990）的一個說法。這個說法忽略了，台灣的客家人並不都是住在山區，如桃園新屋的客家人，以及屏東平原（六堆）的客家人，而原鄉的客家人，也不是都住在山區裡。另外一個說法就是，客家人窮苦，客家人的原鄉窮苦多山這樣一個論述。20 世紀以前的中國大陸，可能很多地區都是窮困，也很多地區都是多山，那麼他們為什麼沒有往海外移民？窮困多山也許是往往海外移民的其中一個原因，但會不會是主要原因？是有問題的。

　　這樣的論述，沒有比較的基礎，在方法論上就有問題。現在透過 Google 地圖，我們已經很容易看出來，如果不是因為有水運，主要就是韓江流域，以及韓江上游的梅江、汀江和梅潭河，匯流到韓江，再透過韓江到汕頭，換成遠洋大船到台灣或者南洋，是很難往外移民的。整個韓江流域和上游支流的這些流域，涵蓋粵東、閩西和贛南，這些叢山峻嶺地區的民眾可以透過水運到海邊的汕頭，轉換更大的船隻出海冒險。如果光是山多窮困，不會構成移民的基礎和移民的機會了，所以在沒有比較的基礎下，就產生非常單一的論述。

　　同樣的，我們也知道，從事海外移民的不只是客家人，還有泉州人，就是所謂閩南人，因為泉州本身就靠海，而且是非常重要的港口，所以泉州人，乃至於整個閩南地區民眾就有很大的機會往海外移民。類似的情形還有金門和廈門。另外還有潮州人，也有很大的機會。在整個東南亞華人移民當中，其實客家人也不

是多數，在很多地方，福建人（閩南人）、潮州人都是多數。其他地區移民還包括海南島等等。再說到客家人的內部差異，比較靠海邊的漳州和惠州，譬如屬於惠州的海豐跟陸豐，比較靠近海，並不需要從山裡面透過水路才到海邊，他們直接就有台灣或是往東南亞南洋移民冒險的機會。

因為窮苦多山，所以到台灣或者南洋來移民，這種說法忽略了兩個比較的基礎。首先，在中國廣大的土地上，更多的、窮苦的多山地區的民眾，他們是沒有機會到台灣或者南洋移民。其次，就是泉州、漳州、惠州或者金門島還有海南，這些本就靠海的地方，他們未必需要透過水路，就已經有很大機會到海外移民。當然台灣先民主要還是從福建、廣東過來，可是我們在南洋又看到廣東以外，還有其他地方的，甚至海南島的，也有到南洋移民。在這種情況下，他們往海外移民的原因就未必是四面多山謀生不易。反過來說，如果沒有靠近海邊或者韓江流域，不管怎樣窮苦多山謀生不易，也不會有機會到台灣或者南洋移民。

在欠缺這兩個比較基礎下，把客家人說成是像「東方的猶太人」，向世界各地到處去，或者用所謂「離散」（Diaspora）這樣的概念，未必有太大的意義。因為我們剛剛講到的這些地區，他們也可能離散在世界各地，因為有移民的機會。潮州人在東南亞，福建人在東南亞也多有，乃至於全球各地應該都有不同籍貫、不同祖籍的華人移民，所以在大的範圍來講，缺乏這兩個比較的基礎。

另外，有關客家人的論述常常就會流於一種刻板的印象。當然我們現在透過越來越多元的研究已經知道實際的情況。在台灣這麼一種山居的論述，主要還是梅縣客家人為主的論述，在梅江上游群山環繞的一個地方。現在我們知道有關客家人的這種論述，在民國 38 年之後透過《中原》雜誌，就銜接到台灣客家人的意象（鍾志正 2015）。因此就以這個山區的意象，賦予了台灣客家人的面貌，這本身就是一個歷史的過程。但一般人不瞭解，以為這是有關客家人本質的論述。在這種情況下，在台灣的有關客家的論述就顯得有點單一而刻板。

那麼，我們可以再反問，福建人（閩南人）移民到台灣，會把自己說成是因為山多田少、窮苦，所以要到台灣移民嗎？似乎在閩南人當中，不太有聽到這樣的說法。反過來說，我們到東南亞，詢問那邊其他祖籍的華人移民，譬如潮州人，福建人，他們會說因為山多田少到南洋移民嗎？可能未必就這樣子，雖然每一個人的祖先或其本身到南洋移民，可能年代和具體原因都不相同，但是似乎不

像客家人那樣，熱衷於把自己說成山多田少、很窮苦。東南亞的客家、華人移民，是不是也像台灣客家人這麼喜歡說自己是山多田少窮困，所以到東南亞移民？這是一個值得思考、並且也是比較法問題。

　　再從另外一個層次，討論客家文化特質被「刻板印象化」的問題。客家人常常被說成是勤勞、節儉的族群，這似乎已經是一個顛躓不破的道理。最近 30 年客家運動以來，又被說成是具有「硬頸」精神。「硬頸」這個概念的爭議先不說，也先不說客家人的勤勞和節儉是環境使然，還是真是一種所謂「民族性」，那麼當我們說，客家人勤勞節儉的時候，似乎其他的族群不勤勞、不節儉，那麼其他族群，尤其是台灣另外的閩南族群，難道不抗議嗎？或者說這是從統計學的角度來說，只是一個「相對上」的問題。閩南人也勤勞、也節儉，但是，客家人特別勤勞、特別節儉。那麼，當別人說客家人勤勞節儉或者客家人說自己是勤勞節儉的時候，有沒有什麼樣的「比較」的基礎，說客家人真的是「比較勤勞節儉」？

　　勤勞或節儉的美德，或者只是在客家庄從事研究得到了一個印象，這也可能是早期的西方傳教士，他們在中國土地上接觸了不同地區的民眾、不同族群之後得到一個概略的印象。再講到一般所說客家人特別重視祖先崇拜，似乎閩南人沒那麼重視祖先崇拜，這也是欠缺比較基礎就得到的一個說法。譬如林本炫（2010）利用「台灣社會變遷基本調查」資料比較的結果顯示，客家人和閩南人在重視祖先崇拜的「態度」這件事情上，並沒有顯著的差異，而是在祭拜祖先的「行為」上，客家人多半不允許將祖先牌位分割出去，這一點和閩南人是有明顯的差別。所以客家人在祭拜祖先的時候，較常以群體的方式，也就是回到宗祠所在，進行集體的祭拜，這就是我們常常看到的，客家人在清明掃墓時候規模非常龐大。桃園新屋葉家清明掃墓時每年都被媒體所報導，高達上萬人同時進行祭祖，這個是祖先崇拜的外顯行為，就有差別，但是要說客家人特別重視祖先崇拜的觀念，就尚未獲得資料證實。

　　第二個刻板印象化的危機指的是，當一再說勤勞節儉是客家人文化特色時，會不會反而變成了其他特色不被凸顯，甚至於說沒有其他的特色？舉個例子來說，台灣人喜歡說自己很有人情味，外國人來到台灣，也喜歡說台灣人很有人情味。到底什麼是人情味？人情味的定義是什麼？這是一個很大的問題。但是，難道日本人就沒有人情味嗎？似乎也不是這樣子。就以台灣人最常被讚美的，問路

的時候會熱心回答，甚至直接帶問路人到想要去的地方。這一方面表示台灣治安相對良好，對他人較沒有戒心，因而樂於幫助他人，是人情味的一個內涵之一。可是在日本或其他國家問路，也是會被熱心回答，但是當我們講到日本文化特色的時候，不會去提到人情味。為什麼？不一定是因為日本人沒有人情味，而可能是因為日本其實有其他更多的優點，通常我們會說守法、有紀律等等，人情味排不到前面，所以我們不會說，日本人很有人情味。所以這是一個族群的文化跟族群的描述被「刻板印象化」的結果。

客家人常講「寧賣祖宗田，不忘祖宗言。寧賣祖宗坑，不忘祖宗聲」這句祖訓，所描述的是客家人真的寧賣祖宗田也不會流失自己的語言嗎？還是恰恰因為確實有語言流失的現象，所以祖宗要提出這樣子的訓示提醒子孫。就好比我們可以看到，一個社會或國家中，人民最常犯的不好行為，就可以看到到處貼滿標語，提醒民眾不要做這不要做那，顯示這些行為正好是最需要改善，而不是它的特色。所以這些不同的描述，可能就代表不同的意義，不能同等看待。

同樣的，客家人常被說成「好客」，難道閩南人不好客嗎？可是，客家人被講好客的同時，也被說吝嗇。為什麼好客跟吝嗇這兩個相互矛盾的描述，會同時出現在客家人身上呢？除了牽涉到誰擁有論述權這個問題之外，這兩個看似矛盾的描述，其實並不矛盾。首先，客家人之所以被說成是好客，是當有客人來家裡作客時，客家人會把最好的東西都拿出來招待。但是這裡面所說「最好的東西」，都是自己生產的，都是用完還可以再生的，雖然中間也需要用到材料和勞力，譬如自己種的菜、自己養的雞、鴨等等。基本上，都是「in kind」，是實物。

另外一種狀況是「in cash」，就是牽涉到現金的問題。客家人在什麼時候會被說是很小氣呢？應該就是在要使用到現金的時候。台灣客家人住在山區務農的確佔多數，在古代物質匱乏的年代，尤其是在山區裡面，因為交通不便，即便是要把自己種的菜，自己養的雞、鴨變成現金，都必須要走很遠的路，挑很遠的擔子到市區的市集裡面，才能夠變賣成為現金。因為現金非常不容易賺取，因此當要使用到現金的時候，客家人非常謹慎。這樣的一種謹慎，對客家人來說，應該是最合乎自己利益，也就是一種理性的行為。可是對另外一個族群的人來說，在他者的眼中，這就是一種吝嗇行為，所以好客和吝嗇這兩個看似相互矛盾的描述，其實可能並不那麼矛盾，而是這兩個特質所對應到的場合、脈絡是不一樣

的，而我們沒有把這兩個形容詞放在不同的脈絡底下做比較的話，看起來就會是矛盾的。但是當我們放在不同的脈絡底下做比較的時候，可能就不是那麼矛盾。這是一個另外一種層次的比較的問題。

第三個問題，就是客家人自己族群內部比較的問題。客家人移民到各地之後，發展出具有在地特色的文化。即便是台灣的客家人來說，北部桃竹苗的跟中部的還有南部六堆客家人，除了講話腔調差別之外，在文化的若干其他方面也有差別。更大範圍來說，以台灣客家菜最具代表的「四炆四炒」來說，在中國大陸原鄉並沒有這樣子的菜色，東南亞客家也沒有這樣子的菜色。所以同樣是客家人，會因為各地發展出不一樣的特色。那麼，經過相互比較這些差異之後，我們要如何看待這樣的差異？說到底，透過比較，瞭解這些差異之後，客家文化的核心要素又是什麼？以及，這些差異可以大到什麼程度，仍然可以稱他們是客家文化，或者只要是講客家話的客家人的文化，就是客家文化？可是客家話本身也有很多不同腔調，要怎麼去劃定客家話的邊界？

就好比我們說，詔安客家話聽起來很像閩南話、福建話，甚至認為是受到福建話的影響。但是這很可能是人為分類邊界的問題。譬如說，在生物學的物種上，我們知道物種有很大的差別，而生物學的分類架構，發展出「界門綱目科屬種」的分類架構，對動物進行分類。可是在這麼縝密的分類架構底下，還是有一些物種沒辦法放入某一個分類裡面，或者是根據某一類的物種把它分到哪個類別裡面，但是在同一類種裡面，仍然有很大的差異。譬如說貓科底下有很大的差異，但是生物學上可以用他們共同的一個核心要素來分類，認為它們都是屬於貓科的，包括老虎，再到石虎，乃至於一般的貓都有很大的差異，但是我們不會因為說貓科本身有這麼大的差別，所以主張沒有貓的存在。生物學分類的架構和界線即便這麼清楚，還是有跨界的這個物種存在。

三、客家研究如何比較

但是客家文化內部差異這麼大，會不會沒有共通的元素？會不會有人因此就說沒有客家文化這件事情？客家話腔調差異這麼大，會不會有人就說沒有客家話這個東西的存在？或者是說，語言差異也好，文化差異也好，它本身就是存在那裡，是人類後來的分類，如同生物學的分類一樣，把它分成有這樣那樣族群的存

在？那麼這時候，說到最極端，可能就是如 Benedit Anderson（2010）所說的，這是一個「想像的共同體」？而不是客觀上真的存在一個類別，客觀上真的有界線的存在？

如果是這樣的話，就比較容易看待同樣是客家族群內部的語言差異和文化差異，更何況因為從大陸原鄉移民到台灣和東南亞所形成的環境差異，在當地所發展出來的不同文化。所以前面提到的食物差異，大陸的原鄉、台灣還有東南亞就有很大的差別，而台灣南北也有差異。至於語言腔調，差異大到可以互相都聽不懂。在多大的差異範圍內，一個語言可以被稱為客家話，而這客家話竟然聽起來很像福建話、閩南話。那麼，有關客家話和客家文化，真的有本質上的差異，還是研究學者的分類，還是人群自身所形成的分類，也會影響到對「比較」所抱持的態度和處理方式。換句話說，客家話跟非客家話差異、客家話內部的差異、客家內部的文化差異、客家人和非客家人的文化差異，包括食物在內的這些差異，怎麼去看待這樣的差異，不只是「比較」的問題，而且還牽涉到對於比較之後的結果（差異），如何看待的問題。

有關東南亞客家或者東南亞華人的研究告訴我們，不只是客家人向海外擴展，同時也有其他不同祖籍或說是不同族群的其他華人在冒險移民，那叫做離散還是擴展，是保守還是冒險的性格，其實在在需要經過多重的比較。同樣地，東南亞的客家或東南亞華人，到了東南亞的時候，一定往山裡面跑嗎？那邊的客家人或那邊的華人都從事農業嗎？或者經商的也有。東南亞的大伯公信仰，不管它叫伯公還是大伯公，跟我們台灣所認為的，「伯公」是土地公，跟閩南人的「土地公」，都叫福德正神，只有稱呼上的不一樣，以及其他微小的差別。大伯公信仰的爭論很多，大伯公是什麼樣的神格至今仍有爭議，但研究顯示（林本炫2017），東南亞的大伯公不是土地神，甚至也不是客家人專有的信仰，這種情況也是東南亞客家在當地特有的環境所發展出來的。

我們也可以比較，東南亞客家是不是也強調山多田少的窮苦論述？其他祖籍的華人移民有沒有同樣地這樣強調？東南亞的客家如何看待自己祖先移民到東南亞的過程？再拉近一點，同樣地，台灣的閩南人是怎麼描述自己祖先移民到台灣的過程？除了「唐山過台灣」、「黑水溝的凶險」之外，有沒有強調是原鄉的山多田少窮困難以生活？還是根本不談這些？海外的客家，會強調冒險性格還是保守性格？這些都是可以透過比較研究，加以重新釐清的課題。

　　最後談到比較法的問題，第一個要如何比較、誰跟誰比較、比較基礎在哪裡。譬如說有比較文學，如何比較，比較之後如何？比較宗教學，是要比較什麼？比較基礎在哪裡。客家研究的比較是族群的比較，但也在一定基礎上，同樣的客家族群自己內部會有跨地域的比較，不同區域的客家人會發展出不同的文化特色。客家族群自己內部會有跨時間的比較，在不同時間，會發展出不同的文化特質或是不同文化產物。譬如新埔的柿餅，作為客家產業代表，現在特色鮮明，不會有人質疑，但是在一定時間之前，這項產業尚未被認知到、被認可為客家產業，就是一種跨時間的比較。而這些比較的基礎在哪裡？

　　其實，追根究柢來說，比較，其實是很多知識的起源。自然科學最早先、最典型的產生知識的方法，就是實驗法，在實驗法當中，有實驗組和對照組，如果只有實驗組，沒有對照組，那麼所得到實驗數據沒辦法知道是不是一個新的發現。也要有前測和後測的比較，才能知道時間上的改變。同樣的，我們一般透過統計學，不管是量化研究，做問卷調查資料的分析，我們其實在做比較，但是我們把這個比較的步驟交給統計學，就忘記了這是一個比較的過程。在使用統計方法分析問卷資料時，我們常說那兩個群體差異達到顯著水準，這些其實就是依靠事後的比較，獲得研究發現。個案研究當然也是很重要的方法，但是就常常面對到的而言，就是從一個企業個案、聚落個案得到的研究發現，怎麼樣推論到普遍的狀況的問題。因為單一個案研究沒有直接比較的基礎。所以這樣一個方法學的問題是值得重視的。

　　從科學研究的「比較」角度來看，客家研究是跨族群的比較，也是跨區域的比較、跨時間軸度的比較。這不但是客家研究必須面對的，如果沒有處理這樣的方法，是不是有可能成為一個獨特學科？至少，透過比較法的處理，而不是單僅使用歸納法，或者是個案的田野調查，才能避免落入刻板印象。或者，比較的方法，未來可以成為客家研究的一種獨特的方法呢？

四、科學研究和比較法

　　談到比較法，就必須討論穆勒（John Stuart Mill, 1806-1873）的《邏輯體系》這本書。穆勒的比較邏輯包括有求同法、求異法、共變法和剩餘法。比較法最典型的就是用在實驗設計，穆勒自己認為比較法不適合於複雜多變的社會研究，但

實際上，仍有許多社會科學家試圖將比較法用在實際的社會研究上。（引自苗延威 2013）社會學古典大師涂爾幹（Emile Durkheim）在《社會學方法的規則》一書中，也指出「比較社會學不是社會學的分支之一，而是社會學本身」、「社會學不是一種純粹地描述社會現象的方法，而是一門考察社會現象、比較社會現象、解釋社會現象。」（Durkheim 1982: 157; 1999: 114，引自苗延威 2013）涂爾幹的這些論述，都來自於穆勒的「邏輯體系」，涂爾幹堅信比較法可以用於社會現象的研究。他認為當我們比較的對象是數量夠大的個案時，就可以「按照地區、職業階層、城鄉類別、性別、年齡、婚姻狀況等進行分類，考察自殺事實在不同人口、不同地點、不同時間的各種反映」，進行有關該現象（例如社會中的自殺問題）的比較，以建立起有關的「真實的規律」（real laws）（引自苗延威 2013：108），這就是我們在《自殺論》一書中所看到的分析，也是現在量化統計分析的開端。通常，我們會注意到韋伯（Max Weber）的比較社會學，而因為涂爾幹採取實證主義的取向，並且引領統計分析，使我們忽略他在研究中所使用的比較的方法。

　　但是，當我們探討的是一個國家、社會或者社會體系時，在有限的「個案」的情況下，比較法還能不能適用？怎麼用？就是一個更難的課題。這個層次的比較需要進行兩個步驟。首先，我們可以比較一個社會的發展與其他社會的發展，並「觀察一種同樣的現象在相同條件下，隨著時間的推移而發生的演變情況在各個社會中是否相同。」（Durkheim 1982: 156; 1990: 113）然後，我們就可以針對這些社會裡各自的演變結果，進行比較。涂爾幹以羅馬、雅典和斯巴達（三者被認定為屬於同一個社會體系）的父系家庭制度研究為例指出，我們必須先探討這種家庭制度在歷史中的演變情況，接著考察該制度在上述城邦社會中的各種具體情況，再「觀察父系家庭制度在各時期各個社會中的形態是否相同，然後才能確定它的性質。」（本段以上引自苗延威 2013：108-109）這裡所說的，在相同條件下的同樣的現象，觀察時間的推移而發生的變化，就類似黃庭康（2003）所說的「Y 型比較法」或者「倒 Y 型比較法」，同時也把時間的演變納入了考量。而在社會科學研究中，不同社會之間的比較，最著名而氣魄最大的，當屬 Theda Skocpol（1979）的《國家與社會革命》這本巨著，分別比較了法國、中國和俄羅斯發生革命的條件和過程，試圖得出有關革命的一般法則。

　　《學做工》是教育人類學的名著，作者 Paul Wellis 以英國高職學生為研究對

象，探討工人階級的小孩何以繼續成為工人階級的原因。他的研究發現，英國工人階級的小孩，從父親和社區裡，學習到工廠的勞力工作才是具有「男子氣概」的工作。他們也許知道在學校用功讀書，將來有可能找得到辦公室薪水較高的白領工作，但他們的日常文化讓他們認為，工廠的體力勞動，才是具有男子氣概，符合他們的工作。但是由於這只是英國一個國家，在一所學校裡的個案研究，欠缺比較，因此也引發批評。於是就有人以同樣是英國的「文法學校」（普通高中）的學生為研究對象，也有學者以美國的中學生為研究對象，探討聽話的孩子和反叛的孩子，發現最後其命運並沒有差多少（黃庭康 2017：57）。

而另外學者以美國的研究指出，因為美國文化非常鼓勵爭取個人成就，孩子們不管出身背景為何，都被灌輸追求成功的觀念，弱勢家庭出身的孩子反叛可能是因為學業成績欠理想，抱負無法達成的恥辱及挫敗感。相反地，英國階級社會具有較悠久的歷史，工人子弟對自己的身分及文化有一定的自豪感，再加上英國文化沒有像美國般重視個人成就，英國的孩子沒有被普遍灌輸「成功的倫理」（success ethic），因此，《學做工》的「小子」才會對學校鼓勵學生「努力讀書，將來取得更高學歷後可以爭取更高的社會地位」的一套嗤之以鼻，英國工人階級的家庭及社區才會如 Wellis 所說般為「反學校文化」的形成供應資源（黃庭康 2017：58）。

由於 Wellis 研究的是英國、職業學校中的反叛學生，以上的比較，使用了不同國家、不同性質中學，並且把同樣是工人階級的小孩，聽話讀書的和反叛的學生，相互比較。而最後，黃庭康指出，時間的因素也會影響 Wellis 這樣的論斷還能不能成立。在《學做工》成書的年代，英國福利制度良好，即使從事勞動者的生活也還「過得去」，因此，工人階級的小孩有恃無恐，並不把學校當一回事。但在 21 世紀的今天，許多西方的生產工序已經轉移到亞洲等海外地區，工人階級失業情況愈來愈嚴重，再加上教育普及導致學歷文憑愈來愈氾濫，許多底層服務性的工作也要求申請人具備一定的學歷（黃庭康 2017：59），這些多種層次的比較，都挑戰著 Wellis 這本名著的論斷。

至於以「質性研究方法」從事社會科學研究，Strauss 和 Corbin（1998）等人也強調，對於初步的觀察發現，也必須使用「不斷比較法」才能使初步的觀察發現獲得堅實的基礎。而即便是從歸納法所獲得的結論，也可能因為少數的「異

例」，而面臨整個推翻、放棄既有研究發現，或者如何修正、脈絡化既有研究發現的問題。

五、結語

從以上的討論可以瞭解，不僅是專門標榜「比較研究」的社會科學研究，即便是一般的量化研究，其實也是透過「比較」，也才有辦法獲取研究發現。客家研究在邁向一門獨立學科的過程中，面對諸多挑戰。從早期的「客家學」、「客家研究」到現在的「客家知識體系」，所指內涵各有不同。「客家學」指的是像「生物學」、「物理學」、「社會學」這樣的學科，有自己獨特的研究領域、方法學和理論。「客家研究」指的是像「宗教學」、「女性研究」這樣的跨學科的研究領域，雖然未必有自己獨特的方法，但是有獨特的研究角度（也許這就是獨特的「方法」）。而「客家知識體系」則避開以上這些問題，作為所有研究客家的知識總稱。然而，不管客家研究是要達到「客家學」的高標準，或者是以「客家知識體系」的總稱而存在並發展，「比較法」的問題終究是必須面對的，唯有透過比較，才能確定哪些是屬於客家的，哪些不是屬於客家的。

然而，要確定「哪些是屬於客家的，哪些不是屬於客家的」，預設了有一個清楚的「客家界線」，如同前述 Paul Wellis 的工人階級研究，是有一個明確的工人階級的定義。但是客家研究是否真存在一個明確的「客家界線」，作為「客家／非客家」比較的基準，則又是一個問題。如同陳支平（1998）對於羅香林（1933）僅只以客家人的族譜為研究材料，缺少參證非客家人的族譜，就難免限制了全面考察客家源流的視野，限於「就客家論客家」的圈子。即便以最常使用的田野調查法來說，由於沒有清楚的「客家界線」，以及客家內部也有區域性的差異，即便是歸納法，也必須面臨客家族群的「內部比較」問題，而這種「內部比較」，和「客家／非客家」的關係如何？是如同統計學所謂的「組內差異」和「組間差異」的關係嗎？當「組間差異」大於「組內差異」時，我們就可以找到「客家界線」嗎？

本文對以上問題並無法提出明確的解答，但意在指出，如果不面對這些問題，那麼客家研究所提出的「研究發現」，都將可能面臨問題，甚至於導致前述的「刻板印象化」問題。

參考文獻

王東，2007，《那方山水那方人：客家源流新說》。上海：華東師範大學出版社。

王濤，2009，〈穆勒的比較宗教學〉。《世界宗教研究》2009(1): 1-12。

何來美，2015，〈賴際熙為「客家」承先啟後〉。《客家雜誌》296: 53-59。

房學嘉，1996，《客家源流探奧》。台北：武陵。

林本炫，2010，〈台灣客家、閩南與外省三族群宗教信仰之比較：三期五次台灣社會變遷基本調查資料的分析〉。《客家公共事務學報》2: 47-74。

——，2017，〈神格的新生和轉換：台灣義民爺和馬來西亞檳榔嶼大伯公〉。頁 213-235，收錄於蕭新煌主編，《台灣與東南亞客家認同的比較》。中壢：中央大學出版中心。

施添福，1990，〈清代在台漢人的祖籍分布和原鄉生活方式〉。《新史學》1(3): 161-169。

苗延威，2013，〈歷史社會學的方法論爭議〉。《社會科學論叢》7(1): 99-148。

徐旭曾，1815，〈豐湖雜記〉。

莊英章，1995，《家族與婚姻——台灣北部兩個閩客村落之研究》。南港：中央研究院民族學研究所。

陳支平，1998，《客家源流新論——誰是客家人》。台北：台原。

陳春聲，2006，〈地域認同與族群分類：1640-1940 韓江流域民眾「客家觀念」的演變〉。《客家研究》1: 1-43。

黃志繁，2013，〈範式、概念與方法：中國大陸客家研究的學術歷程與理論反思〉。《全球客家研究》1: 163-184。

黃庭康，2003，〈歷史比較社會學：一點研究經驗的分享〉。頁 55-71，收錄於齊力、林本炫編，《質性研究方法與資料分析》。高雄市：復文。

——，2017，〈P. Willis 的《學做工》：概念、方法與研究方向〉。《教育研究集刊》63(4): 37-63。

黃毅志、張維安，2000，〈閩南與客家的社會階層之比較分析〉。頁 305-338，收錄於張維安主編，《台灣客家族群史》。台灣省文獻會出版。

鍾志正，2015，《「客家中原論述」在台灣的建構：以《中原》雜誌為核心的探索》。交通大學客家文化學院客家社會與文化學程碩士論文。

羅香林，1933，《客家研究導論》。台北：南天（重印）。

羅肇錦，2006，〈客語源起南方的語言論證〉。*Languags and Linguistics* 7(2): 545-568。

Anderson, Benedict 著，吳叡人譯，2010，《想像的共同體：民族主義的起源與散布》（新版）。台北：時報。

Strauss, Anselm L. and Juliet M Corbin 著，徐宗國譯，1998，《質性研究概論》（*Basics of Qualitative Research: Techniques and Procedures for Developing Grounded Theory*）。台北：巨流。

Skocpol, Theda, 1979, *States and Social Revolutions: A Comparative Analysis of France, Russia and China.* Cambridge; New York: Cambridge University Press.

馬來西亞霹靂州嘉應客家移民及其網絡關係

林開忠

　　馬來西亞社團組織之研究歷史悠久，大部分的研究均著眼於歷史沿革、人物、社團與教育的關係、社團與地方經濟發展、社團中的群體分合、族群認同等為主，研究的主軸也大多是歷史為要（蕭新煌等 2005；利亮時 2009, 2011；王力堅 2011；林開忠 2013；黃淑玲、利亮時 2011；黃賢強 2011），雖讓我們對社團組織的歷史與社會功能有所瞭解，但卻無法針對社團組織的內部關係有更為深入的掌握。本文之目的乃是嘗試透過馬來西亞霹靂州嘉應會館所出版的資料，來分析嘉應人在霹靂州的移民過程、其內部的網絡關係、行業類別以及教育的選擇。

　　在研究方法上，本文採取文獻分析法，利用與分析《霹靂嘉應會館七十週年紀念特刊》內的鄉賢略傳作為材料，這類型的資料在 1970 年代或之前出版的會館紀念特刊裡相當普遍，但隨著時代的前進，我們發現這種資料已經不復存在於晚近的特刊中，當下的特刊更多是充斥各種活動的照片，而不再如過去圖文並茂。[1]

一、霹靂嘉應人的移民與錫礦業

　　在《霹靂嘉應會館七十周年紀念特刊》裡，編撰了約兩百位霹靂州嘉應鄉賢的略傳，[2] 我們從中挑出正／曾在霹靂州發展或生活的同鄉略傳，總共有 188 位。這 188 人中，屬於第一代移民的就佔了七成（總共 113 人，包含從小就跟著父母一起移出者）；第二代同鄉則有 69 人，約 36%；而第三代的只有 5 人，即只佔了

---

[1]　在新馬地區，華人社團眾多，大多數會館在經費充裕的情況下，通常都會在會館成立每隔十年期間；或是有特殊事件發生的時候（譬如新會所完工或是為慶祝某些重要人士的日子等），都會耗資出版會館的紀念特刊。以本文所分析的文本來說，它原本是為了慶祝與紀念霹靂嘉應會館新會所完工而出版，出版年份應該是新會所落成開幕同時的 1970，但由於紀念特刊資料的蒐集不易，致使其出版年分延後了數年至 1974，剛好是該會館成立七十周年慶。此紀念特刊的出版處就是怡保的霹靂嘉應會館，出版資金來源主要來自各理事們的捐款與到各地跟鄉親募款所得。當被問及何以至此，一個標準答案是：社團組織缺少蒐集與編撰資料的人才。惟這可能只是其中一個因素，更大的可能性是在時代的推移下，圖像遠比文字描述來得更直接與有效，特別是對需要曝光的社團領導而言，那是彰顯其社會地位的一種方式。

[2]　嘉應州為清朝雍正十一年（1733 年）時的行政名稱，由興寧、平遠、鎮平（今蕉嶺）、長樂（今五華）以及程鄉（今梅縣）所組成，新馬嘉應社團基本上沿用舊清朝行政劃分，故也有嘉應五屬之稱呼。在這些略傳中，還包含新加坡、檳城、馬六甲、吉隆坡等地區的嘉應同鄉，本文之討論排除這些，只含蓋霹靂州的部分。

3%。從以上的比例可以看出此略傳主要以嘉應第一代移民為主，因此適合用來
瞭解嘉應人移民霹靂州的過程。

從總數 55 筆有紀錄的第一代出生年分來分析，我們可以製成下表：

表 1　第一代嘉應移民移出時間統計

出生年份	移民時間 （以男子弱冠之年計算）	數量
1851-1860	1871-1880	1
1861-1870	1881-1890	1
1871-1880	1891-1900	2
1881-1890	1901-1910	8
1891-1900	1911-1920	9
1901-1910	1921-1930	14
1911-1920	1931-1940	16
1921-1930	1941-1950	4

從表 1，我們可以看到大部分的嘉應第一代移民是在 1921-1940 年間南移過
來，這段期間也正是中國面臨內憂外患，國內動亂不堪的時期，在這期間移出者
佔了所有有紀錄資料的 54%；另外一段較多人移出的時間則是 1901-1920 年間，
資料中總共有 17 筆，佔了整體資料數的三成；至於在 19 世紀中後期移出的則更
少了。當然這並非完整的資料，惟可以讓我們對嘉應第一代移民到霹靂州的時間
有個初步的圖像。

移出人數的多寡，與這些移民在霹靂州的成就或整體嘉應客家人的歷史、社
會及經濟上的地位可能剛好相反；因為早期移民者擁有更多的機會，讓他們能夠
闖出一番事業，有的人因此成為巨富；當然還有更多的人終其一生只能汲汲營營
過日子。除此之外，嘉應人移出時間的不同還涉及當時英國殖民當局對於霹靂州
政治和經濟的政策。接下來我們就從資料中顯示的行業類別來加以說明。

從總共 188 位登載的霹靂州嘉應同鄉之略傳中，我們將其所從事的行業進行
了分類（如下表 2），我們以每個人經營事業的類別來計算，而非每種行業經營
的數量來進行統計。由於大多數人的事業種類並非只有一種，所以，下表的行業
數量加總是超出總體的人數許多，共有 264 筆。

表2　霹靂嘉應會館同鄉行業類別統計

行業類別*	數量	行業類別	數量
礦業	91	建築／工程／砂石	10
種植／養殖／農場	41	布莊／布匹／制衣／洋服	11
雜貨／酒莊／洋貨／百貨	17	小販	5
木／藤／板／傢俱	7	汽車修理代理／腳踏車／零件	6
職員	15	中西藥／中醫	11
文教	20	運輸／駕駛學院	4
餐飲	5	代理商（土油／油屎／汽油／肥料／電器）	7
白鐵／鐵	3	專業（牙科／會計）	2
鞋	3	商	6
合計			264

註：* 礦業包含經營礦場以及錫米買賣等；種植為經濟作物（如咖啡、菸草、橡膠）
　　種植以及相應而來的產品買賣；養殖為海產或家禽養殖及買賣；農場則是指果
　　樹蔬菜之種植；職員為替他人公司打工，可以是經理或秘書；文教包括報紙媒
　　體的編輯記者以及教育機構的人員。

　　以上的資料顯示了部分參與霹靂嘉應會館的鄉親，有接近一半的人基本上都
會有一種以上的事業類別，這是華人經商的普遍現象，也就是多角化經營的概
念。在所有的行業別中，礦業顯然占了最大宗。這裡所分類的礦業包含了礦場
經營，也就是直接與錫礦或其他礦物的開採有關的行業，甚至是礦尾或礦渣的
再處理，以及礦物的買賣，就是當地人稱為錫米店者，這些占了所有行業別的
34.5%。

　　最早的第一代嘉應移民應是在1880-1900年間南下到霹靂州，他們抵達霹靂
州的時候，正是混亂的霹靂戰爭在英國的介入調停下落幕，[3] 剛好伴隨英國工業化

---

[3] 1746年，霹靂州蘇丹Muzafar Shah與佔領馬六甲的荷蘭東印度公司簽訂合約，讓後者壟
斷霹靂州的錫礦貿易，當時的錫礦開採大多是來自蘇門答臘的Mandailing馬來人及原住民，
利用閒暇時間，以簡單的技術加以淘洗，產量不多。1776年，Alauddin蘇丹向荷蘭人說明因
發生饑荒而無法強制馬來饑民勞役；荷人則回以他們在邦加島進口華人勞工的成功經驗，建
議蘇丹讓華人勞工到內陸開採。蘇丹接受了這項建議並著手鼓勵華人移民，開始進口華人礦
工到霹靂州（Khoo and Lubis 2005）。到了1840年代，拿律區（Larut）的馬來土王Che Long
Ja'afar，開始輸入為數不少的華人礦工：第一批礦工是20位增城客家人，領導者是鄭景貴，
他們都是檳城海山公司的成員，這些人被安置在Kota和Klian Pauh區域。另外一群礦工則主

的進程，特別是英國馬口鐵（錫板，tin plate）工業對錫的大量需求。因此，從約 1870 年代開始，就有一些華人移民開始湧入馬來亞的錫礦生產地區。他們帶著比馬來人更為優越的資本、技術和勞動力，進入原本是土著所從事的錫礦開採行列。一方面，紛擾動盪的土著政治對錫礦業的大規模發展與投資有抑制效果，因此，西方企業大都對這地區卻步，使得華人得以維持在錫礦生產的壟斷地位。另一方面，華人透過秘密會社，建立起跨國勞動力仲介網絡，而可以取得源源不絕且廉價的中國勞動力。

　　隨著 1870 年代英國殖民治理的延伸，為霹靂州的政治環境帶來了穩定，創造出更適於大規模經濟開發之條件，但此時西方的資本還在觀望，殖民政府的獎勵規範尚未一步到位，因此在錫礦蘊含量還很豐富的地區，華人礦主還是可以透過勞力密集方式，進行地表淺層的開採，並在表層錫礦開採完後移轉到其他的礦區，以獲取新的礦脈（Wong 1965）。早期的第一代嘉應移民，就是來到如此環境下的霹靂州。[4]

　　祖籍廣東省平遠縣的姚德勝就是其中一個成功的第一代嘉應移民。他在 19

要是惠州人，他們是義興公司成員，進入 Klian Bahru 地區。兩群人工作地區不同，但彼此之間也會有社會與經濟互動，譬如惠州礦主會聘用增城勞工，甚至跟增城商人合夥經營礦業。隨著採礦活動增加及獲利和財富累積之增長，礦工間的衝突日增，這樣的衝突也涉及遠在檳城的華人出資者及秘密會社的重要成員，因為伴隨採礦活動而來的還有諸如鴉片、酒和賭博的餉碼利潤，最後造成海山跟義興公司的浴血之戰。華人的械鬥也捲入馬來土王：繼承 Che Long Ja'afar 的 Ngah Ibrahim 偏幫增城客家人，支持他們攻打惠州客，拿律戰爭從 1861 年持續到 1865 年，最後惠州人戰敗，有 2,000 個惠州人逃到檳城威省。他們走了後，義興分支和合社的興寧廣府人陸續移入。1872 年增城人與興寧人爆發械鬥，後者得到霹靂州海岸區的義興朝州人之奧援，攻擊增城人及其馬來盟黨；增城人轉而尋求檳城福建人的大伯公會的幫助。動亂長達一年之久，騷亂嚴重阻礙了貿易和錫礦生產。加上霹靂州王室繼承紛擾，更讓情況惡化。為取得王位，一方馬來土王引英兵入關，說服英國人接受在霹靂州王室設立參政司（Resident），讓英國人趁勢介入調停械鬥以維護原物料的生產，1874 年英國個別跟馬來王室及華人私會黨簽署邦咯條約。Ngah Ibrahim 也因為壓錯寶而失去對拿律地區的控制權（King and Halib 2008: 5-9）。

[4] 在華人到來前，本地馬來人、原住民以及來自蘇門答臘的 Mandailings 和 Rawas 移民就已經在這地區，利用簡單的方法開採錫礦。他們擁有豐富的礦脈知識。因此，在早期，他們會指導前來近打地區（Kinta）採礦的華人有關礦脈的分布地點，以及各種不同類別與質地的錫礦生產地，對於華人深入人煙罕至的森林及沼澤區開發錫礦有很大的幫助（King and Halib 2008）。

歲那年（1878年），離開家鄉到馬來亞謀生。最初他落腳於森美蘭州雙溪芙蓉（Sungai Ujong），在那裡充當錫礦工人。根據略傳記述，他因為「體格魁梧，氣力充沛，工作效能，極得東主賞識，旋升任礦場管工。」（霹靂嘉應會館特刊編輯委員會 1974：513）但工作數年，累積了創業資本後，為發展自己的事業而辭掉礦工的工作，重拾他移民前在中國原鄉的小販生意舊業，畢竟在移民湧入的新天地裡，人們對日常生活必需品會有很大的需求。後來他聽說霹靂州錫礦獲利很可觀，而正好英國殖民力量介入調停霹靂州各派紛爭後不久，姚德勝就先離開雙溪芙蓉，前來怡保開設了德和號雜貨店。誠如他在雙溪芙蓉礦場所習得的經驗，因應錫礦開採而來的大量勞工鐵定對日常用品需求殷切，因此他開設的雜貨生意在那樣的環境下絕對有利可圖，且在涉足礦場這種投資比較大、風險比較高的事業前，能夠讓自己累積更雄厚的資本，同時也有時間對霹靂州的錫礦業有更多實地認識之前，開設雜貨店的確是個適當且保險的做法。有了充足的資本以及熟悉了霹靂州的錫礦後，他才開始投入大量的資金於礦業上。

誠如上述，作為早期的第一代嘉應礦家，姚德勝在全盛時期，甚至有高達數千英畝的礦地，分布在霹靂州的多個地區，使他成為全霹靂州最為著名的礦家，也是當地的百萬富翁。英國殖民政府的基本政策是有利於資本家的，因此，作為第一代的嘉應資本家，姚德勝不只從事礦業，也在後來涉足了英國殖民政府的餉碼制度（tax-farming system）：那是在殖民國家在制度與行政人力尚未完全建制前，英國政府巧立各種稅目以增加國庫的收入，並將這些稅的徵集，以競標的方式，交由得標的華人資本家來經營，各地華人資本家紛紛投入競標，姚德勝也不例外。他甚至結合了當時的另兩名富商鄭貴與陸佑籌組公司，來承攬霹靂州跟森美蘭州的酒稅與典當稅，畢竟姚德勝本人跟這兩個地區都有淵源。這些穩賺不虧的生意讓他的財富累積更為可觀。

但隨著淺層地表錫礦蘊藏量逐漸被開採殆盡，使用勞力密集、少量資本及相對粗糙技術的華人礦家，只能以不停遷移到更多新的礦地試手氣來維持，只有少數礦家有能力耗資引進西方的技術。惟在生產成本考量下，人們無法也不願大量引進西方的先進技術。一部分的人選擇放棄礦業，朝其他產業發展，如橡膠種植等等；另外一些人則引進新穎的西方技術，來增加錫礦的生產。姚德勝屬於後一類的少數人，他投資新式機器，使用先進採礦法，讓他的礦場產能大增（霹靂嘉

應會館特刊編輯委員會 1974：512-514）。[5]

　　但畢竟錫礦乃是會耗盡的物產，必須以更新的採礦技術來取得地表更深的礦苗，但任何新的技術都必須投入更大的資本才有可能。就在華人礦主面對錫礦開採的產業困境時，英國殖民政府推出各種獎勵和優惠措施等，一方面希望能夠繼續促進錫礦的產量，以維持英國本土的工業化；另一方面，則希望協助錫礦業走出勞動力、資本與技術的困局，或是突破華人壟斷錫礦生產的產業結構。這些因素最後促成了夾資本雄厚及技術先進的西方礦業企業的形成，並從 1890 年代開始，逐漸進軍馬來亞的礦業市場。靠著優勢的技術、雄厚的資本、政府政策的鼓勵，以及大量使用機械而只需少量勞動力，西方礦業企業逐步將華人擠下，最後稱霸馬來亞的錫礦業（Wong 1965: 235-239）。[6] 在這樣的局勢下，後起的嘉應礦主抑或成為西方企業的下游廠商、或是放棄錫礦業轉向其他有利可圖的種植業發展。

　　因此，一些比較晚進入錫礦業的嘉應同鄉，他們就無法像姚德勝、李桐生、鄭安壽、梁碧如、梁燊南等人那樣，透過經營礦場、承包政府稅務等等來累積財富。因競爭不過西方礦業公司，很多後期的嘉應移民就只能成為西方企業的下游廠商。比較幸運的如梁克堯，他在習得礦業經營後，於萬里望（Menglembu）獨資經營礦場，並在怡保創立收購與買賣錫苗的南利錫米店，之後他又與同鄉夏萬秋等人合組了東英錫礦公司於斯里 （Silibin），豐富的礦產讓他一夜致富（霹靂嘉應會館特刊編輯委員會 1974：516）。我們在許多略傳中都看到錫米店或某某錫礦公司，這些有很多是收購地方上華人礦場或土著族採得的錫苗的店面，他們在收購了錫苗後，再將之賣給西方的熔錫業者，最後才出口到歐洲。西方礦業企業於 20 世紀開始採用鐵船（dredge）開採，使得其開採的地層更深，且整個錫礦的生產過程都可以在鐵船內完成，讓西方礦業企業一躍成為錫礦產量霸主。但在錫礦的生產過程中，其最後剩餘的礦渣過去都被當作廢土處理。涂偉這位第一代

---

[5] 其他幾乎同期的第一代嘉應移民中，經營有成的還包括李桐生、鄭安壽、梁碧如和梁燊南等人。他們有的先在商店當學徒，因為人忠厚老實而得到同鄉老闆的器重，讓他們參與經營錫礦業；或是從原鄉夾帶資本南來，跟同鄉朋友於霹靂州經營錫礦等等（霹靂嘉應會館特刊編輯委員會 1974：514-516）。

[6] 在勞動力方面，西方礦業企業招募馬來本地人以及從印度引進勞工，而可以突破華人秘密會社仲介中國勞動力的壟斷局面。

嘉應移民則因為業務關係，經常跟英商有來往，因而在二戰結束後，深獲投資錫礦開採的英商賞識，而開始將礦渣交由他來處理。由於承接了這些雄厚英資鐵船開採後的錳尾生意，[7]如此，讓他開始創設多家的錳廠，而成為霹靂州錳商界的翹楚（霹靂嘉應會館特刊編輯委員會 1974：517）。

二、嘉應客家人的網絡關係

由於這些第一代嘉應移民在錫礦業上的成就，透過他們所創設的礦場、公司或商號，而逐漸在嘉應人之間形成礦業或商業的網絡。我們從 188 筆資料中，發現了至少有兩種網絡關係。一是親屬網絡關係，這是在大部分移民的討論中會出現的網絡關係。譬如兄弟檔的廖遠鑠與廖遠烈（霹靂嘉應會館特刊編輯委員會 1974：541, 566）、堂兄弟關係的管公哲與管啟樑（霹靂嘉應會館特刊編輯委員會 1974：525, 552），或是叔姪關係的涂偉與涂清華（霹靂嘉應會館特刊編輯委員會 1974：517, 554），或姻親關係的梁樹齡和楊汝桓等等（霹靂嘉應會館特刊編輯委員會 1974：544）；另外一種則是由許多早期第一代嘉應移民所創設的礦場、公司或商號為節點所串起來的網絡關係，這類節點如梁碧如創設的廣嘉興棧就是個相當重要的據點。從略傳資料中，我們可以看到諸如夏萬秋（霹靂嘉應會館特刊編輯委員會 1974：543）、梁棠燊（霹靂嘉應會館特刊編輯委員會 1974：621）、張旭燊（霹靂嘉應會館特刊編輯委員會 1974：664）和黃祿禧（霹靂嘉應會館特刊編輯委員會 1974：665）等人都曾經在此商號待過，他們在這裡學習經商及錫礦的相關知識，離開後再跟他人合資做相關的生意。譬如夏萬秋後來就跟梁棠燊和梁克堯三人合資創立東英錫礦公司，這間公司曾經雇用夏鴻光（霹靂嘉應會館特刊編輯委員會 1974：563）、夏卓模（霹靂嘉應會館特刊編輯委員會 1974：644）以及管公哲等人；管公哲後來再跟楊汝桓合營楊管公司酒莊，後來楊退出，改名為管酒莊，並雇用其堂弟管啟樑；夏卓模也跟梁棠燊合資經營同華錫礦公司。從這群人之間的相互關係，我們可以知道嘉應移民之間的網絡關係，除了前述的親屬或姻親之外，第二類的商業或合資關係也同樣重要。當然略傳本身並

---

[7] 錳尾也就是在開採過程中，經過淘洗而提取了錫苗後，留下來的錫渣。錫渣或錳尾經再提煉，就可以將殘留的錫苗離析出來。丘思東將錳廠稱為「錫礦工業『寄生』的加工工廠」（1974: 304）。

不完整，無法讓我們知道更多類似的網絡關係，但從以上的一個例證，我們可以說嘉應同鄉之間的相互牽成與合作關係密切，從其他簡要的個人略傳中，我們也可以看到有很多合營或合股經營事業的例子。

隨著錫礦業的結構變遷，華人礦業優勢也在 20 世紀開始逐漸為歐洲礦業公司超越。惟，此時逐漸實驗種植成功的橡膠產業，也逐漸開始受到政府與商人的注意（Jackson 1968）。[8] 一些嘉應客家人也轉向橡膠的種植業發展，譬如梁樹齡家族（霹靂嘉應會館特刊編輯委員會 1974：535, 540, 542）以及李萊生（霹靂嘉應會館特刊編輯委員會 1974：518）。

在兩次世界大戰期間，由於華人錫礦業從興盛走向沒落，也製造了大批失業的礦工。有的礦工被遣送回中國，有的則流落到霹靂州的各個城鎮尋找工作機會。部分幸運的原礦工在城鎮找到可以安身立命的工作；但有更多的人則停留在礦區附近或是前往更為偏遠的內陸地區，他們闢地種植蔬菜水果、養雞鴨或豬隻以維生。由於他們非法佔有或只擁有土地的臨時准證而無永久地契，而被政府稱為墾殖民（Loh 1990）。[9] 在霹靂州嘉應同鄉中也有這些比較辛苦的勞動者，

---

[8] 華人早在英國殖民者到來前，就已經涉足首先是新加坡的甘蜜與胡椒的經濟作物種植。由於這些經濟作物對於地力的消耗，因此，當新加坡的土地與提供烹煮甘蜜的森林薪材耗盡時，這些華人種植者乃轉移陣地，同時，當時的柔佛州統治者亦鼓勵華人種植者前來開墾，以增加其王國的經濟力。大量的華人（主要是潮州籍）都紛紛前來柔佛，他們從新加坡華人富商取得開墾的資本，自柔佛州統治者處獲得合法開墾的農業地，大規模在柔佛州複製他們先前於新加坡的種植方式，即以遷移農耕（shifting cultivation）形式，於各河流內陸開發及種植。這樣的種植方式，在英國殖民力量於馬來亞確立後，逐漸與殖民者所欲發展的較為經濟上永續、規模較大的種植園有所衝突。但在尚未尋獲理想的經濟作物前，任何大規模的投資都得承擔很大的風險。西方企業型農業集中在咖啡跟茶葉的種植。一直到 20 世紀初，英國人從巴西帶回橡膠種子，並分別在數個海外殖民地試種，結果發現亞馬遜雨林的橡膠對於土壤氣候的適應力非常好，成功地在這些海外殖民地開花結果。經過無數的實驗，以瞭解整個橡膠的生產過程。這樣的成功，大大鼓勵了英國的投資家，他們紛紛集資籌組公司，並在英國殖民政府的鼓勵優惠措施下，到馬來亞進行橡膠種植。橡膠產業也在華商間逐漸成為錫礦之後的重要產業。參考 Jackson（1968）。

[9] 早在 1880 年代末的殖民官方報告裡，就已經提到商品菜園種植者（market gardeners），他們在礦區附近種植蔬菜水果，供應給近打地區的礦工。此時的人數顯然不多，其耕作土地面積與礦業用地比較起來，非常微不足道。英國殖民政府對他們採取放任的態度。到了 1910 年代，情況開始改變，商品菜園經營者人數逐漸增加，那是由於錫礦業的結構變遷：當西方礦業公司開始投入大量資本在馬來亞進行錫礦開採，對礦地的需求也就劇增，為維護西方公司

譬如家庭原本就務農的張開，他在 20 世紀初南來霹靂州時，開始是在礦場當工人。數年後存了一筆錢，就跟同鄉友好合股經營錫礦，奠定了事業的基礎。但是經歷了礦業結構轉型以及世界經濟不景，使得其經營的礦場不得不關閉，他就在暗邦地區，「覓得荒地一段，建造房屋，開闢園地，飼養牲畜，種植瓜果，刻苦耐勞。」（霹靂嘉應會館特刊編輯委員會 1974：591）當然也不是說這些在社會上可能比較底層的人就沒有翻身的機會，我們從略傳中可以看到幾則經營得法的例子，如幸海龍先是到荷印經商，三年後，他來到馬來亞從事商業活動，但二戰爆發後，逼使他改營種植業。1952 年他遷居巴占新村，在那裡購地開闢農場，種植果樹兼養豬和魚，「其業務日盛，生產日隆」（霹靂嘉應會館特刊編輯委員會 1974：646）。

有更多的嘉應人則進入霹靂州的各個城鎮經商，譬如開設雜貨、洋貨、百貨、木器、藤器、傢俱、白鐵、餐飲、鞋業、布莊、洋服、運輸、汽車修理、代理商等等。換句話說，隨著錫礦產業結構轉型，以及怡保的都市化結果，嘉應客家人所從事的行業變得更多元，更契合在都市中的各種各樣的行業。

三、教育選擇

第一代嘉應移民基本上都受過私塾教育或沒有接受教育，他們移民到霹靂州後，都忙於開創自己的事業，而無暇進修。許多人在經濟有成後，除了在馬來亞或霹靂州資助或創建學校，也會回家鄉捐資協助地方的建設。從紀念特刊的鄉賢傳記中，可以看到幾位第一代嘉應移民的這種善舉。譬如姚德勝與其他鄉親共同在霹靂州創建育才中小學與明德學校，[10] 以及回原鄉資助芝蘭、平遠縣立中學、

的錫礦生產，殖民官方將這些種植者稱為「非法墾殖民」（squatters），指稱他們非法佔用或擁有土地的臨時證而非永久地契的種植者。各種因素包括永久地契只保留給馬來本地人、申請程序既繁瑣耗時且所費不貲、政府對土地使用的經濟考量，以及一次世界大戰造成糧食短缺，因此政府必須鼓勵糧食生產下，使得錫礦業轉型下的失業勞工以及新進的華人移民都紛紛轉向農耕。到了 1930 年代的世界經濟不景氣，錫礦需求劇減，價格崩盤，礦場停止生產或裁員以求生存，更多的礦工因此失業，為解決失業勞動力的問題，政府允許他們申請臨時准證以在土地上種植可以維生的蔬菜水果或養家禽豬隻等，因而造成近打地區在戰後出現大量的非法墾殖民或持有臨時准證的華人種植者。參考 Loh（1990）。

[10] 明德學校是 1912 年，由梁碧如、姚德勝、陳建勳、李荔坡、梁燊南等人倡議並帶頭捐錢，

梅縣東山中學、大拓景清及四民小學；李桐生則在家鄉資助大通及達群學校；梁碧如則設立蒙養學校免費讓兒童就學等等。

另外一些從小隨父母南來的小移民，則由於移動時的年齡尚小，同時在移入新環境後的各種考量，他們就會在馬來亞本地受教育。以梁燊南為例，他3歲隨父母南遷到霹靂州，到了就學年齡，他就被送到檳城念書。但在14歲那年，他父親過世。根據傳統習俗，母親必須將他們三兄弟帶回原鄉梁氏家族發落處理，但在途中，母親也因病撒手人寰。回到原鄉的梁氏三兄弟，在叔伯的養育下成長。到了20歲那年，梁燊南獨自南來怡保發展。他的後代如梁耀源與梁炯源就都在霹靂州的英華學校接收英文教育，前者甚至前往澳洲墨爾本深造（霹靂嘉應會館特刊編輯委員會 1974：522, 533）。許多第二代的嘉應鄉親都會被父母送去英校念書。梁國安就是這樣的例子，他幼年隨父親南來，開始的時候是接受私塾教育，之後則轉入怡保的英華學校（霹靂嘉應會館特刊編輯委員會 1974：524）。管公哲的父親是塾師，因此，他小時候在原鄉就接受父親教導，16歲南來霹靂州後進入怡保英華學校就讀。楊汝桓亦是小移民，他4歲時跟隨父母南下，但他8歲時父親過世，家裡頓失經濟支柱而無法繼續學校教育。13歲那年他遇到荷里特牧師，並在同鄉江一峰的推薦下，得以免費入學怡保英華學校就讀。

這些以及其他鄉賢略傳裡提到的英華學校，始於1895年，是新加坡衛理公會名下創立的學校，創立者正是荷里特牧師（Rev. E. Horley）。荷里特牧師先是在1894年到新加坡英華學校（Anglo-Chinese School）服務，一年半後就被教會派遣到霹靂州怡保開創英華學校。早期英華學校兼具教會功能，學校的創設及翻新亦受到霹靂州當地礦家們的捐資協助（History of Perak 2010）。惟我們從資料中無法得知到英華學校念書的這些嘉應子弟，是否有受洗為基督徒。但，資料中幾乎都強調英華學校所提供的英語教學。在殖民時期的馬來亞，英語的習得的確有利於他們在私人企業及政府部門的工作，譬如梁國安就曾在中興銀行、有利銀行、信託有限公司以及鍾森錫礦有限公司擔任要職。管公哲在英華學校畢業後，在華都牙也（Batu Gajah）的土地局工作過。而楊汝桓則曾在法院擔任通譯員。

且霹靂嘉應會館也將每年的盈餘撥為學校的經常費，以會館為校舍，會館職員兼任學校職員的方式來運作，直到1962年正式成為國民型華文小學為止並於1966年遷出會館，建立屬於自己的校舍。雖然如此，霹靂嘉應會館還是會派員擔任該校董事。參考楊萬里（1974: 673-675）。

還有一種則是在海外接受英文教育後，返鄉成為英語老師。廖遠鍱這位第二代的嘉應同鄉就是如此：他在毛里西斯的皇家學院畢業後，1932 年應梅縣中學之聘回家鄉，在那裡教了五年的書，之後再南遷到合艾，最後輾轉到怡保。另外一個類似的例子是陳善焜，他從英華學校畢業後，於 1923 年返鄉擔任梅縣東山中學的英文老師，直到第二次世界大戰爆發前。這些都說明了，除了華文教育之外，鑒於環境的關係，使得嘉應客家人也對英文教育的實用性有所需求。

除了英文教育之外，有些嘉應鄉親也會讓第二代接收中文教育。譬如梁樹齡就讓他的兩個兒子：梁炳元、梁煥元從小接受華文教育，長大後則將他們送到上海復旦實驗中學繼續學業，梁炳元後來甚至到復旦大學深造；而梁煥元則因為碰到時局動亂，不得已才回馬來亞繼承父業。第二代的黃金福也一樣，他在明德學校和育才初中畢業後，就被父親送回家鄉就讀梅縣東山中學，直到 20 歲才南返（霹靂嘉應會館特刊編輯委員會 1974：670）；或是廖玉祥那樣在小學畢業後，也被送回家鄉的梅州中學念書，他最後則進入廣州中山大學外文系畢業（霹靂嘉應會館特刊編輯委員會 1974：671）。

但更多時候，如果條件許可的話，中英文教育兼備似乎才是多數人的選擇。譬如第二代的葉其淵先是在怡保明德學校接受中文教育，國小畢業後轉入英華學校，最後則是前往上海東吳大學深造。他的後代葉英華也有類似的教育經歷：先在怡保育才中學讀完書，再到南京大學深造，之後返回馬來亞，進入檳城聖方濟學院繼續學業，然後再前往新加坡愛德華七世醫學院完成其學業（霹靂嘉應會館特刊編輯委員會 1974：531, 532）。

從這些例子中，我們可以發現嘉應鄉親對於教育的選擇與他們當時的就業或事業發展的關聯：一，不管是接受中文或英文，或是中英文兼備的教育，都可能與當時所從事的礦業有關，雖然略傳裡的資料，並沒有非常詳細的礦業經營之描述，因此，我們無法確切知道這些教育是否與所從事的礦業經營之需要，譬如是否與進出口或跟英商有往來，或只是同業之間買賣關係，惟我們似乎可以推測這之間顯然有著密切的關係；二，接受何種教育顯然與就業有很大的關係，英文教育的確為嘉應同鄉打開了另外一扇就業的窗戶：公家單位或專業的部門，但也同時讓鄉親們可以回流，即回到原鄉進行教育的工作。惟中文教育則還是傳統上大部分華人移民，在維持其華人性或中國性的考量下，所採取的教育態度，只是這

樣的教育選擇並非一般人所能承擔的，因為它可能涉及是否有足夠的經濟（回鄉念書所需要的各種經費）以及社會（回鄉念書還需要家鄉親人的社會支持）資本；因此，似乎只有這些稍有經濟成就的嘉應人才能有此作為。

四、結論

霹靂州嘉應移民大多是 1920-1940 年間，從原鄉陸續移民出來。雖然如此，我們還是得注意早在這期間前就已經抵達霹靂州的嘉應移民，因為正是這些人在霹靂州的經濟發展，而帶入更多的嘉應同鄉的移民。從特刊裡的略傳中，我們大約可以將這種關係分成兩類，一類是親屬或姻親的關係網絡，這類的網絡在華人移民身上很常見；而另外一類網絡則是以早期嘉應移民在霹靂州發展的礦業或商業為節點，透過這些節點讓未必有直系或姻親關係的後代到嘉應移民得以結合起來，他們交叉組合，共同投資礦業或商業，因而將嘉應同鄉在礦業的版圖擴大。

霹靂州嘉應移民的經濟生活基本上是跟錫礦的開發歷史息息相關，但這項產業的歷史也深受國際發展的影響，從鄉賢略傳中，我們可以看到許多第一代的嘉應移民掌握了這項產業的契機，並從中累積財富。但隨著歷史的演進、殖民政策的改變，以及國際市場的變動，也使得錫礦開採和處理逐漸轉移到西方礦業公司手中，錫礦業不再是嘉應人的族群產業，有的嘉應人只能成為西方錫礦公司的下游，譬如處理錫米買賣的錫米公司，或是再處理錫渣的錳廠等。也由於市鎮的發展，特別是怡保等地區，而讓嘉應人得以投入更多跟城市的食衣住行息息相關的商業活動中。當然，一定還有一大群原本就是打工或務農的嘉應人，他們在整個產業興衰過程中，最後成為非法佔用國家土地的墾殖民，在後來的馬來西亞的歷史中，這些人最後則被遷入華人新村。但由於特刊略傳主要都是以成功或至少小有成就的嘉應同鄉的經歷為主，我們比較少會看到這些低階層的嘉應人的描述。

從略傳中，我們也大致知道嘉應移民的教育選擇，畢竟教育的選擇一方面可以說明他們所掌握的資本，以及他們對於所處環境的回應。大部分的嘉應移民都是在原鄉接受少量的教育，他們在遷移後，由於在經濟上打拼而沒有機會再繼續深造，但他們對自己的下一代則有的選擇將後者送回中國原鄉接受更高的教育，有的甚至在中國唸完大學，之後再南來。這樣的安排似乎說明了一些嘉應移民對

中國或原鄉文化的看重。但，有些人則會選擇在霹靂州怡保的英華學校受英文教育，家庭比較富裕或經濟與社會資本雄厚的，就會將下一代送到新加坡或澳洲繼續學業；經濟比較差的，則會在霹靂州本地找公家單位的工作機會，如法院通譯或政府部門的職員。另外，還有一些在本地接受英文教育後，回返或被聘雇到原鄉中小學教書。

參考文獻

王力堅，2011，〈新加坡茶陽（大埔）會館研究：以文化發展為聚焦〉。頁105-139，收錄於蕭新煌主編，《東南亞客家的變貌：新加坡與馬來西亞》。台北：中央研究院人文社會科學研究中心亞太區域研究專題中心。

丘思東，1974，〈錳礦工業的崛起〉。頁302-305，收錄於霹靂嘉應會館特刊編輯委員會，《霹靂嘉應會館七十週年紀念暨新廈落成開幕特刊》。怡保：霹靂嘉應會館董事會。

利亮時，2009，〈會館、華商與華校的結合體制：以新加坡茶陽（大埔）會館為例〉。《客家研究》3(1): 35-56。

——，2011，〈錫、礦家與會館：以雪蘭莪嘉應會館和檳城嘉應會館為例〉。頁65-85，收錄於蕭新煌主編，《東南亞客家的變貌：新加坡與馬來西亞》。台北：中央研究院人文社會科學研究中心亞太區域研究專題中心。

林開忠，2013，〈從「客幫」到「客屬」：以越南胡志明市崇正會館為例〉。頁114-130，收錄於林開忠主編，《客居他鄉：東南亞客家族群的生活與文化》。苗栗縣：客家委員會客家文化發展中心。

黃淑玲、利亮時，2011，〈共進與分途：二戰後新馬客家會館的發展比較〉。頁87-104，收錄於蕭新煌主編，《東南亞客家的變貌：新加坡與馬來西亞》。台北：中央研究院人文社會科學研究中心亞太區域研究專題中心。

黃賢強，2011，〈新加坡永定會館：從會議紀錄和會刊看會館的演變〉。頁33-64，收錄於蕭新煌主編，《東南亞客家的變貌：新加坡與馬來西亞》。台北：中央研究院人文社會科學研究中心亞太區域研究專題中心。

楊萬里，1974，〈明德學校校史〉。頁673-675，收錄於霹靂嘉應會館特刊編輯委員會，《霹靂嘉應會館七十週年紀念暨新廈落成開幕特刊》。怡保：霹靂嘉應會館董事會。

蕭新煌、張維安、范振乾、林開忠、李美賢、張翰璧，2005，〈東南亞的客家會館：歷史與功能的探討〉。《亞太研究論壇》28: 185-219。

霹靂嘉應會館特刊編輯委員會，1974，〈姚公德勝〉。頁512-514，收錄於《霹靂嘉應會館七十週年紀念暨新廈落成開幕特刊》。怡保：霹靂嘉應會館董事會。

——，1974，〈鄭公安壽〉。頁514，收錄於《霹靂嘉應會館七十週年紀念暨新廈落成開幕特刊》。怡保：霹靂嘉應會館董事會。

——，1974，〈李公桐生〉。頁514-515，收錄於《霹靂嘉應會館七十週年紀念暨新廈落成開幕特刊》。怡保：霹靂嘉應會館董事會。

——，1974，〈梁公碧如〉。頁515，收錄於《霹靂嘉應會館七十週年紀念暨新廈落成開幕特刊》。怡保：霹靂嘉應會館董事會。

——，1974，〈梁公燊南〉。頁515-516，收錄於《霹靂嘉應會館七十週年紀念暨新廈落成開幕特刊》。怡保：霹靂嘉應會館董事會。

——，1974，〈梁公克堯〉。頁516，收錄於《霹靂嘉應會館七十週年紀念暨新廈落成開幕特刊》。怡保：霹靂嘉應會館董事會。

──，1974，〈高級拿督涂偉局紳〉。頁 517，收錄於《霹靂嘉應會館七十週年紀念暨新廈落成開幕特刊》。怡保：霹靂嘉應會館董事會。

──，1974，〈李萊生〉。頁 518，收錄於《霹靂嘉應會館七十週年紀念暨新廈落成開幕特刊》。怡保：霹靂嘉應會館董事會。

──，1974，〈梁炯源〉。頁 522，收錄於《霹靂嘉應會館七十週年紀念暨新廈落成開幕特刊》。怡保：霹靂嘉應會館董事會。

──，1974，〈梁國安〉。頁 524，收錄於《霹靂嘉應會館七十週年紀念暨新廈落成開幕特刊》。怡保：霹靂嘉應會館董事會。

──，1974，〈管公哲〉。頁 525，收錄於《霹靂嘉應會館七十週年紀念暨新廈落成開幕特刊》。怡保：霹靂嘉應會館董事會。

──，1974，〈葉其淵〉。頁 531，收錄於《霹靂嘉應會館七十週年紀念暨新廈落成開幕特刊》。怡保：霹靂嘉應會館董事會。

──，1974，〈葉英華〉。頁 532，收錄於《霹靂嘉應會館七十週年紀念暨新廈落成開幕特刊》。怡保：霹靂嘉應會館董事會。

──，1974，〈梁耀源〉。頁 533，收錄於《霹靂嘉應會館七十週年紀念暨新廈落成開幕特刊》。怡保：霹靂嘉應會館董事會。

──，1974，〈梁炳元〉。頁 535，收錄於《霹靂嘉應會館七十週年紀念暨新廈落成開幕特刊》。怡保：霹靂嘉應會館董事會。

──，1974，〈梁煥元〉。頁 540，收錄於《霹靂嘉應會館七十週年紀念暨新廈落成開幕特刊》。怡保：霹靂嘉應會館董事會。

──，1974，〈拿督廖遠鑅〉。頁 541，收錄於《霹靂嘉應會館七十週年紀念暨新廈落成開幕特刊》。怡保：霹靂嘉應會館董事會。

──，1974，〈梁森元〉。頁 542，收錄於《霹靂嘉應會館七十週年紀念暨新廈落成開幕特刊》。怡保：霹靂嘉應會館董事會。

──，1974，〈夏萬秋〉。頁 543，收錄於《霹靂嘉應會館七十週年紀念暨新廈落成開幕特刊》。怡保：霹靂嘉應會館董事會。

──，1974，〈楊汝桓〉。頁 544，收錄於《霹靂嘉應會館七十週年紀念暨新廈落成開幕特刊》。怡保：霹靂嘉應會館董事會。

──，1974，〈管啟樑〉。頁 552，收錄於《霹靂嘉應會館七十週年紀念暨新廈落成開幕特刊》。怡保：霹靂嘉應會館董事會。

──，1974，〈涂清華〉。頁 554，收錄於《霹靂嘉應會館七十週年紀念暨新廈落成開幕特刊》。怡保：霹靂嘉應會館董事會。

──，1974，〈夏鴻光〉。頁 563，收錄於《霹靂嘉應會館七十週年紀念暨新廈落成開幕特刊》。怡保：霹靂嘉應會館董事會。

──，1974，〈廖遠烈〉。頁 566，收錄於《霹靂嘉應會館七十週年紀念暨新廈落成開幕特刊》。怡保：霹靂嘉應會館董事會。

——，1974，〈張開〉。頁 591，收錄於《霹靂嘉應會館七十週年紀念暨新廈落成開幕特刊》。怡保：霹靂嘉應會館董事會。

——，1974，〈梁棠燊〉。頁 621，收錄於《霹靂嘉應會館七十週年紀念暨新廈落成開幕特刊》。怡保：霹靂嘉應會館董事會。

——，1974，〈夏卓模〉。頁 644，收錄於《霹靂嘉應會館七十週年紀念暨新廈落成開幕特刊》。怡保：霹靂嘉應會館董事會。

——，1974，〈幸海龍〉。頁 646，收錄於《霹靂嘉應會館七十週年紀念暨新廈落成開幕特刊》。怡保：霹靂嘉應會館董事會。

——，1974，〈張旭燊〉。頁 664，收錄於《霹靂嘉應會館七十週年紀念暨新廈落成開幕特刊》。怡保：霹靂嘉應會館董事會。

——，1974，〈黃祿禧〉。頁 665，收錄於《霹靂嘉應會館七十週年紀念暨新廈落成開幕特刊》。怡保：霹靂嘉應會館董事會。

——，1974，〈黃金福〉。頁 670，收錄於《霹靂嘉應會館七十週年紀念暨新廈落成開幕特刊》。怡保：霹靂嘉應會館董事會。

——，1974，〈廖玉祥〉。頁 671，收錄於《霹靂嘉應會館七十週年紀念暨新廈落成開幕特刊》。怡保：霹靂嘉應會館董事會。

History of Perak, 2010 "Anglo-Chinese School in Ipoh." http://prehistoricperak.blogspot. com/2010/12/angelo-chinese-school-ipoh.html (Date visited: December 8, 2018).

Jackson, James C., 1968, *Planters and Speculators: Chinese and European Agricultural Enterprise in Malaya, 1768-1921*. Kuala Lumpur: University of Malaya Press.

Khoo, Nasution Selma and Abdul-Razzaq Lubis, 2005, *Kinta Valley: Pioneering Malaysia's Modern Development*. Ipoh: Perak Academy.

King, Victor T. and Mohamed Halib, 2008, "Perak and the Kinta Valley." Unpublished paper.

Loh, Francis Kok Wah, 1990, "From Tine Mine Coolies to Agricultural Squatters: Socio-Economic Change in the Kinta District during the Inter-war Years." Pp. 72-96 in *The Underside of Malaysian History: Pullers, Prostitutes, Plantation workers*, edited by Peter J. Rimmer and Lisa M. Allen. Singapore: Singapore University Press.

Wong, Lin Ken, 1965, *The Malayan Tin Industry to 1914: with special reference to the states of Perak, Selangor, Negeri Sembilan and Pahang*. Tucson: The University of Arizona Press.

檳城嘉應、大埔、永定、惠州與增龍五個客家社團內部與外在的關係

利亮時

一、前言

書寫這個題目，其中一個原因是在十多年前第一次參與蕭老師的計畫，筆者負責檳城這個區域，這也讓筆者有機會進入檳城這個田野，進行對客家人的研究。當中發現客家人在馬來聯邦（霹靂、雪蘭莪、森美蘭與彭亨四州）與海峽殖民地（馬六甲、檳城與新加坡）的地位與社會模式有著頗為不同的發展脈絡。首先在馬來聯邦，客家人投入錫礦的開採，人數大量南來，使得在馬來聯邦客家人的人數多於福建人，在經濟力量方面也足於跟福建人抗衡。反觀在海峽殖民地，客家人人數少，經濟勢力也遠不如福建人。在完成檳城的客家計畫後，之後陸陸續續做了相關的研究，當中主要環繞在客家這個主題，也擴展至馬來西亞其他州屬。此次將之前研究結合成這篇文章，以此來恭賀蕭老師的榮退，亦透過本文感謝老師這多年來給予的機會。從而讓筆者能夠深入研究新馬和東南亞其他國家的客家社團與社會，這對一個學術人員而言是十分難得的機會。

檳城這個毫不起眼的小島，始於 1786 年英國東印度公司接受萊特（Francis Light）的建議，以檳城為英國海軍基地，而萊特則被委為第一任總督。萊特任內積極鼓勵華人及其他移民進入檳城，他先在今天的康華麗堡（Fort Conwallis）建立根據地，大量引進外來勞工，包括從中國和印度來的工人，另一方面也引進吉打（Kedah）和其他內陸的馬來人。正因為這樣，檳城從一開始，就具備了多元種族的色彩。萊特的移民政策，令中國移民大量的進入，從目前最早成立的廟宇和社團來看，嘉應州人與福建漳泉人應是最早到達檳城的華人族群。本文主要是探討檳城的客家社團，在檳城的客家團體，主要有五個，分別是大埔同鄉會、嘉應會館，永定同鄉會、惠州會館與增龍會館。這五個客家的社團，有些是先有會館再有祭祀組織，有者則是先有祭祀組織，再創設會館，有此差別主要跟會館需求有關。各別的成立了大安社、嘉德社、永安社、惠福社和增龍社。這五個祭祀組織各自發展出了以神權為團結根據，藉神緣及地緣結合的大伯公祭祀組織。這五個團體的結盟是超越了地域的界限，以客家這個我群觀作為團體的依據。客家人這個團體模式與他們在檳城的人數少，經濟力量的薄弱有關。當檳城與新加坡相繼被英殖民政府開發後，馬六甲的福建商人開始南下或北上的進入這些新的地方。在馬六甲的經驗與資本，讓他們在新加坡與檳城的發展也相當順利。時至今日，我們可以看到馬六甲的福建人早於華人其他次群體北上至檳城發展，在這

塊新的園地他們開創或擴展事業。另一方面，從中國亦移入大量的福建人，早期以謝、邱、楊、林和陳，五大姓氏居多，他們均來自漳州海澄縣。北上的馬六甲福建人，再加上從中國南來福建人，使福建人在檳城擁有了經濟與人口的優勢。

客家人在檳城的人口都不多，約佔華人的 10% 左右。在檳城從商的客家人大部分是小資本經營，例如開中藥店、當鋪、打鐵等。在檳城客家人若是地域來區分的話，根本無法與擁有雄厚經濟實力的福建人競爭。作為少數的族群，團結方能在當時與其他族群爭取利益，因此閩粵的客家人結合起來（大埔、嘉應，永定、惠州與增龍）。檳城客家人與福建人的關係，在 18 世紀中晚期因為海珠嶼大伯公的產權出現爭執，這些因素更促進五個客家團體的結盟。除了五個客家祭祀團體，分別舉行祭祀活動外，在每年農曆的 2 月 16 日為大伯公誕辰，農曆 2 月15 日早上 11 時，客家五個社團的人士，齊集大伯公街的福德祠（海珠嶼大伯公廟的行宮）拜祭，中午 12 點整恭迎大伯公神像到海珠嶼大伯公廟享祀；農曆 2月 16 日中午 12 點，舉行慶祝誕辰典禮，晚上 7 點舉行聯歡晚宴；農曆 2 月 17日早上 8 點恭迎聖駕返大伯公街福德祠。五個客家會館除了祭祀外，他們與廣東社群結合，以此形成一股力量。本文將探討五個客家團體或會館的內外在關係。

二、五個客家的祭祀組織

來自大埔同鄉會、嘉應會館，永定同鄉會、惠州會館與增龍會館五個會館或同鄉會的領導人，分別在 19 世紀末或更晚的時間，紛紛成立祀奉大伯公的組織。大埔同鄉會方面，按大安社長者的口述歷史，該社的成立時間應在 19 世紀末期，約 1898 年左右（大埔同鄉會 1968：212）。創辦之初的大安社，先賢積極為該社未來打算，當大安社出現盈餘時，當時的先賢戴欣然著手為大安社購置店屋，讓該社每月可收取 30 餘元的租金，再加上入社基金增至 10 元，這都讓大安社收益增加，其發展也逐漸上軌道。

檳城嘉應會館的先賢，於 1900 年在檳城海珠嶼福德祠倡議成立祭祀大伯公團體，名曰「嘉德社」。從〈檳城海珠嶼福德祠嘉德社序〉一文，我們可以知道該社命名與成立的原由：

⋯⋯翔沐日浴月之鄉，百寶環生之域，巋然作鎮一方，如檳城海珠嶼福德祠者乎！予觀乎海珠勝地，前控大洋，後展峻嶺，沙鳥風帆，朝暉夕陰，氣象萬千；且檳城一埠，邇年以來，貿易之繁，人物之盛，南洋三洲，共推鼎時，而神益靈，應如所響，諺所謂地靈而人傑者其在是歟？夫山高水深之窟，靈爽式憑，顧人聚其精心，自相為感格耳。誠至斯通，亦理有固然者。茲同人僉議，釀金立社，以謀生息，俾逐年佳節應祀賚有所出，並酌立章程，用垂久遠。僉曰：善！爰名其社曰嘉德。蓋取左氏有嘉德無違心之義云。抑又聞之，神所憑依，必將在德；自來同心同德，事罔不臧，用是以明德以薦香，其為神所嘉，與降福孔皆，共迎神麻者，有在此矣。爰熏沐而為之序。

光緒二十六年庚子歲秋月吉日。

前儋州訓導嘉應王恩翔謹序。（檳城嘉應會館 1987：18）

嘉德社是由嘉應 40 位先賢共同創立而成（檳城嘉應會館 1987：18）。

永定會館成立的永安社，就現存的永安社會議紀錄中，只知道該社應該是在 1920 年代成立。按史料顯示，永安社的成立宗旨主要是聯繫檳城島、威省、吉打、玻璃市、太平和吉輦的永定鄉親（北馬永定同鄉會 1992：128）。

惠州與增龍兩間會館成立祭祀大伯公的時間較晚，據惠福社發起人江一鳴的手稿顯示，當時發起人是為「大伯公護佑」而成立組織：「思吾屬向來有此舉，淵源遺失，一鳴一時有感，逐焚香參拜，向大伯公前祈禱，可否准鳴號召屬人集體祭祀，以許可？」（王琛發 2003：39）江一鳴求籤獲得大伯公的指示，於是江氏向同鄉談及，並得到 24 位同鄉的贊成。大家訂在農曆二月初二的中午 12 時，作首次集體參拜，在海珠嶼大伯公廟設宴。從史料中顯示，惠福社最初的安排是「每年擇取新春吉日良辰，定例齊集此廟拜神，以垂永久之慶祝。」這種祭祀模式慢慢制度化，並在 1952 年正式名為「惠福社」。當時定名是爐主和協理商妥，同時也在該年訂下每年正月初六為祭祀日（王琛發 2003：41）。1952 年成立的惠福社，雖具有組織之規模，但是該社一直沒有向政府註冊為正式的社團。該社成員多是惠州會館的會員，因此會館同仁認為沒有註冊的必要。由於惠福社與惠州會館的密切關係，江一鳴在 1978 年的秋祭會員大會中提議將惠福社 1950-1978

年祭祀大伯公所積存餘款，約有 6 千餘元，全數撥充本會館教育基金，作為獎學金之用。這個提議得到惠福社發起人的同意（王琛發 2003：42）。往後惠福社每年拜祭的收支，如有不足就由惠州會館負責補貼，若有盈餘則全數撥至會館的教育基金。惠福社每年最主要的活動就是正月初六祀奉大伯公，當天社員會先行在會館拜祭歷代先賢的神位，之後前往大伯公街的大伯公廟（亦稱海珠嶼大伯公廟行宮）祀拜，最後才往海珠嶼大伯公廟去祭拜。

　　1952 年之後，大埔、嘉應、永定和惠州四個會館都已經擁有一個專屬祭祀大伯公的組織。基於客家五屬都應該各自擁有一個祭祀大伯公的組織，因此，在 1975 年增龍會館設立了增龍社。客家的五個會館，具有各自的祭祀團體，其中四個客家祭祀團體是在農曆正月各別至海珠嶼大伯公廟進行祭祀，只有嘉德社是在農曆九月初九至海珠嶼大伯公廟進行祭祀。嘉德社的活動主要在於祀奉大伯公，該社一年就只有農曆九月有活動，當月的活動包括了辦社員大會和全體社員與家屬海珠嶼大伯公廟祭拜，中餐與晚宴的舉行讓社員可借此聯繫感情，以及農曆九月初一的董事會，九月十九日的新舊董事交接儀式。一年的其他時間，該社是完全沒有活動。

三、客屬五團體與寶福社

　　馬來亞獨立建國之後，巫族作為最大族群，除了強化政治掌控外，也開始要對經濟有所控制。華巫之間的關係，逐步出現磨擦。當時在益趨尖銳的族群政治環境，社會各階級經濟利益的變化與衝突的種種問題圍繞下，終在 1969 年 5 月 13 日引爆了一場流血的種族衝突事件。「513」種族衝突事件平息後，馬國政府開始著手推行各種改革的政策，以進一步確保馬來人應有的特殊地位和權利。在面對巫族的壓力下，來自粵閩地區的中國移民和其後裔，開始團結起來。華人這個符號，成為各個幫群的共同我群或想像的共同體。在檳城這個華人為主的小島，華人這個我群觀在不斷強化的同時，是否正代表著客與閩的我群觀念會逐步消失？事實並非如此，從祭祀大伯公的活動中，仍可看到彼此的角力。

　　客屬團體為了宣示自己擁有海珠嶼大伯公的主權，而在廟宇前的慶典牌樓

上，寫上「客家五屬海珠嶼大伯公廟」的字眼（見圖1）。[1] 從中看到客屬團體在強調客家人是這座廟宇的主人。反觀寶福社，是否在這個議題上與客家的團體進行角力？我們不妨先瞭解近年來寶福社的一些活動。

圖1　海珠嶼大伯公廟前所立慶祝春節的牌樓（筆者攝於 2011 年）

在 2009 年寶福社主席林俊錢偕同理事會兼慶典與遊行小組主任召開新聞發布會指出，寶福社每逢虎年都有舉辦 12 年一度的大遊行。當時的副總務陳來福說，該社是為繼承被英殖民地政府關閉的建德堂，在 1890 年宣告成立，並在 1905 年開始接辦這傳統性遊行，至 2012 年進入第 11 屆，因此，已經有 120 年歷史。他說，白虎也是大伯公的象牙，逢虎年辦大遊行是因為民間相信虎年不好，希望大伯公出巡後帶來風調雨順，國泰民安。陳氏表示，理事會希望明年的遊行可以將一切霉氣沖走，振興經濟、人民安居樂業，而上一回的遊行是在

---

[1] 2015 年惠州會館的劉志榮接任海珠嶼大伯公廟的主席後，就把客家二字刪除了。他認為客家人必須有自信，而理事會應該積極推展海珠嶼大伯公的事務，檳城人自然就會知道這個廟與客家人的關係。在其任內積極推動海珠嶼大伯公廟的事務與活動，使得香火鼎盛，參觀的人日益增加。

1998 年舉行，來臨的是在 2010 年 2 月 28 日（元宵節）（中國報 2009 年 4 月 30 日）。據某位不願公開姓名的客屬 A 君（2011 訪談）表示，客家五屬團體的經濟條件並不是太好，因此沒有太大的意願去參加該項活動，最後決定參與並派出花車的關鍵在於客屬團體想借此機會強調本身在海珠嶼大伯公廟的主權。遊行當天，客家五屬的花車掛上「客家五屬海珠嶼大伯公廟」的布條，以此來宣示本身的主權。

客家五屬擁有海珠嶼大伯公廟 364 天的主權，但是一年裡頭有一天是要讓出來給寶福社請火之用——農曆的正月十五。據古蹟維護工作者陳耀威（2011 訪談）指出：「海珠嶼的請火儀式是由檳城島市區本頭公巷的寶福社遊行請神到海珠嶼大伯公廟。晚上待子時海水漲潮過海岸邊的一塊礁石時，寶福社理事就會拉上鐵門謝絕該社的女性家屬與信徒們進入，跟著全場熄滅燈火，用五令旗掩護香擔，在鐘鼓齊鳴下力煽擔爐發出火焰。」寶福社一年一度的請火儀式，並非單純的一個信仰祭祀，該社將這項信仰儀式與檳城州的經濟未來發展趨勢做一結合。寶福社的操作相當成功，筆者在現場觀察發現，當日前來觀看請火的民眾相當之多，而且吸引了平面媒體（中文與英文報章）與電視媒體的目光，因此許多記者都守候在廟宇的大門前。筆者在 2011 年 2 月 17 日（農曆正月十五日）進行了參與觀察，當天凌晨吸引大批人潮與記者，當時請火儀式是用力煽擔爐三次，並以三道火焰[2]來預測檳城州在當年的經濟表現。以 2011 年為例首四個月的的經濟表現是向上，但是接下來的四個月，州的經濟表現是有點停滯，而後四個月的經濟表現將會向下。

寶福社成功把一個民間信仰的請火儀式轉化為一個大家關心的議題，以此強化寶福社與海珠嶼大伯公廟之間的關係。寶福社的請火儀式操作的相當成功，該儀式完成之後，寶福社領導們就會立即舉行記者會，說明三道火焰所代表的意義。2011 年更邀請到檳州旅遊發展及文化委員會主席羅興強前來，該社領導人特別開放讓這位州政府要員進入廟內觀看請火的儀式，打破了該請火儀式嚴守逾百年的規定。[3] 2012 年寶福社繼續邀請羅興強的參與，這一年的請火儀式預測的

[2] 第一道火焰代表農曆正月至四月，第二道火焰則是農曆五月至八月，而第三道是農曆九月至十二月。

[3] 按寶福社之請火傳統，該儀式只允許社內男性領導人在內負責請火的事宜。社員的女性家眷與外人是不允許入內觀看的。

結果是「上」、「平」、「中」（光華日報 2012 年 2 月 6 日）。該年羅興強對平面媒體表示，大伯公廟每年請火測出的結果都相當準確，也是受到檳城人擁戴的傳統之一（光華日報 2012 年 2 月 6 日）。寶福社的請火儀式進一步獲得州政府的認同，讓他們成功強化與海珠嶼大伯公廟的關係。不少的檳城華人往往會誤以為寶福社是海珠嶼大伯公廟的擁有者。

一天的請火儀式能夠吸引檳城華人社會與媒體的目光，最近更獲得州政府的高度稱許，確實要佩服寶福社的高超手法。反觀客家的五個團體，其中四個團體在農曆正月都有活動，例如永安社訂於每年農曆正月初十在大伯公廟慶燈聚集，當眾擲筊決定爐主一人，協理二人，任期為一年。當日下午一時，永安社設聯歡宴會，以招待各地來的鄉親。大安社在農曆正月除了祭拜大伯公外，該社也負責舉辦賞燈的活動，以此來團結大埔同鄉。正如 2010 年擔任爐主的張耀祥在致詞時表示：

> 本社每年農曆正月十二日循例舉行酬神祈福賞燈勝會，在宗教的領域中，我們也是秉承先賢們帶來的宗教信仰並在此發揚光大，祭神拜佛已是一種華人風俗文化，希望藉此提升道德修養，免衍生社會問題。大家應以神明的教誨，作為出示立身處世的明訓。本社今晚在此召開社員大會，會畢舉行聯歡宴會，其意義重大，不但使本外地同鄉能歡聚一堂，而且表揚華族重視親情的理想觀念……。（《檳城大安社常年報告書》2010：2）

增龍社則是在農曆正月十六日到海珠嶼大伯公廟慶燈和拜祭大伯公，並在廟前掛上該社的燈籠。[4] 筆者在檳城田調期間，曾去觀察大安社、永安社、惠福社和增龍社的祭祀大伯公儀式。當天出席者皆是大安社的會員及家眷。整個儀式只是該社團的活動，沒有任何的外人來參觀，場面顯得有點冷清，更無法吸引媒體的注意。

客家五個團體慢慢察覺到寶福社一年一度的請火，在社會上所形成的影響。

---

[4] 檳城的嘉應同鄉創立嘉德社定下每年農曆九月初九重陽節，社員應齊至海珠嶼大伯公廟祀拜大伯公。

反觀客家五屬的祭祀仍停留在社員的活動之中，與寶福社的請火儀式相比就遜色許多。最近一段時間，海珠嶼大伯公廟開始有所動作，該廟現任理事在 2011 年 7 月 3 日提出在「歷史」、「人文」、「開放」、「和諧」及「包容」的五大原則下，規劃出該廟的《美化大藍圖》，務求保留其「原汁原味」歷史的同時，也加強其文化品味（光華日報 2011 年 7 月 4 日）。海珠嶼大伯公理事會會長曾令梅表示，按照美化的藍圖，估計需要耗費馬幣 200 萬至 300 萬元，以進行大伯公廟的修繕和擴建工作，他更進一步表示希望在 2012 年 3 月可完成首階段的工程（光華日報 2011 年 7 月 4 日）。客家五屬社團推動海珠嶼的美化工程，以另一種形式來宣誓他們擁有該座廟宇的主權。客家五屬團體亦在今年慶祝海珠嶼大伯公廟建廟 212 年，出版特刊，並邀請了創立海珠嶼大伯公廟先賢之一的馬福春公後裔──馬先富教授從中國來到檳城參與紀念活動（光華日報 2012 年 3 月 9 日）。從中看到客家五屬團體正努力扭轉外人的誤解或看法，透過活動與媒體報導來展示他們才是海珠嶼大伯公廟的主人。2017 年的年中，海珠嶼大伯公廟會長把大伯公後方的花園美化為阿凡達神秘花園（當地民眾對大伯公廟後方花園的稱謂）。由於網路的大量宣傳，目前該地成為大家來檳城必遊的一個景點，這確實是另一種宣傳的方式。

四、客家五個團體的內外在關係

客家五個團體除了另有一個祭祀組織外，其內部的關係主要是共同管理大伯公廟，除此之外，五個客家會館在廣汀會館是另一個相互合作的平台。根據檳榔嶼大埔同鄉會會議紀錄，戰後大埔社群跟潮州會館之間的關係，一是 1949 年「代辦潮州會館會員登記案」以及不定期補選潮州會館信理員案兩種。1949 年協助潮州會館會員登記時發現只有 66 名，大約佔了當年大埔同鄉會會員人數的 12.4%。而信理員指的是對家廟屋業和土地不動產的信託管理委員，這些委員似乎沒有明確的任期（陳劍虹 2010：78），大多數是做到退休、辭職或去世才再進行補選，因此，是不定期的。反之，從歷年會議紀錄可以看出大埔同鄉會跟同為客家的幾個組織互動關係就非常頻密，譬如永大會館、祭祀海珠嶼大伯公廟的客家五屬、客屬公會、廣汀會館等，除了有關補選董事的例行性（通常是兩年一任）事務，還包括譬如響應廣汀會館發起的徵募舊衣施贈集中營同僑案（即有一

批大埔人被政府以安全理由扣留，關押在檳城的木蔻山監獄）或徵詢改良婚喪禮
俗意見案等等，足見就會館或大埔社群的層次來看，與客屬或廣義的廣幫互動的
頻率遠大於潮州。

　　檳城的嘉應會館，除了與在地客家團體結盟外，基本上也與馬來半島的嘉應
會館或應和會館互通訊息，若有困難也會尋求協助，例如 1895 年，檳城嘉應會
館推舉霹靂著名礦家姚德勝等 19 人為信理員，以嘉應會館名義，購置會館隔壁
的店屋一間（門牌號碼為 24 號）。1936 年 1 月 16 日的董事會中，會館總理兼會
議主席李采成認為現今會所相當陳舊，建議整修會館（檳城嘉應會館 1936）。與
會的董事都贊成會館應該進行重修的工作，但是會館沒有能力負擔整修的費用，
因此董事們準備向怡保、吉隆坡與新加坡的嘉應同鄉募款。在李采成與董事的多
方奔走下，會館的整修經費，獲得各地嘉應同鄉的捐助。會館於 1939 年開始重
建，工程於 1941 年竣工，同年 7 月 20 日舉行會所開幕典禮。嘉應會館方面，在
戰後加入馬來西亞全國嘉聯會，成為該聯會的一員。惠州會館則是全國惠聯會的
成員之一。增龍會館與霹靂州太平的增龍會館維持相當密切的聯繫，而永定同鄉
會方面，在外與新加坡永定會館亦有互通訊息。從中可以看到檳城客家會館的內
外在關係。

五、結語

　　從海珠嶼大伯公廟的主權議題，我們可以看到在客閩之間的關係。歷經了馬
來亞建國到 21 世紀的今天。華人意識逐步建立，以統合內部的閩、潮、客、廣
等族群，以來抗衡馬國內的最大族群——馬來人。然而，在華人這個我群的底
下，族群之間的問題依然存在。客閩在海珠嶼大伯公廟的議題上，兩者是有一些
認知上的差異。海珠嶼大伯公廟固然是屬於客家五個團體共同管理，但是一年一
度的請火儀式，寶福社成功把這項單純的信仰儀式與檳城州的經濟發展趨勢相結
合。信仰儀式與經濟預測的結合，成功把媒體與群眾的目光聚焦在寶福社身上。
客家五屬團體開始努力經營大伯公廟，包括參與寶福社的活動，開始展開美化海
珠嶼大伯公廟，以及在 2012 年 3 月出版了海珠嶼大伯公廟 212 周年紀念特刊，
以此來宣傳客家五屬與海珠嶼大伯公廟的關係。

　　大安社、嘉德社、永安社、惠福社和增龍社，在今天來看只是一個祭祀的組織，但是仍有其功能性。五個組織的活動都是在宣示他們在海珠嶼大伯公廟的主權。21 世紀的今天，馬來西亞華人社會強調的是團體，主要原因是他們面對「當家與當權」的馬來族群，為了團結一致，華人的我群觀是不斷在強化，而逐步弱化客家，福建等亞群觀。然而，這不代表亞群觀是消失，從前幾年由寶福社（閩南人為主的團體）主辦的花車遊行，客家五個團體積極參與，主要是在花車遊行中向大眾宣示他們在海珠嶼大伯公廟的主權。從檳城例子可以看到閩客之間仍在一些場域有角力的現象。

　　另一方面，我們不妨聚焦在作為客家人的大埔社群，其在檳城雖然是少數群體，但他們卻能夠從廣福的競爭中脫穎而出，成為第三大勢力，靠的就是在中國政治上的參與。這樣的領導傳統，在大埔同鄉會的成立初期也相當明顯，只是人們從清朝的政治轉移到民國的政治參與，許多早期推動同鄉會成立或熱心於同鄉會事務者，基本上都具有跟民國政府或政黨有深遠關係者，這樣的身分，一方面讓他們對公共的事務關心及參與；另一方面，讓他們得以在檳城華人社會取得重要的聲望。但隨著政治局勢的演變：冷戰開始、中國的赤化等等，使得中國政治的因素逐漸淡去，加上戰後檳城大埔人增加，且在商業上逐漸嶄露頭角，經濟力或財力逐漸取代政治力成為大埔社群社會地位的象徵。這樣的領導權威的轉化，以及國內外政治情勢的變化，讓同鄉會越發強調其內部的凝聚力。從戰後歷年的會議紀錄裡可以看出，同鄉會的對外關係不以潮州會館為主，相反的，它更強化跟其他客屬團體的關係，這當然可以看成是它對自己的客家身分的肯認，與此同時，它並沒有放棄與潮州及更大的廣幫之間維持橫向關係，但對大埔社群而言，戰後所顯示出來的趨勢主要還是透過垂直的客屬聯繫，讓它更確立了其客家的身分。

參考文獻

大埔同鄉會編，1968，《檳榔嶼大埔同鄉會三十周年紀念刊》。檳城：大埔同鄉會。

中國報，2009 年 4 月 30 日。

今堀博士原著、劉果因譯，1974，《馬來亞華人社會》。檳城：檳城嘉應會館。

王琛發編，1998，《檳城客家兩百年》。檳城：檳榔嶼客屬公會。

王琛發編著，2003，《檳城惠州會館 180 年：跨越三個世紀的拓殖史實》。檳城：惠州會館。

北馬永定同鄉會編，1992，《北馬永定同鄉會新會所開幕暨 42 周年會慶　青年團 9 周年紀念誌慶特刊》。檳城：北馬永定同鄉會。

光華日報，2011 年 2 月 18 日。

──，2011 年 7 月 4 日。

──，2012 年 2 月 6 日。

──，2012 年 3 月 9 日。

何炳棣，1966，《中國會館史論》。台北：學生書局。

吳華，1980，《馬來西亞華族會館史略》。新加坡：東南亞研究所。

客屬 A 君，2011 年 2 月 12 日在檳城訪談。

陳劍虹，2010，《檳榔嶼潮州人史綱》。檳城：檳榔嶼潮州會館。

陳耀威，2011 年 2 月 12 日在檳城訪談。

張雅雯，2005，〈中國官員所關心的檳城華人社會──以中國第一和第二歷史檔案館的史料為中心〉。頁 147-165，收錄於陳劍虹、黃賢強主編，《檳榔嶼華人研究》。檳城：韓江學院華人文化館；新加坡：新加坡國立大學中文系。

黃賢強編，2005，《檳城華人社會與文化》。新加坡：新加坡國立大學中文系。

檳城嘉應會館編，1987，《檳城嘉應會館成立 186 周年暨主辦馬來西亞嘉聯會第三十六屆代表大會紀念特刊（1801-1987）》。檳城：檳城嘉應會館。

《檳城大安社常年報告書》，2010。檳城：大安社。

Cheah, Kam-Kooi, 1956, *The Hakka Community in Singapore*. Singapore: Department of Social Studies, University of Singapore.

Chee, Liew Seong, 1971, *The Hakka community in Malaya with special reference to their associations 1801-1968*. Kuala Lumpur: Univesity Malaya M.A thesis.

Yen, Ching-hwang, 1994, "Early Hakka Dialect Organization in Singapore and Malaya, 1801-1900." Pp.701-734 in *Guoji Kejiaxue yantaohui lunwenji (The Proceedings of the International Conference on Hakkaology)*. Hong Kong: Center for Asia Pacific and Overseas Chinese Studies, the Chinese University of Hong Kong.

第四篇

台灣向前行：
東亞與東南亞研究的生根與深耕

撐起東南亞研究的學術新空間

王宏仁

　　我想大家應該都知道，蕭老師的博士論文是寫台灣與韓國農業發展政策的比較，與多數台灣留學生在海外寫的博士論文基本上只處理台灣的議題，相當不一樣。不知道蕭老師當年為何這麼勇猛，拿一個自己不是很熟悉的社會來做比較研究。因為我研究越南的經驗是：要研究一個異文化社會，就跟登陸月球一樣困難。不過，把蕭老師的學思歷程放進來觀察，也就不會覺得太奇怪了。

　　我記得碩一的時候，修他開的「發展社會學」課程。當時他就已經找了早我幾屆的研究生（包括蔡明璋、胡克威等人），翻譯許多相關的重要文獻，並集結成冊──《低度發展與發展：發展社會學選讀》（1985，巨流出版）。這門課讓我們跳脫台灣的視角，而從全世界經濟互相依賴的角度，看到發展中國家的機會與困境。只有透過研究不同的社會文化，我們才能確切知道台灣的特色何在，以及可能的機會與限制是什麼。

　　然而，要進行異國社會文化研究也不是那麼容易。蕭老師在 1990 年代初期，就先從他比較熟悉的東亞社會比較開始。在 1993 年時，出版了 *Discovery of the Middle Classes in East Asia*（中研院民族所），接著在 1999 年又出版了 *East Asian Middle Classes in Comparative Perspective*（中研院民族所）。而且，我記得我進入中研院做博士後研究時，蕭老師也已經做完了東南亞各國的中產階級問卷調查，當時我負責幫忙整理這些問卷資料，這一份資料在 2003 年發表為 *Exploration of the Middle Classes in Southeast Asia*（中研院東南亞區域研究計畫）。

　　就如蕭老師在退休演說提到的，他進入學界後的第一階段，是努力把國外學到的東西，在台灣傳播，撒下種子；到了第二階段，大概是 1994 年中研院成立

東南亞區域研究計畫開始，將社會學與區域研究、族群研究、民主研究結合，這是一個新的轉向，開始帶動起東南亞的區域研究。當年中研院成立這個研究計畫，也是和李登輝總統要開始執行南向政策息息相關。於此同時，我們也看到淡江大學、暨南國際大學等相繼成立東南亞研究所，在不同的單位努力培養台灣的東南亞研究人才。

　　龔宜君、張翰璧和我，就是在 1990 年代末進入到中研院做博士後研究，林若雩、陳佩修、李美賢、林開忠則分別在淡江與暨南大學任教。這一群人可以說是「非國際關係、非華人研究」的同世代東南亞研究學者。龔宜君和我都是從東南亞台商入手東南亞社會研究，後來兩人也以越南社會為主要研究國家，並且是偏向社會學、性別的議題；林若雩、陳佩修、李美賢是以政治學研究為主；張翰璧、林開忠後來則是走入東南亞的族群關係，特別是客家研究。

　　要讓台灣的東南亞研究可以永續，制度化的安排非常重要，因此中研院的東南亞區域研究計畫扮演重要的角色。除了新聘研究人員、培育博士後人才外，也邀請許多國內外學者來演講，成為新一代台灣學者重要知識養份的來源。該計畫還提供碩博士生獎學金，鼓勵學生到東南亞做田野調查。另外有每個年度由不同學校輪流主辦的「東南亞研究年會」，中研院負責出人出錢，讓最新的研究可以廣泛交流。到了 2005 年，在蕭老師的組織下，「台灣東南亞學會」於暨南大學舉辦的年會中成立，跨單位整合全國各地做東南亞研究的人員，成為迄今為止最重要的跨領域研究組織。學會每一年都會頒發最佳碩士與博士論文獎，鼓勵同學撰寫相關領域的研究，而這一筆小小的獎金也是蕭老師提供的。

　　至此，我們可以看到，東南亞研究可以在台灣開枝散葉，蕭老師扮演了關鍵性角色。蕭老師說，他的研究生涯的第二階段，就是把社會學帶到各個領域，同時也將各個領域的研究者帶進來東南亞研究，大家一起來壯大相關的學術研究。後來出版的《台商在東南亞：網絡、認同與全球化》（蕭新煌、王宏仁、龔宜君主編，2002，台北：中央研究院亞太區域研究專題中心，原亞太研究計畫）、《新世紀的東南亞》（顧長永、蕭新煌主編，2002，台北：五南圖書出版公司）、《台灣與東南亞：南向政策與越南新娘》（蕭新煌主編，2003，台北：中央研究院亞太區域研究專題中心）、《台灣越南配偶的族裔經濟》（黃登興、蔡青龍、蕭新煌，2012，台北：中央研究院亞太區域研究專題中心）、《印尼的政治、族群、宗

教與藝術》（蕭新煌、邱炫元，2014，台北：中央研究院亞太區域研究專題中心）等書，都是蕭老師跟許多不同領域學者合作而產出的學術成果。這些一點一滴累積的成果，成為當前台灣東南亞研究的風貌。

　　我還記得當年在中研院，跟我們一起做越南建築研究，目前在台大藝術史研究所任教的黃蘭翔說：「蕭老師就是去創造一個更大的研究社會空間，讓更多後輩可以在裡頭做研究。」這個比喻真的非常傳神！過去 20 年的台灣東南亞研究發展，如果沒有蕭老師努力去撐出這個空間，大概就會是完全不一樣的面貌了！

越南與中國罷工的比較：
防禦型與攻擊型的威權國家

王宏仁、陳志柔

一、前言

東亞幾個出口導向國家（韓國、中國、台灣），在最初工業化過程以威權主義打壓工人運動，降低勞工的生產成本以因應全球化市場競爭的壓力。其中，被視為專制國家的越南，在 1986 年革新政策（Renovation Policy）後開始吸引了外資投資。而當中引起我們興趣的議題是：越南政府是以什麼樣態度來看待勞資衝突？中國、越南兩個同為後社會主義國家，為何在面對工人罷工問題時，有如此不同的方式？

根據越南勞動總聯合會（VGCL）統計，有正式紀錄的罷工，在 1995-2002 年間次數從 60 次提高到 100 次，2011 年達到 993 次，到了 2015 年底更有超過 5,000 次的罷工被報導；中國發生像工人抗議或罷工這類勞資糾紛，到了近年逐漸攀升，勞資雙方產生糾紛的次數從 2007 年的 350,182 次躍升至 2008 年的 693,465 次，而在逐漸消退後，到了 2014 年又增加到 715,163 次、2015 年 813,859 次，再到 2016 年 828,714 次，形成了一條急速攀升的曲線。

李靜君（2007）形容過中國勞工有三種抗議特徵：原子化行動、以地方政府為抗議的對象，以及具有守法主義的意識型態。相反的，越南工人罷工時很少遵守勞動法，經常以非法罷工及抗議的手段來抗衡他們的雇主，但到底為什麼越南工人對比中國工人，會有如此不同的行為模式？

在本文中，我們試著從國家－社會關係中解釋發生在中國、越南兩個國家的罷工差異，比較了兩國罷工過程中政府所扮演的角色時，我們發現到：越南政府必須以保障勞工需求來獲取其統治的正當性，而中國政府則是將勞資關係緊緊地控制在國家政策中。因此我們稱越南政府為防禦型威權國家，而中國政府則為攻擊型威權國家。

越南的資料，主要來自 1999 到 2016 年間在越南胡志明市、平陽、同奈、隆安以及河內幾個省份的多次訪談，其中四次訪談是在 2014 到 2016 年間進行，訪談對象涵蓋了越南台商、台幹、越南勞工、越南華僑、工會成員、西方買主和非政府組織。這些公司大多屬於勞動密集型的出口製造公司，專門生產運動鞋、服裝及套裝等紡織類商品。除了訪談資料外，我們還有一份 2008 年鞋廠內的人資部門蒐集到工人的抱怨信，透過抱怨信可以聽到工人對於管理階層的不滿及要求。

中國的資料來源，主要是研究在東莞的裕元工人罷工作為討論案例。裕元是台灣寶成集團旗下的香港分公司，寶成集團的運動鞋產量為世界之冠，在2013年，寶成集團在全世界擁有超過49萬名員工，其中約有20萬名在中國。該工廠在2014年4月經歷了為期10天的生產線中斷，包括adidas, Nike, Asics, Reebok和Puma等知名品牌的生產都受到影響。這種前所未有的「非國有企業罷工」規模，加劇了中國當時本已緊張的勞動關係。

裕元案的訪談資料是透過訪談深圳和廣州的非政府組織、東莞和高埗鎮的裕元員工與主管完成，本文蒐集了2014年罷工結束後的四月到五月間的訪談紀錄。在台灣的訪談對象是裕元企業的前代理及離職員工，共有35名員工接受訪談。在經歷十年的研究，作者之一培養出一群具有長期且穩定關係的研究參與者，可以提供關於罷工內部的正確資訊管道。除了這些受訪者以外，QQ（線上通訊平台）和微博（中國個人部落格平台）上的媒體資訊亦能協助還原這起事件的全貌。

二、中越罷工過程比較

寶成集團從1980年中葉起，開始建立跨海工廠，以中國和越南作為據點。為了瞭解中國、越南罷工過程的相異處，研究者利用寶成在越南的泰坦工廠（化名）及中國（在東莞的裕元工廠）的製鞋廠所發生的罷工案例，來分析中越兩國罷工的差異。

2008年4月，在某個星期六早上，泰坦工廠的管理方發現工人座椅抽屜內有鼓動工人罷工的傳單，內容寫著要求工人們在下禮拜一罷工，顯然這是禮拜五晚上放的傳單。越南勞工在星期六也要上班，所以這份傳單會在周末很快傳開。星期一早上，有些工人進入廠區準備工作，有些工人則徘徊在入口大門前不進入工作。當越來越多人聚集後，某些人開始擋住大門，接著叫那些原先在廠區內上班的工人離開工廠，並且威脅他們，不照做的話，就要在工作結束後揍人。

當工人開始聚集時，該工廠的人資部經理就立刻回報狀況給胡志明市的行政總辦，也通知工業園區行政辦公室，請求協助通報給地方政府，地方政府會派遣部分公安協助維持現場秩序，省／市工會及勞動部也派人前來瞭解工人訴求。管

理方曾試著錄影現場畫面，但被公安制止，說這可能會刺激現場工人。

由於沒有人知道誰是罷工帶頭者，現場必須花費數小時選出工人代表來談判，企業工會發給工人紙張，請工人寫下他們的抱怨，回來的訊息包括不公平的薪資系統、難吃的食物，或是難以維生的社會保險金。到了下午，泰坦公司的行政總辦的主管抵達現場，作為工廠代表與工人協商，政府官員則坐在桌子上代表工人方，兩邊主要的協調內容是針對最低薪資進行協商，勞工們抱怨薪資不夠公開透明。

罷工持續了三天，在越南，罷工通常需要花兩到三輪的談判才能結束。以泰坦的例子而言，勞工除了希望重新調整最低薪資系統外，也要求放寬「全勤獎金」的條件，現行的規定是：「如果勞工因病或是個人事務而請假或無故缺席時，無法獲得全勤獎金。」在第三天，第二輪的協商結束，這條規則被修正為：如果只請一天病假，勞工可以拿到全部獎金；如果因個人事務離開一天，可以拿到 70% 的獎金；如果無故缺席則可以拿到 50% 獎金。到第四天，已經有大部分的工人重回工作崗位，但部分資淺員工不滿意協商結果，不願回去上班，但是資深員工並不支持他們，且管理方也不想再展開新一輪的協商，因此資淺員工的罷工並沒有成功改變協商條約。

東莞及廣東在 2014 年 4 月 14 日，超過四萬名工人在高埗鎮的裕元鞋廠罷工，中斷超過 10 天的生產。發生這一系列的勞資糾紛的關鍵核心，是資方社保金及住房公基金的爭議，一些工人指責公司未付足每月的社保金且逃避繳納住房公積金。不過裕元廠回應說，他們是依照東莞市的官方公告，每月支付 1,810 元作為社保金。

在中國，當發生勞資糾紛時，工人第一時間通常不是和管理方協商，而是上訴至政府部門請求協助。在 3 月中，有 180 名勞工向東莞社保局立案投訴，他們稱自己收到的保險金遠少於自己應得的，他們認為可能是因公司利用臨時工身分替員工投保。同時，百餘名工人也向住房公積金管理中心投訴，稱資方避繳交公積金，此一投訴消息逐漸在工人群體中蔓延。

3 月 28 日，裕元廠區內發生了第一起工人集體聚眾事件。當天下午，兩百餘名工人齊聚廠區內的稍潭員工活動中心，地方政府擔心暴動發生，指派官方代表在現場維持秩序。相較越南工人罷工時經常堵住廠區入口讓產品生產中斷，中

國工人在廠區內的抗議較緩和並期待政府的介入。

2014 年 4 月 5 日，超過 1,000 名工人聚集在高埗鎮裕元廠區附近的公園，當中 30 多人轉彎上了高埗大橋，在警方還來不及反應下，快速佔領了高埗大橋，工人們肩並肩橫跨大橋堵住去路吸引地方政府注意，但警方在這天並未使用鎮壓手段嚇阻抗議者。到了 4 月 14 日，裕元廠的工人開始罷工，部分工人堵住街區並癱瘓交通，這時警方開始嚴厲毆打部分示威者並隨後將他們逮捕。

罷工情勢持續緊張，到了 4 月 21 日，在公司與地方政府多次起草解決方案下，公司終於宣布會從 5 月 1 日開始支付社保及住房基金，且每一名員工可以獲得 230 人民幣的津貼。而在 4 月 25、26 日，大部分的生產線重新開始運作。

當我們比較發生在越南及中國的罷工，我們可以發現當中國及越南發生罷工時，兩國的工人、工會、資方及政府行為層面有所不同。

三、勞工需求：爭取利益 vs. 維護權益

部分學者區分越南的罷工有兩種類型：維護權利和爭取利益（Clarke 2006; Clarke, Lee and Chi 2007; Clarke and Pringle 2009; Chi and van den Broek 2013），在 2005 年以前的罷工多數是跟雇主違法相關，2005 年以後的罷工多是跟福利及要求工資增加有關，越南勞動總工會的員工指出：在過去，勞工是為了對抗雇主違法而罷工，但現在也為比較好的餐點、較短的工時、較高的工資及獎金而罷工（cf. Clarke, Lee and Chi 2007: 561）。這種二分法雖然被批評在法律及實務上難以區別，但這仍是探討區分中國和越南兩國罷工不同的理念型分類。

勞工很多不滿是源於主管的管理，Kerkvliet 發現越南主要的勞資糾紛議題圍繞在勞資糾紛和不合理的管理方式（2011: 164）。根據泰坦公司經理收到的抱怨信，46 封信件內有 20 封（43%）和不滿管理有關，主要抱怨管理者的口頭罵人行為，有位女性員工寫說：「無論我們犯了什麼錯，幹部都會對我們大吼：為什麼妳那麼笨！妳無法做好任何事！當縫針斷了，她咒罵我們：妳是用手折斷的嗎？還是咬斷的？為什麼這裡有那麼多斷掉的針？」

如果員工的不滿沒被妥善處理，這些看似和罷工無關的管理積怨終將爆發。一位女性員工解釋為什麼她們要加入罷工陣線：「我們寫信對主管提出很多建

議，但他們從沒回應過我們，我們在罷工前得到很多訊息，告訴我們要在接下來的日子準備罷工。到了罷工當天，突然有人鎖住了前門，我們猜想有些事情要發生了，接著就看到有人在廠區外頭遊行示威，大喊『把權益還勞工』，對方要我們加入他們，趁著主管沒注意的時候，我們就從門後偷偷溜出去，加入罷工行列。」（cf. Sang et al. 2010: 37）

泰坦工廠的工人罷工是要求較優惠的獎金制度、更公開透明的年資方案，其他重要因素則是低薪導致勞工需要無止盡的加班，而工時長導致工人及低階主管產生摩擦。很少罷工案例是因雇主未付足夠薪資造成的，過去十年間，大部分跟薪資有關的罷工是工人為了不足維生的最低薪水而發動罷工（Siu and Chan 2015）。

另一個支持勞工為了自身利益而罷工的論證，是發生在 2015 年針對政府調整退休金方案的新政策所發起的大規模罷工。這次勞工並非為工資或工廠管理失職而抗議，而是為了抗議政府的退休金政策。新的法律規定，女性勞工必須到 55 歲、男性勞工到 60 歲，才可以領出他們的退休金，該政策於 2014 年通過，並在 2015 年 4 月生效。舊法律允許勞工在離開公司後能領出部分退休金。勞工們從寶元公司的廠房開始罷工，並迅速擴散至當地其他廠房，面對到這麼大規模的抗爭，政府使用溝通、協商、說服來解釋該政策，到最後，總理寫了一封信給國會：法律應該讓工人有更多彈性的不同選擇，可以選擇新的退休金政策，或是當他們離開公司時可以領走他們繳納的退休金（Tran 2015）。

在中國，工人罷工是為了捍衛他們被雇主及當地政府忽視的合法權益，以裕元廠的例子而言，社保金及住房公積金的議題是事件的起因，若工人直接要求公司及地方政府依法行事，將會顯示地方政府可以私下選擇執行部分的國家法律、讓利給地方商人，這樣的罷工體現了 O'Brien 和 Li 所說的勞動者的「正當防衛」：因為中央政府有著監管不易的問題，導致中央政府讓地方政府有空間來選擇性執法，導致在地工人在醞釀不滿後，團結創造出追求權利的機會。

關於工人權益的討論，起始於 2000 年的中國南方工廠，2010 年的本田汽車廠罷工事件，更強化了裕元工人的權利意識，他們相信自己是依法且有正當理由，來要求退休金及公基金，在中國，城鄉居民的身分差異，影響了工人的退休金及住房保險。

然而在罷工中，最多工人最期待的是現金補償，外資工廠工人大部分是因工

資問題而罷工；這次罷工的重心也不意外地在於薪資爭議。對於那些未滿中年的年輕人來說尤其如此，他們視退休金及住房仍在遙遠未來，只希望每個月的薪水能夠立刻增加；相較而言，薪資爭議只是越南眾多罷工理由的其中之一，管理不當、工時長、無法跟上物價膨脹的低薪才是罷工的主要因素。

在罷工後，裕元工人除了退休金及住房公積金補償外，還要求加薪，起初的要求是公司應該負擔足額的退休金及住房公積金，並補足公司人力不足的短缺，很多工人在 QQ 上討論希望可以拿到幾個月的薪水並找到其他工作，因此他們要求公司用錢補償工人並按資歷給予資遣費，這個訴求吸引了全體工人，成為一開始推動罷工的訴求。

四、資方的回應：半制度化的三方協商 vs. 政府直接介入

當罷工發生時，台商大概都知道該如何處理，一位受訪者說：「早期看罷工很可怕，可是現在我已經習慣了。」另一位在平陽省的台商這樣子評論 2014 年 5 月的政治罷工騷亂：「我對處理罷工很有經驗，也知道如何避免勞資衝突，但這樣的騷亂已經超越我能力範圍，以往解決罷工的方法在這次並不管用。」這顯示出台灣管理方已經發展出一套處理勞資糾紛的方法，Pringle 和 Clarke 稱這類勞資雙方的協商過程是「半制度化」（2011），泰坦工廠的例子清楚說明了半制度化協商的樣貌。當工人開始罷工後，管理方立刻通知政府，接著政府派出公安、省／市工會的人及勞動局的人會穿梭在勞資雙方間提供協助，這種小型的「三方協商」談判過程就是：當勞方提出他們的要求時，資方回應能接受的條件，作為調解者的政府則於兩者之中搭起橋梁，協助溝通。

在越南，資方並非受到政府壓力而做出回應，通常是依自己的利益考量。出口導向的公司，因為有產品準時交貨的時間壓力下，比較容易接受勞工的條件，而西方買家也怕會影響到他們的品牌名聲，經常向台灣製造商施壓要求讓步。然而，如果該公司的產品是國內市場導向，資方並不會輕易讓步。

「如果買家沒有給你壓力的話，你就會硬起來，我是罷工的鐵板，從來沒有退讓過半步，可能有一些工人會罷工，但從來沒有擴大到整個廠

區。因為我的買家是分散在國內和國外，我從來沒有承受過壓力……如果我的員工罷工超過五天，我會依照法律把他們炒了。」

在 2008 年，胡志明市發生一起長達 24 天的勞資糾紛，最後資方在答應提高少許薪資後落幕，會接受這個談判條件，是因為工人在罷工期間並沒有足以維生的手段，無法長期忍受沒有收入的生活，雖然有大量的媒體報導這起罷工，同時政府也參與了協商，但資方仍拒絕工人的要求。協商過程顯示出：越南政府無法強壓工人或資方接受某個談判條件，資方也不會完全服從國家，工人則使用不同的策略來改善他們的勞動條件。

相較而言，台幹在中國需仰賴地方政府處理工人罷工，就像裕元廠的罷工事件，工人退休金和住房公基金的問題看似是公司必須回應，但實際上，公司有時卻需要遵照地方政府的指示來行動，因為地方政府會以不同的保險額度和基本工資的標準，來對不同公司提出退休金和公基金的要求。事實上這次衝突的導火線：裕元公司少繳退休金及住房基金的情形，地方政府瞭然於胸，然而，這在東莞地區是很普遍的現象，甚至有很多私人小公司並未達到裕元的繳納標準。以員工的住房基金來說，東莞市政府在 2011 年發布的法令中詳述了這一點：企業可以先繳中高階主管及核心技術人員的住房基金，接著才逐步進展到一般員工，這種擴面思路已經得到了國家住房與城鄉建設部認定。雖然地方政府已經長時間默許裕元企業繳納退休金及公積金的辦法，但這卻是中國官方不成文的規定，因為有些事可以做，但不能說。

在 2014 年 4 月罷工的前幾天，裕元資方對是否立刻補足退休金，有點猶豫不決，其中最主要因素是，地方政府並不支持裕元立即補足工人退休金及公積金的計畫，根據裕元行政中心人士消息指出：

「事實上，政府的社保部門向我們施壓，要求我們不要退讓提高退休金。高埗鎮副市長來到行政中心，表示擔心裕元退讓提高退休金的話，會對當地其他公司產生影響。」

因此，裕元在 4 月 14 日第一次公告來回應 3 月份工人的抗議，這是與當地

政府協商的結果。但是工人並不接受，媒體或勞工非政府組織也不承認。在面對工人和外界的質疑下，裕元總不能告訴他們去問政府事實真相。

4月21日，裕元廠方為了解決長時間罷工，公告了第3套方案，其中公司同意補足短缺的社保及公積金，並每月加發230人民幣作為額外的生活津貼，這份公告在撰寫的過程中，曾三進三出高埗鄉政府，並在口頭上進行多次修改。舉例來說，「依政府規定依法賠償」條款就是政府修訂的，同時，警方持續監視活動人士及潛在抗議者，官方政府工會進入公司內部和工人對話。

五、國家扮演角色：調解者 vs. 指導者

當越南發生罷工事件，政府不會對工人或經理人下指導棋，也不會派警察鎮壓工人，即便是2015年勞工抗退休金政策也一樣。國家介於勞方與資方間的尷尬立場，有時它認為罷工是工人表達對管理的一種不滿，但又怕這會對吸引外資產生負面影響，因此，國家在事件中通常只扮演協調者的身分。

一位在2015年受訪的台幹評論在自己廠房發生的罷工事件時，越南政府扮演的角色：「我們付的錢比法律規定的還高，可是勞動局的人要我們付給他們更多，他說提高3%的工資對你們來說沒什麼，但卻能安撫勞工。」前國會主席阮文安也說過：「雖然罷工是非法的，不代表它是不合理的。」（cf. Kerkvliet, 2011: 180）。

雖然有「安寧公安」（Cong An An Ninh）在工廠內監視工人，但不一定有嚇阻力。一位受訪工人表示，公司內部有一份約一百名的工人名單，便衣警察假裝是工人，混入工廠蒐集資訊，部分罷工領袖曾經「被邀請」到警局喝咖啡，在2015年抗爭退休金法案修訂的罷工期間，警方在現場維持秩序，不使用武力驅逐任何工人或逮捕罷工領袖。難怪一位在中國工作過的公司主管這樣評論：越南警察比較寬厚。

在中國，地方政府除了在整個罷工過程命令指導資方外，還會試圖動用警力鎮壓罷工，並積極地干預勞資雙方協商。像社保局、警方、官方工會，地方政府都會加以利用控制，以解決地方上的集體抗爭，避免阻礙到地方經濟發展及地方官員的政治表現。

發生在裕元廠的一系列罷工，政府一開始將其定義為勞資糾紛而避免介入。罷工爆發的兩天後，多個大眾媒體包含紐約時報、CNN、BBC、國營的中央電視台及人民日報等，開始報導這起罷工事件，4 月 19 日中國官方通訊新華社，報導裕元罷工是因公司積欠員工退休金及住房基金的「歷史欠賬」所導致，且未能及早發現是因「東莞多個部門，監管執行力不足」，從這天起，情勢急轉直下，地方政府將罷工議題指向為社會治安的維穩事件，並大力出手干預。這顯示，在處理大規模的民眾抗爭活動時，地方政府通常不會做出讓步，直到人民持續抵抗且高層強烈施壓下，地方政府才會進行高規格處理。

罷工必須被視為社會治安的維穩問題後，警方才會控制工人抗爭活動擴散。在 4 月 5 日到 21 日——罷工的第一週，公安國保呈待命狀態，並不干預工人利用社群網路做線上聯繫，因此罷工得以獲得起始動力，不過迄今，還是不知道，為何當地警方是採取如此不介入的行為。當警方在網上獲得資訊，4 月 5 日時，工人將在公園舉行集會，此時就迅速要求公司在半夜將 QQ 群組的頭頭找出來，並且要求工人取消這次集會。在佔領大橋後，NGO 工運人士張治儒開始在 QQ 上出現與工人交談，裕元管理方則趕緊將他的參與資訊傳給警方，但自 4 月 14 日到 22 日，張並沒有受到來自警方的任何壓力。

對此，裕元廠方對政府感到失望，也不能理解警方的行為，長久以來，公司明白 QQ 上的社群網路是連結動員的有力工具，4 月 24 日之前，裕元廠方一再要求警方一如既往地關掉網站平台，但警方卻回應他們不想採取先發制人的行動。寶成企業不能影響當地政府，這顯示地方政府的考量開始產生了變化，中國官方也開始控制整個工人抗爭的運行。

六、工會：相對獨立 vs. 政黨控制

經過了 20 年處理罷工的經驗，大部分台商對罷工都已習慣，並可以和企業工會合作，疏導工人不滿，這樣的發展讓基層工會在勞資關係中發揮一定作用。2016 年我們訪問了一位剛從中國調來越南工作的經理，他說剛來的時候，非常驚訝越南的工會組織可以運作的如此良好。他們僱用了一位曾經在台灣非政府勞工組織工作過的越籍移工，作為該公司的人資主管，因為該主管既瞭解越南勞動

法、也懂得台灣文化。

企業或高階工會的內部選舉夾雜著民主選舉和政黨指派的形式。舉例來說，在泰坦不同生產線上的工人可以從五位或更多候選人中選出兩位作為代表，其中候選人名單是由目前的工廠工會提名，這些代表再選出工廠的執委會委員，最後選出工會主席。在地方上有地方工會，成員來自不同的公司或政府機構，如警察局或學校辦公室，泰坦工廠工會地區上擁有多數工會成員，他們有權選出地方工會執行委員，然而，地方工會的主席與副主席是由政府任命，他們一定是越南共產黨員。同樣的選舉過程及制度適用在省和國家一級地區上，越南勞總會的主席和副主席是由政府指派，且主席必須是黨內常委。

2012 年新修訂的工會法，允許工人得在不經上級工會的指派下自行組織企業工會，不過在建立後還是要跟上級工會報告，這項法案讓工人能在不經官方同意下，也可以自行組織企業工會，這代表共產黨不再緊緊地控制基層工會。

在中國的裕元廠，工會領袖是管理方選出來，他們是高階生產線主管，同時也是共產黨員，他們不是由工人選出，也不被認作工人代表。2014 年罷工期間，部分企業工會領袖非常積極，不只爭取退休金，還要求提高薪資和選出新的工會代表，儘管如此，東莞高層政府工會還是嚴格控制勞資的協商過程。

在罷工的 4 月 24 日當天，東莞市總工會發布《復工倡議書》，呼籲承認他們的協定並復工，官方工會要求公司召開會議並要求公司工會代表返回工作崗位，看起來好像政府已經藉由工會系統來決定罷工結果，但實際上坐在旁邊的官方工會負責人本身就是政府幹部，而且公司工會代表也並非罷工領袖，罷工的四方角力是不平衡的，包含政府、資方、工會及工人，因為工會代表政府身分行事，而且沒有代表罷工的工人在場。

七、國家—社會關係：防禦型 vs. 攻擊型

在探討越南和中國的國家—社會關係中，過去有人透過環境運動、大眾媒體、政治團體來探討他們的國家—社會關係，但比較少用勞動議題來說明兩者關係。從不同行為者觀點來比較中國及越南的罷工，我們可以闡述中／越兩者國家—社會關係的特色。

大眾媒體喜歡稱越南為「小中國」，代表兩國政治體制及政黨是平行運作，兩邊都是一黨專制國家，奉行社會主義政策，監視所有民間社會活動，在媒體眼中，越南通常抄襲中國的制度，因此這兩個國家看起來是相似的。

但是部分學者並不同意這種說法，Sun（2016）比較兩個國家的政治發展路徑後發現到，一、越南共產黨在 1960 年代就開始集體領導，比中國共產黨還早；二、越南有直選的國會議會，兩國選舉方式不同，例如 1987 年的選舉中，候選人和當選者的比例是 170%，具有差額選舉的性質；三、黨和政府、國會三者互相協調，黨並不會永遠凌駕在其他兩者之上；此外，也有學者指出，地方政治也會對中央政府的政策產生影響（Kerkvliet 2011）。

除了政治結構上的不同，另一個造成勞資關係差異的重要因素是土地財產權。在大躍進時期，中國建立人民公社，農業用地和生產工具集中歸鄉、村層級政府所有，到了 1980 年的農村改革後，只有允許農民可以自由生產，但並沒有將土地所有權歸還人民，鄉鎮委員會仍掌控著土地（Huang Kaiping〔黃凱平〕2016/10/26）。當外資來中國做投資時，必須跟地方政府協調租用或購買土地來蓋工廠，工業區的開發除了出租土地給外資以外，地方政府還會以承租人的身分，在珠江三角洲地區蓋移工宿舍。當勞資發生衝突時，地方政府和資本家的利益是緊密相連的。

不過裕元罷工案顯示出國家和外商企業的關係正在改變，中國政府自己有解決勞資衝突的一套辦法，比較 2010 年的本田罷工和 2014 年的裕元罷工，可看到農民工在罷工中的變與不變。2010 年 5 月，1,800 位工人在廣東南海的本田工廠發動罷工，如同裕元案，本田罷工時間長達 17 天，吸引了大量媒體關注並取得具體成果，包括勞工的薪資增加，儘管最後的結果不盡相同，但同樣的，本田案和裕元案的協商背後都有政府單位及政黨系統進行操控，在應對大規模罷工時，中國政府透過地方部門、官方工會和員警等各類政府機構嚴密掌握，國家透過官方工會扮演仲裁角色，滲透進公司組織內部進行直接協商，也就是說，國家利用適合的單位組織、軍警力量和官方工會，對抗議活動進行監測、控制，並在一定程度上指導抗爭活動，從而進行社會維穩、保持政府權威和國家正當性。

在這兩個國家中，儘管有許多工人積極參與罷工，但罷工工人通常不願意站出來帶頭，因為他們害怕受到政府的懲罰，擔心一切回歸日常後，會遭到政府報

復，這顯示出兩個國家都是威權統治。然而，越南政府很少對工人運動施壓，也不站在資本家那邊，到目前為止，工人運動很少造成社會動盪，或是跨過要求多黨制的紅線，政府只會對工人的要求做出防禦性反應，這種國家－勞工關係是在不斷的野貓罷工中形成，持續帶給國家回應勞工需求的壓力（Chi and van den Broek 2013）。Siu 和 Chan（2015）說工人已經學到如何透過抗爭和罷工來團結彼此，以改善自身的工作條件。在過去的 20 年間，普遍的罷工訓練了一群能夠運用不同策略來抵抗資本家和政府威權統治的工人，面對如此活躍的工人運動，越南國家只能採取寬容的立場，來捍衛它所劃定的紅線。

八、結論

　　比較越南和中國的罷工，我們試著用工人、資方、國家和工會等四個不同的行動者角度來瞭解到這兩者的國家—社會關係。越南工人團結起來提出改善工作條件的要求，但中國工人較少針對工資以外的事情抗議，大多要求金額補償；越南工人通常坐在廠房內或是廠外大門抗議，而中國工人則是在公開場合抗議地方政府，這表示中國工人知道權力結構的核心是在地方政府；在越南，當發生罷工時，台幹開始像例行公事一樣，通知當地政府並和勞工協商，而越南政府的不同部門會在罷工現場協調勞資雙方；在中國，資方會等到政府指示後，再回應是否要接受勞工提出的需求。在過去，地方政府有著與外資相同的既得利益，但這幾年，地方逐漸有自己的政治意圖，並不完全符合資本家的利益。以裕元廠的例子而言，由於舊的資本－國家關係正在發生變化，地方政府回應工人的態度在罷工期間不同階段並不一致，國家和資方都必須適應新的形勢。在越南，當發生罷工時，越南政府會展開半制度化的三方協商過程，而在中國，政府為了自己的政治意圖而主導整個過程。透過兩者的比較，我們稱越南政府為「防禦型威權國家」，而中國政府則可稱為「攻擊型威權國家」。在越南，人民如果不跨越政治改革的紅線，政府通常不會進行鎮壓，也比較積極地回應人民的社會需求，有時還可能改變原本的政策，比如 2015 年抗議退休金政策的罷工；在中國，政府積極制定有利於自己的政策，勞資關係中的所有行為者，都必須遵循國家的指示而行動。從這樣的國家－社會關係比較來看，未來越南的政治走向民主化的可能性，遠遠高於中國。

參考文獻

中華文本，2010，〈市政府工作會議紀要〉102 號，8 月 14 日。http://www.chinadmd.com/file/zxrevvxtpzpsc3ecprwoat3r_1.html，取用日期：2015 年 3 月 1 日。（簡體中文）

黃凱平，2016，〈賈敬龍殺人案，中國土地制度的惡果〉。端傳媒，10 月 26 日。https://theinitium.com/article/20161026-opinion-huangkaiping-land/，取用日期：2016 年 11 月 13 日。

新華社，2014，〈東莞「代工廠」勞資糾紛引發風波〉，4 月 19 日。http://big5.xinhuanet.com/gate/big5/www.gd.xinhuanet.com/newscenter/2014-04/19/c_1110315118.htm，取用日期：2014 年 10 月 12 日。（簡體中文）

Cai, Y. S., 2010, *Collective Resistance in China: Why Popular Protests Succeed or Fail*. Stanford: Stanford University Press.

Chan, A., 2001, *China's Workers Under Assault: The Exploitation of Labor in a Globalizing Economy*. New York: M.E. Sharpe.

——, 2011, "Strikes In China's Export Industries in Comparative Perspective." *China Journal* 65: 27-51.

Chan, C. K. C. and E. S. I. Hui, 2012, "The dynamics and dilemma of workplace trade union reform in China: the case of the Honda workers' strike." *Journal of Industrial Relations* 54(5): 653-668.

Chang, D. O., 2009, *Capitalist development in Korea: labour, capital and the myth of the developmental state*. New York: Routledge.

Chen, C. J. J., 2015, "Taiwanese business in China: encountering and coping with risks." *Asian Studies* 60(3): 31-47.

Chen, F., 2003, "Between the state and labour: the conflict of Chinese trade unions' double identity in market reform." *The China Quarterly* 176: 1006-1028.

——, 2010, "Trade unions and the quadripartite interactions in strike settlement in China." *The China Quarterly* 201: 104-124.

Chi, D. Q., 2016, "Coordination among strikes and prospects for pattern bargaining in Vietnam." *Global Labor Column* 243.

Chi, D. Q. and D. V. D. Broek, 2013, "Wildcat strikes: A catalyst for union reform in Vietnam?" *Journal of Industrial Relations* 55(5): 783-799.

Clarke, S., 2006, "The Changing Character of Strikes in Vietnam." *Post-Communist Economies* 18(3): 345-361.

Clarke, S., C. Lee and D. Chi, 2007, "From Rights to Interests: The Challenge of Industrial Relations in Vietnam." *Journal of Industrial Relation* 49(4): 545-565.

Clarke, S. and T. Pringle, 2009, "Can party-led trade unions represent their members?" *Post-Communist Economies* 21(1): 85-101.

Friedman, E. D., 2014, *Insurgency Trap: Labor Politics in Post socialist China*. Ithaca: Cornell

University Press.

Ho, M. S., 2014, *Working-Class Formation in Taiwan: Fractured Solidarity in State-Owned Enterprises, 1945-2012*. New York: Palgrave Macmillan.

Kerkvliet, B. J., 2011, "Workers' Protests in Contemporary Vietnam." Pp. 160-210 in *Labour in Vietnam*, edited by A. Chan. Singapore: Institute of Southeast Asian Studies.

Lee, C. K., 1998, *Gender and the South China Miracle: Two Worlds of Factory Women*. Berkeley: University of California Press.

——, 2007, *Against the Law: Labor Protests in China's Rustbelt and Sunbelt*. Berkeley: University of California Press.

——, 2010, "Workers and the quest for citizenship." Pp.42-63 in *Reclaiming Chinese Society: The New Social Activism*, edited by T. H. You and C. K. Lee. New York: Routledge.

O'brien, K. J. and L. J. Li, 2006, *Rightful Resistance in Rural China*. New York: Cambridge University Press.

Pringle, T. and S. Clarke, 2011, *The Challenge of Transition: Trade Unions in Russia, China and Vietnam*. New York: Palgrave Macmillan.

Sang, L. T., H. T. N. Tuyet, N. L. Huong and T. M. Ut, 2010, *Labor Relations and Labor Conflicts: Case Studies at three Industrial/Export Processing Zones: Linh Trung (Ho Chi Minh City), Song Than (Binh Duong Province) and Bien Hoa (Dong Nai Province)*. Ho Chi Minh City: Ho Chi Minh City General Publishing House.

Schubert, G., 2013, "Assessing political agency across the Taiwan strait: the case of the Taishang." *China Information* 27(1): 51-79.

Siu, K. and A. Chan, 2015, "Strike Wave in Vietnam, 2006-2011." *Journal of Contemporary Asia* 45(1): 71-91.

Song, H. K., 1999, *Labour unions in the Republic of Korea: Challenge and choice*. Geneva: International Institute for Labour Studies.

Sun, Y., 2016, "The Undercurrent of Sino-Vietnamese Relations." In *The Asan Forum*, Aug 24, http://www.theasanforum.org/the-undercurrent-of-sino-vietnamese-relations/(Date visited: Jan 15, 2017).

Tran, A. N., 2015, "Small victory, systemic problems." In *new mandala*, Apr 30, http://www.newmandala.org/small-victory-systemic-problems/(Date visited: May 13, 2016).

Trinh, L. K., 2014, "Trade Union Organizing Free from Employers' Interference: Evidence from Vietnam." *Southeast Asian Studies* 3(3): 589-609. Kyoto: Center for Southeast Asian Studies, Kyoto University.

Whyte, M. K., 2010, *Myth of the Social Volcano: Perceptions of Inequality and Distributive Injustice in Contemporary China*. Stanford: Stanford University Press.

Wu, J. M., 1997, "Strange bedfellows: dynamics of government-business relations between Chinese local authorities and Taiwanese investors." *Journal of Contemporary China* 6(15): 319-346.

——, 2010, "Rural migrant workers and China's differential citizenship: a comparative-institutional analysis." Pp.55-81 in *One Country, Two Societies: Rural-Urban Inequality in Contemporary China*, edited by Martin King Whyte. Cambridge: Harvard University Press.

又見「懶惰的土著」？：
越南台商工廠的勞動政治

龔宜君

一、前言

　　1788 年到 1793 年之間，黑格爾、薛齡與赫德林同是圖賓根修道院的學生，他們住在同一間寢室，早晨一起起床；為了不讓自己在乏味的教義中再次睡著，他們必須在上課前先**喝杯咖啡**（Kuezynski 2009）。越南的基層勞工在訪談時也提到，平常越南男孩子每個人都會去喝咖啡，像早上**喝咖啡是為了有精神**。可是台商們是這樣看越南勞工的喝咖啡行為：

> 「越南的男人我常常講他們，最沒有用的一批人，每天**喝咖啡**幹嘛的，（哈哈哈哈），最糟糕的這一幫人，就這一幫的男人。好吃懶做。」（VHSERR1）；「（勞工）很糟糕，都在喝咖啡。好吃懶做、就是吊兒啷噹的那種樣子。」（VHSIDT1）

　　我們大概不會將黑格爾喝咖啡的行為看成是懶惰的象徵；但是，在越南男人「喝咖啡」這件事情，已經被跨國資本污名化為懶惰的實作；也是殖民者指稱東南亞人民為「懶惰的土著」（The Lazy Native）的現代版。為什麼勞工日常生活中喝咖啡就是懶惰的表現呢？對外移東南亞的台商來說取得高度從屬性的勞動力一直是個麻煩的問題，所以台商在重組生產關係上花了很多原先進行跨國投資所意想不到的時間與精神；當看到「上班時間都到了，怎麼還會有男人坐在路邊喝咖啡？」時，那種看來從容悠閒的布爾喬亞的生活方式，讓台商覺得很礙眼。事實上，「喝咖啡」的意象，主要是台商想要表達越南勞工缺乏工作意願與勞動從屬性的象徵性說法，而越南女性相較於男性的較高的勞動從屬性，使她們為越南社會博得了「母系社會」的名號。也就是，不論男女，台商實際上在意的是勞動的從屬性。而，當問越南勞工，是否感受到台灣老闆認為他們懶惰時，有勞工表示：「你看我每天的生活作息時間，每個時段都排滿滿，老闆或幹部要求的我都會配合，但他們總會覺得我們都做不夠的感覺。像有時凌晨四、五點貨運組需要出貨，那不算正常上班時間吧，但我們還是都會配合。」（HC2）也有工人回答：「進公司後，沒放過一天假，累死了才可以休息。」（HP4）言下之意，這樣的勞動過程可以說成是懶惰嗎？

　　勞雇雙方對懶惰的不同論調，爭的是什麼呢？作者認為是支配與從屬的鬥爭；本篇文章即試圖以越南基層勞工的勞動經驗，來看資本主義生產關係的勞動從屬性的取得過程，以及勞動主體的形成。而有關「懶惰」的鬥爭，基本上是包括了在經濟與政治面向的鬥爭；但這些鬥爭通常並不是以抵抗的景觀出現，而且勞工的公開抵抗通常是失敗的；順從資方的規則是常態現象。這又代表什麼意義呢？是勞工「認同」當前的勞雇關係？或是宿命式無可奈何的「認命」？還是有第三面向務實的「認分」呢？作者希望在這個第三面向的「認分」上，從工人的勞動經驗中，把勞動主體帶進來討論；「認同」與「認命」所隱含的是勞工被支配權力滲透了的主體，完全受制於資本主義的文化霸權或未知的上帝，而「認分」則包括了主體經驗評價客觀環境後而產生的對現狀保持「先這樣」的務實感。

二、研究觀點與資料來源

　　有關資本主義生產關係下勞工是「懶惰」的批評，在全球資本主義的範疇內可以說是一種普遍的現象。在許多研究早期工人階級形成的歷史文獻中，都提到資方批評勞工的類似說法，如 Hobsbawn 曾寫道，早期工人沒有金錢誘因的經驗，不願像雇主要求的那樣去工作或受雇，雇主必用經濟或非經濟因素來強迫工人為其工作（Salaman 1985: 4）。

　　Weber 在《新教倫理與資本主義精神》中，則提到資本家為了提高勞動者的生產力嘗試以提高計件工資率，使勞動者對提高效率感到興趣；但是「傳統主義」的勞動者，他並不問「若盡量工作，一日可進益多少？」而只問：「要賺取以前所賺的 2.5 馬克，以濟我傳統的需要，需要作多少工作？」也就是說，人們並非「天生」就希望拼命賺錢，而只希望照著習慣活下去，並且能賺到為此所需的那些錢就行了（Weber 1974）。而 Weber 的解決之道是資本主義「精神」的出現——而此精神是一段恆長教育過程的結果。

　　Marx 在《資本論》中也提到，英國的皮爾先生把共值 5 萬鎊的生活資料和生產資料從英國帶到新荷蘭的斯旺河去。皮爾先生非常有遠見，他除此以外還帶去了工人階級的 3,000 名男工、女工和童工。可是，一到達目的地，「皮爾先生竟連一個替他鋪床或到河邊打水的僕人也沒有了。」「不幸的皮爾先生，他什麼都預

見了，就是忘了把英國的生產關係輸出到斯旺河去。」（Marx 1990: 834-835）因為，斯旺河當時的政經結構，尚未能擠壓出必須以出賣勞動力維生之現代資本主義下的薪資勞工；勞動人口很少有為資本而自我剝奪的欲望，沒有被迫自願出賣自己，將自己的勞動商品化。後來英國政府的「圈地運動」（以羊把人吃掉了的方式）可以說是形塑「勤勞」勞動力的重要政策工具。

英國人到了馬來半島，沮喪地發現馬來人也是懶惰的。英國人說：因為馬來人是「懶散的土著」（indolent native）、是「毫無疑問的反對持續工作的」，（他們曾諷刺馬來人唯一的工作就等椰子從樹上掉下來後把它打開）；因而，他們只能成為馬來自耕農（Malay Yeomanry）。馬來人被視為「懶惰的土著」，他們的工作態度被視為是懶惰和不可靠的，「他們一個星期工作不超過三天，他們只在想工作時才工作」。馬來人於是被英國殖民者浪漫化為「自然的紳士」（nature's gentlemen）（Ramachandran 1994），並且進一步將之隔離於資本主義生產體系之外，而大量引進華人、印度移工來解決勞動力的問題。

其實英國人在國內，同樣也批評英國勞工的懶惰行徑，在 E. P. Thompson 的文章中曾紀錄，當農民成為薪資工人後，雇主對受雇工人懶惰的批評，這可以從一首《打穀者的勞動》來看：

「我們從事著這單調的工程，一星期又一星期，
只有在揚穀子的日子才會讓人感到新奇；
確實，這是一種新的，但常常是一種更壞的感覺，
打穀場生產利潤，但是主人還是詛咒我們散漫鬆懈⋯⋯
然後發誓說我們已經虛度了一半時間。
你為什麼看著，你認為你可以偷懶？無賴！」（Thompson 2002: 388-389）

以上的資料來自，有關懶散的核心爭議，其實是雇主購買了工人的勞動力（或勞動時間）在轉化為勞動時，產生的從屬性問題；工人的勞動無法配合雇主的勞動時間節奏與紀律。而台商對 1990 年代才開始逐漸納入資本主義生產體系的越南基層勞工「懶惰」的批評，也可以看成是在這樣的脈絡下出現的。

參考 Rabinbach（1990）、謝國雄（1997）有關歐洲學術史中工人工作科學

（science of work）的傳統研究，可以將工人的勞動從屬性的鬥爭，自三個面向／階段來看：

第一個面向／階段是，創造馴化勞動力的鬥爭，此時資方追求的是勞工的工作紀律與倫理，主要是以勞動控制方式來達成。工業化的初期，雇主對工人的勞動控制主要是針對不太能量化的「責任」，例如，工人的工作習慣、時間觀念、守時等。Bourdieu 論及阿爾及利亞農民的時間感，是一種對時間的推移屈從和若無其事的冷漠態度，沒有一個人渴望控制、用光時間，緊迫被看成有失體面及摻合有惡魔的野心。農民的時間的強制性，是來自大自然本身，自然的工作節奏（穀物收成、種植等）是一種工作導向的時間。這種工作導向的勞動比規定時間的勞動更能為人性所理解；從工作導向的時間來看，在「工作」和「生活」之間沒有區分，社會交往和勞動混合起來，工作日按工作具體情況延長／縮短。在勞動和「渡過一天的時間」不存在著巨大的衝突。然而，對習慣於按時鐘來規定勞動時間的人來說，這種對勞動的態度顯得浪費，缺乏緊迫性（Thompson 2002）。

在雇用關係中，雇主必須使用他所購自勞工的勞動力時間，注意它不被浪費掉；時間開始變成金錢，是雇主的錢。時間變成錢後，它不是消逝而是花費。因而注意時間與守時的要求，成為重要的議題。台商也曾提到，剛到越南投資時，生產線上的工人累了就自行休息，找地方睡覺；不想加班，就走人回家，直接罷工。以台商的標準來看，越南工人們對時間的許諾常常有點隨便；只能讓他們逐漸習慣於正規的時間安排，正規的上下班，正規的工作步伐。

為了規訓工人的時間觀，英國 18 世紀的克勞利鐵工廠，設立了監督員、工作時間紀錄卡、記時員、告密者和罰款的機制，工廠的告誡員和監督員奉命每天都要填寫工人的工作時間紀錄卡，一分不差的記下「來上班」和「工作進行」的時間。資本家是這樣說的：「為了使懶惰和邪惡得到揭露，正義和勤奮得到獎勵，我一直考慮要有監督員（monitor）建立一種計算時間的帳目，以便使勞動有秩序。服務時間是必須扣除任何與我生意無關的事情與閒蕩行徑，例如，玩、睡覺、抽煙、爭吵、吃東西。」工廠也規定，「任何人在主人允許的時間過去後通過傳達室進廠上班的工人罰款 2 先令。」也就是說，在工業化的初期，為了獲得馴化的勞動力，資本家設立了各式各樣的處罰條例，請假、休假與遲到等勞動控制機制來管理桀驁不馴的勞動者，讓工人習於新的時間與勞動紀律。在我們的訪談資料

中，同樣可以看到台商的工廠中也有同樣的處罰與規訓的勞動控制機制，來保證越南工人的勞動從屬性。

在取得勞動從屬性鬥爭的第二個面向／階段，我們可以看到的是勞動的長度與價值的鬥爭，也是工時和薪資——勞動條件——的鬥爭。資本為取得廉價勞動力，會以時間計量作為勞動剝削的工具，並宣稱壓低工資是作為反對懶惰的預防針。資本的邏輯是維生不足，就會工作。而增加每／假日工時來剝削工人的勞動，可見於歐洲的歷史資料記載，「我們幹到天黑得看不見的時候，我說不出我們是在幾點停止工作的。除了主人和他的兒子，誰都沒有錶，所以我們不知道時間。」；「工廠的鐘常常早晨時往前撥而在晚上時往後撥，不是把時鐘用作衡量時間的工具，而是用作欺騙和壓迫的外衣。雖然雇工知道這種欺騙，但大家都不敢說，所以普通工人不敢帶錶，因為解雇任何擅自知道太多關於鐘錶的科學的人，並非不尋常。」（Thompson 2002: 413）

由於許多的勞雇關係只有現金連帶（完全商品化），並沒有其他的現金之外的給付或福利，因而薪資的鬥爭成為勞資關係的核心議題，而這種情形在越南的台商工廠中，也是非常明顯的。在工時的鬥爭過程，工人已學會要求每／假日固定工時，反對加班加點，或要求 1.5 倍的加班工資，他們雖然已接受雇主限定的各種範圍，並在這些範圍內來進行抗爭，但，越南工人和當初歐洲的工人一樣，他們也學到了時間就是金錢；有關工時與薪資的抗爭是在台商工廠中相當常見的勞資爭議。

勞動從屬性鬥爭的第三個面向／階段，是在既定工時與機械化之工廠組織的情況下，工作強度的鬥爭，也可以說是工作能量和疲勞——勞動過程——的鬥爭。在工廠經歷了機械化過程之後，資方相信經由生產線工作流程的重新設計與規劃，而不只是延長工時、紀律，更能實現效益。例如，生產流程的片斷化與專門化／簡單化，利用機器與工具來達成產品的標準化品質與效率。此時，同時性（Synchronization）成為重要的核心目標，一方面工人彼此之間必須要同時／同步完成各自的工作，另一方面，工人必須要配合機器／生產線的速率，與機器同時／同步才能達成片斷化後再整合的勞動分工過程。此時，當要求工人在生產線上必須完成工作項目或任務時，也意謂著工人成為能夠配合機器的勞動力，受制於機器的工人於是成為「操作員」（operatives）——這也是泰勒式科學管

理（Scientific Management）以及福特主義式生產線（assembly line）的重要原則（Salaman 1985）。

在越南，我們看到的情形是，即使再簡單的工作項目，在一個語言不通（包括溝通語言與技術語言）與專制式勞動控制的工作環境中，工人如何能夠配合機器，成為操作員，其實是一個很大的問題。

如果以上述勞動控制、勞動條件與勞動過程的鬥爭結果來看越台之間的勞資關係，基本上，是資本獲得從屬勞動的過程。但，我們可以進一步討論的是，從屬的具體樣態是什麼？勞動主體的具體經驗及反應是什麼？這又代表著什麼樣的社會意義？

在某些勞工身上，我們可以觀察到「認同」越台的勞資關係；但在更多的情形下，「認同」在支配強索的生產關係中，是連修辭的層次上都不會出現。怎麼會有這樣的差異？B. Moore 曾寫道在任何階級社會中，在統治階級和從屬階級所能做的事情，都有一套界限。還有把兩者結合在一起的一套相互間的義務，這類界線和義務不是正式寫在契約中的，有一套不是用語言表達的相互間的默契。真正發生的事情是，支配者和從屬者雙方在不停的探索，以便找出什麼是他們能僥倖成功的東西，以便試驗和發現服從和不服從的界線（Moore 1978: 18; Thompson 2002: 347）。而在越台勞資關係的鬥爭與試驗後，我們可以發現大部分勞工在大多時候都會服從資方的要求，在這裡我們可以進一步探究，這是什麼樣的服從？以及雖然是小部分，那在哪種情況下勞工會不服從？

以服從（從屬）來看，有部分工人會表示認同／同意當時的生產關係，十分滿意於自己的勞動經驗，而這種認同是像 Gramsci 在《獄中扎記》中所說的同意，只有在勞工階級表現得他們可以在資本主義的限制下改變自己的物質條件時，他們才是在對這樣的社會組織表示「同意」。而大多數的工人所表現出的是一種對台越生產關係的「認分」。謝國雄（1997）討論做件意識時，也討論過「認分」的概念，但在這裡所討論的越南工人的認分觀和謝國雄的論證有些差異。基本上，謝國雄認為守「本分」的勞工是「老闆有給我們就好了，我們要知道滿足」或「我們能拿到部分就不錯了」；而這發展到極致即是「認分」，如，「給多少錢就拿多少錢，靜靜地做，憨憨做，很認命。」在本文作者的理解中，這兩者應有區別，謝國雄的「本分」比較像本文所說的「認同」是較積極的同意。而「認分」

他指的其實就是認命，看來是很宿命地。而他也指出，認分觀本來就是一個不平等的建構，它在表面有一個「互相觀」掩飾著，只有當這個互相觀被破壞時，工人才會抗議。而本文比較想要討論的是，在越台勞資沒有互相觀之脈絡中，工人大多時候仍很「認分」的繼續工作，不會反抗；但這絕對不是「同意」或「很滿意」，也不是「憨憨做，很認命」；而是「有多少錢，做多少事」的務實觀。在這種認分觀下，工人通常會按照規則工作（working to rule），但這種勞動看來不是同意也不是順從，反而比較像是一種抗議的形式，因為它與合作（cooperate）有相當大的差距；根據研究顯示，工人的創造力與生產力與其工作意願與動機有相當大的關係，所以認分的勞工其表現的是，「給多少錢，就做多少事」的勞動原則。而這種認分觀，行動者心理只有一種想法：不這樣也沒別的方法，他只做他該做的事。因為沒有其他出路，現實上只能服從當前的生產關係。而且，通常是經濟構成了從屬者一種不可踰越的限制。至於，完全宿命式的認命，在訪談越南勞工的過程中，並未發現；由於台越生產關係主要是現金／薪資連帶，因而薪資對生產關係的影響相當重要，當每日工作 12 小時以上、每週工作 6-7 日以上的薪資不足以維生時，生存權利的邏輯就足以揭穿生產關係中剝削性質，工人很清楚的不會認同／同意這種不公平的生產關係。只是，因為從屬者遭遇日常生活迫在眉梢的困難無力擺脫，只能屈從於支配者的要求，以取得最低的需求，獲得生存的安全保障。

　　此外，Thompson 指出，工人的文化和習俗會影響勞工對生產關係的態度。例如英國「懶散的星期一」，星期一無所事事，是英國勞動者留出來用做個人事務，是友情日（2002: 19）。而人們在時間的分配與使用上，是與每個人的社會角色、文化與習俗有關，而在時間的零合遊戲之間，是時間分配與使用的鬥爭；如越南女性勞工會表現出「性別主體」的焦慮，時常抱怨加班，無法做家事與看顧孩子。又，當工人說 fair day's work for a fair day's pay，他們是如何定義呢？另外，在作為勞動主體的基本尊嚴方面，越南工人有時也會表現出反抗行動，表明了他們不接受經濟匱乏所暗示的種族邊緣化／低下化；當台資管理階層在行為上與口語上不尊重越南工人的情形，工人公開抵抗的景觀就可能會出現。以台商的經驗來說，因為管理者對工人的不尊重行為而導致的勞資衝突，越南工人相較於中國工人是更易有反抗的行動。

　　本篇文章，即試圖探究，一方面，越南基層勞動者在生產過程中，如何經驗了台商從屬性的要求；另一方面，則討論在勞動經驗中出現的越南勞動主體的特徵。而本文的資料來源，包括了越南台商與台商工廠中勞工的訪談，台商訪談代號為 VH [1] 與 TB [2]；越南勞工訪談之代號為 DN、HN、HP [3] 與 HC [4]（請參考頁下註資料來源）。

三、從屬勞動的經驗

（一）工作紀律／倫理的規訓

　　以勞動者來看，當他們從農村進入現代工廠體制時，在勞動過程中至少發生兩項根本的轉變：一是，從彈性的工作情境轉變成到工業生產的階序結構；二是，從勞動過程的自主性到必須遵守高壓強制性的勞動紀律（Ong 1987）。正如前文提到的，農業或家戶經濟的勞動時間，是以工作（完成）為導向的；而不是按照時鐘來工作。台商的管理階層常提及在越南剛創廠時，停工和罷工很厲害，因為工人不瞭解老闆的規定，為什麼要一直待在位置上做事情，為什麼休息的時間不能自己決定，肚子餓了不能吃東西，不能和同事說話。也一直不能理解為什麼當新模具研發不出來時，需要加班到做出來為止，明天再想辦法不行嗎？也有些勞工，不想加班，招呼也不打，就直接走人回家。幹部們說道，「花了很長的時間來和工人溝通，解釋說公司有壓力與交貨期限，所以必須加班研發出新模具；當初有很多同事不能理解而離職……。」（HC3）

　　雖然，台商管理階層提到是以說服溝通的方式來取得勞工的從屬性。但從工人的訪談中，其實真正運作的機制是專制式的勞動控制，監控、處罰等方式。例如，HP6 提到，進工廠之前，在門口的管理人會檢查工人的全身，不准穿高跟鞋

---

[1] 為執行國科會計畫「地域網絡與族群關係：東南亞台商研究」（NSC89-2420-H-002-028-SC）所搜集之訪談資料（1999-2001 年）。

[2] 訪談資料主要引自作者指導之研究生王翊驊，於 2007 年時所搜集的資料。

[3] DN、HN、HP 為 2001 年執行中央研究院東南亞區域研究計畫「攜手並進的市場與國家力量：變遷中的東南亞台商勞資關係」計畫所搜集之訪談資料。

[4] 同註 2。

進廠。而在生產線上，每次只能有 2 名工人上廁所，每次最多 5 分鐘，第 3 人去會被罰款，上太多次也要罰，每次 2-5 萬元越盾（1 萬越盾約 13 元新台幣）。也「常有兩個管理人專門觀察看看誰說話，或吃小吃（零食），就記下那個人。」再如，做錯一雙鞋的規格，罰 5 萬越盾，晚來一分鐘罰 2 萬越盾；全勤獎金必須工作 30 日，不放假、不遲到、不早退，才可能領到 6 萬元越盾的全勤獎金。工人抱怨道：「不合理，這樣太逼人家了，如果很累應該休息但是工人不能休息，因為如果放一天假，那筆獎金就沒有了。生病也一樣。儘管有生病的理由，但是 6 萬元不給你。如果生病沒有理由，就再扣 2 萬元。休息三天（沒有理由），就被開除。」對工人來說，處罰制度很不合理，只要一罰錢等於當天的薪資就沒有了；但他們也說「扣錢這個方法很妙，不遵守的人就被處罰，誰都不敢不遵守。」（HP13）

　　基本上，台商主要是以專制威嚇的勞動控制方式來取得越南工人的從屬性，在他們的觀念中，工人「自願地」（free labour）進入勞雇關係後，本來就應同意作為從屬者的生產關係規則，也就是說，勞工進入資本主義生產關係中，是以遵從和依附為代價的。台商提到，當初作為一名勞工時，他就很認同自己應作為一名從屬性高的勞工：

> 「想當初我在當學徒與員工時，下班時間到了，老闆跟幹部沒休息，我們哪敢下班。如公司在趕貨，做不完了我們還會自動留下加班，畢竟是老闆教導我們技術、讓我們有工作做，所以當年大夥都會自願留下加班。現在的越南男性勞工哪能比呀？這邊的越南勞工你不能去奢求他們會對公司付出心力，下班時間到就打卡拍拍屁股走人了。」（TB1）

當越南的勞工無法符應其想像中應然的從屬性時，就將懶惰的標籤貼在他們身上。而專制的勞動控制方式，則成為獲得從屬勞動的重要手段。

（二）工時與薪資

　　大多數受訪的越南勞工對他／她們的薪資和工時都不滿意，甚至有人提到，「每天都要上班，沒有假日，進公司後，只休息過一天，累死了才能放假」

（HP4），也有人提到，他們已經工作了一個禮拜，甚至一個月了，想要休息，但公司卻不讓他們休息（HP8）。「累」這個字，是許多受訪勞工提到勞動過程時的重要關鍵字，身心的疲勞，睡眠不足是勞工的日常生活中的常態。累的原因，除了工時長，必須加班外；還包括非常密集的勞動過程，有些工人同時要操作多台的機器，因而操作的時候，有時工人不是用走路而必須是用跑的。工作時的過度勞動，再加上，往往每天都需要加班到 9-10 點，大多數的勞工都不以為然；所以隨時都覺得很累。而對於加班這件事，工人們的態度並不是完全反對，而是覺得應該考身體能夠負荷的量，例如，工人們提到：

「如有加班就有多的薪水能領，是很好的事情。但如果是連續性的一直加班，身體會受不了。再加上我騎摩托車從公司到家裡，大約需要一小時半的時間，通常回到家都已經快 11 點多了，隔天又要早起上班。你想想，如果是連續三個禮拜以上加班，你受的了嗎？」（HC4）

問工人，你喜歡什麼樣的工作與加班方式？一個月需要休息兩個星期天，一星期加班 2-3 日，一次 3 小時，是很多勞工理想的工時。除了加太多班身體無法負荷外，有的加班薪資，沒有按照勞動法給 1.5-2 倍的薪水。而更糟的是即使加再多的班，所得到的薪資都無法過活，有時甚至必須借貸過活。一名工人提到，她不想在目前的公司長期工作，加班很多但薪資很低，根本「沒辦法保存自己的生活。」（DN6）

在 2002 年的勞工訪談資料中，許多工人也都提到，在胡志明市與河內周邊的生活，每位工人每月的花費要 100 萬越盾以上（住房約 10 到 20 萬，吃要 20 到 40 萬左右，還有油錢，各式各樣的規費等）。所以，受訪的勞工中，如果他們的薪資是 100 萬越盾以上的工人，大都是很滿意於其當時的工作，也蠻認同其間的勞雇關係。但，大多數的勞工並沒這麼高的薪資。有一位曾在日商工作過的工人提到，她在日商工作時的基本薪資是越盾 76 萬 7,000 元，每個星期加班兩天，一天兩個小時，她的薪水就夠了。受訪當時她在台商工廠的基本薪水是越盾 56 萬，如果像以往一樣的加班方式，薪水一定不夠用。問她，那為什麼要離開日本公司，「我病了很長的時間，到再簽訂合同的時候還沒有好。所以公司找其他人來代

替。」（DN5）我們知道農民看天吃飯，在生存邊緣上拼命工作，一旦計算有誤，便要失去一切；普羅化的工人在生產線上的工作亦同，只要生病有可能就會失去一切。有更多的受訪基層工人的基本薪資是 30 萬到 50 萬越盾左右，如有一位工人（HP13）在一家鞋廠工作了 6 年，做的是貼合工作，幾乎天天加班，每天工作時間是 12-13 小時，她的基本薪資是 33 萬元越盾。

工人們也曾因為工作時間長，薪資很低，而停工罷工，但是，工人的行動大多是以失敗收場。薪資沒有增加，帶頭者被開除，參與者被罰款及寫悔過書。有一位工人提到一次他們停工的結果（HP14）：

> 「……現在計算薪水的方式對工人不利。工人要求改變計算方式。但是老闆說，不改變，誰不做就算了，他也不要這個人了。願意做就留下來，不願意就回家。有一些留下來的工人就被罰 5 萬元越盾，不交錢的就被開除。」

薪資不夠維生所需，生產關係的純粹商品化，使得只要有機會，即使是薪資只加 1,000 元越盾，勞工們就會跳槽換公司工作。因為，工人們不斷地在找尋「哪裡薪資相當於我們付出的力，我就在哪裡工作」的可能性（HP10）。這種對公司「不效忠」、「不服從」的行動，也會被台商說成是懶惰。

（三）成為操作員

進入機械化、標準化的生產線上工作，對許多越南工人來說是個未曾有過的經驗；對機器的陌生與無法理解幹部的技術與溝通語言，使得越南工人無法成為配合／附屬於機器的操作員，而引起勞資間的緊張關係。台商會抱怨：

> 「……這些勞工好像都不怎麼聽話？教他們如何去操作機械，或是職務行使步驟要如何去執行……，很多勞工都像硬石頭般不聽指示，都照自己的方式來作，常搞得機械因操作方式錯誤而出錯，造成生產停頓。」

或是：

「……說到這個就會氣死，每次交代事情完就會問他們懂不懂，能夠理解嘛？！每個不是默不吭聲，就是點頭說懂了，結果一實行下去，完了！（拍桌），物料消耗的事情還算小，但萬一機械操作程序錯誤而引起故障，又要頭大了，廠裡幹部或維修師如能處理就還行，怕修理不好整台機器就停擺了，等人來可能花去半天的時間。」（TB2）

在一個專制式的勞動體制中，搞不清楚狀況的工人，他要如何去配合那些高速運作的機器呢？勞工是這樣回答的：

「幹部們都很兇，只要一做錯，眼睛就會瞪過來，兇點的幹部還會用力拍我們背，所以只好用過去學習過，比較熟悉、比較保險、不會出錯的方式來去做。結果沒想到卻因此而造成問題發生。」（HC5）

有台幹提到，公司約花了兩年的時間去訓練工人上機，而工廠生產線要常常停下來教導他們怎麼做。其實，在這個訓練工人成為操作員的階段，專制的處罰與扣錢仍是重要的機制。工人們提到，犯很小的錯誤，但被幹部罵的很厲害，還要扣錢（DN6）；而且每次扣錢，幾乎都相當於當天的工作薪資。

當工人能夠忍受專制式的勞動體制，薪資穩定到能夠維持基本的個人／家庭生活時，可能就會開始認同某家公司，並且待下來；正如，Gramsci 所說的陣地戰，敵人的身分絕不是一開始就固定的，而是經常在過程中改變。有些人，則是藉著換工作來找尋勞動條件相對較好的工作環境，如工人們提到的日商、美商，或者寄望越資工廠能好好發展，將來能到「比較理解我們」的越資工廠工作。但是，有些勞工雖然工作多年，薪資仍低，但也沒有更好的出路，只得繼續留在那家公司；這些工人是很認分、務實的，但應該不能說他們是因為「錯誤意識」而認同／同意這樣的生產關係。

四、勞動主體的形成

說勞工不是認同而是認分有什麼差別？反正都還是待在專制體制下的工廠工

作。如果自 Gramsci 實踐哲學的立場來看，那就有差了。Gramsci 認為選擇和批判世界觀，就是一種政治行為。因為我們可以「同意」某一種世界觀，這是外在社會集團機械地強加上來的；但也可以選擇另一種思維方式，自覺和批判的思維，建立自己的世界觀。而批判的理解自己本身是通過政治的「霸權」的鬥爭實現的，開始是在倫理方面，隨後是政治，最後是形成自己的現實觀（即思維和實踐是在自覺中結合起來）（Gramsci: 12）。

選擇認同專制式勞動體制的工人（如，本文所說的薪資 100 萬越盾以上的工人），基本上，是一個處於慢性賄賂與威嚇狀態下的從屬階級。他們可能會接受、甚至證成其從屬地位的安排，只要其中存在著向上流動或脫離低下地位的可能。一位薪資 115 萬越盾（2002 年時）的工人提到，「我在這裡薪水比較高，跟其他人比還不錯，夠我生活，我覺得滿意了。」（HP11）另一位月薪 280 萬越盾（2007 年）的模具工人則是這樣說的，「公司的規定我去遵守，不要鬧事，薪資多，專心把目前的工作做好就好了；……來這模具廠，找到工作可以賺錢，慢慢待久也就習慣了。」（HC6）或是提到「只希望公司有很多訂單，讓我們有事做。」（HP14）

在前文中，作者也提到因為台商工廠中的主要生產關係是純商品化的現金連帶，薪資成為形塑勞動主體經驗與行動的重要中介。薪資會帶來意識型態的效果，也會形塑勞動力商品化的樣態，以及主體對自己勞動和勞動力的看法。勞動者主觀體會的東西，不是虛構的，而是有物質與客觀基礎（謝國雄 1997：106）。上述薪資高的工人，就相對的滿意自己的勞動價值；而且我們也可以看到經由薪資慢性賄賂而產生的一種身體化的習性，工人是可以習慣這樣的生產關係。但是，對於薪資低的工人來說，除了不滿意當下的生產關係外，有時會貶抑自己的勞動價值；例如，多位受訪者的越南女性斬釘截鐵的表示自己在生產線上的勞動價值對家庭的貢獻是遠低丈夫的，「不可能是我在養家活口，薪水這麼低怎麼可能？」

按照 Marx 在《資本論》中提到的，資本主義的生產關係透過工資制度的作用，可以掩蓋雇傭關係背後的剝削關係，讓工人的全部勞動表現為有酬勞動。但是，這種試圖同時汲取與隱晦剩餘價值的委婉化勞資緊張關係的機制，在受訪工人的台商工廠中似乎是反向作用，薪資反而成為揭穿資方剝削（汲取剩餘價值）

的機制。而在這個面向上，越台勞資雙方均沒有錯誤意識，且有相當高的共識。工人們提到：

> 「台灣人來這裡投資，就是來賺錢，所以台灣人的管理方式很嚴格。」
> （HP8）

> 「老闆沒什麼好的，我們為他工作，他就給我們薪水，只是這樣而已。」
> （HP12）

台商則說：

> 「不可能有完善又對勞工照顧有加的工廠，我們遠渡重洋跨國投資是為了賺錢，而不是為了像幼兒托育班一樣給勞工高薪資又舒適的工作環境，那我們要賺什麼？要改善工作環境能，但是也讓公司賺錢再去規劃如何去實行，這才是可行的。」（TB3）

　　而對這種赤裸裸暴力化的交換關係，大多數低薪資工人的勞動經驗如何形塑其勞動主體？正如，上文提到的大多數的時候，他們是認分的，是在現實感的基礎上定位自我及行動。問一位薪資低的工人是否參加罷工，他回答：

> 「不參加，因為我這裡很容易被開除。在縫紉部門的工人才敢罷工，因為縫紉工人要訓練很長時間才成熟。所以，如果開除他們，那麼需要很長時間才有人能代替。」（DN4）

　　知道自己的替代性很高，沒有協商的空間，是在評估現實之後，才認分的工作。雖然不喜歡加班，但他們也清楚的知道：「想還是不想加班，不是自己決定的，是公司規定的。他們要求我們加班一定要加班。不加班，就會被開除。」（HP14）我們也看到工人的工資單，他的工資單上只有數目，沒有項目與明細，問他怎麼知道薪水對不對？他給了一個思索過的回答：「錯還是對工人不敢說出來，因為說出來可能會被上級討厭。」（DN1）

　　可是，有些時候越南的基層工人會逾越認分的服從界限，轉為公開的抵抗；有些抵抗是為了薪資太低、加班太多完全沒有休息、年終獎金而罷工。但，比較有意思的是，越南工人會為了台商／幹部的一些不尊重工人的舉動而抵抗。在訪談越南勞工的過程中，除「累」之外的另一個重要關鍵字是「罵」，幾乎所有的勞工都很在意被罵這件事情。在中國及越南均設有工廠的台商提到，中國的勞工你罵他，他當你是唱歌給他聽，而越南的工人，你想都不要想去碰他。言下之意，他在中國的勞動控制方式，是包括了人身的體罰，在越南則不行，「大陸喔比較好管理，大陸他們有的就是屬於管理不聽，有時候用打的，在越南絕對不行。你只要打的話，絕對出現罷工問題。」（VOSGIV1）「他們這邊越南人也蠻可愛的，不像中國人，中國人有時候會敢怒不敢言，或是陽奉陰違。越南勞工就會說你這個方式不好，你應該怎麼樣比較好，就是你用什麼方式讓我們比較清楚，否則大家就集體（抗議）……。」（VHSPCN3）台商（VHSPCN3）也提到，勞工常常抗議主管「罵」她／他，而不是薪資問題。在訪談資料中，可以發現越南的勞工十分敏感於因經濟匱乏而明示或暗示的人格／主體性的低下化。有些勞工人，很不以為然的說道：「……之前在台灣老闆工廠時，老闆都會來看我們工作情形，他眼神就讓人覺得我們像似下等人；幹部在管我們的時候，都會習慣說，動作快點，怎麼手動那麼慢，不要讓台灣老闆覺得你們很懶惰。」（HC7）

　　另外，也有工人提到「老闆很輕視我們，他認為我們只能做這份工作，沒有能力找比較好的工作。我的感覺是這樣子。」（HP5）這樣的輕視，是讓他／她們在勞動經驗中，體驗到「這裡沒有什麼叫升遷，是工人永遠是工人。」（HP10）相對的，他／她們認為一個好的管理者或老闆是，「工作時間，累的時候休息，他看到不會說什麼（罵人與扣錢）；我做錯，老闆跟翻譯講，翻譯又柔和地跟我講。」（HN2）基本上，工人的要求是包括將之視為一個對等的個體。也就是，他／她們並不覺得在公司工作是老闆給的一種恩惠，而應該是一種互惠，所以他／她們應該要有一些基本的權利：「……我已經盡量的為他（老闆）的公司工作，他要求什麼我也盡量滿足。所以，我們有權利說出我們的想法來，哪個是對，哪個是錯；但我們連起碼的權利也沒有。」（HP5）

　　資本主義的政治經濟學，當其討論資本集中、分工和增加生產時，並沒有告訴我們關於一種獨特的，會造就出下等人的從屬情境（Thompson 2002: 343）；

而工人又是如何回應這樣的情境；可能在不同的文化習俗中會有不同的反應。正如，Thompson 提到的孟加拉貧／農民對飢餓的反應不是像英國農民般的騷動或要求開放糧倉，而是餓死在食物溢出到路上的商店門口。在某些情形下我們會看到越南工人的義憤，有一次在某工廠午休後上工時間已過五分鐘，中國籍幹部發現一名男性基層勞工仍蹲坐在門旁看報紙，便邊罵邊捲起報紙往該名勞工的頭上用力敲下去，頓時男性勞工無法忍受就打了幹部……後經由另名中國籍幹部於管理室瞭解後也罵了基層勞工，又順手搥了該勞工肩膀，站在管理室門外的三名越南男性勞工一見好友被打，衝進來毆打兩名中國籍幹部（王翊驊 2009）。或如工人提到，「工人做錯事，主管說髒話，或有不尊敬工人的行為，結果工人受不了就發生了衝突。」（HP3）有時，工人已反應拒絕接受幹部的身體碰觸，但公司卻不處理，也會引起工人的反彈：

> 「之前台商工廠幹部管理很兇，常會敲我們頭，大家忍耐很久。加上薪水很低，又常算錯。這些問題反映給老闆，結果都不見有改善，大家便決定集體罷工，我們都停下手邊的工作，聚在廠房外面空地，幹部罵不理他，就是想要老闆出來談判。」（HC8）

所以，在勞資雙方互為主體的這層面上，許多受訪的勞工是希望到越資工廠工作；因為台資和越資的不同，「工人權利不一樣，在越資工廠他們對待工人很有人情。中國大陸人（幹部）不管對還錯，他們只關心工作的成果，常罵我們」；又如，「但如果可能希望到越資廠工作，語言通，越南人很同情越南人，很容易做事。台灣人很容易發脾氣，罵人。」（HP11）通常，他們也會很務實的表示，那就是越資工廠一定要經營得很好。

五、結論

Walder 曾提到，任何類型的支配性權力最令人費解的部分，在於一種模糊的「同意」，也就是說任何類型的支配都包括了人們的同意。而所謂的同意，它可能是委曲的認命、習慣性的服從、是利益上的計算或是道德上的認同；這些同意基

本上都為支配性權力提供穩定性（Walder 1996: 25）。如果說，日常的支配持續地剝削從屬團體的利益，從屬團體為什麼要遵守？對剝削的同意是如何取得的？而這種同意我們該如何理解？這是本研究想要探究的焦點。本文一方面，自越南台商工廠的勞動控制、勞動條件與勞動過程，來呈現台商取得越南勞工從屬性的方式以及越南勞工所經歷的從屬勞動經驗；基本上，台商是以專制式的勞動控制方式取得勞動紀律與從屬性，說服和共識並沒有在生產現場出現。另一面，則從反思勞動經驗的勞動主體出發，探究越南勞工「同意」在台商工廠工作所代表的意義；在本文的研究發現，大多數的越南基層勞工之所以從屬於台商的勞動體制，基本上，是基於一種「認分觀」。這種認分觀，既不是宿命式的認命，也不是積極的認同；而是一種務實的理性計算後「先這樣」的認分。

　　正如文中提到在任何階級社會中，統治階級和從屬階級所能做的事情，都有一套界限。真正發生的事情是，支配者和從屬者雙方在不停的探索，以便試驗和發現服從和不服從的界線。在越南台商與基層勞工之間，我們也可以發現在雙方的探索之後，隱約的浮現出一條服從與不服從的界限，這條界線基本上是沿著生存／維生邏輯與主體性的道德邏輯而建構的。維生邏輯，一方面迫使越南基層勞工務實地服從於一個剝削與高壓的勞動體制；另一方面，這樣的體制也讓他／她們隨時找尋出走（exit）的可能性。而主體性的道德邏輯，則是引發基層勞工自服從跨越到公開的不服從界限一端之行動主因，拒絕人格與身體的受辱是越南基層勞工強烈表達的勞資道德界限，當感受到主體性被低下化的情境時，會使得工人們以義憤、罷工等行動方式來公開地表達其不服從。

參考文獻

王翊驊，2009，《「懶惰」的越南男人？！越南台商在基層勞工聘僱之決策》。暨南大學東南亞所碩士論文。

謝國雄，1997，《純勞動：台灣勞動體制諸論》。台北：中央研究院社會所。

Bourdieu, Pierre 原著，蔣梓驊譯，2003，《實踐感》。南京：譯林出版社。

Gramsci, Antonio 原著，譯者不詳，《獄中扎記》，出版年月不詳。

Kuezynski, Rita 原著，林敏雄譯，2009，《與黑格爾同在的夜晚》。台北：星月書房。

Marx, Karl 與 Engles 原著，吳家馴譯，1990，《資本論》。台北：時報出版社。

Moore, Barrington, 1978, *Injustice: the social bases of obedience and revolt*. N.Y.: M. E. Sharpe.

Ong, Aihwa, 1987, *Spirits of Resistance and Capitalist Discipline: Factory Women in Malaysia*. Albany: State University of New York Press .

Rabinbach, Anson, 1990, *The human motor: energy, fatigue, and the origins of modernity*. New York: Basic Books.

Ramachandran, Selvakumaran, 1994, *Indian plantation labour in Malaysia*. Kuala Lumpur, Malaysia: S. Abdul Majeed & Co., Pub. Division.

Salaman, Graeme, 1985,"Factory Worker."Pp.1-21 in *Work, Culture and Society*, edited by Rosemary Deem and Graeme Salaman. Milton Keynes: Open University Press.

Thompson, E. P. 原著，沈漢、王加豐譯，2002，《共有的習慣》。上海：人民出版社。

Walder, Andrew 原著，龔小夏譯，1996，《共產黨社會的新傳統主義：中國工業中的環境和權力結構》。香港：牛津大學出版社。

Weber, Max 原著，張漢裕譯，1974，《基督新教倫理與資本主義精神》。協志工業叢書。

台灣東南亞研究的發展第一個三十年與下一個三十年：蕭新煌教授的貢獻

楊昊

一、台灣東南亞研究的學術發展：作為一門專業領域的開發

　　東南亞研究在台灣的發展有著漫長但卻相當單薄的歷史，它作為一門學問淵遠流長，最早受到日治時期的影響，研究著重在調查與資料的蒐集，而二戰之後的東南亞研究則因為國民黨政府播遷來台後並不重視相關領域研究而陷入百廢待舉的黯淡期（楊昊、陳琮淵 2013：5），之後的東南亞研究多半著眼於海外華人，發展歷史與比較政府的研究主題，但由於學科尚未建制化，相關研究多半由學者專家根據個別研究興趣與學科訓練發展各自的研究議程，以零散的方式存在於不同系所與學科領域之中。直到近期，東南亞研究在台灣的專業開發才開始有了建制化的發展，並且有計畫地培育新生代學術社群，才逐漸於近 30 年來朝向學科領域來推進。特別是區域研究議題與方法的本土化，更使得「台灣的」東南亞研究有了回應國際學界在理論知識與經驗發展上的特色；另外在學術世代的延續上因為相關系所與研究機構的建置，也出現了源源不斷的能量投入。近期台灣東南亞研究的發展趨勢則因為學術制度與合作網絡的國際化，從知識、人才、活動交流的蓬勃發展，將台灣的東南亞研究鑲嵌在亞洲的東南亞研究體系中並且成為一個重要環節。整體而言，台灣不只是東南亞研究的一個主要議題，甚至也是研究東南亞的一種方法參照與比較視野。

　　以上開發過程在近 30 年有了重要的改變。一方面讓台灣從亞洲的邊陲孤島逐漸導入亞洲主體，自成體系同時也成為區域研究知識與經驗脈絡的一部分。在此值得一提的是，蕭新煌教授在這個發展過程中扮演重要的推手角色。

（一）前三十年有成（1980-2010）

　　東南亞研究自 1980 年代發展迄今，可謂三十年有成。近 30 年來，台灣的東南亞研究不再只是華人研究，東南亞區域研究的「在地」關懷逐漸成為學者積極耕耘的重點，而學科領域上，從歷史系、政治系等相關東南亞課程的開設朝向不再侷限於歷史學或比較政府的研究主題，各種跨領域比較議程的多元化，讓來自於多元學術領域的專家學者加入東南亞研究的行列。在研究東南亞的社會科學方法上也不只是資料搜整，學科與知識體系的醞釀逐漸成為重點。換言之，不只是歷史方法或制度分析，移動與行動研究的扎根，亦即強調社會實踐的趨勢，更是

新的特色。在學術界，東南亞研究不再只有個別學者的單點（兵）作戰，學術機構的逐漸成熟發展與學術研究網絡的交流與擴散，讓台灣東南亞研究的團隊能量更整齊，在這個過程裡，蕭新煌教授的貢獻居功厥偉。

　　而東南亞研究對台灣而言不單純是學術研究，從 1990 年代起，包括相關系所與研究機構的設置、對外交與國內政策的深遠影響，讓東南亞成為國家發展與亞洲共同體的參照。進一步來說，蕭新煌教授的領銜角色促成了前述三十年累積的三種創新。

（二）前三十年的三種創新：之一

　　蕭新煌教授長期推動東南亞研究應該著重「**在（當）地**」主題的探索，而這正是東南亞研究在台灣第一個三十年的在地研究的創新。這項創新有兩個特色，其一，鼓勵「**到東南亞做研究**」的新動能：以移地與行動研究發展研究者與這個區域、所欲探索的國家、以及想要理解的社會行為者以及在地社會的認同感，其中關注了在東南亞國家的社會轉型與變遷路向（Hsiao 2010）、台商在東南亞各國的發展運作模式與挑戰（蕭新煌、金潤泰 2000；蕭新煌、龔宜君 2002；Dung-Sheng Chen, Sue-Ching Jou and Hsin-Huang Michael Hsiao 2008；蕭新煌 2011；Yang and Hsiao 2016）、民主政治與民主化研究（Hsiao and Koo 1997; Hsiao and Shih 1999；西川潤 、蕭新煌 2007；蕭新煌 2007；鄭力軒、林宗弘、蕭新煌 2013；Hsiao and Hsiao 2014）、各國中產階級與公民社會的比較（Hsiao 1993; Hsiao 1994; Hsiao 1995; Hsiao and So 1999; Hsiao, Lai, Liu, Magno, Edles and So 1999；蕭新煌、王宏仁 2000；Hsiao 2006；蕭新煌、王宏仁 2009；Hsiao, Kalleberg and Hewison 2015; Hsiao 2018a; Hsiao 2018b）、環境運動的發展與比較（Hsiao, Lai, Liu, Magno, Edles and So 1999）、以及東南亞客家的發展圖像等（林開忠、蕭新煌 2008；Hsiao and Lim 2015）。其二，「**做台灣的東南亞研究**」的新期待：這裡指的台灣的東南亞研究並不是「國族主義式」（nationalist）的界定（Hsiao 2016），而是突顯台灣這片土地上的東南亞特色與元素作為開發與提煉東南亞研究的主體，譬如，突顯生活在台灣的東南亞社群的社會意義與在地調適，包括東南亞跨國婚姻與外籍配偶（Wang and Hsiao 2009；蕭新煌 2012；黃登興、蔡青龍、蕭新煌編 2012）、新住民世代、移工、客家與各類僑民組織、甚至

是新創企業等，都成為台灣與亞洲各界研究東南亞的焦點。

（三）前三十年的三種創新：之二

　　相較之下，第二種創新的意義與「**研究群**」的多元擴散有關。早在 1983 年，台灣曾經有過「中華民國東南亞研究學會」，不過並未有延續性的發展。而東南亞作為一門學術專業領域的建制化累積是到了 1994 年，自中央研究院「東南亞區域研究計畫」啟動了新的開始，由點（學者培育）到線（鼓勵機構成立）到面（籌辦活動與成立學術組織）進行制度性的建構與串連、出版學術刊物、研究書目編彙、並大量累積學術研究能量、培育碩博士研究新秀。在 1990 年代，淡江大學東南亞研究所與國立暨南大學東南亞研究所暨研究中心的成立更是在北部與中部建立起培養年輕研究者的重要基地。其後，於 1999 年起，在蕭新煌教授與國內從事東南亞研究的資深學者帶領下，開展了「台灣的東南亞區域研究年度學術會議」系列，年年辦理，並且由不同的合作學校與系所持續推動迄今，是台灣最具規模、也是歷史最久遠的東南亞研究定期大型學術會議。[1] 到了 2016 年以後，隨著新一波的南向政策的推動，在台灣著重於東南亞的教學研究機構有了再擴散與再建構的契機，在蕭新煌教授的促成下，也形成了新的研究群與跨國合作機構。譬如政大東南亞研究中心即蕭教授在日本京都大學東南亞研究所擔任訪問教授期間所促成，這是第一所台灣與日本在台灣共同合作推動的東南亞研究機構，著力於台灣與亞洲東南亞青年學者的培育與交流，隨後也成為新的亞洲東南亞研究交流平台。在蕭新煌教授的帶領下，政大東南亞研究中心於 2017 年加入亞洲東南亞研究聯盟（Consortium for Southeast Asia Studies in Asia, SEASIA）同時在隔年擔任此一大型國際組織的秘書處，並且在 2019 年與其他 13 個成員機構在台北共同辦理「亞洲東南亞研究雙年會」（SEASIA Conference 2019）此一亞洲最重要的東南亞研究學術會議。

（四）三十年的三種創新：之三

　　最後，這 30 年來最明顯也是最深遠的創新是研究「**主題**」的創新：這是一

---

[1] 相關會議的研究成果亦有彙集成冊出版如：蕭新煌（2000）；顧長永、蕭新煌（2002）；蕭新煌、楊昊（2019）。

種由東南亞的華人史或比較政府研究轉向「真正在地」的東南亞主題探索的自我改造。這裡的「在地」具有雙重意義，其中包括「在東南亞的」客家族群（蕭新煌 2016；蕭新煌 2017）、各種在地文化與社會、政治與經濟、環境元素等東南亞在地深入比較研究、台商在東南亞與亞洲的比較分析（蕭新煌 1998）、各國的東南亞研究比較（蕭新煌、陳明秀 1999；蕭新煌、林淑慧 1995）、以及「在台灣的」東南亞移工與新住民的社會發展等議題。這些多元的創新主題也因此注入**「以人為中心」**的研究關懷，使得新生代的東南亞研究在理論知識上更緊扣國際趨勢、在研究技法上更貼近社會實況、在主題的呈現上也更能凸顯台灣研究社群所擅揚的場域。

二、跟隨蕭新煌教授與東南亞研究結緣的學習與省思

時間回到 1990 年代，我其實是台灣推動第一波南向政策的受惠者，早在就讀暨南大學外國語文學系之際，便對東南亞研究萌生興趣。大學在校期間除了修讀學校開設的東南亞與國際關係相關通識課程，自己也受業於東南亞所的師長如陳佩修教授與李美賢教授。我第一次見到蕭老師是在 2001 年的埔里，當時有幸參加由暨大東南亞所主辦的台灣的東南亞區域研究年度學術研討會，正準備申請政治學與國際關係研究領域碩士班的我，認識到另一種不同角度、多元內涵的東南亞研究。

但自己真正跟老師結緣是在 2006 年的中央研究院。當時我在中正大學政治學研究所就讀博士班，完成資格考後開始撰寫博士論文《東協想像共同體的結構化系譜分析：從空中樓閣到按圖索驥？》，隨後於 2006 年申請中研院亞太中心人文社會科學博士候選人培育計畫，當時有幸入選，並開始在中研院見學並且從老師帶領研究機構的效率與辦理國際會議及活動的龐大能量中受惠許多。博士班畢業之後，我曾擔任老師一項社會運動大事紀研究計畫的研究助理，檢視台灣的社會運動的新發展。隨後在 2009 年擔任中研院亞太中心博士後研究員工作，之後才前往政大國關中心任職，在過去十幾年的時間，我很榮幸可以近距離地跟隨並學習蕭新煌教授在深耕東南亞學術研究與投入社會實踐上的努力，始終保持向老師學習，在與老師合作的過程中，自己深刻感受到在學術研究能量與研究議題發

展、國際化與合作網絡的建構以及政策與社會實踐行動力獲得大幅的進步，這也成為我自己在教學與研究上時時鞭策自己得持續進步的指標與方向。

（一）深耕東南亞研究：議題比較研究與理論化開發能力的再開發

在 2009 年擔任中研院亞太中心博士後研究員工作之後前往政大國關中心任職並投入東南亞研究與教學的工作，在這段時間，蕭老師對於我研究方向與新領域的帶領與期許有非常重要的啟發，我們共同執行了兩年的中研院亞太區域研究專題中心的「東南亞孔子學院研究計畫」，我們分別前往東南亞（如越南、菲律賓、印尼、泰國、緬甸、寮國、柬埔寨、新加坡）、東北亞（日本、韓國）、美國與歐洲（如波蘭）的孔子學院與孔子課堂進行訪問與移地研究，發展以柔性權力（soft power，當時還沒有銳實力 sharp power 的概念〔楊昊、蕭新煌 2011〕）與「關係政治」為主軸的東南亞在地研究，從中探索中國如何藉由孔子學院來發展或滲透東南亞國家在政府、社會菁英、青年、僑界等領域的互動關係及運作網絡，同時比較來自在地社會不同部門的回應。我們被視為是全球最早一批從事孔子學院研究與出版的團隊，直到 2020 年的今天，國內與國際媒體及學界希望深入瞭解孔子學院發展主題與策略者，大多會向蕭老師請益（Hsiao and Yang 2008, 2009）。

過去幾年來，中國與東南亞關係的研究始終跳脫不了政府之間的外交政策分析或經貿關係的發展，我們一開始也依循中國對東南亞國家的經濟利誘分析，然後決定結合孔子學院的在地化關係網絡作為新議題開發的重要變數，同時佐以移地研究及訪談蒐集的豐富第一手資料，如實呈現孔子學院作為一套文化戰略工具的實際影響與運作模式（蕭新煌、楊昊 2014）。相關取徑跳脫了國家中心論的研究框架限制，並且擴充了國際關係研究者容易忽略的社會網絡及多元利害關係人面向。此一研究計畫主要在於揭露孔子學院的運作實貌，並且提供長期性的追蹤與觀察、以及批判性的解釋及分析，更重要的是，我們從事多國、多院的持續性比較研究。此一研究計畫最後也結合理念相近的國際研究團隊（日本、菲律賓、印尼、泰國、越南等國學者）在 2018 年集結成冊，出版 *China's Footprint in Southeast Asia* 一書，聚焦在柔性足跡（soft footprint）的概念，該書由新加坡國立大學出版社發行（Hiao, Diokno and Yang 2019）。

（二）一起來發展東南亞研究的國際學術網絡：理念相近夥伴的團隊協力合作

在學術研究之外，我從老師身上學到的寶貴一課是推動學術研究團隊合作與制度化合作團隊的重要性。特別是東南亞研究作為新興的跨領域主軸，在學科建制化的過程中面臨到各種挑戰，有志發展此一領域者，不能以單（兵）點作戰來因應，更不能閉門造車（只有面向國內社會或象牙塔內）。唯有凝聚理念相近的夥伴協力推進，同時要具備宏大視野，跨越國際藩籬，推動更制度性的國際合作，才能一方面強化台灣東南亞研究的能量，並且另一方面藉台灣與東南亞的連結性（connectedness）特色來豐富亞洲東南亞研究的多元內涵。

政治大學在校內設有國關中心、國際事務學院、外語學院、社會科學院等機構，其中有不少長期推動東南亞教學與研究工作的先進，但很可惜地始終缺少一個專責的研究機制來凝聚校內能量、發展國際合作網絡，突顯東南亞研究的重要性。在蕭新煌教授的促成下，政大在 2016 年 2 月 1 日成立了東南亞研究中心（CSEAS, NCCU）並且與日本京都大學東南亞研究所在制度上共同合作，除了在中心執委會由蕭教授與京大東南亞研究所所長河野泰之教授擔任兩位共同主席之外，雙方也以培育東南亞研究新生代學者為目標，每年辦理工作坊並推動共同研究圈。除了與日本的雙邊合作，政大東南亞研究中心也與越南社科院東南亞研究所、印尼大學東協研究中心、印尼艾爾朗加大學東協研究中心推動雙邊學術交流計畫，並且促成在印度埔那的富來明大學（FLAME University）籌設南亞與東南亞研究中心。

政大東南亞研究的國際聲望也具體地被提升。從人員的交流、系所與研究中心的成立、開設的課程、研究出版的強化、如同政大民族系系主任同時是東南亞研究中心兼任研究員王雅萍所言，「政大加強東南亞研究，不出手則已，一出手就與全世界十個最好、最頂尖的東亞研究中心簽訂備忘錄。」這就像是學術圈版的區塊鏈連結（蘇晨瑜 2019）。將台灣帶入東南亞研究的議程，將台灣的學術發展連動亞洲東南亞研究的基礎建設，成為一個部分，不可或缺。蕭新煌教授多次在關鍵時刻的登高一呼，熱情邀請志同道合的國際學術社群一起深耕東南亞研究，不僅為這個領域建立許多制度性合作典範、累積了豐碩的學術研究成果，同

時也培育許多年輕的研究新秀（如遍佈在國內外的亞太之友）。[2] 在國內外學術界有如此恢弘視野及氣度深耕東南亞研究的制度發展、建立並帶領大型研究團隊、以及孕育新生代社群的學術領袖屈指可數。

（三）社會與政策實踐的整合能量與行動力：新南向政策與行動智庫的打造

2016 年民進黨完成台灣的第三度政黨輪替並再次執政，蔡英文總統自 2016 年上任後，積極推動新南向政策（New Southbound Policy, NSP），作為發展與深化台灣與東南亞、南亞、紐西蘭與澳洲等 16 個夥伴國家夥伴關係的起手式。這項超越純粹經貿邏輯的南向新政，受到鄰近國家的矚目，當然也受到理念相近國家如美國、日本等關注。在 2016 年至 2018 年間，蕭新煌教授帶領政大東南亞研究中心發展推進台灣的「新南向政策」研究，同時也積極促成國家級旗艦國際對話平台的「玉山論壇：亞洲進步與創新對話」（Yushan Forum: Asian Dialogue for Innovation and Progress，簡稱玉山論壇）的辦理，蕭新煌教授擔任首屆玉山論壇的發言人，而蔡總統在 2017 年首度辦理的「玉山論壇」中，進一步宣示新南向政策是台灣的「亞洲區域戰略」（regional strategy for Asia），並於 2018 年成立了國家級的智庫「台灣亞洲交流基金會」（Taiwan-Asia Exchange Foundation, TAEF，簡稱台亞基金會）來促進與深化區域交流的協力平台與合作網絡。

從 2016 年到 2018 年間，強調以人為中心的新南向政策已經持續推進，就政府落實政策的階段成果來看，新南向政策已由最初的「新南向政策綱領」具體落實到「五大旗艦計畫暨三大潛力領域」；而從民間社會的角度來看，近幾年來南向新政所促進或搭建起的綿密社會鏈結與交流網絡，具體拉近了台灣與周邊亞洲國家及民間社會之間的信任與夥伴關係。在蕭老師帶領下成立的台亞基金會，積極採取創新方式推動行政院五大旗艦計畫的「新南向論壇及青年交流平台」，呼應以人為中心的政策理念，藉由凝聚民間力量、凸顯台灣在亞洲的具體貢獻，並活絡台灣與鄰近區域國家及理念相近國家的社會鏈結，同時擴大分享台灣的暖實

---

[2] 研究東南亞的年輕學術社群中有不少學者曾在碩士班或博士班、博士後階段獲得中研院亞太中心（CAPAS）的支持與培育，目前大多在國內外相關學術機構任職，同時彼此多有合作交流，持續深耕東南亞研究因而形成堅強的研究新世代，這群同好被稱為「亞太之友」或「亞太能量」（CAPASITY）在不同的系所與國家彼此支持、相互支援。

力（warm power）。

台灣在亞洲的角色與能量不僅限於經濟、貿易或投資領域的影響力，同時也包含彰顯社會文化特色的軟實力。值得注意的是，台灣近年來積極落實資源共享與共同體鏈結方面的成果，逐漸形成新的「暖實力」，而這也是相較於國際社會引以為戒的銳實力截然不同的風貌。台亞基金會也希望能藉由傳達新南向政策的暖實力意象，具體形塑台灣溫暖、務實與堅定的貢獻。

自 2018 年 8 月起，台亞基金會在蕭新煌董事長的帶領下啟動 5 項核心行動計畫，分別是：亞洲青年領袖計畫、智庫合作計畫、公民社會鏈結計畫、文化交流計畫與區域韌性計畫等。這 5 項核心行動計畫有三個「跨域協力」的新意義：第一是「議題領域」的協力。台亞基金會藉由推動其他外交、戰略或國防智庫並未關注的發展議題，開創並強化自身作為先導型行動智庫（pilot think and do tank）的能量。特別是發展對青年政策社群與公民社會領袖、社區與災難預防、文化與藝術平台機構的社會實踐與合作關係，彰顯出新南向政策關注東南亞、南亞與亞洲整體發展的關鍵環節。

第二是「平台組織」的跨域協力。台亞基金會所執行的每一項活動與能力建構計畫，都與國內、外智庫或公民社會組織建立長期、制度型的合作架構，強化跨部門、跨領域、民間社會能量的整合，並彰顯民間社會的努力成果，有助於打造及深化我國與鄰近區域國家關係及社會夥伴默契的「國家隊」。

第三跨域協力是以「玉山論壇」作為年度協力成果的展示場域。台亞基金會作為先導型行動智庫，除了提供政策建議與議題性的分析建議之外，各項計畫、活動與人際網絡都有系統地轉換成支持年度「玉山論壇：亞洲進步與創新對話」的重要工作小組與公部門與民間社會協力網絡。最主要的目的係將台灣的玉山論壇打造成重要的區域平台，而不只是一年一度的大型對話會議，同時，藉著基金會日常運作的過程，更希望能達到與亞洲國家及社會進行資訊交流、政策對話、同時促進跨國協調的累積性功能。

台亞基金會的設置，除了扮演先導型行動智庫，也希望能搭建多樣性的創新協力平台，以建構一個有效落實、擴展台灣新南向政策的「國家隊」。直到今天，在蕭新煌教授的帶領與大力推進下，台亞基金會所打造的協力平台具有三個層次的行動夥伴關係，而這也是蕭新煌教授對於台灣新南向政策最重要也是最深

遠的貢獻。第一層是台亞基金會與新南向政策夥伴國、以及理念相近國家的智庫、研究機構、公民社會組織的雙邊夥伴關係，相關合作成果展現在基金會的五大行動計畫中，累積成智庫與民間社會的跨國網絡及工作小組。

第二層行動夥伴關係是「亞洲深耕聯盟」（Asian Engagement Consortium, AEC）的協力網絡。在 2018 年 8 月 8 日，台亞基金會開幕式正式宣布成立「亞洲深耕聯盟」，此一聯盟係由台亞基金會與中華民國對外貿易發展協會、中華經濟研究院台灣東協研究中心、台灣海外援助發展聯盟、國家藝術文化基金會、遠景基金會、以及政治大學東南亞研究中心等長期關注亞洲發展、深耕亞洲戰略的民間機構共同發起。亞洲深耕聯盟的成立目的，在於打造多組雙邊關係、一個國家層級的公民社會跨部門協力平台，共同深耕台灣與亞洲的全方位夥伴關係，同時也共同辦理年度玉山論壇。此一國家隊的理念在 2019 年邁進第二階段，邀請成功大學越南研究中心、台灣民主基金會作為新成員機構，更強化亞洲深耕聯盟的新領域與新能量。

除了亞洲深耕聯盟，台亞基金會也在 2019 年 4 月 22 日與台灣防災產業協會、台北醫學大學、以及法蘭克福新時代傳媒共同發起「亞洲區域韌性聯盟」（Asia Regional Resilience Consortium, ARC）。這是新南向政策國家隊的第三層行動夥伴關係，藉由整合性的團隊關注災難管理與災害防治等亞洲關鍵挑戰，分階段地促進跨智庫、跨領域、跨產業的合作網絡。亞洲區域韌性聯盟將匯聚台灣民間社會的能量，協助政府永續推動新南向政策在強化災難預防、人道救援、以及厚植各地區應變能力上的具體經驗與貢獻。

這三層夥伴關係尤其強調「協力」與「行動」兩大特色，代表台亞基金會與台灣並非孤軍奮戰，而是藉由理念相近夥伴機構的雙邊與多邊實際合作行動，落實「以人為中心」的新南向政策的願景。舉例來說，亞洲區域韌性聯盟的設置，殷切期待透過「橫向的議題連結」以及「縱向的策略結盟」，關注亞洲重要區域韌性發展議題（災防、應變、災難管理的學術研究與教育、公民社會的自主防災經驗、災防國際網絡建立等）、跨部門（產業、政府與民間社會）與亞洲國家之互動與合作，深化各領域及國際網絡的締結，發揮策略綜效。

在這些具體的合作計畫的基礎上，台亞基金會希望能建立長久的制度夥伴關係，以功能性的工作會議、政策對話、能力建構計畫、人際網絡的發展與深耕，

彰顯台灣民間社會與政府部門的共同理念與協力夥伴關係。更重要的是，來自民間社會的提醒與建議，能有效促使政府持續檢討新南向政策的執行情況，進而達到有效的戰略調整。作為一個創立迄今仍未滿一年的先導型行動智庫，台亞基金會的年輕團隊積極開發各種創新的網絡，活絡與傳遞台灣的暖實力，同時也致力於深耕台灣與東南亞、南亞區域的社會鏈結。更重要的是，藉由國家隊與協力平台的促成，能讓更多民間社會的先進組織與機構的努力與成果，為國內社會、區域夥伴國家所看見。

這些創新作法與強化區域影響力倡議，受到國際智庫網絡的重視。美國賓州大學智庫與公民社會計畫（Think Tanks and Civil Societies Program）自 2008 年起定期發布全球智庫調查計畫，迄今已經有超過 10 年的歷史。在 2019 年 2 月最新釋出的《2018 年全球智庫指數報告》（2018 Global Go To Think Tank Index Report）中，台亞基金會獲選為「全球最佳新興智庫」（Best New Think Tanks），在全球 27 個成立時間未滿兩年的新興智庫中，代表台灣脫穎而出。

三、台灣東南亞研究的下一個世代：後三十年有願（今天至 2050）

長期以來，蕭新煌教授的帶領促使台灣的東南亞研究從學術校園的知識累積也開始有了更豐富的社會實踐意義並且啟蒙國家政策的設計與落實，這個過程在過去 30 年甚為明顯，特別是 2016 年迄今，樹立了具遠見的構想足以轉換成具體行動與實踐的「學以致用」典範。在未來的 30 年裡，台灣東南亞研究的下一個世代仍將受到蕭教授所啟蒙的東南亞研究與實踐方向所影響，將有四個「永續推進」的願景：其一，知識匯流、繼受與再創新的「永續推進」。由蕭教授長期積極培育的東南亞研究中生代與新生代學術社群，不僅將繼受台灣東南亞研究與亞洲東南亞研究的知識匯流，同時從中持續探索再創新的路向，就此，這也將促成台灣國際地位與學術地位的「永續正向發展」。換言之，台灣不再只是東南亞研究的邊陲孤島，透過制度鏈結與政策持續的推進將重新確立自身在亞洲主體中的位置，無論在學術研究領域上，或者是政治與國際發展議程上皆然。第三個永續是下一個世代的東南亞研究將更彰顯出「以當地社會」與「具台灣特色的」研究

成果，這也是蕭新煌教授早期打造的台灣東南亞研究的願景，未來在突顯台灣推動東南亞研究的知識座標與永續推進與國際及亞洲學界的制度化連結方面，也將有更多的能量引入。更重要的是，這些都與蕭新煌教授長期積極培育與深耕新生代東南亞研究群的努力密切相關。無論是前三十年有成或後三十年有願，蕭新煌老師對於台灣的東南亞學術研究、社會實踐、政策影響與人才培育都有極其深遠的貢獻與跨時代的影響力。

參考文獻

西川潤、蕭新煌，2007，《東アジアの社会運動と民主化》。東京：明石書店。

林開忠、蕭新煌，2008，〈家庭、食物與客家認同：以馬來西亞客家後生人為例〉。頁 57-78，收錄於財團法人中華飲食文化基金會編，《第十屆中華飲食文化學術研討會論文集》。台北：財團法人中華飲食文化基金會。

黃登興、蔡青龍、蕭新煌編，2012，《台灣越南配偶的族裔經濟》。台北：中央研究院亞太區域研究專題中心。

楊昊，陳琮淵，2013，〈東南亞研究在臺灣：匯流、繼受與創新〉。頁 3-26，收錄於楊昊、陳琮淵主編，《臺灣東南亞研究新論：圖象與路向》。台北：洪葉文化。

楊昊、蕭新煌，2011，〈觀察亞太和平與安全的新因素：中國與日本的東南亞柔性權力外交〉。頁 23-83，收錄於林正義、歐錫富編，《2009 亞太和平觀察》。台北：中央研究院亞太區域研究專題中心。

鄭力軒、林宗弘、蕭新煌，2013，〈東アジアにおける福祉政策の再検討〉。頁 115-137，收錄於園田茂人編，《リスクの中の東アジア》。東京：勁草書房。

蕭新煌，1998，〈台商的歷史、性格與發展困境〉。頁 21-44，收錄於亞太公共事務論壇編，《活潑台商，快樂地球：台商全球深耕運動》。高雄市：亞太公共事務論壇。

——，2000，《東南亞的變貌》。台北：中央研究院東南亞區域研究計畫。

——，2007，〈民主化の経験とは何だったか？〉。頁 78-87，收錄於西川潤，蕭新煌編，《東アジアの市民社会と民主化：日本、台湾、韓国にみる》。東京：明石書店。

——，2011，〈什麼是族裔企業？臺灣客家企業家又是什麼？〉。頁 1-5，收錄於江明修編，《客家企業家》。台北：智勝文化。

——，2012，〈越南配偶族裔經濟在台灣：綜述〉。頁 1-10，收錄於黃登興、蔡青龍、蕭新煌編，《台灣越南配偶的族裔經濟》。台北：中央研究院亞太區域研究專題中心。

——，2016，〈臺灣與東南亞客家意識的浮現〉。頁 35-46，收錄於桃園市政府客家事務局編，《2015 桃園市乙未客家紀念活動暨國際學術研討會論文集》。桃園：桃園市政府客家事務局。

蕭新煌、王宏仁，2000，〈形成中的東南亞中產階級初探〉。頁 257-290，收錄於蕭新煌編，《東南亞的變貌》。台北市：中央研究院東南亞區域研究計畫。

——，2009，〈從東亞到東南亞的中產階級研究：理論與經驗〉。頁 12-36，收錄於李春玲編，《比較視野下的中產階級形成：過程、影響以及社會經濟後果》。北京：社會科學文獻出版社。

蕭新煌、林淑慧，1995，《東南亞書目彙編》。台北：中央研究院東南亞區域研究計畫。

蕭新煌、林開忠，2013，〈自立、鄉愁與融入：越南配偶小吃店在臺灣〉。頁 103-142，收錄於林開忠編，《滋味的流轉：遷徙與地域飲食文化的形成》。台北：財團法人中華飲食文化基金會。

蕭新煌、金潤泰，2000，〈福建台商與山東韓商的比較〉。頁111-132，收錄於鄭赤琰、張志楷編，《台商與兩岸關係研討會論文集》。香港：嶺南大學族群與海外華人經濟研究部。

蕭新煌、陳明秀，1999，《東南亞、日本、韓國研究博碩士論文彙編》。台北：中央研究院東南亞區域研究計畫東亞資訊服務。

蕭新煌、楊昊，2014，〈孔子學院在中國－東南亞關係政治中的角色〉。《遠景基金會季刊》15(3): 1-56。

──（主編），2019《東南亞的新貌：轉型的動力與未來圖像》。台北：洪葉文化。

蕭新煌、羅玉芝，2017，〈臺灣與東南亞客家經驗比較的文獻回顧〉。頁41-106，收錄於蕭新煌編，《臺灣與東南亞客家認同的比較：延續、斷裂、重組與創新》。桃園／台北：國立中央大學出版中心／遠流出版事業。

蕭新煌、龔宜君，2002，〈台商的歷史、性格與未來發展〉。頁11-32，收錄於蕭新煌、王宏仁、龔宜君編，《台商在東南亞》。台北市：中央研究院亞太區域研究專題中心。

蘇晨瑜，2019，〈移地研究・看見彼此：政大東南亞研究中心〉。《光華雜誌》，https://www.taiwan-panorama.com/Articles/Details?Guid=ddb1a24d-9097-43d7-8278-ddae36fc5ce9&CatId=4。

顧長永、蕭新煌，2002，《新世紀的東南亞》。台北：五南圖書出版公司。

Chen, Dung-Sheng, Sue-Ching Jou and Hsin-Huang Michael Hsiao, 2008, "Transforming Guanxi Networks: Taiwanese Enterprises' Production Networks in Thailand and Vietnam." Pp. 149-165 in *Chinese Entrepreneurship in a Global Era*, edited by Raymond S. K. Wong. London; New York: Routledge.

Hsiao, Hsin-Huang Michael, 1993, "Discovering East Asian Middle Classes：Formation, Differentiation and Politics." Pp. 1-22 in *Discovery of the Middle Classes in East Asia*, edited by H. H. M. Hsiao. Taipei: Institute of Ethnology, Academia Sinica.

──, 1994, "Chinese Corporate Philanthropy in East and Southeast Asia: A Typology." Pp. 79-95 in *Evolving Patterns of Asia-Pacific Philanthropy*, edited by Ku-Hyun Jung. Seoul, Korea: Institute of East and West Studies, Yonsei University.

──, 1995, "The Growing Asia-Pacific Concern among Taiwan's NGOs; The Major Asia Pacific Research Institutions and Think Tanks in Taiwan; The Emerging Asia Pacific Regional Activities of Taiwan's Foundations." Pp. 239-244; 441-448; 625-635 in *Emerging Civil Society in the Asia Pacific Community*, edited by Tadashi Yamamoto. Japan: ISEAS(Singapore) and JCIE(Japan).

──, 2006, *The Changing Faces of the Middle Classes in Asia-Pacific*. Taipei: Center for Asia-Pacific Area Studies, Academia Sinica.

──, 2010, "Islam and the State: Teaching and the Political Reality." Pp. 27-32 in *Islam in Contention: Rethinking of State and Islam in Indonesia*, edited by Ota Atsushi, Okamoto Masaki and Almad Suaedy. Jakarta, Kyoto and Taipei: Wahid Institute, CSEAS, University of Kyoto and CAPAS, Academia Sinica.

──, 2016, "The Historical Construction of Southeast Asian Studies: Korea and Beyond." *Southeast Asian Studies* 5(1), 157-160.

──, 2018a, "The tripartite links of middle class, civil society and democracy in Taiwan: 1980-2016." Pp. 23-38 in *Middle Class, Civil Society and Democracy in Asia*, edited by Hsin-Huang Michael Hsiao. London & New York: Routledge.

──, 2018b, "Comparing the tripartite links of middle class, civil society and democratization in Asia: Positive, Dubious and Negative." Pp. 3-19 in *Middle Class, Civil Society and Democracy in Asia*, edited by Hsin-Huang Michael Hsiao. London & New York: Routledge.

Hsiao, Hsin-Huang Michael and Hagen Koo, 1997, "The Middle Classes and Democratization." Pp. 312-333 in *Consolidating the Third Wave Democracies: Themes and Perspectives*, edited by Larry Diamond and Marc F. Platter. Baltimore: The Johns Hopkins University Press.

Hsiao, Hsin-Huang Michael and Alvin So, 1999, "The Making of the East Asian Middle Classes: The Five Propositions." Pp. 3-49 in *East Asian Middle Classes in Comparative Perspective*, edited by H. H. Michael Hsiao. Taipei: Institute of Ethnology, Academia Sinica.

Hsiao, Hsin-Huang Michael and Hsiao-Shih Cheng, 1999, "Taiwan: Democracy, Governance and Economic Performance". Pp. 109-136 in *Democracy, Governance, and Economic Performance: East and Southeast Asia*, edited by Ian Marsh, Jean Blondel, Takashi Inoguchi. Tokyo: United Nations University Press.

Hsiao, Hsin-Huang Michael, On-Kwok Lai, Hwa-Jen Liu, Francisco A. Magno, Laura Edles and Alvin Y. So, 1999, "Culture and Asian Styles of Environmental Movements." Pp. 210-229 in *Asia's Environmental Movements*, edited by Yok-Shiu Lee and Alvin So. N.Y.: M.E.Sharpe.

Hsiao, Hsin-Huang Michael and Alan H. Yang, 2008, "Transformations of China's Soft Power toward ASEAN." *China Brief: A Journal of Analysis and Information* 8(22): 11-15.

──, 2009. "Soft Power Politics in the Asia Pacific: Chinese and Japanese Quests for Regional Leadership." *Asia-Pacific Forum* 43: 111-129.

Hsiao, Hsin-Huang Michael, I-Chun Kung and Hong-Zen Wang, 2010, "Taishang: A Different Kind of Ethnic Chinese Business in Southeast Asia." Pp. 156-175 in *Chinese Capitalisms: Historical Emergence and Political Implications*, edited by Yin-Wah Chu. New York: Palgrave Macmillan.

Hsiao, Hsin-Huang Michael and L. C. Russell Hsiao, 2014, "After the Strongmen: The Beginning of Democracy in Asia?" Pp. 3-17 in *Democracy or Alternative Political Systems in Asia: After the Strongmen*, edited by Hsin-Huang Michael Hsiao. London & New York: Routledge.

Hsiao, Hsin-Huang Michael and Khay-Thiong Lim, 2015, "History and Politics of National Cuisine: Malaysia and Taiwan." Pp. 31-55 in *Re-orienting Cuisine: East Asian Foodways in the Twenty-First Century*, edited by Kwang Ok Kim. UK: Berghahn Books.

Hsiao, Hsin-Huang Michael, Arne L. Kalleberg and Kevin Hewison, 2015, "Featuring Policies on Precarious Work in Asia." Pp. 1-11 in *Policy Responses to Precarious Work in Asia*, edited by Hsin-Huang Michael Hsiao, Arne L. Kalleberg and Kevin Hewison. Taipei: Institute of Sociology, Academia Sinica.

Wang, Hong-Zen and Hsin-Huang Michael Hsiao, 2009, "Gender, Family and State in East Asian Cross-Border Marriages." Pp. 1-12 in *Cross-Border Marriages with Asian Characteristics*, edited by Hong-Zen Wang and Hsin-Huang Michael Hsiao. Taipei: Center for Asia-Pacific Area Studies, Academia Sinica.

Yang, Alan Hao and Hsin-Huang Michael Hsiao, 2016, "Tai-shang (Taiwan Business) in Southeast Asia: Profile and Issues." Pp. 213-229 in *Chinese Global Production Networks in ASEAN*, edited by Young-chan Kim. Switzerland: Springer.

泰國拉瑪九世（1946-2016）政治遺緒的初探

陳佩修

一、前言

　　泰國拉瑪九世國王蒲美蓬（King Bhumibol Adulyadej, Rama IX）於 2016 年 10 月 13 日辭世，他是當代全球在位期間最長的立憲君主（1946-2016），也是全球最富有的王室，更是實質擁有國家最高政治權威的「虛位」元首。在蒲美蓬國王統治的 70 年間，泰國塑造出獨特的「泰式民主」（Thai-Style Democracy），是當代新興民主政體中的異數。

　　在 21 世紀東南亞的新民主政體中，泰國的民主體制以最快的速度崩壞、民主進程也以最大的幅度逆轉，泰國民主正處於情勢迫切且結構深層的危機之中。21 世紀泰國民主在持續及大規模的政治動盪中顯得搖搖欲墜，而 2006 年與 2014 年的兩場軍事政變將植基於選舉正當性的「塔信體制」（Thaksin Regime, 2001-2014）徹底終結，逆轉了泰國民主化進程，將泰國政治拉回 1980 年代的「半民主」（semi-democracy）政體，之後甚至迅速一舉回到 1970 年代的「軍事威權」（military authoritarianism）體制。是什麼樣的關鍵因素控制了泰國的政治結構並驅動了這樣一場急遽且徹底的「民主退卻」（democratic retreat）？蒲美蓬時代所建立的泰式民主可以長期穩定運作的原因為何？蒲美蓬晚期的泰國政治進入新興選舉政體與保守王權結構對抗的動盪情勢，他的政治抉擇以及他的離世對泰國政治穩定與民主發展而言具有何關鍵影響？蒲美蓬的「政治遺緒」毋寧是一個值得研析的重大議題，因涉及議題層面廣泛，在學界進行系統性研究之前，本文即是一個初步的探析，針對若干構面提出討論。

二、「泰式民主」的學理思辨與現實考察

　　國家體制與發展繫乎（蒲美蓬）一人的當代泰國，在「後蒲美蓬時代」的開端，僅在「王位繼承」的實踐上就已顯現出泰國政治前景充滿不確定性的徵兆與氛圍；因此，針對蒲美蓬時代泰國的「國家體制」與「民主治理」進行系統回顧，重新檢視與評估，有其學術意義與價值。證諸「泰國研究」（Thai Studies）國際學術社群累積的研究成果統合分析，泰式民主的內涵具有「學理思辨」與「現實情勢」的雙重意義：

（一）學理思辨

當代泰國所塑造出的獨特「泰式民主」，是一種學界普遍接受的特殊「民主類型」，也是當代新興民主政體中的異數；而形塑泰式民主的過程，軍人並未脫離政治而是與文人共治，這是「民主轉型」理論的一個「反例」[1]。

泰式民主的主要構成元素包括：在立憲君主政體下進行「王權建構」，調和「文武關係」（civil-military relations）以推動民主轉型，軍文共治的「半民主」體制，以及「自足經濟」（sufficiency economy）哲學指導社經發展；這些路徑塑造出一個以實質王權為核心的「網絡皇室」（network monarchy）[2] 體制，宰制了當代泰國的政經發展與社會變遷。在學理上，針對蒲美蓬時代 70 年政治變遷與民主發展的系統分析，將對國內與國際「泰國研究」與「東南亞研究」學術社群有所回饋。

（二）現實情勢

泰國拉瑪九世蒲美蓬國王於 2016 年 10 月 13 日辭世，他是當代全球在位期間最長的立憲君主（1946-2016），也是全球最富有的王室，更是擁有國家最高政治權威的「虛位」元首。在蒲美蓬國王統治的 70 年間，泰國塑造出獨特的「泰式民主」，是當代新興民主政體的異數。蒲美蓬國王的逝世，是泰國一個時代的終結，對於泰國政經社會總體發展的影響深遠。

21 世紀東南亞新民主政體中，泰國的民主體制以最快的速度崩壞，泰國民主正處於情勢迫切且結構深層的危機之中。21 世紀泰國民主在持續及大規模的政治動盪中顯得搖搖欲墜，而 2006 年與 2014 年的兩場軍事政變將基於選舉正當性的「塔信體制」徹底終結，逆轉泰國民主化進程，將泰國政治拉回 1980 年代

---

[1] 泰國經由「重塑文武關係」（civil-military reform），透過軍文共治成功推動民主轉型，是杭廷頓（Samuel P. Huntington）修正民主轉型理論（提出「軍人脫離政治是成功民主轉型的先決條件」說）這一「杭廷頓鐵律」的唯一反例。Samuel P. Huntington, 1995, "Reforming Civil-Military Relations." *Journal of Democracy* 6(4): 9-17.

[2] 泰國「網絡皇室」（network monarchy）一詞是由學者 Duncan MaCargo 所提出，旨在呈現泰國王室與資本家、官僚政體及軍事組織之間的密切聯繫，建構起一個網絡型態的巨型王室。Duncan MaCargo, "Network monarchy and Legitimate Crisis in Thailand." *Pacific Review* 18(4): 499-519。

的「半民主」政體，甚至一舉回到 1970 年代的「軍事威權」體制。是什麼樣的關鍵因素控制了政治結構並驅動了這樣一場急遽且徹底的「民主退卻」？而蒲美蓬國王的去世對泰國政治穩定與民主發展而言，是「危機」抑或「契機」？這是一個複雜且難以遽下定論的議題。

　　古人以「三十年為一世、十年為一代」，經歷蒲美蓬國王兩世一代的統治，泰國擁有高度現代化的社會經濟與深度的全球化聯結；然而，在政治的制度化與民主化方面，王室與效忠王室的軍隊介入與支配政治，導致政治衝突不斷，民主化路程崎嶇甚至逆轉。蒲美蓬國王對現代泰國政治介入甚深、影響深遠，雖譽滿天下，謗亦隨之；然而，對泰國人民而言，蒲美蓬國王沒有蓋棺論定的問題，「聖王仁君」已是其身後泰國人民對他的評價，他是這個世代泰國的典範。然而，就客觀事實衡量，蒲美蓬時代「王權（實質王權）與民權（選舉民主）的衝突」恰是泰國政治變遷與民主起伏的主軸，這樣的說法是否成立？

三、「蒲美蓬政治遺緒」作為一個研究問題

　　本文的研究命題可以如下描述：蒲美蓬國王時代（當代泰國政治的同義詞）的「泰式民主」是以「君主立憲政體下的『實質王權』（authentic kingship）建構」為核心，透過「調和『文武關係』推進民主轉型」及「以『自足經濟』哲學為指導的經濟發展」為途徑，所達成的一種「由『網絡皇室』制約『選舉民主』（electoral democracy）」的政治體制。蒲美蓬的政治遺緒，就是泰式民主的效應。

　　21 世紀兩度軍事政變後的泰國政局演化實為觀察東南亞新民主發展的絕佳場景：集傳統價值與正當性於一身的蒲美蓬國王一貫透過操縱「政變毀憲」以重啟「政治循環」的方式，位居泰國政治的核心，在 21 世紀亦然；「泰式民主」的精神指導、政治制度的真正價值都將在現階段泰國政治場域中經過一再的試煉。然而，蒲美蓬國王過世後，泰國政治「系統性」裂解或崩壞的問題已無法迴避，「後蒲美蓬時代」的泰國政治會如何展開？分析這個問題不能憑藉紛至雜沓的訊息憑空臆測，而應系統性「解析」蒲美蓬時代的統治，甚至「解構」泰式民主的建制，方能建立分析後蒲美蓬時代泰國政治的觀點與架構。

　　本文所謂蒲美蓬政治遺緒的系統研究，係指研究者自「結構」、「動力」、「承

繼」與「轉換」的角度，研析：

1. 蒲美蓬國王的「王權建構」過程與「網絡皇室」的組織與運作。透過解構「樞密院」、「皇室資產管理局」以及其他王室機構與民間社會組織，解析泰王的政治角色功能及其與泰式民主演化的關係，這是解析當代泰國政治變遷與民主演變的最核心命題。

2. 軍方政治角色的變化與文武關係的再塑造對泰國政治體系的衝擊效應。軍方是驅動泰國政治過程的主要動力，特別是泰國軍隊具有「皇室化軍隊」（monarchized military）[3]的特性，不能錯誤解釋泰國軍隊的政治角色，而須釐清其在皇室網絡中的動態位置。

3. 選舉民主政體的「遺緒」及其復起的動力。被罷黜的塔信以及被企圖終結的「塔信體制」的社會支持與政治動員能力在新國王拉瑪十世簽署「新憲法」後，能否透過選舉重新取得政治體系的議價能力，在 2019 年國會大選中崛起並引發政治改革風潮的「未來前進黨」（Future Forward Party）及其具政治魅力的領袖塔納通（Thanathorn Juangroongruangkit）能否在軍事威權體制透過新憲法保障的選制經由選舉復辟的後塔信時代再度號召民主運動，承繼民主體制，至為關鍵。

4. 泰國社會階層的流動，特別是中產階級的「民主反動」是否將持續導引泰國政治中的階級對抗形勢。1980 年代泰國被稱為「新富階級」（The New Rich）的新興中產階級是推動 1990 年代泰國民主轉型的主要力量，「行動電話族」在 1992 年「黑色五月」示威中造成軍政府垮台，是泰國當代選舉政治的濫觴。然而，21 世紀前十年泰國政治風起雲湧（黃衫軍 vs. 紅衫軍），中產階級政治態度丕變，成為結合保守勢力反對民選塔信政權的主力。

四、「蒲美蓬政治遺緒」研究的重要性與學術意義

蒲美蓬政治遺緒研究的重要性彰顯在兩個層面：

---

[3] Paul Chambers and Napisa Waitoolkiat, "The Resilience of Monarchised Military in Thailand." *Journal of Contemporary Asia* 46(3): 425-444.

（一）學理層面

在國際「泰國研究」學術社群中，關於泰國王室（特別是針對泰王拉瑪九世蒲美蓬）的學術專門著作，對照整體泰國研究著作的汗牛充棟，可謂鳳毛麟角；這一現象與泰國政府將議論（包含學術研究在內）王室與國王視為高度禁忌，且動輒以嚴厲刑罰（本刑 3 年以上、15 年以下）的「蔑視王室罪」（*Lèse-majesté*）（泰國刑法第 112 條）相繩有關。針對泰國王室政治角色以及泰王拉瑪九世蒲美蓬政治遺緒的研究，將對「泰國研究」最重要的一塊缺角，做出補白，增益「泰國研究」的內涵。

（二）實務層面

有鑒於泰國在東協經濟共同體（ASEAN Economic Community, AEC）時代的重要性日益增加，成為連結「東協新四國」（柬寮緬越，CLMV）的核心，領導「大陸東南亞」五國（CLMVT）建立次區域體系，對泰國政經發展的回顧研究與前瞻研析，將對台灣「新南向」政策的推動有所助益。特別是基於對泰國政治結構與成員類型的理解，透過「學術外交」駐點（泰國）研究計畫，經由學術途徑擴大及提升與泰國學界、智庫以及官方的關係網絡，實質達成政策性的目標。

五、「蒲美蓬政治遺緒」研究文獻評述

因蒲美蓬國王甫辭世三年，直接論述蒲美蓬政治遺緒的學術專著仍付諸缺如。在有關蒲美蓬國王及其王位繼承（royal succession）問題與影響的專書中，最為學界關注者有三：

1. Marshall, Andrew MacGregor, 2014, *A Kingdom in Crisis: Thailand's Struggle for Democracy in the Twenty-First Century*. London. Zed Books.
2. Handley, Paul M., 2006, *The King Never Smiles: A Biography of Thailand's Bhumibol Adulyadej*. New Haven: Yale University Press.
3. Stevenson, William, 2001, *The Revolutionary King: The True-life Sequel to "The King and I"*. New York: Robinson Publishing.

　　Marshall 的這本著作無疑是本世紀最引起爭議也引發討論的蒲美蓬專著，作者鉅細靡遺地描述泰國國王辭世之後遺體的處理過程作為引言，此即足以觸怒泰國當局引發爭議而模糊了本書對泰國君主體制與蒲美蓬思維的深入考證與條分縷析。本書「揭露」了在泰國被視為禁忌的王室秘辛，並據以深刻地分析其對蒲美蓬即位以後的影響，以及蒲美蓬辭世後繼承問題的發展脈絡。Handley 則是側重蒲美蓬個人的描寫分析，使用「從不曾笑的國王」為專書標題，此亦足以使該書在泰國被禁，而 Handley 與 Marshall 當然是被泰國政府宣布為不受歡迎人物而禁止入境。Stevenson 因獲得與蒲美蓬國王訪談的機會而採取完全不同的角度論述，對於蒲美蓬的王權建構過程有詳細的論述，論證蒲美蓬擁有的不是「天賦王權」而是「革命王權」。

　　上述著作透露許多政壇內幕與皇室秘辛，引人入勝；然而，缺乏學術研究著作針對此一關鍵議題析論之，誠為一大遺憾。鑑於「後蒲美蓬時代」為時尚短，可進行實證研究之事實素材亦少，本文擬以「蒲美蓬時代」的政治結構與政治進程進行文獻探討，並試行歸納出可連結後蒲美蓬時代研究之脈絡。

　　筆者過去對泰國政治的研究著重在解析泰國政治系統三大構面（軍事體系、文人政體、網絡皇室）中的前兩項：在軍事體系方面，關注「文武關係」與「軍事政變」；在官僚政體方面，關注「塔信體制」與「選舉政治」。至於這兩項與網絡皇室的系統連動關係，則是探究蒲美蓬時代的關鍵議題範圍。茲略述如圖 1：

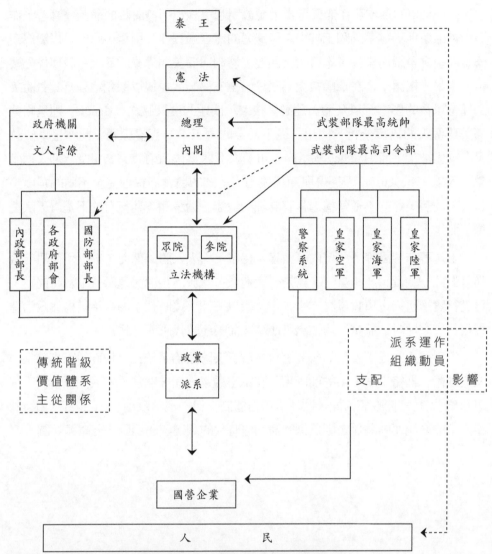

圖 1　泰國王室、武裝部隊與文人政體互動關係結構圖

參考資料：Robert F. Zimmerman, 1978, "Reflections on the Collapse of Democracy in Thailand." Occasional Paper No. 5. Singapore: Institute of Southeast Asian Studies.

六、蒲美蓬時代泰國政治的典範轉移：「官僚政體」vs.「網絡皇室」

（一）舊典範：「官僚政體」模式

　　誠如泰國著名政治學者 Likhit Dhiravegin 所言：雷格斯（Fred Riggs）的「官僚政體」（the bureaucratic polity）理論對泰國研究者而言，已經成為一種常識，甚至是一種陳腔濫調（cliché）。[4] 從立基這種對「官僚政體」模式「寓褒於貶」[5] 的評述裡，不難體會雷格斯的官僚政體模式對當代泰國政治研究的巨大影響力。

　　雷格斯是以西方社會與政治理論，特別是「現代化」（modernization）理論，作為泰國「官僚政體」的論述基礎；在 1980 年初期「現代化途徑」（modernization approach）尚未遭到學界批評之前，泰國研究學者之間對「官僚政體」模式的適用性具有高度的共識。在雷格斯的著作出版之前，威爾森（David Wilson）的論述是戰後有關泰國政治研究的代表，也是「官僚政體」模式的基礎。[6]

　　威爾森從系統理論的觀點指出：泰國的「官僚政體」是一個具封閉性的政治體系，由高階文官與軍事菁英的互動決定全部的政治「輸出」（outputs）；至於官僚政體外部的各種力量（extra-bureaucratic forces）對政治體系的「輸入」（inputs）則是虛弱的，也慣為官僚政體所忽視。Wilson 自文化的角度提出解釋：「泰國人民普遍對政治不感興趣，甚至形成『政治冷漠』（apolitical）的群眾性格，主要因為泰人具有個人主義傾向（individualistic）與階級地位的自覺（status-conscious）；在鬆散的社會結構中，佛教信念促使泰人熱衷累積個人功德（personal merit），對社群（community）的發展並不投入。」[7]

　　威爾森有關泰國政治與社會的概念，諸如「鬆散社會結構」（loosely social

---

[4]　Likhit Dhiravegin, 1978, "The Bureaucrats' Role in Thai Politics: The Bureaucratic Polity Confirmed?" *Journal of Social Sciences* (published by Chulalongkorn University), Vol.XV, No.3 (July-September), collected in Likhit Dhiravegin, 1985, *Thai Politics: Selected Aspects of Development and Change*, p.233. Bangkok: Tri-Science Publishing House.

[5]　Likhit Dhiravegin, 1992, *Demi-Democracy: The Evolution of the Thai Political System*, p.203. Singapore: Times Academic Press.

[6]　David Wilson, 1962, *Politics in Thailand*. Ithaca, NY: Cornell University Press.

[7]　David Wilson, *op. cit.*, pp.64-67.

structure)、「政治消極性格」(political passivity)、「軍人與官僚主導政治」(military and bureaucratic domination of politics)、「虛弱的官僚政體外部影響力量」(weak extra-bureaucratic influences) 等，形成泰國研究的核心論點。雷格斯接續威爾森的研究途徑，並建立一個完整的結構功能模型，成為 1970 年代分析泰國政治發展模式的典範。[8]

雷格斯的「官僚政體」模式具有兩項基本特性：第一、國家機關 (state apparatus) 對官僚體系外部力量 (政治組織與社會團體) 的制約，具有非常高度的抗壓性；第二、政治運作的型態主要依循官僚體系內部軍人與官僚菁英的互動結果，而非因應外部社會結構 (正式組織、階級或利益團體) 的要求。[9] 因此，「官僚政體」的「操作型」定義如下：「政治體系同時存在一個強力而穩定的官僚組織以及一個介入並主導政治的軍隊組織。」；誠如 Kevin Hewison 所言：「(泰國) 每次政變發生，造成議會政治中止，就是對『官僚政體』存在的再一次確認 (reconfirmation)。」[10]

「強國家‧弱社會」一直是傳統學界有關泰國研究的基本論調。以「鬆散社會結構系統」(loosely structured social system) 描述泰國社會的特性，肇始於 1950 年人類學家安伯芮 (John F. Embree) 的論述；[11] 後經美國康乃爾大學 (Cornell University) 在 1953 年一項對泰國磅占村 (Bang Chan Village) 的鄉村研究計畫報告中採用，[12] 自此聲名大譟，成為 1950 年代與 1960 年代泰國研究的一項主流觀點，與前述「官僚政體」同為泰國研究的基本理論。安伯芮對泰國社會的觀察是：「就相對的文化整合 (cultural integration) 程度而言，泰國呈現

[8] Ansil Ramsay, 1971, *The Development of Bureaucratic Polity: The Case of Northern Siam*. Ph.D. dissertation, Cornell University.

[9] Fred W. Riggs, 1966, *Thailand: The Modernization of a Bureaucratic Polity*, pp.15-26. Honolulu: East-West Center Press.

[10] Kevin Hewison, 1997, "Introduction: Power, Oppositions and Democratization." Pp.4-5 in Kevin Hewison, ed., *Political Change in Thailand – Democracy and Participation*. N.Y.: Routledge.

[11] John F. Embree, 1950, "Thailand – A Loosely Structured Social System." *American Anthropologist*, Vol.11, adapted in Hans-Dieter Evers, ed., 1969, *Loosely Structured Social System: Thailand in a Comparative Perspective*, pp.1-22. New Haven, CT: Yale University Press.

[12] Lauriston Sharp, et al., 1953, *Siamese Rice Village: A Preliminary Study of Bang Chan, 1948-1949*. Bangkok: Cornell Research Center.

出一種『鬆散的』（loose）社會結構特質，與日本『緊密的』（tight）社會組織恰成鮮明對比。」這一「鬆散社會結構」的基本論點在於：「結構鬆散的社會中，分歧的個人價值與行為容易凸顯，形成對群體統一規範的挑戰；在緊密的社會結構中，權利的『互惠性』（reciprocity）與個人對群體的責任被普遍接受，成為社會秩序的基礎。」這種文化人類學的觀點漸為社會學研究者所採納，透過結構功能主義（structural functionalism）的闡述，進而成為政治社會化（political socialization）的重要概念；這一脈絡在泰國研究的發展過程中，尤其明顯。

　　筆者認為，泰國政治制度化的低落，例如政黨體系的功能不彰，與政治文化中根深蒂固的個人主義與人際網路，形成鬆散的社會結構有關。Anek Laothamatas 在論及泰國官僚政治的運作時指出：「（泰國）社會團體與階級的溫和性格、鬆散組織與對政治的遲鈍是泰國國家機關決策具壟斷性的主因。即使若干較激進的社會團體，例如學生、勞工、農民等，對政策的影響力也是相當有限的；社會團體或階級通常只能透過非正式的途徑影響政策，尤其是主從關係管道（clientelistic channel）。」[13] 此外，泰國社會存在著強烈的保護與被保護間的「主從」（patron-client）關係，這種關係不僅有助於官僚科層的發展，也有利於鞏固「政府上‧社會下」的關係。

　　1950 年代與 1960 年代是「鬆散社會結構」理論盛行的時期；1969 年 Akin Rabibhadana 提出著名的「主從關係」（patron-client relations）論點，就是以「鬆散結構」描寫泰國社會的本質。[14]Clark Neher 也指出：「主從關係」是泰國社會整合的主要力量。[15] 而將「鬆散結構」概念運用於泰國研究的極致是 Neils Mulder 所提出「日常生活意涵」（meaning of everyday life）的研究概念。[16] 然

---

[13] Anek Laothamatas, 1988, "Business and Politics in Thailand: New Patterns of Influence." *Asian Survey*, Vol.XXVII, No.4 (April): 451-453.

[14] Akin Rabibhadana, 1969, *The Organization of Thai Society in the Early Bangkok Period, 1782-1873*. Ithaca, NY.: Cornell University Press; Akin Rabibhadana, 1975, "Clientship and Class Structure in the Early Bangkok Period." Pp.43-59 in William G. Skinner and Thomas Kirsch, eds., *Change and Persistence in Thai Society: Essays in Honor of Lauriston Sharp*. Ithaca, NY: Cornell University Press.

[15] Clark Neher, 1981, *Politics in Southeast Asia*, p.121. Cambridge: Schenkman Publishing.

[16] Neils Mulder, 1996, *Inside Thai Society: Interpretations of Everyday Life* (reversed from 1979 edition), pp. 105-113. Amsterdam: The Pepin Press.

而，1973 年學生暴動的「十月革命」事件後，泰國知識界的主要興趣集中在對政治與社會變遷的分析，馬克思主義（Marxism）在對泰國社會結構（特別是農村的變遷）的功能分析上，扮演主要的角色。[17] 至 1980 年代，泰國知識界焦點轉向國家與民族的「認同」問題，以因應社會快速變遷的衝擊。[18] 1990 年代，民間團體與非政府組織的崛起，並在促進民主參與方面扮演關鍵性的角色，「市民社會」途徑（civil society approach）成為研究的重要方法。[19]

「鬆散結構」理論在 1960 年代末期遭受許多批評。Hans-Dieter Evers 在 1969 年所編輯的《鬆散結構的社會系統：比較觀點下的泰國》一書是學界（人類學界）對「鬆散社會結構」概念的一次綜合性重估；[20] 學者批評安伯芮所採用的古典功能主義只能適用於「緊密」的社會結構，「鬆散結構」論點缺乏形成一般理論（general theory）的內涵。[21]

日籍學者 Atsushi Kitahara 的研究指出：「支持安伯芮這種結構功能說的論者，過度強調文化因素對社會結構的影響力。」[22] 他認為，在「緊密」的社會結構（例如日本）中，是可以適用古典結構功能主義的論點；但在異質性社會結構（例如泰國）中，困難度就大幅提升。此外，「鬆散結構」對泰國社會的適用性到達何種程度，也是一個高度爭執性的問題。[23]

基於「官僚政體型」與「鬆散社會結構」的論點，泰國著名政治學者 Chai-

---

[17] Jack M. Potter, 1976, *Thai Peasant Social Structure*. Chicago: University of Chicago Press.

[18] Craig Reynolds, ed., 1991, *National Identity and Its Defenders: Thailand, 1939-1989*. Chiang Mai: Silkworm.

[19] 請參見：Pei-Hsiu Chen, 1999, "Non-Government Organizations and Democratization in Thailand, a Civil Society Approach." paper presented at the the 7th International Conference on Thai Studies, Amsterdam, the Netherlands, July. 4-8, 1999.

[20] Hans-Dieter Evers, ed., 1969, *Loosely Structured Social System: Thailand in a Comparative Perspective*. New Haven, CT.: Yale University Press.

[21] Steven Piker, 1969, "Loose Structure and the Analysis of Thai Social Organization." Pp.47-64 in Hans-Dieter Evers, ed., *Loosely Structured Social System: Thailand in a Comparative Perspective*. New Haven, CT: Yale University Press.

[22] Atsushi Kitahara, 1996, *The Thai Rural Community Reconsidered: Historical Community Formation and Contemporary Development Movements*, p.137. Bangkok: The Political Economy Centre, Faculty of Economics, Chulalongkorn University Press.

[23] ibid.

Anan Samudavanija 與 Likhit 均以「惡性循環」（vicious circle or vicious cycle）一詞指稱 1973 年以前泰國的動態政治過程。[24]（圖 2）

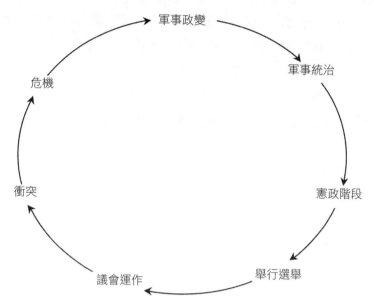

圖 2　泰國「惡性循環」的政治過程

資料來源：Likhit Dhiravegin, 1992, *Demi-Democracy: the Evolution of the Thai Political System*, p.145. Singapore: Times Academic Press.

針對「惡性循環」的政治過程說明如下：

泰國軍方在成功發動政變後，軍事菁英通常會掌控政治權力一段時間，然後組成臨時政府。臨時政府的總理可能是軍事將領或委由具崇高聲望的文人出任。聯合政府隨即公布憲法，並接著舉行大選。大選結束後由參、眾兩院議員組成政府。新政府成立一段時間（所謂的「蜜月期」）之後，接踵而至的各種體系內的衝突[25] 將可能升級為政治危機，嚴重阻礙新政府的正常運作。政府的效能不彰、

---

[24] Likhit Dhiravegin, 1992, *Demi-Democracy: The Evolution of the Thai Political System*, p.147. Singapore: Times Academic Press.; Chai-anan Samudavanija, 1982, *The Thai Young Turks*, pp.1-5. Singapore: Institute of Southeast Asian Studies.

[25] Likhit Dhiravegin 將泰國政治體系內的衝突區分為五種類型：一、政治領導階層的權力爭奪；二、對重大政經政策的意見分歧；三、新舊政治勢力的衝突；四、軍方內部派系的衝突；五、軍方（特別是陸軍）、警察系統與文人政客之間的衝突。請參閱：Likhit Dhiravegin,

貪污腐敗，以及兩院的權力衝突，導致政治體系呈現失序狀態。在這種狀況下軍方的態度就成為左右政局發展的關鍵因素，但此時軍方的態度經常是曖昧的。若軍方立刻宣布介入，則軍人在政治體系內的影響力足以遏阻政治衝突的惡化；但軍方經常等待情勢惡化成為政治危機之際，才順應輿情出面恢復政治秩序。國家安全是軍人以政變形式介入政治的最佳理由。因此，「惡性循環」的過程繼續推進，危機的下一個階段——「政變」也就無可避免。

在上述的動態過程中，我們可以發現相關的「變數」（variables）均在官僚體系「內部」互動，難以觀察到官僚政體「外部」社會力量的運作。「惡性循環」政治過程並非一個理論，也不是一種分析途徑；但它卻具體呈現出泰國政治的動態過程，有助於瞭解泰國政治的變遷。然而，這一模型是建構在「官僚政體」與「鬆散社會結構」的基本前提之上；在參酌此一模型時，不可不察。

（二）新論述：「網絡皇室」模式

1. 政治體制層面

軍事政變是當代泰國政治變遷，甚至是民主轉型過程中的一種「常態」，筆者過往的研究已對此有系統性的探討。然而，21 世紀兩場軍事政變之迥異於上個世紀者，在於泰王拉瑪九世蒲美蓬的「主動性角色」。21 世紀泰國政治籠罩在「王位繼承問題」（the succession to the throne）的巨大壓力與陰影之下，不論文人政體或軍事組織，都因此失去過往文武關係妥協調和的「泰式民主」的優雅，而成為泰國政治上躁動的不安力量。

筆者過去的相關研究係透過「正當性」（legitimacy）的概念，探微泰國「立憲君主政體」（constitutional monarchy）的實踐過程及泰國政治朝向一種「憲政無政府狀態」（constitutional anarchy）落實的原因；換言之，論證泰國「立憲主義」（constitutionalism）發揚是以「王權」（kinship）為核心，「制度主義」則根基薄弱，這也是泰式民主的穩定與不穩定之源。

佛曆 2549 年（西元 2006 年）9 月 19 日，泰國軍方發動睽違 15 年的軍事政變，推翻泰國憲政史上第一個具國會絕對多數的塔信（Thaksin Shinawatra）政

1986, "The Postwar Thai Politics." *Monograph Series* 11: 40-42. Bangkok: Faculty of Political Science, Thammasat University.

權，終結以選舉政治（electoral politics）為主軸的泰國「新政治」（New Politics）時期，軍人再度躍上政治舞台，1990 年代初期以來的泰國民主化進程一夕逆轉。

政變後的泰國政治進入高度動盪的混亂局面：反塔信勢力的「黃衫軍」（The Yellow Shirts）攻占曼谷國際機場，全球航班大亂，泰國經濟命脈所繫的觀光業遭受重創；而挺塔信勢力的「紅衫軍」（The Red Shirts）則癱瘓已一再延期、異地於芭提雅（Patthaya）舉行的「東協高峰會」（ASEAN Summit），國際盛事嘎然而止，泰國的國際形象跌落谷底。

政府失能與民主失序使泰國在 2009 年「失敗國家指南」（The Failed States Index）的排名明顯「提升」，尤以反映在政治失敗方面最為明顯。由「和平基金會」（The Fund for Peace）所做的「失敗國家指南」是一種全球性的國家評比，分「社會指數」（Social Indicators）、「經濟指數」（Economic Indicators）與「政治指數」（Political Indicators）三類各 4、2、6 項（共 12 項）指標；泰國在 2006 年到 2008 年之間整體「失敗指數」是提高的，特別是在「政治指數」類最為顯著。

2. 塔信政權（2001-2006）與泰國「後塔信政治」

（1）塔信政權的意義：擺脫泰國傳統政治桎梏

泰愛泰黨的創建者塔信，1949 年 7 月 26 日出生於泰國北部的清邁，屬於泰國當地的第四代華裔。曾祖父丘春盛早年由中國南方移民到泰國，先在泰國東部落腳經商，於 1908 年出任稅務官，並與泰籍女子結婚，在生下長子後移居至泰北的清邁，改經營泰絲業，逐漸發展成為泰北富豪。

塔信 1973 年在泰國警察局任職，之後到美國取得犯罪學博士學位，1987 年離職時任政策和計劃部副指揮，警務官階為「中校」。1982 年他與妻子創辦的電腦公司開始蓬勃發展，成為泰國有名的數家電腦公司之一，也因此塔信辭去公職親掌管公司，出任「秦那瓦電腦和通訊集團」（Shinawatra Computer & Communication）董事長，全心全力發展私人事業。

塔信從政歷程雖然不長，但卻遊走各政黨之間，對泰國政黨運作有深入掌握。塔信最早加入 1992 年「五月事件」反軍事執政團的詹隆（Chamlong Srimuang）「道德力量黨」（*Palang Dharma* Party），一度擔任副黨魁；1994 年 11 月「泰國黨」（*Chart Thai* Party）黨魁班漢（Banharn Silpa-archa）組閣，塔信出

任外交部長，一度離開內閣從商後，又出任聯合政府內閣副總理。

　　道德力量黨與泰國黨分屬泰國政黨光譜的兩端（前者堅持道德理念與傳統價值，後者是泰國當代金權政治的代表），而詹隆與班漢更是「不同世界的人」（前者被稱為泰國政壇的「清教徒」，後者外號泰國政壇的「自動提款機」〔Mr. ATM〕）。塔信的從政脈絡充分反映了他的務實彈性以及對於泰國傳統政黨缺陷的洞察：泰國政黨體系變動性極大，這與他籌組新政黨的思維有密切關聯。塔信於 1998 年 7 月 14 日組建泰愛泰黨，隨即領導泰愛泰黨在 2001 年 1 月全國大選中獲得空前勝利，塔信並於 2 月 9 日出任泰國第 34 任總理。

（2）塔信政權的本質：「威權民粹」與「良善治理」之辯

　　誠如前文提及塔信對泰國政黨運作與政黨政治的深入參與以及深刻洞察，塔信自執政始即積極推動「政黨整併」策略。泰愛泰黨逐步吸納主要反對黨「民主黨」以外的政黨，先是「自由正義黨」（Liberal Justice Party），其次是「新希望黨」（New Aspiration Party），之後是「國家發展黨」（*Chart Patana* Party），使得泰愛泰黨在泰國政黨體系版圖的比重日增，構築出一種「一大黨（泰愛泰）vs. 一小黨（民主黨）」的「兩黨體系」型態，削弱主要反對黨民主黨的競爭力；這種發展態勢與 1997 憲法所設定的建構「競爭型兩黨體系」的目標大相逕庭。

　　塔信一反過去泰國聯合政府的效能不彰，積極、果斷地推出各種新政策，並要求執行績效；塔信的施政很快招致「威權」之譏，而諸多直接訴求人民支持的政策更被評為「民粹」。學界以「威權民粹主義」（authoritarian populism）指稱塔信的施政；顯然地，這與 1997 年憲法所期待的「參與民主治理」（participatory democratic governance）存有根本矛盾。

　　21 世紀的泰國就在「威權民粹政治」與「參與民主治理」之間擺盪，而塔信的第一任期則是檢驗泰國政治改革成果與憲政民主實踐的最佳時期。塔信政府的「政治企業」（business of politics）影響層面遠非過去「金錢政治」（money politics）所及；塔信政府在政策推動上的專斷與高度貫徹的意志，研究者以「塔信化」（Thaksinisation）指稱 2000 年後泰國政治的變遷，塔信政府的治理為泰國「新政治」做了最佳詮釋。

　　從席次變化角度觀之，泰愛泰黨在 2005 年大選贏得國會（眾議院）總數 500 席（400 席單一選區議員加上 100 席政黨名單議員）中的 337 席，較諸 2001 年

大選的 255 席，可謂空前勝利，開創了泰國政治史上前所未有的「一黨獨大」局面。泰愛泰黨的 377 席意謂著反對黨陣營無法取得發動對內閣及部長不信任案所需的 125 席。自 1980 年以來，不信任案的提出與辯論是泰國反對黨制約執政黨的最主要手段。（表 1）

　　從政黨支持基礎的地域屬性觀之，新興的泰愛泰黨同時囊擴全國首善大曼谷地區以及最偏遠窮困的東北地區的席次，在除泰南區域外的中部與北部亦大幅領先其他政黨，已成為「全國性」政黨；反觀老牌的民主黨，除在傳統的泰南仍保持優勢外，在其他地區幾乎全軍覆沒，成為侷限一隅的「區域型」政黨。

表 1　泰國歷次國會選舉政黨席次一覽表（1979-2019）

	1979	1983	1986	1988	1992 (I)	1992 (II)	1995	1996	2001	2005	2007	2011	2019
公民力量黨				尚未成立									116
未來前進黨				尚未成立									81
為泰黨				尚未成立								265	136
人民力量黨				尚未成立							232	----	----
泰愛泰黨				尚未成立					255	377	----	----	----
民主黨	32	56	100	48	44	79	86	123	130	96	165	159	53
泰國黨	38	73	63	87	74	77	92	39	39	25	37	19	10
大眾黨				尚未成立						2	-	-	
愛泰國黨				尚未成立							25	-	
泰自豪黨											-	34	51
國民發展黨				尚未成立							9	-	10
中庸民主黨				尚未成立							7	-	
保皇人民黨											5		
新希望黨	-	-	-	-	72	51	57	125	36	-	-		
社會行動黨	83	92	51	54	31	22	21	20	1	-	-		
國家發展黨	-	-	-	-	-	60	53	53	29	-	-		
道德力量黨	-	-	-	14	41	47	23	1	-	-	-		
泰國公民黨	32	36	24	31	7	3	18	16	-	-	-		
團結正義黨	-	-	-	-	79	-	-	-	-	-	-		
自由道德黨	21	-	-	-	-	8	11	4	-	-	-		
其他	63	24	-	-	-	-	1	-	0	0		23	43
總　　計 席　　位	293	324	347	357	360	360	391	393	500	500	480	500	500

說明：1. 泰愛泰黨 2001 年第一次投入大選，大眾黨 2005 年第一次投入大選。
　　　2. 2001 年選舉始禁止不隸屬政黨的獨立候選人參選。

資料來源：整理自 Election Commission of Thailand, King Prajadhipok's Institute, http://www.ect.go.th; http://www.kpi.ac.th, 2019/11/11 瀏覽。

　　民主黨在泰南 54 席中席捲 52 席，成功防止了泰愛泰黨在泰南的攻勢；惟在泰南以外地區都僅獲得零星席次，與過去歷次大選的表現迥異。至於 2004 年脫離民主黨新成立的大眾黨僅取得兩席選區議席，並無法跨越 5% 的門檻以分配政黨名單議席。泰國黨表現比預期佳，但只在曼谷地區與南部各獲得一席以及在中部與東北的零星席次；泰國黨雖跨越 5% 門檻獲得 7 席政黨名單議席，但在泰國政黨版圖的位置已趨於邊緣化。

　　泰國由「半民主」往「新政治」演進的主要脈絡是催生更趨健全的政黨政治以作為民主體系堅實的下層結構（infrastructure），而「政黨體系簡化」趨勢即為此一脈絡最具象的寫照。2005 年國會大選後，泰國政黨政治新版圖確立，泰愛泰黨居於絕對支配優勢的地位，塔信宣示的「一黨專政」目標達成。1998 年以後泰國歷屆大選結果呈現出：主要政黨所占席次占總席次比重逐步增加，政黨結構呈現減化趨勢。

　　塔信泰愛泰黨在 2005 年國會大選後，開創了泰國史無前例的政治局面。

　　首先，泰國選舉政治從未出現一個具絕對多數優勢的單一政黨以及一位具有絕對優勢的內閣總理；塔信與泰愛泰黨的壟斷性崛起對泰國傳統協商與分贓政治造成根本破壞，塔信拒絕與其他政黨及政治勢力結盟，促成反塔信勢力的結合。

　　其次，經過大選投票絕對多數民意的「加冕」，塔信具有全國性的威望，這是泰國 70 年憲政史從未出現的選舉政治「強人」，這敏感地挑戰了泰王的絕對權威地位，成為保守勢力攻擊的最佳藉口。

　　最後，塔信對各政黨採取兼併方式，企圖壟斷政黨版圖，成為無法制約的政治勢力。塔信的崛起與治理賦予泰國「新政治」新的民粹威權內涵，但卻與整個泰國傳統政治結構衝突牴觸，埋下保守勢力聯盟反撲的因子。

（3）後塔信時代：階級與地域差異的政治對抗

　　2016 年 919 軍事政變後，泰國進入學界所共識指稱的「後塔信時代」（Post-Thaksin Era），最主要的特徵是終結泰國傳統政治的「曼谷中心主義」（Bangkok-centered）,「非曼谷泰國」（non-Bangkok Thailand）崛起。

　　本文除塔信政權的治理與政策之外，另一個主題是探討環繞塔信體制進行政治對抗的集團：黃衫軍（城市都會、中產階級）與紅衫軍（偏遠鄉村、農民勞工）鮮明的階級差異與城鄉差距，是否與塔信政權的治理與政策結果直接相關？

本文將自：a. 塔信政權核心成員與政治盟友的背景；b. 塔信政府預算分配；c. 塔信政府重大政策與建設；以及 d. 反塔信勢力（黃衫軍）與挺塔信力量（紅衫軍）領導人背景與參與群眾屬性進行資料彙集分析對比，以勾勒後塔信時期泰國分裂政治（political cleavage）的深層因素。

就比較政治觀點，新興民主的「脆弱性」通常展現在政治發展進程中面臨兩個制度困境：一是領導人的「憲政危機」（constitutional crisis），一是政權存續的「合法性危機」（legitimacy crisis）。這兩個困境，不必然在政治變遷進程中同時席捲而來；然而，不同的發展困境，卻經常為憲政基礎薄弱的民主體制，帶來更多的政治不穩定或政治衰敗（political decay）。泰國的政治變遷面貌具體呈現了三個民主轉型和鞏固的經典命題：經濟社會發展與民主的關係、政治文化對民主的影響以及菁英在民主化中的作用。泰國民主的脆弱性，似乎亦可自這三個面向觀察分析。

2006 年軍事政變廢除了 1997 年憲法，軍人過渡政府於 2007 年以史無前例的「公民複決」投票方式通過軍方提出的憲法草案；2007 年憲法是泰國憲政的倒退，其中「法院有權解散政黨」的條款，被視為是保守菁英集團防止塔信勢力藉選舉「復辟」以及徹底扭轉選舉政治、回歸協商政治的「陽謀」。軍事政變後經由大選出任總理的沙瑪與宋猜均是塔信集團核心，前者為親信，後者為親戚（妹婿）；黃衫軍示威無法迫使渠等辭職，最後都由法院以司法判決方式達成。法院「配合」政治主流的判決，被泰國學界以及國際媒體批判為「司法政變」（judicial coup）。

塔信政權因軍事政變而崩解，不僅是泰國選舉政治的終結，亦是泰國民主進程的逆轉；21 世紀泰國政局的演化，也為「新興民主脆弱性」的論述做了最佳的註腳。

3. 蒲美蓬的王權與泰國「網絡皇室」政治

蒲美蓬國王的權力並非天賦王權，而是與右翼軍事政權鬥爭而來的「革命王權」。蒲美蓬國王的王權大致由三個部分所共同建構而成：第一是藉由宗教文化論述和想像達成的「建構」效果；第二是藉由法律刑罰手段達成的「威嚇」效果；第三是藉由皇室機構與皇家資產運作達成政治與經濟的「控制」效果。換言之，由「神話王權」到「法律王權」到「網絡王權」，建構出蒲美蓬國王的無上

的政治權威。

（1）神話王權（mythological kingship）

韋伯（Max Weber）曾說，威權統治的合法化具有三種基礎：一是「理性」的基礎，二是「傳統」的基礎，三是「超人感」的基礎。而「超人感」的基礎是建立在對具有神聖、英雄性之個人的信仰，以及對來自神聖權威之典型或命令的信仰。換句話說，威權統治就是建立在「神話」之上。拉瑪九世蒲美蓬國王毫無疑問是當代泰國威權政治的超人感基礎。「拉瑪」是毗濕奴神（Vishnu）的化身，蒲美蓬國王關懷民瘼、親入民間、視民如子，足跡遍及窮鄉僻壤之形象，正是史詩《羅摩衍那》（*Ramayana*）主角「羅摩」（即是拉瑪）英雄事跡的具體展現。

為了強化泰國民間社會對國王的「認同度」與對王權的「認受性」，1960 年代的軍事強人沙立以蒲美蓬國王的生日為國慶日以及父親節，讓「國王」和「國家」的概念逐步一體化。著名泰國學者 Thongchai Winichakul 曾說，泰國的這種「超級尊王主義」（hyper-royalism）刻意誇大王室成員的能力，無論是體育、時裝設計、演藝、科研等事業都被說成超越常人，從而建構出一種具有神性的「超人化」人格。[26] 其後，蒲美蓬國王在泰國民間的社會經濟生活中徹底「圖騰化」，從摩天商業大樓外牆到小吃雜貨店內的壁上，從政府單位與學校教室到每一個人的家中，蒲美蓬國王的肖像無所不在。

（2）法律王權（legal kingship）

雖然泰國實行立憲君主體制，但憲法對國王權力的制約不明確。一方面，憲法明定國家主權由人民享有，國王需要透過政治體制（國會、內閣、司法機關）彰顯權力；另一方面，憲法強調國王地位必須被尊重且「不容侵犯」，任何人都不得指摘臧否國王，亦不能推翻以國王作為國家元首所代表的「民主」政府。因此，縱使泰國自 1932 年「行憲」迄今一共運作了 20 部憲法，但憲法中有關國王憲制地位的規定內容幾乎一成不變，泰王成為泰國極度不穩定政治中的超穩定結構。

由於泰王擁有憲法賦予的神聖不容侵犯的地位，凡挑戰泰王與王室權威的言

---

[26] Thongchai Winichakul, 2016, *Thailand's Hyper-royalism: Its Past Success and Present Predicament*. Trend in Southeast Asia, No.7. Singapore.

語與行為，都很容易墜進泰國刑法第112條的法網，即「蔑視王室」罪（或稱「侮辱王室罪」或「大不敬罪」）。然而，泰國憲法和刑法並沒有清楚界定或明訂何謂「蔑視」王室，而且相關指控與審判通常都不被公開，法律演繹空間非常廣泛，其最高刑罰甚至高達有期徒刑15年。今年5月，一名社運人士的母親因為在社交媒體上對批評王室的信息中留下「I see」後，就被警方以「侮辱王室」罪名拘捕審判。

「侮辱王室」罪具有十分強大的法律阻嚇力，讓一般百姓不敢輕易談及王室問題，以免面臨國家機器施予巨大刑責。政府動用法律手腕，突顯出王室與平民百姓之間有著不可踰越的鴻溝，使「王室」變成一個莊嚴的禁忌。

蒲美蓬國王統治的70年間，歷經了紛爭不歇的政治動盪，與崎嶇坎坷的民主化歷程：歷經30任的總理，16次國會大選的舉行，伴隨著15次軍事政變的發生，17部各式憲法的頒布，以及難以勝數的政治動亂與危機。蒲美蓬國王也在這70年間，從政治局外人而成為圈內人，從「爭端調停者」而成為「最終仲裁者」；在他長期而深度介入下，泰國政治從極權政體走向「半民主」體制，再由半民主走向「泰式民主」。

（3）網絡王權（network kingship）

所謂「半民主」指舉行國會大選，但選後的政府組成與選舉結果無涉。1980年代泰國舉行三次國會大選，但選後的三任總理皆由不隸屬政黨，也未參與競選的「皇室寵兒」秉・丁素拉暖（Prem Tinsulanonda）將軍出任。「泰式民主」則是半民主的21世紀進化版，由「制度化的軍事政變」，制約與終結定期選舉產生的民選政府。蒲美蓬國王在泰國政治的無上權威，不是基於身為皇族與生俱來的「天賦王權」，而是經由政治鬥爭所創造出來的「革命王權」。蒲美蓬國王1946年繼位之際，軍事強人鑾披汶・頌堪（Luang Phibul Songkhram）元帥是激進民族主義者，對封建王室具有很深的敵意，他在1939年時將國名由「暹羅」（Siam）改為「泰國」（Thailand）。

1959年鑾披汶・頌堪過世前，蒲美蓬國王毫無權威可言，因為王室資產遭凍結，國王不能行使職權與出國訪問，形同與泰國人民及國際社會隔絕。沙立・他那叻（Sarit Dhanarajata）元帥希望獲得泰王認受，以繼鑾披汶・頌堪成為軍事強人，因而解禁王室資產，恢復王權行使，開啟了蒲美蓬時代的序幕。其後蒲美

蓬國王在長期的軍人政權遞嬗與軍文關係鬥爭中，積極發揮政治長才，形成軍權與王權的消長態勢。蒲美蓬國王的政治權威迅速提升，在 20 世紀結束前，已達到空前的境界。

蒲美蓬國王在 20 世紀的泰國政治，建立起一個以泰王為核心、結合大資本家與資深軍文官僚組成的「網絡皇室」。在全球最大皇室資產的運作與軍方的支持下，產生龐大影響力，牢牢掌控泰國的經濟與政治。然而，21 世紀的前 15 年，泰國政治在億萬富豪塔信及其集團，透過經營政黨發展與鼓動人民政治參與，贏得歷次國會大選長期執政而發生根本結構變化。

「塔信體制」成為一種新的強人政治，他的權力合法性來自於具體可計算的選票，而王室網絡干預政治的正當性，則基於民間社會對泰王無形的崇拜與神化；兩個權力集團必然因為政治權力與巨大利益而衝突，形成「紅衫軍」與「黃衫軍」具有階級屬性的政治鬥爭。泰國為此付出慘痛的社會成本，衝擊泰國人民的生活福祉。

塔信在 2006 年政治危機高峰之際，當各方壓力要求他辭去總理時曾說：「只要泰王陛下在我耳朵邊輕輕說：『塔信，你應該下台』，我馬上辭去總理職務。」塔信這段話被解讀為直接挑戰蒲美蓬國王的權威，揭露蒲美蓬國王幕後影武者角色，不僅觸怒了泰國保皇派，更引起大多數泰國人民的憤怒。當然，促使塔信下台的不是一句國王的話，而是一場軍事政變。

很清楚的事實是，「泰國人民支持愛戴與擁護的是蒲美蓬國王，而非立憲君主體制」；然而，因為蒲美蓬國王在位期間，是泰國實行君主政體 84 年中的 70 年，因而形成「蒲美蓬國王等於泰國君主立憲政體」的普遍心理感受。尤有甚者，同具王位繼承權的二公主詩琳通則廣受人民愛戴，即使在法理上她不對瓦集拉隆功的繼位產生威脅，但因樞密院與軍方內部長久存在反王儲的勢力，且支持二公主，加上王儲與塔信之間的緊密關係，長期的政治發酵下，曾經在很長久的時間裡為王位繼承問題平添變數與想像空間。

七、結語

在國家象徵與政治統治上，對泰國人民而言，蒲美蓬國王是唯一且無法替代

的，繼任者只能在他的巨大身影與神聖光輝下扮演稱職的角色，發揚他留下的政治遺緒。然而，就現實政治的觀察，在拉瑪十世即位迄今，新國王本身形象與行事作風雖如一般預期地充滿爭議，但是在政治議程上仍仰仗蒲美蓬國王的聖德與威望，尚未遭遇重大挑戰。泰國人民是否會為捍衛立憲君主體制，而給予新國王堅定不移地支持，一如對他們所景仰的蒲美蓬國王，仍值得密切關注與深入觀察。

蒲美蓬 70 年統治的政治遺緒確立了泰國「半民主政治」的典範，而「網絡皇室」體制是支持此一特殊體制運作的深層結構。2019 年 3 月的國會大選是拉瑪十世登基後的首次大選，在新憲法的保障下，軍方透過親軍方政黨參選，成功抗擊民主派政黨，組成聯合政府，軍政府的政治生命得以延續。而民主派政黨在新興政治勢力崛起後，塔信已經不是反對勢力的政治共主，反軍政府勢力進入重組的階段。隨著蒲美蓬國王的辭世而終結的是「泰式民主」而不應是「泰國的民主」，雖然「後蒲美蓬」時代泰國政治仍充滿高度的不確定性。關於蒲美蓬國王政治遺緒的研究，若干重要的觀察構面卻已然清晰：

在政治結構方面，蒲美蓬的「網絡皇室」超穩定結構是否鬆動？此為核心議題，這涉及到整個政治體制的根本。蒲美蓬的王室權勢凌駕於憲法之上，憲法形同具文；然而，新國王因缺乏其父親的政治權威與魅力，只能將王權與憲法綁在一起，在泰國立憲主義基礎幾乎蕩然無存的現實下，這是一個高度不穩定的結構。在政治過程方面，蒲美蓬「半民主體制」下的不健全政黨體系與政黨政治是否仍能有效運作？這涉及到整個選舉民主系統的存續問題。在蒲美蓬無上的政治權威下，泰國的議會政治不需要碰觸「合法性」的問題；然而，在新國王的權威依附於憲法的當前政治現實下，這是一個充滿變數的政治場域。在此大架構之下，泰國政治將有很長一段時間置於蒲美蓬的政治遺緒之下，這也是當代泰國政治研究的重大課題。

參考文獻

Chambers, Paul and Napisa Waitoolkiat, "The Resilience of Monarchised Military in Thailand. " *Journal of Contemporary Asia* 46(3): 425-444.

Dhiravegin, Likhit, 1978, "The Bureaucrats' Role in Thai Politics: The Bureaucratic Polity Confirmed?" *Journal of Social Sciences* (published by Chulalongkorn University), Vol.XV, No.3 (July-September), collected in Likhit Dhiravegin, 1985, *Thai Politics: Selected Aspects of Development and Change*. Bangkok: Tri-Science Publishing House.

——, 1982, "The Postwar Thai Politics." *Monograph Series* no.11. Bangkok: Thammasat University Press.

——, 1985, *Thai Politics: Selected Aspects of Development and Change*. Bangkok: Tri-Science Publishing House.

——, 1992, *Demi-Democracy: The Evolution of the Thai Political System*. Singapore: Times Academic Press.

Embree, John F., 1950, "Thailand – A Loosely Structured Social System." *American Anthropologist*, Vol.11, adapted in Hans-Dieter Evers, ed., 1969, *Loosely Structured Social System: Thailand in a Comparative Perspective*, pp.1-22. New Haven, CT: Yale University Press.

Evers, Hans-Dieter, ed., 1969, *Loosely Structured Social System: Thailand in a Comparative Perspective*. New Haven, CT.: Yale University Press.

Handley, Paul M., 2006, *The King Never Smiles: A Biography of Thailand's Bhumibol Adulyadej*. New Haven: Yale University Press.

Hewison, Kevin, ed., 1997, *Political Change in Thailand: Democracy and Participation*. London: Routledge.

Huntington, Samuel P., 1968, *Political Order in Changing Societies*. New Haven: Yale University Press.

——, 1995. "Reforming Civil-Military Relations." *Journal of Democracy* 6(4): 9-17.

Kitahara, Atsushi, 1996, *The Thai Rural Community Reconsidered: Historical Community Formation and Contemporary Development Movements*. Bangkok: The Political Economy Centre, Faculty of Economics, Chulalongkorn University Press.

Laothamatas, Anek, 1988, "Business and Politics in Thailand: New Patterns of Influence." *Asian Survey* Vol.XXVII, No.4 (April): 451-453.

Lipset, Seymour M., 1981, *Political Man: The Social Bases of Politics*. Baltimore: The Johns Hopkins University Press.

McCargo, Duncan and Ukrist Pathmanand, 2005, *The Thaksinization of Thailand*. Copenhagen: Nordic Institute of Asian Studies.

MaCargo, Duncan. xxxx, "Network monarchy and Legitimate Crisis in Thailand." *Pacific Review* 18(4): 499-519.

Marshall, Andrew MacGregor, 2014, *A Kingdom in Crisis: Thailand's Struggle for Democracy in the Twenty-First Century*. London. Zed Books.

Mulder, Neils, 1996, *Inside Thai Society: Interpretations of Everyday Life* (reversed from 1979 edition). Amsterdam: The Pepin Press.

Neher, Clark, 1981, *Politics in Southeast Asia*. Cambridge: Schenkman Publishing.

——, 1992, "Political Succession in Thailand." *Asian Survey* 32(7): 585-605.

Ostrom, Vincent, 1997, *The Meaning of Democracy and the Vulnerability of Democracies: A Response to Tocquevile's Challenge*. Ann Arbor: University of Michigan Press.

Pathmanand, Ukrist, 1998, "The Thaksin Shinawatra Group: A Study of the Relationship between Money and Politics in Thailand." *The Copenhagen Journal of Asian Studies* 13: 60-82.

——, 2016, "Network Thaksin: Structure, Roles and Reaction." in Pasuk Phonpaichit and Chris Baker, eds., *Unequal Thailand: Aspects of Income, Wealth and Power*. Singapore: National University of Singapore Press.

Phonpaichit, Pasuk and Chris Baker, 2008, "Thaksin's Populism." *Journal of Contemporary Southeast Asia* 38(1): 65-66.

——, 2009, *Thaksin*. Chiang Mai: Silkworm Books.

——, eds. 2019, *Unequal Thailand: Aspects of Income, Wealth and Power*. Singapore: National University of Singapore Press.

Piker, Steven, 1969, "Loose Structure and the Analysis of Thai Social Organization." Pp.47-64 in Hans-Dieter Evers, ed., *Loosely Structured Social System: Thailand in a Comparative Perspective*. New Haven, CT: Yale University Press.

Potter, Jack M., 1976, *Thai Peasant Social Structure*. Chicago: University of Chicago Press.

Pye, Lucian W., 1967. *Southeast Asia's Political Systems*. Englewood Cliffs, N.J.: Prentice-Hall Press.

——, 1985, *Asian Power and Politics: The Cultural Dimensions of Authority*. Cambridge, Mass.: The Belknep Press of Harvard University.

Rabibhadana, Akin, 1969, *The Organization of Thai Society in the Early Bangkok Period, 1782-1873*. Ithaca, NY.: Cornell University Press.

——, 1975, "Clientship and Class Structure in the Early Bangkok Period." Pp. 43-59 in William G. Skinner and Thomas Kirsch, eds., *Change and Persistence in Thai Society: Essays in Honor of Lauriston Sharp*. Ithaca, NY: Cornell University Press.

Ramsay, Ansil, 1971, *The Development of Bureaucratic Polity: The Case of Northern Siam*. Ph.D. dissertation, Cornell University.

Reynolds, Craig, ed., 1991, *National Identity and Its Defenders: Thailand, 1939-1989*. Chiang Mai: Silkworm.

Samudavanija, Chai-anan, 1982, *The Thai Young Turks*. Singapore: ISEAS Press.

Sawasdee, Siripan Nogsuan, 2006, *Thai Political Parties in the Age of Reform*. Bangkok, Institute of Public Policy Studies Press.

Sharp, Lauriston., et al., 1953, *Siamese Rice Village: A Preliminary Study of Bang Chan, 1948-1949*. Bangkok: Cornell Research Center.

Stevenson, William, 2001, *The Revolutionary King: The True-life Sequel to "The King and I"*. New York: Robinson Publishing.

Streckfuss, David, ed., 1996, *Modern Thai Monarchy and Cultural Politics: The Acquittal of Sulak Sivaraksa on the Charge of lese majeste in Siam 1995 and Its Consequences*. Bangkok, Santi Pracha Dhamma Institute.

Sivaraksa, Sulak, 1998, *Loyalty Demands Dissent: Autobiography of an Engaged Buddhist*. Bangkok, Parallax Press.

Thomson, Curtis N., et al., 2003, *Monitoring the Pulse of the Nations: Indicators of Good Governance and Development in Thailand*. Bangkok: King Prajadhipok's Institute.

Winichakul, Thongchai, 2016, *Thailand's Hyper-royalism: Its Past Success and Present Predicament* (Trend in Southeast Asia, No.7). Singapore: ISEAS Press.

Wilson, David, 1962, *Politics in Thailand*. Ithaca, NY: Cornell University Press.

台灣的韓國研究、韓國的台灣研究

金潤泰

一、研究動機與目的

在複雜多變的全球化時代，正確理解地域學的知識結構對於學術的發展和國家的未來來說是至關重要的。不僅如此，國際關係、政治、機構、NGO、企業等多種行為者之間的關係也變得越來越重要。

學術界也在隨著國際環境的變化，在急劇變化的政治、經濟環境中，以多種視角進行地域學研究，通過與其他學問的多種學際交流，發展成與過去研究傾向不同的形態。因此，瞭解地域學領域的知識結構是如何隨著時代的變化而變化的，是一件非常有意義的工作。

冷戰時期，台灣與韓國同樣歸屬於反共陣營，與共產陣營的中國和北韓對峙。直到 1992 年台韓斷交，台灣與韓國政府一直保持着反共同盟關係，並有著密切交流。

台灣與韓國不僅在政治上有同盟關係，在經濟社會的每個領域也都有著非常密切的關係。雖然在斷交後的一段時間裡，這種密切的交流也曾出現過隔閡。但是除了政治外交以外，民間的交流並沒有受到很大的影響，而且互相交流的廣度和深度也在不斷加深。特別是進入 21 世紀後，韓國對台灣的研究再次呈增加趨勢，與此同時，台灣對韓國的研究也呈現了大幅增長的趨勢。

因此，從共享台灣和韓國未來的角度出發，瞭解對方地域學領域的知識結構是如何隨著時代的變化而變化，以及究竟有哪些學者、哪些機構、在哪些學術領域取得了怎樣的研究成果等等都具有非常重要的意義。

本篇論文的研究目的如下：首先是要把握「台灣的韓國研究，韓國的台灣研究」是通過哪些學者和研究機構生成及擴散的？其次，要對在每個時期，每個學術領域，韓國研究與台灣研究知識生成和擴散的特性進行分析。本篇論文的主要研究對象為政治外交、軍事、經濟、管理學、社會文化、歷史和語言文學等社會科學和人文學領域。

本篇論文將通過對韓國的台灣研究及台灣的韓國研究的研究成果與發展趨勢的比較，以及對兩國間學術交流狀況的分析，探索兩國間學術交流中的意義並找出未來發展方向。

二、研究方法

　　無論在韓國還是在台灣，特定資料庫所提供的資料都不可能完全反映出該國所有的學術研究成果。因此，本文將以兩國最具有代表性的學術資料庫中的資料作為研究對象。我們對上述研究資料進行了比較分析。雖然它們不可能提供完整的研究成果，但我們相信這些有限的資料也可以幫助我們彙整、分析並評價韓國的「台灣研究」和台灣的「韓國研究」的研究成果和發展趨勢。

　　一般來說，學術研究成果可以分為期刊文章、會議論文、碩博士論文、電子書及紙本書這五種類型，本文將把期刊文章作為研究對象。這是因為我們認為期刊文章相對而言能適時反映出當時的學術研究動向。

　　在韓國檢索引擎「RISS」（Research Information Sharing Service）的詳細檢索欄中，分別輸入「대만」（台灣）或「타이완」（台灣的另外一種韓文表現方法）或「중화민국」（中華民國）等檢索詞，上述 3 個檢索詞的檢索條件都選為「篇名」，檢索時間範圍為 1900-2018，資料類型為國內學術期刊論文。（見圖 1）

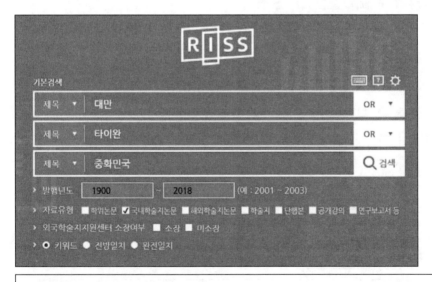

검색키워드：제목：대만 〈OR〉 제목：타이완 〈OR〉 제목：중화민국　(검색결과：2,857 건)

圖 1　韓國的學術研究資訊系統

　　資料類型中除了國內學術期刊論文之外，還有學位論文、海外學術期刊論文、學術期刊、單行本、公開講義、研究報告等等。但因單行本不能區分作者的國籍，故被排除在外，也因為是單純的學術研究，故學位論文、公開講義、研究報告等也被排除在外。通過上述過程共搜索到 2,857 篇論文。（檢索日期：2019年 2 月 9 日）

　　另外，我們在台灣檢索引擎「Perio Path Index to Taiwan Periodical Literature System」也使用了同樣的原則進行了檢索。（見圖 2）

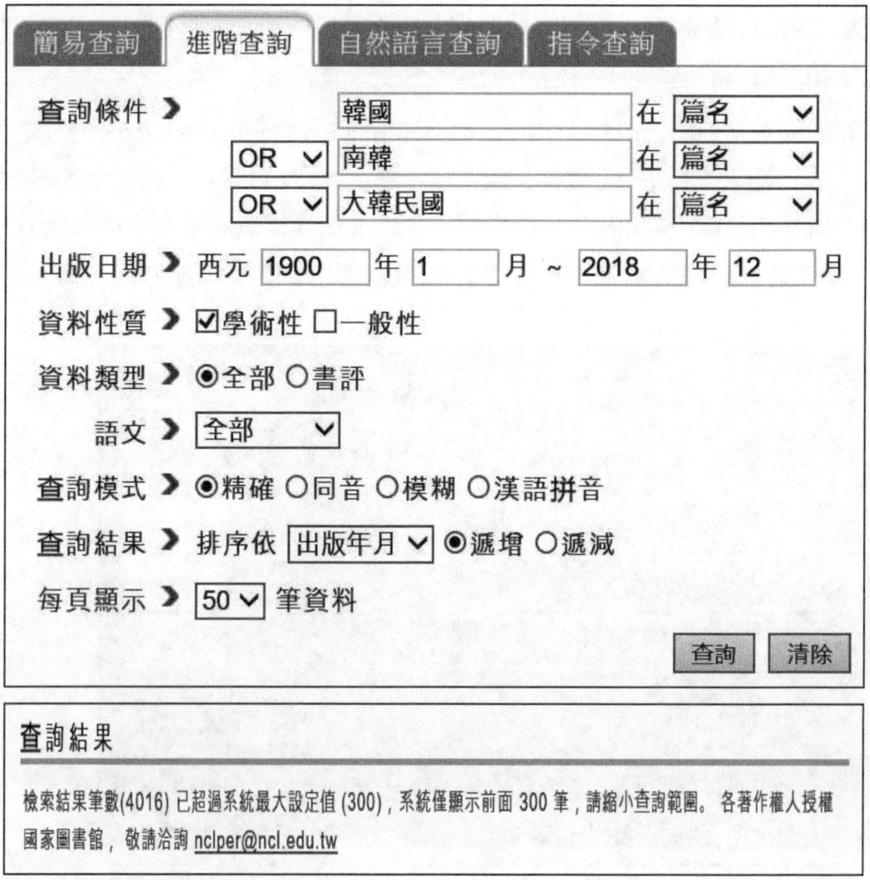

圖 2　台灣期刊論文索引系統

在檢索引擎的「進階查詢」的查詢條件上輸入「韓國」或「南韓」或「大韓

民國」的檢索詞，而且上述 3 個檢索詞的檢索條件都選為「篇名」。「出版日期」欄中輸入 1900-2018，「資料性質」上選「學術性」，「資料類型」選「全部」，「語文」也選「全部」，「查詢模式」為「精確」。通過上述過程共搜索到 4,016 篇論文。（檢索日期：2019 年 2 月 9 日）

「台灣期刊論文索引系統」所收之期刊論文係以研究論文為主，其他如文藝作品、通訊消息、會計報告、人事動態、定期統計資料、產品介紹、隨篇漫談等均未入列。收錄於本系統的學術期刊及專業期刊之單篇文獻，就其性質可區分為學術性及一般性。1. 學術性文獻：（1）凡有確切的出處及完整的格式，包括篇名、作者、摘要、關鍵詞、參考文獻以及提供註腳和章節附註者屬之。（2）研究報告、綜合評述等，雖不具完整論文格式的專業性論著，仍歸類為學術性文獻。2. 一般性文獻：文獻之內容為文件、報導、講話、心得、知識等，僅作為學術研究的參考資料而非論著本身者，則歸屬於一般性文獻。

本研究對韓國的台灣研究和台灣的韓國研究的作者、學術雜誌、主題、關鍵詞頻率分析和關鍵詞網絡進行了分析。為此，我們下載了所有被檢索到的關於全部論文的書面資訊（包括作者姓名、論文題目、期刊名稱、發表年度及關鍵詞）。在此基礎上，通過對不同作者、不同學術期刊的頻率分析，得出結論。

由於台灣和韓國的 DB 中對所有數據的學科領域分類尚未完全完成，因此只使用了已分類的有限數據進行了分析。

另外為了掌握每年的主要議題，我們還進行了年度別關鍵詞頻率分析。但是因為在台灣和韓國的 DB 上包含關鍵詞的論文並不多，所以很多情況下我們沒能找到所需要的關鍵詞。因此，本研究採用了從論文題目中擷取關鍵詞的方法。這也是在沒有關鍵詞這一定型數據的大數據分析中經常使用的方法。本研究將使用社會網絡分析軟體 Net Minor，從論文題目中擷取名詞型詞彙進行關鍵詞頻率分析。本研究進行了關鍵詞網絡分析，以瞭解特定期間關鍵詞之間形成的意義結構。

三、歷年趨勢分析

（一）韓國的台灣研究歷年趨勢分析

　　根據上述方法檢索到的結果，我們發現韓國最早的關於台灣的論文是 1929 年發表的。此後，從 1934 年到 1948 年，每年只有 2-3 篇左右的論文，數量極少。從 50 年代開始逐漸增長，至 80 年代開始才出現大幅增長趨勢。這意味著 1992 年韓國和台灣斷交後，韓國對台灣的研究不僅沒有受到太大的影響，而且呈現出持續增長的趨勢。（請參照圖 3）

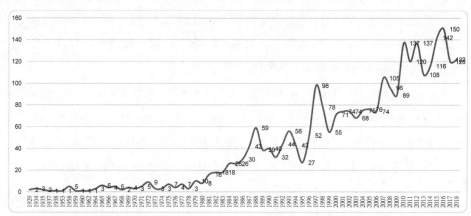

圖 3　韓國的台灣研究歷年趨勢

（二）台灣的韓國研究歷年趨勢分析

　　我們共搜索到 4,016 篇論文，其歷年研究趨勢情況如下：在台灣首次有關韓國的研究是 1950 年發表的，截至 20 世紀 60 年代中期，其增長趨勢並不明顯，但從 20 世紀 60 年代後期開始呈現急劇上升的趨勢。之後在 20 世紀 70 年代和 80 年代出現了相當多的韓國研究，但從 90 年代以後急劇減少。我們認為這是受韓國與台灣斷交的影響。直到 2000 年才開始出現恢復趨勢。可以判斷，台灣的韓國研究者已經開始逐步擺脫斷交的影響，開始著手建立新的關係。（請參照圖 4）

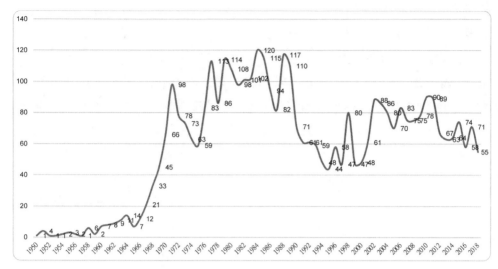

圖 4　台灣的韓國研究歷年趨勢

　　台灣的韓國研究和韓國的台灣研究的歷年趨勢具有以下特點：首先，與韓國的台灣研究相比，台灣的韓國研究起步較晚。韓國的台灣研究最早發表於 1929年，而台灣的韓國研究則最早發表於 1950 年。其次，在台灣與韓國斷交前，台灣對韓國的研究呈持續上升趨勢；然而，由於受到台灣和韓國斷交的影響，從上世紀 90 年代開始急劇減少。而韓國的台灣研究卻並沒有受到斷交的影響，呈現出持續增長的趨勢。

四、主要學者、學術期刊、學術領域、關鍵詞

（一）主要學者

　　除了研究人員的研究報告外，有關台灣研究發表最多的學者是文明基，從2007 年至今他先後發表了 27 篇論文，其中包括〈台灣・朝鮮總督府的專賣政策比較研究〉（2015）。文明基是東方史，特別是台灣史專業的歷史學家，主要研究中國史及台灣史（特別是近現代台灣史）。此外，自 2005 年至今，孫準植（Son Jun Sik）也先後發表了 18 篇論文，其中包括〈日治時期台灣知識人的「祖國意識」和中國經驗——以「孤兒意識」的形成過程及其性質為中心〉（2015）。

孫準植是中國現代史專業的學者，主要研究殖民地時期的台灣。由此可以看出，發表研究論文最多的兩人都是歷史學家，也是研究近現代中國和台灣的學者。此外在台灣的研究方面發表論文較多的學者依次為：Park Yoon Chul（社會學，14篇），Moon Heung Ho（政治學，14篇），Kim Seong-soo（法學，13篇），Jeon Kwang-jin（語學，13篇），Kim Tae Gon（農業經濟，10篇），Cho Jun-Hyeon（經濟，10篇）。由此可見，發表涉台研究最多的學者是歷史學、政治、經濟、法學等專業的學者。而語言與文學專業方面的比重相對較小。不僅如此，大部分學者同時也從事有關中國方面的研究，或在與中國研究有關的研究機構工作。

在台灣的韓國研究學者中，發表論文較多的學者大部分都是社會科學專業的學者。除了研究人員的研究報告外，在韓國研究方面發表論文最多的學者是朱少先。朱少先是台灣政治大學國際關係研究中心的研究員，主要從事日韓問題研究。從 1961 年到 1985 年他先後發表了 36 篇有關韓國政治外交方面的論文，其中包括〈韓國政局之現狀及其前途〉（1961）。此外，吳家興（經建會國際經濟研究組前組長）從 1979 年到 2011 年先後發表了 30 篇有關韓國經濟方面以及台韓經濟狀況比較的論文，其中包括〈韓國擴大出口的政策方向〉（1979）。

而國立政治大學外交學系的劉德海則從 1989 年至今先後發表了 30 篇有關國際關係、比較外交政策、東北亞國際關係方面的論文，其中包括〈美國對南韓政策的回顧與展望〉（1989）。林秋山也從 1974 年到 2013 年先後發表了 29 篇有關韓國政治外交方面的論文，其中包括〈中國研究韓國學之實態報告〉（1974）。

總之，有關韓國研究方面發表論文最多的四名學者皆是政治外交、經濟等專業的學者。由此可見，在台灣的韓國研究方面，對社會科學領域的關注和研究最為活躍。此外，楊敬三（21篇）、陳志強（20篇）、楊立華（19篇）等也對韓國經濟領域進行了研究。另外，朱松柏（20篇）、朱立熙（15篇）等也是在韓國政治外交研究方面表現比較積極的學者。朱立熙組織「知韓文化協會」從實務界與中介者角色促進台韓人權團體、教育機構，乃至於年輕世代的交流，進而達成「知韓」與「知台」的功效。同時，他也很活潑地進行著作活動。例如：朱立熙（譯）《韓國財閥群像》，聯經（1983）；《第一主義──三星集團創辦人自傳》，天下（1986）；《漢江變──特派員的現場目擊》，時報（1989）；《再見阿里郎──台韓關係總清算》，克寧（1993）；《國家暴力與過去清算：從韓國 518 看台灣

228》，允晨（2007）；朱立熙、文興鎬《韓國－台灣外交關係史》，成均館大學（2015）等。

在語言文學領域裡比較活躍的學者是韓國文學專業的林明德教授。到目前為止，林明德教授已經發表了多篇論文，其中包括〈論韓國漢文小說與漢文學之研究〉（1980）。此外，語言文學領域研究方面的論文相對來說較少。但是，我們不能單純地用論文發表篇數來認定其在韓國研究中的作用和地位。這是因為他們在韓國研究中有著不同的角色：有的是在教學方面，有的是在研究方面。

根據台灣的韓國研究者朱立熙的介紹，[1] 無論發表論文數量多少，下面這些學者都在台灣的韓國學研究中起到了重要作用：台灣第一代通曉韓文的韓國學專家要首推林秋山、陳祝三、葉乾坤、李在方，不過他們後來都因為從政或擔任駐外文化參事而中斷了韓國研究。

第二代韓國學專家有蕭新煌、朱立熙、朱松柏。蕭新煌是著名社會學家，他 40 年來對韓國研究的關懷和著力主要是透過（1）台韓比較研究和（2）亞洲脈絡化下探索和抽離南韓經驗這兩個途徑進行。例如，*Government Agricultural Strategies in Taiwan and South Korea: A Macrosological Assessment*, Institute of Ethnology, Academia Sinica, Taiwan（1981）；〈美國的韓國研究〉，《韓國學報》第 1 期，頁 177-189（1981）；〈戰後南韓的土地改革政策：鉅觀社會學的分析〉，《韓國學報》，第 2 期，頁 1-20（1982）；*East Asian Middle Classes in Comparative Perspective* (editor), Taipei: Institute of Ethnology, Academia Sinica（1999）；西川潤、蕭新煌（合編）《東アジアの市民社会と民主化：日本、臺湾、韓国にみる》，東京：明石書店（2007）；園田茂人、蕭新煌合編《チャイナ・リスクといかに向きあうか－日韓臺の企業の挑戦》，東京：東京大学出版会（2016）；蕭新煌、金潤泰著〈福建台商與山東韓商的比較〉，《台商與兩岸關係研討會論文集》，鄭赤琰、張志楷編，頁 111-132，香港：嶺南大學族群與海外華人經濟研究部（2000）；蕭新煌、朴允哲著〈宏觀歷史與社會政治轉型：台灣與南韓國家認同之比較〉，《蕃薯與泡菜：亞洲雙龍台韓經驗比較》，彭慧鸞編，頁 22-39，台北：財團法人亞太文化學術交流基金會（2008）。同時，他也著手彙編在台灣

---

[1] 朱立熙，2018，〈台灣的韓國研究現況與展望〉，《中華圈韓國學國際研討會論文集》。韓國同德女子大學。

的韓國研究博碩士論文和韓國研究書目，以作為推廣在台灣的韓國研究之工具。
例如，與陳明秀合著的《韓國研究書目彙編》，台北：中央研究院東南亞區域研
究計畫東亞資訊服務（1998）；及《東南亞、日本、韓國研究博碩士論文彙編》，
台北：中央研究院東南亞區域研究計畫東亞資訊服務（1999）。他一直在中產階
級、公民社會、社會運動、宏觀社會學等領域將南韓納入比較對象，藉此建構亞
洲整體異同性和南韓經驗所凸顯的特色。他在台灣的韓國學研究中起到了非常重
要的作用。雖然本論文中無法一一舉例說明，但很多在台灣的韓國研究者也是通
過這兩個途徑進行韓國研究的。

　　第三代韓國專家（現 50 歲以下）有郭秋雯、黃長玲、王恩美。第四代韓國
專家（現 40 歲上下）有英家銘、何撒娜、董思齊、陳慶德。韓流世代（現 30 歲
左右）的韓國專家有楊虔豪（媒體）、王韻珊（作家）、林志豪（北韓）。

　　另外，台灣第一個以韓國研究為名的研究機構是「中華民國韓國研究學
會」，是由張存武、陳捷先、胡春惠等歷史學者發起，於 1980 年成立的。但是由
於他們都不懂韓文，所以只能通過漢字文獻從事一些與近代史相關的研究。第一
代的會員約有一百名，但只能說是一種「同好會」。直到有 1950 年代以後出生
的、有留學韓國經驗的第二代加入以後，才成為較具「專業性」的學術團體。

　　綜上所述，台灣對韓國研究的初期雖由歷史學家帶動，而初期的大部分研究
者也並不懂韓文。因此，也可以說，台灣對韓國的研究是在那些有韓國留學經驗
的、50 年代以後出生的學者加入後才走上正軌的。不僅如此，相比之下社會科
學領域的研究著作較多，而語言文學領域則比較注重教學。另外，比較有特點的
是，台灣的韓國研究學者中，社會科學領域的大部分研究者都是基於日本研究、
中國研究等國際關係的脈絡上研究韓國的。

（二）主要學術期刊

　　在台灣學術期刊中，韓國研究頻率最高的學術期刊依次為：《貿易週刊》
（275 篇），《亞洲週刊》（266 篇），《韓國學報》（168 篇），《台灣經濟研究月刊》
（119 篇），《商業周刊》（111 篇），《棋道圍棋月刊》（105 篇），《數位時代》（76
篇），《中國一周》（74 篇），《問題與研究》（66 篇），《藝術家》（63 篇），《財訊》
（59 篇），《工業簡訊》（56 篇），《台灣經濟金融月刊》（54 篇），《經濟前瞻》（50

篇），《汽車購買指南》（49 篇），《韓國研究》（47 篇），《籃球雜誌》（46 篇），《航運與貿易》（46 篇），《典藏今藝術》（39 篇），《國際金融簡訊》（39 篇），《貿協商情周報（38 篇），《今日經濟》（35 篇），《華僑經濟參考資料》（34 篇），《財稅研究》（31 篇），《全球防衛雜誌》（30 篇）等。

　　有趣的是，在收錄有較多與韓國研究相關的期刊中，名列前茅的期刊是《貿易週刊》、《亞洲週刊》、《台灣經濟研究月刊》、《商業周刊》等經濟類雜誌，並非純學術雜誌。學術性期刊有《韓國學報》、《問題與研究》、《韓國研究》、《經濟前瞻》等。但在這些純學術性期刊上發表的論文比重並不比非學術性期刊高。這在某種程度上反映了台灣的財界、經濟界等非學術性團體和人士更注重韓國經濟方面的狀況研究。

　　另外，在韓國學術期刊中，台灣研究頻率最高的學術期刊依次為：《中蘇研究》（44 篇），《情報通信政策》（36 篇），《中國研究》（35 篇），《統一韓國》（35 篇），《台灣研究》（33 篇），《中國近現代史研究》（30 篇），《中國現代文學》（29 篇），《電子振興》（28 篇），《各種單位研究報告》（27 篇），《國際地域研究》（23 篇），《東亞研究》（22 篇），《原子力產業》（22 篇），《各種大學研究所論文集》（21 篇），《中國史研究》（20 篇），《月刊海洋韓國》（20 篇），《中國學論叢》（18 篇），《機械產業》（18 篇），《世界農業》（18 篇），《中國學研究》（17 篇），《CHINDIA Plus》（16 篇），《亞細亞研究》（16 篇），《北韓》（16 篇）等。

　　與台灣的韓國研究不同的是，韓國的台灣研究中頻率最高的是學術性雜誌。其中，《中蘇研究》作為最早開展中國和前蘇聯等共產圈國家研究的學術刊物，具有相當高的學術地位；而《中國研究》、《中國學研究》以及《中國學論叢》是中國研究的代表性學術刊物，研究範圍包括人文科學和社會科學。另外，《台灣研究》是最近得到台灣政府資助設立的、由韓國外大台灣研究中心發行的學術雜誌，雖然還未被收錄於 KCI（Korea Citation Index），但幾年來集中發表了與台灣有關的研究成果。此外，語言文學、歷史學等領域的專業學術期刊也發表了很多與台灣有關的研究成果。

（三）主要學術領域

　　我們再來區分一下台灣研究和韓國研究的主要學術領域。首先，在韓國的台

灣研究成果中，社會科學（810篇）領域的研究最為活躍，其後的順序依次為：技術科學（241篇）、歷史（240篇）、文學（92篇）、總類（72篇）、藝術（54篇）、宗教（52篇）。（請參照圖5）

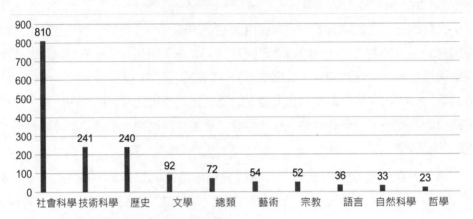

圖5　韓國的台灣研究各領域分布圖

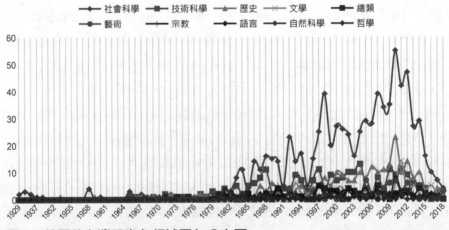

圖6　韓國的台灣研究各領域歷年分布圖

　　韓國的台灣研究，與台灣的韓國研究不同，並未受到斷交的影響，表現出持續增長的趨勢。這種持續增長的趨勢不僅表現在研究成果最為活躍的社會科學領域，也表現在其他領域的研究。（請參照圖6）

　　另外，如同韓國的台灣研究趨勢，台灣的韓國研究也是社會科學（1,634篇）

所占的比重最高，其次是應用科學（514 篇）、藝術（164 篇）、語言文字學（152 篇）、史地總論（94 篇）、總類（83 篇）、哲學（52 篇）、宗教（39 篇）、自然科學（36 篇）與中國史地（34 篇）。可以說，台灣和韓國都是社會科學領域的研究最為活躍。下面是台灣 DB 提供的 2,800 篇研究成果的各領域分布情況。[2]（請參照圖 7）

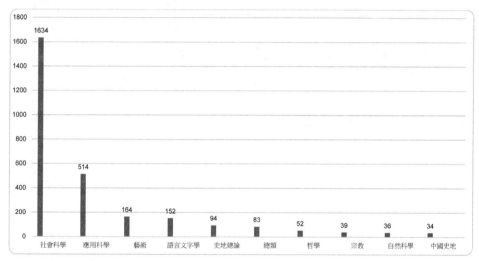

圖 7　台灣的韓國研究領域分布

　　台灣的韓國研究中，研究成果最為活躍的社會科學領域的歷年分布特徵是 80 年代最為活躍。這是因為 80 年代韓國與台灣都是亞洲四小龍之一，雙方都處於經濟快速發展階段，並且創造了經濟奇蹟，所以對對方經濟都有著極大的興趣。而台韓斷交後，台灣社會科學領域中的有關韓國的研究成果大幅減少，但其他領域並未受到斷交的影響，並持續呈穩定趨勢。（請參照圖 8）

---

[2] 由於台灣和韓國的 DB 中對所有數據的學科領域分類尚未完全完成，因此只使用了已分類的有限的數據進行了分析。

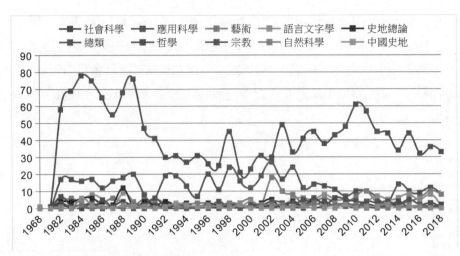

圖 8　台灣的韓國研究領域歷年分布圖

換句話說，台韓斷交的影響只局限於社會科學領域，而在其他領域並沒有受到影響。因此今後構建台韓新關係時，更要注重在文史哲等領域的持續發展。

（四）歷年主要關鍵詞

在韓國的台灣研究中，社會科學領域出現最多的關鍵詞是台灣、韓國、研究、比較、中國、政策等。這意味著有關韓國或中國的政策與台灣政策比較的論文占了很大比重。在技術科學和自然科學領域也是如此。與台灣、韓國、日本、中國等周邊國家的比較占了相當大的比重。另外，在歷史領域，有關日本帝國主義、殖民統治以及近代史的研究所占的比重較大。這是因為韓國有著與台灣相似的歷史經驗，韓國學者希望從台灣的經驗中得到啟發。在台灣也出現相似的情況。台灣學者也希望從韓國或周邊國家的經驗中得到啟發。

1. 韓國的台灣研究

1929 年到 1959 年是韓國的台灣研究的起步階段，也是尚未興起的時期，因此出現的關鍵詞也大多是考察、概況等整體上瞭解台灣概況的研究。最早發表的有關台灣的研究成果是齋藤固在 1929 年用日語發表的〈台灣視察談片（上、下）〉。作者是日本人，用日語發表的原因可能是當時韓國被日本佔領。此後，山村銳吉於 1935 年發表的〈台灣工業視察談〉是對台灣工業的考察研究。另外，

李圭復 1958 年發表的〈中華民國憲政概觀〉是有關台灣概況的研究。

　　上個世紀 60 年代和 70 年代，與水泥、出口、農村、工業、專利等經濟相關用語層出不窮。例如，韓國水泥工業協會（1965）的〈台灣水泥工業概況〉；裴基完（1966）"Capital accumulation process of post war economy of free China"；Hae Soo Lee（1969）的 "Effects of Irrigation on Dry-land Crops in Taiwan"；陳超塵（1975）的〈中華民國與開發中國家間的經濟技術協力〉；崔源憲（1980）"Centering on Their Agricultural Policies and Changes in Their Agriculture: A Comparative Study of Agriculture in Formosa and the Chinese Continent" 等。這是因為這個時期台灣的工業化和農業受到重視。由此可以推論，由於台灣是農業發達的國家，因此韓國希望能夠借鑑台灣在農業和工業化方面的經驗。

　　上個世紀 80 年代和 90 年代，韓國開始全面關注台灣的產業政策、經濟增長和中小企業。例如：徐東浩（1985）〈韓國和台灣的輸出入構造比較研究〉；Ko Jai-Kyung（1986）"The present high-technology industry status of Taiwan, Hong Kong, Singapore and it's comparisons to competition with Korea" 等。

　　另外，在如張公子（音譯）（1989）〈台灣與中國交流現況及展望〉；金洪樂（音譯）（1989）"A Comparison of China and Taiwan's Unification Policies" 等論文中也出現了與統一、國際關係、秩序、戰略等與國際政治、兩岸關係有關的關鍵詞。特別是在 20 世紀 90 年代，朝鮮和核廢棄物的問題尤為突出。例如：金燦奎（1997）《台灣核廢棄物北韓移轉與國際法》；Hong Kyun Kim（2001）"Instruments to Stop Taiwan's Nuclear Waste Shipping Plan under the International Environmental Law" 等。

　　進入 21 世紀後，出現了多種多樣的主題。除了經濟和政治以外，在文學、社會文化、日本帝國主義、殖民地、教育、女性等很多領域也發表了很多研究成果，而且還出現了很多與民主主義、意識型態、人權等民主化相關的詞語，這反映了台灣的民主化過程。此外還出現了朴允哲（1997）〈中華民國台灣的環境保護運動：以嘉義縣與台南縣為主〉；Seung-Gook Ahn（2001）"Analysis of the Democratic Transition Process in Taiwan: Focusing on Strategies and Choices of Political Actors"; Kyung-Ah Lee（2016）"Married Women's Employment Structure and Career Discontinuity in Taiwan" 等形式多樣主題的論文。

2. 台灣的韓國研究

台灣的學術性韓國研究始於 20 世紀 50 年代，[3] 50 年代因為韓國戰爭，出現了很多與韓國戰爭相關的關鍵詞，大部分論文都試圖論述土地改革、煤炭產業、韓國文化等韓國概況。例如，黎元譽（1950）〈韓國戰爭爆發後之國際形勢〉；黃定國（1951）〈經貿投資動態與分析——南韓〉；全漢昇（1951）〈韓國戰爭與遠東經濟〉；慧吉祥（1955）〈韓國佛教概況〉；顏滄海（1956）〈韓國的煤業事情〉等。

20 世紀 60 年代，特別關注經貿、農地改革、韓國鐵路等經濟開發的初期階段的基礎設施建設。例如，段維（1960）〈各國原子能發電計劃（20）——韓國〉；李文（1960）〈南韓政變與美國關係〉；馮世範（1962）〈南韓的新經濟措施〉；盧堅（1963）〈南韓電力的簡介〉；戴照煜（1964）〈韓國經濟現狀〉；謝發榮（1967）〈韓國鐵路之現況與將來〉；Ki Hyuk Pak（1968）〈大韓民國農地改革的經濟成效〉；顧炳榮（1969）〈韓國之公路建設〉等。

70 年代、80 年代，又開始集中關注經濟的全面發展和經濟產業政策。例如，廖啟川（1970）〈韓國第二期經濟發展計劃概要〉；簡潤芝（1970）〈韓國上下為經濟建設而戰〉；應昌期（1971）〈韓國毛紡織業概述〉；王文雄（1971）〈韓國經濟分析〉；陳鏘（1972）〈韓國的工業發展與投資近況〉；渡盦（1976）〈韓國決心推行新五年經濟開發計劃之展望〉；楊立華（1983）〈韓國與主要競爭國家出口結構之比較〉；金克宜（1989）〈韓國產業政策之展望〉等。

20 世紀 90 年代和 21 世紀又對經濟領域表現出濃厚的興趣，特別是出現了很多與金融危機相關的關鍵詞。這是因為在這一時期韓國經歷了兩次金融危機，因此政府的應對對策受到了關注。例如，連文杰（1993）〈透析韓國半導體工業〉；葉明峰、吳家興（1998）〈韓國金融風暴分析〉；經濟部投資業務處（1998）〈南韓金融風暴對我競爭力之影響與機會〉；李慧珠（2000）〈金融危機以後韓國金融結構改革之研究〉；蔡增家（2005）〈九七金融風暴與南韓政經體制的轉變：超越發展國家論〉；吳家興（2009）〈韓國金融大改革及其對我國之啟示〉等。

2010 年代除了經濟主題外，還在教育、文化、韓流等多種領域表現出極大

---

[3] 台灣的檢索欄分為一般性研究與學術性研究，而韓國的台灣研究檢索欄則僅限於學術性研究。考慮到對稱性，本論文排除一般性論文，僅限於學術性研究。

的興趣。例如，張寅成（2010）〈古代韓國的道教和道教文化〉；李憲榮（2010）〈南韓總統的選舉制度〉；游娟鐶（2011）〈韓國文化政策中「韓語世界化」的推動與展望〉；陳長源（2012）〈韓國文化創意產業之探討〉；李明璁（2015）〈韓國流行音樂的視覺性、身體化與性別展演：以「少女時代」的 MV 產製和消費挪用為例〉；王恩美（2018）〈學校教育中對「傳統倫理」的繼承與改良——以 1970 年代韓國中等學校「道德教育」為中心的探討〉等，在很多領域都出現了不同主題的論文。

無論在韓國的台灣研究，還是在台灣的韓國研究，都具有以下特點：第一，他們都是在通過對不同時期的對方國家最突出的現象和主要問題進行研究，結合本國狀況進行了比較分析，以達到「韓為台用」或「台為韓用」的目的。第二，雙方都是通過與中國、日本等周邊國家的比較，試圖瞭解並掌握對方國家的特點。這種研究傾向可以解釋為：兩國都有過類似的歷史經驗，並都希望通過對兩國或與周邊國家的比較，在為本國解決問題及決定未來發展方向等方面提供參考資料。

五、結論

本篇論文通過對「韓國的台灣研究」及「台灣的韓國研究」的研究成果與發展趨勢的比較，以及對兩國間學術交流狀況的分析，探索了兩國間學術交流中的意義並找出了未來發展方向。

「台灣的韓國研究」和「韓國的台灣研究」的歷年趨勢具有以下特點：首先，與韓國的台灣研究相比，台灣的韓國研究起步較晚。韓國的台灣研究最早發表於 1929 年，而台灣的韓國研究則最早發表於 1950 年。其次，在台灣與韓國斷交前，台灣對韓國的研究呈持續上升趨勢；然而，由於受到台灣和韓國斷交的影響，從上世紀 90 年代開始急劇減少。而韓國的台灣研究卻並沒有受到斷交的影響，呈現出持續增長的趨勢。分析是從以下幾個方面進行的：

1. 主要學者方面：在韓國發表涉台研究最多的學者是歷史學、政治、經濟、法學等專業的學者。而語言與文學專業方面的比重相對較小。不僅如此，大部分學者同時也從事有關中國方面的研究，或在與中國研究有關的研究

機構工作；而台灣對韓國研究的初期雖由歷史學家帶動，而初期的大部分研究者也並不懂韓文。因此，也可以說，台灣對韓國的研究是在那些有韓國留學經驗的、50 年代以後出生的學者加入後才具有系統性的發展。不僅如此，相比之下社會科學領域的研究著作較多，而語言文學領域則比較注重教學。另外，比較有特點的是，台灣的韓國研究學者中，社會科學領域的大部分研究者都是基於日本研究、中國研究等國際關係的脈絡上研究韓國的。

2. 主要學術期刊方面：在收錄有較多與韓國研究相關的期刊中，名列前茅的期刊是經濟類雜誌，而非純學術雜誌。而且在純學術性期刊上發表的論文的比重並不比非學術性期刊高。這在某種程度上反映了台灣的財務界、經濟界等非學術性團體和人士更注重韓國經濟方面的狀況研究；與台灣的韓國研究不同的是，韓國的台灣研究中頻率最高的是學術性雜誌。

3. 主要學術領域方面：台灣和韓國都是社會科學領域的研究最為活躍。韓國的台灣研究，與台灣的韓國研究不同，並未受到斷交的影響，表現出持續增長的趨勢。這種持續增長的趨勢不僅表現在研究成果最為活躍的社會科學領域，也表現在其他領域的研究；而台灣的韓國研究中，研究成果最為活躍的社會科學領域的歷年分布特徵是 80 年代最為活躍。而台韓斷交後，台灣社會科學領域中的有關韓國的研究成果大幅減少，但其他領域並未受到斷交的影響，並持續呈穩定趨勢。換句話說，台韓斷交的影響只局限於社會科學領域，而在其他領域並沒有受到極大影響。因此今後構建台韓新關係時，更要注重在文史哲等領域的持續發展。

4. 主要關鍵詞方面：無論在韓國的台灣研究，還是在台灣的韓國研究，都具有以下特點：第一，他們都是在通過對不同時期的對方國家最突出的現象和主要問題進行研究，結合本國狀況進行了比較分析，以達到「洋為台（韓）用」的目的。第二，雙方都是通過與中國、日本等周邊國家的比較，試圖瞭解並掌握對方國家的特點。這種研究傾向可以解釋為：兩國都有過類似的歷史經驗，並都希望通過對兩國或與周邊國家的比較，在為本國解決問題及決定未來發展方向等方面提供參考資料。

台灣和韓國的研究都與對方及國際環境因素、台韓關係的發展變化有著密切

的聯繫。台韓兩國地理相鄰，其研究合作旨在充分利用兩國優勢與資源，從更廣的視野來開展適合於當今時代特徵及人文社會科學的研究，這也是當今學術國際化的趨勢。自 1992 年台韓斷交後，雖然台韓兩國間的學術交流、興趣和研究成果呈大幅減少，但 2000 年開始出現恢復趨勢，並逐步擺脫斷交的影響，開始著手建立新的關係。韓國研究和台灣研究的社會影響在不斷擴展與延伸，並在台韓關係發展中起著不可替代的導向作用。因此雙方都對對方的研究提出了更高層面的要求和目標。比起量的發展，持續性的質的發展的提高更加迫在眉睫，這就需要在歷史學、教育學、語言與文化等傳統研究領域探索新的研究方法與研究內容，並在社會科學領域中形成更穩定的發展，同時更要提升研究主題冷僻或發展尚未蓬勃領域的扶持與開拓。

參考文獻

王恩美，2017，〈冷戰體制下韓國華僑的「雙重」反共問題（1950~1970年代）〉。《國史館館刊》54: 89-138。

──，2018，〈學校教育中對「傳統倫理」的繼承與改良──以一九七〇年代韓國中等學校「道德教育」為中心的探討〉。《台灣東亞文明研究學刊》15(1): 115-158。

文明基，2015，〈臺灣・朝鮮總督府的專賣政策比較研究〉。《中央大學人文學報》63: 45-83。

朱少先，1961，〈韓國政局之現狀及其前途〉。《問題與研究》1(2): 35-40。

朱立熙（譯），1983，《韓國財閥群像》。台北：聯經。

朱立熙，1986，《第一主義──三星集團創辦人自傳》。台北：天下。

──，1989，《漢江變──特派員的現場目擊》。台北：時報。

朱松柏，2006，〈東北亞的軍事平衡與區域安全〉。《韓國學報》19: 1-15。

西川潤、蕭新煌（合編），2007，《東アジアの市民社会と民主化：日本、臺湾、韓国にみる》。東京：明石書店。

園田茂人、蕭新煌（合編），2016，《チャイナ・リスクといかに向きあうか-日韓臺の企業の挑戦》。東京：東京大学出版　。

李在方，2001，〈南北韓統合過程之觀察〉。《新世紀智庫論壇》13: 61-64。

李文，1960，〈南韓政變與美國關係〉。《現代政治》8(5): 3-4。

李慧珠，2000，〈金融危機以後韓國金融結構改革之研究〉。《韓國學報》16: 293-311。

李憲榮，2010，〈南韓總統的選舉制度〉。《台灣國際研究季刊》6(4): 29-51。

何撒娜，2017，〈韓食世界化：韓國飲食與國家品牌的塑造與想像〉。《中國飲食文化》13(1): 165-203。

英家銘，2012，〈朝鮮兩班算家南秉吉與其算學著作〉。《中華科技史學會學刊》17: 24-37。

林秋山，1974，〈中國研究韓國學之實態報告〉。《華學月刊》36: 47-50。

林明德，1980，〈論韓國漢文小說與漢文學之研究〉。《世界華學季刊》1(1): 85-106。

吳家興，1979，〈韓國擴大出口的政策方向〉。《貿易週刊》788/789: 26-28。

金克宜，1989，〈韓國產業政策之展望〉。《韓國研究》9: 258-265。

金潤泰，1998，〈韓商對中國大陸山東地方經濟發展的影響〉。《共黨問題研究》24(12): 53-64。

──，2005，〈由韓國學者看台灣的韓國研究〉。《亞太研究論壇》30: 234-244。

──，2009，〈在中國韓商移民聚居區的形成及其社會經濟特徵〉。《亞太研究論壇》46: 44-65。

陳長源，2012，〈韓國文化創意產業之探討〉。《出版界》96: 26-35。

黃長玲，2010，〈韓國性別平等教育的發展〉。《性別平等教育季刊》49: 86-91。

郭秋雯，2017，〈韓文意志法的使用與中文母語者的誤用情形──以TTT模式施測結果為主〉。《外國語文研究》27: 23-49。

孫準植，2007，〈殖民地朝鮮的台灣認識──以《朝鮮日報》（1920-1940）的記事為中心〉。《輔仁歷史學報》20: 83-112。

黎元譽，1950，〈韓國戰爭爆發後之國際形勢〉。《實踐》40: 2-4。

謝發榮，1967，〈韓國鐵路之現況與將來〉。《台鐵資料》46: 109-115。

廖啟川，1970，〈韓國第二期經濟發展計劃概要〉。《財政經濟月刊》20(4): 13-16。

楊立華，1983，〈韓國與主要競爭國家出口結構之比較〉。《貿易週刊》1041: 8-14。

葉明峰、吳家興，1998，〈韓國金融風暴分析〉。《中國商銀月刊》17(3): 1-24。

劉德海，1989，〈美國對南韓政策的回顧與展望〉。《美國月刊》4(7): 62-69。

蕭新煌，1981a，*Government Agricultural Strategies in Taiwan and South Korea: A Macrosological Assessment.* Institute of Ethnology, Academia Sinica, Taiwan.

──，1981b，〈美國的韓國研究〉，《韓國學報》1: 177-189。

──，1982，〈戰後南韓的土地改革政策：鉅觀社會學的分析〉，《韓國學報》2: 1-20。

──（主編），1999，*East Asian Middle Classes in Comparative Perspective.* Taipei: Institute of Ethnology, Academia Sinica.

蕭新煌、陳明秀，1998，《韓國研究書目彙編》。台北：中央研究院東南亞區域研究計畫東亞資訊服務。

──，1999，《東南亞、日本、韓國研究博碩士論文彙編》。台北：中央研究院東南亞區域研究計畫東亞資訊服務。

蕭新煌、金潤泰，2000，〈福建台商與山東韓商的比較〉。《台商與兩岸關係研討會論文集》，鄭赤琰、張志楷編，頁111-132。香港：嶺南大學族群與海外華人經濟研究部。

蕭新煌、朴允哲，2008，〈宏觀歷史與社會政治轉型：台灣與南韓國家認同之比較〉。《蕃薯與泡菜：亞洲雙龍台韓經驗比較》，彭慧鸞編，頁22-39。台北：財團法人亞太文化學術交流基金會。

韓文

張景旭, 金潤泰, 2005, The Management Characteristics of Taiwanese Enterprises in China, 中國研究 Vol.36.

Jeon, Kwang-jin, 2019, A Study of the Vocabulary Base for Utilization of Hangeul Writing Systems by Sediq People in Taiwan, 中語中文學 77.

Kim, Yun Tae, 2001, A Comparison of Labor Union between South Korea and Taiwan － Focusing on Organizational Space, 中國學論叢 Vol.11.

──, 2009, The Role of the State in Taiwan`s Development, 中國研究 46.

Kim, Yun Tae and Dong Hoon Seol, 2004, A Study of Labor Migration Management in Taiwan, 中蘇研究 28(3).

──, 2005, Welfare Politics for Marriage Immigrants: Taiwan Case, 中蘇研究 29(3).

Moon, Heung Ho, 2016, The return to power of DPP and Cross-strait Relations Between China and Taiwan, 中蘇研究 39(4).

Park, Yoon Chul, 2003, The Rise of Middle Class and its Socio-Political Characteristics in China, 中國學研究, Vol.26.

Park, Yoon Chul and Kyung Ah Lee, 2012, A Study on Taiwan Business Association in China, 中國學研究, Vol.61.

第五篇
治理與福祉：
台灣第三部門與青年的四十年轉進

治理與福祉：台灣第三部門與青年的四十年轉進——蕭新煌教授的貢獻與影響

官有垣

一、前言

從 90 年代末期迄今將近 20 年的時間，我有幸參與了不少由蕭新煌教授發起或領銜推動的有關台灣第三部門與公民社會的研究，也包括了參與相關研討會的主辦、第三部門學會的籌設等活動，十分感謝蕭教授慷慨地分享他的許多研究資源給我，亦鼓勵我要深耕非營利組織的台灣本土與跨國比較研究。很難想像我口中的「蕭老師」，頭髮烏黑、外貌年輕，居然已到了要從中研院社會所以特聘研究員的身分退休的時候了。去年年底（2018/12），很榮幸被主辦單位——政治大學東南亞研究中心邀請，到宜蘭參加了「進步與正義的世代：蕭新煌教授與亞洲的新台灣」研討會，並發表了論文〈台灣第三部門治理的實證研究—— 1990 年代迄今〉。

該研討會的主辦單位盼與會者能夠就蕭教授過去 40 年從事的研究領域——社會運動與環境治理、台灣與東南亞客家、東亞與東南亞研究的生根與深耕、台灣第三部門與青年的四十年轉進，有人代表擇一領域撰文論述蕭教授的貢獻與影響。我當即表達很樂意就「治理與福祉：台灣第三部門與青年的四十年轉進」闡述我個人的淺見，但由於我對蕭教授過往在青年議題研究的耕耘並不熟悉，底下我將聚焦於論述蕭教授在「台灣第三部門與公民社會」研究的貢獻與影響，且以四個面向鋪陳之，即「台灣基金會的發展與調查研究」、「積極參與台灣的基金會之決策與治理」、「推動台灣非營利部門研究指南教科書的撰述與出版」，以及「台灣第三部門研究叢書的出版」。

其實，蕭新煌教授在台灣的「第三部門與公民社會」的研究領域，其探索的範圍與影響絕不僅限於底下我將論述的四個面向。舉例來說，蕭教授在 1990 年代初期已在國內外重要期刊與專書發表台灣社會當時的公益慈善發展的狀況及其對台灣民主化的影響（Hsiao 1991, 1996）。更值得一提的是，為了探索華人社會的台北、香港、廣州和廈門的民間社會團體在經濟與政治發展中發揮了哪些重要的作用，蕭新煌教授與美國波士頓大學的 Robert Weller、關信基（香港中文大學）、呂大樂（香港中文大學）、陳健民（香港中文大學）、邱海雄（中國廣州中山大學）、楊國楨（中國廈門大學）、黃順利（中國廈門大學）等八位教授於 1996 年開展了「台北、香港、廣州、廈門的民間社會組織：發展特色之比較研究計畫」，該計畫延續到 2000 年初，該研究綜合比較了這四地民間社會組織的興起、發展和性格，以及這些組織與該地的政治、社會變遷的關係；分析內容尤其著重於這四地的民間組織的發展概況、自主性、創導性，以及對社會的影響 [1]（蕭新煌 2001；蕭新煌等七人 2004；Hsiao 2004）。

此外，蕭教授也邀請我與其在一本探討當前台灣政治、經濟與社會發展的英文專書，合寫一篇論述台灣在後威權時代的公民社會發展文章（Hsiao and Kuan 2016），強調：（1）台灣公民社會發展經驗的第三個特色是部門之間的發展與形塑之「本土起源」，尤其是台灣自 1971 年退出聯合國之後；（2）台灣豐沛的中產階級在形塑、組織與支持不同類型公民社會組織上扮演了舉足輕重的角色；（3）倡議型公民社會組織給台灣社會帶來了持續改革與變遷的驅動力，而社福慈善與地方社區公民社會組織則專注於社會穩定與團結面向上努力不懈；（4）目前有愈來愈多新興的倡議型公民社會組織聚焦於監督不斷擴大的台灣與中國的經濟與政治關係，此關切與討論中國事務的現象是台灣公民社會發展最新近的轉變。

---

[1] 此一跨國比較研究也深刻影響了我個人在接下來的 2001 至 2005 年的研究方向，在徵詢蕭教授的意見後，我先後向國科會申請了《台灣南部七縣市民間社會組織的功能與影響之研究》（2001-2002）以及《台灣地區民間社會團體的調查研究：組織特質、自主性、社會參與及影響力》（2004-2005）研究計畫經費而獲得補助。這兩項研究計畫的研究成果使得我有機會發表了五篇專書與期刊論文（官有垣 2004；官有垣、杜承嶸 2003, 2005, 2008, 2009）。

二、台灣基金會的發展與調查研究

　　最早以實證方法研究台灣的基金會是蔡政文等人（1982），在「亞洲協會（亞洲基金會）」（Asia Foundation）贊助下，這份研究報告有一部分分析了當時台灣社會存在的基金會之董事會運作功能與組織結構（蔡政文等人 1982）；而楊崇森（1981）與鄭文義（1989）對台灣的財團法人制度與公益團體之研究，也有一部分觸及董事會職權功能的描述。從 1990 年代初期開始，蕭新煌教授亦致力於台灣基金會發展的研究，先是在 1992 年接受了文建會的委託，前後開展了兩項研究計畫，分別是《我國文教基金會發展之研究》（1992a），以及《台灣地區縣市文化基金會組織與功能之評估研究》（1992b）。蕭教授帶領的團隊在這兩項我國文教基金會與縣市文化基金會的研究上，相當全面地檢視了這類型基金會的人事組織、經費運用、運作模式、活動內容，以及與其他部門團體的互動關係等。

　　之後，喜瑪拉雅研究發展基金會在蕭教授擔任其顧問與指導下，在 1991-1999 年期間，先後編製出版了《台灣基金會名錄》（1991）、《台灣 200 家主要基金會名錄》（1997），以及《台灣 300 家主要基金會名錄》（1999）。而入選的 300 大基金會，經由問卷的填答，更能瞭解其組織的圖像與特色。蕭教授在《台灣 300 家主要基金會名錄》（1999）的導論〈勾繪台灣 300 大基金會的特色〉中分析了這些基金會的特色有財力可觀、獨立基金會居多、文教掛帥、解嚴後如雨後春筍、全國層級主導、台北乃基金會的中心、人力與經費足、電子網路溝通日益流行，以及國際交流尚待多推動等。

　　喜瑪拉雅研究發展基金會的台灣基金會先驅調查，相當程度上有助於吾人瞭解台灣基金會的組織結構、基金規模與來源、運作特質以及服務內容等；然而，蕭教授認為這些基金會調查僅是針對一部分基金會為對象，並非全面性的普查。因此，為建立台灣的基金會資料庫，在蕭教授的倡議與帶領，並獲得行政院青輔會與喜瑪拉雅基金會的經費資助下，蕭教授與一群社會科學界的學者與基金會工作者（傑出人才發展基金會與喜瑪拉雅研究發展基金會）組成了十人的研究團隊，於 2001 年開始進行《台灣的基金會調查研究計畫》，2002 年年底有了初步的調查結果，接著再由官有垣、邱瑜瑾、陸宛蘋三人以一年的時間進行細部的統計分析。在 2004 年初，完整的調查結果出爐，蕭教授再召集原先參與調查工作

的學者專家，根據該調查結果的各項基金會運作與發展的數據，分別執筆撰述，進而集結為專書《基金會在台灣：結構與類型》（蕭新煌、江明修、官有垣 主編），並於 2006 年由巨流圖書公司印行出版。該專書的價值在於係根據台灣第一次基金會的「普查」資料作為各章立論分析的資料來源，真真實實地勾勒出台灣基金會的整體輪廓，亦即是蕭教授強調的台灣基金會的六大組織結構特色：歷史短、基金少、人力不豐、個人捐助而成立為多、集中在北部台灣，以及大多以教育、福利、文藝為設置宗旨（蕭新煌、江明修、官有垣 2006：7）。

三、積極參與台灣的基金會之決策與治理

除了從事上述有關以台灣的基金會發展為主題的研究外，若從 1980 年起算，蕭新煌教授在過去將近 40 年時間，受邀擔任各類型基金會的治理職務如董事、董事長、執行長、常務董事、常務監察人、顧問、諮詢委員等，在參與組織的治理上有相當豐富的觀察與經驗。如表 1 所示，蕭教授從 1980 年受邀擔任消費者文教基金會（消基會）的董事開始，迄今曾在 18 家基金會擔任過治理與決策的職務。蕭教授在 2003 年的一篇專書文章裡做出如下的說明：「我曾經在消基會擔任過董事有十二年，於 1992 年辭職。之後我參加新時代基金會，就是第一個提倡計程車服務要有品牌、服務的公共議題和服務基金會。除此之外，我也參加比較特殊、多是公辦民營的基金會，如公共電視、國家文化藝術基金會（國藝會）、九二一災後重建基金會、環境資源基金會，以及台北市的客家文化基金會等。」（蕭新煌 2003：15-16）而蕭教授在近期參加以政府出資為主的財團法人基金會尚有台灣民主基金會，以及從 2018 年開始擔任董事長的台灣亞洲交流基金會。

由於有這些基金會的治理參與的經驗，蕭教授對於台灣各種類型基金會的發展軌跡與特質有其深入、獨特的觀察。蕭教授強調他在 1980 年代初期開始參加的一些基金會都是新型的、多元化的、用以回應社會所出現的新需求，譬如消費者保護、環境保護、文化資助等。這些基金會與 1970 年代的基金會型態是截然不同的，當時的基金會關注議題多半集中在慈善、獎助學金等。再者，早期的基金會多半是有錢人出來成立的，而到了 80 年代以後，中產階級、專業人士成為基金會組成的主力。至於服務的對象，目前的基金會大都宣稱是以

表1　蕭新煌教授在台灣曾任／現任財團法人基金會治理階層的職位一覽

任職時間	財團法人基金會名稱	職位名稱 （董事長、董事、執行長）
1980-1992	消費者文教基金會	董事、副董事長
1988-1994	新時代基金會	董事、副董事長
1994-2009 2009-	傑出人才發展基金會	執行長 董事
1997-2003	亞太公共事務論壇	董事
1997-2003	台北客家文化基金會	董事、常務董事
1998-2001	公共電視文化事業基金會	董事
1998-2001, 2007-2011 2016-	國家文化藝術基金會	董事
1998-2002	國家展望文教基金會	董事、副董事長、董事長
1998-2015	喜瑪拉雅基金會	顧問
1999-2002	環境資源研究發展基金會	董事
2003?	信誼基金會	董事
2003-2009	台灣亞洲基金會	董事、常務董事
2003-2009	台灣民主基金會	常務監察人
2004-2008	卓越新聞基金會	董事、董事長
2006-2008	九二一震災重建基金會	董事
2008-2012	美國卡內基國際和平基金會	台灣諮詢委員
2009-	台灣亞太發展基金會	常務董事
2018-	台灣亞洲交流基金會	董事長

全體社會為服務對象，然而早期的基金會多半強調以服務窮人、努力向學而缺乏金錢之個人為主。

　　蕭教授指出，早期的基金會不會去挑戰政府做的不夠的地方；今天則會把政府做的不足部分挑出來，並且告訴政府應該怎麼做，這是民主化的象徵，此現象是台灣基金會發展的一項非常重要的變遷。再者，在蕭教授的觀察裡，80年代以降，政治人物熱衷於成立基金會，是台灣另一特有的基金會發展趨勢，政治人物下野之後，往往藉由成立基金會而試圖找個可以繼續表演的舞台；而另一個現象則是以基金會型態出現的「智庫」（Think Tank）之興起，有不少基金會宣稱自己是智庫。最後，蕭教授發現在台灣已有不少基金會走向「區域聯盟」的趨

勢，且是以亞洲地區為主，針對同樣的議題加以串連。這種串連在倡導型的基金會中尤為突出，倡議的議題如環保、原住民權益、婦女、人權等率皆為全球所關切的。總之，台灣的基金會發展是從單向慈善到複向多元、也從服務到倡導、再從本土到全球化。蕭教授認為，台灣基金會的變遷，相當程度是在回應這個社會的變遷，因而具有回應的性格。

四、推動台灣非營利部門研究指南專書的撰述與出版

1987 年，在美國由 Yale University Press 發行的第一版《非營利部門：研究指南》（*The Nonprofit Sector: A Research Handbook*），廣受歡迎、是引領許多學者、研究者、實務工作者進入非營利組織研究殿堂必讀的經典著作。20 年後（即 2006 年），耶魯大學出版社發行第二版《非營利部門：研究指南》，篇幅更為擴大、內容也更加充實。其實在美國，這種針對非營利部門或所謂第三部門的研究領域之各個面向加以論述，使讀者能夠比較全觀性的瞭解該研究領域有哪些重要議題、理論觀點與研究成果的論著出版，自 1990 年代初期迄今，已累積了相當的數量（官有垣 2007）。

反觀在台灣，同一時期，從事有關非營利部門、非政府組織或是基金會與協會研究或教學的人士，最感缺乏的就是可用的中文教科書或參考書。蕭新煌教授有感於此，出面邀請相關的學術／實務界朋友，共同執筆撰寫一本這樣的專書。在喜瑪拉雅研究發展基金會贊助下，以及巨流圖書公司承接編印發行工作，由蕭新煌主編的《非營利部門：組織與運作》於 2000 年問世。該專書內容包含了十五章，論述的主題概括了非營利組織的理論、法律規範、在台灣的現況與特色、決策與領導、策略規劃、相關的管理（如人事與財務）、行銷與募款、與政府的互動關係、資源網絡與運用、遊說策略與途徑、扮演智庫的角色等。本書的發行有助於台灣非營利部門的研究與教學，也有助於提升台灣各類型非營利組織的健全發展。

接著，蕭新煌教授在 2007 年邀請了我本人、陸宛蘋三人主編，以《非營利部門：組織與運作》第一版為基礎，邀集了 24 位作者撰述篇章，在 2009 年出版了《非營利部門：組織與運作》（第二版），雖然名曰第二版，其實在篇章的安排

與內容上皆有大幅度的增加與調整，可說是一本新書。第一版不分篇，計有 15章；第二版則分為五篇、21 章、37 萬字，內容分為五篇，分別為「非營利部門的理論與台灣現狀」、「非營利組織的治理與管理」、「非營利組織外部的經濟與政治脈絡」、「非營利組織的功能與類型」，以及「非營利組織的跨國比較」。蕭教授在第二版的「導論」強調：「這個書名有其作為權威研究參考書的正當性，也希望在未來還有更新版本，有學術傳承的特殊意義。」（蕭新煌 2009：1）

兩年後（亦即 2011 年），《非營利部門：組織與運作》（精簡版）發行，全書篇章數不變，但字數由 37 萬字縮短為 27 萬字。蕭教授在 2010 年 10 月與政治大學第三部門研究中心徐世榮主任以及關心台灣第三部門研究與發展的學者、專家、實務工作者共同發起創設了「台灣第三部門學會」，並同時與第三部門研究中心、巨流圖書公司合作籌辦「TATSR 台灣第三部門研究叢書」出版計畫，而《非營利部門：組織與運作》（精簡版）即是該叢書發行的第一本。到了 2017年 1 月，《非營利部門：組織與運作》（第三版）發行，此為 2009 年版（第二版）的最新修訂，最大的特色是各章作者都盡可能引述非營利組織本土的台灣經驗的相關現象、資料與文獻以作為論述的依據，而本書也是「TATSR 台灣第三部門研究叢書」系列的第八本。

歸納言之，由蕭新煌教授發起與主編的《非營利部門：組織與運作》（前後四版）所收錄的具有實證資料佐證的研究性質論文，可提供學術界、實務界以及政府決策者一個瞭解台灣非營利部門的特質、範圍與組織運作的相關學理以及經驗性的系統知識寶庫。個人認為，這四個版本的專書所探討的非營利組織相關議題，十分重要，內容豐富、可讀性高且具參考的價值。這本書的主編與作者必然希望透過本書的發行，激發起學術界與實務界更多人士去討論書中揭示的許多有價值的理論觀點與研究發現，進而萌發出不同於原先的研究觀點或路線，而有助於台灣非營利組織研究領域的成長與茁壯。

五、台灣第三部門研究叢書的出版

本文前述提及「台灣第三部門學會」在 2010 年 10 月成立，同一時間，蕭新煌教授即發起與政治大學第三部門研究中心、巨流圖書公司合作籌劃「TATSR

台灣第三部門研究叢書」出版的計畫。該叢書系列自 2011 年出版第一號的《非營利部門：組織與運作（精簡版）》（蕭新煌、官有垣、陸宛蘋 主編），接著在 2012 年出版《人民財團與信託社會》（王俊秀 著）、2013 年的《社會企業：台灣與香港的比較》（官有垣、陳錦棠、陸宛蘋、王仕圖 編著）、2013 年的《宗教團體與法律：非營利組織的觀點》（陳惠馨 著）、2014 年的《書寫台灣第三部門史 I》（蕭新煌 主編）、2015 年的《書寫台灣第三部門史 II》（蕭新煌 主編）、2016 年的《社會企業的治理：台灣與香港的比較》（官有垣、陳錦棠、王仕圖 編著）、2017 年的《非營利部門：組織與運作（第三版）》（蕭新煌、官有垣、陸宛蘋 主編）、2018 年的《台灣社會福利運動與政策效應》（蕭新煌、官有垣、王舒芸 主編），以及 2019 年 5 月出版的《社會企業的社會影響：台灣與香港的案例》（官有垣、王仕圖、陳錦棠、杜承嶸 主編）。

很顯然，該叢書從 2011 年至 2019 年，十分有效率地幾乎每一年出版一本專書，迄今已是第 10 號，這都要歸功於蕭教授鍥而不捨地給這些專書作者「壓力」與「鼓勵」，才有可能完成撰述的工作。我個人認為，該叢書的出版，使讀者更能從全觀的角度、歷史的脈絡、跨國的比較觀點去瞭解與認識台灣非營利部門發展的不同面向、特色、問題，以及對台灣公民社會建構過程所產生的影響。就某種意義而言，該叢書的出版即是蕭教授所強調的，紀錄了台灣「民主化」（democratization）與「公民結社革命」（civil associational revolution）的過程與成果。

本文沒有「**結論**」，因為人生七十才開始，蕭教授精神奕奕，退而不休，台灣第三部門與公民社會的研究領域還有許多議題待開發與探討，感謝我習慣稱呼的「蕭老師」之前在此一領域的深耕、領導，以及無私慷慨地提攜後進；往後，更期盼在他的領導下，大家能再攜手為此一研究領域作出更多的貢獻。

參考文獻

官有垣，2004，〈台灣南部地區基金會的角色、功能、影響〉。《師友月刊》439: 6-12。

──，2007，〈書評：*The Nonprofit Sector── A Research Handbook* (2nd edition)〉。《台灣社會福利學刊》6(1): 227-238。

官有垣、杜承嶸，2003，〈台灣非政府組織與公民社會發展之探析：以南部民間社會團體為案例〉，收錄於林德昌主編，《台灣非政府組織與國際社會參與》。高雄：中山大學國際非政府組織研究中心。

──，2005，〈台灣南部地區慈善會的自主性、創導性及對社會的影響〉。《社區發展季刊》109: 339-353。台北市：衛生福利部社區發展雜誌社。

──，2008，〈台灣南部民間社會組織的自主、創導、與對社會的影響：社團法人與財團法人之比較〉。《社區發展季刊》122: 6-28。台北市：衛生福利部社區發展雜誌社。

──，2009，〈台灣民間社會團體的組織特質、自主性、創導與影響力之研究〉。《行政暨政策學報》49: 1-38。台北：亞洲基金會。

喜瑪拉雅研究發展基金會，1991，《台灣基金會名錄》。台北：喜瑪拉雅研究發展基金會。

──，1997，《台灣200家主要基金會名錄》。台北：喜瑪拉雅研究發展基金會。

──，1999，《台灣300家主要基金會名錄》。台北：喜瑪拉雅研究發展基金會。

楊崇森，1981，《財團法人制度之探討》。台北：行政院研考會。

蔡政文、廖榮利、林華德、林嘉誠，1982，《變遷中台灣地區的基金會》。亞洲協會資助之研究計畫。

鄭文義，1989，《公益團體的設立與經營》。台北：工商教育出版社。

蕭新煌，1992a，《我國文教基金會發展之研究》。台北：文化建設管理基金會。

──，1992b，《台灣地區縣市文化基金會組織與功能之評估研究》。台北：行政院文建會。

──，1999，〈勾繪台灣300大基金會的特色〉。頁5-13，收錄於喜瑪拉雅研究發展基金會主編，《台灣300家主要基金會名錄》。台北：喜瑪拉雅研究發展基金會。

──，2001，〈自主、創導與影響：台北的民間社會組織〉。Paper presented at Between Family and State, second workshop, Hong Kong, Jan. 14-15。

──，2003，〈基金會在台灣的發展歷史、現況與未來的展望〉。頁13-22，收錄於官有垣主編，《台灣的基金會：在社會變遷下之發展》。台北市：洪建全基金會。

──，2006，〈台灣的基金會現況與未來發展趨勢〉。頁3-37，收錄於蕭新煌、江明修、官有垣主編，《基金會在台灣：結構與類型》。台北市：巨流。

蕭新煌主編，2000，《非營利部門：組織與運作》。台北市：巨流。

──，2014，《書寫台灣第三部門史I》。高雄市：巨流。

──，2015，《書寫台灣第三部門史II》。高雄市：巨流。

蕭新煌、江明修、官有垣主編，2006，《基金會在台灣：結構與類型》。台北市：巨流。

蕭新煌、江顯新、江明修、馮燕、官有垣、邱瑜瑾、劉維公、陸宛蘋、高永興，2002，《二〇〇一年台灣的基金會調查研究計畫成果報告》。台北：政治大學、喜瑪拉雅研究發展基金會。

蕭新煌、官有垣、王舒芸主編，2018，《台灣社會福利運動與政策效應》。高雄市：巨流。

蕭新煌、官有垣、陸宛蘋主編，2009，《非營利部門：組織與運作（第二版）》。台北市：巨流。

──，2011，《非營利部門：組織與運作（精簡版）》。新北市：巨流。

──，2017，《非營利部門：組織與運作（第三版）》。高雄市：巨流。

蕭新煌、魏樂伯、關信基、呂大樂、陳建民、邱海雄、楊國貞、黃順力，2004，〈台北、香港、廣州、廈門的民間社會組織：發展特色之比較〉。《第三部門學刊》，創刊號，頁1-60。

Hsiao, H. H. M., 1991, "The New Reformism: Private Philanthropy in Taiwan in the 1980s." pp. 113-126 in *Philanthropy and the Dynamics of Change in East and Southeast Asia*, edited by B. F. Baron. New York, NY: Columbia University, East Asian Institute.

──, 1996, "The Current State of Taiwan's Private Philanthropy." *Occasional Paper Series* 6: 17-19. The Hong Kong-America Center, The Chinese University of Hong Kong.

──, 2004, "NGOs, the state, and democracy under globalization: the case of Taiwan." Ch. 3 in *Civil Life, Globalization and Political Change in Asia Organizing between Family and State*, edited by R. P. Weller. London: Routledge.

Hsiao, H. H. M. and Y. Y. Kuan, 2016, "The Development of Civil Society Organizations in Post-Authoritarian Taiwan (1988-2014)." Ch.16, pp. 253-267 in *Routledge Handbook of Contemporary Taiwan*, edited by G. Schubert. London and New York: Routledge.

台灣第三部門治理的實證研究：
1990 年代迄今

官有垣

一、前言

　　所謂「治理」一詞，指涉的是統理一個組織的過程。非營利組織（Nonprofit Organization，簡稱 NPO）的治理是要達成組織設定的目標、確保管理與策略的指引朝向對的方向邁進，以增強組織的能力，進而實踐組織的宗旨與使命（Schmidt and Brauer 2006）。NPO 的董（理）事會是治理的決策單位，探討 NPO 的治理，不可不先認識之：（1）NPO 董（理）事會是組織的一部分、（2）董（理）事會是環境的一部分、（3）董（理）事會是組織的界域擴張與控管的單位、（4）董（理）事會成員提供組織賴以維繫的資源網絡之連結（Houle 1997）。一般而言，NPO 董事會的角色職能包括決策制定、方案發展、預算與財務監督、募款、甄選與解聘行政主管、作為與社區溝通聯繫的橋樑，以及提名適當的候選人加入董事會等。然而，西方的實證研究結果顯示，NPO 董事會實際運作上的功能，多數 NPO 董事會只發揮少數一兩個功能，有的 NPO 董事之角色扮演與期待的領導角色正好南轅北轍，甚至有的只是無足輕重的「旁觀者」（bystanders）。有些研究顯示，「監督管理」與「決策制定」兩項功能幾乎不被受訪董事採認，反之，最常被提到的項目是「幫助機構建立工作流程」與「決定公共關係策略」。董事會的對外聯結其他組織和人士以吸收資源的功能，反而是研究非營利組織董事會的學者最感興趣的題目之一（Fenn 1971; Pfeffer 1973; Anthes et al. 1985; Drucker 1990; Axelrod 1994; Duca 1996; Houle 1997; Renz 2016）。

　　自 1990 年代中期以來，台灣的 NPO 成長速度相當驚人，不僅在數量上大幅成長、組織成立之宗旨與功能也愈趨專業化且多元化，從文化、教育、環保、健康醫療、社會福利、社區發展等等，幾乎涵蓋了社會中的所有層面，正因為如此龐大且快速成長的組織所扮演之角色日益重要，且其所牽涉的利益關係人範圍更為廣泛，甚至還包含了大眾捐款能否被有效運用且不被中飽私囊的責信問題等，因此，NPO 不僅在內部需要更健全完善的制度來經營，諸如董事會、管理單位及志工之間關係的建立，且更重要的是，還必須維繫其與企業部門、公部門甚至是媒體之間平衡、和諧的互動關係，並在這個社會治理脈絡中建立自己的位階與立足點，共同擔任社會治理的角色與行動者。基於此，NPO 必須先建立組織的治理機制，方能有效參與社會治理。本文礙於篇幅有限，將不再闡釋 NPO 治理

議題有關的理論觀點，而專注於論述作者過去近 20 年來對台灣 NPO 治理議題的相關實證研究發現及其意涵。

　　本文作者自 1990 年代中期從事 NPO 治理研究（惟本文僅聚焦於「財團法人基金會」），分別為：〈台灣全國性與地方性基金會董事會的治理研究〉（1998, 2000a, 2000b, 2006）、〈企業捐資型社會福利慈善基金會的治理研究〉（2002）、〈二〇〇二年台灣基金會調查〉（2006）、〈台灣南部七縣市民間社會組織的功能與影響研究〉（2004, 2005）、〈社區型基金會的治理研究：以嘉義新港及宜蘭仰山兩家文教基金會為案例〉（2006）、〈政府暨準政府機構創設的非政府組織（GONGO）之治理〉（2004, 2006）、〈台灣社會福利、教育事務、衛生事務財團法人基金會執行長的治理角色研究〉（2007, 2008, 2009），以及〈台灣非營利部門的調查研究：範圍及其重要面向〉（2010），藉著分析上述的 NPO 治理研究發現，以論述台灣 NPO 治理現況與型態，並從中瞭解不同類型的 NPO 在治理議題之異同處，以及其在 NPO 組織運作與發展上的意涵。

二、基金會治理的實證研究

（一）全國性與地方性基金會的董事會治理研究

　　台灣的全國性與地方性基金會能否有效推展以遂行組織宗旨與使命，其董事會扮演了極為重要的角色，包括董事會的成員組成規模與背景、成員間彼此的溝通模式、以及與行政部門之間的互動方式等，皆能影響基金會的實際運作層面。本研究觀察 1990 年代中期台灣全國性與地方性基金會董事會的治理模式以及功能的發揮程度，包括董事會人數規模、董事年齡、男女性別比例、教育程度、職業背景分布、董事的連任與否、開會次數、董事會有無設置輔助單位、董事長的選任以及董事會功能的發揮，藉此觀察台灣基金會董事會治理的整體面貌。

　　就「人數規模」來看，基金會的董事會多以 15 人以下的小規模樣貌呈現，因此顯示台灣基金會之董事會人數規模以符合政府相關部會訂定的行政命令，而非根據基金會本身實際的規模與業務需求。此外，「董事年齡」有偏高的趨勢，以 51 歲以上的董事人數居多，顯見台灣的基金會在選聘董事時依舊會對社會歷練較多且年齡較長的董事較為放心。至於在「男女性別比例」、「教育程度」以及

「職業背景分布」方面，男性董事的數量佔絕對的優勢、教育程度以大學與研究所學歷者為多，且組織偏好聘請商界人士加入董事會，其次才是學術與教育界人士。在「董事的連任」、「開會次數」上，有甚高比例的基金會之董事已連任兩次以上，董事會的年度開會次數以二次為最普遍，此反映出基金會只要符合政府所訂的最低開會次數要求即可的心態。至於「董事會有無設置輔助單位」，研究顯示董事會普遍沒有設置監察人、顧問或是功能性委員會等輔助單位，反應出基金會的董事會結構功能分化尚淺，設置功能性的委員會並不多見。

　　最後，為瞭解台灣的基金會治理結構之公共性是否足夠，我們從「董事長的選任」以及「董事會功能的發揮」兩方面指標進行討論。研究指出董事長一職的選任有三分之二的組織表示是由創辦人或其家屬擔任，且董事會多偏向內部會務運作的控管，如審核機構的年度方案、審核與批准機構的年度預算與決算、明訂機構的任務或運作程序等，而不擅於扮演對外連結如募款、相關經費籌措、組織形象維繫與營造、作為機構與外界溝通聯繫的橋樑等角色。顯然，台灣的基金會領導者還是擁有相當濃厚的「組織擁有情緒」（the sentiment of mine），更反映了基金會治理權掌控的私人化或是家族化極為顯著，此較不利於基金會存在的本質應是以公共利益為重、私利為輕的價值。此現象正呼應了應福山（F. Fukuyama）在其著作《誠信》（*Trust: The Social Virtues and the Creation of Prosperity*）（1995）中所強調，華人社會普遍充斥著低度的信任感，而此低信任感的文化因素易導致民間組織的治理趨向家族化、私人化。（見表1）

表 1　台灣基金會之董事會組織結構特質與功能發揮一覽表

基金會調查研究類別組 結構特質與功能發揮		不分業務屬性與地域的 所有基金會[a]	以服務全台灣地區為範圍的 社會福利及慈善基金會[b]	以服務地方市、縣為範圍的 社會福利及慈善基金會[c]
結構特質				
1. 董事的人數規模		5-15 人（78%）	5-15 人（95%）	6-15 人（92%）
2. 董事的年齡		51 歲以上的董事人數比例最高（66%）	未調查	未調查
3. 董事的性別		男性（83%）、女性（17%）	男性（84%）、女性（16%）	男性（79%）、女性（21%）
4. 董事的教育程度		專科、大學及研究所（78%）	專科、大學及研究所（85%）	專科、大學及研究所（57%）
5. 董事的職業背景		商業人士佔的比例最高（33%）	商業人士佔的比例最高（41%）	商業人士佔的比例最高（46%）
6. 董事的連任次數		連任二次以上的董事人數比例達（71%）	51% 以上的董事已連任二次的基金會家數比例（81%）	51% 以上的董事已連任二次的基金會家數比例（78%）
7. 董事長一職由誰來擔任		由創辦人或其家屬擔任董事長的比例最高（62%）	未調查	由創辦人或其家屬擔任董事長的比例高（68%）
8. 董事會設置輔助單位	董事中有無設置監察人、顧問	81% 的基金會無設置監察人；84% 的基金會無設置顧問	未調查	未調查
	董事會有無設置功能性的委員會	76% 的基金會，其董事會均無設置功能性委員會	未調查	未調查
功能發揮				
1. 董事會最常發揮的功能		(1) 審核機構的年度業務方案 (2) 審核與批准機構的預算與決算 (3) 明訂機構的任務、運作程序	(1) 審核機構的年度業務方案 (2) 審核與批准機構的預算與決算 (3) 決定機構的長程計畫	(1) 審核機構的年度業務方案 (2) 審核與批准機構的預算與決算 (3) 明訂機構的任務

基金會調查研究類別結構特質與功能發揮	不分業務屬性與地域的所有基金會[a]	以服務全台灣地區為範圍的社會福利及慈善基金會[b]	以服務地方市、縣為範圍的社會福利及慈善基金會[c]
2. 董事會較少發揮的功能	未調查	(1) 作為機構內外成員申訴的管道 (2) 尋找財源和參與募款工作 (3) 決定行政人員的薪給待遇與其他福利 (4) 作為機構與機構外界溝通的橋樑 (5) 督導機構日常的行政運作	(1) 經費籌措：董事直接捐助 (2) 經費籌措：董事尋找財源和參與募款工作 (3) 督導機構日常行政運作 (4) 任用與解聘專職行政人員 (5) 作為機構內外成員的申訴管道
3. 董事會需要加強的功能	未調查	(1) 尋找財源和參與募款工作 (2) 提升機構的公眾形象 (3) 決定機構的長程計畫 (4) 作為機構與機構外界溝通的橋樑 (5) 董事直接捐助經費	(1) 經費籌措：董事尋找財源和參與募款工作 (2) 提升機構的公眾形象 (3) 決定機構的長程計畫 (4) 作為機構與機構外界溝通的橋樑 (5) 經費籌措：董事直接捐助
4. 影響董事會功能發揮的因素	未調查	(1) 董事長的領導 (2) 董事會的組成結構；董事會與行政主管的良窳互動 (3) 機構的專業化程度	(1) 董事長的領導 (2) 董事會的組成結構 (3) 經費來源的穩定與否與機構的專業化程度

資料來源：整理自官有垣（2000a, 2000b, 2006）；Kuan et al.（2005）。

備註：a. 調查時間 2002 年，調查母群體為台灣地區 2,925 家基金會，有效問卷 420 份，有效回收率為 14.4%。b. 調查時間 1997 年，研究對象是以台灣內政部、教育部、以及衛生署主管的社會福利暨慈善業務有關的基金會，共 93 家，有效問卷 40 份，回收率 43%。c. 調查時間 1999 年，調查母群體為 296 家，調查群體是以社會福利暨慈善業務有關的基金會，有效問卷 75 份，回收率 25%。

（二）不同類型基金會的治理研究

1. 企業捐資型社會福利慈善基金會

　　台灣的企業捐資型社會福利慈善事業基金會的財力及影響力不可忽視，該類型基金會的運作及治理模式與其他類別基金會有何不同？有哪些組織因素會影響該類型基金會的董事會治理功能？本節將以作者在 2002 年研究的實證資料分析台灣地方性的企業捐資型之非營利社會福利基金會的治理狀況。

　　所謂「企業捐資型基金會」（Company-sponsored Foundation）或「企業基金會」（Corporate Foundation）乃是私人基金會的一種，它的財產與運作經費主要是來自成立此基金會的母企業之資助；雖然此類基金會與其母企業維持密切的互動關係，但它是擁有自己的基金儲備的獨立法人機構，與其他私人基金會一樣受到相同的法律規範。

　　首先就「組織的年齡與基金額度」來說，台灣企業捐資成立之地方社福基金會整體而言非常年輕，近七成均未超過 20 年。「基金總額」在新台幣二千萬元以上的占近七成，尤其財產總額在億元以上的企業基金會，其比例占受訪基金會總數的三成左右，顯見此類型基金會財力相當雄厚。在「組織人力資源」部分，此類型的基金會多由原企業體之專職員工兼任，故在組織的業務屬性上多屬捐贈型，其服務項目也以社會救助、老人福利及醫療福利中無須特定社會服務專業的現金救助為主。而關於「經費來源」部分，除了「基金孳息」為最大宗外，多數基金會的另一項經費來源為「股息收入」或是「原始企業捐款」，由於此類基金會較有財力購買股票以累積資金，或是由原始企業直接撥款給基金會營運開銷，故董事會通常較少發揮募款的功能。

　　至於在組織治理層面，首先，在「董事會的組成結構」中，此類型基金會的董事性別以男性佔絕對多數，女性董事約只有一成左右，顯示男女董事性別比例的懸殊；此外，董事會的組織結構分化程度不深，透過不同專業導向的功能性委員會運作的情形並不普遍。至於此類基金會「董事成員連任比率」近八成，顯示董事成員新陳代謝的速度相當緩慢；而「董事長的選任方式」多半長期由創始人或其家屬擔任，且基金會的運作與原捐資的母企業仍然維繫極為密切的互動，故此類型的基金會其原始基金捐助者的「組織擁有情緒」相當強，對於組職在公益使命運作上較為不利，也較易受到母機構或企業創辦人的私人因素左右。

就「董事會治理功能是否有效發揮」方面，該研究指出企業捐資型地方社福基金會的董事會最常發揮的功能為「審核機構的年度業務方案」、「審核與批准機構的預算與決算」、「督導機構執行方案」等行政管理功能；而董事會治理功能最需要加強的則有：「提升機構的公眾形象」、「作為機構與外界聯繫溝通的橋樑」、「決定機構的長程計畫」等。由此可知，該類型基金會的治理功能多半偏重於行政管理部分，故屬於較保守的董事會職能發揮，當然這種現象實也與該類型基金會的運作深受創辦人／董事長與企業體的制度規範之拘限有關。

至於影響董事會功能發揮的因素有哪些呢？研究發現「董事長的領導」為最主要的因素，其次才是「董事會與行政主管互動的良窳」，此種特質應與董事長多為基金會創辦人有關，顯示了此類基金會的決策主要掌握在董事長手裡，屬於「董事長主導的董事會」治理模式。本研究受訪的絕大多數該類型基金會的執行長或總幹事表示，其業務決策裁量權的幅度甚小，創辦人或董事長的意見才是決策的最終依歸。當然，也有一、二家該類型基金會之執行長擁有業務規劃與方案推動的實權，不過，窺諸實情，乃其與董事長在過去有長久、深厚的友情而深受信任所致。

2. 社區型基金會

歐美的社區基金會（Community Foundations），或稱「社區發展基金會」（Community Development Foundations），係指在一定地理範圍的社區內，結合當地社區居民、專業人士與社區銀行或金融家，使基金會的基金管理與會務運作能夠永續發展，並且提供各種符合社區需要的資源、服務與協助，進而透過民主體制與價值的學習以奠立公民社會的基礎。台灣這類以某一地理界域為服務範疇的社區型基金會，其展現的功能與現今歐美國家盛行的「社區基金會」有部分特質類似，然並不能等同並論。根據作者 2010 年的研究數據顯示，這類社區草根基金會，規模普遍小且無法與全國性的基金會資源相比，但數量上卻占了全台灣所有基金會的 65%。在 80 年代末期至 90 年代初期的黨國威權體制崩解後，這類社區草根 NPO 的蓬勃發展，代表了社區居民可自由自在透過 NPO 的組成來表達其集體意志與利益（官有垣、杜承嶸 2009；官有垣、杜承嶸、王仕圖 2010；Hsiao and Kuan 2016）。

作者以位於嘉義縣新港鄉的「新港文教基金會」以及宜蘭的「仰山文教基金

會」為分析個案，探討「治理模式」、「董事會職能發揮」、以及「公民社會實踐」三方面，透過台灣兩家草根社區型基金會異同處之比較，以瞭解台灣社區型基金會的發展模式（官有垣等 2006）。

首先，就社區基金會之「治理模式」來看，在新港個案中，我們發現新港文教基金會從創立初期以董事長為主的董事會運作模式，逐步轉變為集體領導的董事會，而董事會與義工組織成員之來源呈現深度在地化與多元化，且義工幹部在方案業務的決策與推動上皆扮演了關鍵性的角色。整體來看，新港文教基金會係以「鐵三角」的架構呈現，讓董事會、秘書處與義工組織三方有良好的互動與合作機制並即時交換訊息，使決策與執行者能廣泛收集資訊、歧見能獲得充分溝通並增進彼此的信任。

另一方面，宜蘭仰山文教基金會的治理模式中，主要決策與業務推動單位以董事會與企畫委員會（簡稱『企委會』）成員為主，雖然他們都是義工，且有定期的更替改選，惟菁英屬性較新港文教基金會濃厚。換言之，仰山的董事會所要擔負的角色職能是在確立會務發展的大方向、組織運作程序的規範建立，以及資源的募集；惟其並不參與方案業務的策劃與執行，而是由企委會挑起這方面職能的大樑，換個角度觀之，企委會亦可被視為仰山的「次級董事會」（sub-board）。仰山雖有董事會、菁英義工組成的企委會、秘書處，但呈現的卻是一種「傾斜」的鐵三角關係，以企委會的菁英為主體。因此新港文教基金會傾向於「民主參與的治理模式」，而宜蘭仰山文教基金會則以「菁英集中的治理模式」為主。

再者，就「董事會職能發揮」方面，新港文教基金會成立迄今已超過 20年，在組織發展的生命週期裡已不是在初始階段，然而其董事會目前的角色功能發揮卻還是明顯處在「集體的階段」。新港文教基金會的董事成員熱心參與基金會的各種活動，一年開會次數頻繁，不但對於基金會的功能定位與方案業務的策劃上發揮實質的決策影響力，也積極協助秘書處，合力推動各項方案業務。反之，仰山文教基金會的董事會，一年開會次數甚少，扮演組織發展的制度建立（如各類組織內部規章的訂定與修訂）、確立業務開拓之方向，以及協助募款的角色。仰山的董事會所要擔負的角色職能是在確立會務發展的大方向、組織運作程序的規範建立，以及資源的募集，其並不參與方案業務的策劃與執行，而是由企委會挑起這方面職能的大樑。換言之，仰山董事會所發揮的功能較屬於外部性的

網絡連結，而新港董事會則十分偏向內部的決策制定與行政運作功能。

就基金會的治理權掌控的公共化、集體化而言，作者過去幾年對台灣的財團法人基金會之治理的研究，發現基金會的決策絕大比例掌控在董事長的手中，董事長由基金會的創辦人或其家屬擔任的比例超過六成，顯示「組織擁有情緒」濃烈，「治理權掌控的私人化或家族化」相當顯著。但觀之新港與仰山兩基金會的治理運作，卻非如是。新港的創辦人陳錦煌醫師在組織成立的頭幾年，確實曾採董事長主導的治理模式，但隨後即有計畫、有步驟地納入更多在地義工為決策者，使得集體領導的模式於焉確立。仰山的治理情形亦復如此，創辦人游錫堃先生雖長時間掛名董事，但不干涉會務，而前後兩位董事長都是地方上德望兼具的仕紳，具有社會企業家的領導能力與精神。歸納而言，新港與仰山的這幾位領導者透過穩健的領導風格，及各種組織功能的制度化安排，使得理想能夠逐一落實，尤且具備與人分享的觀念與心胸，不但彰顯在組織的領導模式上，亦使更多社區居民與團體願意加入組織成為組織的夥伴，一起打拼。此產生一個重要的意涵，即民間非營利組織運作的良窳與後續發展的健全與否，組織的創辦人及接續之領導者「去私存公」的理念、思維、對社會環境改變的觀察力，以及更重要的是「起而行」的實踐決心等，都具有關鍵的影響。

最後，就「公民社會實踐」方面，新港是以共享合作的網絡關係，結合社區各社團，多面向的促成社區發展，如此，自然使公民社會多元、民主參與的精神得以發揮，形成 Putnam（2000）所謂「連結式社會資本」（bridging social capital），讓不同社團能彼此連結、分享，共同為社區利益打拼。仰山則是以社區菁英為主導，以倡導方式帶動社區的發展與營造工作。

歸納而言，新港與仰山兩家基金會的治理過程最顯著的特色即在集體領導的制度安排，董事會、方案業務規劃與協助推動的單位（如仰山的企委會，以及新港的義工組織），以及行政功能的秘書處三者之間分工合作的互動關係。在新港的情形，稱之為「鐵三角關係」；在仰山，其實也是一種三角互動關係，只不過「企委會」在決策功能上發揮的程度要比董事會顯著與頻繁。這種集體領導的決策體系意謂在研究 NPO 的治理時，宜重視「決策圈」的概念，亦即組織的決策過程中，主要參與的行動者有誰、權力如何配置，彼此如何互動等的分析，而非只關注董事會或理事會的結構與功能及其運作過程，如此才能深入瞭解 NPO 治

理內涵的真實面貌。且這兩家社區型基金會的個案研究亦彰顯了一個事實，即在實際運作過程中，NPO 的治理過程能否運作順暢，行政人員的專業性與有效配合不可或缺。

3. 政府機構創設的非政府組織之治理

所謂「政府創設的非政府組織」（GONGO）又稱為「擬政府的組織」（Quasi-Public Organizations），係指由政府捐資創設的半官方性質的民間非營利組織，主要的目的在於協助公部門執行人道救援與社會發展，以及其他國際事務與外交的任務，如美國的「泛美發展基金會」（Pan American Development Foundation）與「亞洲基金會」（Asia Foundation）（Berman 1982; Lewis 1999; Eade and Ligteringen 2001）。該類型的組織可視為政府政策推動的工具，通常這些志願性的非政府組織不論在工作方法、服務傳遞與制度層面上皆近似於公部門的組織，且「公」與「私」的界線無法清楚區分。具體來說，該類組織通常包含有公共與私人機構的連結網絡，政府機構授予私人非營利組織公權力與公共責任，以使之參與界定、規劃與執行公共政策，此外，他們在管制某一領域的活動上也有很堅實的互利關係存在。

本節將以政府出資為主而成立的台灣農業財團法人為例，討論並分析該類型組織的治理狀況，包括董事會的組成、董事的替換與流動、董事會的專業分工、董事會功能發揮以及影響董事會功能發揮的因素（官有垣、陸宛蘋 2004）。首先，在組織成立的宗旨與使命部分，農業財團法人多以「協助政府推展政策」為最主要。從「產業發展」為這類財團法人的重要使命觀之，作者也發現該類型組織與相關的產業工會有密切的互動關係，且有時甚至難以將二者的角色與功能加以明確的區分。

在「董事會的組成」方面，由於政府出資為主的農業財團法人在成立時的基金來源有政府出資的部分，因此在章程裡大都明文訂定董事成員中政府代表的比例，甚至有部分這類組織的董事長是由主管單位的首長或副首長兼任。不過由於有時在公部門的工作調動常常身不由己，故董事調職時的遞補方式也會在章程中明文規範之。而該類型組織的董事會，在性別方面，無論董事、監事仍是以男性為絕對多數，佔八成六以上；教育程度方面則無論董事或是監事都以大專以上學歷為主（約八成）；年齡也都在 40 歲以上，集中於壯年階段者。由於董監事的組

成多有政府代表在內，所以董事會最大的問題之一即是代表政府單位的董事職位調動就得替換董事。

在「董事的替換與流動」方面，多數受訪組織皆未對董事或董事長的連任次數作出明文的限制。事實上由於政府機關代表擔任董事、董事長均因為職務關係，因此職務一調動則連帶董事資格被取消，而由新任者遞補，因此比較無需明訂連任的需要，再者因為是由政府出資，必然席位被保障，故也不必明文限制。就「董事會的專業分工」部分，有近七成政府出資的農業財團法人並未設置功能性委員會。由於相當數量的董事是依工作角色而擔任，所以只要政府代表轉換工作，董事就必須換人，此問題所造成的影響是代表政府機關之董事無法全心全力的積極參與決策事務。

至於「董事會功能發揮」方面，由於該類型組織成立時都有其配合政策的目的，所以董事會的角色功能並不如單純地依據民間共識而組合成的團體。此類型組織董事會的角色功能發揮以「審核組織的年度業務方案」以及「審核與批准組織的預算與決算」為主；較少發揮的則是「作為機構內外成員的申訴管道」。此外，也許是因為這類組織的經費來源均不依賴捐款，所以對於組織經費籌措部分，無論是董事直接捐助或是協助尋找財源和參與募款工作，同樣是較少發揮的功能。最後，就「影響董事會功能發揮的因素」而言，「董事長的領導」以及「行政主管與董事會的互動」是影響該類組織董事會功能發揮的兩項最主要的因素，其次是「董事會的組成結構」與「經費來源的穩定與否」。

整體來說，GONGO 型的台灣農業財團法人的主要任務是「協助政府推動政策」與「產業發展」，顯示這類組織的成立確實負有協助政府推動政策並促進產業發展的任務，因此也可以從這類組織身上看到政府的影子。同樣從捐助章程裡也發現除了宗旨、任務之外，在基金捐資比例、董事產生席次、以及經費來源，都同樣看到政府的身影。至於該類型組織的董事會雖有例行會議，但是由於董事中政府代表的無法預期之更換，以致決策過程中比較看不見其發揮積極的角色功能。實際影響組織功能發揮的關鍵人物，除了董事長外便是執行長的角色，而實證資料裡也顯示，董事會的職責中甚少有針對行政主管進行績效考評。

（三）基金會執行長的治理角色

非營利組織的治理過程中，非但董事會占有舉足輕重的地位，擔任最高行政主管的執行長，其在基金會中扮演著承上（董事會）啟下（員工）、維繫組織生存與發展、以及確保核心使命的達成，因此執行長被視為組織中非常重要且關鍵的角色。在本節中，作者針對台灣的社會福利、教育，以及衛生事務財團法人基金會的執行長之個人特性（性別、年齡、宗教信仰、教育背景）以及工作屬性、年資、工作經驗與薪資分布、影響執行長職能有效發揮的因素為何進行分析（官有垣 2007, 2008；官有垣、杜承嶸、康峰菁 2009；官有垣等 2009）。[1]

1. 執行長的個人人格特質

首先，就執行長的個人特質觀之，一位傑出的領導者大多具備一些特質，如清晰的思路、領導統馭能力、溝通的本領與強烈的企圖心等，然而單靠性格上的特性尚不足以構成卓越領導人的要件，尤其是 NPO 的領導者，除了上述特質外，更重要地還須具備強烈的使命感與無私的奉獻精神。就本研究的受訪基金會執行長的性別比例來看，全國性社福慈善基金會執行長雖仍以男性居多，然而女性的比例也不在少數，男女性別比約為 1.35：1，顯示在行政領導核心階層上，女性已逐漸有其優勢地位。其次，在年齡方面，受訪執行長整體平均年齡為56.08 歲，分布於 41-60 歲占近七成，意指台灣的社福慈善基金會執行長普遍屬於人生的壯年時期，然而整體來看，該類型基金會的執行長年齡有偏高的趨勢。

就執行長的工作內容來說，由於執行長必須帶領組織處理諸多相關的內、外部事務，必然是一極為耗心神的工作，因此出任 NPO 執行長的年齡不宜過高。然而，不同於營利組織追求利潤的單一目標，NPO 必須在追求使命下還需滿足多元利害關係人（multi-stakeholders）的要求，例如捐款人、案主、或是社會大眾，在此條件要求下，一定的年歲與人生歷練與經驗似乎又有必要。再者，在「宗教信仰有無」部分，社福慈善基金會執行長有高達七成表示有個人的宗教信

---

[1] 本研究以台灣全國性財團法人基金會三種類型的組織為研究對象，分別從其目的事業主管機關取得組織名冊，樣本母體包括社會福利基金會（187 家）、教育事務基金會（639 家）以及衛生事務基金會（161 家），總計 987 家。實際回收的有效問卷共有 136 份，整體回收率為14.0%；其中社會福利類回收問卷為 40 份，占 29.4%；教育事務類 75 份，占 55.1%；衛生事務類 21 份，占 15.5%。

仰，顯示此類型基金會的執行長受宗教信仰的影響較深；然亦不排除有可能是因為此類型組織本身較多具有宗教色彩之故，故在執行長聘用上偏向與組織宗教屬性相符者為優先考量。

2. 執行長的工作生涯

其次，就執行長的工作生涯、薪資福利、聘任因素而言，分析如下：就執行長的專、兼職狀況來看，整體而言，專任者約有五成五，然以兼職及志工的身分出任執行長也不少，高達四成五，此現象會不會導致，因執行長以兼職及志工的角色出任而無法全心全力帶領組織推動業務，甚至有可能弱化了執行長應有的行政領導功能，值得深思。尤其在此次調查結果中，受訪的社會福利慈善基金會中有高達七成的組織自我標榜為「運作型基金會」，但擁有專任執行長的比率僅有五成五，顯示儘管是運作型基金會，卻有一定數量的組織沒有專職的執行長，僅以兼職或志工身分來管理基金會整體運作，在此情況下，是否會影響到組織整體效能的發揮與具體成效，值得進一步觀察。不過，也可以從另外一個角度解釋此現象，即此次調查發現，受訪的社福慈善基金會中，年度經費收入與支出的規模在五百萬以下者就占了三成五左右，而雇用的專職人力在五人以下的組織，約占了五成五。因此，這些可歸屬為小規模的基金會，加上組織年齡尚輕，故業務功能複雜程度低，因而以兼職或志工身分聘用執行長，對組織而言是較為務實的作法。

3. 執行長的薪資福利

就執行長薪資而言，結果顯示受訪社福慈善基金會的執行長薪資級距的分布相當分散，意謂此類型基金會之間訂定執行長薪資的標準彈性甚大。若我們進一步觀察男、女兩性執行長的薪資分布，專職的男性執行長各有二成一的比例的薪資落在「50萬元以下」及「91-100萬元」間，女性則是比較集中在「50萬元以下」（25.0%）、「61-70萬元」（18.8%）間，但在100萬元以上者男性執行長約占近三成二，女性僅占二成五。另，由於男性以志工身分擔任執行長的比例（15.8%）遠高於女性（6.3%），因此整體而言，男性執行長的薪資福利比較集中於調查指標的兩端（即無給薪及100萬元以上者），女性的薪資分布則較為分散在各個薪資級距。此外，本研究發現「組織規模」也是影響執行長薪資的重要因

素，亦即組織規模越大，越有可能提供給社福慈善基金會的執行長較高的薪資，但是這樣的成長關係卻有其停滯的臨界點，約出現在年薪一百萬左右。而這也顯示出，與營利組織相較，NPO 的組織規模大小與其執行長薪酬的對價關係，並非是絕對的線性成長關係，而是有其成長的限制。

此外，我們亦發現台灣的社福慈善基金會的執行長的薪資水準是遠落後於營利組織的，除了 NPO 先天的營運底線與營利部門不同外，更重要的是不能分配盈餘的限制，使得 NPO 執行長薪酬的彈性較小。此外，服務於 NPO 的執行長，其自我選擇因素考量，包括勞動力的貢獻與捐輸、以及著重社會利益而較不計較實質的經濟報酬，也是促成 NPO 部門執行長薪資水準無法與商業組織相提並論的重要因素。

4. 執行長的聘任因素

關於受訪基金會執行長決定出任執行長的考量因素，主要是以「認同組織宗旨與理念」比例最高，其次才是「創辦人或董事長的賞識」、及「實踐個人理想」。顯然，在社福慈善基金會中願意擔任執行長一職的人，泰半會受組織本身的宗旨與使命所感召而出任；此外，感受到伯樂的識才而願意擔任此職者，亦不在少數。至於工作場所的環境、薪資福利，顯然不是接任執行長的關鍵考量因素，此兩項因素皆占不到一成。另一方面，就組織聘任執行長的考量因素來觀察，受訪的社福慈善基金會普遍以「行政管理能力」、「良好的溝通能力」，以及「個人品格」三項為組織聘任執行長最為重要的考量因素。董事會在延攬執行長時，除了必須符合組織運作的核心使命外，更必須將執行長本身的道德操守考量進來，因為沒有好的品格，如何引導具有公益價值觀的 NPO 運作，況且 NPO 不僅需要對案主負責，尚且必須對捐款人甚至是整體社會負責。故儘管在學理與規範上，均相當強調執行長的行政管理及溝通功能，但實際運作中，執行長個人的品格仍是在遴選時成為至為關鍵的考量因素之一。

5. 執行長的角色職能

本研究顯示，台灣全國性社會福利基金會執行長的主要職能發揮乃是集中於組織內部角色的扮演，而其自認所遭遇的環境挑戰，主要也來自於組織內部。此一結果意謂台灣社福基金會的執行長對於其所擔任角色，普遍向組織的行政管理

者角色傾斜，對於代表組織與社區或是其他利害關係人互動與關係連結的外部職能角色發揮較不明顯。若是基於資源依賴理論（Resource Dependence Theory）的闡述，則國內社福基金會執行長的外部職能角色扮演較為缺乏，在 NPO 治理愈益強調社會責信的趨勢下，執行長有必要走出組織外，與社會各界多所接觸。

最後，本研究強調，執行長與董事會之間的代理關係不若代理理論所描述呈現較為緊張的局勢，而代理理論中所強調的薪酬誘因，並非 NPO 執行長出任該職務的首要考量；至於代理理論中，為避免執行長自我圖利而損及委託人的利益，常使用績效衡量等控制工具來約束執行長的行為，此一現象在 NPO 中也較少出現。最後，制度論的觀點指出，NPO 的存在與運作，必須符合社會或社區合法正當性的期待，否則將會引發爭議，而危害到組織的生存發展。執行長乃組織中的重要行動者，當然必須受到社會所共同認可的制度與規範所約束，不得逾越法度的標準。本研究指出，儘管執行長的薪酬與組織規模大小有正向關係存在，卻有臨界點的限制，而此一臨界點的存在，即是 NPO 之間對於執行長薪酬敘定的一種趨同演化的過程，畢竟 NPO 的運作經費主要來自於社會大眾的捐款，若對執行長敘以超過社會期待的高薪，將會損及組織的社會信譽，進而使社會大眾質疑組織的合法正當性，構成組織發展的障礙。

三、意涵與結論

本文作者從 1990 年代中期迄 2010 年期間所做的實證研究結果加以歸納，發現台灣非營利部門治理的約略整體輪廓，包括：董事會人數的規模大都為 5-15 人、董事成員的年齡為壯年居多、男性董事佔大多數、董事的教育程度普遍為專科及大學以上等人口特質。不過，我們也發現了一個有趣的現象，全國性的 NPO 董事之教育程度明顯高於地方性 NPO 董事，似乎地方性 NPO 在聘任董事時，「學歷」並非其最主要的考量因素。至於董事會所發揮的功能，普遍以內部功能為主，亦即決定組織的任務、方案發展、預算與財務監督等職能為其主要的角色扮演；而外部功能如募款、作為與社區溝通聯繫的橋樑則是需要加強之處。

再者，不同類型基金會的治理型態確有所差別。在全國性與地方性基金會或是企業捐資型社福基金會的治理結構中，創辦人或其家族的組織擁有情緒相當濃

厚，因此在治理型態上，偏向於董事長主導的治理模式。反之，在社區型基金會中，強調多元參與的精神，形塑出一種集體決策體系，此一體系不僅是由董事會、董事長、執行長等行動者組成，包括義工團體、方案業務規劃單位、甚至行政人員都是決策圈的重要組成分子。至於在政府創設的非政府組織中，由於政府的基金捐贈比例普遍在五成以上，故在董事會成員甚或董事長的指派上，政府有主導性的力量，理應偏向董事長主導之治理型態，但實際上由於政府代表常因職務調整而無預期離開組織，以致決策過程難以觀察出較明顯的治理模式。

整體來說，台灣的 NPO，不論是董事會的角色功能發揮，或是執行長的職能角色扮演上，皆是較擅長於組織內部管理，譬如以規劃與執行方案、扮演內部溝通橋樑、維繫組織核心目標、確保財務收支正常等內部行政管理事務上，而疏於經營外部的網絡連結。也由於職能發揮明顯地向組織內部傾斜，這種職能發揮的侷限性，限制了台灣 NPO 部門有效參與公共治理的可能性。此外，由於每個 NPO 或不同類型的組織皆有其殊異性與獨特性，因而其治理過程、模式、參與者都各有其運作特色存在。這樣的對比，使得我們瞭解到在不同的組織脈絡下，組織的治理型態將會有極大的差異存在，同時也給予了進行 NPO 治理個案研究的基礎，這亦將是日後台灣 NPO 部門研究可以開發的領域。[2]

此外，從作者過往研究期間，親身訪談數十家不同類型的台灣 NPO 基金會的董事會成員亦得出類似的評論：受訪者普遍認為，董事會治理乃是探討 NPO 部門責信之一項重要議題，然而指出一項事實，即 NPO 董事會相當被動和封閉。受訪者認為造成被動的因素可能有，因組織規模和專業程度形成的內部特質、董事會與管理階層的互動模式等因素；此外，NPO 普遍缺乏董事會管理，董事會成員需要學習職務賦予的權責，經理人需要學習如何與董事維持良性互

---

[2] 由於篇幅有限，本文作者並無論述從 2010 年開始迄今的另一 NPO 社會企業的治理研究之成果與著作，讀者若有興趣瞭解此研究領域，請參考官有垣下列著作：

（1）Kuan, Y. Y., K. T. Chan and S. T. Wang, 2011, "The Governance of Social Enterprises in Taiwan and Hong Kong: A Comparison." *Journal of Asian Public Policy* 4(2): 149-170.

（2）Kuan, Y. Y., K. T. Chan and S. T. Wang, 2014, "The Governance of Social Enterprise in Taiwan: An Analysis Based on 2010 Survey Findings and Four Cases." *Journal of Public Administration* 47: 1-33.

（3）官有垣、陳錦棠、王仕圖（編著），2016，《社會企業的治理：臺灣與香港的比較》。高雄市：巨流圖書公司。

動，充分運用董事會之功能。再者，一些董事成員將 NPO 董事身分視為「榮譽職」，不覺得有必要積極參與募款與決策過程，反之，他們認為給予組織時間、知識、社會地位的分享即是貢獻，因此，除了參加法定一年兩到三次的董事會外，董事與組織甚少有其他任何形式的互動；另一方面，部分 NPO 行政主管也習慣接受董事會被動的本質，不刻意鼓勵董事的參與。這些現象都是造成 NPO 董事會的封閉，進而形成為組織朝向更具責信發展的障礙，也使得部分 NPO 的治理運作更趨神秘，引起外界對於其不夠透明化的質疑。

　　歸納來說，很顯然，本文作者在 1990 年代中期迄 2010 年左右這段期間，對台灣非營利組織（財團法人基金會）治理的實證研究，以研究議題與範疇而言，偏重於（1）NPO 董事會的結構與功能研究、（2）不同類型與屬性 NPO 的治理內容、模式，與比較研究，以及（3）執行長在 NPO 治理過程中的角色與功能研究。讀者若有興趣於 NPO 的治理議題研究，除了以上三類研究議題可持續做深度與廣度的台灣本土或是跨國研究，此外，亦可考慮從事下列議題的探討：（1）文化與種族因素對 NPO 治理的影響，如華人地區 NPO 的治理研究；（2）NPO 董事會的運作與組織效益（organizational effectiveness）相關性的研究；（3）NPO 治理與問責（accountability）；（4）性別與 NPO 的治理研究；（5）NPO 董事會在契約委託過程及募款扮演的角色與功能之研究；以及（6）跨域混合性質的社會企業（social enterprise）之治理研究等。

參考文獻

官有垣，1998，〈非營利組織的董事會角色與功能之研究：以全國性社會福利相關的基金會為例〉。《國立中正大學學報》9 (1): 1-49。

——，2000a，〈非營利組織的董事會角色與功能之研究：以全國性社會福利相關的基金會為例〉。第七章，頁 231-290，收錄於官有垣（編著），《非營利組織與社會福利：台灣本土的個案分析》。台北：亞太圖書。

——，2000b，〈非營利組織的董事會角色與功能之剖析：以台灣地區地方性社會福利基金會為例〉。第八章，頁 291-338，收錄於官有垣（編著），《非營利組織與社會福利：台灣本土的個案分析》。台北：亞太圖書。

——，2002，〈基金會治理功能之研究：以台灣地方企業捐資型社會福利慈善基金會為例〉。《公共行政學報》7: 63-97。

——，2006，〈台灣基金會的組織治理：董事會的決策功能〉。頁 41-65，收錄於蕭新煌、江明修、官有垣（主編），《基金會在台灣：結構與類型》。台北：巨流。

——，2007，《非營利組織執行長在治理過程中的角色與功能之探討：以台灣社會福利、教育事務、衛生事務財團法人基金會為例》。國科會研究計畫成果報告。

——，2008，〈非營利組織執行長的薪酬探討：以台灣社會福利相關類型的基金會為例〉。論文發表於「香港中文大學社會工作學系 45 週年研討會：中國社會的社會工作實踐與教育」，香港：香港中文大學社工系，2008 年 4 月 18-19 日。

官有垣、吳芝嫻，2006，〈台灣的政府捐資型基金會〉。第七章，頁 211-246，收錄於蕭新煌、江明修、官有垣（主編），《基金會在台灣：結構與類型》。台北：巨流圖書公司。

官有垣、李宜興、謝祿宜，2006，〈社區型基金會的治理研究：以嘉義新港及宜蘭仰山兩家文教基金會為案例〉。《公共行政學報》18: 21-50。

官有垣、杜承嶸，2009，〈台灣民間社會團體的組織特質、自主性、創導與影響力之研究〉。《行政暨政策學報》49: 1-38。

官有垣、杜承嶸、王仕圖，2010，〈勾勒台灣非營利部門的組織特色：一項全國性調查研究的部分資料分析〉。《公共行政學報》37: 111-151。

官有垣、杜承嶸、康峰菁，2009，〈非營利組織執行長的薪酬探討：以台灣社會福利相關類型的基金會為例〉。《公共行政學報》30: 63-103。

官有垣、康峰菁、杜承嶸、陸宛蘋、陳怡璇，2009，〈台灣社會福利慈善基金會的執行長角色職能之基礎分析〉。《兒童及少年福利期刊》1: 171-196。

官有垣、陸宛蘋，2004，〈政府暨準政府機構創設的非政府組織之治理分析：以台灣農業財團法人為例〉。《第三部門學刊》，創刊號，頁 27-168。

蕭新煌、江明修、官有垣（主編），2006，《基金會在台灣：結構與類型》。台北：巨流。

Anthes, E., J. Cronin and M. Jackson, 1985, *The Nonprofit Board Book: Strategies for Organizational Success*. Hampton, Arkansas: Independent Community Consultants, Inc.

Axelrod, N. R., 1994, "Board Leadership and Board Development." Chapter 6, Pp. 131-152 in R. D. Herman & Associates(eds.), *The Jossey-Bass Handbook of Nonprofit Leadership and Management*. San Francisco, CA.: Jossey-Bass Publishers.

Berman, E. H., 1982, "The Foundations' Role in American Foreign Policy: The Case of Africa, post 1945." Pp.230-232 in R. Arnove (ed.), *Philanthropy and Cultural Imperialism*. Bloomington: Indiana University Press.

Duca, Diane J., 1996, *Nonprofit Boards: Roles, Responsibilities, and Performance*. New York: John Wiley & Sons, Inc.

Drucker, P. F., 1990, "Lessons for Successful Nonprofit Governance." *Nonprofit Management and Leadership* 1: 7-14.

Eade, D. and E. Ligteringen, 2001, *Debating Development*. UK: Oxfam GB.

Fenn, D. H., Jr., 1971, "Executives and Community Volunteers." *Harvard Business Review* 49(2): 4-19.

Fukuyama, F., 1995, *Trust: The Social Virtues and the Creation of Prosperity*. New York: The Free Press.

Hsiao, H. H. and Y. Y. Kuan, 2016, "The Development of Civil Society Organizations in Post-Authoritarian Taiwan (1988-2014)." Chapter 16, Pp. 253-267 in G. Schubert (ed.), *Routledge Handbook of Contemporary Taiwan*. London and New York: Routledge.

Houle, C. O., 1997, *Governing Boards: Their Nature and Nurture*. San Francisco, CA.: Jossey-Bass.

Kuan, Y. Y., Y. C. Chiou and W. P. Lu, 2005, "The Profile of Foundations in Taiwan based on the 2001 Survey Data." *Taiwanese Journal of Social Welfare* 4 (1): 169-192.

Lewis, D., 1999, *International Perspectives on Voluntary Action: Reshaping the Third Sector*. London: Earthscan Publications Ltd.

Pfeffer, J., 1973, "Size, Composition and Function of Hospital Boards of Directors: A Study of Organization-Environment Linkage." *Administrative Science Quarterly*, 18: 349-64.

Putnam, R. D., 2000, *Bowling Alone*. New York: Simon & Schuster.

Renz, D. O., 2016, *Nonprofit Leadership and Management*. San Francisco. CA.: Jossey-Bass.

Schmidt, S. L. and M. Brauer, 2006, "Strategic Governance: How to Assess Board Effectiveness in Guiding Strategy Execution." *Corporate Governance: An International Review* 14: 13-22.

台灣非營利組織之評估與公私協力：
以十年衛生財團法人輔導計畫為例

陸宛蘋

一、研究背景

　　2006 年衛生署（已於 2013 年改為衛生福利部）為輔導衛生財團法人基金會，彰顯公益特質、確保公益目標與宗旨之實踐，開始委託財團法人海棠基金會（以下簡稱海棠基金會），辦理「衛生財團法人輔導計畫」，至今（2018 年）已長達 13 年，經歷建置衛生財團法人之監督管理作業機制與規範，會計制度一致性規定，並透過辦理教育訓練課程、財務報表審查及實地訪視等輔導措施，至今年，該計畫已成功協助多數法人能遵循主管機關之規範並穩定運作，其中歷經 2007、2010、2013 三次的評核，發現持續保持特優與優等的法人數目逐步增加。更重要的是，透過此計畫也針對失聯的衛生財團法人，協助其組織終止。

　　政府在管理監督財團法人部分，除今年（2018）剛剛通過的《財團法人法》，其中第 74 條：「各主管機關為輔導、查核及獎勵財團法人，得依財團法人規模分級辦理評鑑。」以及現有的其他相關法規，例如：《身心障礙者權益保障法》第 64 條規範，主管機關（內政部）應定期輔導及評鑑身心障礙福利機構；《老人福利法》第 37 條：「老人福利機構不得兼營營利行為或利用其事業為任何不當之宣傳。主管機關對老人福利機構應予輔導、監督、檢查、評鑑及獎勵。」學校評鑑依《高級中等教育法》第 11 條第 2 項及私立學校法第 57 條第 6 項規定訂定之；醫院評鑑《醫療法》28 條「中央主管機關應辦理醫院評鑑」等。

　　過去一、二十年，政府單位依上述各法規，進行各種非營利組織的評鑑，多數是以公權力檢查各類非營利組織的運作，本來目的是希望提升服務品質、績效，但過度評鑑影響行政效率，及受服務者的權益，更不用說製造行政干擾。由於實施評鑑係為政府機關依法行政，然而在執行評鑑工作，有政府機關自辦、委託學校、民間非營利組織辦理等方式，有必要從評鑑的目的來探討評鑑的規劃、實施與成效運用，以及如何透過評鑑真的能提升與展現非營利組織的服務品質及績效。其中在委託民間非營利組織執行的公私協力關係實為影響評鑑目的達成的重要因素。

　　本研究係運用海棠基金會執行衛生財團法人輔導計畫，其中自 2006 至 2015 年共計 10 年的資料為基礎，透過實證性資料分析的研究方法，分析非營利組織與政府的協力關係，以及從評核發現衛生財團法人的改變成效。試圖推導在公私協力之下，財團法人的評估與輔導模式。

二、理論探討

（一）非營利組織評估的概念

1. 非營利組織責信必須靠評估來彰顯

　　根據 James Cutt 與 Vic Murray 在〈非營利組織的責信與績效評估〉（2001）所指出，所謂「責信」（Accountability）其實是一種「關係」，在「責信關係」中，受委託者必須對委託者有所交代。「責信」即為對所要求責任之資訊的搜尋過程，包括未來、當下和過去的情況，所以責信需要靠「評估」來彰顯與達成。

　　從美國和英國的非營利組織評估標準，可以綜整包括四個方面：好的治理結構、資金的使用與運作、財務與信息的透明度、非營利組織開展的活動必須與組織的宗旨與使命一致。

2. 評估的層次

　　在責信交代的過程中，評估者與受評估者都需要知道評估的目的，因此瞭解評估的層次是相當重要的。Cutt 與 Murray（2001）認為，評估可分為幾個層次：

（1）個人（Individual）：重點在個人工作表現和工作目標的達成。

（2）方案、組織單位或功能（Program, Unit, or Function）：重點在組織的構成（方案、組織單位等）的表現、方案是否成功，以及治理功能的影響等。

（3）組織（Organization）：重點在於組織整體所能達成、總體的宗旨和目標。

（4）社會體系（Social System）：評估不同利益團體在匯集社會議題上的影響，分成兩個層次：「轄區」（jurisdictional）和「部門」（sectoral）；「轄區評估」即測量特定地域的過程和結果（如特定區域的生活品質）；「部門評估」則指主要描述議題或最終目標的狀態（如全球兒童的貧窮）。在體系層次的評估，較不注重組織對議題的處置而較重視議題本身對社會系統整體的影響（鄭讚源 2006）。

3. 方案評估的類型

　　多數學者從方案評估的介入時間點，概略地將評估類型分為形成評估（formative evaluation）與總結評估（summative evaluation）（Rossi, Freeman and Lipey 2007; Humphries 2008），或者分為方案執行前、中、後及影響力評估（陳宇嘉、黃松林 2005；黃源協 2013；Dickinson 2008）；其次，於「時間順序」的分類基礎下，再輔以評估「時間點或意圖」的考量，常見的評估分類又可分為：投入評估（effort evaluation）、可行性評估（feasibility evaluation）、需求預估（need assessment）、效能評估（effectiveness evaluation）、成效評估（outcome evaluation）、服務品質評估（quality performance measure）、成本效率分析（cost-efficiency analysis）、成本效能分析（cost-effectiveness analysis）、成本效益分析（cost-benefit analysis）或影響力評估（impact evaluation）等多樣性分法，而黃源協（2013）則整合了方案執行的時間順序軸及各項評估意圖，提出了「方案評估的發展階段與類型」（如圖1）模式，讓方案評估者能更清晰地研判各種評估類型的適用情境；基本上，他將方案評估分為執行前評估（投入／可行性評估、需求評估）、執行過程評估（服務過程評估、形成評估）、執行後評估（總結評估、結果／成效評估、效率或成本效益評估、影響或效果評估），而其相關定義與說明如下：

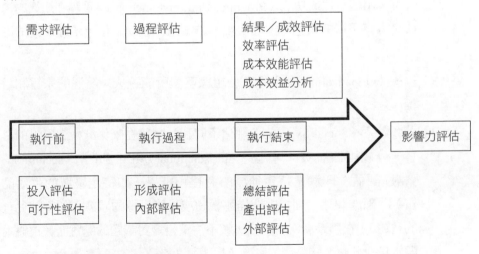

圖 1　方案評估的發展階段與類型

資料來源：修改自黃源協（2013），《社會工作管理》，第 435 頁。

4. 非營利組織評估的模式

　　學者鄧國勝（2001：187-200）則提出了組織使命評估、治理結構評估、策略規劃評估、人力資源評估、營銷策略評估、公共關係評估、籌資評估、決策評估、項目評估等十大指標。並提出非營利組織評估的架構（圖2），這個架構係由四個模組組成，每一個模組都試圖解決某一個問題，各個子評估模組既獨立，又相互構成一個相對有機的整體。雖然如此，面對衛生財團法人的現況，筆者仍認為這四個模組有其先後順序，應從組織能力評估為起點，再逐步提升到方案評估，策略規劃，再到非營利評估。四個模組包括：

（1）非營利性評估：即評估非營利組織是否違背了非營利組織準則，評估的是其責任與社會公信力。

（2）非營利組織使命與策略規劃的評估：其目的在於透過評估瞭解組織的發展方向和發展策略。這與組織發展及資源吸收和維持有關。

（3）非營利組織方案評估：主要是檢視組織的效率和服務的質與量。

（4）非營利組織能力評估：檢視組織達成使命的能力，這部分通常是可以透過自我評估。

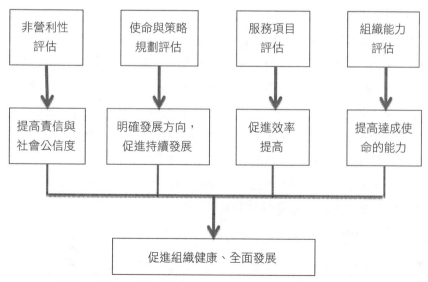

圖2　中國非營利組織評估架構

資料來源：鄧國勝（2001）。

（二）非營利組織與政府公私協力 [1]

1. 公私協力的概念

公私協力（Public-Private Partnerships，簡稱 PPPs）是指政府部門與私部門之間的各種安排，亦即將一部分或傳統上由政府承擔的公共活動交由私部門來負責（Savas 2000: 10）。隨著公私部門關係的改變，由陌生到競爭合作，甚至於政府主動尋求私部門的協力參與，在在都象徵著公部門不再只是強調公平性原則，也開始注重公共服務的水準與民眾之滿意度（吳英明 1996：15）。所以，公私協力所代表之意涵，早已經超越了單純的公部門與私部門共同從事某項事務的概念，還象徵著新的社會經營價值觀之建立。基本上公私協力的支持者認為，透過協力，可以有效促進社會整體資源之整合，避免資源錯置，創造「雙贏」局面。

根據美國國家公私協力委員會（The National Council for Public-Private Partnerships, NCPPP）的定義，所謂協力關係是指公部門與私部門間契約化的協議，透過此協議，雙方在傳遞給一般大眾服務與設備時，共享技術與資源，並共同承擔潛在的風險和設想有可能獲得之報酬（NCPPP, 2008）。

2. 公私協力的目的

（1）政府的目的

非營利組織因具有非營利與公益之特質，故經常成為政府部門在尋求提供社會性服務對象的最佳首選。政府與非營利組織協力主要的目的可以整理為下列幾項：a. 解決政府財政、資源與專業不足的困境：政府一方面受限於預算和資源不足，另一方面卻又得面臨新的與層出不窮的社會問題，因此，透過與非營利組織的協力應可以彌補政府的不足。b. 改善服務的供給效率與專業化，增加服務供給的多樣性：政府成立的目的，是基於「多元價值選擇」的核心概念，以反映民眾的不同需求。在此制度設計下，政府無法因應社會多元、複雜與差異性需求，進而產生行政資源浪費與缺乏效率的問題。

（2）非營利組織的目的

非營利組織由於缺乏經費來源，即便有強烈的使命感與專業，但其經營卻容易受到經濟不景氣與社會資源競爭的影響，因此，如何維持組織的穩定經營並達

---

[1] 參用林淑馨（2015：17-45）。

成使命，則成為非營利組織的重要課題。對非營利組織而言，如能藉由與政府部門的協力，獲取政府部門的資源與資訊，有效完成組織的使命，並提高社會對組織的理解與信賴，則協力不啻為一種可被期待的共創雙贏模式。

（3）公私協力的模式

在談論非營利組織與政府協力之議題時，國內外學者引用較頻繁者，應屬Gidron等所提出之關係模式。該文根據「功能」——亦即誰是經費提供者或服務供給者作為區分之面向，發展出四種關係模式（參閱表1）（Gidron, Kramer and Salamon 1992: 16-21），其中政府主導與非營利組織主導模式因過於強調任一方之主導功能，雙方互動關係薄弱，所以被排除在本文討論的對象之外，僅剩下雙元模式與協力模式。又因雙元模式強調的是政府與非營利組織各自提供服務，既不互相干涉，且在經費上也無交集，故也不列入探討範圍內，最後僅剩下協力模式較符合本文之研究主旨。

表1　政府與非營利組織關係之模式

功能	政府主導模式	雙元模式	協力模式	非營利組織主導模式
經費提供者	政府	政府與非營利組織	政府	非營利組織
服務提供者	政府	政府與非營利組織	非營利組織	非營利組織

資料來源：林淑馨（2015：5）。

「協力模式」，顧名思義，乃指雙方各司其職，由政府出資，提供經費，非營利組織則負責提供實際服務，「合作、夥伴」為其最大的特徵。

然而公私協力與政府委託是否為同一概念？陳敦源與張世杰（2010：26）在〈公私協力夥伴關係的弔詭〉一文中，藉由整理國外學者的相關論述，明確陳述「協力和契約委外是不一樣的概念」。其所持的理由是，在契約委外的架構下，公私部門之間的合作關係是以短期契約關係為主，因而難以塑造出信任基礎，以致公私雙方僅能遵守契約而無法發揮創新的效果。甚至公部門在不信任私部門的情況下，可能會訂出過於嚴苛且又無法確實執行的契約，使得有意承接的私部門望而卻步，進而阻礙公私部門的協力合作。與劉淑瓊（1997）在〈依賴與對抗——論福利服務契約委託下政府與民間受託單位間的關係〉一文中所提到論點幾乎是不謀而合。

（三）非營利組織能力建設（capacity building）

非營利組織能力建設最具代表性之定義，是聯合國開發計畫署（The United Nations Development Programme, UNDP）在會議文件中所指稱，認為能力建設是「建立適合國情的政策與法律框架的環境、機構的發展，包括社區的參與者（特別是婦女的參與）和人力資源發展和管理系統的完善。」同時，UNDP（1997）在《能力發展：技術顧問報告（II）》（*Capacity Development: Technical Advisory Paper 2*）一書中，對能力建設做了進一步的闡述，提出了能力發展的概念，認為能力發展是一個過程。透過這個發展過程「個人、群體、組織、制度和社會增強發揮主要作用、解決問題、建立和達到目標的能力，以及用全面的觀點和可持續的方法理解與應對發展需求的能力。」

在台灣，非營利組織能力建設的議題甚少獲得深度討論。主要的原因在於，台灣的非營利組織往往更專注於回應社會需要的倡議與直接服務，而非表示能力建設的議題不具重要性。然而，面對外部環境的急遽變化，非營利組織如何創新地應變社會新的需求，則仍需透過組織所擁有的各項能力，使得以展現。

本研究係從非營利組織借助評估，從評估中以組織能力建設的觀點，輔以過程中與政府的協力模式，透過實證性資料分析的研究方法，試圖推導出以政府與非營利組織協力合作，非營利組織評估之財團法人的輔導成效。

三、執行與資料分析

（一）自 2006 年至 2015 年執行的工作統計

為使衛生財團法人組織健全發展，彰顯公益特質，10 年的「衛生財團法人輔導計畫」，係透過辦理經營管理相關課程、法人之個別輔導及財報審查，協助法人在會務、業務及財務的基本運作上能夠符合規定之外，積極面則是促進各法人能在捐助章程之宗旨及目的事業的引導下，發揮其對社會公益之影響力。十年執行的工作項目如下述：

1. 協助行政監督規則之訂定

通過修正公告「衛生財團法人設立許可及監督管理要點」、「衛生財團法人會

計制度一致性規定」、及編製並更新《衛生財團法人工作事務手冊》分送基金會參考使用。協助「衛生財團法人資訊管理系統」開發、建置與上線輔導。

2. 辦理公開班研習課程

辦理公開班研習課程，於 2006 年開始每年辦理會務運作、財報編製以及管理等相關課程，截至 2015 年共計辦理 42 班次、2,659 人次參與。

3. 衛生法人評核

為瞭解衛生財團法人在會務、目的事業推展及財務等整體運作方面之狀況，於 2007 年、2010 年、及 2013 年共進行三次的評核作業。2007 年評核的資料係以 2006 年一年的資料為評核依據，2010 年則以 2007 年、2008 年、2009 年三年的資料，2013 年則以 2010 年、2011 年、2012 年等三年的資料，分別就「會務」包含行政管理制度、董事會組織與運作、登記事項辦理變更情形以及財務資訊公告情形。「目的事業推展」包含年度工作計畫之規劃、執行與成果評估。「財務與會計」包含基金及財產之管理運用、預決算編製情形、財務處理及會計制度。以及為激勵衛生財團法人積極創新，特別增設加分題「特殊創新方案」包含創新計畫、服務模式或工作方法等方面進行評核。

4. 個別性諮詢與輔導

包括每年進行財務報告的審閱，以及 3 次的評核，如有重大缺失則進行實地訪視提供輔導，失聯者逕行訪視、專案處理、至廢止許可送法院辦理清算解散。10 年來，已實地訪視輔導 247 家次衛生財團法人並逐年改善。

（二）執行策略

1. 策略選擇

（1）奠定主管單位的管理監督機制

為因應《行政程序法》174-1 條，建構衛生財團法人相關法制規範，以利衛生福利部監督管理有正式依據，因此於 2006 年，協助修訂「衛生財團法人監督準則」為「衛生財團法人設立許可及監督要點」，並於 2006 年 7 月 10 日公告。又衛生福利部因應政府組織改造，訂定「衛生福利部審查衛生財團法人設立許可

及監督要點」，於 2014 年 11 月 12 日公告實施。

在會計制度方面，為能使其更符合衛生財團法人實務上之需求及正式規範，於 2008 年至 2010 年修訂「衛生財團法人會計作業一致性規定」為「衛生財團法人會計制度一致性規定」，並於 2011 年 1 月 17 日公告。

（2）成效導向：先從財務著手，到會務健全，再到業務成效

為了達到公信力的目標，非營利組織必須進行責信（accountability），而責信的字根即為會計（account），因此最重要者即為財務健全。銜接著「會計制度一致性規定」的公告，因此 2006 年開始先從財務入手，經過 2007 年的評核發現「會務」的需求，2008 年開始增加健全「會務」的輔導。事實上，2009 年接著「業務」的輔導，卻發生法人未有需求的狀況，經過 2010 年、2013 年的評核將「會務」健全穩定下來後，2014 年、2015 年衛生財團法人在業務的績效與創新才開始有需求。可以看出當財務、會務都上軌道時，才有機會積極推動業務，講求績效與創新的策略見效。

（3）輔導方式：以非營利組織能力建設為基礎

a. 依據國際 NGO 培訓和研究中心 Brenda Lipson 主任所指，非營利組織能力建設是「幫助人、組織和社會，提高其以可持續方式應對挑戰的能力之有意識的干預活動。」因此，本輔導計畫先從組織裡的相關工作者的教育訓練著手，搭配編製活頁式《衛生財團法人工作事務手冊》分送基金會參考使用。

b. 訓練後每年查閱財務報告，目的是要瞭解培訓後是否有轉換成為組織能力。包括要查閱交出來的財務報告是否完整，重要的是對財務報表各科目裡的金額是否都有依據填對，以及報表之間的勾稽是否都正確。此處的重點是檢視受培訓的個人能力是否能轉換成組織的能力。

c. 若報告未交或繳交的報告有誤、繳交的報告中發現重大缺失、以及未參加培訓者，則進行實地訪視輔導，到組織內直接且針對性提供服務，解決問題。

d. 在整個輔導的過程中組織有任何問題，都可以電話、email 或培訓時

的下課時間進行個別諮詢。

e. 從 2007 年開始第一次的衛生財團法人評核計畫之後，每三年都進行一次的評核工作，以檢視輔導後的改變。

f. 對於有重大缺失（例如侵蝕基金、董事會未按期改選、持續數年資料未函報等）或已確認失聯的組織，則協助其改正後能穩定運作，或協助主管單位廢止其設立許可後，移送法院辦理清算解散。

2. 透過評核提升法人能力

於 2007 年、2010 年、及 2013 年共進行 3 次的評核作業，3 次評核均依據前述四大面向設計評核表作為評核工具，並以組織自評和每個組織有兩專家委員進行書面評核。每次評核後對於受評衛生財團法人都會依據評核結果，給評核個別意見。「待改進」或「合格」者則優先安排實地訪視輔導。「特優」或「優」者則給予表揚的肯定。三次評核的期間、受評核的家數、評核項目及配分、以及評核等級及分數級距詳如表 2、表 3、表 4。

表 2　評核期間與家數

年度	2007年	2010年	2013年
評核資料期間	2006年（1年度）	2007年至2010年（共3年度）	2010年至2012年（共3年度）
全部家數	161	172	172
未繳交家數	31	31	27
評核家數	130	141	145
評核家數比率（％）	80.75	81.98	84.30

表 3　各年評核項目及配分

2007年		2010年		2013年	
評核項目	配分比重	評核項目	配分比重	評核項目	配分比重
董事會運作	30%	會務狀況	30%	會務狀況	30%
目的事業推展	30%	目的事業推展	40%	目的事業推展	40%
財務與會計	40%	財務與會計	30%	財務與會計	30%
		特殊創新方案（加分題）	10%	特殊創新方案（加分題）	10%

表4　各年評核等級及分數級距

2007年		2010年		2013年	
等級	分數級距	等級	分數級距	等級	分數級距
優等	85-100	特優	85-110	特優	90-110
良好	75-84	優等	75-84	優等	80-89
合格	60-74	合格	60-74	合格	60-79
待改進	59-	待改進	59-	待改進	59-

四、執行成果

本計畫執行成果以兩個指標來評量，一為歷年中每年繳交財務報告以及三次評核的資料繳交狀況，另一為三次評核法人的改善資料。

（一）財務報告及評核資料的繳交狀況

自 2006 年輔導至今已能將 177 家衛生福利部主管的衛生財團法人分類管理，依個別組織的狀況給予針對性以及必要的輔導。以書面資料的繳交率來看（表 5），財務報告的繳交率從 2007 年的 76.4% 成長至 2013 年的 90.1%。2013 年衛福部開始開發「衛生財團法人資訊管理系統」，並於 2014、2015 年辦理上線填報的輔導，在資訊系統上線第一年，衛生財團法人上線填報率已達 85.47%。

三次評核的繳交率亦從 2007 年的 80.75% 提升到 2013 年的 84.30%，且未繳交的法人全數進行實地訪評，可謂均能具體瞭解各家法人的個別狀況。

表5　2007 年至 2013 年各資料繳交狀況表

年度	財務報告							評核資料		
	2007	2008	2009	2010	2011	2012	2013	2007	2010	2013
全部家數	161	161	168	172	171	171	172	161	172	172
有繳交家數	123	133	135	138	142	146	155	130	141	145
未繳交家數	38	28	33	34	29	25	17	31	31	27
繳交率（%）	76.4	82.6	80.4	80.2	83.04	85.38	90.12	80.75	81.98	84.30

（二）三次評核的改善狀況

衛生福利部為於每階段瞭解其所主管之衛生財團法人在會務、目的事業推展及財務等整體運作方面之狀況，於 2007 年、2010 年及 2013 年進行 3 次的評核作業。從表 6 的 3 次評核結果的等第與家數可明顯地看出法人的成長，至 2013 年將特優的分數提升 5 分仍有 26%（40 家）的法人獲得「特優」。發現「優等」的家數降低，「合格」的家數增加，係因 2013 年優等的分數同樣升高 5 分，顯示過去優等的法人如果沒有繼續積極地推動業務則會落入合格的等第。「待改進」之法人則已降至 12%，顯示多已進步至「合格」，能符合主管機關所要求之基本的監督規範。

表 6　各年度評核結果等第與家數一覽表

2007年			2010年			2013年		
評核結果	家數	%	評核結果	家數	%	評核結果	家數	%
優等	28	22	特優	31	22	特優 *	40	26
良好	43	34	優等	34	25	優等 **	29	19
合格	45	35	合格	44	32	合格	66	43
待改善	12	9	待改進	29	21	待改進	19	12
合計	128	100	合計	138	100	合計	154	100

說明：
*2013 年特優的總分提高為 90 分以上，較 2007、2010 年的 80 分提高 10 分。
**2013 年優等的分數為 85 至 89 分，較 2007、2010 年的 80 分提高 10 分。

從三次評核項目的各項得分（表7），亦可以看出輔導後衛生財團法人的成長，尤其至 2013 年財務分數在配分 30 分裡平均得到 25.8 分，得分比例已達 86%，會務部分也有 78% 的得分率，業務和創新的分數則較低，是未來輔導須改善的部分和方向。

表 7　各年度評核項目與平均得分一覽表

年度／評核資料年度	分數	會務	財務	業務	創新	總計
2007 年度（評 1 年）	配分	30	40	30		100
	平均得分	22.6	30	21.1		73.7
	得分百分比	75%	75%	70%		74%
2010 年度（評 3 年）	配分	30	30	40	10	110
	平均得分	18	18.9	22.8	2	61.7
	得分百分比	60%	63%	57%	20%	56%
2013 年度（評 3 年）	配分	30	30	40	10	110
	平均得分	23.4	25.8	28.8	1.7	79.7
	得分百分比	78%	86%	72%	17%	72%

五、執行工作中的公私協力

（一）政府單位提供經費預算

　　自 2006 年開始進行衛生財團法人輔導計畫，每年度透過投標，決標金額除 2006 年與 2007 年為兩年期計畫，決標金額為 175 萬，並依工作項目分拆經費外（2006 年 75 萬、2007 年 100 萬），其餘年度多落在 90 萬至 95 萬之間，10 年來的計畫經費總和為 907 萬元（表 8）。

　　對海棠基金會來說每年從政府獲得接近新台幣一百萬元的經費，運用於衛生財團法人輔導計畫，從 10 年合計支出項目來看，其中支出最大的比例在於執行教育訓練、實地訪視、財務報表審查等業務費用計 7,020,440 元，占 77.4%，其次是人事費用計 1,254,220 元，主要為計畫主持人費、兼任助理費及臨時工作費用，占 13.8%，最少的則為行政管理費計 795,340 元，占 8.8%。從表 8 看來，海棠基金會執行此計畫毫無獲利的空間，但是這個計畫符合基金會的宗旨，而且可以擴大基金會使命的影響，符合表 1 中的協力模式。

表 8　2006 年至 2015 年輔導計畫決標金額一覽表

年度	人事費	業務費	行政管理費	合計
2006	40,000	646,200	63,800	750,000
2007	198,000	702,000	100,000	1,000,000
2008	120,000	695,000	85,000	900,000
2009	144,000	676,000	80,000	900,000
2010	132,000	688,000	80,000	900,000
2011	176,000	687,700	86,300	950,000
2012	126,000	744,640	79,360	950,000
2013	108,220	725,500	76,280	910,000
2014	98,000	738,600	73,400	910,000
2015	112,000	716,800	71,200	900,000
總計	1,254,220	7,020,440	795,340	9,070,000
比例（%）	13.8	77.4	8.8	100

（二）海棠執行本計畫投入的人力與時數

1. 專、兼職人力

　　從 2006 年開始，衛生財團法人輔導計畫依據計畫執行需求編制 1 位計畫主持人、及 1 位專案計畫人員，2 位均以兼職方式，進行各業務的溝通協調、與計畫工作項目執行與控制。另外，海棠基金會的全體同仁都義務支援本計畫的執行。

2. 專業委員人力與投入的時數

　　輔導計畫自 2006 年開始，每一年邀請熟悉非營利組織的專家、學者及會計師 7 至 11 位組織執行委員會，負責執行實地訪視作業及財務報表審閱。每年均設有諮詢及推動委員會，專家學者係由實務界專家、學術界學者以及財務專家三大類所組成，自 2006 年到 2015 年 10 年之中共投入 79 人次的專家學者，其中實務界專家 25 人次（32%），學術界學者 21 人次（26%），財務會計專家 33 人次（42%）是佔比例較高的專家 。

　　10 年來實地訪視 247 家次，以每家法人平均訪視 2 小時，每家安排 2 位委員進行，10 年來執行委員共投入 1,076 小時實地訪視時數，平均每位執行委員每

年投入 12.51 小時，執行 6-7 家法人實地訪視。

在財報審閱部分，自 2007 年由執行委員會中財務會計專業之委員共計 31 人次，進行審閱衛生財團法人的財務報表，9 年來共計審閱 1,284 份財務報表，平均每人每年審閱 42 份。

（三）與政府單位的溝通協調與分工合作

1. 協助主管單位奠定管理監督機制

基於主管財團法人的依據係從《民法》第 32 條「（法人業務監督）受設立許可之法人，其業務屬於主管機關監督，主管機關得檢查其財產狀況及其有無違反許可條件與其他法律之規定。」並無監督管理的具體說明，加上 1999 年通過《行政程序法》，無母法的依據公務人員在管理上有其限制，在輔導計畫的初期則以協助主管單位奠定管理監督機制。包括：

（1）2006 年協助修訂「衛生財團法人監督準則」為「衛生財團法人設立許可及監督要點」，並於 2007 年 7 月 10 日公告。又衛生福利部因應政府組織改造，訂定「衛生福利部審查衛生財團法人設立許可及監督要點」，於 2014 年 11 月 12 日公告實施。

（2）在會計制度方面，為能使其更符合衛生財團法人實務上之需求及正式規範，於 2008 年至 2010 年修訂「衛生財團法人會計作業一致性規定」為「衛生財團法人會計制度一致性規定」，並於 2011 年 1 月 17 日公告。

（3）為強化衛生財團法人 e 化管理機制與推動業務電腦化，及簡化其行政作業與管理流程，於 2012 年協助探索並規劃「衛生財團法人資訊管理系統」建置需求，於 2013 年度提供「衛生財團法人資訊管理系統」開發之諮詢服務，並於 2014、2015 年辦理上線輔導，在資訊系統上線第一年，衛生財團法人上線填報率已達 85.47%。

（4）在這過程中海棠基金會對於政府部分扮演專業諮詢、提供專業資源、與法人說明溝通。政府則扮演制度面的制定者以及公告實施。

2. 溝通協調與合作

　　衛生福利部與海棠基金會，雙方不僅僅為勞務採購的契約關係，在輔導計畫的執行上乃是透過不斷的溝通達成每年輔導目標的共識。每一年在計畫結束前，衛生福利部會邀請海棠基金會的計畫主持人共同檢討當年度的工作執行狀況，並且研商次年度的輔導目標，以使輔導計畫更具連貫性。

　　海棠基金會並於計畫中邀請專業委員協助輔導工作，同時亦參與協助溝通協調，以及重大事件的處理。例如，衛生福利部針對多年失聯的基金會要進行廢止許可的行政處分，因此委請海棠基金會，邀請專家委員列席專案提供資料和諮詢。

　　透過溝通協調的過程，輔導計畫已執行超過 10 年，雖然政府承辦人員難免會有異動，但因與海棠基金會合作 10 年以上，無論資料的掌握以及與法人關係的熟悉均可以無縫接軌，此亦可以顯示這個計畫與政府雖每年都要投標，但實為協力關係。

六、研究發現

（一）政府與非營利組織的角色與功能

　　在過去 10 年之間，衛福部對於衛生財團法人之輔導計畫，政府所從事之管理與要求，包括提供經費、制定法律規範、會計財稅的規定、會務運作之監督管理等，成為衛生財團法人的管制者。

（二）海棠基金會發揮中介組織的角色

　　該輔導計畫係委託海棠基金會所辦理，海棠基金會則在執行中充分發揮中介角色的功能，如圖 3 所示，首先是協助衛福部，奠定管理監督機制，建構衛生財團法人的外部任務環境。由於《民法》第 32 條並無監督管理的具體說明，復以1999 年通過《行政程序法》，無母法依據之公務人員管理有其限制，因此，在輔導計畫的初期則以協助主管單位奠定管理監督機制，包括監督要點、會計法規、並提供「資訊管理系統」開發之輔導與諮詢服務。並在政府制度建立過程協助與衛生法人說明與溝通，以讓管制面的制度能順利落實。

（三）政府與海棠的分工模式

論及圖 3 中海棠基金會與衛生財團法人之間的關係，則是藉由海棠此中介組織所提供之能力建設方案，建構衛生財團法人之內部任務環境。海棠基金會在輔導過程中，所提供的能力建設方案，包括教育訓練、財報審閱、訪視輔導、諮詢輔導、評核。

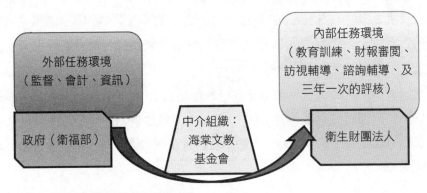

圖 3　政府與海棠的分工模式

（四）衛生財團法人能力建設模式

綜整 10 年來海棠基金會輔導衛生財團法人之能力建設方案，概分為四個階段。第一，透過現況資料的蒐集，掌握衛生財團法人所處之外部任務環境，並藉由與衛福部之間的溝通協調，擬定改善計畫，設定年度目標。第二，透過實際執行方式，針對衛生財團法人所處之內部任務環境，施予符合所需之教育訓練，以及介入輔導。第三，針對衛生財團法人提交年度財務報告進行評鑑，並於每三年進行評核及改善。第四，若評核為「待改進」或「合格」者，則將安排實地訪視輔導，提供個別化、客製化的能力建設建議。

美國品質管制專家 Deming（1950）認為品質就是「一種以最經濟的手段，製造出最有用的製品。」其主要概念可歸納為三類：用統計方法進行品質管制、著重人性化的管理方式、「戴明循環」（Deming's Circle）PDCA 的推廣。其中，PDCA 四個英文字母及其在戴明循環中，所代表的含義為：P（Plan）：計畫；確定方針和目標，確定活動計畫。D（Do）：執行；實地去執行，實現計畫中的內容。C（Check）：檢核；總結執行計畫的結果，瞭解效果為何，及找出問題點。

A（Action）：行動；根據檢查的問題點進行改善，將成功的經驗加以適當推廣、標準化。將產生的問題點加以解決，以免重複發生，尚未解決的問題可再進行下一個 PDCA 循環，繼續進行改善（圖 4）。

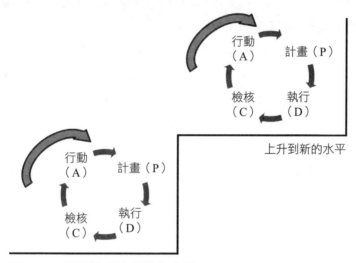

圖 4　PDCA 循環的步驟與方法

　　以此 PDCA 管理循環對照 10 年來之衛生財團法人輔導方案，可建立能力建設模式。事實上，依據本研究團隊與熟稔「衛生財團法人輔導作業計畫」整體發展之專家訪談，其內隱知識所規劃之輔導模式，高度與 PDCA 管理循環相符。10 年中的三次評核成果可以顯示衛生財團法人的成長。

　　就投入資源分析而論，「衛生財團法人輔導計畫」歷年僅編制 1 位計畫主持人、及 1 位專案計畫人員，以兼職方式進行各業務的溝通協調、與計畫工作項目執行與控制。在人力投入方面，尤須仰賴熟悉非營利組織的專家、學者及會計師，協助執行實地訪視作業及財務報表審閱。再從投入經費來看，每年衛福部計畫之決標金額多落在 90 萬至 95 萬之間，10 年來的計畫經費總和為 907 萬元。相較於海棠基金會 10 年來的輔導成果，以 907 萬元除以衛生財團法人受輔導家數，顯然成本非常低廉，但效果卓著，確實值得各部會效法與投資。

　　10 年有此成效，研究整理後發現係有四項關鍵因素。

　　第一、發現對於非營利組織評估（評鑑）的目的，如果是要改善或提升服務

品質、績效，則並非只有「評估」單一機制，而是透過評估發現狀況，接著透過各種能力建設方案輔導促其改善，才能看到受輔導的組織正向的改變。

第二，從非營利組織人力資本的角度來看，受評之衛生財團法人均持續地提高自身的知識（knowledge）、技術（skill）、與態度（attitude）。多數衛生財團法人已具備財務會計、會務營運的能力，而從一開始對評核與輔導的抗拒，到主動積極地接受專家學者訪視與輔導的態度，更是因能力建設方案而獲得成功的重要因素。

第三，輔導計畫的時間必須長期持續，經由評核的結果，輔導其成長與改善，再進行評核以及持續輔導成長與改善的模式，本研究以三次評核，歷經 10 年始得凸顯非營利組織的改變成效。

第四，10 年來衛生福利部與海棠基金會之間，非常密切地溝通、協調、分工，係政府與中介型非營利組織彼此建立高度信任及協力關係所致。

七、結論

本「衛生財團法人輔導計畫」目前（2019 年）仍在進行中，能夠在計畫執行的第 10 年有此實證研究，不但落實方案成效評量的理論，從 10 年成效看到以非營利組織能力建設的觀點來規劃此計畫，也驗證假設的成功。但是成功的關鍵在於政府與非營利組織的協力關係，而其結果不但是「雙贏」，加上受輔導的衛生財團法人更是達到「三贏」的結果。

在台灣非營利組織常常接受各類的評鑑，但甚少透過評鑑深究探討評鑑的目的與組織能力建設。透過本計畫作為衛生福利部 10 年來成功輔導衛生財團法人的重要夥伴，海棠基金會所扮演的中介組織角色，與政府的協力合作是關鍵。

參考文獻

丘昌泰，2007，《非營利中介組織治理之研究：兩岸三地六個個案的跨域觀察》。《第三部門學刊》，7: 1-44。

江明修、鄭勝分，2002，《非營利組織之協力關係》。頁 81-124，收錄於江明修主編，《非營利管理》。台北：智勝。

官有垣，1998，《非營利組織與社會福利——台灣本土的個案分析》。台北：亞太圖書。

林淑馨，2015，〈我國非營利組織與地方政府協力現況之初探與反思：以台北市為例〉。《文官制度季刊》，7(2): 17-45。

海棠文教基金會，2004，《台灣非營利組織人才培訓需求調查報告》，青輔會委託研究報告。

──，2013，《海棠文教基金會 20 周年特刊》。

馬慶鈺等，（2013），《社會組織能力建設》。北京：中國社會出版社。

國際聯合之路慈善總會，2006，《聯合之路慈善組織全球標準》。美國：國際聯合之路慈善總會。

陳政智，2009，〈公私協力下政府部門如何協助非營利組織生存〉。《社區發展季刊》，126: 181-190。

陳敦源、張世杰，2010，〈公私協力夥伴關係的弔詭〉。《文官制度季刊》，2(3): 17-71。

陸宛蘋，2015，〈非營利中介型組織：海棠文教基金會的發展歷程〉。收錄於蕭新煌主編，《書寫台灣第三部門史 II》。台北：巨流圖書公司。

黃源協，2013，《社會工作管理（三版）》。台北：雙葉書廊有限公司。

劉淑瓊，1997，〈依賴與對抗——論福利服務契約委託下政府與民間受託單位間的關係〉。《社區發展季刊》，80: 113-129。

鄧國勝，2001，《非營利組織評估》。北京：社會科學文獻出版社。

蕭新煌、官有垣、陸宛蘋（編），2009，《非營利部門：組織與運作（第二版）》。台北：巨流圖書公司。

NPO 信息諮詢中心，2001，《NPO 能力建設與國際經驗》。北京：華夏出版社。

Christine, W. Letts, William P. Ryan and Allen Grossman, 1999, *High performance nonprofit organization: Managing upstream for greater Impact.* New York: John Wiley Sons, Inc.

Deming, W. Edwards, 1950, *Elementary principles of the statistical control of quality.* Japanese Union of Scientists and Engineers.

Dolan, Drew A., 2002, "Training needs of administrators in the nonprofit sector: What are they and how should we address them." *Nonprofit Management and Leadership*, 12 (3): 277-292.

Drucker, Peter F. 著，余佩珊譯，1994，《非營利機構的經營之道》。台北：遠流圖書公司。

Gidron, B., R. M. Kramer and L. M. Salamon, 1992, *Government and the third sector: Emergong relationships in welfare states (lst Ed.).* San Francisco, CA.: Jossey Bass.

Kramer, R. M., H. Lorentzen, W. B. Melief and S. Pasquinelli, 1993, *Privatization in four European countries: Comparative studies in government-third sector relationships*. Armonk, NY: M.E. Sharpe.

Mirabella, Roseanne M. and Naomi B. Wish, 1999, "Educational impact of graduate nonprofit degree programs: Perspectives of multiple stakeholders." *Nonprofit Management & Leadership*, 9(3): 329-340.

NCPPP, 2008, 7 keys to success. Retrieved from: www.ncppp.org/ppp-basics/7-keys/.

O'Neill, Michael and Dennis R. Young (eds.), 1988, *Educating managers of nonprofit organizations*. New York: Praeger.

UNDP, 1997, *Capacity development: technical advisory paper 2*. New York: UNDP.

United Way International, 2006, *Global Standards for United Way Organizations*. Alexandria, VA: UWI.

Weiss, P. A., 1974, *L'archipel scientifique, Recherche interdisciplinaire*. Hafner Publishing Maloine, éditeur Paris.

Wish, Naomi B. and Roseanne M. Mirabella, 1998, Curricular variations in nonprofit management graduate programs. *Nonprofit Management & Leadership*, 9(1): 99-109.

父母教育期望對青少年憂鬱症狀影響的社會階層差異

范綱華

一、前言

　　世界衛生組織在 2001 年的年度世界健康報告中預測，憂鬱症將在 21 世紀成為威脅人類生命的第二大病因（Gallo and Matthews 2003; WHO 2001, 2008）。它不但是各種生理疾病和意外傷害的重要風險因子，更可能會引發患者自殺的嚴重後果。國內研究顯示，台灣民眾過去 20 年來的憂鬱症狀已逐漸增加（吳齊殷 2007）。個人一旦罹患憂鬱症，不但很難治癒，即使能暫時將症狀緩解或消除，之後也很容易復發。因此，當前憂鬱症研究和防治工作的重點，是透過種種努力，將個人憂鬱症的初發年齡盡量延後。

　　青春期前後，是個人生命歷程中，第一個罹患憂鬱症狀的高風險階段。通常個人在兒童期對生命抱持非常樂觀的態度，極少出現憂鬱症狀，但到了青春期之後，憂鬱症狀發作的機率卻大幅提高（蘇建文 1980）。青少年憂鬱症有高盛行率、高共病率、高發生率、以及癒後較差等特點（陳志道等 2007）。個人若在青少年期罹患心理疾病，不僅對當時的生活福祉有很大傷害，其負面影響更會延續到成年期（江承曉、劉嘉蕙 2008）；不但會妨礙往後的身心健康發展、增加自殺風險、也會限制對工作成就和家庭幸福的追求（McCauley et al. 2001; Weissman et al. 1999）。因此，不僅精神醫學界對青少年憂鬱症狀的研究投入了大量人力物力，心理學、人口學、社會心理學、健康與疾病社會學等學門的學者，也紛紛加入對青少年憂鬱症狀風險因子與保護因子的探究，希望能幫助年輕世代安然度過此一時期（謝佳容、張珏 2003；House 2001）。

　　青春期之所以是憂鬱症狀的好發時期，乃因其為個人形成自我概念、為未來身心發展奠定基礎的重要階段。Granville Hall（1904）以「風雨與困頓」（storm and stress）來形容青少年這段時期，因為個人在青春期前後，經常會有情緒劇烈起伏、親子衝突、與追求同儕認同等等之前在童年期較未遭逢的難題（盧欽銘 1981）。而生長在台灣社會的青少年，除了要經歷上述成長過程的磨練，更要面對兩次升學考試所帶來的激烈競爭，也比美國青少年表現出更多情緒症狀（黃禎貞、林世華 2010）。研究發現，國、高中階段的繁重課業，是台灣青少年生活中重大的壓力來源（Yi and Wu 2004），足以影響青少年的心理健康（Yi et al. 2009）。其中，由於之前的教育擴張，集中在廣設大專院校，而非增加高中職

的數量，使得升學考試的壓力集中在國中升高中的關卡。換言之，升高中的壓力，已大於升大學的壓力，使得國中三年成為青少年背負最沈重升學壓力的階段（Chang and Yi 2004），青少年的心理健康，也往往在這三年間急速惡化（Yi et al. 2013）。其中，來自父母及青少年自身的教育期望，具體展現了升學競爭帶來的壓力。

　　國內研究已發現，父母對青少年子女的教育成就懷抱越高期望，子女往往會有更嚴重的憂鬱症狀（楊孟麗 2005；魏琦芳 2008）。但是，父母的教育期望，究竟是透過何種機制，對青少年子女的心理健康產生負面影響，至今仍未釐清。對子女懷有高教育期望的父母，一方面可能對子女付出更多生活資源，但又可能因求好心切、頻頻督促子女課業，而與子女的互動關係變差。這兩種親子互動關係到底是否並存、是否同時影響青少年的心理？我們並不清楚。同時，父母教育期望與青少年心理健康兩者之間的關聯機制，是否會因為家庭社經背景而有差異，也少有研究探討。因此，本研究將以「台灣青少年成長歷程研究」的長期追蹤調查結果作為分析資料；利用結構方程式模型推估國中青少年所經歷的壓力過程（stress process），探討父母對子女的教育期望，如何透過生活支持、負面互動、以及自尊的中介，影響國中青少年的憂鬱症狀發展，並比較不同家庭社經地位的青少年，經歷的壓力過程是否有差異。

二、相關文獻

　　過去社會學和心理學對於父母教育期望的研究，多著重於其對子女教育成就的影響。國內外研究都發現，父母教育期望會先影響子女的教育期望，再進一步影響子女的學業成就（張善楠、黃毅志 1999；Buchmann and Dalton 2002; Chang and Starks 2002）。父母對子女期望越高，會讓子女也提高自我期許，進而在課業上更努力付出，獲得更好的學業成就（魏琦芳、黃毅志 2011），父母期望對於青少年本身期望的影響力，高於同儕期望、學業表現、以及社會背景的影響（Davis and Kandel 1981）。但是，父母教育期望是否會影響青少年子女心理健康，卻少有學者論及。

　　國內僅有的幾篇相關研究，都發現父母教育期望與青少年子女的心理健康狀

況有負面關聯。楊孟麗（2005）分析台灣教育長期追蹤資料庫高中職五專學生和父母的資料，發現父母和子女的教育期望兩者之間呈正相關，父母的高教育期望對青少年的心理健康有直接的負面影響，而青少年的高教育期望，則同時對其本身心理健康有直接和間接[1]的負面影響。范綱華（2010）分析台灣青少年成長歷程研究的國中生資料，也發現父母的教育期望越高，子女的憂鬱症狀會越嚴重。雖然這兩篇研究都指出了父母教育期望與青少年子女心理健康之間的負面關聯，但均未深入檢視親子互動關係是否是兩者間的中介機制。其中楊孟麗的分析雖然同時納入父母與子女的教育期望，指出親子間教育期望的傳承，並控制學習成就和學業自信兩個與學業表現有關的變項，卻未論及親子之間的互動是否會受到教育期望的影響。而范綱華 2010 年的研究，也僅指出父母的教育期望，除了對子女的心理健康有直接的負面影響，也會透過降低青少年自尊而產生間接影響，同樣未將親子互動關係納入分析，並未對父母教育期望與青少年心理健康的中介機制有更深入的探討。

根據 Agnew（1992）的一般化緊張理論，當個人意欲的成就（aspiration）與預期成就（expectation）出現差距，會造成生活上的緊張。依此推論，當父母對子女的教育期望越高，令子女的自我教育期望也隨之提高時，青少年個人的意欲和預期的學業成就便越可能出現落差，進而產生壓力。Marcussen（2006）將這種差距稱為 "aspiration discrepancy"，視為憂鬱症狀的風險因子。因此，父母對子女的教育期望，可能會透過子女教育期望，對青少年子女的憂鬱症狀產生間接的增強影響（魏琦芳、黃毅志 2011）。

同時，父母也可能因為對子女的教育期望高，導致和子女之間有更多衝突、更多負面互動，進而影響青少年子女的心理健康。伊慶春等人 2009 年發表的論文指出，父母對子女的生活管束較嚴（如：限制看電視和出遊時間，篩選子女所交的朋友，管控子女的生活作息），會造成青少年子女較多的憂鬱症狀（Yi et al. 2009）。父母也可能為了激勵子女奮發向上，而拿子女的成績和親友或其他兄弟姊妹相比，或以自身經驗要求子女在學業上更加努力，這些行為都可能造成子女更大的壓力，影響其心理健康（魏琦芳 2008）。

但另一方面，父母較高的教育期望也可能對子女的心理健康產生正向影響。

---

[1] 該研究發現，自我學業期望會透過學期成就，而對心理健康產生間接的負面影響。

首先，父母對子女的高教育期望會使他們更願意為子女的學業提供更多支持。對
子女懷有較高教育期望的父母，較有可能為了子女升學而調整自身生活方式，
並提供進補、讀書空間等物質支持（周新富、賴鑫城 2004；Yi et al. 2009），
使子女的學業成績提高，或減低對學業表現不佳的焦慮（Bogenschneider 1997;
Rumberger et al. 1990; Steinberg et al. 1992; Stevenson and Baker 1987）。其次，父
母對子女懷抱較高的教育期望，會使子女感覺受到肯定，覺得自己有價值（張
春興 1981；Rosenberg 1979），因而提高自尊，進而降低憂鬱症狀發生的機會
（Owens 1994）。而較高的自尊也可以發揮緩衝作用，保護個人免於受到其他負面
人際互動的傷害，進一步減少憂鬱症狀（吳怡欣、張景媛 2000；黃鈺婷 2011；
Lincoln et al. 2003）。

　　國內既有研究顯示，不同社經地位的父母，對於子女的教育期待，有顯著差
異。一般而言，社經地位較高的父母，對子女的教育期望較高（范綱華 2010；
張郁雯、林文瑛 2003）。同時，父母對於子女教育的參與，也有顯著的社會階層
差別（Crosnoe 2004; McNeal 1999; Morgan and Sorenson 1999; Schneider and Coleman
1993）。吳明燁（2011）比較不同階級父母的教養風格對台灣國三學生學業成就
的影響，發現中產階級較重視培養子女的自主性和創意，也較積極涉入子女的學
習活動；相對的，勞工階級的父母較強調子女應服從、守本分，也較少參與子女
的學習活動。但是，不同階層父母對子女教育期望和教育參與的差別，除了影響
子女的學習成就之外，是否也會對青少年子女的心理健康造成顯著的差別影響？
由於缺少研究，我們尚未有清楚瞭解。

　　Leonard I. Pearlin（1999）為了釐清社經地位與心理健康之間的複雜機
制，提出壓力過程模型（Stress Process Model）作為研究心理健康階層化的概
念分析架構。該模型的特色，是強調社會經濟地位對於原初壓力源（primary
stressors）、次級壓力源（secondary stressors）、社區環境壓力源[2]（neighborhood
ambient stressors）、調節資源（moderating resources）、以及心理健康結果
（mental health outcomes）的普遍影響，以及各中介變項之間的錯綜關聯。使用這
個理論模型，有助於學者探究（1）暴露於壓力源的機會不均；（2）社會心理資
源的取得途徑不均；（3）不同社會心理資源對於心理健康的保護作用有差異等心

---

[2]　由於資料限制，此一變項將不會包含在本研究的分析架構中。

理健康不平等的結構根源（Aneshensel 2009），因此本研究之分析架構擬參照壓力過程模型，將父母教育期望視為原初壓力源，子女教育期望、親子負面互動視為次級壓力源，並將父母支持及子女自尊作為調節資源，探究這些變項對青少年子女心理健康的影響，是否會因家庭社會階層而有不同。

　　綜合以上所述，雖然既有研究已顯示父母教育期望與青少年子女的心理健康有顯著關聯，但兩者之間的中介機制尚未釐清。同時，父母教育期望和教養風格的社會階層差異，是否會讓父母教育期望和子女心理健康之間的中介機制呈現不同樣態，也尚未明瞭；有鑑於此，本文企圖釐清父母教育期望與青少年心理健康之間的複雜關聯，並檢視此關聯機制是否存在階層間的差異。

三、研究方法

（一）研究假設

　　根據上文的文獻回顧，本研究提出三個主要研究假設：（1）父母對子女較高的教育期望，會經由提高子女本身教育期望和負面親子互動等中介壓力源，對青少年憂鬱症狀產生增強影響；（2）父母對子女較高的教育期望，會經由提高生活支持和自尊等中介社會心理資源，對青少年憂鬱症狀產生抑制影響；（3）父母教育期望與青少年憂鬱症狀之間的中介機制，會因父母的社經地位而有不同。

（二）資料來源與變項測量

　　本研究所使用的分析資料，取自「台灣青少年成長歷程研究」（Taiwan Youth Project，以下簡稱 TYP）。TYP 係由中央研究院社會學研究所執行的大型長期追蹤研究計畫，以台北市、台北縣（今新北市）、宜蘭縣的國中學生為研究母體，於 2000 年在此三縣市分別抽出 2,690 名國一學生及 2,851 名國三學生，以問卷訪問方式，調查其學校、家庭、社區生活情況。其後，TYP 對此 5,500 多名學生逐年追蹤訪問，至 2009 年第一階段結束時，當年從國一開始受訪的 J1 樣本已經有九波資料，從國三開始受訪的 J3 樣本則有八波的資料。本研究以 TYP 的 J1 樣本作為分析對象，取其第一波至第三波的調查訪問資料作為實際分析樣本。其中第一波資料包括對父母和子女的問卷訪問結果，第二和第三波資料使用

對子女的問卷訪問結果。由於統計分析考量，本研究將第三波調查時未回答憂鬱症狀之青少年受訪者自樣本中排除，樣本大小為 2,496。被排除的 194 人，其性別比例、父親教育程度，與保留在樣本中的 2,496 人沒有顯著差別，但學業表現稍差。[3]

　　本研究的依變項為憂鬱症狀，採用第三波調查中的憂鬱症狀量表。該量表源自 Symptom Checklist-90-Revised（Derogatis 1983）的短版量表，由 16 個題目所組成；經主軸因素法萃取，再以斜交轉軸方法轉換，產生下列四個因素：因素 1：包含頭暈、肌肉酸痛、身體某些部位感覺麻木或刺痛、感覺異物卡在喉嚨、感覺身體某些部位虛弱等五種身體症狀（Cronbach α 係數值為 0.798）；因素 2：很想去毆打、傷害別人，時常和別人爭吵，尖聲大叫或摔東西，不想活等四種情緒症狀（Cronbach α 係數值為 0.736）；因素 3：孤獨、鬱卒、擔心過度等三種情緒症狀（Cronbach α 係數值為 0.827）；因素 4：失眠、不易入睡，過早醒來、無法再入睡，睡眠不安穩等三種睡眠問題症狀（Cronbach α 係數值為 0.679）。各題的答項及計分方式為：沒有（1 分）；有、有點（2 分）；有，普通（3 分）；有，嚴重（4 分）；有，很嚴重（5 分）。各因素包含的題目得分經由分別加總平均後，作為結構方程模式分析中憂鬱症狀潛在變項的測量值。

　　本研究的自變項為父母對子女的教育期望。測量變項取自第一波父母問卷，包括受訪家長對子女「最起碼」以及「最高」的教育期望。答項的計分以該期望教育程度的預期教育年數計算：國中畢業（9 年）、高中職畢業（12 年）、專科畢業（14 年）、大學或技術學院畢業（16 年）、碩士畢業（19 年）、博士畢業（23 年）。本題組的 Cronbach α 係數值為 0.727。

　　本研究第一類中介變項為受父母教育期望所增強的壓力源，以第一波子女問卷中的**子女本身教育期望**，以及第二波子女問卷的**父母與子女的負面互動**兩個變項代表。子女本身教育期望的測量，包括受訪者「就目前環境和能力」覺得自己所能讀到的教育程度，以及「如果可以不受任何限制一直讀書」所能讀到的教育程度。答項的計分與上述父母對子女教育期望的答項計分方式相同，本題組的 Cronbach α 係數值為 0.734。父母與子女的負面互動，則以三種可能讓子女覺得有壓力或不愉快的父母對待方式來測量，分別為：（1）拿兄弟姊妹的學校成績

3　學業成績計分最低 1 分，最高 5 分。被排除者的平均為 2.98 分，保留者則為 3.32 分。

來和受訪者談，（2）拿親友的學校成績來和受訪者談，以及（3）以父母自己的求學經驗來要求受訪者。前兩題答項的計分方式從「從來不會」（0分），到「經常會」（4分）；回答「沒有兄弟姊妹」或「父母雙亡」以致於不適於答題者，列為遺漏值。第三題的計分則以「會」（1分）、「不會」（0分）計算。本題組的Cronbach α 係數值為 0.569。

本研究的第二類中介變項為受父母教育期望所增強的的青少年社會心理資源，以第二波子女問卷中的**父母生活支持和自尊**等兩個變項代表：父母生活支持是以「上國中以來，你父母常不常為了配合你的課業，來安排他們的生活作息？」測量，受訪者分別根據父親和母親是否表現此種生活支持態度作答。答項計分從「從未」（1分）到「經常」（4分）。本題組的 Cronbach α 係數值為 0.884。

自尊的測量，包含 9 個陳述，經主軸因素法萃取，再以斜交轉軸方法轉換，產生下列三個因素：因素 1 包含「我沒有很多值得驕傲的事情」、「我有時候覺得自己很沒有用」、「有時候我會認為自己一無是處」等三個關於自我價值的負面陳述（Cronbach α 係數值為 0.734）；因素 2 包含「我沒有辦法控制發生在我身上的事」、「要處理生活上的種種問題，讓我感到很無力」等兩個關於自我效能的負面陳述（Cronbach α 係數值為 0.755）；因素 3 包含「我是個有價值（有用）的人」、「我用積極樂觀的態度看待我自己」、「我很滿意我自己」等三個關於自我價值的正面陳述（Cronbach α 係數值為 0.705）。各題的答項從「很同意」到「很不同意」分為四個等級，計分範圍為 1-4 分。其中對正面陳述項目越同意則得分越高，對負面陳述項目則越同意得分越低。各因素內的題目得分經由分別加總平均後，作為結構方程模式分析中自尊潛在變項的測量值。

為了比較父母教育期望與青少年憂鬱症狀的中介機制，是否會因為家庭社經地位而有差異，本研究以父親教育程度作為家庭社經地位的指標。由於之前的研究顯示，父親教育程度對青少年心理健康的影響，主要在於父親是否擁有大學學歷（Yi et al. 2013），本研究將受訪者區分為「父親無大學學歷」與「父親有大學學歷」兩類，作為結構方程模式分析中的分群標準。

另外，由於父母教育期望與青少年自身的教育期望，都可能受到青少年的學業成績所影響（Finn 1972; Marjoribanks 1985; Sewell and Hauser 1980），因此本研

究將受訪青少年國一的學業成績表現列為結構方程模式分析的控制變項。該變項以受訪者上學期的平均成績測量，答項從「全班五名以內」（5分）到「全班30名以後」（1分）。

（三）資料分析方法

為了同時觀測父母教育期望對子女憂鬱症狀的正向和負向影響，以檢驗本研究的三項研究假設，除了基本的敘述統計之外，本研究以參考壓力過程模型所建立之結構方程式模型做推論分析，標明父母教育期望與青少年憂鬱症狀之間的直接影響，以及透過次級壓力源和社會心理資源所中介的間接影響。同時，本研究也以分群比較的方式，檢驗家庭社經地位對於父母教育期望和憂鬱症狀之間的關聯是否具有調節作用。本研究所使用的統計軟體為 SPSS 22.0 版，以及 AMOS 4.0 版。對於樣本中的遺漏值，AMOS 以 full information maximum likelihood 方式來推估。

四、分析結果

本研究各變項的敘述統計結果，依據受訪青少年的父親是否有大學學歷，分別列於表1。從表中可見，父親無大學學歷者，國一學業成績（平均數 = 3.01）顯著低於父親有大學學歷者（平均數 = 3.57）。兩個群體間的差異，也明顯表現在父母現實教育期望年數（14.9 年對 16.50 年）、父母理想教育期望年數（17.04 年對 19.59 年）、子女現實教育期望年數（14.14 年對 15.97 年）、以及子女理想教育期望年數（16.17 年對 18.20 年）；顯示台灣的青少年，在學業表現和親子兩代的教育期望上，確實存在社會階層差異。但是，兩個群體間的親子負面互動情況，卻沒有太大差別。兩個群體對其父母是否將其學業表現「與兄弟姊妹成績比較」（1.44 對 1.42）或「與親友成績比較」（1.58 對 1.62）的認知，並沒有顯著差異。唯一有差別的，是父親無大學學歷者，較少感受到父母以自身求學經驗來要求他們努力（0.36 對 0.53）。若比較兩群體對父母生活支持的認知，則發現父親無大學學歷者，其父親和母親都較少配合其課業來安排生活作息（父親：1.94 對 2.32；母親：2.09 對 2.52）。兩個群體的自尊，僅在因素 1（負面自我價值陳述）

有顯著差異（2.45 對 2.58），顯示國中青少年的自尊，並不因為家庭社經地位而有太大差異。最後，比較兩個群體的憂鬱症狀，父親無大學學歷的青少年，也僅在因素 4（睡眠問題）比父親有大學學歷的青少年表現出稍微嚴重的症狀（1.53 對 1.45），其他三類症狀則幾乎沒有差別，顯示國三青少年的憂鬱症狀，並沒有呈現太大的社會階層差異。

表 1　受訪者父親有無大學學歷之變項平均數比較

變項	父親無大學學歷 (N=1950)			父親有大學學歷 (N=347)		
	全距	平均數	標準差	全距	平均值	標準差
國一學業成績 ***	1-5	3.01	1.15	1-5	3.57	1.19
父母現實教育期望 ***	9-23	14.94	2.28	9-23	16.50	2.32
父母理想教育期望 ***	9-23	17.04	3.47	12-23	19.59	3.20
子女現實教育期望 ***	9-23	14.14	2.84	9-23	15.97	3.39
子女理想教育期望 ***	9-23	16.17	3.56	9-23	18.20	3.68
與兄弟姊妹成績比較	0-3	1.44	1.06	0-3	1.42	1.06
與親友成績比較	0-3	1.58	1.04	0-3	1.62	1.04
父母以自身經驗要求 ***	0-1	.36	.48	0-1	.53	.50
父親配合課業作息 ***	1-4	1.94	1.00	1-4	2.32	1.05
母親配合課業作息 ***	1-4	2.09	1.06	1-4	2.52	1.11
自尊因素 1**	1-4	2.45	.69	1-4	2.58	.67
自尊因素 2	1-4	2.54	.66	1-4	2.61	.66
自尊因素 3	1-4	2.94	.59	1-4	3.01	.57
憂鬱因素 1	1-5	1.69	.63	1-5	1.70	.64
憂鬱因素 2	1-5	1.31	.54	1-5	1.30	.54
憂鬱因素 3	1-5	1.81	.85	1-5	1.88	.86
憂鬱因素 4*	1-5	1.53	.70	1-5	1.45	.61

t-test: * p < .05; ** p<.01; ***p<.001

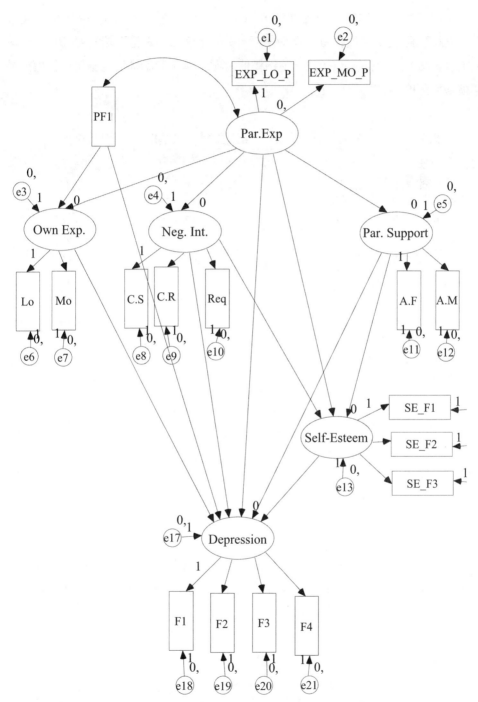

圖 1　父母教育期望對青少年憂鬱症狀影響機制之結構方程模型

　　本研究所推估的結構方程模型，如圖 1 所示。各變項之間的標準化路徑係數，同樣依照受訪者父親有無大學學歷，分列於表 2。表格下端的 CFI（.965）、NFI（0.946）、RMSEA（0.027）等指標值，顯示本研究所推估的結構方程模型整體模型適配度良好。

表 2　教育期望與憂鬱情緒關連結構方程式模型之標準化係數分群比較

	父親無大學學歷	父親有大學學歷
父母教育期望 → 自身教育期望	.526***	.396***
父母教育期望 → 負面互動關係	.153***	.088
父母教育期望 → 父母生活支持	.171***	.080
父母教育期望 → 自尊	.155***	.270**
父母教育期望 → 憂鬱症狀	.029	-.082
自身教育期望 → 憂鬱症狀	.114*	-.114
負面互動關係 → 自尊	-.255***	-.166*
負面互動關係 → 憂鬱症狀	.079*	.103
父母生活支持 → 自尊	.213***	.149*
父母生活支持 → 憂鬱症狀	-.040	.066
自尊 → 憂鬱症狀	-.402***	-.336***
χ^2	568.208	
df	212	
CFI	.965	
NFI	.946	
RMSEA	.027	

控制變項：國一學業成績
*p<.05; **p<.01; ***p<.001

　　首先，若觀察表 2 第一欄，針對父親無大學學歷者推估模型的路徑係數，可發現父母教育期望對青少年自身教育期望（β=0.526）、負面互動關係（β=0.153）、父母生活支持（β=0.171）、自尊（β=0.155）都有顯著的正向影響；對於憂鬱症狀的直接影響（β=0.029）則不顯著。自身教育期望（β=0.114）與負面互動關係（β=0.079），分別對憂鬱症狀的產生有顯著增強作用；父母生活支持對憂鬱症狀的抑制影響（β=-0.040）則未達顯著。另外，負面互動關係（β=-.255）和父母支持（β=0.213）分別對自尊有顯著抑制和增強作用，自尊則對憂鬱

症狀有顯著抑制作用（β=-0.402）。整體而言，對於父親無大學學歷的青少年所推估的結構方程模型，顯示父母教育期望對憂鬱症狀的作用，完全透過子女自身教育期望、負面互動關係兩項壓力源，和父母生活支持、自尊兩項社會心理資源中介，父母教育期望本身並不會直接影響青少年憂鬱症狀的發生。

表2的第二欄，顯示針對父親有大學學歷青少年所推估模型的路徑係數。令人意外的是，父母教育期望僅對於子女自身教育期望（β=0.396）、自尊（β=0.270）有顯著的正向影響；對於負面互動關係（β=0.088）、父母支持（β=0.080）的作用則未達顯著；對於憂鬱症狀的直接影響（β=-0.082）也不顯著。更令人意外的是，自身教育期望（β=-0.114）與負面互動關係（β=0.103）對憂鬱症狀的影響同樣不顯著。父母生活支持對憂鬱症狀的影響（β=0.066）也未達顯著。而負面互動關係（β=-.166）和父母支持（β=0.149）分別對自尊有顯著抑制和增強作用，自尊則對憂鬱症狀有顯著抑制作用（β=-0.336）。在此，我們可以發現，與父母無大學學歷者相比，父親有大學學歷者的模型路徑係數呈現出相當不同的樣態。我們看不到父母的教育期望對父親有大學學歷者有任何直接和間接的負面影響。換言之，父母的教育期望，對於父親有大學學歷者的心理健康，似乎僅透過自尊而產生間接的正面影響。

五、討論與結語

本研究使用台灣青少年成長歷程研究的長期追蹤資料，針對父母教育期望對國中青少年憂鬱症狀的影響機制，做不同社會階層間的比較。本研究的第一個假設（父母對子女較高的教育期望，會經由提高子女本身教育期望和負面親子互動等中介壓力源，對青少年憂鬱症狀產生增強影響）和第二個假設（父母對子女較高的教育期望，會經由提高生活支持和自尊等中介社會心理資源，對青少年憂鬱症狀產生抑制影響），在父親沒有大學學歷的青少年群體中得到支持，但在父親有大學學歷的群體中並未獲得支持。本研究的第三個假設（父母教育期望與青少年憂鬱症狀之間的中介機制，會因父母的社經地位而有不同），則獲得支持。結構方程模式分析結果顯示，對於兩個青少年群體而言，父母教育期望對子女的憂鬱症狀都沒有直接影響，而是分別透過中介的壓力源或社會心理資源，對憂鬱

症狀的產生發揮間接的影響。針對兩個群體的個別分析都顯示，父母教育期望越高，子女對自身的教育期望也越高；父母教育期望和父母生活支持都能提升青少年自尊；負面互動關係能降低自尊；而自尊則可以顯著抑制憂鬱症狀的發生。但是，在父母社經地位不同的兩群青少年身上，父母教育期望對憂鬱症狀的影響機制，卻存在很大差異。對於父親無大學學歷者，父母的高教育期望會同時透過中介壓力源（子女自身教育期望、親子的負面互動關係）與中介社會心理資源（父母生活支持、自尊）對青少年憂鬱症狀分別產生增強和抑制作用。對於父親有大學學歷者，父母教育期望雖同樣能影響子女教育期望，但子女教育期望並未對憂鬱症狀產生顯著影響；父母的高教育期望僅會透過提高自尊對憂鬱症狀產生抑制作用，並不會產生任何增強作用。若進一步檢視父母教育期望對於憂鬱症狀整體影響（total effect）的標準化係數（結果未列表顯示），則可發現父親無大學學歷者的係數為正值（0.034），而父親有大學學歷者的係數為負值（-0.203），也就是說，父母教育期望對前者的心理健康有負面影響，對後者的心理健康卻有正面影響；顯示父母教育期望的影響確實存在顯著的社會階層差異。

　　那麼，要如何解釋不同社會階層群體間的差異呢？若僅看結構方程模式分析結果，很容易誤會家庭社經地位較高（父親有大學學歷）的青少年，父母較不會和子女有負面互動關係，也較不會為了子女學業提供生活作息調整的支持（因為父母教育期望對這二者的影響都不顯著），但事實並非如此。若參照表1所列的數值可以發現，和社經地位低的家庭相比，社經地位較高的家庭裡，父母對子女的負面互動情況稍高，父母所提供的生活支持也明顯較高。若參照先前研究所指出的，社經地位較高的家庭，父母普遍較積極涉入子女的學習活動（吳明燁2011），我們則可以推論：在高社經地位的家庭裡，將子女的學業成就與他人比較、以及投入各項物質或非物質資源以配合子女課業學習，都是「常態」，並不會隨著父母教育期望高低而有顯著變動；對於親友之間的成績比較，家庭社經地位較高的青少年也可能習以為常，因此不會因而產生更多憂鬱症狀；而自身教育期望對憂鬱症狀沒有顯著影響，背後的原因也可能與此類似。

　　至於社經地位較低（父親無大學學歷）的家庭，一般來說，父母對子女的教育期望較低，對子女的學習活動參與程度也較低。因此，一旦對子女抱有較高的教育期望，則會表現出和同階層家庭差別較大的行為，亦即投入較多的資源作為

工具性支持來協助子女取得更高的課業成就，也因為更在意子女的成績，而較會拿子女成績與親友相比，凡此種種「非常態」的舉措，雖然可能讓子女感受到自己受重視，因而提升自尊，但也更容易讓子女感受到沈重的壓力。同時，對於學業成就的研究也指出，當控制學業能力後，家庭社經地位低的學生的平均學業成就仍比家庭社經地位高的學生為低。也就是說，低社經地位的學生要取得同樣學業成就，需付出更多的努力，也較可能因為缺乏教師的激勵或經濟資源而失敗（Sewell and Hauser 1980）。因此，家庭社經地位較低的學生，可能會因為預見這些困難而更為焦慮，以致引發較多的憂鬱症狀。

本研究的結果顯示，不管對於家庭社經地位高或低的青少年，父母教育期望都能藉由提升青少年自尊而抑制其憂鬱症狀。另外，對於家庭社經地位較低的青少年，自尊可以同時中介正面、負面互動方式對憂鬱症狀的影響，在父母教育期望對憂鬱症狀的影響機制中，占有很關鍵的地位。因此，提升青少年自尊，會是改善青少年心理健康的有效的社會介入方式，值得教師和家長作為教養青少年的參考。

但是，本文在研究分析上，仍然面臨幾項限制：第一、本研究所使用的資料，僅抽樣自台北市、新北市及宜蘭三地的國中學生。因此，本研究分析所得的結果，是否能推論到全台灣所有的青少年身上，尚待更多研究證實。第二、受限於二手資料中現有的問卷題目，本研究對親子互動關係變項的測量不夠完整。例如，對於親子的負面互動關係，本研究僅包含父母將子女成績與親友比較，並以自身求學經驗要求子女，未包含其他可能的衝突緊張互動關係。對於正向互動的社會支持，本研究也僅納入父母配合子女安排生活作息，未包含其他可能的工具性和情感性支持。因此，本研究對父母教育期望如何影響親子互動，尚未能有較全面深入的描繪和探究。

對於父母教育期望與青少年心理健康中介機制的社會階層差異，本研究提供了有系統的初步分析。本研究的研究成果，除了有助於瞭解當今台灣社會的親子互動關係，也可供有類似升學競爭文化背景的其他東亞國家作為參考。根據本研究的發現，未來討論社會互動對青少年心理健康影響的研究，應更重視各社會階層因不同生活脈絡所造成的差異，以及隨之衍生的社會不平等後果。

參考文獻

江承曉、劉嘉蕙，2008，〈青少年壓力調適、情緒管理與心理健康促進之探討〉。《嘉南學報》
　　34: 595-607。

吳怡欣、張景媛，2000，〈青少年與重要他人的情感關係和其自尊之相關研究暨訪談內容分
　　析〉。《教育心理學報》32(1): 15-39。

吳齊殷，2007，〈台灣民眾整體心理健康趨勢變遷（1990～2005）〉。中研院社會所「台灣社會
　　變遷全記錄」，http://www.ios.sinica.edu.tw/TSCpedia/index.php/ 台灣民眾整體心理健康趨勢
　　變遷（1990_~_2005），取用日期：2012 年 11 月 12 日。

周新富、賴鑫城，2004，〈父母教育期望的理論與影響因素之探討〉。《正修通識教育學報》1:
　　301-326。

范綱華，2010，〈高家庭社經地位對國中青少年心理健康的影響：是利？是弊？還是利弊互
　　見？〉。論文發表於「2010 年台灣社會學會年會」，台北：輔仁大學，民國 99 年 12 月 4
　　日至 5 日。

張郁雯、林文瑛，2003，〈升學主義還是升學機會？——升學壓力的社會意涵〉。《教育心理學
　　報》35(2): 167-182。

張春興，1981，〈高中生的自我知覺與對父母期待知覺間的差距與其學業成績的關係〉。《教育
　　心理學報》14: 31-39。

黃鈺婷，2011，〈個人、家庭與學校脈絡中的影響變因與青少年身心健康發展軌跡之討論〉。
　　《中華輔導與諮商學報》29: 161-181。

黃禎貞、林世華，2010，〈台灣與美國青少年心理健康泛文化比較之研究〉。《中華心理衛生學
　　刊》23(3): 465-491。

陳志道、蕭芝殷、許秀卿、蔡美華、王俊毅，2007，〈家庭醫學科門診青少年憂鬱症狀危險因
　　子分析〉。《台灣家庭醫學雜誌》17(3): 158-167。

張善楠、黃毅志，1999，〈原漢族別、社區與學童學業成就關連性之因果機制〉。頁 149-178，
　　收錄於洪泉湖、吳學燕編，《台灣原住民教育》。台北：師大書苑。

楊孟麗，2005，〈教育成就的價值與青少年的心理健康〉。《中華心理衛生學刊》18(2): 75-99。

盧欽銘，1981，〈我國兒童及青少年自我觀念縱貫三年發展之研究〉。《教育心理學報》14: 115-
　　124。

謝佳容、張玨，2003，〈青少年預防憂鬱和心理健康促進〉。《健康促進暨衛生教育雜誌》23:
　　129-136。

魏琦芳，2008，〈青少年心理健康的影響因素——貫時性研究〉。《醫護科技學刊》10(4): 251-
　　266。

魏琦芳、黃毅志，2011，〈學業成就與心理健康因果順序的貫時性分析：以 TEPS 資料做分
　　析〉。《中華心理衛生學刊》24(1): 97-130。

蘇建文，1980，〈兒童及青少年焦慮情緒之發展及其相關因素之研究〉。《教育心理學報》13:
　　85-94。

Agnew, Robert and Helene Raskin White, 1992, "An Empirical Test of General Strain Theory." *Criminology* 30(4): 475-500.

Aneshensel, Carol S., 2009, "Toward Explaining Mental Health Disparities." *Journal of Health and Social Behavior* 50(December): 377-394.

Bogenschneider, Karen, 1997, "Parental Involvement in Adolescent Schooling: A Proximal Process with Transcontextual Validity." *Journal of Marriage and the Family* 59(3): 718-733.

Buchmann, Claudia and Ben Dalton, 2002, "Interpersonal Influences and Educational Aspirations in 12 Countries: The Importante of Institutional Context." *Sociology of Education* 75: 99-122.

Call, Kathleen Thiede and Jeylan T. Mortimer, 2001, *Arenas of Comfort in Adolescence: A Study of Adjustment in Context.* Mahwah, NJ: Lawrence Erlbaum Associates.

Carbonaro, William J., 1998, "A Little Help from My Friend's Parents: Intergenerational Closure And Educational Outcomes." *Sociology of Education* 71: 295-313.

Cheng, Simon and Brian Starks, 2002, "Racial Differences in the Effects of Signify Others on Students' Educational Expectations." *Sociology of Education* 75: 306-327.

Chang, Yin-Hua and Chin-Chung Yi, 2004, "Cram Schooling and Academic Achievement: A Remedial Strategy, A Proactive Strategy or just a Mimic Behavior?" Paper presented at the First Youth Conference of Taiwan Youth Project, Taipei, Taiwan: Academia Sinica, June 23-24.

Crosnoe, Robert, 2004, "Social Capital and the Interplay of Families and Schools." *Journal of Marriage and Family* 66: 267-280.

Davis, Mark and Denise B. Kandel, 1981, "Parental and Peer Influences Adolescents' Educational Plans: Some Further Evidence." *American Journal of Sociology* 87(2): 363-387.

Derogatis, Leonard R., 1983, *SCL-90-R: Administration, scoring, and procedures manual* –ii (2nd ed.). Towson, MD: Leonard R. Derogatis.

Finn, Jeremy D., 1972, "Expectations and the Educational Environment." *Review of Educational Research* 42(3): 387-410.

Gallo, Linda C. and Karen A. Matthews, 2003, "Understanding the Association Between Socioeconomic Status and Physical Health: Do Negative Emotions Play a Role?" *Psychological Bulletin* 129(1): 10-52.

Hall, Granville, S., 1904, *Adolescence: Its Psychology and Its Relation to Physiology, Anthropology, Sociology, Sex, Crime, Religion, and Education* (Vols. I & II). Englewood Cliffs. NJ: Prentice-Hall.

House, James S., 2001, "Understanding Social Factors and Inequalities in Health: 20th Century Progress and 21st Century Prospects." *Journal of Health and Social Behavior* 43(2): 125-142.

Lincoln, Karen D., Linda M. Chatters and Robert Joseph Taylor, 2003, "Psychological Distress among Black and White Americans: Differential Effects of Social Support, Negative Interaction and Personal Control." *Journal of Health and Social Behavior* 44(3): 390-407.

Luthar, Suniya S. and Bronwyn E. Becker, 2002, "Privileged but Pressured? A Study of Affluent

Youth." *Child Development* 73(5): 1593-1610.

Marcussen, Kristen, 2006, "Identities, Self-Esteem, and Psychological Distress: An Application of Identity-Discrepancy Theory." *Sociological Perspectives* 49(1): 1-24.

Marjoribanks, Kevin, 1985, "Ethnicity, Family Environment and Adolescents' Aspirations: Gender-Related Differences." *Contemporary Educational Psychology* 10: 329-341.

McCauley, Elizabeth, Karen Pavlidis and Kim Kendall, 2001, "Developmental Precursors of Depression: the Child and the Social Environment." Pp. 46-78 in *The Depressed Child and Adolescent*, 2nd, edited by Ian M. Goodyer. London: Cambridge University Press.

McNeal, Ralph B., 1999, "Parental Involvement as Social Capital: Differential Effectiveness on Science Achievement, Truancy, and Dropping Out." *Social Force* 78(1): 117-144.

Morgan, Stephen L. and Aage B. Sorenson, 1999, "Parental Networks, Social Closure and Mathematics Learning: A Test of Coleman's Social Capital Explanation of School Effects." *American Sociological Review* 64(5): 661-681.

Owens, Timothy J., 1994, "Two Dimensions of Self-Esteem: Reciprocal Effects of Positive Self-Worth and Self-Deprecation on Adolescent Problems." *American Sociological Review* 59: 391-407.

Pearlin, Leonard I., 1999, "The Stress Process Revisited: Reflections on Concepts and Their Interrelationships." Pp. 395-415 in *Handbook of the Sociology of Mental health*, edited by C. S. Aneshensel and J. C. Phelan. New York: Kluwer Academic/Plenum Publishers.

Rosenberg, Morris, 1979, *Conceiving the Self.* New York: Basic Books.

Rumberger, Russell W., Rita Ghatak, Gary Poulos, Philip L. Ritter and Sanford M. Dornbusch, 1990, "Family Influences on Dropout Behavior in California High School." *Sociology of Education* 63: 283-299.

Schneider, Barbara and James S. Coleman, 1993, *Parents, Their Children and Schools.* Boulder, CO: Westview.

Sewell, William H. and Robert M. Hauser, 1980, "The Wisconsin Longitudinal Study of Social and Psychological Factors in Aspirations and Achievements." Pp. 59-100 in *Research in Sociology of Education and Socialization* (vol. 1), edited by Alan C. Kerckhoff. Greenwich: JAI.

Steinberg, Laurence, Sanford M. Dornbusch and B. Bradford Brown, 1992, "Ethnic Differences in Adolescent Achievement: An Ecological Perspective." *American Psychologist* 47: 723-729.

Stevenson, David L. and David P. Baker, 1987, "The Family-School Relation and the Child's School Performance." *Child Development* 58: 1348-1357.

Weissman, Myma M., Susan Wolk, Risë B. Goldstein, Donna Moreau, Philip Adams, Steven Greenwald, Claudia M. Klier, Neal D. Ryan, Ronald E. Dahl and Priya Wickramaratne, 1999, "Depressed Adolescents Grown Up." *Journal of the American Medical Association* 281: 1701-1713.

World Health Organization, 2001, "The World Health Report 2001 — Mental Health: New Understanding." *New Hope*, http://www.who.int/whr/2001/en/ (Date visited: November 12, 2012).

—— , 2008, Depression. http://www.who.int/mental_health/management/depression/ definition/en/ (Date visited: November 12, 2012).

Yi, Chin-Chun, Gang-Hua Fan and Ming-Yi Chang, 2013, "The Developmental Outcome of Taiwanese Youth: Effects of Educational Tracking during Adolescence." Pp. 157-184 in *The Psychological Well-being of East Asian Youth*, edited by Chin-Chun Yi. New York: Springer

Yi, Chin-Chun and Chyi-In Wu, 2004, "Teen Life in Taiwan." Pp. 223-241 in *Teen Life around The World*, edited by Judith Slater. Santa Barbara. CA: Greenwood Press.

Yi, Chin-Chun, Chyi-In Wu, Ying-Hwa Chang and Ming-Yi Chang, 2009, "The Psychological Well-being of Taiwanese Youth: School versus Family Context from Early to Late Adolescence." *International Sociology* 24(3): 397-429.